Gustav Weil

Geschichte der islamitischen Völker von Mohammed bis zur Zeit des Sultan Selim

Gustav Weil

Geschichte der islamitischen Völker von Mohammed bis zur Zeit des Sultan Selim

ISBN/EAN: 9783742869104

Hergestellt in Europa, USA, Kanada, Australien, Japan

Cover: Foto ©ninafisch / pixelio.de

Manufactured and distributed by brebook publishing software (www.brebook.com)

Gustav Weil

Geschichte der islamitischen Völker von Mohammed bis zur Zeit des Sultan Selim

Geschichte
der
islamitischen Völker
von
Mohammed bis zur Zeit des Sultan Selim
übersichtlich dargestellt
von
Dr. Gustav Weil,

ordentlichem Professor der morgenländischen Sprachen an der Universität Heidelberg,
Offizier des kaiserl. Mexikanischen Guadelupe-Ordens, Ritter des königl. Italienischen St. Mauritius-
und des königl. Preußischen Kronenordens,
correspondirendem Mitgliede der kaiserl. Akademie zu Paris ꝛc.

Stuttgart:
Rieger'sche Verlagsbuchhandlung.
(A. Benedict.)
1866.

Vorrede.

Von dem Wunsche beseelt, das Resultat meiner dreißigjährigen historischen Forschungen auch einem weitern Leserkreis zugänglich zu machen, und von gelehrten Freunden sowohl als von Verlegern dazu ermuntert und aufgefordert, habe ich mich entschlossen, vorliegendes Werk zu schreiben, welches das Wesentlichste aus der politischen und Culturgeschichte der islamitischen Völker, von Mohammed bis ins sechzehnte Jahrhundert, in leicht übersichtlicher Weise bietet. Es sind viele Einzelnheiten übergangen worden, die nur für Orientalisten und Historiker von Bedeutung sind, ebenso der ganze kritische Apparat, der in meinen frühern Geschichtswerken unentbehrlich war, weil sie größtentheils aus handschriftlichen Quellen neue Thatsachen an den Tag gefördert haben, die überall der Erläuterung und Begründung bedurften.

Indessen darf dieses Buch nicht gerade als ein Auszug aus meinen sechs Bänden über Mohammed und die Chalifen angesehen werden. Wenn es sich auch durch geringern Umfang, zweckmäßigere Eintheilung und gefälligere Form vorzugsweise für ein größeres Publikum eignet, so dürfte es doch auch von der gelehrten Welt, die im Besitze meiner frühern Werke ist, beachtet werden, denn es enthält nicht unbedeutende Verbesserungen und Zusätze. Ich konnte hier manches aufnehmen, was in der Geschichte der Chalifen nicht an seinem Platze gewesen wäre, wie z. B. die Geschichte der afrikanischen Dynastien, die der Araber in Spanien und Sicilien u. dergl. mehr. Dieser Theil war jetzt auch um so leichter zu bearbeiten, weil inzwischen von Amari, Slane, Dozy, Wright und Andern viel Material dazu geliefert worden ist.

So übergebe ich denn dieses Werk der Oeffentlichkeit, mit dem Bewußtsein, keine Mühe gescheut zu haben, durch dasselbe jeden Freund der morgenländischen Geschichte in den Stand zu setzen, ohne ermüdende Anstrengung, und mit geringem Aufwande an Zeit und Kosten, mit der Religion, der Cultur und den wichtigsten politischen Ereignissen der mohammedanischen Völker vertraut zu werden.

Heidelberg im Mai 1866.

Der Verfasser.

Inhalts-Verzeichniß.

Erster Abschnitt.
Mohammed und der Koran.

		Seite
I.	Mohammed und die Araber seiner Zeit	1
II.	Der Koran	26

Zweiter Abschnitt.
Das Wahlchalifat in Medina.

I.	Abu Bekr	40
II.	Omar	47
III.	Osman	54
IV.	Ali, Hasan und Muawia	59

Dritter Abschnitt.
Die Omejjaden in Damask.

I.	Muawia als Alleinherrscher	71
II.	Die Glanzperiode der Omejjaden, von Jezid I. bis Welid I.	74
III.	Spaltungen im Reiche, von Suleiman bis Hischam	104
IV.	Weiterer Verfall und Untergang der Omejjaden, von Welid II. bis Marwan II.	117

Vierter Abschnitt.
Die Abbasiden in Asien.

I.	Die Blüthezeit der Abbasiden, von Al-Saffah bis Mutaßim	127
II.	Anfang des Verfalls des Chalifats und Emporkommen unabhängiger Dynastien. Von Alwathik bis Almuktafi	178
III.	Gänzlicher Verfall des Chalifats. Von Almuktabir bis zum Einzug der Bujiden in Bagdad	199
IV.	Die Abbasiden unter den Bujidensultanen	219
V.	Die Abbasiden unter der Herrschaft der ersten Seldjukensultane	226
VI.	Die selbständigeren Chalifen, zur Zeit der letzten Seldjukensultane und der Fürsten von Charizm	238
VII.	Untergang des Chalifats von Bagdad	251

Fünfter Abschnitt.
Die Omejjaden und andere moslimische Fürsten in Spanien.

                                                                                         Seite

I. Die Gründung und die Glanzperiode des Omejjadenreichs, von Abd Errahman I. bis Hakam II. 256
II. Verfall des Omejjadenreichs, von Hischam II. bis Hischam III. 274
III. Das moslimische Spanien nach dem Sturze der Omejjaden 284

Sechster Abschnitt.
Die moslimischen Dynastien in Afrika und Sicilien.

I. Die Idrisiten 297
II. Die Aghlabiten 299
III. Die Fatimiden und die ersten Ziriden 306
IV. Die letzten Ziriden 328
V. Die Hafsiden und die Meriniden 329
VI. Untergang der moslimischen Herrschaft über Sicilien . 333

Siebenter Abschnitt.
Der Kampf der islamitischen Völker gegen die Kreuzfahrer.

I. Der erste Kreuzzug bis zum Tode Zenkis 337
II. Die Kreuzzüge gegen Nureddin und Saladin . . . 351
III. Die Kreuzfahrer und die Nachkommen Saladins . . 363
IV. Die ersten Mamlukensultane und die Mongolen, bis zur Vertreibung der Kreuzfahrer 371

Achter Abschnitt.
Die Ilchane in Persien und die bahritischen Mamlukensultane nach den Kreuzzügen.

I. Der Sultan Nasir und seine Zeit 384
II. Die Nachkommen des Sultan Nasir und die spätern Ilchane 409

Neunter Abschnitt.
Die Osmanen bis auf Bajesid, die ersten cirkassischen Sultane in Egypten und die Eroberungen Timurs.

I. Die Osmanen bis zum Kriege Bajesids gegen Timur . . 417
II. Timur bis zu seinem Kriege gegen Bajesid . . . 421
III. Egypten und Syrien unter den ersten Cirkassiern. Die letzten Kriege Timurs und der Untergang der Ilchane . . 430

Zehnter Abschnitt.
Westasien, Egypten und Cypern nach den Eroberungen Timurs, bis zum Tode Bajesids II.

I. Egypten und Syrien bis zum Tode Choschkadems. Eroberung von Cypern 441

		Seite
II. Die Osmanen von der Schlacht bei Angora bis zur Eroberung von Constantinopel	. . . .	454
III. Mohammeds II. Kriege in Europa	. . . . .	462
IV. Das Verhältniß der Pforte zu Egypten und den Fürsten Asiens unter Mohammed II. und Bajesid II.	. . . .	466

Elfter Abschnitt.
Das Zeitalter Selims I. und der spätere Verfall des osmanischen Reichs.

I. Die Safiden in Persien und ihr Kampf mit den Osmanen. Die Literatur der Perser und Türken	. . . .	475
II. Die letzten Mamlukensultane und ihr Krieg mit Portugal und der Pforte	. . . .	482
III. Die Osmanen nach Selim I.	. . . . . .	497

Druckfehler und Verbesserungen.

Seite 2 Zeile 11 v. o. lies anbeteten statt ansahen.
— 18 — 15 — — wurden statt wurde.
— 27 — 19 — — zerstreuten statt zerstreute.
— 29 — 4 v. u. — Euren statt Spuren.
— 46 — 13 — — Viehzucht statt Viezucht.
— 53 — 18 ist das , nach d. W. Saad zu streichen.
— 75 — 3 v. o. lies verließen statt verließ.
— 88 — 16 — — Habbjabjs statt Habbjabs.
— 92 — 19 — — Habbjabj statt Habbjabj's.
— 136 — 13 v. u. — vorauszusehen statt vorauszusetzen.
— 141 — 12 v. o. — und statt fund.
— 152 — 12 v. u. — großen statt große.
— 155 — 11 v. o. — seinen statt dessen.
— 164 — 2 — — Harthama statt Horthuma.
— 181 — 16 v. u. — und statt so wie.
— 185 — 6 — — Alíden statt Albien.
— 187 — 13 — — des statt der.
— 191 — 11 v. o. — Tahiriden statt Thairiden.
— 209 — 11 v. u. — beherrschten statt beherrschte.
— 211 — 3 v. o. — Muktafi's statt Mukkafi's.
— 221 — 13 v. u. — Bachtjar statt Buchtjar.
— 251 — 7 v. o. — Naßir statt Nazir.
— 267 — 17 v. u. — Friedensanträge statt Friedensverträge.
— 270 — 2 — — der letzte statt ben letzten.
— 276 — 5 — — Omejjaden statt Omajjeden.
— 287 — 17 — — Almumin statt Almunin.
— 301 — 8 v. o. — anerkannte statt anerkannt.
— 302 — 10 — — gehörende statt gehörenden.
— 323 — 2 u. 7 v. u. lies Albasasiri statt Albasisiri.
— 326 — 12 v. o. lies in statt nach.
— 343 — 17 v. u. — hatten statt hatte.
— 347 — — — — genannten statt genannte.
— 355 — 17 v. o. — Almalrich statt Almarich.
— 376 — 10 v. u. ist das Wort „sie" zu streichen.
— 394 — 7 — lies heidnischen statt heidnische.
— 401 — 8 v. o. — fromme statt frommen.
— 408 — 19 v. u. — Abulfeda statt Abulseda.
— 421 — 4 v. o. — Djenkischans statt Djerkischans.
— 442 — 11 v. u. ist das , nach Damaskus zu streichen.
— 447 — 5 v. o. lies 1460 statt 1860.
— 468 — 13 v. u. — 1473 statt 1433.
— 481 — 3 — — sabeh statt sabh.
— 488 — 19 v. o. — würde statt würden.

Erster Abschnitt.

Mohammed und der Koran.

I. Mohammed und die Araber seiner Zeit.

Da wir uns eine übersichtliche Darstellung der Geschichte der islamitischen Völker, welche mit Mohammed, dem Stifter des Islams, beginnt, zur Aufgabe gestellt haben, so müssen wir, zu besserm Verständnisse derselben, einen raschen Blick auf die politischen und Culturzustände Arabiens, des Heimatlandes des mohammedanischen Propheten, werfen, und in Kürze andeuten, wie aus denselben sich allmählich der neue Glaube und das junge Reich entwickelte, welches in kurzer Zeit eine so weite Ausdehnung und eine so furchtbare Macht gewann. In politischer wie in religiöser Beziehung herrschte in Arabien im sechsten Jahrhunderte die größte Zersplitterung. Im Süden machten sich Juden und Christen die Herrschaft streitig, mehrere östliche Provinzen waren dem persischen Reiche, und ein Theil des Nordens dem Byzantinischen unterthan. Nur in Mittelarabien behaupteten die Beduinen ihre alte Freiheit, waren aber unter sich selbst in zahlreiche Stämme und Familienhäupter getheilt, und nicht selten in lange blutige Kriege gegen einander verwickelt. Gleiche Bewandtniß hatte es mit dem Glauben der Bewohner der arabischen Halbinsel. Manche Stämme, die in nähere Berührung mit Juden und Christen gekommen waren, hatten sich zum Judenthum und Christenthum bekehrt, die abgeschlossenen Bewohner Mittelarabiens blieben ihren alten Götzen, in Menschen- und Thiergestalt, treu, von denen der Eine diesem der Andere jenem Stamme heilig war, während Einige Sonne, Mond und sonstige Himmelskörper verehrten, oder sich der Religion der Magier zuneigten; auch lassen sich bei den heidnischen Arabern Spuren von Heroendienst, Baum- und Steincultus nachweisen.

Im Allgemeinen nahm die Religion im Leben der Beduinen einen untergeordneten Platz ein, und überhaupt hatte der Mohammedanismus mehr gegen religiösen Indifferentismus, gegen Skepticismus und Eigennutz, als gegen Anhänglichkeit an den alten Glauben zu kämpfen. Der Götzendienst war zur Zeit Mohammed's schon dem Verfalle nahe, die Götzen wurden von großen Dichtern und andern denkenden Arabern als machtlose Wesen angesehen, die sie höchstens als Vermittler zwischen dem höchsten Gotte (Allah) und den Menschen ansahen. Auch war in Arabien der Glaube an ein Jenseits schon vor Mohammed nicht mehr neu, wenngleich dessen allgemeine Verbreitung allerdings erst als eine Frucht des Islams angesehen werden muß. Mittelpunkt des arabischen Götzendienstes war die Stadt Mekka, mit ihrem alten Tempel (Kaabah), der die Götzen der verschiedenen Stämme beherbergte, und zu welchem alljährlich Wallfahrten statt fanden. Die Zeit der Wallfahrt war eine heilige, in welcher die Waffen ruhten, und Leben und Gut der Araber in Sicherheit war, daher auch in diesen Monaten der größte Handelsverkehr auf Messen und Jahrmärkten statt fand. Die Häupter der Stadt Mekka, welche im Besitze der geistlichen Würde waren, übten so einen großen Einfluß auf die Gesammtbevölkerung Arabiens aus, denn sie hatten auch einen Theil der heiligen Monate zu bestimmen, von welchen die Sicherheit des Handels, wie der Wiederausbruch oder die Einstellung der Feindseligkeiten abhieng. Kein Wunder daß die vornehmen Mekkaner ganz besonders den neuen Glauben bekämpften, weil sie am meisten bei einem Umsturze des Alten, den sie befürchten mußten, den jedoch Mohammed nicht durchführte, zu verlieren hatten. Mohammed gehörte zwar selbst dem Stamme an, welcher die Aristokratie Mekka's bildete, der Zweig, dem er entsprossen, war aber verarmt, so daß bei seiner Geburt (April 571 n. Chr.) seine Mutter Amina so unbemittelt war, daß sie Mühe hatte eine Amme für ihn aufzutreiben. Sein Vater Abd Allah war nach einigen Berichten schon vor seiner Geburt gestorben, nach Andern starb er wenige Wochen nach derselben. Mohammed soll mehrere Jahre bei seiner Amme unter den Beduinen gelebt haben, ehe er seiner Mutter zurückgebracht wurde. Mit dieser machte er, in einem

Alter von sechs Jahren, eine Reise nach Medina, ihrer Heimatstadt. Auf dem Rückwege starb sie, und das verlassene Kind wurde von seinem Großvater Abd-Almuttalib aufgenommen. Als auch dieser nach zwei Jahren starb, lebte er bei seinem Oheim Abu Talib, der jedoch selbst zu arm war, um für seines Neffen Lebensunterhalt sorgen zu können, so daß das junge Waisenkind bald genöthigt war, durch Schafhüten sich seinen Bedarf zu erwerben, eine Beschäftigung, der nur die niederste Volksklasse sich unterzog, während die begüterten Bewohner Mekka's Handel trieben und ihre Karawanen, zum Waaren= und Produkten=Austausch, nach Abyssinien, Südarabien, Syrien, Egypten und Persien wanderten. Mohammed selbst soll in seiner Jugend, wahrscheinlich als Kameeltreiber, mit Karawanen zweimal nach Syrien gekommen sein, doch verdienen die wunderbar ausgeschmückten Berichte hierüber wenig Glauben. Als historische Thatsache gilt aber, daß er in einem Alter von etwa fünf und zwanzig Jahren in den Dienst Chadidja's, einer wohlhabenden Wittwe, trat, und für sie in Handels= geschäften eine Reise nach Südarabien machte. Diese Wittwe heirathete er, gegen den Willen ihres Vaters, und durch diese Heirat erst wurden seine Vermögensumstände so glänzend, daß er sorgenfrei leben und seine schlummernden Kräfte geistigen Interessen zuwenden konnte. Er trieb zwar noch einige Zeit Handel, doch wie es scheint mit wenig Glück, und nach und nach sagte er sich ganz von den Geschäften los, zog sich immer mehr in die Einsamkeit zurück, und verbrachte manche Wochen in einer Höhle in der Nähe von Mekka, wo er sich religiösen Betrachtungen hingab. An Kenntnissen war Mohammed sehr arm, seine Erziehung war eine vernachlässigte, überhaupt stand Arabien zu seiner Zeit in wissenschaftlicher Beziehung auf einer sehr niederen Stufe. Nur die Dichtkunst war in voller Blüthe, für diese hatte aber Mo= hammed, trotz seiner großen Rednergabe, kein Verständniß. Die Schreibkunst war damals noch wenig verbreitet, und es ist zweifel= haft, ob Mohammed, selbst in spätern Jahren, sie sich aneignete. Er kannte das Juden= und Christenthum nur aus mündlichen Berichten, vielleicht aus der Darstellung eines Vetters seiner Gattin, der zu denen gehörte, welche schon vor der mohammedanischen Zeit dem Götzendienste entsagt hatten, der aber auch in beiden Confessionen keine volle Befriedigung fand. Von Diesem angeregt, mochte er über Gott, Jenseits und Offenbarung nachgeforscht, die ihm aus mündlicher Ueberlieferung bekannten Religionssysteme durchmustert und aus denselben eine für Arabien passende neue Religion zu schaffen gesucht haben. Das Dasein eines einzigen Gottes ohne Trinität, die Offenbarung Gottes, aber nur durch Propheten, die, wenn auch durch Prophetengabe ausgezeichnet, doch allen andern Menschen gleich waren, und ein Jenseits, in welchem die Tugend belohnt und das Laster bestraft wird, waren die Grundelemente der neuen Religion, welche aber, nach seiner Ansicht, nicht neu war, die vielmehr Abraham schon gelehrt haben sollte, „der weder Jude noch Christ war", von dem, nach biblischer wie nach arabischer Sage, die Araber abstammen, und der auch damals schon im heiligen Tempel als ein Mann Gottes verehrt worden sein soll. Moses und Christus galten ihm als große Propheten, aber ihre Offenbarung erschien ihm als eine von Juden und Christen getrübte und verfälschte, darum sollten aus dem alten Testamente die für Arabien nicht passenden Gesetze und Ceremonien, und aus dem Neuen diejenigen Dogmen beseitigt werden, die an Polytheismus grenzen. War einmal Mohammed auf dem Wege der Tradition und Reflexion zu diesem Resultate gelangt, so mochte er, mit seinem frommen Gemüthe und seiner lebhaften Phantasie, bei seiner nervösen physischen Constitution, bei manchen Vorurtheilen seiner Zeit, in denen er noch befangen war, in seiner einem beschaulichen Leben gewidmeten Einsamkeit sich schließlich auch für einen von Gott inspirirten Propheten gehalten haben.

Mohammed war nämlich, wie aus morgen- und abendländischen Quellen erhellt, Epileptiker, und wurde, dem Aberglauben seiner Zeit gemäß, für einen von bösen Geistern Besessenen gehalten. Er selbst hielt sich ursprünglich für einen Solchen, bis er allmählich zur Ueberzeugung gelangte, daß Dämonen keine Gewalt über einen reinen, Gott ergebenen Mann, wie er war, haben könnten. Die Dämonen wurden jetzt in Engel verwandelt, die er, bei seiner Neigung zu Hallucinationen des Gesichts und Gehörs, und bei seinem krankhaft erregten Körper- und Gemüthszustande, im Traume sah, oder auch wachend zu sehen glaubte. Er schrieb nun die nach gewaltiger Aufregung und Geistesanstrengung eintretende Bewußtlosigkeit überirdischem Zusammenleben mit Engeln zu, und sah das, was nach der Rückkehr des

Bewußtseins, klar vor seiner Seele lag, für eine göttliche Offenbarung an. Mohammed glaubte, wenigstens in der ersten Zeit seines Prophetenthums, ganz fest an seinen Beruf, eine neue Religion zu predigen, oder vielmehr die alte Religion Abrahams wieder in ihrer Reinheit herzustellen, und dieser Glaube allein gab ihm, trotz seinem wankelmüthigen Charakter und träumerischen Wesen, die nöthige Kraft und Ausdauer, alle Schmähungen und Kränkungen zu ertragen, die ihm viele Jahre hindurch von seinen Gegnern zugefügt wurden.

In den ersten Jahren mußte sich Mohammed damit begnügen, seine Offenbarungen seinen nächsten Verwandten und vertrautesten Freunden vorzutragen. Unter diesen ist besonders Abu Bekr und unter jenen sein junger Vetter Ali zu nennen. Beide nahmen später als Chalifen eine hervorragende Stellung in der Geschichte des Islams ein. Die große Masse der Mekkaner, darunter selbst Mohammeds Oheime, wiesen ihn zurück. Nach und nach gewann er jedoch eine Anzahl Männer aus den niedern Volksklassen, weil er sich der Armen und Schwachen annahm, und in seinen Reden auch die Härte, den Geiz, den Stolz und den Hochmuth der Aristokratie Mekka's geißelte. Die vornehmen Mekkaner, die ihn anfangs gewähren ließen, erkannten nach und nach die ihnen drohende Gefahr, und begnügten sich bald nicht mehr damit, ihn als Wahrsager oder Zauberer zu verspotten und zu verhöhnen, sondern sie brandmarkten ihn auch als Lügner, und verfolgten ihn als Religionslästerer. Mohammed und die Gläubigen aus angesehenen Familien, die des Schutzes ihres Stammes sicher waren — denn die Ehre des Stammes galt den Arabern mehr als der Glaube an ihre Götzen — verharrten jedoch bei der neuen Religion, wenngleich dieser Schutz sich nur bis zur Sicherung vor groben Mißhandlungen erstreckte. Sklaven, Freigelassene und andere schutzlose Gläubige aber sahen sich genöthigt zu widerrufen, oder auszuwandern, und Abyssinien war das zur Auswanderung gewählte Land, weil hier, unter christlicher Herrschaft, der beste Schutz gegen Götzendiener zu erwarten war. Mohammed fuhr indessen fort gegen den Götzendienst und das Läugnen eines Jenseits zu polemisiren und suchte ganz besonders durch seine feurigen Schilderungen der Höllenstrafen und der Paradiesesgenüsse zu wirken, dabei drohte er auch der ungläubigen Stadt mit nahem Untergang und erzählte wie Gott ältere Städte und Völker ihrer Sünden und ihres Unglaubens wegen vertilgt habe. Als er aber auf die Geschichte früherer Propheten hinwies, verlangte man von ihm auch Wunder, wie sie Jene geübt, und hierauf wußte er nichts zu erwiedern, als daß die Offenbarung selbst das größte Wunder sei, oder daß Gott aus Gnade ihnen diesen Vorwand lasse, weil er wisse, daß sie, wie die verstockten Sünder vor ihnen, doch nicht glauben würden. Es trat ein Moment ein, in welchem Mohammed so niedergeschlagen war, und so sehr am Erfolg seiner Bemühungen verzweifelte, daß er mit seinen Verfolgern einen Compromiß schließen wollte, indem er ihre Götzen als vermittelnde Wesen zwischen den Menschen und Allah, etwa wie die Engel nach jüdischer und christlicher Vorstellung, anerkannte. Sei es aber, daß er selbst bald einsah, wie er auf Irrwege gerathen, oder daß dieser Schritt den gewünschten Erfolg nicht hatte, er ermannte sich bald wieder und widerrief diese Concession, indem er seinen frühern Ausspruch als eine Eingebung Satans erklärte. Obgleich aber die Zahl seiner Gegner, in Folge seiner wiederkehrenden Schroffheit, immer mehr wuchs, und ihr Auftreten gegen ihn immer feindseliger und kränkender wurde, nahm doch seine Macht um diese Zeit durch die Bekehrung zweier Männer zu, welche ihm reichen Ersatz für viele Abtrünnige boten. Der eine war Hamza, wegen seiner Tapferkeit „Löwe Gottes" genannt, und der andere der nachherige Chalife Omar, der energischste Charakter unter allen Gefährten des Propheten und die kräftigste Stütze des Islams. Bei Hamza, der ein Oheim Mohammeds war, regte sich das Gefühl des Mitleids und der Familienehre. Er bekannte sich zum Islam, um desto entschiedener als Beschützer seines vielen Beleidigungen ausgesetzten Neffen auftreten zu können. Omar galt für einen der heftigsten Gegner Mohammeds, er soll sogar den Entschluß gefaßt haben, ihn aus dem Wege zu räumen, als er die Entdeckung machte, daß seine eigene Schwester und ihr Gatte sich zu Mohammeds Lehre bekannten. Er stürzte in ihre Wohnung und mißhandelte sie. Bald bereute er aber seine Rohheit, las das Stück Koran, das er bei ihnen fand und wurde, wie Moslime behaupten, von dessen bezaubernder Sprache und erhabenem Inhalt so hingerissen, daß er sich alsbald zu Mohammed begab, ihm als Gesandten Gottes huldigte und ihn sogar nöthigte, unter seinem und

Hamza's Schutz den Tempel wieder zu besuchen, den er in der letzten Zeit nicht mehr zu betreten gewagt hatte. Diese Bekehrungen und ihre Folgen brachten bei den Feinden Mohammeds nur noch mehr Erbitterung hervor, und es währte nicht lange, so verpflichteten sie sich gegenseitig, mit Mohammed und seiner ihn beschützenden Familie jeden Verkehr abzuschneiden. Die Geächteten zogen sich in ihre Quartiere zurück, welche in einer Schlucht des Hauptthals lagen und lebten hier in großer Bedrängniß, denn nur aus der Ferne oder vermittelst heimlicher Freunde konnten sie sich die nöthigen Lebensmittel verschaffen. Dieser Zustand dauerte mindestens zwei Jahre und nicht ohne Mühe setzten Mohammed's Freunde die Aufhebung des Bannes durch. Mohammed, dessen Anhänger sich in dieser Zeit der Noth gewiß nicht vermehrt hatten, mochte seinen Gegnern weniger gefährlich erschienen sein und darum ein milderes Verfahren gegen ihn den Sieg davon getragen haben. Er mußte sich wohl sehr unbehaglich in seiner Vaterstadt fühlen, denn bald nachher verließ er sie und reiste nach Taif, in der Hoffnung, bei den Bewohnern dieser östlich von Mekka gelegenen Stadt freundliche Aufnahme und geneigtes Ohr für den Islam zu finden. Aber auch in dieser Erwartung wurde er getäuscht und er war bei seiner Rückkehr nach Mekka um so betrübter, als seine Gattin Chadidja, die ihm stets Trost gespendet, und sein Oheim Abu Talib, der ihn mit Selbstaufopferung beschützt hatte, ihm kurz vorher durch den Tod entrissen worden waren.

Erst im elften Jahre seiner Sendung und im ein und fünfzigsten seines Lebens trat, durch die Bekehrung einiger Pilger aus Jathrib, der Stadt, welche später, als Mohammed sie zur Residenz wählte, Medina genannt wurde, eine günstige Wendung für Mohammed und seine Religion ein. Die Bekehrten verbreiteten die neue Lehre in ihrer Heimat und erschienen im folgenden Jahre in größerer Zahl wieder bei dem Feste, und im dritten Jahre, als der Mohammedanismus bei ihnen noch weitere Fortschritte gemacht hatte, luden sie Mohammed ein, ihnen zu folgen, und schwuren ihm, ihn wie ihre eigenen Frauen und Kinder zu beschützen. Die raschere Annäherung der Medinenser an Mohammed ist daraus zu erklären, daß erstens seine Mutter aus Medina stammte und ihr Geschlecht es daher als eine Ehrensache ansah, ihm Schutz zu gewähren, daß ferner die Medinenſer durch ihren Umgang mit den unter ihnen wohnenden jüdiſchen Stämmen, die ihren Meſſias erwarteten, längſt auf das Erſcheinen eines neuen Propheten vorbereitet waren und daß endlich die auf die Bedeutung Mekka's eiferſüchtige Stadt Medina hoffen mochte, durch Mohammed und ſeine Religion das Uebergewicht zu erlangen. Mohammed ſchickte ſeine Anhänger nach Medina voraus, er ſelbſt entfloh mit Abu Bekr nach einigen Monaten heimlich, weil er wahrſcheinlich zurückgehalten oder auf der Reiſe mißhandelt zu werden befürchtete. Mit dieſer Auswanderung, im Arabiſchen H i d ſ ch r a h genannt, beginnt die mohammedaniſche Zeitrechnung. Sie wurde jedoch, obgleich die wirkliche Auswanderung im September 622 ſtatt fand, auf den 16. Juli, den erſten Tag des damaligen arabiſchen Jahres, zurückgeſchoben.

Mohammed's erſte Sorge nach ſeiner Ankunft in Medina war, den mit und vor ihm Ausgewanderten eine neue Heimat zu verſchaffen. Er ſtiftete daher eine Verbrüderung zwiſchen den geflüchteten Mekkanern (M u h a d j i r i n) und den bekehrten Medinenſern, (A n ß â r, Hilfsgenoſſen) welche ſich bis zur gegenſeitigen Beerbung, mit Ausſchluß der Blutsverwandten, erſtreckte. Er ordnete auch bald den Cultus und ließ eine Moſchee bauen, in welcher täglich fünfmal ein kurzes Gebet verrichtet wurde. In der erſten Zeit ſeines Aufenthalts in Medina ſuchte Mohammed die daſelbſt anſäſſigen Juden durch allerlei Conceſſionen für ſeine Religion zu gewinnen. So beſtimmte er Jeruſalem als Kiblah, das heißt als die Seite, nach welcher man beim Gebete das Geſicht wenden ſollte, er ſetzte den zehnten Tag des erſten Monats als Faſttag ein und geſtattete den ſich Bekehrenden den Sabbat zu feiern. Als er ſich aber in ſeiner Hoffnung getäuſcht fand, indem die Juden, abgeſehen von allem Andern, einen Meſſias aus dem Geſchlechte David's erwarteten, wurde er ihr bitterſter Feind. Er beſtimmte ſpäter Mekka ſtatt Jeruſalem zur Kiblah, ſetzte den Monat Ramadhan als Faſtenzeit und den Freitag als Ruhetag ein.

Mohammed's wichtigſte Maßregel im erſten Jahre der Auswanderung war aber die, daß er im Namen Gottes den Krieg gegen die Ungläubigen zuerſt erlaubte und ſpäter ſogar zur heiligen Pflicht machte. Bekämpfung der Feinde des Islams wurde zur ſchönſten

Tugend erhoben, den im Kampfe fallenden, verhieß er die höchsten Freuden des Paradieses, denen die ihn scheuten, drohte er mit einem schmählichen Tode durch göttliche Fügung.

Die ersten Kriegszüge der Mohammedaner, welche kaum einige hundert Mann in's Feld stellen konnten, denn die größere Zahl der Bewohner Medina's war noch nicht zum Islam übergetreten, und hatte sich nur zur Beschützung Mohammed's verpflichtet, aber nicht ihm in offensiven Unternehmungen zu folgen, waren eigentlich nur Raubzüge gegen mekkanische Karawanen, die auf ihren Handelszügen in der Nähe von Medina vorüberkamen. Da indessen die Mekkaner vorsichtig waren und entweder ihren Karawanen ein starkes Geleite mitgaben, oder sie auf Umwegen nach Syrien schickten, so ordnete Mohammed einen Raubzug in einem der heiligen Monate an, in welchen jeder Araber sich der größten Sorglosigkeit hingab. Die näheren Umstände dieser Expedition sind schon sehr bezeichnend für den Charakter Mohammed's und seiner Offenbarungen in dieser Periode. Wir sehen hier wieder, wie bei der Anerkennung vermittelnder Götzen, eine gewisse Unsicherheit in seinem Verhalten, und den Anfang einer Reihe von Handlungen, die er, auch ohne mit zartem ethischen Sinne begabt zu sein, doch als schlecht erkennen mußte und nur des Zweckes willen, — fortwährende Züchtigung der Heiden und Hemmung ihres Handels — beging, oder wenigstens guthieß.

Mohammed ließ nämlich seinen Schwager Abd Allah rufen, überreichte ihm ein versiegeltes Schreiben, und gab ihm die Weisung, sich mit zwölf Genossen nach Südarabien aufzumachen, um den in diesem Schreiben enthaltenen Befehl zu vollziehen, verbot ihm aber ausdrücklich dasselbe vor dem dritten Tage nach seinem Auszuge zu lesen. Abd Allah gehorchte, und als er am dritten Tage den Brief erbrach, fand er nur folgende wenige Worte: „Ziehe mit deinen Gefährten in das Thal von Nachlah (südöstlich von Mekka) und laure daselbst der Karawane der Mekkaner auf." Abd Allah deutete natürlich dieses Schreiben dahin, daß er diese Karawane überfallen sollte, was er auch mit Erfolg ohne Schwierigkeit ausführte. Zwei Männer wurden gefangen genommen, einer wurde erschlagen und die ganze Ladung von Abd Allah als Beute nach Medina gebracht. Mohammed hatte offenbar, um jede Erörterung mit Abd Allah über einen in den heiligen Monaten zu unternehmenden Raubzug abzuschneiden, und je nach Umständen die Verantwortlichkeit dafür von sich abwälzen zu können, ihm den Befehl dazu in einem laconischen versiegelten Brief= chen ertheilt, und in der That, als selbst unter den Moslimen Me= dina's nur eine Stimme des Tadels und der Entrüstung über diese Entweihung der heiligen Monate sich erhob, desavouirte er anfangs Abd Allah und behauptete, er habe seinen Befehl überschritten, da er ihm ja nicht gesagt, daß er die Karawane im heiligen Monate an= greifen sollte. Als er jedoch sah, daß er demohngeachtet als Urheber dieses Frevels galt, und da er auch in Zukunft den Mekkanern nicht vier sichere Monate für ihre Handelszüge gönnen wollte, wurden Koransverse geoffenbart, in welchen der Krieg gegen die Ungläubigen zu jeder Zeit entschuldigt wird, weil sie die weit größere Sünde begangen haben, den Propheten aus seiner Heimat zu verdrängen.

Man könnte vielleicht, trotz allen gravirenden Umständen, doch noch Bedenken tragen, Mohammed für das beim Ueberfalle dieser Karawane meuchlerisch vergossene Blut verantwortlich zu machen, wenn nicht seine Biographen noch manchen andern von ihm befohlenen Meuchelmord, selbst gegen Frauen, berichteten und solches ihm sogar als Verdienst anrechneten. Wahr und aufrichtig war er übrigens schon in der letzten Zeit vor seiner Auswanderung nicht mehr. So erzählte er, um nur Eines anzuführen, die ganze Geschichte der alt= und neutestamentlichen Propheten, mit vielen jüdischen und christlichen Sagen ausgeschmückt, und behauptete, wie gewöhnlich, der Engel Gabriel habe sie ihm geoffenbart, was schon die Mekkaner nicht glaub= ten, indem sie mit Recht seine Kenntniß derselben seinem Umgange mit fremden Schriftgelehrten zuschrieben.

Zu dem ersten eigentlichen Treffen zwischen Mohammed und den Mekkanern kam es im zweiten Jahre der Hidjrah, bei Bedr, einem wasserreichen Stationsorte zwischen Medina und Mekka. Mohammed war mit etwas über dreihundert Mann ausgezogen, in der Absicht die aus Syrien zurückkehrende reiche Karawane der Mekkaner zu über= fallen und auszuplündern. Abu Sofjan, der Stammvater der Omej= jaden, welcher die Karawane anführte, erhielt aber Kunde von dem Vorhaben Mohammed's. Er sandte einen Eilboten nach Mekka, um seine Mitbürger aufzufordern, zum Schutze ihres Eigenthums bewaffnet auszuziehen. Noch ehe indessen die zu Hülfe gerufenen Mekkaner, etwa 900 Mann stark, herbeikamen, gelang es dem Abu Sofjan, welcher wußte, daß Mohammed ihm bei Bedr auflauerte, diesen Ort zu umgehen und längs der Meeresküste seine Karawane in Sicherheit zu bringen. Sobald die Kunde von der Rettung der Güter in das Lager der Mekkaner gelangte, wünschte ein Theil der Mannschaft, die nur aus Furcht, ihr Eigenthum zu verlieren, die Waffen ergriffen hatte, wieder heimzukehren. Andere, bittere Feinde Mohammed's und kriegslustige Männer, schlugen vor, bis Bedr vorzurücken. Letzterer Vorschlag wurde zwar angenommen, doch beharrten mehrere Geschlechter auf ihrer Weigerung und kehrten wieder nach Mekka um. Gleiches Schwanken herrschte im Lager des Propheten; man war in der Aussicht auf Beute, aber nicht auf einen Kampf gegen einen an Zahl noch immer überlegenen Feind in's Feld gezogen. Aber hier durfte man noch weniger für feig gelten, wenn man nicht dem neuen Glauben den härtesten Schlag versetzen wollte. So kam es denn zum blutigen Zusammenstoße, bei welchem die todesmuthigen und kriegsgeübten Medinenser über die zum Theil verweichlichten Kaufleute Mekka's den Sieg und reiche Beute davon trugen. Mohammed selbst war dem Handgemenge fern geblieben, er betete in einer Hütte, bis er ohnmächtig niedersank, und als er wieder zu Bewußtsein kam, verkündete er den Seinigen den Sieg durch die Hülfe himmlischer Schaaren. Diese erste Waffenthat legte den Grund zum raschen Wachsthum des Mohammedanismus, sie brachte der armen Gemeinde neue Kraft durch die erbeuteten Waffen, Pferde und Kameele, so wie durch beträchtliches Lösegeld für die Gefangenen, sie stärkte ihr Vertrauen, vermehrte ihren Anhang und ermunterte sie zu weiteren Unternehmungen. Der jüdische Stamm Keinuka ward das erste Opfer der siegestrunkenen Schaar. Er wurde genöthigt sich auf Gnade oder Ungnade zu ergeben und wäre wahrscheinlich gänzlich niedergemacht worden, wenn nicht Abd Allah, der Sohn Ubei's, das Oberhaupt der Chasradjiten, des in Medina wohnenden arabischen Stammes, mit welchem diese Juden früher verbündet waren, ihnen freien Abzug erwirkt hätte, doch fiel ihre ganze Habe in die Gewalt der Moslime. In diese Zeit fallen auch mehrere Ermordungen besonders verhaßter oder gefährlicher Feinde des Islams, wodurch ein gewisser Terrorismus von Seiten Mohammed's geübt wurde, der den heftigen Widerstand einzelner Gegner zum Schweigen brachte und ängstliche Gemüther in den Schooß des Sicherheit gewährenden Islams führte.

Indessen blieben auch die Mekkaner nicht unthätig. Ihr Interesse und ihre Ehre gebot ihnen für die Niederlage bei Bedr Rache zu nehmen. Schon vor Ende des zweiten Jahres der Hibjrah hatte Abu Sofjan mit einer kleinen Zahl entschlossener Männer einen Streifzug bis in die Nähe von Medina gemacht, um das Terrain auszukundschaften und Verbindungen mit den Feinden Mohammed's anzuknüpfen. Im folgenden Jahre (625) brach er, an der Spitze von etwa 3000 Mann, gegen Medina auf und bezog ein Lager im Osten der Stadt. Mohammed, der durch befreundete Araber von allen Bewegungen des Feindes unterrichtet war, wollte sich auf die Vertheidigung der Stadt beschränken. Da aber seine fanatischen Anhänger dieß als eine Feigheit erklärten, sah er sich genöthigt, mit etwa tausend Mann auszurücken, von denen jedoch nahezu ein Drittheil, unter der Führung des schon genannten Abd Allah, der in seinem Innern Mohammed und den Islam haßte, wieder in die Stadt zurückkehrte. Trotz ihrer geringen Zahl schlugen sich doch die Moslimen mit Erfolg, am Berge Ohod, nördlich von Medina, bis die Bogenschützen, welche die feindliche Reiterei abwehren sollten, den ihnen angewiesenen Posten verließen und der tapfere Chalid, der dieselbe anführte, Gelegenheit fand, ihnen in den Rücken zu fallen. Ein panischer Schrecken bemächtigte sich nunmehr der Gläubigen, so daß sie nur noch in der Flucht ihr Heil suchten. Mohammed selbst wurde verwundet und sank um, so daß sich das Gerücht von seinem Tode verbreitete, was die Bestürzung seiner Schaar noch vermehrte. Einer seiner Getreuen erkannte ihn jedoch an den Augen, obgleich er mit Panzerhemd, Helm und Visir bedeckt war und brachte ihn mit andern Freunden an einen sichern Ort, während die Mekkaner, im Glauben Mohammed getödtet zu haben, sich um die übrigen Flüchtlinge wenig mehr kümmerten und zufrieden den Rückzug antraten. Erst als das Treffen zu Ende und ein Theil des Heeres wahrscheinlich schon auf dem Rückmarsche war, erfuhr Abu Sofjan, daß Mohammed noch am Leben sei und beschloß, im folgenden Jahre ihn auf's Neue anzugreifen. Mohammed verfolgte am Tage nach dem Treffen, in welchem er siebzig Mann verlor, worunter auch seinen Oheim Hamza, der nebst andern moslimischen Leichen furchtbar verstümmelt wurde, den Feind einige Meilen weit, doch nur um zu zeigen, daß er keineswegs entmuthigt sei, denn er wußte wohl, daß er ihn nicht mehr einholen werde. Darauf konnte er um so sicherer bauen, als er durch Freunde einen übertriebenen Bericht von seinen neuen Rüstungen in das Lager der Mekkaner gelangen ließ, wodurch sie zu schleuniger Heimkehr angetrieben wurden. An die Niederlage bei Ohod, welche Mohammed's Ansehen eben so sehr schwächte als der Sieg bei Bedr es gehoben hatte, reihen sich noch einige andere Unglücksfälle, welche wir, so wie einzelne unbedeutende Raubzüge, übergehen. Der einzige erhebliche Vortheil, durch welchen Mohammed im vierten Jahre der Hidjrah den Gläubigen wieder einigen Ersatz für die erlittenen Verluste bieten konnte, war die Vertreibung der Juden vom Stamme Nadir, welche in der Nähe von Medina viele Güter und feste Schlösser hatten, die er bedrohte. Die Juden capitulirten und wanderten aus. Mohammed erklärte ihre Güter für sein Eigenthum, weil es nicht zum Kampfe gekommen war, und vertheilte sie unter die armen mekkanischen Flüchtlinge. Gegen Ende dieses Jahres zog er wieder mit verhältnißmäßig starker Heeresmacht nach Bedr, um zu zeigen, daß er sich nicht fürchte, Abu Sofjan, der nach dem Treffen von Ohod mit einem neuen Angriff gedroht hatte, die Spitze zu bieten. Die Mekkaner waren aber noch nicht gerüstet, und wollten auch in einem Mißjahre keinen Krieg führen. Erst gegen Ende des fünften Jahres (Anfang 627) brachen sie zum zweitenmale, mit ihren Verbündeten aus verschiedenen Beduinenstämmen, etwa zehn tausend Mann stark, unter der Führung Abu Sofjan's, gegen Medina auf. Die Niedergeschlagenheit der Medinenser, welche ihm kaum 3000 Mann entgegenstellen konnten, und die auch noch einen Angriff von dem jüdischen Stamme Kureiza fürchteten, war allgemein. Diesmal bestand Mohammed darauf, dem Feinde nicht auf offenem Schlachtfelde zu begegnen, sondern nur die Stadt zu vertheidigen, um die er auch, sobald er vom Anzug des feindlichen Heeres unterrichtet wurde, nach der Weisung eines Persers, einen breiten Graben ziehen ließ. So unbedeutend auch diese Schutzwehr war, genügte sie doch, die in der Belagerungskunst unkundigen Araber von einem massenhaften Angriffe abzuhalten. Bald trat auch rauhe

Witterung ein und es glückte Mohammed unter den Verbündeten gegenseitiges Mißtrauen zu erzeugen, so daß sie unverrichteter Dinge wieder heimzogen. Obgleich aber die Belagerung von Medina Mohammed wenig materiellen Verlust gebracht, so hatte er doch, nicht weniger als bei Ohod, von seinem Ansehen als Krieger und als Prophet eingebüßt, weil er, gegen alle arabische Sitte, statt dem Feinde eine Schlacht zu liefern, sich hinter Mauern und Graben verborgen hatte. Auch dießmal wendete er sich zuerst wieder gegen die Juden, welche sich in Unterhandlungen mit den Mekkanern eingelassen hatten, und nöthigte sie nach einigen Wochen sich ihm zu ergeben. Diese Juden, die schon genannten Benu Kureiza, waren früher Verbündete der Ausiten gewesen, des zweiten großen Araberstammes, der in Medina ansäßig war, und hofften daher durch die Fürsprache desselben eben so günstige Bedingungen zu erhalten, wie sie den Benu Keinuka durch die Verwendung Abd Allah's geworden. Unglücklicherweise war aber der Häuptling der Ausiten während der Belagerung der Stadt verwundet worden, als Mohammed ihn daher zum Schiedsrichter aufrief, verurtheilte er die Männer 600—900 zum Tode und die Frauen und Kinder zur Sklaverei, und Mohammed ließ dieses harte Urtheil alsbald auf dem Marktplatze in Medina vollziehen. Dieser Expedition folgten mehrere andere gegen feindliche Bedninenstämme, die allmählich den schlimmen Eindruck wieder verwischten, welchen die Belagerung von Medina hervorgebracht hatte, so daß Mohammed gegen Ende des sechsten Jahres der Hidjrah (628) den Beschluß fassen konnte, an der Spitze seiner Freunde, der Gläubigen sowohl als der mit ihm verbündeten heidnischen Araber, nach Mekka zu pilgern. Seine Aufforderung zur Theilnahme an dieser Wallfahrt fand jedoch wenig Anklang, und er mußte, da er sie einmal feierlich im Namen Gottes verkündigt hatte, mit einer nichts weniger als imposanten Macht — die Angaben schwanken zwischen 700 und 1400 Mann — aufbrechen, und auf die Scheu der Araber, in den heiligen Monaten Blut zu vergießen, vertrauen, obgleich er selbst schon einen heiligen Monat durch Mord und Raub entweiht hatte. Er machte jedoch, als er die Mekkaner fest entschlossen fand, ihm den Einzug in die Stadt zu verwehren, an der Grenze des heiligen Gebiets Halt, und nach längern Unterhandlungen kam man endlich dahin überein, daß er in diesem

Jahre wieder abziehen, im folgenden aber ihm gestattet sein sollte, drei Tage lang zum Behufe der Wallfahrt in Mekka zu weilen. Die Mekkaner sehnten sich ihres Handels willen nicht weniger als Mohammed nach Frieden und es wurde daher ein zehnjähriger Waffenstillstand geschlossen, der noch die für sie günstige Bedingung enthielt, daß mekkanische Flüchtlinge ausgeliefert werden, mohammedanische aber in Mekka Sicherheit finden sollten.

Schmerzlich war es für den Propheten und seine Begleiter, so nahe an der heiligen Stadt und ihrem Tempel, die Pilgerfahrt aufgeben zu müssen, doch entgiengen ihnen auch die Vortheile nicht, welche dieser scheinbar nachtheilige Friedensschluß brachte. Hauptsache für Mohammed war, daß er durch diesen Vertrag von dem stolzen Mekka gewissermaßen als ebenbürtige Macht anerkannt wurde. Er konnte jetzt seine Missionäre nach allen Theilen Arabiens ausschicken, Proselyten machen und Bündnisse schließen, und das Recht, im nächsten Jahre mit den Gläubigen in Mekka einziehen zu dürfen, war eine Errungenschaft, die seinen Ruf unter den Arabern bedeutend erhöhte. Um indessen auch seine materielle Macht zu heben, seine Anhänger zu bereichern, dadurch ihre Zahl zu vermehren, und durch neuen Sieg den schlimmen Eindruck zu verwischen, den die mißlungene Pilgerfahrt hervorgebracht haben mochte, zog er gegen die Juden von Cheiber aus, welche vier bis fünf Tagereisen nordöstlich von Medina ihre Güter und mehrere Burgen hatten. Letztere wurden der Reihe nach erstürmt und ausgeplündert und es blieb den noch wenigen Uebrigen nichts übrig, als sich dem Sieger unter der Bedingung zu ergeben, daß sie auf den Besitz ihrer Ländereien zu seinen Gunsten verzichteten. Sie blieben jedoch als deren Pächter zurück, mußten aber die Hälfte des Ertrags den Siegern abgeben. Zu gleichen Bedingungen mußten sich noch andere Juden in der Nähe von Cheiber verstehen, wodurch Mohammed immer mehr Mittel erhielt, die Zahl seiner Truppen zu vermehren.

Auch mehrere Feldzüge gegen Beduinen fallen in das Jahr zwischen der vereitelten und wirklich vertragsmäßig ausgeführten Pilgerfahrt (628—629). Die Zahl der Gläubigen und ihrer Verbündeten nahm zu und immer mehr entwickelte sich in Mohammed der Gedanke, der Islam müsse nach und nach, als die einzige wahre Religion, nicht nur von allen Arabern, sondern von allen Völkern der Erde angenommen werden. Noch vor der Eroberung von Mekka sandte er Boten an die benachbarten Fürsten von Persien, Byzanz und Abyssinien, so wie an den christlichen Statthalter von Egypten und an mehrere unter byzantinischer oder persischer Botmäßigkeit stehende arabische Häuptlinge, welche sie auffordern sollten, sich zu seinem Glauben zu bekehren. Diese Gesandtschaften blieben ohne Erfolg und wurden mehr oder weniger barsch abgewiesen. Nur der griechische Statthalter von Egypten nahm die Gesandten freundlich auf und schickte — ohne sich zum Islam zu bekehren — dem Propheten kostbare Geschenke, worunter auch zwei Sklavinnen, von denen die Eine, Mariam oder Marie, ihn so sehr bezauberte, daß er um ihretwillen seine übrigen Frauen vernachlässigte.

Mohammed hatte nämlich, nach dem Tode seiner ersten Gattin, noch etwa ein dutzend Frauen geheirathet, die Einen aus Liebe, die Andern aus Politik, um mit angesehenen Familien in Verwandtschaftsbeziehungen zu treten. Unter ihrer Zahl war Meimunah, eine Tante des bald nachher mit Amr Ibn Aaß zum Islam übergetretenen tapfern Chalid, Aischah, die Tochter Abu Bekrs, Hafßah, die Tochter Omars und Zeineb, die Schwester des durch seine Entweihung eines heiligen Monats berüchtigten Abd Allah. Der Koran beschränkt zwar die Zahl der legitimen Frauen auf vier, Mohammed selbst durfte aber hievon eine Ausnahme machen. Die öffentliche Meinung kehrte sich nicht daran, da auch vor ihm die Polygamie in Arabien keine Grenze hatte, und seine Frauen mußten sich fügen. Als sie aber auch in der Person Mariens, einer abyssinischen Sklavin, eine gefährliche Rivalin erhielten, beklagten sie sich bei den Ihrigen und gaben dem treulosen Gatten ihre Verachtung zu erkennen, obgleich er, um sie zu besänftigen, gelobte, fortan getrennt von der Abyssinierin leben zu wollen. Er brachte einen ganzen Monat in einem Dachstübchen zu, ohne eine seiner Gattinnen zu besuchen, dann offenbarte er einige Koransverse, in welchen Allah ihn von seinem in Bezug auf Marie geschworenen Eid entbindet und seinen Gattinnen droht, daß wenn sie fortfahren sollten, sich gegen den Propheten widerspenstig zu zeigen, er statt ihrer bessere und gehorsamere Frauen und Jungfrauen heirathen würde.

Mohammed's Harem nimmt überhaupt einen großen Platz im
Koran ein. So seine geliebte Aischah, die er noch als ein halbes
Kind heirathete, als er schon in der Mitte der fünfziger Jahre stand.
Sie hatte ihn einst auf einem seiner Feldzüge begleitet und war auf
der Heimkehr zurückgeblieben und erst einige Stunden nach ihm, mit
dem Führer der Nachhut, in Medina angekommen. Ganz Medina
sprach von diesem Abenteuer und Mohammed selbst machte seinen
Freunden gegenüber gar kein Geheimniß aus seinen Zweifeln an
Aischah's Treue; denn ihre Entschuldigung über das Zurückbleiben
war nicht befriedigend. Erst nach Verlauf eines Monats siegte in
ihm die Liebe zu ihr, oder vielleicht die Rücksicht für ihren Vater,
seinen alten und treuen Gefährten, über das Gefühl der Eifersucht
und der Rache, und er erklärte sie, nach einem schweren epileptischen
Anfalle, im Namen Gottes, für unschuldig.

Noch eine andere, Mohammed's Eheleben betreffende Offenbarung
verdient hier in Kürze erwähnt zu werden, weil sie zeigt, wie der
Prophet sich in geschlechtlicher Beziehung ganz von seiner Leidenschaft
hinreißen ließ, und wie stark schon der Glaube an sein Propheten=
thum oder die Furcht vor seiner Rache gewurzelt sein mußte, wenn
er es wagen konnte, sich derartiges zu erlauben.

Zeineb, die Gattin Zeid's, eines ehemaligen Sklaven und nunmeh=
rigen Adoptivsohnes Mohammed's, zog seine Aufmerksamkeit auf sich,
und Zeid, dem dies nicht entging, schied sich von ihr, worauf Mohammed
sie heirathete. In den Augen des Volkes war diese Ehe doppelt
tadelnswerth. Man fand es nicht nur unedel von Mohammed, daß
er von Zeid, einem der ersten und ergebensten Gläubigen, ein solches
Opfer forderte, oder wenigstens annahm, sondern auch gesetzwidrig,
daß er die Gattin seines Adoptivsohnes heirathete, welcher bei den
Arabern wie ein wirklicher Sohn angesehen wurde, mit dessen Gattin
der Vater, auch nach der Scheidung, sich nie vermählen sollte. Um
die Tadler zum Schweigen zu bringen, erklärt er zuerst, im Namen
Allah's, den bisherigen Gebrauch, angenommene Kinder schlechtweg
Kinder zu nennen als thöricht, und für die Zukunft sogar als sünd=
haft, dann aber, um den Glauben zu verbreiten, Zeid's Scheidung
von seiner Gattin habe gegen seinen Willen statt gefunden, läßt er
sich in einem folgenden Koranverse von Gott daran erinnern, wie

2

er, trotz seiner Liebe zu ihr, doch Zeid zugeredet habe, bei ihr zu bleiben, und wie er sogar nach der Scheidung, aus Scheu vor den Menschen, gezögert habe, sie zu heirathen, bis es ihm Gott ausdrücklich befahl, und zwar erstens, um zu zeigen, daß wer nach dem Willen des Herrn handelt, das Gerede der Menschen nicht zu fürchten brauche, und dann zweitens, damit er durch sein eigenes Beispiel dem eben gegebenen Gesetze, in Betreff der Adoptivsöhne, mehr Kraft verleihe, ein Gesetz, fügt er noch hinzu, das übrigens schon frühere Propheten, die er aber wohlweislich nicht nennt, vor ihm verkündet haben.

Bei Gelegenheit dieser Vermählung wurden noch andere Koranverse geoffenbart, welche Mohammeds Frauen von der übrigen männlichen Welt gänzlich abschlossen, und auch die anderen gläubigen Frauen durch einen dichten Schleier jedem fremden Männerblicke entrückten. So wurde durch seine bis über das Grab hinaus sich erstreckende Eifersucht — denn er verbot auch seinen Gattinnen, sich nach seinem Tode wieder zu vermählen — die Frauen vom öffentlichen Leben gänzlich ausgeschlossen und nur noch auf ihr Haus, und selbst in diesem auf den Umgang mit dem weiblichen Geschlechte und ihren nächsten Verwandten beschränkt. Die Frau wurde dadurch nahezu zur Sklavin des Mannes, während sie unter den heidnischen Arabern noch seine Lebensgefährtin war. Sie durfte nur noch an seinen häuslichen Freuden theilnehmen, während sie früher das gesellige und öffentliche Leben würzte. Sie war bei den Beduinen, wie bei den abendländischen Rittern des Mittelalters, ein Gegenstand der Verehrung und Anbetung, und verwandelte sich, durch den Islam, in einen Gegenstand des Mitleids und des Mißtrauens. Sie wurde zwar Harim (ein Heiligthum) genannt, aber man verstand darunter ein solches, das nur Schleier und Riegel und Eunuchen, nicht eigene Tugend vor Entweihung schützen könnten.

Wie das Bekehrungsschreiben Mohammeds an den Statthalter von Egypten bedauerliche Folgen in Bezug auf die Stellung des Weibes in der islamitischen Gesellschaft hatte, da hier zum erstenmale Mohammed Gott zu Gunsten der Herrschaft des Mannes über die Frauen interveniren ließ, so knüpften sich auch an das, welches er an einen christlichen Häuptling der Araber an der syrischen Grenze sandte, mehrere unheilvolle Gesetze, die bis zur neuesten Zeit noch den Bekennern des Islams heilig sind. Dieser Häuptling ließ nämlich einen der Boten Mohammeds hinrichten und dieß führte zum ersten Kriege zwischen den Byzantinern und Mohammedanern, welcher (629) bei Muta, in der Gegend des todten Meeres, für Letztere ein unglückliches Ende nahm. Drei Feldherren fielen nacheinander und mit Mühe gelang es Chalid, die Trümmer des Heeres zu retten. Ein zweiter Feldzug gegen die Byzantiner im folgenden Jahre hatte auch nur geringen Erfolg, weil er von Seiten der Bundesgenossen Mohammeds zu wenig Theilnahme fand. Mohammed ließ daher das neunte Kapitel des Korans proclamiren, welches ein ganz neues Kriegs- und Völkerrecht enthält. Es sollten fortan nur noch Mohammedaner die heilige Stadt Mekka und ihren Bezirk betreten, aber auch außerhalb dieses gottgeweihten Bezirkes sollten Götzendiener gänzlich ausgerottet, Juden und Christen nur dann geduldet werden, wenn sie sich demüthigen und Tribut bezahlen. Aus diesen Worten des Koran's folgerte man die Verpflichtung, alle Andersgläubigen bis zu ihrer Bekehrung oder Unterwerfung zu befriegen und die Besiegten und Unterworfenen, auch wenn sie keine Götzendiener waren, fortwährend zu unterdrücken. Schon der Chalife Omar knüpfte an das Gebot Ungläubige zu demüthigen, verschiedene Ausnahmsgesetze für die von ihm besiegten Völkerschaften und seine Nachfolger vermehrten und verschärften sie noch, je nach dem Grade ihres religiösen Fanatismus. Die Verordnung, welche in Egypten unter dem Sultan Nassir im 14. Jahrhundert erschien, zeigt am besten die betrübenden Folgen jenes Ausdrucks des Korans. Sie lautet:

„Die Christen sollen fortan, um beim ersten Anblick von den Gläubigen unterschieden werden zu können, blaue Turbane tragen, und die Juden, aus gleichem Grunde, gelbe. Jüdinnen und Christinnen sollen auch ein besonderes Kennzeichen an der Brust haben. Es sei den Ungläubigen verboten Waffen zu tragen und auf Pferden zu reiten, selbst auf Eseln dürfen sie nur seitwärts sitzen, und sich eines einfachen schmucklosen Sattels bedienen. Sie sollen den Moslimen ausweichen und ihnen die Mitte der Straße frei lassen, bei größeren Versammlungen vor den Moslimen aufstehen und ihre Stimme nicht über die der Gläubigen erheben. Ihre Häuser dürfen nicht höher sein als die der Moslimen. Sie sollen das Palmenfest nicht öffentlich feiern, keine Glocken läuten lassen, und keine Proselyten machen. Auch sei ihnen verboten, moslimische Sklaven zu halten, Gefangene zu erwerben, oder was sonst Moslimen als Beute zugefallen ist. Besuchen Juden oder Christen ein öffentliches Bad, so müssen sie sich durch eine Schelle am Halse kenntlich machen. Auf ihrem Siegelring dürfen sie keine arabische Inschrift haben, und ihre Kinder nicht im Koran unterrichten lassen. Sie sollen keinen Moslim zu schwerer Arbeit anhalten und, bei Todesstrafe, keinen vertrauten Umgang mit Mohammedanerinnen pflegen". Hinzugefügt wurde noch, daß kein Jude und kein Christ in Staatskanzleien angestellt werde, ein Verbot, das jedoch, obgleich schon von Omar herrührend, fortwährend umgangen wurde, weil die Unwissenheit der ersten Araber und Türken und ihre spätere Trägheit und geringe Geschäftsroutine ihnen die Dienste der Juden und Christen in den verschiedenen Verwaltungszweigen unentbehrlich machte.

Mohammeds neue Kriegsgesetze, so wie der zweite Zug gegen die Byzantiner, der sich bis Tabuk, nicht weit von der nordöstlichen Spitze des rothen Meeres erstreckte, fanden natürlich erst nach der Eroberung von Mekka statt, welche im Ramadhan des achten Jahres d. H. (Januar 630) fast ohne Schwertstreich vor sich ging. Einige Mekkaner hatten nämlich an einem nächtlichen Ueberfalle der Chuzaiten, welche Mohammeds Verbündete waren, sich betheiligt, und so den Waffenstillstand verletzt, der sich nicht blos auf Mohammed und die Mekkaner, sondern auch auf ihre beiderseitigen Bundesgenossen erstreckte. Dem Propheten, dessen Aufmerksamkeit stets nach Mekka gerichtet war, und der sich jetzt stark genug fühlte, die heilige Stadt zu unterwerfen, kam dieser Vorfall ganz erwünscht, denn alsbald beschloß er diesen Friedensbruch zu rächen, obgleich Abu Sofjan selbst nach Medina kam, um das Vorgefallene zu entschuldigen und von der Gesammtheit der Bürgerschaft abzuwälzen. Abu Sofjan wurde ohne bestimmten Bescheid entlassen und die Kriegsrüstung mit solchem Eifer und so heimlich betrieben, daß noch ehe eine eigentliche Kriegserklärung erfolgt war, Mohammed mit 10000 Mann ein Lager in der Nähe von Mekka aufgeschlagen hatte, denen die Stadt keinen Widerstand zu leisten vermochte. Es blieb den Häuptern derselben nichts übrig, als sich zu unterwerfen und Mohammed nicht nur als ihren weltlichen Gebieter, sondern auch als einen Gesandten Gottes anzuerkennen. Mohammed begnügte sich mit dieser Unterwerfung und verbot alles Blutvergießen, wo kein Widerstand geleistet wurde, und nur an einem der Zugänge der Stadt mußte eine kleine Schaar Fanatiker mit dem Schwerte zurückgedrängt werden. Es wurde dann eine allgemeine Amnestie verkündet, von der nur etwa fünfzehn Personen ausgeschlossen waren, die sich schwere Vergehen gegen ihn hatten zu Schulden kommen lassen, aber auch von diesen wurden noch mehrere auf Fürbitte angesehener Freunde Mohammeds begnadigt, Andere retteten sich durch die Flucht, so daß im Ganzen nur vier Hinrichtungen statt fanden.

Als die Ordnung in der Stadt hergestellt war, begab sich Mohammed in den Tempel, umkreiste ihn siebenmal, nach alter heidnischer Sitte, und reinigte ihn von den darin aufgestellten Götzenbildern. Er ließ sich dann auf einem der Hügel der Stadt huldigen und nahm den Huldigenden auch das Gelöbniß ab, ihm in allen Kriegen gegen Ungläubige willig zu folgen, zugleich erklärte er Mekka wieder als eine heilige Stadt, in der Gott nur ihm ausnahmsweise gestattet habe, Blut zu vergießen, die aber von nun an wieder unverletzlich bleiben sollte. Er beruhigte jedoch die Medinenser, welche fürchteten, er möchte seine Geburtsstadt fortan zu seiner Residenz wählen. Während seines Aufenthalts in Mekka wurden verschiedene Feldherrn in die Umgebung geschickt, um umliegende Stämme zu unterwerfen, oder um Götzenbilder und andere Heiligthümer zu zerstören. Er selbst zog an der Spitze von zwölf tausend Mann gegen die Hawazinstämme und die Bewohner von Taif, welche sich, unter der Führung des Mâlik Ibn Auf, zwischen Mekka und Taif gegen ihn aufgestellt hatten. Als die Moslimen in das Thal Honein kamen, wurden sie von den hier versteckten Beduinen überfallen, ein panischer Schrecken bemächtigte sich der Mohammedaner, den viele, in ihrem Innern noch keineswegs bekehrte Araber, absichtlich vermehrten und bald löste sich ihre Schaar in wilde Flucht auf. Mohammeds Oheim Abbas brachte jedoch die Fliehenden an einem geschützten Orte zum Stehen, man kämpfte aufs Neue, bis der Feind seinerseits die Flucht ergriff und dem Sieger eine reiche Beute und zahlreiche Gefangene zurückließ. Hierauf wurde die Stadt Taif belagert, in welche sich ein Theil der Geschlagenen geworfen hatte, aber die Moslimen vermochten eben so wenig gegen diese Festung, als früher die Mekkaner gegen die verschanzte Stadt Medina. Mohammed mußte nach mehrwöchentlicher Belagerung, unverrichteter Dinge wieder abziehen. Die Stadt unterwarf sich jedoch freiwillig noch vor Ablauf eines Jahres, weil ihre Bewohner es nicht mehr wagen konnten, aus ihren Mauern herauszutreten, ohne von den sie umgebenden Moslimen mißhandelt zu werden. Mohammed wollte ihnen zwar, nach einigen Berichten, manche Concessionen machen, sie sollten von der Armensteuer befreit bleiben, nicht genöthigt werden am heiligen Kriege Theil zu nehmen, und ihren Götzen Lat noch ein Jahr beibehalten dürfen. Als aber der Vertrag niedergeschrieben wurde, trat Omar hinzu, und bestimmte Mohammed, nur unbedingte Unterwerfung anzunehmen.

Die Unterwerfung der Bewohner von Taif fand in allen Theilen Arabiens Nachahmung. Aus den entlegensten Provinzen strömten Gesandtschaften nach Medina, um dem siegreichen Propheten ihre Huldigung darzubringen, denn nach der Eroberung der Hauptstadt und der schon erwähnten Verkündigung des neuen Kriegsgesetzes, blieb den Arabern nur noch die Wahl zwischen dem Koran und dem Schwerte. Den in Glaubenssachen indifferenten Beduinen mochte es am Ende nicht schwer fallen, sich auch ohne innere Ueberzeugung, zum Glauben an einen Gott, an Mohammed als Gesandten Allah's und an das jüngste Gericht zu bekennen. Es wurde von den Neubekehrten kaum was Anderes gefordert, als daß sie das Gebet mit vorausgegangener Waschung verrichten, eine bestimmte Armensteuer geben und einmal im Leben nach Mekka pilgern sollten. Von Verboten, die nicht schon, wie Mord, Diebstahl, Ehebruch und dergleichen Verbrechen, allen Religionsgenossenschaften gemein sind, war das Wichtigste, bei Streitsachen nicht wie bisher den Beistand der Stammgenossen, sondern das Gesetz und die Obrigkeiten zu Hülfe zu rufen, weil ohne dieß keine Verschmelzung der Stämme zu einem Ganzen und keine geordnete Regierung möglich war. Mohammed war jetzt faktisch Herr von ganz Arabien, und selbst die Ungläubigen, so zahlreich sie auch noch waren, wie ihr baldiger Abfall nach seinem Tode zeigt, sahen sich doch genöthigt, ihn wenigstens mit der Zunge als Gesandten Allah's anzuerkennen. Das nächste Pilgerfest (632) durfte nur noch von Gläubigen, in dem von Götzen gesäuberten Tempel zu Mekka gefeiert werden und Mohammed begab sich in ihre Mitte, um durch seine Predigten die versammelte Menge in ihrem Glauben zu befestigen und über verschiedene Gebote des Islams zu belehren. In einem dieser Vorträge, den er auf seinem Kameele sitzend hielt, führte er für immer das reine Mondjahr ohne Einschaltung und ohne Verschieben der heiligen Monate, ein, dann setzte er alle die Pilgerfahrt betreffenden Vorschriften und Gebräuche auseinander, die dahin zielen, den Pilger in eine heilige Stimmung zu versetzen. Er muß sich in ein einfaches Tuch hüllen, er soll Zank und Hader vermeiden, sich nicht durch Jagd zerstreuen, allen sinnlichen Genüssen entsagen, zuerst in Mekka den Tempel besuchen, dann die andern heiligen Plätze in der Umgebung. Zum Schlusse soll er die mitgebrachten Opferthiere schlachten, sie aber nicht in Rauch aufgehen lassen, sondern theils mit den Seinigen verzehren, theils an Arme verschenken.

An letztere Verpflichtung knüpfte Mohammed noch andere, des Reichen und Mächtigen, gegen Arme und Schwache. Er empfahl auch das hilflose Weib dem Mitleid des Mannes, und sicherte ihm einen kleinen Antheil an Erbschaften zu. Endlich verbot er noch das Hazardspiel, den Genuß nicht geschlachteter Thiere, des Blutes und des Schweinefleisches, fand es aber, da den Arabern das Kameelfleisch unentbehrlich ist, nicht angemessen, weitere Speisegesetze aus dem Judenthum zu adoptiren.

Wenige Monate nach der Rückkehr von dieser Pilgerfahrt bereitete Mohammed einen dritten Feldzug gegen die Byzantiner vor, der aber erst nach seinem Tode ausgeführt werden konnte. Er starb, nach vierzehntägigem Fieberleiden, am 8. Juni des Jahres 632, in einem Alter von 63 Mond- oder 61 Sonnenjahren.

Mohammedanische Biographen lassen Mohammed an den Folgen eines vergifteten Hammelsbratens sterben, den ihm auf dem Feldzuge von Cheiber die Schwester eines getödteten Juden gereicht haben soll. Dieser Feldzug fand aber vier Jahre vor seinem Tode statt, und es war jedenfalls bei dem damaligen Stande der medicinischen Kenntnisse der Araber schwer, auch wenn die Thatsache eines Vergiftungsversuchs constatirt wäre, den Zusammenhang desselben mit seinem Tode zu beweisen. Viel wahrscheinlicher ist, daß, wie dies später auch bei dem Chalifen Abu Bekr vorkommt, ein solches Mährchen ersonnen wurde, um ihn, da man ihn nicht wie Christus in den Himmel steigen lassen konnte, wenigstens durch einen Märtyrertod zu verklären, denn als Märtyrer gilt bei den Mohammedanern jeder an den Folgen eines heiligen Krieges verstorbene Gläubige. Was wurde nicht von fanatischen Moslimen, zum Theil schon im ersten Jahrhundert der Hidjrah zur Verherrlichung des Propheten erdichtet! Er wurde vor allen andern Dingen der Welt geschaffen, bei seiner Geburt war im Osten ein strahlendes Licht sichtbar, das Feuer der Magier erlosch, ein heftiges Erdbeben warf den Thron des Chosroes um. Als er den Schooß seiner Mutter verließ, rief er: „es gibt keinen Gott außer Allah, und ich bin der Gesandte Allah's." Die Wüste bedeckte sich mit Blumen und schattigen Bäumen, wenn er sie durchwanderte, und selbst Felsen begrüßten ihn als Gesandten Gottes. Ein Mensch, der in solcher Weise von Gott ausgezeichnet war, durfte doch nicht an einem gewöhnlichen Fieber sterben, er mußte wenigstens als Märtyrer dieser Erde entrückt worden sein.

Wie viel Mohammed selbst zu diesen spätern Sagen beigetragen, ist schwer zu ermitteln, doch hier wird von einer der ältesten Quellen berichtet, er habe in seiner letzten Krankheit gesagt, er fühle, wie ihm die Herzader springe, in Folge des Bissens, den er in Cheiber genommen, und der Berichterstatter setzt hinzu: „Die Moslimen mögen daraus schließen, daß Gott Mohammed auch als Märtyrer sterben ließ, nachdem er ihn durch das Prophetenthum verherrlicht hatte." Dem sei übrigens wie ihm wolle, so ist darüber kein Zweifel, daß er häufig, um zu seinem Ziele zu gelangen, zu allerlei Täuschungen und Trugmitteln seine Zuflucht genommen, und den Engel Gabriel in Scene gesetzt hat, um Dinge zu offenbaren, an die er selbst nicht glauben konnte. Verurtheilen wir ihn aber deßhalb keineswegs als gemeinen Betrüger, denn wollte er nicht sein ganzes Werk zerstören, das er doch auch zur Zeit als nüchterner Verstand an die Stelle naiven Glaubens und religiöser Schwärmerei trat, noch immer als ein seinem Volke Heil bringendes ansehen durfte, so blieb ihm nichts Anderes übrig, als die Rolle auszuspielen, zu der er sich ursprünglich von Gott berufen glaubte.

In der That mochte er sich immerhin sagen, daß er für sein Vaterland ein Wohlthäter war. Durch ihn wurden die zerstreuten sich gegenseitig befehdenden Stämme, zu einer im Glauben an Gott und Unsterblichkeit der Seele verbrüderten Nation vereinigt. Er hat Arabien vom Götzendienste gereinigt und von Fremdherrschaft befreit. An die Stelle der Blutrache, des Faustrechts und der Willkühr hat er ein unumstößliches Recht gesetzt, das, troh allen Unvollkommenheiten, noch immer die Grundlage aller Gesetze der islamitischen Reiche bildet. Das Loos der Sklaven wurde gemildert und für die Armen, Waisen und Wittwen, sowohl durch wiederholte Ermahnungen zu ihrer Unterstützung, als durch eine Armensteuer, und einen ihnen zugesicherten Antheil an der Kriegsbeute, väterlich gesorgt. Der Koran verdammt Härte, Stolz, Hochmuth, Verschwendung, Geiz, Verläumdung, das Hazardspiel, den Genuß berauschender Getränke und andere Untugenden, die den Menschen erniedrigen und störend in das gesellige Leben eingreifen, während er Menschenfreundlichkeit, Bescheidenheit, Nachsicht, und vor allem Gottvertrauen und Ergebung in die Beschlüsse der Vorsehung empfiehlt. Damit sollte jedoch, wie wir in der Folge sehen werden, weder menschliche Thätigkeit gelähmt, noch weniger der Gläubige seiner sittlichen Freiheit beraubt werden, wie später, in Folge einiger allerdings in diesem Sinne zu deutenden Koransstellen, die Lehre des Islams vom göttlichen Rathschlusse hie und da mißverstanden worden ist.

Mohammed ging im Allgemeinen seinem Volke mit schönem Beispiele voran, denn außer seiner Schwäche in seinen Beziehungen zum weiblichen Geschlechte, bei welchen er ihm gestattete Privilegien als eine besondere Gnade von Gott vindicirte, finden wir an seinem Privatleben keinen Makel. In seiner Wohnung, Kleidung und Nahrung herrschte die größte Einfachheit. Er war so anspruchlos, daß er sich nicht nur jede äußerliche Ehrerbietung von seinen Gefährten verbat, sondern selbst von seinen Sklaven keinen Dienst annahm, den er selbst verrichten konnte. So sah man ihn häufig auf dem Markte Lebensmittel einkaufen, in seinem elenden Stübchen Kleider ausbessern, oder in seinem Hofe eine Ziege melken. Jedermann hatte zu jeder Zeit Zutritt zu ihm, sowohl auf der Straße, als in seiner Wohnung. Er besuchte jeden Kranken und zeigte sich theilnehmend gegen jeden Leideuten, auch war er, wo es die Politik nicht anders gebot, großmüthig und nachsichtsvoll. Seine Freigebigkeit und Wohlthätigkeit sowie seine Sorge für das Gemeinwohl kannten keine Grenze, so daß, trotz den vielen Geschenken, die er von allen Seiten erhielt und trotz der reichen Beute, die ihm aus seinen Kriegen zufiel, er dennoch wenig Vermögen hinterließ und selbst dieses als Staatseigenthum betrachtete, das daher auch nach seinem Tode nicht seiner Tochter Fatimah, der Gattin Ali's, seiner einzigen Erbin, sondern dem Staate zugesprochen wurde. Außer Fatimah hatte Mohammed noch andere Söhne und Töchter gezeugt, über deren Zahl die Traditionen von einander abweichen, und die alle vor ihm ins Grab stiegen. Unter ihnen nennen wir nur Rukejja und Umm Kolthum, welche der nachherige Chalife Osman nach einander geheirathet hatte, beide von seiner ersten Gattin Chadidjah, und Ibrahim, welcher ein Sohn der koptischen Sklavin Maria war, und dessen frühes Hinscheiden den Propheten tief betrübte, doch klagte er nicht laut „aus Furcht seinen Herrn zu erzürnen und weil er überzeugt war, daß er ihn dereinst wiederfinden würde." Einem seiner Gefährten, der ihn in Thränen gebadet fand und ihn fragte, ob er denn nicht verboten habe, die Todten zu beweinen, erwiederte er: „ich habe nur das laute Wehegeschrei, das Auftratzen des Gesichts und das Zerreißen der Kleider verboten, Thränen vergießen bei einem Unglücksfall ist ein Werk der Barmherzigkeit, Toben und Schreien aber ist teuflisch." So sagte er auch, als man eine am Todestage Ibrahims in Medina sichtbare Sonnenfinsterniß für ein Zeichen der Trauer ansehen wollte, obgleich er keineswegs von den Vorurtheilen und dem Aberglauben seiner Zeit frei war, und an böse Geister, Träume und dergleichen glaubte: „Sonne und Mond sind unter der Zahl göttlicher Wunderwerke, mit denen Gott seinen Dienern droht, aber sie verfinstern sich weder wegen des Lebens noch wegen des Todes eines Menschen."

II. Der Koran.

Der Koran, ein dem Hebräischen nachgebildetes Wort, welches „Vorlesung" bedeutet, ist der arabische Name für die mohammedanische Bibel oder die Sammlung der von Mohammed, im Namen Allah's, in seiner Eigenschaft als inspirirter Prophet, gehaltenen Vorträge, die ihm nach seiner Angabe, bald durch den Engel Gabriel mitgetheilt, bald durch Träume oder Visionen unmittelbar von Gott geoffenbart wurden. Der Koran ist aber, nicht wie die Bibel, ein nach chronologischer Ordnung oder nach der Verschiedenheit des Inhalts redigirtes Buch, sondern eine bunte Mischung von Hymnen, Gebeten, Dogmen, Predigten, Gelegenheitsreden, Erzählungen, Legenden, Gesetzen und Tagesbefehlen, mit vielen Wiederholungen und Widersprüchen. Dies rührt daher, daß Mohammed selbst keine Sammlung seiner in einem Zeitraume von 23 Jahren einzeln verkündeten Offenbarungen veranstaltet hat. Er wünschte wahrscheinlich gar nicht, daß sie alle aufbewahrt werden sollten, denn eine große Anzahl derselben hatte nur eine vorübergehende Bedeutung. Auch hatte er so viele Abänderungen seiner Lehren und Gesetze vorgenommen, daß er sich scheuen mochte, sie alle der Nachwelt zu überliefern. Endlich wollte er gewiß bis zu seinem Tode freien Spielraum für etwa nöthige Modificationen und Zusätze behalten. Nach seinem Tode aber trug man alle Fragmente der Offenbarung zusammen, auch wenn sie durch andere wieder aufgehoben, oder in anderer Form schon vorhanden waren. Man sammelte alle in vielen Händen zerstreute Koranstheile, welche auf Pergament, Palmblättern, Knochen, Steinen und andern rohen Schreibmaterialien aufgezeichnet, oder auch nur dem Gedächtniß seiner Gefährten und Jünger gegenwärtig waren, und theilte sie, meistens ohne Rücksicht auf ihren Inhalt oder auf die Zeit, in welcher sie geoffenbart worden waren, in größere und kleinere Kapitel, (Suren) und so entstand der jetzige Koran, mit allen seinen Mängeln. Nur durch eine genaue Kenntniß der Lebensumstände Mohammeds und der Sprache des Korans ist es einigermaßen möglich, wieder eine chronologische Ordnung seiner einzelnen Theile herzustellen. Mit Hülfe der arabischen Biographen Mohammed's, von denen einige bis in das zweite Jahrhundert mohammedanischer Zeitrechnung hinaufreichen, läßt sich bei denjenigen Abschnitten die Zeit ihrer Mittheilung bestimmen, welche Beziehungen zu historischen Ereignissen haben, wo dieß nicht der Fall ist, wird der Charakter und die Form der Offenbarung maaßgebend. Mohammed tritt in der ersten Zeit mehr als Reformator auf, später als Stifter einer neuen Religion, und zuletzt als Fürst und Gesetzgeber. Er war in der ersten Periode von innerer

Begeisterung hingerissen, seine Sprache ist rhytmisch bewegt, mit wahrer poetischer Färbung. In der zweiten Periode tritt schon mehr ruhige Betrachtung an die Stelle erregter Phantasie, er ist mehr Rhetoriker als Poet, seine Reden sind Erzeugnisse des nüchternen Verstandes und sprudeln nicht mehr so wie früher aus einem warmen Herzen hervor. In der dritten Periode sinkt die Sprache zur matten Prosa herab, nicht nur wenn Gesetze vorgeschrieben, Verordnungen erlassen, oder Kriegszüge erzählt werden, sondern auch wenn er wie früher, Gottes Allmacht, die Wunder der Schöpfung, die Schrecken des jüngsten Gerichts, oder die Herrlichkeiten des Paradieses schildert.

Gesammelt wurde der Koran zuerst durch den Chalifen Abu Bekr. Veranlassung zu dieser Sammlung soll der Tod vieler Schriftkundigen in dem Kriege gegen den falschen Propheten Museilema gewesen sein, und die Furcht, es möchten sich bald keine Männer mehr finden, welche den Koran auswendig gelernt haben und ihn verstehen. Ein gewisser Zeid Ibn Thabit, der schon dem Propheten als Secretär gedient hatte, wurde beauftragt, die Offenbarungen zu sammeln, und als er seine Arbeit vollbracht hatte, übergab er sie dem Chalifen, aus dessen Hand sie, nach seinem Tode, in die seines Nachfolgers Omar überging, und dieser hinterließ sie seiner Tochter Hafsah, der Wittwe Mohammed's. Bei dieser Arbeit Zeid's handelte es sich lediglich darum, eine Abschrift aller zerstreuten Fragmente zu verfertigen, an eine Ordnung derselben und Eintheilung in Kapitel scheint man damals noch nicht gedacht zu haben. Diese Sammlung hatte auch noch keine öffentliche Autorität, denn es circulirten nebenher andere Fragmente, welche mehr oder weniger von ihr abwichen, so daß es oft zu Disputationen über die wahre Lesart einzelner Koranstellen kam. Um diesem, die Einheit des Glaubens und Gesetzes bedrohenden Zustande ein Ende zu machen, ließ der Chalife Osman eine neue Redaktion des Korans verfertigen, bei welcher die unter Abu Bekr veranstaltete Sammlung zu Grunde gelegt wurde, sandte Abschriften dieser Redaction in die Hauptstädte der unterworfenen Provinzen, und ließ alle von ihr abweichenden Versionen vernichten. Von Osman rührt auch die Eintheilung des Korans in 114 Kapitel her, bei welcher aber, wie schon erwähnt, weder auf den Inhalt, noch auf chronologische Ordnung die gehörige

Rücksicht genommen wurde, und was die Reihenfolge angeht, so war hauptsächlich das Maaß derselben für ihren Platz bestimmend, indem die größern an die Spitze und die kleineren ans Ende gesetzt wurden. Osmans Koran galt nun als der Grundtext der göttlichen Offenbarung, und wenn auch später wieder durch weitere Abschriften aufs Neue von einander abweichende Lesearten entstanden, so rühren sie von der Unvollkommenheit der kufischen Schrift her, die noch mehrere Jahrhunderte in Gebrauch war und in welcher nicht nur die Vokalzeichen fehlten, sondern auch die diacritischen Punkte, welche zur Unterscheidung mancher einander ähnlicher Buchstaben dienen.

Was den Inhalt des Korans betrifft, so ist er, wie schon früher angedeutet worden, ein sehr gemischter. Er umfaßt nicht nur die ganze Lehre und Gesetzgebung Mohammed's, sondern auch einen beträchtlichen Theil seines Lebens, seiner geistigen und materiellen Kämpfe, so wie die Geschichte und die Sagen der ihm vorangegangenen Propheten. Wollte man den Koran chronologisch ordnen, so müßte man mit den Offenbarungen beginnen, welche von Mohammeds Sendung handeln und von seinen inneren Kämpfen, bis er zur Ueberzeugung gelangte, daß er wirklich von Gott berufen sei, den Aberglauben seines Volks zu bekämpfen und an die Stelle der Götzen einen einzigen allmächtigen und allwissenden Gott zu setzen, der die Schlechten und Ungläubigen häufig schon in diesem Leben, immer aber nach dem Tode bestraft, die Guten und Gläubigen aber belohnt. Daran müßte man die Angriffe gegen seine Widersacher reihen, die ihn verhöhnten oder gar für einen Lügner hielten, und manche Worte des Trostes die Gott an ihn richtet, um ihn zur Beharrlichkeit und Ausdauer auf dem betretenen Wege zu ermuntern. Viele Suren dieser Periode malen die Freuden des Paradieses und die Qualen der Hölle mit tief in sinnliche Farben getauchtem Pinsel aus, und schildern die furchtbaren Naturereignisse, welche mit dem Einbrechen des jüngsten Gerichts verknüpft sind. Andere enthalten Gebete, Lobgesänge, Beschwörungsformeln und dergleichen. Auf diese, meistens ganz kurze, das Gepräge leidenschaftlicher Erregung tragenden Spuren, folgen dann — wenn wir die Zeit der Offenbarung im Auge behalten — etwas längere, welche weitere Auseinandersetzung einzelner Dogmen oder rhetorische Ausschmückung mancher Legenden von älteren Propheten und Völkern enthalten, die seinen Gegnern Schrecken und seinen Anhängern Trost einflößen sollen. Mohammed identificirt sich nämlich mit frühern Propheten, legt ihnen Worte in den Mund, wie er sie an die Mekkaner richtet und läßt auch jene von ihren verstockten Zeitgenossen verkannt werden, bis zuletzt doch die Wahrheit siegt und die Sünder zu Schanden werden und verderben. In diese Zeit fällt auch die weitere Polemik gegen Ungläubige, welche als Beweis seiner göttlichen Sendung Wunder von ihm fordern, und die er auf die innere Wahrheit und äußere Vollkommenheit seiner Offenbarung als das sicherste Zeichen ihres himmlischen Ursprungs verweist. Dieser Periode gehören ferner noch mehrere Visionen an, in welchen ihm die Genien huldigen, so wie die wunderbare Erzählung von seiner nächtlichen Reise nach Jerusalem und von seiner Himmelfahrt, die schon manche Zeitgenossen nur als ein Gesicht auffaßten, mehrere in das Gebiet der Sittenlehre gehörende Vorschriften, so wie auch einige das Christenthum betreffende Dogmen, welche nur gegen die Trinitätslehre und die Kreuzigung Christi ankämpfen, wozu noch manche Wiederholungen früher schon vorgetragener Reden über Gott, Prophetenthum, Unsterblichkeit und Jenseits kommen. Den Schluß des Korans sollten die Offenbarungen bilden, welche in die Zeit nach der Auswanderung Mohammeds nach Medina fallen. Hier werden in großen Kapiteln und gedehnten Versen, in welchen nur noch der Reim von aller poetischen Darstellung übrig geblieben ist, längere Reden an die Juden und Heuchler Medina's gerichtet, die ihn, nicht weniger als früher die Mekkaner, heimlich verspotteten und anfeindeten, die Kriegsgesetze werden proclamirt und die verschiedenen Feldzüge geschildert, die gegen Juden und Heiden geführt wurden. Die Siegreichen werden als Zeichen göttlichen Beistandes hervorgehoben, die Mißglückten dem Mangel an Vertrauen auf Gottes Hülfe, oder anderen Sünden zugeschrieben. Dazwischen fallen manche ritual-peinliche und Civilgesetze, die meistens zufällig durch irgend eine äußere Veranlassung hervorgerufen wurden.

Da wir hier kein mohammedanisches jus canonicum schreiben, so begnügen wir uns damit, nur noch die wichtigsten in dieser Biographie noch gar nicht oder nur flüchtig erwähnten Dogmen und Gesetze des Islams in Kürze darzustellen, namentlich solche, die auf die ganze Entwicklung der mohammedanischen Völker von Bedeutung sind, wobei jedoch bemerkt werden muß, daß zwar der Koran als Grundlage der ganzen Lehre und Gesetzgebung gilt, daß jedoch manche weitere Ausbildung einzelner Dogmen und Vorschriften einer spätern Zeit angehört. Die Mohammedaner selbst haben bald nach dem Tode ihres Propheten gefühlt, daß ein Buch wie der Koran, ohne System und Ordnung, mit allen seinen Wiederholungen und Widersprüchen, und bei seinem Schweigen über manche wichtige Dogmen und Gesetze, nicht ausreichen werde, um in allen theologischen, das heißt nach moslimischen Begriffen in allen dogmatischen, rituellen und rechtswissenschaftlichen Fragen, als Richtschnur zu dienen. Man nahm zuerst seine Zuflucht zur mündlichen Ueberlieferung von Aussprüchen des Propheten und Beispielen aus seinem öffentlichen und Privatleben (Hadith und Sunneh) und als auch diese Quelle, so leicht es auch war sie immer sprudelnd zu erhalten, nicht mehr ausreichte, erhob man die Beschlüsse der Imame d. h. der auch als geistliche Oberhäupter geltenden Chalifen, zu göttlichen Gesetzen und Lehren. So entwickelte sich schon unter den ersten Chalifen ein mit Hülfe der Analogie und Induction noch weiter ausgedehntes, auf Koran, Tradition und Beschlüsse der Imame gestütztes Religionsgebäude, das immer mehr politische, privatrechtliche, rituelle und dogmatische Lehren und Gesetze umfaßte, und das, in seinen Hauptumrissen, schon unter den ersten Abbasiden, in systematischer Ordnung vollendet dastand. Vier Schulen namentlich bildeten sich im Islam, nach den Namen ihrer Stifter benannt, welche die größte Autorität erlangten, und von denen jeder ein Lehrbuch verfaßte, das noch jetzt als Grundlage der Theologie und Jurisprudenz dient. Diese vier Schulen hießen: die Hanefitische (nach Abu Hanife geb. im J. 80 d. Hidjrah gest. im J. 150) die Malikitische (nach Malik Ibn Anes geb. im J. 90 oder 95 gest. im J. 177—178) die Schafiitische (nach Mohammed Ibn Idris Aschafii, geb. 150 gest. 204) und die Hanbelitische (nach Ahmed Ibn Hanbel geb. 164 gest. 241.) Diese vier Lehrer, obschon in einzelnen Fragen von einander abweichend, gelten doch sämmtlich als orthodox, weil sie die gleichen obengenannten Grundlagen des Religionssystems anerkennen, und sie werden Sunniten genannt, weil sie die Tradition und die Entscheidungen der ersten Imame als Ergänzung und Erläuterung des Korans betrachten und heilig halten, im Gegensatze zu den Schiiten, oder Anhängern Ali's und seines Geschlechts, welche manche von Ali's Gegnern herrührende Traditionen verwerfen, und natürlich den Entscheidungen der nicht von Ali abstammenden Chalifen, die in ihren Augen nur Usurpatoren waren, gar keine Rechtskraft zugestehen.

Selbst die wichtigsten Dogmen des Islams, wie die Lehre von Gott und Vorsehung, gaben schon im ersten Jahrhundert der Hidjrah Veranlassung zu heftiger Polemik. Von einem Naturmenschen wie Mohammed, bei welchem von Schulbildung und speculativem Wissen keine Spur zu finden ist, konnte natürlich keine Aufstellung einer systematischen Dogmatik erwartet werden, darum wurden später, als bei den Arabern, in Folge ihrer Bekanntschaft mit persischen Religionsschriften und griechischer Philosophie, ein speculativer Geist und ein mächtiger Drang nach Wissen erwachte, auch die einfachsten Dogmen Gegenstand heftiger Discussionen und dauernder Spaltung. Mohammed forderte von seinen Anhängern den Glauben an einen einzigen, allgegenwärtigen, allmächtigen, unsichtbaren, allweisen, allwissenden, gerechten und gnädigen Gott, Schöpfer und Erhalter des Weltalls. So einfach aber auch diese Darstellung der Gottheit ist, öffnete sie doch allen möglichen Sekten ein weites Schlachtfeld, das noch in dem Maaße an Umfang zunahm, als die philosophischen Studien sich erweiterten und alles auf diesem Gebiete Errungene in die Theologie hinein und aus der heiligen Schrift heraus interpretirt werden sollte. Schon in frühester Zeit erschienen selbst manchen Gläubigen unter den Moslimen einige von den Orthodoxen über das Wesen der Gottheit und ihr Verhältniß zum Menschen, so wie über den Koran aufgestellte Dogmen als vernunftwidrig, ja als Gotteslästerung und Vielgötterei. Diese denkenden Gläubigen, welche ursprünglich nur gegen einzelne Lehren der herrschenden Partei protestirten, und weil sie von den Orthodoxen verstoßen wurden, den Namen Motazeliten (Ausgestoßene) führten, verwarfen zuerst die Ansicht der Strenggläubigen, welche die Attribute Gottes gleichsam als neben der Gottheit bestehend ansahen, während sie die Gottheit selbst als Inbegriff der Weisheit, Güte, Macht und anderer Eigenschaften betrachteten. Die Lehre von der Gerechtigkeit Gottes führte sie ferner zur Annahme der Freiheit des menschlichen Willens, während die

Orthodoxen mehr oder weniger der Augustinischen Prädestinationslehre huldigten. Als natürliche Folge der Gerechtigkeit Gottes nahmen sie ferner verschiedene Stufen der Sünden und ihrer Strafen an, während nach der Ansicht der Orthodoxen der Moslim, der auch nur eine Sünde begeht und ohne Buße aus der Welt scheidet, wie der größte Sünder zu ewiger Höllenpein verdammt wird. Als eine nothwendige Consequenz der Lehre von der Einheit Gottes erschien den Mutazeliten auch das Geschaffensein des Korans, weil ja sonst das Vorhandensein zweier ewiger Wesen angenommen werden müßte. Die Orthodoxen hingegen stellten die Ewigkeit des Korans als ein unumstößliches Dogma auf, weil er sonst, bei der Unveränderlichkeit der Gottheit, als nicht zu ihrem Wesen gehörend angesehen werden müßte und so zuletzt die ganze Lehre von der göttlichen Offenbarung untergraben werden könnte, wie auch in der That spätere Mutazeliten den göttlichen Ursprung und die unbedingte Inspiration des Korans leugneten. Man darf indeß, wie schon früher angedeutet worden, die Lehre vom göttlichen Rathschlusse in der alle menschliche Willensfreiheit vernichtenden Schroffheit, wie sie von manchen orthodoxen Moslimen aufgefaßt worden ist, nicht als eine im Koran klar ausgesprochene ansehen. Hier erscheint dieses Dogma mehr zur Bekämpfung der Feigheit, zur Befestigung des Vertrauens und der Ergebung in den Willen Allah's, zum Troste im Unglück und zur Warnung vor Stolz und Uebermuth im Glück, als zur Lähmung menschlicher Thätigkeit oder gar zur Vernichtung der Willensfreiheit. Einzelne Stellen des Korans, in welchen eine gewisse Sorglosigkeit zur Tugend erhoben wird, muß man dahin deuten, daß der Mensch sich nicht allzusehr von der Sorge für seine Erhaltung einnehmen lasse, und ihr nicht seine höhern Pflichten, das Ringen nach dem Wohlgefallen Gottes, durch Uebung der Tugend, nachsetze. So spricht auch Mohammeds ganzes, auf Furcht und Erwartung gebautes Religionssystem, bei welchem das jenseitige Schicksal des Menschen von seinem Glauben und seinen Handlungen abhängig gemacht wird, gegen das Dogma von der absoluten Vorherbestimmung der Menschen zur Seligkeit oder zur Pein. „Wer diese Welt will," heißt es im Koran, „dem geben wir sogleich nach unserm Willen, er wird aber in jenem Leben verspottet, verstoßen und in der Hölle verbrannt." An einer andern Stelle heißt es: „Folget dem Schönsten was euch herabgesandt worden von eurem Herrn, ehe euch die Strafe trifft und ihr keinen Beistand mehr findet. Ehe die Seele ausruft: wehe mir! ich habe gesündigt und gehörte zu den Spöttern, oder: wenn Gott mich geleitet hätte, so würde ich ihn gefürchtet haben, oder: könnte ich auf die Erde zurückkehren, ich wollte Gutes üben! Nicht so! meine Zeichen (die Koransverse) sind zu dir gelangt, du hast sie für Lügen erklärt, du warst hochmüthig und ungläubig." Freilich finden sich im Koran auch wieder andere Stellen, welche glauben lassen könnten, der Mensch sei, in Bezug auf Tugend und Glauben, nur ein blindes Instrument göttlicher Willkür. So heißt es: „Für diejenigen, welche ungläubig sind, ist es gleich, ob du sie ermahnst oder nicht, sie glauben nicht. Gott hat ihr Herz versiegelt, und über ihren Ohren und ihren Augen ist eine Decke." Ferner: „die Ungläubigen sagen: warum sendet ihm (Mohammed) Gott keine Wunder herab? sprich! der Herr läßt im Irrthum, wen er will, und leitet diejenigen, die sich zu ihm wenden, die da glauben und deren Herz bei dem Gedanken an Gott Ruhe findet." Sehr oft kehren auch die Worte wieder: „Gott leitet wen er will, und läßt im Irrthum wen er will." Diese und ähnliche Verse sind aber so zu verstehen, daß es dem Rathschlusse himmlischer Weisheit anheimgestellt bleibt, zu welcher Zeit, welches Volk, und welche Individuen er durch seine Leitung begnadigen will, und daß er denjenigen Menschen, welcher den Willen zum Guten hat, im Glauben stärkt, während er denjenigen, in welchem der Hang zum Bösen vorherrschend ist, seiner immer zunehmenden Corruption überläßt, also gewissermaßen verhärtet. Mohammed konnte unmöglich einer starren Prädestinationslehre huldigen, wie sie von manchen Sekten im Christenthum und Islam aufgefaßt worden ist, denn der Koran weiß nichts von einer Erbsünde, d. h. von einer sich fortpflanzenden inneren Verderbniß, infolge der Sünde des ersten Menschenpaars, und er verwahrt sich häufig gegen die Idee einer Zurechnung fremder Schuld; ohne die Lehre von der Erbsünde läßt sich aber eine unbedingte Prädestination nicht mit Gottes Gerechtigkeit und Heiligkeit in Einklang bringen. Nach der Lehre des Korans wurden Adam und Eva zwar auch wegen ihres Ungehorsams aus dem Paradiese verstoßen, und dem Menschengeschlechte wird, in Folge des Sieges der Leidenschaft über die göttlichen Befehle, Haß und Unfriede prophezeit, als aber Adam seine Sünde bereute, begnadigte ihn Gott wieder, indem er sagte: „Verlasset das Paradies! aber meine Leitung wird euch zukommen, wer ihr folgt, hat nichts zu fürchten und wird nie betrübt, die Ungläubigen aber, die unsere Zeichen als Lügen erklären, werden ewige Gefährten der Hölle." Die Gnade Gottes äußert sich demnach durch seine Offenbarung. Jeder Prophet, von Adam bis Mohammed, welcher sich als den Letzten, als das Siegel des Prophetenthums, bezeichnet, ist ein von Gott gesandter Erlöser; um aber erlöst zu werden, d. h. zur wahren Einsicht und höhern Erkenntniß und in Folge derselben wieder zur Seligkeit des Paradieses zu gelangen, ist der Glaube an die Offenbarung und das Handeln nach derselben nöthig.

Wir haben schon früher bemerkt, daß die Geschichte der frühern Propheten im Koran einen großen Platz einnimmt. Die des alten Testaments ist mit vielen jüdischen Sagen späterer Zeit ausgeschmückt, dann aber auch so zugeschnitten, daß sie besonders zu Mohammed's Zwecken dienlich wurde. Wir können hier auf die mohammedanische Prophetengeschichte nicht näher eingehen, dürfen jedoch, was der Koran von Christus lehrt, nicht unerwähnt lassen.

Christus ist das lebendige Wort und der Geist Gottes, im Gegensatz zum todten Buchstaben und dem kalten Formenwesen, zu welchem das Judenthum im Mittelalter herabgesunken war. Die wunderbare Geburt Christi hat für Mohammed nichts Anstößiges, denn Adam ist ja auch durch das Wort Gottes geschaffen worden. Alle in den Evangelien erzählten Wunder glaubt er gern, denn frühere Propheten wie Abraham und Moses haben ja ähnliche ausgeübt; selbst die Himmelfahrt ist ihm nicht neu, denn dieselbe wird ja auch von Henoch und Elias erzählt. Daß aber ein Prophet sich und seine Mutter an die Seite des einzigen Gottes stelle, das kann Mohammed nicht glauben, das hält er für gottlose Erdichtung der Priester. Eben so wenig kann er die Kreuzigung Christi annehmen, weil sie in vollem Widerspruch mit der Gerechtigkeit Gottes steht, „der keinen Menschen für die Sünden eines Andern büßen läßt" so wie auch mit der Geschichte anderer Propheten, welche Gott aus jeder Gefahr errettet hat. Darum wurde, nach der Erzählung des Korans, nicht

Christus, sondern statt seiner ein ungläubiger Jude gekreuzigt, welchem Gott die Gestalt Christi verlieh. So wie aber die Legende von Abraham, sowohl wegen seiner reinen einfachen Lehre, als wegen seiner Beziehungen zu den Arabern durch Ismael und die an ihn erinnernden Heiligthümer Mekka's, für Mohammed von besonderer Wichtigkeit ist, so kommt ihm die von Christus vorzugsweise wegen des von ihm verkündigten Paraklets, für den er sich halten, oder wenigstens ausgeben konnte, ganz zu statten. Außer den Propheten der Bibel werden im Koran noch einige andere erwähnt, welche in älteren arabischen Sagen vorkommen. Nach der Lehre der Schiiten waren die Propheten vollkommen reine, sündenfreie Menschen, während die Sunniten selbst von Mohammed annehmen, daß er gesündigt habe, aber von Gott begnadigt worden sei. In Bezug auf die Prädestinationslehre schließen sich jene auch mehr den Mutazeliten an, und suchen die Freiheit des Willens mit der Präscienz zu versöhnen. Endlich gilt für sie die Lehre vom Imamat, d. h. von der legitimen Erbfolge der Nachkommen des Propheten durch Ali, für eines der wichtigsten Dogmen, während die Sunniten es nicht anerkennen, und viele derselben, wie wir in der weiteren Geschichte sehen werden, im Chalifate nur eine rein politische Institution sehen, welche das Wohl der Völker zur Grundlage haben soll.

Wenden wir uns nun noch zur praktischen Theologie des Islams, welche mohammedanische Rechtsgelehrte in zwei Haupttheile eintheilen: in religiöses Ceremonialgesetz, welches jedoch wieder einzelne Theile umfaßt, die nach unsern Begriffen in das Gebiet des Staatsrechts gehören, und in bürgerliche Rechtslehre, welche auch Polizei- und Strafgesetze in sich schließt. Zu Ersterem gehören nicht blos die Vorschriften über die Reinigung, das Gebet, die Fasten, die Pilgerfahrt, die verbotenen Speisen und Getränke, sondern auch noch die über die dem Staat zu entrichtenden Abgaben und die Art ihrer Verwendung. Das bürgerliche Recht umfaßt 1) Gesetze, welche in das Gebiet des Handelsrechts gehören. 2) Das Erbrecht und das Testament. 3) Das Eherecht. 4) Das Strafrecht und der Proceß. 5) Das Kriegsrecht. 6) Das Sklavenrecht.

Wir übergehen, als nicht hierher gehörend, die zwei ersten Abtheilungen und bemerken zur dritten, daß Mohammed manche Gesetze zum Schutze der Frau gegen die Willkür des Mannes erließ. Die Frau soll dem Manne in Allem gehorchen, sie soll so zurückgezogen leben, daß auch kein Schatten von Verdacht der Untreue auf sie fallen kann, erfüllt sie aber diese Pflichten, so ist sie auch berechtigt vom Gatten eine gute Behandlung zu erwarten. Dem Gatten wird nicht nur eheliche Treue außerhalb dem Harem zur Pflicht gemacht, sondern auch die Bevorzugung einer seiner Frauen zum Nachtheil der Andern verbietet das Gesetz. Mohammed konnte und durfte die Polygamie nicht ganz aufheben, doch beschränkte er sie, indem er den Gläubigen nur vier Gattinnen gestattete, während es vor ihm, besonders in Medina, Sitte war, acht bis zehn Frauen zu heirathen, und selbst vier Frauen dürfen nur solche Männer heirathen, welche die Mittel haben, sie anständig zu verpflegen. Mohammed schützte ferner die Frauen gegen die Verwandten ihres verstorbenen Gatten, die sie bisher wie eine Sache erbten, so wie gegen ungegründete Anklage, indem vier Zeugen als Beweis eines Ehebruchs erfordert werden.

Aus dem mohammedanischen Strafrechte führen wir hier nur an, daß ein absichtlicher Mord zwar auch mit dem Tode bestraft wird, daß es jedoch den nächsten Verwandten des Ermordeten, welchen das Recht der Blutrache zusteht, anheimgestellt wird, ob das Todesurtheil vollzogen, oder ob Sühnegeld entrichtet werden soll. Eine nicht absichtliche Tödtung wird nur durch ein gesetzlich bestimmtes Lösegeld gesühnt, welches für eine Frau nur die Hälfte, für Juden und Christen ein Drittheil, für Heiden ein Fünfzehntel beträgt. Bei Verstümmelung tritt auch entweder Sühnegeld oder Blutrache ein. Ferner tritt Todesstrafe ein: bei Ehebruch, Päderastie, Sodomie und Abfall vom Glauben. Wer Wein trinkt wird mit vierzig Peitschenhieben bestraft. Dem Dieb wird zum erstenmal die rechte Hand abgehauen, zum zweiten mal der linke Fuß, beim dritten Diebstahl die linke Hand und beim vierten der rechte Fuß.

Einen der humansten Theile der mohammedanischen Gesetzgebung bildet das Sklavenrecht. Die Freilassung eines Sklaven ist eine gottgefällige Handlung und gilt als Sühne für manche Vergehen. Ihre Gleichheit mit den Freien vor Gott wird im Koran bestimmt ausgesprochen, und eine anerkannte Ueberlieferung lehrt, daß, wer einem rechtgläubigen Sklaven die Freiheit schenkt, von den Strafen der Hölle befreit wird. Sklavinnen, mit welchen ihr Herr Kinder erzeugt hat, erlangen nach dessen Tode die Freiheit, die Kinder sind schon bei ihrer Geburt frei, da sie nicht Sklaven ihres Vaters sein sollen, und selbst über die Mutter hat er nur noch ein beschränktes Recht, indem er sie weder verkaufen noch verschenken darf. Ein Sklave kann auch durch Vertrag zwischen ihm und seinem Herrn, gegen Entschädigung seine Freiheit erlangen, und der Herr verliert während der zum Loskauf bestimmten Frist das Eigenthumsrecht auf den Sklaven, so daß er ihn nur noch zu seinem Dienste gebrauchen, aber weder verschenken noch verkaufen darf.

Mohammed konnte die Sklaverei so wenig als die Polygamie vollständig aufheben, aber er hat sie nicht nur beschränkt, sondern auch principiel die Emancipation der Sklaven ausgesprochen. „O ihr Leute" heißt es im Koran, „wir haben euch von einem Manne und einem Weibe geschaffen und in verschiedene Völkerschaften und Stämme getheilt, damit ihr einsehet, daß (ohne Rücksicht auf Stand und Abstammung) nur der Gottesfürchtigste unter euch der Angesehenste vor Gott ist." An einer andern Stelle, welche überhaupt den Kern des Islams in Kürze zusammenfaßt, heißt es: „Die Frömmigkeit besteht nicht darin daß ihr (beim Beten) das Gesicht nach Osten oder Westen richtet, sondern fromm ist derjenige, der an Gott glaubt, an den Tag des Gerichts, an die Engel, an die Schrift und die Propheten, der, bei aller Liebe zu seinem Gute, es doch den Verwandten spendet, den Waisen, Armen, Reisenden und sonstigen Bedürftigen, oder zur Befreiung von Sklaven und Gefangenen verwendet, der zu Gott betet und die Armensteuer entrichtet, der an jeder eingegangenen Verbindlichkeit festhält und mit Geduld Noth, Drangsal und allerlei Kriegsbeschwerden erträgt. Diese sind die wahren Frommen, diese sind die Gottesfürchtigen." Da Mohammed selbst nicht zur herrschenden Partei in Mekka gehörte, und seine ersten Anhänger größtentheils aus den niedersten Volksklassen und aus Sklaven bestanden, so war es übrigens ganz natürlich, daß er gegen alle Adelsvorurtheile ankämpfte und die Gleichheit aller Menschen, besonders der Gläubigen, als ein religiöses Princip proclamirte.

Wir lassen nun noch, zum Schlusse dieses Abschnittes, die

Schilderung des Aeußern Mohammeds, nach arabischen Biographen, folgen:

Mohammed war von mittlerer Statur, er hatte einen großen Kopf, einen starken Bart, ein rundes Gesicht mit röthlichen Wangen. Seine Stirne war hoch, sein Mund weitgespalten, seine Nase lang, mit einer kleinen Erhöhung in der Mitte. Er hatte große schwarze Augen, eine Ader zog sich von der Stirne über seine Augenbrauen herab, die anschwoll, so oft er in Zorn gerieth. Auf seiner untern Lippe hatte er ein kleines Maal. Seine Haare hingen bis zu seinen Schultern herab, und behielten ihre dunkle Farbe bis zu seinem Tode; er färbte sie zuweilen braun und feuchtete sie häufig mit wohlriechendem Oehle an, und nur bei seiner letzten Pilgerfahrt ließ er sie ganz abscheeren; seinen Schnurrbart stutzte er aber jeden Freitag vor dem Gebete, eben so die Haare unter dem Arme und die Nägel an den Fingern. Das Schönste an ihm war der Hals, der sich wie eine Silberstange über seiner breiten Brust erhob. Zwischen seinen Schultern hatte er ein Maal, über dessen Aussehen die Berichte von einander abweichen, und das von den Moslimen als „das Siegel des Prophetenthums" angesehen wird. Ein Arzt wollte es ihm einst vertreiben, aber er sagte: „Derjenige, der mich so geschaffen, soll mich auch heilen." Seine Hände und Füße waren sehr groß, doch hatte er einen so leichten Gang, daß seine Füße keine Spuren im Sande zurückließen.

Zweiter Abschnitt.

Das Wahlchalifat in Medina.

I. Abu Bekr.

Mohammed, der in seinem Koran über ganz unbedeutende Streitfragen und Ceremonien Gesetze und Verordnungen erließ, beobachtet in Bezug auf die Verfassung des von ihm gestifteten Reichs das tiefste Schweigen. Im Koran ist für unbefangene Leser kaum eine leise Andeutung darüber zu finden, wie der neue islamitische Staat nach dessen Tode regiert werden sollte. Mohammed hat aber nicht nur als inspirirter Prophet über den wichtigsten Theil des Staatsrechts keinen Aufschluß gegeben, sondern auch als weltlicher Herrscher keine Verfügung darüber getroffen, wie und von wem das von ihm unterworfene Arabien beherrscht werden sollte. Als Grund seines Schweigens in letzterer Beziehung kann kaum etwas Anderes angenommen werden, als daß er es gern vermied von seinem Tode zu sprechen, weil manche Gläubige, wenn sie ihn auch vielleicht nicht gerade für unsterblich hielten, doch auch in Bezug auf sein Ende Außerordentliches erwarteten, wie bei Christus und andern Propheten, und in der That wollte selbst Omar nicht an dessen Tod glauben, bis ihm ein ihm unbekannter vielleicht erst improvisirter Koranvers angeführt wurde, in welchem Mohammed's Sterblichkeit ausgesprochen ist. Dieser Vers soll nach der Schlacht von Ohod geoffenbart worden sein, als man einen Augenblick Mohammed für todt hielt und die Gläubigen allen Muth und alles Vertrauen verloren hatten. Er lautet: „Mohammed ist nur ein Gesandter Gottes, manche sind schon vor ihm verschieden, wollt ihr, wenn er eines natürlichen Todes stirbt, oder erschlagen wird, euch auf euern Fersen umdrehen? (d. h. abtrünnig werden)" Mag übrigens dieser und ähnliche Verse wirklich früher geoffenbart worden sein, so beweist jedenfalls der Umstand, daß sich

desselben außer Abu Bekr, welcher die Moslimen zum Festhalten am
Glauben Mohammeds und an seinem Gotte ermahnen wollte, niemand
erinnerte, daß in den spätern Lebensjahren Mohammeds von seinem
Tode keine Erwähnung mehr geschah. Mohammed traf auch vielleicht
deßhalb keine Verfügung über seinen Nachfolger (Chalife) weil er es
mit keiner Partei verderben wollte, und einerseits ihn sein Herz zu
seiner Tochter und ihrem Gatten Ali hinzog, während ihm sein Ver=
stand, vielleicht auch die ihn beherrschende Gattin Aischah, Abu Bekr,
dessen Tochter sie war, als einen geeigneteren Nachfolger zeigte. Erst
auf dem Krankenbette wollte er, wie er sich ausgedrückt haben soll,
etwas aufsetzen lassen, um Streit und Irrthum abzuhalten, er wurde
aber durch den von Omar darüber erregten Tumult sowie durch hef=
tiges Fieber daran verhindert, und so verschied er ohne seinen letzten
Willen geäußert zu haben, und es bildeten sich alsbald drei Parteien,
welche auf die Herrschaft Anspruch machten. An der Spitze der einen
Partei stand der nachherige Chalife Omar, welcher für ein Wahl=
reich war, aber natürlich sollten die Wähler sowohl als der Gewählte
zu den ältesten Gfährten des Propheten gehören, und er wußte zum
voraus, daß die Wahl auf seinen Freund Abu Bekr fallen werde,
der mehr oder weniger sein Werkzeug war. An der Spitze der andern
Partei stand Ali und sein Oheim Abbas, als Verfechter der erblichen
Monarchie. Die dritte Partei bestand aus Medinensern, welche auch
für ein Wahlreich sich aussprachen, das passive Wahlrecht aber auf
einen der Ihrigen beschränkt wissen wollten, weil ihnen allein der
Islam sein Gedeihen und seine Macht zu verdanken hatte. Die Me=
dinenser würden ohne Zweifel, wenigstens in der Hauptstadt, den
Sieg davon getragen haben, wenn sie einig gewesen wären, wir haben
aber schon früher erwähnt, daß die alte Bevölkerung der Stadt aus
den beiden Stämmen Aus und Chasradj bestand, die von früher
Zeit her mit einander um die Herrschaft stritten, und von denen
jeder sie lieber einem Fremden gönnte, als einem einheimischen aus
dem feindlichen Stamme. So wurden die Bemühungen eines Theiles
der Medinenser, ihren Häuptling Saad Jbn Ubade zum Chalifen zu
erheben, vereitelt, und während Ali mit der Leiche des Propheten
beschäftigt war, welche an der Stelle in die Erde gesenkt wurde, wo
er verschieden war, nämlich in der Wohnung Aischah's, die später in

den Umkreis der an dieselbe grenzenden Moschee gezogen wurde, gelang es Omar, die Wahl zu Gunsten Abu Bekr's durchzusetzen. Ali protestirte vergebens und unterwarf sich nach dem Tode seiner Gattin. Saad aber wanderte nach Syrien aus und rief, als man ihn zur Huldigung zwingen wollte: „bei Gott, ich huldige nicht, bis ich den letzten Pfeil meines Köchers gegen euch geschleudert, bis ich die Spitze meiner Lanze mit euerm Blute gefärbt, und mein Arm zu schwach wird, um das Schwert gegen euch zu führen."

Das Chalifat war übrigens, so heftig auch darum gekämpft wurde, um diese Zeit mehr eine Bürde, als eine wünschenswerthe Würde. Mohammed hatte seinen Glauben mehr durch Bestechung, List, Trug und Gewalt, als durch Ueberzeugung verbreitet, darum wurde er auch nach seinem Tode in vielen Provinzen wieder abgeschüttelt. Aischah's eigene Worte lauten: „Als der Gesandte Gottes starb, wurden die Araber abtrünnig, Juden und Christen erhoben ihr Haupt, die Heuchler verbargen ihre Heuchelei nicht mehr und die Moslimen glichen einer verlassenen Heerde in einer kalten Winternacht." Festes Zusammenhalten der wahren Gläubigen, Abu Bekr's Klugheit und Omars Energie waren nöthig, um den Aufruhr der Stämme zu ersticken, von denen die einen ihre alte Freiheit wieder erlangen, Andere zu ihren alten Göttern zurückkehren, oder sich neu aufgestandenen Propheten und Prophetinnen zuwenden wollten. Die Gefahr war so groß, daß selbst Omar vor ihr zurückbebte, und dieser sonst so strenge und energische Mann dem Abu Bekr rieth, die Beduinen, welche, wegen der sogenannten nicht unbeträchtlichen Armensteuer, von ihm abfielen, durch Nachgiebigkeit zu gewinnen zu suchen. Hier zeigte sich aber Abu Bekr fester und entschiedener, er wieß eine solche Zumuthung mit Entrüstung zurück, indem er sich entschlossen zeigte, vor allem an der Offenbarung, die mit Mohammeds Tode aufgehört und daher keiner Abänderung mehr unterworfen werden könnte, festzuhalten, und jeden, der auch nur im Geringsten davon abweichen wollte, bis aufs Aeußerste zu bekriegen. Er selbst verpflichtete sich aber auch, den Unterthanen in strenger Befolgung des göttlichen Gesetzes voranzugehen, und stellte das Volk zum Richter seiner Regierung auf. Er richtete folgende Worte an die ihm huldigende Versammlung, und bethätigte sie bis zu seinem Ende: „O ihr

Leute! ihr habt mich zu euerm Oberhaupte gewählt, obgleich ich nicht der Vorzüglichste unter euch bin. Handle ich recht, so versaget mir eure Mitwirkung nicht, begehe ich ein Unrecht, so leistet mir Widerstand! Wahrheit ist die erste Grundlage des Glaubens, Lüge führt zu Verrath. Ich werde den Schwächsten unter euch als den Mächtigsten ansehen, bis ich ihm sein Recht verschafft, den Mächtigsten aber unter euch für schwach halten, wenn er von Unrecht abgehalten werden soll.... Gehorchet mir, so lang ich Gott gehorche, handle ich aber gegen Gottes und seines Gesandten Gebote, so kündet mir den Gehorsam auf!"

Abu Bekr war so scrupulös, daß, obgleich Medina selbst von feindlichen Stämmen umschwärmt war, und nur durch seine Vertheidigungsanstalten vor einem Ueberfalle geschützt wurde, er dennoch den von Mohammed angeordneten Streifzug gegen die syrische Grenze ausführen ließ. Bis zur Rückkehr dieser Expedition mußte er sich auf die Defensive beschränken und konnte er nur durch geschickte Ausfälle die Aufrührer der Umgebung Medinas zurückschlagen. Nach der Rückkehr der Truppen ernannte er eine Anzahl Führer, um die über die ganze arabische Halbinsel zerstreuten Rebellen, mit Hülfe der treu gebliebenen Stämme, die sich ihnen anschließen sollten und mit dem Kern der alten Truppen, aus ausgewanderten Mekkanern und Hilfsgenossen Medinas zusammengesetzt, anzugreifen.

Chalid, einer der ersten von Abu Bekr ernannten Feldherrn, wendete sich zuerst gegen den falschen Propheten Tuleiha, welcher wie Mohammed, in gereimter Prosa himmlische Offenbarungen verkündete und welchem der Stamm Asad, dem er angehörte, so wie andere mit demselben verbündete Stämme gehuldigt hatten. Er nöthigte ihn sich nach Syrien zu flüchten und schlug die ihm ergebenen Stämme zu wiederholtenmalen. Hierauf bekriegte er den falschen Propheten Museilama, welcher die Provinz Jemama beherrschte, und brachte dessen Anhängern eine blutige Niederlage bei.

Während Chalid, der eben so treulos und blutdürstig, als tapfer war, und gegen den Abu Bekr, gegen die Ansicht Omar's, mit ungewöhnlicher Nachsicht verfuhr, Museilama, den gefährlichsten Feind des Islams, auf's Haupt schlug, unterwarfen andere Feldherrn die aufrührerischen Provinzen Bahrein, das Küstenland am persischen

Meerbusen, das, in Folge des Todes Mohammeds, vom Islam abgefallen war, ferner Oman, wo sich auch ein falscher Prophet aufgethan hatte, und Jemen, wo man namentlich wegen der Armensteuer das Joch des Chalifen abgeschüttelt hatte, so daß zu Ende des elften Jahres der Hidjrah (März 633) der Aufruhr in ganz Arabien niedergeschlagen war und Abu Bekr, dem Vermächtnisse des Propheten getreu, daran denken konnte, die Herrschaft des Islams über die Grenzen der Halbinsel hinaus auszudehnen.

Chalid erhielt den Auftrag die damals zum persischen Reiche gehörende Provinz Irak am untern Eufrat und Tigris zu unterwerfen, deren Bevölkerung großentheils arabischen Ursprungs war und wo längere Zeit arabische Fürsten unter persischer Oberherrschaft regiert hatten. Hier galt es nicht mehr gegen das Volk zu kämpfen, wie in Arabien, sondern nur gegen die persischen Truppen, die aber schon längst nicht mehr zu siegen gewohnt waren, denn das persische Reich war, seit dem Einfalle des Kaisers Heraclius, durch Adelsfehden, Bürgerkrieg, Hungersnoth und Weiberherrschaft immer tiefer gesunken. Mit 2000 Mann war er von Jemama aufgebrochen und als er die Grenze Iraks überschritt, standen 18000 Mann unter seinem Befehle, denn mit Siegeszuversicht strömten die Araber seiner Fahne zu, die einen um für Gott und Islam zu kämpfen, die andern in der Hoffnung auf reiche Beute. Der vom Chalifen erhaltenen Weisung gemäß schrieb er alsbald dem persischen Oberfeldherrn: „Bekehre dich, so bist du gerettet, sichere dir und deinem Volke unsern Schutz und bewillige Tribut, sonst kannst du nur dich selbst anklagen, denn ich ziehe mit einer Schaar heran, die den Tod eben so sehr liebt, als ihr das Leben." Chalid meinte mit diesen Worten die wahren Gläubigen, welche mit Todesverachtung und mit der Gewißheit alsbald in ein Leben von unvergänglicher Seligkeit überzugehen, dem Feinde entgegenstürzten. Mohammed hatte ja eine Anzahl Koranverse geoffenbart, die ganz darauf berechnet waren seine Anhänger zu den tollkühnsten Unternehmungen anzuspornen. „Glaube nicht" heißt es im Koran, „daß Diejenigen, welche auf dem Pfade Gottes umkommen, todt sind, sie leben und werden von ihrem Herrn verpflegt. Sie sind selig mit Gottes Gnade, und freuen sich auf die Nachkommenden. (Gläubigen)" Diese und ähnliche Verse, welche bei der Masse immer mehr Eingang fanden und nicht blos als fromme Sprüche auf ihrer Zunge lagen, sondern sie zu Heldenthaten anfeuerten, können als ein wirksamer Hebel zum raschen Wachsthum des islamitischen Reichs betrachtet werden, wenn auch allerdings die dem Beduinen angeborene Kriegslust und Raubsucht, so wie die innere Zerrüttung und Verderbniß des persischen wie des byzantinischen Reichs zur Lösung dieses Räthsels beigezogen werden müssen. Die Perser waren jedoch so tief noch nicht gesunken, um dem ersten Aufruf zur Unterwerfung Folge zu leisten. Sie kämpften, wenn auch mit Unglück, zu wiederholtenmalen gegen die Schaaren Chalids, verloren aber schon im ersten Jahre des Kriegs, noch unter Abu Bekr's Regierung, das ganze westliche Eufratgebiet, mit den Städten Anbar und Hira, von wo aus Chalid mit großem Erfolg seine Streifzüge über ganz Chaldäa ausdehnte und dem Staatsschatze unermeßliche Beute eroberte. Als er sich anschickte den Eufrat wieder zu überschreiten und den Krieg nach dem Innern Mesopotamiens zu tragen, erhielt er von Abu Bekr den Befehl sich zur syrischen Armee zu begeben, welche seiner dringend bedurfte. Der Chalife hatte nämlich im Frühling des Jahres 634, als die Zahl der freiwilligen Krieger, welche die Niederlage von Muta rächen wollten, immer größer ward, mehrere Truppenabtheilungen an die Grenze von Syrien und Palästina geschickt und gehofft, auch hier, ohne großen Widerstand, dem Islam neue Lorbeeren zu erringen, denn der Kaiser hatte alle Energie seit den Perserkriegen verloren, die arabischen Grenzbewohner wurden durch unzeitige Sparsamkeit und die christlichen Unterthanen durch raubsüchtige Statthalter und kirchliche Tyrannei gegen ihn aufgebracht. Indessen blieben die ersten Züge der drei Feldherren, welche vereinzelt von verschiedenen Seiten her in Syrien einrückten, ohne allen Erfolg und erst als Chalid mit einer Verstärkung von 9000 Mann eintraf, und den Oberbefehl über das ganze Heer übernahm, trat eine günstigere Wendung für die Moslimen ein. Da jedoch die wichtigsten Begebenheiten sich erst unter Omar ereigneten, werden wir sie später im Zusammenhange darstellen. Abu Bekr starb nämlich nach einer Regierung von zwei Jahren und einigen Monaten, in einem Alter von 63 Jahren, (22. August 634,) an einem Fieber, das er sich im Bade vierzehn Tage vor seinem Tode zugezogen hatte.

Abu Bekr war, der Unruhen eingedenk, welche nach Mohammeds Tod die Erbfolgefrage verursacht hatte, als er sein Ende herannahen fühlte, darauf bedacht gewesen, diese Frage zu Gunsten Omar's entscheiden zu lassen. Er ließ zuerst die angesehensten und einflußreichsten Gefährten des Propheten zu sich kommen und schilderte ihnen Omar als den tüchtigsten und kräftigsten Mann um die Zügel der Regierung zu lenken. Dann versammelte er die Häupter des Volks und ließ sie schwören, daß sie den von ihm zu bestimmenden Nachfolger anerkennen würden. Als dies geschehen war, nannte er Omar und als von verschiedenen Seiten diese Wahl wegen der Härte Omar's Besorgniß erregte, sagte er: „Omar war nur so streng, weil ich zu weich war, herrscht er einmal allein, so wird er schon milder werden, denn er suchte mich stets zu besänftigen, wenn er merkte, daß ich zur Härte geneigt war, ich weiß gewiß daß sein Inneres besser ist, als sein Aeußeres scheint."

Abu Bekr's Privatleben war eben so tadellos als sein öffentliches, es trifft ihn überhaupt kein anderer Vorwurf, als daß er zu nachsichtig gegen Chalid war, dessen Schonung ihm Staatsklugheit gebot. Die Schätze, die ihm seine Feldherren von der Beute zusandten, verwendete er für gemeinnützige Zwecke, er selbst blieb arm wie zuvor und fuhr sogar als Chalife noch einige Zeit fort, sich von Handel und Viehzucht zu ernähren, bis seine Gefährten ihm bedeuteten, daß er seine ganze Zeit und Kraft den Staatsangelegenheiten widmen sollte. Dann erst entschloß er sich, einige tausend Drachmen jährlich nebst einem Sommer- und einem Winteranzuge, aus dem öffentlichen Schatze anzunehmen. Er war mild, einfach, sittenrein und fromm, nicht nur im moslimischen Sinne des Worts. Es ist schon erwähnt worden, daß er als erster Sammler des Korans sich Verdienste um dessen vollständige Erhaltung erworben hat, auch als Gesetzgeber ging er seinen Nachfolgern mit gutem Beispiele voran, indem er, in Fällen, die weder durch den Koran, noch durch die mündliche Tradition entschieden werden konnten, nicht nach Willkür ein Urtheil fällte, sondern sich vorher mit den Rechtsgelehrten (Ulema) berieth, was dann später, mit wenigen Ausnahmen, zur Norm wurde.

II. Omar.

Ein besonders günstiges Geschick waltete über die erste Zeit des Islams indem es einen Mann wie Omar an die Spitze der Moslimen stellte, der in der That, wie ihn Abu Bekr geschildert hatte, eben so besonnen als energisch war, der fern von jedem Sonderinteresse stets nur das Wohl und das Gedeihen des Staats im Auge hatte, der wegen seiner wahren Frömmigkeit und Gewissenhaftigkeit, sowie wegen seiner patriarchalischen Sitteneinfalt allen späteren Herrschern als Muster aufgestellt wurde, und der daher auch schon unter Mohammed's wie unter Abu Bekr's Regierung großen Einfluß geübt hatte. Er übertraf noch seinen Vorgänger an Mäßigkeit und Sparsamkeit. Seine Nahrung bestand aus Gerstenbrod und Datteln oder Oliven, sein Getränke nur aus Wasser und sein Lager aus einem mit Palmenfasern gefüllten Polster. Er besaß nur zwei Röcke, einen für den Sommer und einen für den Winter, beide vielfach geflickt. Bei den Pilgerfahrten, von denen er keine einzige ausgesetzt haben soll, bediente er sich nie eines Zeltes, sondern beschattete sich mit seinem Kleide oder mit einer an einen Baum oder Pfahl befestigten Matte. So lebte der Mann, der die unbestrittene Herrschaft über ganz Arabien antrat und dessen Generäle während der Dauer seiner Regierung die schönsten und reichsten Provinzen des persischen und byzantinischen Reichs unterwarfen. Gerechtigkeit üben, den Glauben rein bewahren und ihm die Weltherrschaft sichern, war das eifrigste Bestreben Omars. Einen Mann wie Chalid, der seinen Kriegsruhm mit Mord und zügelloser Ausschweifung befleckt hatte, wollte er nicht länger an der Spitze der syrischen Armee dulden, obgleich er die Ehre der arabischen Waffen durch die Schlacht am Hieromax (Jarmuk) wieder gerettet und durch seinen vollständigen Sieg über ein ihm an Zahl weit überlegenes christliches Heer über das Schicksal von Syrien entschieden hatte, indem bald darauf die Hauptstadt Damask zur Uebergabe genöthigt wurde.

Um den Glauben in Arabien, der Wiege und dem Hauptsitze des Islams, vor Irrlehren zu bewahren, verbannte Omar die Christen aus Nadjran und die Juden aus Cheiber und Wadi-l-Kura, gestattete ihnen jedoch mit ihrer ganzen Habe abzuziehen, und ließ ihnen auch in andern Ländern, je nach ihrer Wahl, so viele liegende Güter anweisen als sie besessen hatten. Aus gleichem Grunde verordnete er, wie schon früher erwähnt worden ist, daß in allen eroberten Ländern Nichtmoslime durch ihre Kleidung sich von Moslimen unterscheiden sollten, damit man sie beim ersten Anblick als Ungläubige erkenne und ihre Worte darnach beurtheile.

Zur raschen Verbreitung des Islams nach Außen wurden alle Araber, die von Abu Bekr abgefallen und deßhalb von der Theilnahme am heiligen Kriege ausgeschlossen waren, amnestirt, und theils der syrischen theils der persischen Armee einverleibt. Omar konnte darauf zählen, daß die Amnestirten, ob mit oder ohne Ueberzeugung, mit den älteren Truppen an Tapferkeit wetteifern würden. Es war übrigens die höchste Zeit, die Araber am Eufrat zu verstärken, sollten nicht alle von Chalid errungenen Vortheile wieder verloren gehen. Abu Obeid, der neue Obergeneral in Persien, hatte zwar wieder in mehreren Treffen gesiegt, wurde aber in der Brückenschlacht, in der Nähe der Ruinen von Babel, geschlagen, und verlor mit dem größern Theil seines Heeres das Leben. Omar gab sich daher alle Mühe, um durch neue Werbungen den Verlust zu ersetzen, und ein Aufstand in der Hauptstadt Persiens gestattete den siegreichen Truppen nicht, die entronnenen Araber, vor Ankunft neuer Verstärkungen, gänzlich zu vertilgen. M u t h a n n a , welcher jetzt den Oberbefehl übernahm, konnte sich wieder mit dem Feinde messen und seine Reiter jenseits des Eufrats auf Raubzüge aussenden. Als aber Jezdedjerd den Thron bestieg, erhob man sich überall gegen die Araber, und Muthanna mußte sich an die Grenze der Wüste zurückziehen, wo er bald in Folge einer in der Brückenschlacht erhaltenen Wunde sein Leben beschloß.

Omar wollte, als er von diesen traurigen Vorfällen Kunde erhielt, sich selbst im Frühling 635 an der Spitze eines neuen Heeres nach Jrak begeben, ließ sich aber von seinen Freunden davon abbringen, und ernannte Saad Jbn Abi Wakkaß zum Befehlshaber, welcher, in der dreitägigen Schlacht von Kadesia, dem Feinde eine so blutige Niederlage beibrachte, daß Jezdedjerd fortan nur noch an die Erhaltung der östlich vom Tigris gelegenen Provinzen mit der Hauptstadt Ktesiphon (Madein) denken, das sogenannte arabische Jrak aber den Moslimen preis geben mußte. Hira wurde aufs neue von den Arabern besetzt, die Festung Obolla erobert und die Stadt Baßrah gegründet, welche die Schifffahrt vom persischen Meerbusen her beherrschte. Diese Erfolge, welche dem Heere nicht nur Kriegsruhm sondern auch reiche Beute und Genüsse jeder Art sicherten, führten demselben immer neue Schaaren zu, und bald war es so stark, daß Jezdedjerd in der Nacht ohne Kampf seine Residenz verließ und sich mit seinen übrigen Truppen nach Holwan, in das medische Hochgebirge zurückzog. Als Saad in die verlassene Stadt einrückte und ihre herrlichen Paläste und Lustgärten sah, erinnerte er seine Gefährten an die Worte des Korans, welche sich auf die im rothen Meere ertrunkenen Egyptier beziehen, aber eben so gut auf die Perser passen: „Wie viele Gärten haben sie verlassen, und Quellen und Saaten, wie viele Wonne- und Lustplätze, an denen sie sich ergötzten. Wir (Gott) haben Alles einem andern Volke geschenkt und weder Himmel noch Erde beweinte sie." Saad schlug sein Hauptquartier im weißen Palaste auf, ließ die Beute an Gold, Silber, Edelsteinen, Waffen und Kunstwerken jeder Art dahin bringen, und sie war so werthvoll, daß nach Ausscheidung des gesetzlichen Fünftheils für den Staatsschatz, doch noch so viel übrig war, daß der Antheil jedes Soldaten 12000 Dirhem betrug. Auf Befehl Omars mußten jedoch die Moslimen Ktesiphon verlassen und die an einem Eufratarme gelegene neu gegründete Stadt Kufa wurde der Sitz der mohammedanischen Befehlshaber. Bessere Luft, leichtere Vertheidigung, und die Furcht vor Verweichlichung in der alten Residenz, bewogen Omar zu diesem Befehle. Jezdedjerd mußte bald seine Flucht weiter nach Norden fortsetzen, denn nach der von Saad gewonnenen Schlacht bei Djelula wurde Holwan genommen. Die nächsten Heereszüge galten nun einerseits dem nördlichen Mesopotamien, und hatten die Eroberung von Tekrit, Moßul, Harran, Kirkisia und Roha (Edessa) zur Folge, andererseits der Provinz Chusistan, (Susiana) und endeten mit der Einnahme der festen Stadt Tuster (Schuster) und der Capitulation des Fürsten Hormozan, welcher, um Omar's Gnade zu erlangen, sich zum Islam bekehrte.

Jezdedjerd blieb indessen nicht unthätig, er spornte fortwährend seine Satrapen an, sich mit vereinten Kräften den Moslimen zu widersetzen, welche immer mehr zeigten, daß ihre Eroberungssucht keine

Grenze kännte. Als daher Saad von der Statthalterschaft von Persien entsetzt wurde, schwere Hungersnoth die syrische Armee geschwächt hatte, und ein Theil der Truppen des Chalifen in Egypten beschäftigt war, schien den Persern der Augenblick günstig zum Angriffe. Ein Heer, so stark wie einst bei Kadesia, versammelte sich in der Nähe von Nehawend, südlich von Hamadan, am südwestlichen Abhange des Wendgebirgs, und wie damals war die Bestürzung in Medina so groß, daß Omar selbst den Oberbefehl über das persische Heer, das eiligst verstärkt wurde, übernehmen wollte, den er aber doch schließlich dem Numan Ibn Mukrin übergab, welcher den Feind durch eine fingirte Flucht auf ein ihm ungünstiges Terrain lockte und dadurch den Moslimen einen vollständigen Sieg errang. Omar benutzte diesen Sieg, um auch in Persien seine Eroberungen auszudehnen, denn er sah jetzt ein, daß er das eigentliche Persien unterjochen müßte, wenn die in den Grenzprovinzen stationirten Truppen nicht stets neuen Angriffen ausgesetzt sein sollten. Auf den Rath des gefangenen persischen Feldherrn Feiruzan wurde zuerst Ißpahan, das Haupt des persischen Reichs, angegriffen und zur Uebergabe genöthigt und bald mußte auch Hamadan und Rei dem Scepter des Chalifen gehorchen. Andere Städte wurden in Farsistan, sowie in Kerman und Sedjestan erobert, doch leistete die Festung Ißtachr (Persepolis) noch mehrere Jahre tapfern Widerstand, und mußten überhaupt die im Norden und Osten Persiens unter Omar gemachten Eroberungen zum großen Theil später aufs Neue unterworfen werden, weil überall, wo nicht eine starke moslimische Besatzung die den Arabern und ihrem Glauben feindselige Bevölkerung im Zaum hielt, ihre Herrschaft wieder abgeschüttelt wurde. Eine festere Dauer, weil hier die Glaubensverschiedenheit nicht so groß und die der Race gar nicht vorhanden war, hatten die Eroberungen der Moslimen in Syrien. Sie unterwarfen nach der Capitulation von Damask, unter der Führung Abu Obeida's, dem Omar an Chalid's Stelle den Oberbefehl übertragen hatte, in wenigen Jahren, Balbek, Himß, Hamah, Jerusalem, Haleb, Antiochien, zuletzt auch die Festung Cäsarea und die übrigen Städte an der Küste von Syrien und Palästina. Die syrische Armee wendete sich dann nach dem Eufrat hin und konnte bald der Jrakanischen, in der Gegend von Rakka, Amid und Kirkisia, die Hand reichen.

Nach vollendeter Unterwerfung Syriens, welches Omar selbst bereiste, um allenthalben die geeigneten Maßregeln anzuordnen, die den Besitz dieses Landes sichern, und die Bewohner vor Gewaltthat schützen sollten, kam Egypten an die Reihe der byzantinischen Provinzen, welche das Evangelium mit dem Koran vertauschen, oder sich wenigstens vor den Verehrern des Letztern in Demuth beugen sollten. Omar selbst zauderte zwar und konnte sich nicht leicht dazu entschließen eine verhältnißmäßig geringe Kriegsschaar an die Ufer des Nils zu werfen, welche durch feste und stark bevölkerte Städte geschützt waren und denen die Regierung von Konstantinopel zu Wasser ungehindert beistehen konnte. Er durfte jedoch dem eben so schlauen als tapfern Amr Jbn Aaß, der schon in dem syrischen Kriege ein großes Feldherrntalent entwickelt hatte, die Bitte, mit den ihm untergebenen Truppen nach Egypten zu ziehen, nicht geradezu abschlagen, und Amr wußte wohl, daß wenn einmal der erste Schritt hiezu gethan worden, die Ehre des Islams und des arabischen Heeres den Chalifen nöthigen würden, ihm die weiteren Mittel zur Fortsetzung des Krieges zu bewilligen. Amr soll übrigens selbst früher Egypten bereist haben, und er mochte leicht zur Ueberzeugung gelangt sein, daß hier der Haß der koptischen Bevölkerung gegen die byzantinische Regierung noch weit bitterer war als in Syrien, weil auch kirchlicher Druck und Mißhandlung von Seiten habgieriger Beamten in diesem Lande größer war. Im äußersten Falle stand den Arabern nach einer Niederlage die Wüste als sicheres Asyl offen, in welchem sie nicht zu fürchten hatten, von den Griechen mit Nachdruck verfolgt zu werden. Amr brach im Dezember 640 von Syrien auf und erstürmte mit 4000 Mann, die er bei sich hatte, die Grenzfestung Farma, drang dann ungehindert bis Bilbeis vor, wo er die ihm entgegen ziehenden Christen zurückschlug, und befand sich bald im Angesichte der Festung Babylon, auf dem östlichen Nilufer, in der Nähe der heutigen Stadt Altkahirah. Seine kleine Schaar war inzwischen durch Beduinenstämme verstärkt worden, auch langten bald 12000 Mann aus Medina an, welche ihn in Stand setzten, dieses feste Bollwerk der auf dem westlichen Ufer gelegenen Hauptstadt Memphis mit den Waffen zu erobern. Bald nach der Erstürmung Babylons schlossen die Kopten Frieden mit Amr, der ihnen, gegen Entrichtung mäßiger, geordneter Abgaben, volle Glaubensfreiheit und Sicherheit des Lebens und des Besitzes verbürgte, während sie unter griechischer Herrschaft Gewissenszwang und Erpressungen jeder Art zu dulden hatten. So wurde Amr, ohne Schwertstreich, Herr der Hauptstadt Memphis, und der griechischen Besatzung blieb nichts übrig als sich gegen Alexandrien hin zurückzuziehen. Von den Kopten unterstützt brach Amr im Frühling 641 gegen diese Festung auf, schlug siegreich die Griechen, die sich ihm zu wiederholten malen entgegen stellten, zurück, und traf die nöthigen Anstalten zur Belagerung derselben. Heraklius bot alles auf, um Alexandrien zu retten, dessen Verlust nicht nur den Egyptens, der Kornkammer von Konstantinopel, sondern auch den des übrigen Nordafrika nach sich ziehen mußte. Nach seinem Tode aber, als in Folge der in der Hauptstadt ausgebrochenen Erbfolgestreitigkeiten und Soldatenmeuterei, Alexandrien hilflos blieb, wurde es Amr nicht mehr schwer, die schon halb verlassene Stadt zu erstürmen, die jedoch auf Befehl Omar's, mit Schonung behandelt wurde.

Amr wollte Alexandrien zu seiner Residenz machen, Omar gab es aber nicht zu daß sein Statthalter sich jenseits des Niles, und in so großer Entfernung von Medina, festsetze. So wurde denn an dem Orte, wo Amr's Heer während der Belagerung von Babylon seine Zelte aufgeschlagen hatte, die neue Stadt Fostat (Zelt) gegründet, welche bis zur Erbauung der neuern Stadt Kahirah durch die Fatimiden, im vierten Jahrhundert der Hidjrah, Residenz der egyptischen Statthalter blieb. Von hier wurde eine Verbindung zu Wasser mit dem rothen Meere hergestellt, indem der alte Kanal wieder schiffbar gemacht wurde, so daß fortan Arabien leicht von Egypten her verproviantirt werden konnte. Amr dehnte die Herrschaft des Islams weiter nach Westen bis Tripoli aus, und fand hier an den Berbern, wie in Egypten an den Kopten, hilfreiche Bundesgenossen. So groß aber auch Amr's Verdienste um das Chalifenreich waren, und so sehr er sich auch bemühte, die Schatzkammer und die Speicher Medina's mit egyptischem Gold und Korn zu füllen, behandelte ihn doch Omar mit großer Härte, weil er stets glaubte, das reiche Nilland müsse einen noch reichern Ertrag liefern und daher annahm, daß sein Statthalter entweder zu mild gegen die Bewohner desselben sein müßte, oder daß er den bessern Theil unterschlage. Er mußte schließlich einem besondern Commissär Rechenschaft ablegen und die Hälfte seines Besitzes herausgeben, ferner die Statthalterschaft mit Abd Allah Jbn Abi Sarh, einem Milchbruder des nachherigen Chalifen Osman, theilen. Omar mußte seine unersättliche Habgier, d. h. sein unstillbares Verlangen den Staatsschatz immer mehr auf Kosten der unterworfenen Provinzen zu bereichern, wodurch seine Statthalter genöthigt waren drückende Steuern auszuschreiben, mit dem Leben büßen. Ein Handwerker, welchem M u g h i r a, der Statthalter von Kufa, täglich eine Steuer von zwei Silberdirhem auflegte, reiste nach Medina, um sich bei Omar über diese Härte zu beklagen, und als er von ihm abgewiesen wurde, fiel er ihn in der Moschee mit einem Dolche an und brachte ihm mehrere Wunden bei, an denen er starb. (3. November 644.)

Vor seinem Tode wollte Omar, wie sein Vorgänger, durch Bestimmungen über die Nachfolge das Reich vor Anarchie und Bürgerkrieg bewahren. Er ernannte zuerst Abd Errahman Jbn Auf, einen der ältesten Gefährten Mohammeds, zu seinem Nachfolger, als dieser aber das Chalifat ablehnte, bestimmte er sechs Männer, welche den neuen Chalifen wählen sollten. Diese waren: Osman, Ali, Zubeir, Talha, Saad, Jbn Abi Wakkaß und der schon genannte Abd Errahman, durch dessen entscheidende Stimme, nach langen Berathungen, Osman als Beherrscher der Gläubigen proclamirt wurde. Seine eigenen Angelegenheiten hatte Omar bald geordnet. Er bat seine Stammgenossen, einige kleine Schulden, die er gemacht hatte, für ihn zu bezahlen, und Aischa, die Gattin Mohammed's, zu gestatten, daß er auf dem ihr gehörenden Boden, neben Mohammed und Abu Bekr, begraben werde. Als ihm diese Wünsche gewährt wurden, beschloß er mit Ruhe und Ergebung seine zehnjährige Regierung, die übrigens factisch von längerer Dauer war, da, wie schon erwähnt, nicht nur unter Abu Bekr, sondern auch schon unter Mohammed seine Stimme große Geltung hatte, und nur wo seine durchgreifende Strenge dem jungen Staate hätte gefährlich werden können, wurde von seiner Ansicht Umgang genommen. So gab ihm Mohammed kein Gehör, als er das Haupt des Abd Allah Jbn Ubeii, eines einflußreichen Medinensers, der dem Islam abhold war, verlangte, eben so wenig, als er den gefangenen Abu Sofjan hinrichten wollte, oder als er gegen den Friedensschluß bei Hudeibijeh protestirte. Auch Abu Bekr

widersetzte sich ihm, als er Saad Ibn Ubade, weil er die Huldigung
verweigerte, tödten wollte. Wir haben übrigens gesehen, daß selbst
Omar einmal unconsequent sein konnte, indem er dem Abu Bekr rieth,
den Abtrünnigen die Armensteuer zu erlassen, während dieser sonst
nachgiebigere Chalife ein solches Zugeständniß nicht machen wollte.
Auch dem genannten Mughira, dem Statthalter von Baßrah gegen=
über, zeigte er mehr Nachsicht, als von ihm erwartet werden konnte,
denn er war ein ganz gemeiner Verbrecher und wurde doch später
trotz aller Klagen, die gegen ihn laut wurden, zum Statthalter von
Kufa ernannt. Ebenso mild zeigte sich Omar gegen Abu Musa, den
Nachfolger Mughira's als Statthalter von Baßrah, welcher des Un=
terschleifs, der Bestechung und der Fälschung angeklagt war. Damit
steht freilich seine Härte gegen Chalid nicht nur, sondern auch gegen
seinen eigenen Sohn im Widerspruch, der wegen Weintrinkens und
unsittlichen Lebenswandels auf seines Vaters Befehl öffentlich in der
Moschee gegeißelt worden sein soll, bis er starb.

Omar kann als der eigentliche Gründer des islamitischen Staats
angesehen werden, denn die wichtigsten Einrichtungen, welche einem
Staate Dauer verleihen, stammen von ihm her. Er belohnte nicht
nur die tapfern Krieger, sondern sorgte auch für ihre Hinterlassenen,
er bestellte Richter für die eroberten Provinzen, er bestimmte Gehalte
für die verschiedenen Beamten, er errichtete öffentliche Kanzleien und
Finanzkammern, ließ die Bevölkerung aufnehmen und die vorhan=
denen Güter schätzen, und brachte so einige Ordnung in das Finanz=
und Steuerwesen. Endlich führte er auch eine gemeinsame Aera ein,
indem er den ersten Tag des Jahres, in welchem Mohammed nach
Medina ausgewandert war, als deren Anfang bestimmte.

III. Osman.

Die Berathungen, welche mit der Wahl Osman's zum Chalifen
endeten, dauerten drei Tage, denn mit Ausnahme Abd Errahmans,
der nicht nach dem Throne gelüstete, waren die übrigen fünf von
Omar bestimmten Wähler herrschsüchtige Männer, die ihre eigenen
Verdienste geltend machten, um ihre Ansprüche auf das Chalifat zu

begründen. Als Abd Errahman dies sah, fragte er die Prätendenten der Reihe nach, auf wen ihre Wahl fallen würde, wenn sie selbst ausgeschlossen wären, und nun theilten sich die vier Stimmen zwischen Osman und Ali. Abd Errahman entschied zu Gunsten Osman's, weil dieser unbedingt versprach, nicht nur nach dem Koran und der Tradition, sondern auch nach den Satzungen seiner beiden Vorgänger zu regieren, so daß das Chalifat eine gewisse gesetzliche Unfehlbarkeit erhielt, während Ali sich nicht verpflichten wollte die zwei ersten Chalifen in Allem als Vorbild zu nehmen. Osman zeigte sich übrigens nur so fügsam, bis die Huldigung vorüber war, es währte aber nicht lang, so wich er in manchen Punkten nicht nur von dem Beispiele Omars, sondern sogar vom göttlichen Gesetze ab, was unter den aufrichtigen Gläubigen große Unzufriedenheit erregte. Mehr als einzelne Abweichungen von frühern Gebräuchen schadete dem Chalifen in der öffentlichen Meinung die Bevorzugung seiner Verwandten, denen er die höchsten Aemter verlieh und unermeßliche Summen aus der Staatskasse anwies, denn es waren größtentheils Männer, die entweder selbst, oder deren Eltern sich dem Islam bis aufs Aeußerste widersetzt hatten, und die auch noch durch ihr sittenloses Leben öffentlichen Aerger erregten. Die ganze Macht und die reichsten Schätze gelangten nach und nach in die Hände der Familie Osmans, der, wie Abu Sofjan, der Erzfeind Mohammeds, von Omejja abstammte, während die Nachkommen Haschims, zu denen Mohammed gehörte, allen Einflusses auf die Regierung beraubt wurden. Während diese Zustände besonders Ali und seine Partei, so wie die herrschsüchtigen Talha und Zubeir erbitterten, tadelten die Schriftgelehrten die schon erwähnte von Osman veranstaltete neue Redaction des Korans, theils weil er hiezu nicht die von ihnen vorgeschlagenen Männer gewählt, theils weil er die Vernichtung aller älteren Exemplare decretirt hatte, wodurch jede Critik unmöglich wurde. Die Klagen gegen Osman wurden immer lauter, die Unzufriedenheit wurde durch die Verwaltung seiner mißliebigen Statthalter vermehrt, und die Erbitterung durch die genannten drei Männer, welche in Egypten, Baßrah und Kufa viele Anhänger hatten, systematisch angeschürt. Nur Syrien, wo der nachherige Chalife Moawia, der Sohn Abu Sofjans, Statthalter war, der allein die ihm von Osman anvertraute Stelle wirklich auszufüllen die Fähigkeit hatte, blieb frei von meuterischen Umtrieben. In Egypten, wo die Partei Ali's am stärksten vertreten war, wurde damals schon gelehrt, daß Mohammed bereinst wieder auferstehen werde, und daß Ali sein Vezier gewesen, der bis zur Wiederkehr des Propheten von ihm als Stellvertreter eingesetzt worden sei, und so der Grund zu spätern extravaganten schiitischen Lehren gelegt, welche zuletzt so weit gingen, daß Ali und die von ihm abstammenden Imame als Gottes Stellvertreter auf Erden ja als Theile der Gottheit verehrt wurden. Die Unzufriedenen in den verschiedenen Provinzen, wahrscheinlich unter der geheimen Leitung Ali's, Zubeir's und Talha's, und von ihrem Golde bestochen, traten endlich in Verbindung mit einander und verabredeten einen gemeinschaftlichen Zug nach Medina, um Osman zur Entsetzung seiner Statthalter zu zwingen. In Egypten sollte Abd Allah Jbn Abi Sarh, der Milchbruder Osmans, der nach der Wiedereroberung von Alexandrien, dessen sich die Griechen nochmals bemächtigt hatten, an Amr's Stelle als Statthalter über das ganze Land gesetzt worden war, dem Mohammed, einem Sohne Abu Bekr's weichen, der ein vertrauter Freund Ali's war. In Kufa sollte der Omejjade Said Jbn Aaß, welcher so unklug war, seine Provinz den Garten Kureisch's zu nennen, dem von der Statthalterschaft von Baßrah entsetzten Abu Musa Alaschari seinen Platz einräumen, und auch die Statthalterschaft von Baßrah sollte dem Abd Allah Jbn Amir, einem andern Vetter des Chalifen, wieder entrissen werden. Osman erhielt von dem Vorhaben der Rebellen Kunde und berief seine Statthalter nach Medina, um sich mit ihnen über geeignete Maßregeln zur Unterdrückung des Aufstandes zu berathen. Seine Räthe konnten aber zu keinem gemeinschaftlichen Beschlusse kommen, und der Chalife selbst, ein altersschwacher unentschlossener Mann, schwankte bald nach der einen bald nach der andern Seite, und soll schließlich dem Statthalter von Baßrah beigestimmt haben, dessen Vorschlag dahin ging, die Rebellen durch Kriege gegen das Ausland zu beschäftigen, wodurch die innern Umtriebe von selbst aufhören würden. Malik Alaschtar, ein Häuptling der Kufaner und ein Werkzeug Talha's und Zubeir's, welche ihm ihre Schätze zur Verfügung stellten, vereitelte aber diese Beschlüsse. Er eilte dem von Medina zurückkehrenden Statthalter voraus, besetzte mit den Rebellen die Zugänge von Kufa und nöthigte Jenen, der mit einem Häuflein Reiter heranzog, wieder nach Medina umzukehren. Dem ohnmächtigen Chalifen blieb nichts übrig, als, dem Verlangen Alaschtar's gemäß, Abu Musa zum Statthalter von Kufa zu ernennen. Die Kufaner sahen jedoch ein, daß Osmans Nachgiebigkeit nur dann den erwünschten Erfolg haben könnte, wenn auch in den andern Provinzen seine Werkzeuge beseitigt und durch Männer von ihrer Partei ersetzt würden. Sie unterhielten daher ihre Beziehungen mit Baßrah und Fostat und führten den früher gefaßten Entschluß aus, ehe Osman in Stand gesetzt war, ihnen Widerstand zu leisten. Der eingeschüchterte Chalife beschwichtigte die Rebellen durch allerlei Concessionen, aber kaum waren sie abgezogen, so bereute er seine Schwäche wieder, und behauptete, sie haben ihr Unrecht eingesehen, während er ihren Abzug doch nur der Vermittlung Ali's zu verdanken hatte. Die Verschwörung griff daher immer weiter um sich, und im folgenden Jahre (35 d. H. = 655—56 n. Chr.) zogen die Häupter der Rebellen aus Fostat, Kufa und Baßrah, mit noch zahlreichern Haufen, abermals nach Medina. Da Osman nur über einige hundert Mann zu verfügen hatte, mußte er den Egyptiern, welche bei weitem die Mehrzahl der Rebellen bildeten, nachgeben, und den verhaßten Mohammed, den Sohn Abu Bekr's, zum Statthalter von Egypten ernennen. Mit dieser Concession, welche einem Entsagen auf die Oberherrschaft glich, konnte es aber dem Chalifen und seinem Vezier Merwan nicht ernst sein. Sie wollten sich nur die Aufrührer vom Halse schaffen und hofften bald durch Truppen aus Baßrah und Damask in den Stand gesetzt zu werden, weiteren Aufständen die Spitze zu bieten. Sobald daher die Egyptier wieder abgezogen waren, wurde ein Bote an Abd Allah Jbn Abi Sarh geschickt, mit einem Schreiben, welches ihn aufs Neue in seinem Amte bestätigte und zugleich anspornte, Mohammed und seine Genossen zu züchtigen. Unglücklicherweise wurde der Bote, der ein Sklave Osmans war, aufgefangen und durchsucht, und als man dieses Schreiben fand, wurde beschlossen, alsbald nach Medina zurückzukehren. Osman wälzte alle Schuld auf Merwan, weigerte sich jedoch ihn den Aufrührern auszuliefern. Er wurde hierauf in der Moschee mißhandelt und mit Mühe gelang es ihm, sich in seine Wohnung zu flüchten, welche einige hundert Mann gegen einen Handstreich sicherten.

Jetzt wurde er aufgefordert, abzudanken, und als er erklärte lieber sterben zu wollen, als der von Gott erhaltenen Herrschaft zu entsagen, wurde seine Wohnung umzingelt und alle Zufuhr von Lebensmitteln abgeschnitten. Die Aufrührer hofften ihn schließlich durch Hunger und Durst zu nöthigen den Herrscherscepter niederzulegen, und nicht gezwungen zu werden, einen Greis zu tödten, der, wie Ali, Mohammeds Schwiegersohn war, und der in der ersten Periode des Islams so viel für das Gedeihen desselben geopfert hatte. Erst nach mehrwöchentlicher Belagerung, als sie fürchten mußten, Muawia rücke mit seinen Syrern zum Schutze des Chalifen heran, griffen sie zum Aeußersten, indem sie an das Thor seiner Wohnung Feuer legten, und während Merwan mit seinen Leuten hier den Zugang vertheidigte, drang der Sohn Abu Bekrs von einer andern Seite her, mit seinen Leuten, in das Gemach des Chalifen, welcher alsbald erschlagen wurde. (17. Juni 656.) Seine Leiche blieb drei Tage liegen, ehe es jemand wagte, ihr die letzte Ehre zu erweisen. Erst am vierten Abend brachten sie einige Omejjaden in aller Eile heimlich nach dem Begräbnißplatze, begnügten sich jedoch damit, ihn außerhalb der Mauer, welche jenen umgab, zu beerdigen.

Trotz der innern Wirren, welche unter Osmans Regierung das mohammedanische Reich heimsuchten, ruhten doch die Kriege nach Außen nicht, und wurden selbst von den verschrieenen Statthaltern manche glückliche Waffenthaten vollbracht. In Nordafrika wurden die Grenzen des Reichs durch Abd Allah Jbn Abi Sarh nach Kairawan hin ausgedehnt. In Persien unterwarf Welid Jbn Okba, der später auch auf Verlangen Ali's, weil er dem Trunke ergeben war, entsetzt wurde, die Provinz Adserbeidjan, und machte hierauf auch Eroberungen in Armenien und Kleinasien, wo er gemeinschaftlich mit Muawia operirte, der auch noch unter Osman die Insel Cypern besetzte. Abd Allah Jbn Amir züchtigte die Rebellen in Fars und eroberte Persepolis, drang dann nach Chorasan vor, wo Jezdedjerd nochmals, mit Hülfe der Turkomanen, das Glück der Waffen versuchte, und auf der Flucht getödtet wurde, nachdem die Moslimen siegreich bis an den Oxus gedrungen waren.

IV. Ali, Hasan und Muawia.

Eine ganze Woche verging nach Osmans Ermordung, ehe ein Nachfolger ernannt wurde. Die drei Leiter der Empörung: Ali, Talha und Zubeir hatten gehofft, Osman würde freiwillig abdanken, dann würde ein jeder von ihnen gierig die Hand nach der vacanten Krone ausgestreckt haben. Osman hatte aber, sei es aus Ueberzeugung oder weil er Hülfe erwartete, oder vielleicht doch nicht glaubte, daß man es wagen würde, ihn zu ermorden, diese Hoffnung vereitelt. Die Aufrührer mußten sich mit dem Blute des Fürsten der Gläubigen beflecken, und der Nachfolger sollte aus diesen, mit Mord und Raub besudelten Händen, — denn Osman's Wohnung wurde ausgeplündert und dadurch Merwan und den andern Omejjaden Zeit zur Rettung gelassen — die Chalifenwürde empfangen, darum zauderten sie. Hiezu kam noch, daß ein jeder von ihnen wußte, er werde bald nicht nur die beiden Rivalen zu Feinden haben, sondern das ganze Geschlecht der Omejjaden, welches in Mekka noch immer den größten Einfluß hatte, und in Syrien', wo Muawia Statthalter war, über ein starkes Heer gebieten konnte. Erst nach langem Bedenken, als auch die Medinenser Ali bestürmten, das Chalifat zu übernehmen um der Anarchie ein Ende zu machen und weitern Bürgerkriegen zuvorzukommen, ließ er sich huldigen. Mehrere einflußreiche Männer verließen jedoch Medina, um sich der Huldigung zu entziehen, und Talha und Zubeir mußten durch Drohungen von Seiten der Egyptier genöthigt werden, Ali den Eid der Treue zu schwören.

Ali's erster Regierungsact mußte, wenn er zeigen wollte, daß seine Opposition gegen Osman mehr aus Verlangen die vorhandenen Mißstände zu heben, als aus Herrschsucht entsprungen sei, die Entsetzung der verhaßten Statthalter sein, wodurch er aber sie selbst und ihren ganzen Anhang sich zu Feinden machte. Wer von ihnen die Macht dazu hatte, verweigerte ihm den Gehorsam und verlangte, daß vor Allem für Osmans Blut Rache genommen werde. Dieses Verlangen konnte aber Ali unmöglich gewähren, theils weil er selbst an der Verschwörung zu großen Antheil genommen, theils weil er dadurch gerade die ihm ergebensten Männer hätte züchtigen müssen. Sahl Ibn Huneif, der zum Statthalter von Syrien ernannt war, wurde an der Grenze dieses Landes von Muawia's Reitern zurückgetrieben. Gleiches Schicksal hatte Ammar Ibn Schihab, welcher die Statthalterschaft von Kufa an Abu Musa's Stelle übernehmen sollte, indem ihm erklärt wurde, es müsse vor Allem Osmans Blut gerächt werden. Die neuen Statthalter von Fostat und Baßrah konnten zwar ihre Posten einnehmen, aber hier und dort bildeten sich Parteien, welche ihnen nicht gestatteten, Ali mit aller Macht zu unterstützen. Die Provinz Jemen unterwarf sich dem neuen Statthalter, der Entsetzte konnte jedoch den Staatsschatz leeren und damit die Feinde Ali's bereichern, welche nach Mekka gezogen waren und ihn dort als Mörder Osmans anklagten und Aufruhr predigten. An ihrer Spitze standen die aus Medina entflohenen Talha und Zubeir, so wie Aischah, die Wittwe Mohammeds, bei welcher der alte Groll gegen Ali heftiger war als ihre Liebe zu ihrem Bruder Mohammed, dem Führer der Rebellen aus Egypten und dem eigentlichen Mörder Osmans. Ali wollte zuerst nach Mekka eilen, um den Aufstand in der heiligen Stadt zu unterdrücken, aber seine Feinde begaben sich nach Baßrah, wo der Anhang Talha's und des vertriebenen Statthalters Abd Allah Ibn Amir, die sich jetzt die Hand reichten, so mächtig war, daß sie hofften, ohne große Anstrengung sich dieser Stadt bemächtigen und sich dann mit den Kufanern gegen Ali verbinden zu können. Der Statthalter Osman Ibn Huneif konnte in der That nicht hindern, daß Aischah mit ihren Leuten einen Theil der Stadt besetzte, er leistete aber doch kräftigen Widerstand, als sie öffentlich Aufruhr predigten, und es fanden sich Leute, welche Aischah's unweibliches Verfahren zu tadeln wagten, Talha und Zubeir aber als Treubrüchige brandmarkten und als Leiter der Empörung gegen den Chalifen Osman entlarvten. Es gelang zwar Letzteren durch List und Verrath Ali's Statthalter zu vertreiben, sie büßten dabei aber alles Vertrauen und alle Achtung ein, und nur wenige Bürger Baßrah's schlossen sich ihnen an, als es zum Kampfe mit Ali kam.

Ali hatte nämlich, als er vernahm, daß Aischah mit den Ihrigen sich nach Baßrah gewendet, auch selbst den Weg dahin eingeschlagen, da er aber nur etwa 900 Mann bei sich hatte — und dies beweist wie wenig Sympathie er bei den Medinensern gefunden — machte er an dem Grenzorte zwischen Arabien und Irak Halt, und sandte

Boten nach Kufa, um von dort Hilfstruppen herbeizurufen. Der von ihm entsetzte Abu Musa suchte aber zuerst die Kufaner für Talha zu bearbeiten, und als ihm dieß nicht gelang, sie wenigstens zu theilnamlosen Zuschauern des Kampfes zu machen, indem er in der Moschee, in welcher Ali's Aufforderung vorgelesen wurde, erklärte, es handle sich im Streit zwischen Ali und seinen Gegnern um rein weltliche Dinge, die sie unter einander ausfechten mögen, um die sich aber wahre Gläubige nicht zu kümmern hätten; nur so lang Osman noch lebte, wäre es ihre heilige Pflicht gewesen, zu seinem Schutze die Waffen zu ergreifen. Erst als Ali seinen Sohn Hasan, den Enkel des Propheten, nach Kufa schickte, und das Versprechen machte, Kufa, nach erfochtenem Siege, zur Residenz zu erheben, und als mehrere beredte und angesehene Männer einerseits die Rechte und Verdienste Ali's hervorhoben, andrerseits auf die Nothwendigkeit hinwiesen ihm Beistand zu leisten, um Zwiespalt und Haber auszurotten, eilten 3000 Mann in das Lager Alis, zu dem inzwischen auch mehrere tausend Mann aus verschiedenen Theilen Arabiens gestoßen waren, und Abu Musa wurde von Malik Alaschtar aus Kufa vertrieben.

Obgleich jetzt Ali stark genug war, den Feind in Baßrah anzugreifen, ließ er sich doch, um weiteres Blutvergießen zu verhindern, in Unterhandlungen ein, und war schwach genug, auf Verlangen Aischah's, welche dies zur Vorbedingung der Unterhandlung machte, diejenigen aus seinem Heere abzusondern, welche sich an der Ermordung Osmans betheiligt hatten. Diese Rebellen fürchteten jetzt von Ali dem Frieden geopfert, oder wenigstens beseitigt zu werden. Sie griffen daher, noch vor Tagesanbruch, ehe die letzte Besprechung zwischen Ali und Aischah statt fand, die feindlichen Truppen vor Baßrah an. Diese vertheidigten sich, von beiden Seiten rief man: Verrath! und so entspann sich, als der Tag anbrach, eine förmliche Schlacht, welche unter dem Namen „Kameelschlacht" bekannt ist, weil Aischah auf einem Kameele das Centrum der Truppen von Baßrah anführte, die sie noch immer zum Kampfe anfeuerte, als Talha und Zubeir schon gefallen waren, bis ihr Kameel gelähmt und sie selbst gefangen genommen wurde. Ali verfuhr jedoch mit Schonung gegen sie und ließ sie unter sicherm Geleite nach Medina bringen. Auch die Stadt Baßrah, in die er am folgenden Tage seinen Einzug hielt, behandelte er nicht wie eine mit dem Schwerdte eroberte, denn er mußte die Herzen der Irakaner zu gewinnen suchen, um mit ihrer Hülfe den noch übrigen gefährlichen Nebenbuhler Muawia zu besiegen. Seinem Versprechen getreu begab er sich hierauf nach Kufa und rüstete sich zum Kriege.

Muawia war aber seinerseits während der sechs Monate, welche zwischen der Ermordung Osmans und der Unterwerfung von Baßrah verflossen, nicht unthätig geblieben. Obgleich er selbst am besten hätte Osman retten können, da er über ein großes Heer zu gebieten hatte, aber ruhig in Damask geblieben war, weil er wahrscheinlich selbst nach dem Chalifate gelüstete und voraus sah, daß Ali und seine Genossen sich bald entzweien würden, erhob er doch jetzt ein mächtiges Jammergeschrei über die Ermordung Osmans, dessen blutbeflecktes Gewand in der Moschee ausgestellt wurde, wälzte alle Schuld auf Ali, der in Medina anwesend und mit den Mördern, die auch später den ersten Platz in seinem Heere einnahmen, in vertrautem Umgange gestanden war. Da viele Häupter der syrischen Truppen zum Geschlechte Osmans gehörten, so war es ihm leicht, sie zur Rache anzuspornen, und er konnte, mit vollem Vertrauen auf sein Heer, dem Boten Ali's, der ihn von Kufa aus nochmals zur Unterwerfung auffordern ließ, antworten, er werde sich nicht eher unterwerfen, bis die Mörder Osmans ihre gerechte Strafe gefunden.

Der Krieg war jetzt unvermeidlich, einerseits zwischen der gesetzlichen Ordnung und dem gewaltsamen Umsturz, welchen Ali herbeigeführt, oder wenigstens unterstützt hatte, andrerseits zwischen dem heidnischen Princip der Blutrache und Selbsthülfe und der Lehre des Islams, auf welche Ali sich berief, und durch welche er gewissermaßen den Aufstand gegen Osman, den Uebertreter der Vorschriften des Propheten, rechtfertigte, endlich noch zwischen der alten mekkanischen Aristokratie, welche Muawia, der Sohn Abu Sofians, des frühern Herrn Mekka's, vertrat und der erblichen Monarchie, auf welche Ali, als nächster Verwandter Mohammeds, seine Ansprüche stützte.

Ali brach im April 657 mit einem Heere von etwa 70000 Mann von Kufa auf, und überschritt den Eufrat bei Rakka. Muawia brachte aus Syrien allein mehr Truppen zusammen als Ali aus allen übrigen Provinzen des Reichs. Auch herrschte im syrischen Heere eine musterhafte Disciplin, während unter dem Ali's, schon in Folge seiner Zusammensetzung aus verschiedenen Ländern, und weil Ali, immer auf sein göttliches Recht pochend, seinen Leuten gegenüber weniger geschmeidig war als Muawia, gleich bei seiner Bildung sich ein widerspenstiger Geist zeigte. In der Ebene von Siffin, einige Meilen oberhalb Rakka, auf dem westlichen Eufratufer, lagerten die beiden Heere einander gegenüber und mehrere Monate vergingen mit neuen Unterhandlungen, Zweikämpfen und kleinen Scharmützeln, weil beide Heere sich scheuten, sich in einen Krieg zu stürzen, bei welchem weder Aussicht auf große Beute noch Hoffnung auf das Paradies durch Märtyrertod, wie bei frühern Kriegen gegen Ungläubige, Liebe zum Kampfe und Todesverachtung einflößten. Beide Heere waren ihren Führern auf das Schlachtfeld gefolgt, entschlossen für sie zu kämpfen, aber doch mit dem Wunsche und der Hoffnung, es werde ein friedlicher Vergleich zu Stande kommen, denn trotz allen Reden Ali's und Muawia's, welche den Kampf als einen heiligen, für eine gerechte Sache geführten darzustellen suchten, fühlten doch die meisten Krieger, daß sie hier mehr für herrschsüchtige Menschen, als für das Wohl des Staats oder für den Glauben ihr Leben opfern sollten. Da indessen die beiden Häupter der Armee, von denen jeder nach dem Chalifat gelüstete, sich nicht verständigen konnten, kam es endlich zu einer allgemeinen mörderischen Schlacht (25. Juli), welche mit wechselndem Glück drei Tage währte und in der Ali selbst noch, wie einst bei Bedr und Ohod, mit jugendlicher Kraft das Schwerdt führte. Mit größter Erbitterung focht man am dritten Tage, als der greise Ammar Ibn Jasir, einer der ältesten und angesehensten Gefährten Mohammeds, die Irakaner zum Kampfe anspornte, indem er ihnen zurief: „Folget mir, ihr Gefährten des Propheten! die Thore des Himmels sind offen, die Huri zu unserm Empfang geschmückt, lasset uns siegen, oder Mohammed und seinen Freunden im Paradiese begegnen!" Mit diesen Worten stürzte er sich ins Schlachtgewühl und kämpfte, bis er seinen Wunden erlag, was nicht nur die Truppen Ali's zur Rache entflammte, sondern auch auf manche Syrer einen schlimmen Eindruck machte. Selbst die hereinbrechende Nacht konnte diesmal dem Gemetzel kein Ende machen und am Morgen des 28. Juli waren die Syrer so sehr in die Enge getrieben, daß Muawia am Siege verzweifelte. Auf den Rath des schlauen Amr Jhn Aaß, der sich, bald nach der Ermordung Osmans, nach Syrien begeben und ihm angeschlossen hatte, nahm er, um gänzlicher Niederlage zu entgehen, zur List seine Zuflucht. Er befahl nämlich seinen Kriegern in der Vorderreihe Korane an ihre Lanzen zu heften, zum Zeichen, daß der Kampf eingestellt und die Entscheidung in der heiligen Schrift gesucht werden sollte. Die mit dem Koran sich schirmenden Syrer riefen nun den auf sie eindringenden Jrakanern zu: „O ihr Gläubige, wenn wir fortfahren uns einander gegenseitig aufzureiben, was bleibt dem Islam noch übrig? wer soll dann noch fasten, beten und gegen Ungläubige streiten? lasset die Waffen ruhen und unterwerfet euch der göttlichen Offenbarung, an die wir gemeinschaftlich glauben!" Diese List rettete Muawia vor dem Untergange, denn obgleich Ali ihn durchschaute und die Seinigen warnte, nicht in diese Falle zu gehen, da nur die Furcht vor einer gänzlichen Niederlage ihn jetzt zum Koran greifen lasse, an den weder er noch seine Genossen Amr und Abd Allah Jbn Abi Sarh glaubten, bestanden doch viele Jrakaner, welche Ali umgaben, darauf, die Wenigsten aus Ehrfurcht vor dem Koran, die Meisten aber aus Friedensliebe oder Verrath, daß ein Waffenstillstand geschlossen und aufs Neue unterhandelt werde. Ali mußte, da die Verräther sein Leben bedrohten, sich fügen und seinem tapfern Feldherrn Malik Alaschtar mitten im Siegeslaufe Halt gebieten. Als hierauf Muawia gefragt wurde, in welcher Weise er eine Entscheidung nach der göttlichen Schrift herbeiführen wollte, schlug er vor, daß zwei Schiedsrichter, ein Syrer und ein Jrakaner, bevollmächtigt werden sollten, das Chalifat dem zu übertragen, der nach den Gesetzen des Islams die gerechtesten Ansprüche darauf hätte, und ernannte alsbald Amr als seinen Vertreter. Ali ging auf diesen Vorschlag ein, da er gar nicht an die Möglichkeit glaubte, daß irgendwie aus dem Koran ein günstiges Resultat für Muawia abgeleitet werden könnte. Die beiden von ihm gewählten Vertreter wurden aber verworfen, der eine, Abd Allah Jbn Abbas, wegen zu naher Verwandtschaft, und der andere, Malik Alaschtar, weil er einer der Urheber des Bürgerkriegs war. Ehe nun Ali sich auf einen Dritten besann, schrien wieder dieselben Männer, die ihn zur

Einstellung des Kampfes genöthigt hatten: „wir wollen keinen andern Schiedsrichter als Abu Musa." Vergebens protestirte Ali gegen die Wahl eines Mannes, der ihm grollte, weil er ihn von der Statthalterschaft von Kufa entsetzt, und der ihn, als er noch auf seinem Posten war, verrathen hatte. Er wurde aufs Neue bedroht, bis er endlich einwilligte, Amr und Abu Musa als Schiedsrichter über sein und des Reichs Schicksal anzuerkennen, und er mußte es sich sogar gefallen lassen, daß in dem hierüber aufgesetzten Vertrage, er nur als Oberhaupt der Kufaner und nicht als Fürst der Gläubigen bezeichnet wurde.

Kaum war dieser Vertrag geschlossen, (2. Aug. 657) da rotteten sich etwa 12000 Mann aus den Reihen der Irakaner zusammen, beschuldigten Ali der Schwäche und Feigheit, und forderten ihn auf, sein Unrecht einzugestehen und den Vertrag als ungiltig zu erklären. Unter diesen Unzufriedenen waren wieder Verräther, welche Zwiespalt säen oder Ali zum Wortbrüchigen stempeln wollten, dann Koranleser, welche zwar die Beilegung des Streits durch den Koran verlangt dabei aber nicht gemeint hatten, daß die Entscheidung zwei Intriganten überlassen werde, sondern unparteiischen Gelehrten, endlich aber auch muthige, entschlossene Männer, welche sich in der Schlacht bei Siffin ausgezeichnet hatten und es Ali nicht verzeihen konnten, daß er mehr Schwäche als Osman gezeigt, indem er aus Todesfurcht gegen seine Ueberzeugung sich zu einem solchen Friedensschlusse hatte zwingen lassen. Die Unzufriedenen, welche die Araber Chawaridj (Ausgetretene, Empörer) nennen, bezogen ein besonderes Lager, als Ali nach Kufa zurückkehrte, und sandten Missionäre aus, um ihren Anhang zu verstärken, konnten jedoch Ali nicht hindern, Abu Musa an die Grenze von Syrien zu schicken, um, dem Vertrage gemäß, mit Amr über das Chalifat zu entscheiden.

Für Ali war natürlich von diesen Schiedsrichtern nichts zu hoffen, Abu Musa war sein Feind und Amr war ein entschiedener Anhänger Muawias. Amr stützte Muawias Recht auf seine Verwandschaft mit dem durch Gewalt vom Thron gestürzten Osman, worauf aber Abu Musa, dem der Omejjade noch verhaßter war als Ali, mit Recht entgegnete, daß wenn die Verwandschaft mit Osman den Ausschlag geben sollte, man einen seiner Söhne zum Chalifen wählen

5

müßte. Er schlug dann einige Andere vor, welche Amr verwarf. Hierauf sagte Abu Musa: da wir uns über keinen Chalifen einigen können, so ist das Beste, wir entsetzen Ali sowohl als Muawia und überlassen es den Moslimen, einen neuen Chalifen zu wählen. Amr erklärte sich mit diesem Vorschlag einverstanden, rief aber, nachdem Abu Musa sich von Ali losgesagt hatte: „Ihr sehet, daß selbst der von Ali gewählte Schiedsrichter ihn der Herrschaft beraubt, ich stimme hierin ganz mit ihm überein, erkenne aber Muawia als den rechtmäßigen Herrscher an." Abu Musa sah zu spät ein, daß er von Amr überlistet worden, der triumphirend nach Damask zurückkehrte und Muawia von Neuem die Huldigung der Syrer sicherte.

In Kufa ließ sich jedoch niemand durch dieses Gaukelspiel, gegen welches Abu Musa selbst, trotz seinem Grolle gegen Ali, protestirte, bestimmen, Muawia als Chalifen anzuerkennen, und als Ali jetzt den Waffenstillstand als aufgehoben erklärte und die Irakaner zum Kriege aufrief, eilten sie unter seine Fahne, um Muawia aufs Neue zu bekämpfen. Die oben genannten Chawaridj wollten jedoch von Ali, der schon früher sein Unrecht hätte bekennen sollen, nichts wissen, sondern nahmen eine feste Stellung in Nahrawan, zwischen Bagdad und Wasit, ein. Ali beachtete sie nicht, er hoffte, da viele aufrichtige Schwärmer unter ihnen waren, die er vielleicht in seinem Innern nicht verdammen konnte, sie durch Nachsicht wieder zu gewinnen. Aber bald verstärkten sich ihre Schaaren durch allerlei Gesindel, welches die Anhänger Alis mißhandelte, die Truppen aus Kufa wurden um ihre zurückgebliebenen Familien besorgt und Ali daher genöthigt, als er schon auf dem Wege nach Syrien war, wieder umzukehren, um die Chawaridj in Nahrawan zu bekämpfen. Er besiegte sie zwar ohne große Anstrengung, denn nur die Fanatiker, etwa 1200—1500 Mann, hielten Stand, und ließen sich bis auf Wenige zusammenhauen, während die Verräther, sowie die in der Hoffnung auf Raub ausgezogenen, alsbald die Flucht ergriffen. Nichtsdestoweniger hatte diese Catastrophe die unglückseligsten Folgen für Ali, denn als er, nach der Ausrottung der Chawaridj, wieder seinen Marsch nach Syrien fortsetzen wollte, verlangten die Kufaner vorher einige Rasttage um sich aufs Neue zu verproviantiren, und waren, einmal wieder in der Heimath, so bald nicht mehr zu bewegen, sie zu verlassen. So mußte

Ali unthätig in Kufa liegen bleiben, während Muawia nach allen Seiten hin seine Herrschaft ausdehnte. Egypten ging zuerst in die Gewalt Muawia's über. Ali's Statthalter Mohammed, der Sohn Abu Bekr's, suchte, gegen den Rath seines Vorgängers, einige Distrikte in Oberegypten, welche bis zur Entscheidung des Kriegs ihre Neutralität bewahren wollten, mit Gewalt zur Huldigung zu zwingen, wurde aber geschlagen und trieb dadurch die Neutralen in das Lager seines Gegners Muawia Ibn Hudeidj, der in Fostat selbst gegen Ali auftrat. Ali sandte nun Malik Alaschtar mit einigen tausend Mann nach Egypten, um den zwar ergebenen aber unklugen Mohammed zu ersetzen. Malik wurde aber, auf Muawias Anstiften, auf dem Wege vergiftet, die Truppen, die er mit sich führte, kehrten nach Kufa zurück, und so wurde es Amr, den Muawia jetzt zum Statthalter von Egypten ernannte, um so leichter, sich das Land zu unterwerfen, als schon vor seiner Ankunft, an der Spitze von 5000 Syrern, Mohammed aus Fostat vertrieben war. Er wagte zwar noch eine Schlacht, seine Truppen hielten aber nicht Stand, er wurde auf der Flucht getödtet und seine Leiche in eine Eselshaut eingenäht und verbrannt. Muawia's Schaaren streiften jetzt mordend und plündernd am Eufrat und Tigris und in Arabien umher, und im Jahr 660 huldigte ihm nicht nur Medina und Mekka, sondern sogar die Provinz Jemen, so daß Ali eigentlich nur noch über Irak und Persien herrschte, obgleich seine Anhänger auch ihrerseits manche Streifzüge in die dem Gegner unterworfenen Provinzen machten, und sogar wieder Medina und einen Theil von Jemen besetzten. Dieser Zustand des gegenseitigen Mordens und Raubens lastete so schwer auf den islamitischen Völkern, daß endlich drei entschlossene Männer schwuren, die drei Reichsfeinde: Ali, Muawia und Amr, die Urheber aller über die Araber hereingebrochenen Drangsale, aus der Welt zu schaffen. Freitag der 15. Ramadhan (22. Januar 661) wurde als der Tag bestimmt, an welchem Ali, Muawia und Amr beim Vorbeten in den Moscheen von Kufa, Damask und Fostat von je einem der Verschworenen erdolcht werden sollten, um dem unseligen Kriege, der nicht nur mit dem Schwert auf dem Schlachtfelde, sondern auch durch gegenseitige Verwünschungen auf der Kanzel geführt wurde, ein Ende zu setzen. Aber nur Ali wurde tödtlich verwundet, und starb am dritten Tage, (24. Jan.) Muawia kam mit einer leichten Wunde davon, und statt Amr, der an jenem Tage zufällig nicht in der Moschee erschien, wurde sein Stellvertreter getödtet, den der Mörder für Amr gehalten hatte.

Ali starb in einem Alter von etwa 63 Jahren, und wurde, nach einigen Berichten, bei Kufa beerdigt, nach Andern sollte seine Leiche in Medina beigesetzt werden, wurde aber, wahrscheinlich auf Anstiften Muawias, an einem unbekannten Orte in der Wüste beerdigt, damit sein Grab nicht ein Gegenstand der Verehrung und ein Sammelplatz der Unzufriedenen werde. Ali hatte selbst, durch seine Theilnahme an der Empörung gegen Osman, sowie dadurch, daß er die Führer der Rebellen zu den ersten Aemtern des Reichs erhob, die Chalifenwürde mit Füßen getreten und mußte jetzt die Folgen jener Schuld mit dem Leben büßen. Sein Hauptverbrechen in den Augen der Chawaridj, unter denen, wie ihre Aufopferung bei Nahrawan und die heldenmüthige Standhaftigkeit, mit welcher sein Mörder den martervollen Tod ertrug, beweisen, viele edle, überzeugungstreue Männer waren, bestand darin, daß er sich bei Siffin zum Waffenstillstande nöthigen und einen Vertrag aufdringen ließ, statt, wie Osman, lieber den Tod aus den Händen der Rebellen zu empfangen. Da nicht nur Intriganten und herrschsüchtige Männer sondern auch unbescholtene, angesehene, ältere Gefährten Mohammeds Ali's Rechte auf das Chalifat nicht anerkannt haben — und gewiß waren die vor dem Schwerdte der Rebellen zitternden Medinenser nicht befugt, dem großen Reiche des Islams einen Herrscher zu octroyiren — so dürfen wir auch allen später zu seinen Gunsten erfundenen Traditionen wenig Glauben schenken, und weder i h n zu hoch stellen, noch M u a w i a ohne Weiteres zum Usurpator stempeln. Doch geht aus glaubwürdigen Berichten hervor, daß Ali durch seinen Abscheu vor aller Verstellung und Falschheit, durch unerschütterliche Gerechtigkeitsliebe, durch seine Tapferkeit und Beredsamkeit, nicht nur Muawia, sondern selbst Abu Bekr und Omar überstrahlte. Aber gerade seine an Schroffheit grenzende Wahrheitsliebe mußte ihm viele Feinde schaffen, während Muawia durch seine Geschmeidigkeit immer mehr Anhänger gewann. Die an Anbetung grenzende Verehrung verdankte Ali jedoch weniger seinen persönlichen Verdiensten, als einer systematischen Opposition gegen

Omejjaden und Abbasiden, und den aus Persien in den Islam übertragenen Doctrinen von einer Incarnation der Gottheit, welche hie und da mit christlichen Dogmen vom Paraklet, für den er von Manchen gehalten wurde, vermischt waren. Auch mußte sein und seiner Söhne tragisches Ende, sowie die Verfolgungen, denen sein ganzes vom Propheten stammendes Geschlecht ausgesetzt war, für dasselbe zuerst ein tiefes Mitleid erwecken und dann eine Art Vergötterung erzeugen, wie sie ehedem in Persien den Fürsten, als Abkömmlingen höherer Wesen, gezollt wurde.

An Einfachheit der Sitten und Lebensweise, sowie an Freigebigkeit, glich Ali vollkommen seinen beiden Vorgängern, und so wenig als sie hatte er, bei aller sonstigen Enthaltsamkeit, sich den Freuden der Liebe entzogen. Er schloß nach dem Tode Fatima's, also in der zweiten Hälfte seines Lebens, noch sechs oder acht Ehen, und unterhielt nebenbei neunzehn Sklavinnen, die zugleich, nach damaliger Sitte, seine Concubinen waren.

Die Anhänger Ali's, namentlich diejenigen, welche ihn wegen seiner Verwandschaft mit Mohammed als Chalifen und Imam anerkannt hatten, huldigten nach seinem Tode seinem ersten Sohne Hasan, dem ältesten Enkel des Propheten, und selbst ein Theil der Chawaridj, welche in der letzten Zeit Ali, wegen seiner Schwäche den Rebellen gegenüber, verdammt hatten, neigten sich Hasan zu und zeigten sich willig mit ihm den Kampf um die Oberherrschaft gegen Muawia zu erneuern. Hasan war aber ein Wollüstling, dem ein ruhiges, genußreiches Leben über Herrschaft und Kriegsruhm ging, und der gleich bei der Huldigung sich nur im Allgemeinen verbindlich machte, nach der Offenbarung und den Lehren Mohammeds zu regieren, nicht aber, wie es von ihm verlangt wurde, die Feinde derselben bis aufs Aeußerste zu bekämpfen. Er wollte, ohne einen Meineid auf sich zu laden, gleich beim Antritt der Regierung, sich die Freiheit wahren, je nach Gutdünken, ihr zu entsagen und sich Muawia zu unterwerfen, und er war, wie es scheint, vom ersten Augenblick an entschlossen, dies zu thun, sobald er von Muawia die gewünschte Sicherheit und die nöthigen Einkünfte erlangen könnte, um ungestört sein bisheriges, zwischen den Freuden der Liebe und frommer Andacht getheiltes Leben, fortzusetzen. Statt die Irakaner, die sich in großer

Zahl in seinem Lager einfanden, in ihrer ersten Entrüstung über Ali's Ermordung, gegen Muawia zu führen, blieb er Monate lang, wahrscheinlich schon mit ihm unterhandelnd, in Medain liegen und gab die Vorhut der Armee den Syrern preis. Die geschlagenen Irakaner waren darüber so entrüstet, daß sie in offenen Aufruhr ausbrachen und bei ihrer Rückkehr nach Medain Hasan persönlich mißhandelten. Ohne längeres Zaudern ergriff er diesen Vorwand, um mit Muawia Frieden zu schließen, der ihm gern einige Millionen Drachmen, eine jährliche Rente und die Begnadigung seiner Verwandten und Freunde zusicherte, um endlich zur unbestrittenen Alleinherrschaft zu gelangen. Sobald der Vertrag unterzeichnet war, löste Hasan sein Heer auf, dankte öffentlich ab, und Muawia hielt seinen siegreichen Einzug in Kufa, während Hasan, nach einer halbjährigen Regierung, sich nach Medina zurückzog. (September 661.)

Dritter Abschnitt.

Die Omejjaden in Damask.

I. Muawia als Alleinherrscher.

Obgleich mit der Abdankung Haſans noch nicht aller Widerſtand gegen die Herrſchaft Muawia's aufhörte, indem die Chawaridj, die ſie ſtets getadelt hatten, noch immer ihren Grundſätzen treu blieben und nur einem Abkömmling des Propheten das Chalifat vindicirten, daher auch, ſowohl in Baßrah als in Ahwaz, Muawia als Uſurpator verwünſchten, ſo fehlte es doch der Empörung an einem Oberhaupte, und es fiel den Syrern nicht ſchwer, die vereinzelten Aufſtände zu unterdrücken. Der einzige Mann, welchen Muawia noch fürchtete, weil er ein eben ſo tapferer Feldherr, als gewandter Diplomat war, war Zijad, der Statthalter von Perſien, welcher über eine Bevölkerung verfügen konnte, die leicht für die Nachkommen Ali's zu fanatiſiren war, und der, bei der Nähe von Baßrah und Kufa, ſich leicht mit den Rebellen Iraks verbinden konnte. Muawia's größtes Anliegen war daher, dieſen Mann zu gewinnen, der, wie behauptet wird, der Sohn einer Sklavin Abu Sofjans folglich von väterlicher Seite ein Bruder Muawias war, freilich nur ein natürlicher, kein geſetzlicher, denn die Sklavin war vor der Geburt Zijad's in eine andere Hand übergegangen, und nach mohammedaniſchem Rechte gilt derjenige als Vater, in deſſen Hauſe das Kind ſeiner Sklavin geboren wird. Wie früher Haſan erlangte jetzt auch Zijad alles was er als Lohn für ſeine Unterwerfung begehrte, und ſpäter, als er ſich als treuer und ergebener Unterthan bewährte, noch mehr als er urſprünglich verlangt hatte. Er durfte ganz nach Willkühr mit dem Staatsſchatze in Perſien verfahren, ohne Rechenſchaft abzulegen, er wurde von Muawia als Bruder adoptirt und Sohn Abu Sofjans genannt, er wurde zum Statthalter von Baßrah, später auch noch von Kufa, von ganz Persien und von Arabien ernannt und war wahrscheinlich auch von Muawia als sein einstiger Nachfolger ausersehen. Zijad verstand es, die Araber, welche, seit der Zeit Osmans, wieder eine gewisse Selbständigkeit und Unabhängigkeit erlangt hatten, aufs Neue an Gehorsam und Unterwürfigkeit zu gewöhnen und dem Zustande der Gesetzlosigkeit ein Ende zu machen, welcher allenthalben herrschte. Er säuberte die ihm untergebenen Provinzen sowohl von politischen als gemeinen Verbrechern, die vor ihm ungestraft selbst in Baßrah ihr Unwesen treiben durften, aber freilich genügten ihm, um dahin zu gelangen, die Vorschriften des Korans und die Satzungen der ersten Chalifen nicht mehr, er mußte eine dictatorische Gerichtsbarkeit einführen und eine polizeiliche Strenge, welche später häufig von mohammedanischen Herrschern, dem Koran zum Hohne, nachgeahmt wurde. Sobald die Sonne unterging durfte niemand mehr, bei Todesstrafe, ein Haus verlassen. Der geringste Verdacht genügte, um einen Menschen zum Tod zu verurtheilen. Die Strafe traf nicht den Verbrecher allein, sondern seine Freunde und Verwandten mußten mit ihm, oder wenn er sich derselben entzog, für ihn büßen. Wer bei irgend einem Vorfalle seine Stammgenossen zu Hülfe rief, dem wurde augenblicklich die Zunge ausgeschnitten, wer Zijad zu verhöhnen, Muawia zu schmähen, oder Ali zu loben wagte, wurde alsbald hingerichtet. Mittelst einer Leibwache von 4000 Mann, von welchen eine Hälfte ihn stets umgab, während die andere Hälfte die geheime und öffentliche Polizei handhabte, war für das Aufspüren der Verbrecher, wie für ihre rasche Bestrafung gesorgt. Man fand es zuletzt, in Folge seiner klugen und strengen Anordnungen, nicht mehr nöthig, des Nachts eine Thüre zu schließen, und er selbst soll die Verantwortung für alles entwendete Gut, von den Grenzen Indiens bis an das rothe Meer, übernommen haben.

Während so Zijad, und nach seinem Tode (673) sein Sohn Ubeid Allah, im Innern durch unerbittliche Strenge für die öffentliche Sicherheit sorgte, waren Muawias Feldherren bemüht, seine Regierung durch Kriegsruhm zu verherrlichen. Okba Jbn Nafi drang tief in das Innere Afrikas, nach Süden und Westen vor, ohne jedoch dauerhafte Vortheile zu erringen. Chorasan wurde von Ubeid Allah gänzlich unterworfen, der Orus überschritten und ein Theil von Buchara für den Islam gewonnen. Andere Feldherren eroberten Mekran, Sedjestan, Zabulistan und einzelne Provinzen von Indien. Auch in Kleinasien sollte der Koran das Evangelium verdrängen. Ein Theil von Cilicien und die Insel Rhodus mußte sich den Moslimen ergeben, und Konstantinopel selbst wurde zu wiederholtenmalen belagert und nur durch das sogenannte griechische Feuer gerettet. Von größerer Bedeutung für Muawia und das islamitische Reich als die hier errungenen Vortheile, die doch großentheils wieder verloren gingen, war, daß sein Sohn Jezid, der bis dahin nur seinem Vergnügen gelebt hatte, an diesen Feldzügen Theil genommen, und durch dieselben zum thatkräftigen Manne herangereift war, auf den er die Herrschaft mit dem Bewußtsein vererben konnte, daß er sie ganz in seinem Sinne fortzuführen im Stande sein werde.

Muawia mußte nämlich, um das Chalifat seinem Hause zu erhalten, und das Reich nach seinem Tode vor neuen Bürgerkriegen zu bewahren, noch bei Lebzeiten, seinem Sohne Jezid die Nachfolge sichern. In Syrien, wo man längst daran gewöhnt war, dem Willen des Fürsten blindlings zu gehorchen, und wo die Verwandten und Freunde Muawias sehr zahl- und einflußreich waren, konnte eine solche Neuerung ohne großen Widerstand eingeführt, und vom Volke verlangt werden, daß es alsbald Jezid als einstigem Chalifen huldige. In Arabien und Irak aber sprachen sich selbst Freunde der Omejjaden offen gegen eine solche Anordnung aus, die man, um sie zu brandmarken, eine Byzantinische nannte, und nur mit größter Mühe und Anstrengung, durch Drohungen und Bestechungen, setzte es Muawia durch, daß selbst in Mekka, Medina und Baßrah seinem Sohne der Eid der Treue geschworen wurde. Unter denen, welche nur gezwungen Jezid als künftigen Chalifen anerkannten, verdient besonders Husein, ein Sohn Ali's, genannt zu werden, der schon bei der Abdankung seines Bruders in heftige Vorwürfe gegen ihn ausgebrochen war, und Abd Allah der Sohn Zubeir's, der, nicht minder ehrgeizig als sein Vater, ihn an Tapferkeit, Schlauheit und Ausdauer noch übertraf. Keiner von ihnen fand jedoch, so lang Muawia lebte, großen Anhang. Diese Beiden sowohl als Abd Allah, der fromme Sohn Omar's, erklärten zwar, der geleistete Eid sei ihnen durch Drohungen abgezwungen worden, sie konnten es aber nicht wagen, weitere aufrührerische Schritte zu thun. Gegen Husein soll Muawia seinem Sohne die größte Schonung und Nachsicht empfohlen haben, gegen den Sohn Zubeir's aber die äußerste Strenge und Vorsicht. Auch in Bezug auf die Behandlung der verschiedenen Provinzen gab der kluge Chalife seinem Sohne allerhand nützliche Lehren. Gegen Arabien, das heilige Land, aus dem er entsprossen, sollte er rücksichtsvoll verfahren, das treulose Irak durch Bestechung und scheinbare Nachgiebigkeit zu gewinnen suchen, Syrien, das Land, auf welches seine Macht sich stützte, wie seinen Augapfel pflegen, und dafür sorgen, daß die syrischen Krieger nicht durch zu langen Aufenthalt in andern Provinzen verweichlicht und verdorben würden. So sorgte Muawia bis zu seines Lebens Ende dafür, daß das neue Reich nicht wieder in sich selbst zerfalle und sich selbst zerfleische, was Ali, selbst wenn Muawia sich ihm unterworfen hätte, kaum gelungen wäre, denn es bedurfte eines eben so klugen als starken Mannes um die nach dem Tode Osmans entfesselten Leidenschaften wieder zu bändigen und die Zügel der Regierung mit Sicherheit zu lenken. Muawia war liebenswürdiger, gewandter, leutseliger als Ali; er kannte die Menschen besser und wußte sie vortrefflich zu gebrauchen, wie wir dies bei Amr in Egypten und bei Zijad in Irak gesehen, darum wurden auch alle seine Unternehmungen von Erfolg gekrönt. Erst als alle seine Wünsche hienieden erfüllt waren schied er ohne Bedauern aus diesem Leben, (April 680) in einem Alter von 78 Jahren, nachdem er zwanzig Jahre als Statthalter von Syrien und eben so lang als Chalife den größten Einfluß auf das Geschick des islamitischen Reichs geübt hatte.

II. Die Glanzperiode der Omejjaden, von Jezid I. bis Welid I.

Trotz allen trefflichen Vorkehrungen Muawias, konnte sein Sohn Jezid dennoch nicht ohne Kampf seiner Herrschaft allgemeine Anerkennung verschaffen. Muawia hatte wahrscheinlich in seinem hohen Alter, als er, wie früher auch sein Freund Amr, sich mit dem Himmel zu versöhnen suchte, vergessen, daß Wortbruch und Meineid schon längst unter den Arabern durch allerlei Sophismen gerechtfertigt wurden und minder sündhaft schienen, als das Uebertreten unbedeutender Ceremonialgesetze. Als nämlich Jezid bei seinem Regierungsantritte zu einer neuen Huldigung aufforderte, verließ Husein und Abd Allah, der Sohn Zubeirs, Medina und zogen sich, die Huldigung verweigernd, nach Mekka zurück, wo sie, unter dem Schutze des heiligen Tempels und in größerer Entfernung von Syrien, Sicherheit und einen passenden Ort zu weitern Unternehmungen zu finden hofften. Husein war aber unklug und unerfahren genug, der Aufforderung der treulosen und wankelmüthigen Kufaner, sich in ihre Mitte zu begeben und von ihnen zum Chalifen proclamiren zu lassen, Folge zu leisten. Er sandte zwar, um über die Stimmung und Zahl seiner Anhänger nähere Auskunft zu erhalten, seinen Vetter Muslim Ibn Ukeil nach Kufa voraus, und dieser fand in der That die Verhältnisse für Husein günstig, da nicht nur viele einflußreiche Männer sich für ihn erklärten, sondern auch der dortige Statthalter Numan Ibn Beschir allen Umtrieben ruhig zusah, so daß er Husein in seinem Vorhaben bestärkte. Während aber dieser sich zur Abreise von Mekka anschickte, nahmen die Zustände in Kufa eine schlimme Wendung für ihn. An des schwachen Numan's Stelle wurde der uns schon bekannte Ubeid Allah, der Sohn Zijad's, zum Statthalter ernannt, der durch Drohungen und Bestechungen die Kufaner von Husein abwendig machte, Muslim aus seinem Versteck herbeiholen und ihn sowohl als Hani, der ihn aufgenommen hatte, hinrichten ließ.

Husein war schon in der Nähe von Kadesia als er von diesen traurigen Vorfällen in Kufa Kunde erhielt. Er wünschte alsbald wieder umzukehren, aber Muslims Verwandte wollten seinen Tod rächen und glaubten noch immer, daß sobald Husein, der Enkel des Propheten, sich zeigen würde, die ganze Stadt Kufa sich gegen Ubeid Allah erheben müßte. Husein ließ sich überreden und setzte seinen Marsch gegen Kufa fort; bald verließen ihn aber alle Beduinen, die sich ihm, in der Meinung, Kufa habe schon Jezid's Herrschaft abgeschüttelt, angeschlossen hatten, und plötzlich fand er sich, nur noch von seiner Familie und einigen Mekkanern umgeben, im Angesichte des Feindes. Ubeid Allah hatte nämlich, als er durch einen aufgefangenen Boten von Husein's Anzug benachrichtigt wurde, Amr, den Sohn Saab's, mit einigen tausend Mann gegen Kadesia geschickt, und ihm den Befehl ertheilt, Husein als Gefangenen oder als Leiche nach Kufa zu bringen. Als Husein auf die Vorhut Amr's stieß, wendete er sich, da er mit seiner zahlreichen Familie, die er, gegen den Rath seiner Freunde, mitgeschleppt hatte, nicht leicht einen Rückzug durch die Wüste bewerkstelligen konnte, gegen den Eufrat hin, in die Ebene von Kerbela. Amr verfolgte ihn jedoch und forderte ihn auf, sich zu ergeben. Husein wollte, da er Ubeid Allah nicht traute, sich nur unter der Bedingung ergeben und Jezid huldigen, daß er entweder nach Mekka oder nach Damask vor den Chalifen selbst gebracht werde. Amr erbat sich von Ubeid Allah neue Instructionen und dieser wiederholte seine frühere Weisung. Als hierauf Husein nochmals aufgefordert wurde, sich als Gefangenen nach Kufa führen zu lassen, erbat er sich Bedenkzeit bis zum folgenden Morgen und benutzte die Nacht, um seine Begleiter zu bewegen, ihn allein seinem Schicksal zu überlassen. So verzweifelt aber auch ihre Lage war, denn sie waren vom Eufrat abgeschnitten und von feindlichen Truppen umzingelt, wollten sie doch eine solche Schmach nicht auf sich laden, hofften vielleicht auch noch immer, daß kein gläubiger Soldat sich mit dem Blute des Enkels des Propheten beflecken würde. So entspann sich denn am 10. Muharram des Jahres 61 d H. (10. Oktober 680) der ungleiche Kampf zwischen Husein mit seinem kleinen Häuflein und einer ansehnlichen Kriegerschaar, die Husein nur als einen herrschsüchtigen, wortbrüchigen Hochverräther ansah, und auf ihn und seine Leute einhieb, obgleich sie, wie Muawia bei Siffin, sich mit Koranen zu schirmen suchten. Wie leicht vorauszusehen war, endete der Kampf mit dem Tode Huseins und aller seiner männlichen Begleiter, worunter mehrere Söhne und Vettern. Frauen und Kinder sandte Ubeid Allah mit Huseins Haupt nach Damask, während sein Rumpf in Meschhed Husein beerdigt wurde, wo noch alljährlich am 10. Muharram Trauerfeierlichkeiten stattfinden.

Jezid behandelte Huseins Familie mit Schonung, war aber unklug genug ihr Medina als Aufenthaltsort anzuweisen, wo der Anblick ihrer tiefen Trauer und die Schilderung der letzten Vorfälle die ohnehin schon gegen den Chalifen aufgebrachten Gemüther noch mehr erbittern mußte, denn gerade hier hatte man oft den Propheten gesehen, wie er Husein als Kind mit Liebkosungen überhäufte. Auch in Mekka, wo Husein sich längere Zeit aufgehalten und durch seinen frommen Lebenswandel beliebt gemacht hatte, mußten die Vorfälle von Kerbela große Entrüstung gegen Jezid hervorrufen, obgleich er Huseins Tod auf das eigenmächtige Verfahren seines Statthalters zu wälzen suchte. Der gleißnerische Sohn Zubeirs, welcher aus Neid und Selbstsucht Husein in sein Verderben getrieben hatte, heuchelte jetzt die tiefste Trauer, und benützte die allgemeine Verstimmung zu seinen habgierigen und herrschsüchtigen Zwecken. Schon früher hatte er fortwährend Aufruhr gegen die Omejjaden geprebigt, und mit seinem Freunden sich von der Moschee fern gehalten, in welcher der Statthalter Jezid's vorbetete. So lange indessen Husein lebte, hatte er es nicht gewagt, als Prätendent aufzutreten, nach seinem Tode aber gebährdete er sich als Chalifen, obgleich er öffentlich, aus geheuchelter Bescheidenheit, sich noch immer „Schützling des heiligen Tempels" nannte. Jezid, der seine Regierung nicht durch einen Krieg auf heiligem Gebiete inauguriren wollte, der ihm die Herzen der Gläubigen noch mehr entfremden mußte, sah diesem Treiben ein ganzes Jahr zu, dann ließ er dem Abd Allah durch Numan Ibn Beschir sagen, daß er entweder unverzüglich huldigen, oder erwarten müsse, daß ein syrisches Heer Mekka besetzen und ihn in Ketten nach Damask senden würde. Abd Allah ließ sich aber nicht einschüchtern, und als hierauf syrische Truppen, unter Führung seines eigenen Bruders Amr, mit dem er wegen einer Liebesintrigue entzweit war, in das heilige Gebiet einfielen, schlug er sie zurück, ließ seinen gefangenen Bruder mißhandeln, bis er die Seele aushauchte und gestattete nicht, daß seine Leiche auf dem allgemeinen Begräbnißplatze beerdigt wurde.

Auch in Medina gewann die aufrührerische Partei die Oberhand, als der neue Statthalter Osman Ibn Mohammed in dieser, an einfache streng religiöse Lebensweise gewöhnten Stadt, sich ohne Scheu, wie ein byzantinischer Fürst, einem luxuriösen, wollüstigen Leben hingab, und als mehrere von Damask zurückgekehrte Medinenser Jezid als einen irreligiösen Menschen verschrien, welcher der Jagd, der Musik, der Liebe und dem Weine ergeben und daher des Chalifats unwürdig wäre. Jezid wurde öffentlich in der Moschee entsetzt und Osman mit allen Omejjaden aus Medina vertrieben.

Jezid mußte nochmals zu Unterhandlungen seine Zuflucht nehmen, denn der von ihm ernannte Führer neuer Truppen starb ehe man von Damask aufbrach, und Ubeid Allah, welcher gegen Mekka ziehen sollte, leistete, Krankheit vorschiebend, in der That aber weil er für den Sieg gegen Husein nicht den erwarteten Lohn erhalten hatte, diesem Befehle keine Folge. Als aber der Gesandte, obgleich selbst ein geborener Medinenser, kein Gehör fand, und dem Chalifen meldete, daß die Stadt nur mit Gewalt der Waffen zum Gehorsam gebracht werden könnte, wendete sich Jezid zu dem erfahrenen Krieger Muslim Ibn Okba, der, obgleich alt und krank, doch gern den Oberbefehl über ein gegen Medina ziehendes Heer übernahm, weil er noch vor seinem Tode an den Medinensern die Ermordung des Chalifen Osman rächen wollte, mit dem er verwandt war. Mit Siegeszuversicht brach er, an der Spitze von 12000 Mann, auf, die ihm um so williger folgten, als ihnen nicht nur ein ungewöhnlich hoher Sold bewilligt, sondern auch noch eine dreitägige Plünderung der zu unterwerfenden Stadt versprochen wurde. Trotz aller Tapferkeit der Medinenser wurden sie doch bei Harra, (August 683) in der Nähe von Medina, geschlagen und trotz allen Verschanzungen drangen die Syrer in die Stadt ein, welche Muslim, seinem Versprechen gemäß, ihrer Rachsucht, Habgier und Lüsternheit preis gab.

Muslim brach, nachdem die verschont gebliebenen Medinenser Jezid nicht nur als Chalifen, sondern als „absoluten Herrn über Leben und Gut" anerkannt hatten, gegen Mekka auf, starb jedoch auf dem Wege dahin, und an seine Stelle trat Haßin Ibn Numeir, den Jezid schon zum voraus für einen solchen Fall als dessen Nachfolger ernannt hatte.

Trotz der abschreckenden Catastrophe von Medina setzte doch der Sohn Zubeir's den Widerstand gegen Jezid fort. Er sah zwar, gleich beim ersten Ausfalle gegen die Truppen Haßins, daß er sich auf offenem Felde nicht mit ihnen messen könnte, hoffte aber sich in der gut befestigten Stadt halten zu können, obgleich Haßin durch seine auf den sie umgebenden Anhöhen aufgestellten Wurfmaschinen großen Schaden anrichtete. Der plötzliche Tod Jezid's (11. November 683) und die Wahrscheinlichkeit, daß in Folge desselben in Syrien selbst ein Bürgerkrieg sich entzünden würde, nöthigten Haßin die Belagerung aufzuheben und schleunigst nach Syrien zurückzukehren.

Jezid's Regierungsdauer war zu kurz, als daß sich ein vollständiges Gemälde seines Charakters entwerfen ließe. Moslimische Geschichtschreiber nennen ihn „lasterhaft", weil er manche Vorschriften des Korans übertrat, weil unter seiner Herrschaft ein Enkel des Propheten erschlagen, Medina geplündert und Mekka belagert wurde. Vom politischen Standpunkte aus kann ihn kein Tadel treffen, denn erst nachdem alle Versuche, die Aufrührer durch Milde zu gewinnen, gescheitert waren, griff er zu den äußersten Maßregeln. Seine Mutter war eine Beduinin, welche sich am Hofe in Damask nach den reinen Naturgenüssen des Nomadenlebens sehnte. Als wahrer Sohn der Wüste zog auch Jezid Sänger, Jäger, Dichter und Tänzerinnen den Koranlesern, Gesetzesgelehrten und Traditionskundigen vor. Weil aber die Geschichte des Islams von Letztern aufgezeichnet wurde, mußte er als ein Auswurf der Menschheit dargestellt werden.

Muawia II., der ein und zwanzig jährige Sohn Jezid's, war zu schwach um in so bewegter Zeit die Zügel der Regierung zu lenken. Er fühlte dies selbst, und soll dazu noch von innern Zweifeln an seinem Rechte auf das Chalifat, den Nachkommen Mohammeds gegenüber, geplagt worden sein, weil sein Lehrer ein versteckter Anhänger Alis war. Darum ist es auch wahrscheinlich, daß sein nach wenigen Monaten erfolgter Tod kein natürlicher war, sondern daß er von seiner eigenen Familie vergiftet wurde. Da er selbst keinen Sohn hinterließ und sein jüngerer Bruder Chalid erst sechzehn Jahre alt war, mußte ein anderer Omejjade bis zu dessen Großjährigkeit als Reichsverweser ernannt werden. Von Hassin und Ubeid Allah unterstützt wurde Merwan, der frühere Minister Osmans, und wie Muawia ein Urenkel Omejja's*), von den Damascenern als solcher

*) Stammtafel der Omejjaden.

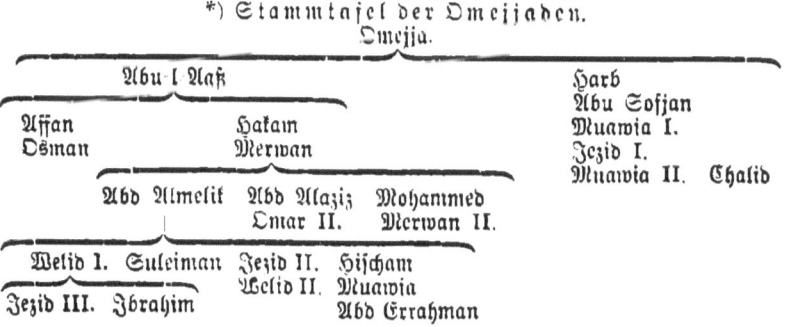

anerkannt. Merwan hatte aber nicht nur in Arabien und Frak Abd Allah Ibn Zubeir und seine Partei gegen sich, wo man allenthalben, in Medina, Kufa, Baßrah und Jemen, nach dem Tode Jezid's, die Herrschaft der Omejjaden abschüttelte, sondern auch in Egypten und in Syrien erklärte sich ein Theil der Bevölkerung für den Sohn Zubeir's. An ihrer Spitze stand der einflußreiche Dhahhak Ibn Keis, der frühere Gouverneur von Damask und Oberst der Leibwache Muawia's, welchem alle Araber aus dem Stamme Keis zuströmten, weil sie Chalid, dessen Mutter aus dem Stamme Kelb war, nicht huldigen wollten. In Merdj Rahit, einige Meilen östlich von Damask, kam es zu einer Hauptschlacht, welche Merwan gewann, worauf er, ohne zu rasten, sowohl die aufrührerischen Provinzen in Syrien, als in Egypten unterwarf. Jetzt war es ihm auch leicht Mußab, den Bruder des Abd Allah Ibn Zubeir, zu vertreiben, welcher in Syrien eingefallen war, er konnte sogar Truppen nach Medina schicken, um diese in vieler Beziehung wichtige Stadt wieder zu unterwerfen, die jedoch mit Verlust zurückgeschlagen wurden. Einen glänzenden Sieg erfocht aber Ubeid Allah und Haßin bei Kirkisia über Zufr Ibn Harith und Suleiman Ibn Surad. Ersterer war ehemaliger Statthalter von Kinesrin und Verbündeter des Dhahhak Ibn Keis, und hatte sich nach der Schlacht bei Merdj Rahit gegen den Eufrat hin geflüchtet. Letzterer war ein Charidjite, den die Rebellen von Kufa, nach Vertreibung des Omejjadischen Statthalters, zu ihrem Oberhaupte wählten. Selbst der Sohn Zubeirs freute sich über Suleimans Niederlage. Er hatte nämlich, so lange er noch in Mekka die bescheidene Rolle eines „Schützlings des heiligen Tempels" spielte, und mehr von den Lastern der Omejjaden als von seinen eigenen Verdiensten sprach, die Charidjiten auch für sich zu gewinnen gesucht und sie zu seinen Zwecken gebraucht. Als er aber den Chalifentitel annahm, war ein Bruch unvermeidlich. Sie erinnerten sich jetzt, daß Abd Allah und sein Vater Zubeir zuerst gegen Ali aufgetreten waren und für Osmans Blut Rache verlangt hatten, während sie den Tod Osmans als einen gesetzmäßigen erklärten und für das Geschlecht Alis die größte Anhänglichkeit hatten. Abd Allah mußte aber, weil er nicht in Widerspruch mit sich selbst gerathen wollte, auch gern Osmans unverdienten Tod und Alis Mitschuld als Waffe gegen das

Geschlecht des Letztern gebrauchte, Osman in Schutz nehmen, als die Charidjiten sich in seiner Gegenwart in Schmähungen über ihn ergossen, und diejenigen tadeln, welche ihn wegen eines ohne sein Wissen geschriebenen Briefes ermordet hatten. Zum Glück für Abd Allah waren die Charidjiten selbst in verschiedene Sekten gespalten. In Baßrah, wo Nafi Jbn Azrak ihr Oberhaupt war, traten sie mit größerer Entschiedenheit auf, verlangten alsbald, um den Tod Husein's zu rächen, gegen alle Feinde der Aliden ins Feld zu ziehen, und widersetzten sich auch dem von Abd Allah Jbn Zubeir ernannten Statthalter, so daß er genöthigt war, sie mit Gewalt der Waffen zu vertreiben. In Kufa hingegen wollte Suleiman einen günstigen Augenblick zum Handeln abwarten, und blieb daher mit dem Statthalter Abd Allah's in gutem Vernehmen. Suleiman wurde indessen bald durch Muchtar aus seiner zuwartenden Stellung gedrängt. Muchtar war, wie die meisten hervorragenden Männer jener Zeit, die ihre Selbstsucht hinter geheuchelte Frömmigkeit und dogmatische Sophismen verbargen, im höchsten Grade ehrgeizig. Er war nach Mekka gereist, um Husein einzuladen, sich an die Spitze der Kufaner zu stellen, und wurde nach dem Tode Husein's, eingekerkert, auf Verwendung seines Schwagers Abd Allah Jbn Omar jedoch wieder in Freiheit gesetzt, worauf er sich nach Mekka zu dem Sohne Zubeir's begab. Dieser gewann Muchtar durch allerlei Ehrenbezeugungen und Versprechungen und zeichnete ihn aus, so lange er seiner bedurfte, nachdem ihm aber Arabien, Egypten und Jrak gehuldigt hatte, glaubte er ihn entbehren zu können, er vernachlässigte ihn bald und verweigerte ihm, weil er seinen Ehrgeiz und seine Verschlagenheit fürchtete, die Statthalterschaft von Jrak, um die er angehalten hatte. Muchtar schlug jetzt einen andern Weg ein, um zu Macht und Reichthümern, dem Ziele seiner Wünsche, zu gelangen. Er reiste nach Kufa, setzte sich mit den Charidjiten in Verbindung und behauptete, von Mohammed Jbn Hanefijeh, einem in Mekka lebenden Sohne Ali's, dessen Mutter aus dem Stamme Hanifeh war, abgesandt zu sein, um sie gegen die Mörder Husein's zu führen, da es doch Suleiman an Eifer und Thatkraft zu diesem Unternehmen zu fehlen scheine. Muchtar wurde zwar von Abd Allah's Statthalter verhaftet, aber Suleiman blieb doch, wollte er nicht das Vertrauen der Charidjiten verlieren, nichts übrig, als, ihrem Verlangen gemäß, sie gegen die von Ubeid Allah befehligten Syrer zu führen. Als Suleiman mit etwa 8000 Mann vor Kirkisia anlangte, ließ Zufr, welcher diese befestigte Stadt im Namen Abd Allah's Ibn Zubeir besetzt hielt, die Thore schließen, theils aus Furcht vor dem Gesindel, das sich den Schwärmern angeschlossen hatte, theils weil er wußte, daß die Charidjiten den Abd Allah kaum weniger haßten als die Omejjaden, doch ersuchte er Suleiman, in der Nähe der Stadt zu lagern, um im Falle einer Niederlage sich in die Festung werfen und bei ihrer Vertheidigung gegen die heranrückenden Syrer mitwirken zu können. Suleiman gab ihm aber kein Gehör, sondern setzte, von den kriegslustigen Fanatikern fortgerissen, seinen Marsch fort, bis er bei Ain Wardah, zwischen Kirkisia und Rakka, auf den Feind stieß. Der überrumpelte Vortrab der Syrer wurde zusammengehauen, aber das Haupttheer, unter Haßin Ibn Numeir, das Ubeid Allah jeden Tag durch frische Truppen verstärkte, während die Charidjiten immer mehr zusammenschmolzen, trug am dritten Schlachttage einen vollständigen Sieg über Suleiman davon, welcher selbst auf dem Platze blieb.

Diese Schlacht fand kurz vor dem Tode Merwans statt, welcher wegen seines Wortbruchs im April 685 von seiner Gattin ermordet wurde. Er hatte nämlich in der ersten Zeit, um die Partei des legitimen Thronfolgers Chalid Ibn Jezid zufrieden zu stellen, dessen Mutter geheirathet, und ihr das Versprechen gegeben, ihren Sohn als Nachfolger zu bestimmen, als er aber von den Anhängern Chalids nichts mehr zu fürchten hatte, ihm seinen eigenen Sohn Abd Almelik vorgezogen.

Als Abd Almelik die Regierung antrat befand er sich in einer weit schlimmeren Lage als Muawia I. Er hatte nicht nur wie dieser Persien, Irak und Arabien gegen sich, sondern in Syrien selbst fanden sich viele Gegner, sowohl die Anhänger Chalid's, den er verdrängt hatte, als die Abd Allah's Ibn Zubeir. Sie hatten zwar bei Merdj Rahit eine schwere Niederlage erlitten, aber sie grollten immer noch den Omejjaden, und waren erbittert über die Herrschaft der Jemeniden, auf welche die Regierung sich stützte. Noch größer als zur Zeit Alis war aber auch die Uneinigkeit unter den Gegnern der Omejjaden, denn, wie schon früher erwähnt, hatte sich die Partei der

Charidjiten von dem Sohne Zubeir's losgesagt, und war jetzt geneigt Mohammed Jbn Alhanefijeh als ihren Imam anzuerkennen, so daß bald Charidjiten und Zubeiriden mit einander um die Herrschaft stritten. Baßrah war der erste Schauplatz blutiger Händel zwischen diesen beiden Parteien, indem Zubeir's Statthalter mit Gewalt der Waffen einziehen und die dortigen Charidjiten, welche nach ihrem Führer Nafi Jbn Azrak **Azrakiten** hießen, aus der Stadt treiben mußte. Nafi bemächtigte sich ein zweites mal der Stadt, mit Hülfe neugeworbener Truppen, wurde aber, als Abd Allah den Muslim Jbn Ubeis mit einem kleinen Heere dahin schickte, nochmals aus derselben gejagt und auf der Flucht nach Ahwas getödtet. Die Azrakiten ernannten hierauf einen andern Führer, machten das ganze Land zwischen Ahwas und Baßrah unsicher, indem sie jeden mordeten, der sich nicht zu ihrer Partei bekannte, und sie hätten vielleicht nochmals Baßrah besetzt, wenn nicht Muhallab, der Statthalter von Chorasan, sie zu Paaren getrieben und zur Flucht ins Innere Persiens genöthigt hätte.

Kaum waren aber die Azrakiten besiegt, so ward Abd Allah wieder von den **Keisaniden**, d. h. von den Anhängern Muchtars, der auch Keisan hieß, bedroht. Muchtar wurde nämlich nochmals, aus Rücksicht für Abd Allah Jbn Omar, aus dem Gefängnisse entlassen, nachdem er Abd Allah Jbn Jezid, dem damaligen Statthalter von Kufa, geschworen, daß er nichts mehr gegen ihn unternehmen würde. Muchtar hielt seinen Schwur so lang Abd Allah im Amte blieb, als aber ein neuer Statthalter nach Kufa kam, begannen seine Umtriebe aufs Neue, und mit der Hülfe Jbrahim's, Sohn des Malik Alaschtar, der so tapfer für Ali gekämpft hatte, bemächtigte er sich wieder der Stadt sowohl als der Burg, in welche der Statthalter sich geflüchtet hatte. Muchtar zeigte sich großmüthig gegen den flüchtigen Statthalter, und auch gegen seine Gegner in der Stadt verfuhr er erst dann mit Strenge, als sie, während seine Truppen gegen Ubeid Allah ausgerückt waren, sich aufs Neue gegen ihn auflehnten. Die Truppen wurden schleunigst zurückgerufen, um die Aufrührer zu züchtigen, und um die schwärmerischen Schiiten zu befriedigen, mußte Muchtar alle Diejenigen, welche bei Kerbela gegen Husein gekämpft hatten, über die Klinge springen lassen. Als Kufa von seinen Feinden gesäubert war, sandte Muchtar Ibrahim wieder gegen Ubeid Allah. Am Flusse Zab, in der Nähe von Mosul, stießen die beiden Heere auf einander. (August 686). Die Syrer waren den Irakanern an Zahl weit überlegen, aber die persönliche Tapferkeit Ibrahims, der Fanatismus seiner Truppen, welchen Muchtar eine Lade mit allerlei Reliquien von Ali und Husein mitgegeben, so wie der Verrath eines syrischen Generals, der zur geschlagenen Partei des Dhahhak Ibn Keis gehörte, und bei dieser Gelegenheit sich an Ubeid Allah und den Jemenidischen Stämmen rächen wollte, entschieden die Schlacht zu Gunsten der Truppen Muchtars, welcher das Haupt Ubeid Allah's in demselben Schlosse erhielt, in welchem Jenem, etwa sechs Jahre früher, das Huseins gebracht wurde.

Nach diesem Siege knüpfte Muchtar nochmals Unterhandlungen mit dem Sohne Zubeir's an, und hoffte endlich von ihm die Statthalterschaft von Kufa zu erlangen, sie scheiterten aber an dem gegenseitigen Mißtrauen, und als demohngeachtet Muchtar, angeblich um gemeinschaftlich mit den Zubeiriden Medina gegen ein syrisches Heer zu vertheidigen, in der That aber um diese Stadt in seine Gewalt zu bringen, einige tausend Mann nach Arabien schickte, wurden sie von den Truppen Abd Allah's umzingelt und niedergemetzelt. Muchtar konnte jetzt nur noch an dem Sohne Ali's eine Stütze finden, der aber immer sehr zurückhaltend war, und, ohne ihn gerade zu desavouiren, ihn doch auch nicht förmlich als seinen Stellvertreter in Irak anerkannt hatte. Erst als Abd Allah ihn verhaften ließ, weil er ihm die Huldigung hartnäckig verweigerte, entschloß er sich, in einem Schreiben an Muchtar, von dem er allein seine Befreiung erwarten konnte, ihn als seinen Chalifen (Stellvertreter) zu bezeichnen. Obgleich aber Muchtar, durch dieses Schreiben sowohl als durch die wirklich von ihm ausgeführte Befreiung Mohammed's, an Ansehen bei den Chawaridj gewann, wurde doch seine Stellung in Kufa immer schwieriger, denn die meisten nicht zu dieser Sekte gehörenden Bewohner der Stadt waren ihm abgeneigt, und standen mit den Flüchtlingen in Verbindung, welche nach dem verunglückten Aufstande von Kufa nach Baßrah ausgewandert waren, wo Mußab, Abd Allah's Bruder, Statthalter war. Mußab verließ sich jedoch nicht auf die Mitwirkung der wankelmüthigen Kufaner, sondern zog erst dann gegen Muchtar ins Feld, als er von dem tapfern Muhallab unterstützt wurde, der von Persien her zu ihm stieß, so daß sein Heer dem Muchtars weit überlegen war. Die Schlacht, welche in Harura, in der Nähe von Kufa, gefochten wurde, (April 687) dauerte jedoch den ganzen Tag, und erst gegen Abend zog sich Muchtars geschlagenes Heer in die Stadt zurück und er selbst warf sich mit einigen tausend Mann in die Burg, hoffend, daß seine auswärtigen Anhänger und ganz besonders sein Statthalter Ibrahim zum Entsatze herbeieilen würden. Als aber mehrere Tage vergingen, ohne daß sich jemand für ihn bewaffnete, und Mangel an Lebensmitteln eintrat, denn Mußab hatte die Burg umzingelt, forderte er die Besatzung auf, mit ihm über die Belagerer herzufallen und lieber mit dem Schwerte in der Hand zu sterben, als vor Hunger umzukommen, oder, bei Uebergabe der Burg, wie Schafe geschlachtet zu werden. Aber nur neunzehn Mann folgten ihm und fochten und starben an seiner Seite als Helden. Die in der Burg zurückgebliebenen Truppen fanden sich jedoch in ihrer Hoffnung, durch Uebergabe der Burg ihr Leben zu retten, getäuscht, sie wurden ohne Erbarmen, wie Muchtar vorausgesagt, auf Mußabs Befehl niedergemetzelt, weil seine Leute für die bei Harura Gefallenen sich rächen wollten, und weil die Kufaner selbst diese Charidjiten als eine aus Räubern, Mördern und sonstigem gemeinen Gesindel zusammengesetzte Bande schilderten.

Der Chalife Abd Almelik konnte seine eigenen Truppen schonen, so lang seine Feinde sich selbst unter einander befehdeten, und sie zur Vertheidigung der nördlichen Provinzen gegen die sie bedrohenden Griechen und Marbaiten verwenden. Als aber, nach dem Falle Muchtar's, auch Ibrahim, der Statthalter von Moßul, zu Mußab überging und die Anhänger Alis von Muhallab theils getödtet, theils bis in den äußersten Osten Persiens getrieben waren, so daß jetzt ganz Arabien, Irak und Persien dem Scepter Abd Allah's unterworfen war, mußte er sich, wenn er nicht auch noch Syrien verlieren wollte, zum Kampfe gegen ihn rüsten, und von den Griechen einen Frieden erkaufen. (689) Während er aber mit seinem Heere auf dem Wege nach Mesopotamien war, brach in seiner Hauptstadt eine Empörung aus, an deren Spitze sein Vetter Amr Ibn Said stand, welcher schon unter Merwan sich im Kriege gegen die

Zubeiriden ausgezeichnet hatte, und dem dieser das Versprechen gegeben haben soll, ihn zu seinem Nachfolger zu ernennen. Der Chalife mußte daher wieder nach Damask zurückkehren, um Amr zu verdrängen, was ihm um so leichter ward, als die Damascener weder gegen das starke Heer Abd Almelik's sich schlagen, noch sich einer Belagerung aussetzen wollten. Amr mußte die Stadt übergeben und die ihm angebotene Amnestie annehmen, die jedoch der Chalife, welcher keinem Schwur mehr traute und keinen Feind im Rücken haben wollte, verletzte, indem er vor seinem zweiten Auszug, als die Ordnung in Damask wieder hergestellt war, Amr tödten ließ, oder nach einigen Berichten sogar selbst schlachtete.

Nach dem Tode Amr's und einiger andern Häupter der Verschwörung konnte Abd Almelik wieder ohne Gefahr zum Feldzug gegen Irak schreiten. Er selbst unterwarf mehrere Städte am obern Eufrat, während Chalid Ibn Abd Allah, in Mußabs Abwesenheit, sich der Stadt Baßrah zu bemächtigen suchte, wo viele Stammgenossen der in Syrien angesiedelten Araber wohnten, die den Omejjaden zugethan waren. Denn so sehr auch Mohammed sich bemüht hatte, alle Araber zu einer großen Nation zu verschmelzen, war doch die Anhänglichkeit an Stammgenossen noch stärker als jedes andere politische und religiöse Band. Chalid mußte zwar, als der Statthalter Abd Allah's Verstärkung aus Kufa erhielt und Mußab selbst herbeieilte, sich wieder zurückziehen, aber Mußab mußte die äußerste Strenge gegen die des Einverständnisses mit dem Feinde Verdächtigen anwenden, eine starke Besatzung mit einem seiner besten Officiere zurücklassen, die ihm zur Vertheidigung Iraks gegen den immer näher heranrückenden Chalifen so nöthig gewesen wäre. Der Aufstand in Baßrah hatte ferner noch den Nachtheil für Mußab, daß auch in Kufa alles Vertrauen verschwand, indem man wußte, daß selbst mehrere Generäle Mußabs in Briefwechsel mit seinen Gegnern stünden. Wenig fehlte, so wäre ganz Irak ohne Schwertstreich in die Hände Abd Almeliks übergegangen, und nur die Furcht vor dem harten Regimente der Syrer konnte die Kufaner bewegen, Mußab zu folgen, als er dem Chalifen in der Nähe von Mastan, an einem Tigrisarme, eine Schlacht lieferte, die unentschieden blieb, so lang Ibrahim den Oberbefehl führte, nach seinem Tode aber für die Irakaner in eine schmähliche Flucht ausartete. Mußab selbst wollte jedoch, selbst als er sich verlassen sah, sein Leben nicht der Gnade Abd Almelik's verdanken. „Ein Mann wie ich" sagte er „darf das Schlachtfeld nur als Sieger oder als Leiche verlassen." Auch sein Sohn Isa, den er beschwor, sich nach Mekka zu seinem Bruder zu flüchten, harrte bei ihm aus, denn „die Frauen Kureisch's sollten ihm nicht nachreden, er habe seinen Vater verlassen." So kämpften denn beide, bis sie unter den Streichen der Syrer erlagen. (November 690).

Abd Almelik hielt nun, ohne weitern Widerstand, seinen Einzug in Kufa und empfing hier auch die Huldigung der Stadt Baßrah, wo die Kunde von Mußab's Tod der Partei der Omejjaden die Oberhand verschaffte, und auch Persien beugte sich unter das Joch der Syrer, als Muhallab, welcher zur Zeit des letzten Kriegs noch gegen die Charidjiten zu kämpfen hatte, zur siegenden Partei überging, und seinen Truppen den Eid der Treue für Abd Almelik abnahm.

Der Chalife richtete jetzt seine ganze Aufmerksamkeit auf Abd Allah, der zwar in der letzten Zeit in eine unbegreifliche Unthätigkeit verfallen war, aber doch wegen seines Aufenthalts in Mekka, der Geburtsstadt des Propheten, in dem eigentlichen geistlichen Mittelpunkte des Islams, durch den Einfluß, den er auf die dort sich alljährlich versammelnden Pilger ausübte, noch immer ein gefährlicher Gegner blieb. Er sandte von Irak aus Hadbjadj Ibn Jusuf gegen Mekka, (Oktober 691) und dieser überzeugte sich bald, da er ohne Widerstand bis an das heilige Gebiet vorrücken konnte, daß er es wohl wagen dürfte, Mekka zu belagern, sobald er vom Chalifen die nöthigen Verstärkungen erhalten würde.

Abd Allah erndtete zwar überall durch seine Reden und Predigten den größten Beifall, sie waren aber um so weniger geeignet, die nach weltlichen Genüssen, nach Herrschaft, Ruhm und Reichthümer ringenden Araber zum Kampfe für ihn zu begeistern, als sein ganzes Wesen nichts einnehmendes hatte, und namentlich sein schmutziger Geiz, bei unermeßlichem Besitze, ihm viele Gemüther entfremdete. Dazu kam noch, daß zwar seine Lästerungen gegen die Omejjaden ihren Eindruck nicht verfehlten, daß aber, sobald es sich um die Begründung seiner eigenen Ansprüche auf das Chalifat handelte, er zu Sophismen greifen mußte, welche der natürliche Verstand der Araber leicht durchschaute. Wollte man unter den vorhandenen Umständen auf eine neue Chalifenwahl verzichten, so blieben auf der einen Seite die Omejjaden als Bluträcher und Nachfolger Osmans, und auf der Andern die Nachkommen Alis. Darum mußte Abd Allah nicht nur in den Augen der Charidjiten, sondern auch bei andern schlichten Gläubigen, als Usurpator gelten. Er prahlte zwar mit seiner nahen Verwandtschaft mit Chadidjah und Aischah, den Gattinen Mohammeds, von denen die eine seine Großtante, die andere seine Tante war, mit Asma, der Tochter Abu Bekrs, die seine Mutter war, und mit Safiah, der Tante Mohammed's, welche seine Großmutter war, aber mit Recht sagte ihm Abd Allah Ibn Abbas, daß alle diese edlen Frauen erst durch den Gesandten Gottes geadelt worden seien und ihn nicht über diejenigen erheben könnten, die selbst zum Geschlechte desselben gehören.

Auf Haddjads Verlangen sandte Abd Almelik von Syrien her noch einige tausend Mann, unter Tarik Ibn Amr, der auch Medina unterwarf, nach Mekka. Mehrere Ausfälle der Mekkaner wurden zurückgeschlagen, die Stadt wurde umzingelt und von allen Lebensmitteln abgeschnitten, und durch Wurfgeschoß hart mitgenommen. Es dauerte jedoch nahezu ein ganzes Jahr bis die Mekkaner schaarenweise auswanderten und Haddjadj's Gnade anflehten. Jetzt blieb Abd Allah, dessen zwei Söhne sogar zum Feinde übergegangen waren, nichts übrig, als sich entweder auch zu unterwerfen, oder mit dem Schwerte in der Hand als Vertheidiger des heiligen Tempels zu sterben. Er selbst hätte wahrscheinlich Ersteres vorgezogen, aber seine heldenmüthige Mutter beredete ihn, sein höchst zweideutiges Leben wenigstens mit einem ruhmvollen Tode zu beschließen. „Mein Sohn" sprach sie, „du allein kannst in dein Inneres schauen. Warst du von deinem Rechte überzeugt, und hast du das Volk nur aufgefordert, Recht und Wahrheit zu vertheidigen, so verharre auch jetzt dabei, und gib deinen Nacken nicht dem Hohne der Jungen von den Söhnen Omejja's hin. Hast du hingegen nur nach dieser Welt gestrebt, so bist du ein schlechter Diener Gottes, und hast dich und deine Anhänger in den Abgrund gestürzt. Sagst du aber: das Recht war allerdings auf meiner Seite, als aber meine Gefährten schwach wurden, fühlte auch ich keine Kraft mehr in mir, so erwiedere ich: so handeln nicht freie Männer, denen ihr Glaube das Höchste ist. Wie lange hast du denn noch in dieser Welt zu bleiben? Besser, du läßt dich vom Feinde erschlagen."

Bei diesen Worten ermannte sich Abd Allah wieder, der in seinen Jugendjahren so viele Beweise von Tapferkeit und Heldenmuth gegeben hatte, und kehrte bald, mit Panzer und Helm bekleidet, zu seiner Mutter zurück, um ihr das letzte Lebewohl zu sagen. Als sie, ihn umarmend, den Panzer unter seinem Gewande fühlte, sagte sie: wer den Tod im Kampfe sucht, bedarf keines Panzers. Er zog ihn dann aus, begab sich zu den wenigen Gefährten, die sein Schicksal theilen wollten, und ersuchte sie, ihre Helme abzunehmen, damit er noch einmal ihr treues Angesicht schaue. Als dies geschah, sagte er: "bewahret eure Schwerter mehr als eure Augen, wer sein Schwert zerbricht, um sein Leben zu erhalten, ist kein Mann, denn ein Mann ohne Schwert ist schwächer als ein Weib." Er warf sich dann mit der kleinen Schaar seiner Freunde den gegen den Tempel heranstürmenden Syrern entgegen und kämpfte, bis er von einem Steine an die Stirne getroffen ward und leblos niedersank. (1. Oktober 692).

Ganz Arabien erkannte jetzt die Herrschaft Abd Almelik's an, und der als Statthalter von Mekka und Medina zurückgebliebene Haddjadj sorgte dafür, daß keine neue Empörungsgelüste aufkamen. Irak und Egypten wurden von zwei Brüdern des Chalifen, Beschr und Abd Alaziz, verwaltet, der Widerstand in Chorasan durch Weki Ibn Amr, den Präfekten von Meru gebrochen, während Muhallab Persien im Zaume hielt, wo die Charidjiten, trotz allen Niederlagen, immer wieder unter neuen Führern auftauchten. Nach dem Tode Beschr's, als die Irakaner, welche mit Muhallab gegen die Charidjiten im Felde standen, das Lager verließen und in ihre Heimat zurückkehrten, wurde Haddjadj zum Statthalter von Irak ernannt, welcher schon in Arabien gezeigt hatte, wie gut er es verstand, Rebellen zum Gehorsam zurückzuführen. Sein männliches, unerschrockenes Auftreten in der Mitte widerspenstiger Haufen und die furchtbaren Drohungen, welche er gegen die Ungehorsamen ausstieß, brachten die gewünschte Wirkung auf die feigen Kufaner hervor, so daß, als er am Schlusse seiner Rede bei Gott schwur, daß wer von den aus Muhallabs Lager Heimgekehrten in drei Tagen sich nicht wieder unter seine Fahne stellte, sein Leben verwirkt habe, nur ein Einziger noch zurück blieb, den er auch hinrichten ließ, obgleich er behauptete, er habe seinen Sohn statt seiner zur Armee geschickt. Mit gleicher unerbittlicher Strenge trat Habdjadj in Baßrah auf, bis auch die flüchtigen Baßrenser die Stadt verließen, und so Muhallab wieder in Stand gesetzt wurde, die Charidjiten mit Nachdruck zu befriegen. Während dieser aber in Persien gegen die Azrakiten kämpfte, die, nach ihrer Vertreibung aus Chuzistan, sich noch längere Zeit unter Katari in Farsistan und Kerman behaupteten, streiften andere Fanatiker, unter Salih, Schebib und Mutarrif, in andern Provinzen umher, predigten Aufruhr gegen die Omejjaden, und verlangten eine neue Chalifenwahl, oder suchten sich selbst des Chalifats zu bemächtigen. Sie brachen den Stab sowohl über Osman als über Ali, über Jenen, weil er von den Satzungen seiner Vorgänger abgewichen war und gottlose Menschen zu den höchsten Würden erhoben hatte und über diesen, weil er Menschen als Schiedsrichter über eine göttliche Sache aufgestellt und sich mit ruchlosen Geschöpfen umgeben hatte. Salih wurde bei Chanifin getödtet, aber Schebib behauptete sich länger, denn überall sympathisirte die Bevölkerung mit ihm, weil er strenge Mannszucht hielt und durch seine Frömmigkeit imponirte. So wurde es ihm leicht, den ihn verfolgenden Truppen auszuweichen und dann wieder plötzlich kleinere feindliche Schaaren zu überfallen. Er streifte bald in der Gegend von Madain umher, bald an der südlichen Grenze von Aserbeidjan, bald in Kerman, dann unversehens wieder in der Nähe von Moßul, oder an der Grenze Syriens. Er überfiel zweimal sogar die Stadt Kufa, und das zweitemal konnte Habdjadj erst nach dreitägigem Kampfe, als frische Truppen aus Syrien anlangten, ihn wieder vertreiben. Erst im Jahr 697, nachdem ein Theil seiner Leute von Habdjadj bestochen ward, und er, um den Verräthern zu entkommen, über den Karun setzen wollte, fand er den Tod in diesem Flusse. Mutarrif war ein Anhänger Schebibs, der nur darin von ihm abwich, daß er die einstige Chalifenwahl auf das Geschlecht Mohammeds beschränken wollte, während Schebib, der selbst nach der Herrschaft gelüstete, behauptete, man müsse den Vorzüglichsten unter den Gläubigen wählen, welchem Stamme er auch angehöre, denn derjenige stehe Mohammed am Nächsten, der mit der größten Gewissenhaftigkeit dessen Vorschriften befolge. Er war Präfekt von Madain und hoffte die Präfekten von Hulwan und Hamadan würden gemeine Sache mit ihm machen. Als er sich aber getäuscht sah und doch schon zu weit compromittirt war, um nicht vor Haddjadj zu zittern, streifte er im nördlichen Persien umher, wurde aber von den Präfekten von Rei und Ispahan verfolgt, und auch ihm blieb, wie so manchen andern Fanatikern vor ihm, nichts übrig, als mit dem Schwerdte in der Hand sein Leben so theuer als möglich zu verkaufen.

Gefährlicher als diese Rebellen, die mehr wegen ihres Fanatismus und ihrer aufrührerischen Reden, als wegen ihrer Macht zu fürchten waren, war Abd Errahman, der Sohn des Mohammed Jbn Aschath. Er war Statthalter von Sedjestan und erhielt von Haddjadj, der gewissermaßen Vicekönig aller östlichen Provinzen des Reichs war, den Oberbefehl über ein Heer, welches einen Feldzug gegen den Fürsten von Kabul unternehmen sollte. Schon vor ihm hatte sein Vorgänger gegen denselben Krieg geführt, aber mit wenig Glück, weil er zu weit vorgedrungen und plötzlich von den feindlichen Truppen umzingelt worden war. Abd Errahman schritt daher, um nicht gleiches Schicksal zu haben, nur mit der größten Behutsamkeit vorwärts, und ließ überall kleine Besatzungen in festen Plätzen zurück, um stets in Verbindung mit der Heimat zu bleiben. Als er eine weite Strecke Kabulistans durchzogen hatte, trat er, mit unermeßlicher Beute beladen, den Rückmarsch an und verschob weitere Eroberungen auf das nächste Jahr. Haddjadj klagte ihn aber der Schwäche und Feigheit an, und befahl ihm, entweder weiter vorzudringen, oder den Oberbefehl einem Andern zu übergeben. Als Abd Errahman das Schreiben Haddjad's seinen Generälen mittheilte, fuhren sie mit Entrüstung auf, sagten sich von Haddjadj los, huldigten Abd Errahman als ihrem Emir, ohne sich gerade gegen den Chalifen zu empören, und forderten ihn auf, sie gegen Haddjadj zu führen. Abd Errahman schloß hierauf Frieden mit dem Fürsten von Kabul und suchte auch Muhallab, der damals Statthalter von Chorasan war, für sich zu gewinnen. Muhallab bemühte sich ihn zum Gehorsam zurückzuführen; als es ihm nicht gelang, unterrichtete er Haddjadj von der ihm drohenden Gefahr, und rieth ihm, Abd Errahman nicht eher anzugreifen, bis die Jrakaner in den Schooß ihrer Familie zurückgekehrt sein würden, weil ihr Heimweh sie in ihrem ersten Anlaufe unüberwindlich mache. Habdjadj traute diesem Rathe nicht, und hielt es auch für bedenklich, Städte wie Kufa und Baßrah den Aufrührern zu öffnen, er zog daher mit seinen Truppen gegen Schuster hin und erwartete Abd Errahman am Karunflusse. Aber wie Muhallab vorausgesehen fochten die Jrakaner, denen der Weg in die Heimat versperrt werden sollte, mit ungewöhnlicher Tapferkeit und nöthigten die Syrer, sich nach Baßrah zurückzuziehen. Hier kam es zu einer zweiten Schlacht, welche sehr mörderisch war. Der Verlust war auf beiden Seiten groß, doch behauptete Habdjadj Baßrah, während Abd Errahman sich nach Kufa wendete, wo er, mit Hülfe der ihm gewogenen Bevölkerung, sich der Burg bemächtigte. Habdjadj mußte nach dem Verluste von Kufa auch Baßrah räumen, weil ihm nunmehr die Verbindung mit Syrien abgeschnitten war, und sich in die Gegend von Ain Tamr zurückziehen. Indessen warb Abd Errahman, der seit seinem Einfall in Jrak nicht allein gegen Habdjadj's, sondern, als Fürst der Gläubigen, auch gegen den Chalifen auftrat, immer mehr Truppen, so daß sein Heer, mit welchem er gegen jenen auszog, über 100,000 Mann zählte. Der Chalife ließ sich, gegen den Rath Habdjadj's, welcher ihn an die Folgen von Osmans Nachgiebigkeit erinnerte, und behauptete „Eisen könne nur mit Eisen geschmiedet werden", in Unterhandlungen mit Abd Errahman ein. Er sicherte den Jrakanern nicht nur volle Begnadigung, sondern gleiche Rechte mit den Syrern, in Bezug auf Sold und Pension, zu, Abd Errahman sollte eine beliebige Statthalterschaft für seine Lebensdauer wählen, und an Habdjab's Stelle sollte Mohammed, ein Bruder des Chalifen, Statthalter von Jrak werden. Abd Errahman war geneigt, diese Bedingungen anzunehmen, aber seine Truppen hielten sich für unüberwindlich und sagten sich aufs Neue von der Herrschaft des Chalifen los, so daß dieser abermals zu Habdjadj's Schwerdt seine Zuflucht nehmen mußte. Die beiden Heere lagen einander mehrere Monate in ihren verschanzten Lagern gegenüber, bis es endlich zu einer Hauptschlacht kam, (Juli 702) welche Habdjadj gewann. Abd Errahman, den, nach einigen Berichten, der

Befehlshaber seines linken Flügels verrathen hatte, flüchtete sich nach Kufa, konnte sich aber, da der größere Theil seines Heeres zersprengt war, und die Syrer ihm auf dem Fuße folgten, auch hier nicht halten. Er mußte die Stadt der Rache Haddjadj's preis geben, der sie plündern ließ, und sich nicht mehr mit der üblichen Huldigung begnügte, sondern nur diejenigen begnadigte, die sich selbst undankbare und ungläubige Verräther nannten. Noch einmal versuchte Abd Errahman das Glück der Waffen bei Maskan, wo viele Koranleser ihm zur Seite standen, welche mit Todesverachtung kämpften; als er auch hier geschlagen wurde, floh er nach Bost. Hier wurde er verhaftet und sollte dem Chalifen ausgeliefert werden, aber der Fürst von Kabul befreite ihn und bald stand er wieder an der Spitze vieler Unzufriedenen in Sedjestan, konnte sich jedoch weder hier noch in Chorasan halten, und wurde schließlich genöthigt nach Kabul zu fliehen, wo er sein Leben beschloß. Er starb nach einigen Berichten eines natürlichen Todes, nach Andern wollte ihn der vom Chalifen mit einem Kriege bedrohte Fürst von Kabul ausliefern, weßhalb er seinem Leben selbst ein Ende machte.

Die Empörung Abd Errahmans und die dabei aufs Neue an den Tag getretene Unzuverlässigkeit von Kufa und Baßrah hatte die Gründung der Festung Wasit zur Folge, deren Besatzung diese beiden aufrührerischen Städte, in deren Mitte sie lag, im Zaume halten sollte.

Die innern Fehden unter dem Chalifate Abd Almelik's gestatteten zwar keine große Machtentfaltung nach Außen, doch vollbrachte das islamitische Reich manche tapfere Waffenthat und erhielt, nach verschiedenen Seiten hin, nicht unbeträchtlichen Zuwachs.

Der Kaiser Justinian II. kündete den Frieden nach Unterjochung der Slaven. Mohammed, der Bruder des Chalifen, welcher die Araber befehligte, gewann aber die slavischen Hülfstruppen durch Bestechung und brachte den Griechen bei Sebastopolis (693) eine blutige Niederlage bei, während ein anderer arabischer Feldherr sie aus dem südlichen Armenien vertrieb. In dem folgenden Jahre gingen zwar für die Araber diese Vortheile wieder verloren, und sie schlossen abermals einen für sie demüthigenden Frieden, als aber auch dieser Friede von Justinian gebrochen wurde, weil er die neugeprägten arabischen Münzen nicht annehmen wollte, welche Sprüche enthielten, die seinen Glauben verletzten, löschten die Araber durch glänzende Siege die Schande mehrjähriger Unterthänigkeit gänzlich aus, und besetzten die früher eroberten Provinzen in Cilicien und Armenien wieder. Alljährlich fielen nun größere oder kleinere Gefechte mit wechselndem Glück vor, fortwährend wurden Raubzüge gegen feindliches Gebiet unternommen, so daß bald die Araber bis Erzerum vordrangen, dann wieder die Griechen raubend und mordend das nördliche Syrien bis nach Antiochien durchzogen.

In Afrika kämpfte Hassan Ibn Numan gegen die Byzantiner und eroberte die ganze nördliche Küste wieder bis Karthago. Als er aber ins Innere drang, wurde er von den Berbern, welche eine Priesterin anführte, geschlagen und genöthigt, sich wieder nach Barkah zurückzuziehen. Diese Priesterin wurde jedoch meuchelmörderisch getödtet, und nun durchzog Hassan wieder als Sieger das ganze Gebiet von Kairawan. Während er aber, um seinen Triumphzug zu feiern, sich nach Syrien begab, sandte der Kaiser Leontius den Patricier Johannes mit einer Flotte nach Afrika, der Carthago wieder eroberte und die Araber hinter Barkah zurückdrängte. Jetzt wurde, da Hassan sich mit dem Statthalter von Egypten nicht einigen konnte, und bald nachher starb, Musa, der Sohn Nußeirs, mit neuen Truppen nach Afrika geschickt, (697—98) welcher die Griechen für immer aus Carthago vertrieb und nach und nach Afrika in seiner ganzen Breite bis an das atlantische Meer als Sieger durchzog.

Auch in Transoxanien wurden die Grenzen des Islams durch Muhallab, und nach seinem Tode durch seinen Sohn Jezid, der ihm als Statthalter von Chorasan folgte, weiter hinausgerückt.

Der Chalife überlebte den letzten und furchtbarsten Rebellen Abd Errahman nur um ein Jahr. Er starb, nach einer einundzwanzigjährigen Regierung, in einem Alter von etwa 60 Jahren. (8. October 705) Ohngefähr zwei Jahre früher war sein Bruder Abd Alaziz, der Statthalter von Egypten, aus der Welt geschieden, mit dem er in der letzten Zeit, wegen der Thronfolge, auf welche er, dem letzten Willen ihres Vaters gemäß, Anspruch machte, während Abd Almelik seine Söhne Welid und Suleiman als zukünftige Chalifen bestimmen wollte, in heftigem Streit war, so daß sogar behauptet wird, Abd Alaziz sei durch Gift, auf Anstiften des Chalifen, aus der Welt geschafft worden. Nach dem Tode des Abd Alaziz stieß die Bestimmung Abd Almeliks auf keinen Widerstand mehr, wenn auch einzelne fromme Männer sich der Huldigung zu entziehen suchten, weil sie eine solche, bei Lebzeiten des noch regierenden Fürsten, als eine den Sitten des Islams widerstrebende Handlung ansahen. Solche Fanatiker, die keine Privatzwecke dabei verfolgten, ließ er ungestraft, wie er überhaupt, während der ganzen Dauer seiner Regierung, wo es das Staatswohl nicht anders erheischte, oder seine Statthalter ohne seinen Befehl handelten, überall Milde und Großmuth walten ließ. Auch war er stets zu friedlichen Unterhandlungen geneigt, sowohl mit äußern als mit innern Feinden, und erst wenn sie scheiterten, griff er zu den Waffen. Er hatte eine bittere Schule des Lebens durchgemacht, denn als zehnjähriger Knabe war er in Medina, als Osman ermordet wurde, und sein Vater Merwan mit Mühe sein Leben rettete. Er kannte die Launen des Schicksals aus eigenen Erlebnissen zu gut, um im Glück übermüthig zu werden. Die Gefahr, in der er selbst zu verschiedenen Zeiten seines Lebens schwebte, erinnerte ihn stets an die Vergänglichkeit und den Wechsel alles Irdischen, und ließ ihn den Blick nach Jenseits richten. Er lebte den Vorschriften des Korans gemäß, ohne ein Frömmler zu sein, eben so hielt er die rechte Mitte zwischen Verschwendung und Geiz. Nur gegen die berühmten Dichter seiner Zeit kannte seine Freigebigkeit keine Grenze. Selbst der christliche Dichter Achtal fand an seinem Hofe eine freundliche Aufnahme, und nahm einen hohen Rang im Palaste des Chalifen ein.

Da er in seiner Jugend Statthalter von Hadjr war, lernte er das Kanzleiwesen aus eigener Erfahrung kennen, und führte als Chalife manche Verbesserung ein, worunter auch die, daß fortan in allen Zweigen der Staatsverwaltung die arabische Sprache die bisher übliche Persische ersetzen sollte.

Welid, der älteste Sohn Abd Almeliks, fand bei seinem Regierungsantritt das ganze Reich von Prätendenten und andern Aufrührern gesäubert, er konnte daher seine ganze Sorgfalt der Verbesserung der innern Zustände: der Beförderung der Cultur, der Hebung des Wohlstandes, der Schöpfung wohlthätiger Anstalten, der Verbreitung des Unterrichts und ganz besonders auch der weitern

Ausdehnung des Reichs widmen. Ueberall wurden Moscheen gebaut, Schulen errichtet, Straßen angelegt, Brunnen gegraben, Armen- und Krankenhäuser gestiftet, so wie auch Anstalten für Blinde, Lahme und sonstige Invaliden. Welid wußte durch unerbittliche Strenge auf der einen, und die größte Sorge für das öffentliche Wohl auf der andern Seite, ein Reich zusammenzuhalten, das sich von Kaschgar und Multan bis an das atlantische Meer erstreckte. Er hatte es in den ersten Jahren seiner Regierung versucht, Arabien wieder durch ein milderes Regiment zu gewinnen, und seinen frommen Vetter, den nachherigen Chalifen Omar II, Sohn des Abd Alaziz, zum Statthalter von Medina ernannt. Hadbjadj, dem auch unter Welid Irak und Persien untergeordnet war, und der nur durch Furcht und Schrecken die Ruhe zu erhalten vermochte, mußte bei dem Chalifen auf Omar's Entsetzung bringen, weil viele Irakaner in Arabien Zuflucht suchten und fanden, wenn sie sich seiner Strafe entziehen wollten. Sobald daher Omars Nachfolger in Medina eintraf, verlangte er, bei Todesstrafe, die Auslieferung aller Irakaner, und erklärte den für vogelfrei, der fernerhin einen flüchtigen Irakaner aufnehmen würde. Gleiche Verordnungen erließ der neue Statthalter von Mekka, und nun theilte auch Arabien das Loos der übrigen Provinzen, in welchen geheime und öffentliche Polizei auf den geringsten Verdacht hin über Leben und Freiheit der Unterthanen verfügte. Diese Unbehaglichkeit und Unsicherheit in der Heimath, — denn wer mußte nicht jeden Augenblick fürchten, von einem Uebelgesinnten denuncirt zu werden — mochte Manchen bewogen haben, unter das Heer zu treten, wo doch entweder Ruhm und Beute oder Märtyrertod und Paradieß zu erwarten war. Diesem Umstande und den zahlreichen aufgelösten Banden früherer aufrührerischer Häuptlinge dürften zum Theil die glänzenden Siege zugeschrieben werden, welche fast gleichzeitig von Kuteiba jenseits des Orus, von Maslama, dem Bruder des Chalifen, in Armenien und Kleinasien, von Mohammed Ibn Kasim in Indien, und von Tarik und Musa in Afrika und Spanien erfochten wurden. Kuteiba, der Statthalter von Charasan, unterwarf Sagan und mehrere Städte in Tocharistan, eroberte die ganze Provinz mit der Hauptstadt Buchara, besetzte Chowaresm und Samarkand und die bedeutendsten Plätze in Ferghana. Schon waren seine Vorposten in Kaschgar als er den Tod des Chalifen vernahm. Er fürchtete von Welids Nachfolger Suleiman entsetzt zu werden, weil er zur Partei Haddjads gehörte, welche diesen verdrängen und statt seiner einen Sohn Welid's auf den Thron heben wollte, was auch gelungen wäre, wenn Welid länger gelebt hätte. Er kehrte daher nach Chorasan zurück und erwartete hier die Befehle des neuen Chalifen.

Mohammed Ibn Kasim unterwarf zuerst Mekran, drang dann in südöstlicher Richtung bis Deybal vor, erstürmte diese Stadt und gab sie drei Tage der Wuth seiner Soldaten Preis. Dies verbreitete einen solchen Schrecken unter den Bewohnern Sinds, daß sie sich ihm freiwillig unterwarfen, und er ohne Widerstand bis an den Indus vordringen konnte. Hier schlug er den Fürsten Daher, eroberte Daur und Bahmanabad, setzte dann über den Beyas (Hyphasis) und nöthigte die reiche und feste Stadt Multan, nach einer langen und beschwerlichen Belagerung, zur Uebergabe. Wie Kaschgar für Kuteibas Züge gegen China, so war Multan für die Mohammeds in Indien, das durch des Chalifen Tod gesteckte Ziel. Auch er gehörte zur Partei Haddjads, welche unter der Regierung Suleimans mißhandelt wurde, und er endete sein Leben wie ein gemeiner Verbrecher in Ketten und unter scheußlichen Folterqualen.

Maslama verdankte seine Erfolge in Kleinasien und Armenien zum Theil der inneren Zerrüttung des byzantinischen Reichs unter Justinian II. Philippicus und Artemius. Er und Abbas, ein Sohn des Chalifen, eroberten Tyana, Heraclea, Samosate, Amasia, Antiochien in Pisidien, und drangen nordöstlich bis Erzerum und Derbend vor.

Vom größten Erfolge gekrönt waren die Waffenthaten Musa's und Tariks in Afrika und Spanien. Ersterer hatte schon unter Abd Almelik einen mörderischen Krieg gegen die Berber geführt, und durch den Sieg am Fluß Malwija, westlich von Tlemsen, sich den Weg nach dem westlichen Mauritanien geöffnet. Unter Welid fand eine große Schlacht in der Landschaft Sus statt, auch hier blieb der Sieg den Moslimen und bald nachher wurde Tanger genommen. Tarik blieb als Statthalter in Tanger zurück, während Musa nach Kairawan zurückkehrte. Ersterer unterwarf nach und nach das ganze Gebiet zwischen Tanger und Tlemsen, fand jedoch an dem Grafen Julian, welcher im Namen des Königs von Spanien Ceuta besetzt hielt, einen Gegner, der nicht so leicht wie halbwilde Berberhorden zu besiegen war. Aber auch diesmal wurden die Araber, wie früher in Egypten und Syrien, von innern Spaltungen unter den Christen begünstigt. Der Graf Julian gehörte nämlich zur Partei des kurz vorher von Roderich vom Thron gestürzten Königs Witiza, und war noch wegen einer persönlichen Beleidigung besonders erbittert gegen Roderich. Nachsucht, und vielleicht auch die Hoffnung, mit Hülfe der Araber, von denen er keine bleibende Niederlassung in Europa erwartete, den Söhnen Witizas wieder die Herrschaft verschaffen zu können, bewogen ihn, mit Tarik zu unterhandeln und ihn zu einer Landung in Spanien anzuspornen. Sobald Tarik sich überzeugt hatte, daß mit Hülfe Julians und vieler spanischen Flüchtlinge, welche mit den zurückgebliebenen Gegnern Roderichs in Verbindung blieben, dieses reiche und fruchtbare Land erobert, oder wenigstens ausgebeutet werden könnte, traf er, im Verein mit dem Grafen, die nöthigen Anstalten zur Ueberfahrt. Zuerst wurde Tarif mit 500 Mann auf vier kleinen Schiffen übergesetzt, welcher auf der später nach ihm benannten Halbinsel Tarifa landete, und als er auf keinen Widerstand stieß, folgte ihm Tarik selbst mit etwa 12000 Mann (Mai 1711) und nahm eine feste Stellung auf der Anhöhe an, welche nach ihm Djebel Tarik genannt und später in Gibraltar verunstaltet wurde. Theodomir, der Oberbefehlshaber von Andalusien, welcher den Arabern, die bald das ganze Küstenland ausplünderten, Widerstand zu leisten versuchte, wurde zurückgeschlagen und genöthigt, Roderich selbst herbeizurufen, der Rebellen im Norden bekämpfte. Roderich brach schleunigst nach dem bedrohten Süden auf, und rief in der Nähe von Cordova ein starkes Heer zusammen, mit dem er dem Tarik entgegen rückte, der inzwischen seine zerstreuten Truppen gesammelt und durch neue Zuzüge aus Afrika verstärkt hatte. Die beiden Heere stießen in der Nähe des spätern Xeres auf einander, und obgleich das christliche dem mohammedanischen an Zahl wenigstens um das Doppelte überlegen war, blieb doch Tarik Sieger. Die Moslimen kämpften mit religiöser Begeisterung und mit dem Muthe der Verzweiflung. „Wohin wollt ihr fliehen?" rief ihnen Tarik zu „das Meer wogt hinter euch, der

Feind steht vor euch," Sie kämpften wie ein Mann, im Gehorsam gegen Gott und ihren Anführer, denn sie fühlten, daß ihnen Ausdauer und Sieg himmlischen Lohn, Kriegsruhm und reiche Beute, Schwäche und Niederlage aber göttliche Strafe, Schmach und Gefangenschaft oder Tod bringen würde. Ganz anders waren die Verhältnisse im christlichen Heere. Es war zum Theil aus Gefangenen und Leibeigenen zusammengesetzt, die nur gezwungen ihren Herrn folgten und denen der Sieg keinen Vortheil, die Niederlage wenig Schaden bringen konnte. Auch waren selbst unter den spanischen Generälen noch manche Freunde der gestürzten Dynastie, welche, wie der Graf Julian, dem Usurpator eine Schlappe gönnten, weil sie hofften dann um so eher die Söhne Witiza's auf den Thron ihres Vaters heben zu können. So kam es, daß nach mehrtägigen Schlachten das christliche Heer durch das Schwerdt der Araber, wie durch Flucht und Verrath, so geschwächt war, daß, als Roderich selbst vermißt wurde, der wahrscheinlich in den Fluten des Guadelete seinen Tod fand, es sich gänzlich auflöste und hinter festen Mauern Schutz suchte.

Tarik hatte zwar auch großen Verlust an Menschen erlitten, sein Heer soll auf 9000 Mann zusammengeschmolzen sein, aber die Kunde von seinem glänzenden Siege und der dabei gewonnenen unermeßlichen Beute lockte bald andere kampf- und raublustige Schaaren aus Afrika herüber, welche den erlittenen Verlust reichlich ersetzten, so daß er, ehe der Feind sich wieder sammeln konnte, die Mittel hatte, seinen Sieg weiter zu verfolgen. Er selbst unterwarf Sidonia, Carmona und Ecija und rückte gegen Cordova vor, während andere Feldherrn Malaga, Granada und Orichuela eroberten, und die Bewachung der eroberten Plätze größtentheils Juden überließen, auf deren Treue sie sich verlassen konnten, weil der Fanatismus und die Habsucht der christlichen Geistlichkeit sie zur Verzweiflung getrieben hatte, so daß sie die Araber, welche ihnen volle Glaubensfreiheit ließen und mit einer geringen Kopfsteuer sich begnügten, als ihre Erlöser begrüßten.

Da die Besatzung von Cordova hartnäckigen Widerstand leistete und zu einer förmlichen Belagerung geschritten werden mußte, übertrug Tarik den Oberbefehl über das Belagerungsheer dem Mughith

Arrumi, während er selbst gegen Toledo vorrückte, weil er wohl einsah, wie der ganze Erfolg seiner Waffen davon abhing, daß er diese Hauptstadt des westgothischen Reichs einnehme, ehe die Christen sich von ihrem Schrecken erholt und durch eine neue Königswahl ihre Kräfte wieder vereinigt haben würden. Mughith bemächtigte sich indessen bald Cordova's, indem ein Gefangener ihm eine zugängliche Stelle an den Mauern zeigte, die in dunkler Nacht leicht überstiegen werden konnte. Es dauerte jedoch drei Monate bis die Besatzung, welche sich in ein befestigtes Kloster geworfen hatte, zur Uebergabe gezwungen wurde.

Tarik war inzwischen bis Toledo vorgerückt, und fand, zu seiner großen Freude und nicht geringen Verwunderung, wenig Widerstand. Die vornehmen und reichen Leute hatten hier sowohl wie in Cordova vor seiner Ankunft die Stadt verlassen, um ihre Habe nach Galicien in Sicherheit zu bringen. Die geringe Besatzung welche zurückblieb sah die Unmöglichkeit ein, sie auf die Dauer gegen Tarik zu vertheidigen und ersparte ihr daher, durch eine Capitulation, das traurige Schicksal eines mit Gewalt erstürmten Platzes. Hauptbedingungen bei der Uebergabe waren hier, wie in allen freiwillig übergebenen Städten: Sicherheit des Lebens und Eigenthums, mit Ausnahme der Pferde und Waffen, für die, welche in der Stadt bleiben wollten, und freier Abzug für die, welche eine Auswanderung vorzogen, ungehinderte Ausübung des Gottesdienstes innerhalb der Kirche, eigene christliche Gerichtshöfe für Streitigkeiten unter Christen. Natürlich mußten die Christen sich der Kopfsteuer unterwerfen, zu welcher noch ein jährlicher Tribut hinzukam, je nach ihrem Besitze oder den Erzeugnissen ihres Bodens. Tarik, der nicht nur Städte erobern, sondern auch Reichthümer sammeln wollte, hielt sich nicht lang in Toledo auf. Eine geringe Besatzung genügte, um, im Verein mit den jüdischen Einwohnern, die entvölkerte Stadt zu bewachen, er konnte mit dem Kern seiner Truppen die flüchtigen Christen in der Richtung von Guadalaxara verfolgen, und ihnen ihre fortgeschleppten Habseligkeiten abnehmen, unter welchen bei den Arabern eine goldene mit Perlen und Edelsteinen besetzte Tafel die erste Stelle einnimmt. Er setzte dann seine Eroberungszüge über das castilische Gebirge bis Astorga fort. Tarik hatte, obgleich Musa, dem Statthalter von Afrika, untergeordnet, alle diese Feldzüge ganz eigenmächtig unternommen. Nach einigen Berichten hatte er sogar die letzten Kriege gegen den ausdrücklichen Willen Muſa's geführt, welcher, als ihm die Einnahme von Cordova gemeldet wurde, den Befehl ertheilt haben soll, bis zu seiner Ankunft nicht weiter vorzurücken. Obgleich nun Tarik's Ungehorsam von dem glänzendsten Erfolge gekrönt war, konnte ihm der neidische Muſa doch nicht verzeihen, daß er ihm mit der Unterwerfung der Hauptſtadt und der Wegnahme unermeßlicher Schätze zuvorgekommen. Er ließ daher seinen Sohn Abd Allah als seinen Stellvertreter in Afrika zurück, und setzte, mit einer beträchtlichen Truppenzahl, nach Spanien über. Um als Eroberer nicht hinter Tarik zurückzustehen, zog er den Guadalquivir hinauf und unterwarf Sidonia, Sevilla und Merida. Ersteren Platz erstürmte er, Sevilla nahm er durch Verrath des Erzbischofs Oppas, und Merida, nach heftigem Widerstande, durch Capitulation. In Toledo vereinigte er sich mit Tarik, der beim ersten Zusammentreffen wie ein Verbrecher eingekerkert wurde, obgleich er Muſa, durch die Herausgabe der kostbarsten Beute, zu besänftigen suchte. Nach einiger Zeit aber wurde er, auf Befehl des Chalifen, der von Allem unterrichtet wurde, mit wohlverdienter Nachsicht behandelt. Wir finden ihn wieder an der Spitze einer Heeresabtheilung, die er in nordöstlicher Richtung gegen Saragossa führte, während Muſa selbst nach Salamanca zog, dann auch den Weg nach Saragossa einschlug und, im Verein mit Tarik, diese Stadt zur Uebergabe nöthigte. Hierauf trennten sich die beiden Feldherrn wieder. Tarik folgte dem Laufe des Ebro, nahm Tortoſa, und eroberte dann, nach Süden vorrückend, Valencia, Xativa und Denia, während Muſa in Catalonien einfiel, und die Städte Tarragona, Barcelona und Gerona nahm. Er soll sogar die Absicht gehabt haben, die Pyrenäen zu überschreiten, als ein Bote des Chalifen eintraf, der ihn an den Hof nach Damaſk rief. Vor seiner Rückkehr unternahm er jedoch noch einen Feldzug nach Galicien, und drang, viele Städte verheerend und brandschatzend, bis Lugo vor, als ein zweiter Bote von Damaſk eintraf, der ihm im Namen des Chalifen befahl augenblicklich Spanien zu verlassen.

Muſa hatte dem Chalifen gegenüber eben so eigenmächtig gehandelt, wie Tarik, im Verhältniß zu Muſa. Er hatte, ohne den

Chalifen zu befragen, seine Statthalterschaft verlassen, um nach Andalusien überzusetzen. Er war jetzt nahezu Herr von Spanien und Afrika, und konnte leicht auf den Gedanken kommen, sich von dem Hofe von Damask unabhängig zu erklären. Außerdem war man am Hofe, wo Tarik zahlreiche Freunde hatte, gegen Musa eingenommen, weil er ihn bei seiner Ankunft in Spanien so schnöde behandelt, und, nach einigen Berichten, erst auf ausdrücklichen Befehl des Chalifen, von seinen Ketten wieder befreit hatte. Endlich wollte Welid seinen Staatsschatz auch durch die reiche Beute vermehren, welche in Spanien gemacht worden war, und darum sollte Musa zurückkehren und Rechenschaft ablegen. Vor seiner Abreise theilte Musa die Herrschaft über Spanien und Afrika unter seinen Söhnen. Er ernannte Abd Alaziz zum Statthalter von Spanien und wies ihm Sevilla als Residenz an, wegen der nahen Verbindung dieser Stadt mit den Glaubensgenossen in Afrika. Die Statthalterschaft von Afrika übertrug er seinen Söhnen Abd Almelik und Abd Allah. Jener sollte das westliche und dieser das östliche verwalten. Da er sich nach Ceuta überschiffen ließ, und von hier die Weiterreise zu Land machte, gefolgt von zahllosen Gefangenen und Sklaven, dazu noch alle erbeuteten andalusischen Kostbarkeiten auf dreißig Wagen und tausenden von Kameelen mit sich schleppte, so brauchte er über ein Jahr, bis er in Fostat anlangte, (Dezember 714) wo er auf Befehl des Chalifen vom dortigen Präfekten empfangen und von den Notabilitäten der Stadt bewillkommt ward. Er setzte in kleinen Tagemärschen seinen Triumphzug fort, bis er nach Tiberias kam. Hier vernahm er, daß der Chalife erkrankt sei, und dieser selbst, der vielleicht sein Leben gern mit einem glänzenden Triumph schließen, vielleicht auch einen Theil der erbeuteten Merkwürdigkeiten seiner Familie sichern wollte, forderte ihn in einem Schreiben auf, seine Reise zu beschleunigen. Zu gleicher Zeit wurde aber Musa von Suleiman, dem Bruder und Nachfolger Welids, ersucht, seinen Einzug in Damask so viel als möglich zu verzögern, denn er wünschte seinen Regierungsantritt durch denselben zu verherrlichen. Musa, der entweder die Krankheit Welids nicht für bedenklich hielt, oder von ihm eine bessere Aufnahme als von Suleiman erwartete, ließ des Letztern Wünsche unberücksichtigt, traf aber doch Welid, bei seiner Ankunft in Damask, schon in den letzten Zügen (Febr. 715), so daß er schutzlos dem ihm grollenden neuen Chalifen preisgegeben war. Er wurde angeklagt, die Beute nicht nach den Vorschriften des Korans vertheilt und in seinen Berichten an den Chalifen sich manche Waffenthat zugeschrieben zu haben, welche von Tarik ausgeführt worden sei, unter Andern auch die, welche die Erbeutung der kostbaren Tafel zur Folge hatte. Er wurde daher, nach einigen Berichten, zu einer beträchtlichen Geldbuße verurtheilt und in ein Gefängniß gebracht, ja sogar einige Zeit bei glühender Sonnenhitze öffentlich ausgestellt. Auch soll das Haupt seines auf Suleimans Anstiften in Spanien getödteten Sohnes Abd Alaziz, ihm gezeigt und er gefragt worden sein, ob er es kenne? Der achtundsiebzigjährige Greis, der jetzt nichts mehr zu fürchten hatte, soll darauf geantwortet haben: „Allerdings kenne ich es, es ist von einem Manne, der früh das Morgengebet verrichtet und viel gefastet hat. Gottes Fluch möge ihn treffen, wenn er nicht besser war als sein Mörder!" Diesen Berichten zufolge, die jedoch, namentlich was letztere Grausamkeit betrifft, manches gegen sich haben, starb Musa als Bettler unter seinen Stammgenossen, bei denen er die ihm auferlegte Geldbuße zusammenzubringen hoffte. Nach andern hingegen wurde er wieder vom Chalifen begnadigt und endete er sein Leben auf einer Pilgerfahrt, die er im Gefolge desselben unternahm.

Von seinem Waffengefährten Tarik, der gleichzeitig mit ihm Spanien verließ, wissen wir, daß Suleiman daran dachte, ihn zum Statthalter von Spanien zu ernennen, es aber wieder unterließ, aus Furcht, er möchte, bei der großen Zuneigung der Truppen zu ihm, ein selbstständiges Reich gründen. Das islamitische Gebiet hatte jetzt eine solche Ausdehnung erreicht, daß die Chalifen es für gefährlich hielten, entfernte Provinzen Männern anzuvertrauen, deren Persönlichkeit die ihnen untergebenen Truppen an sich zu fesseln vermochte. Da über das weitere Schicksal Tariks nichts mehr verlautet, so beschloß er wahrscheinlich sein Leben in stiller Zurückgezogenheit.

III. Spaltungen im Reiche und Anfang des Verfalls, von Suleiman bis Hischam.

Die Furcht vor möglichen Empörungen der Statthalter und die daraus folgende Nothwendigkeit, die Statthalterschaften entweder nahen Verwandten des Chalifen oder willenlosen Geschöpfen zu übergeben, schwächte das Reich nicht weniger, als die innern Zerwürfnisse und Fehden, namentlich die tiefe Spaltung zwischen den Jemeniden, d. h. der südarabischen Race und den Mudhariten oder Nordarabern. Die Chalifen begünstigten bald die eine bald die andere Partei. Unter Welid hatten die Mudhariten, zu denen Hadbjadj und seine Unterstatthalter gehörten, alle Macht in Händen. Suleiman, der, wie schon erwähnt, von ihnen verdrängt werden sollte, schloß sich den Jemeniden an, an deren Spitze Jezid, der Sohn Muhallabs stand, der als solcher Mohammed, den Eroberer von Indien, wie einen gemeinen Verbrecher behandelte, und auch Kuteiba, dem Sieger von Transoxanien, ein ähnliches Loos bereitete.

Gegen Kuteiba, den Statthalter von Chorasan, mußte jedoch mit größerer Vorsicht und Schlauheit als gegen Mohammed und Musa verfahren werden. Letzterer war von seinem Heere getrennt, Mohammed, dem es in Sind an den Mitteln zur Empörung fehlte, wurde von seinem Nachfolger Muawia Jbn Muhallab überrascht, und alsbald in Ketten nach Wasit geführt, wo er mit andern Verwandten Hadbjadjs einen qualvollen Tod erlitt. Kuteiba befand sich aber in der Mitte ihm ergebener Truppen, und in einer Provinz, die ohnehin stets bereit war, die Fahne des Aufruhrs aufzupflanzen; auch war er ein ebenso gewandter Staatsmann als wackerer General. Auf Jezid's Rath sandte ihm daher Suleiman ein Schreiben, in welchem er ihm, ohne ihn gerade in seiner Statthalterschaft zu bestätigen, den Befehl ertheilte, einen nochmaligen Feldzug nach Fergana zu unternehmen, um die Eroberung dieses Landes zu vollenden. Der Bote war aber auch Ueberbringer eines zweiten Schreibens an die Armee, in welchem derselben ein höherer Sold zugesagt und zugleich jedem Krieger freigestellt wurde, den Feldzug mitzumachen, oder in die Heimath zurückzukehren. So sollte einerseits die Armee in eine günstige Stimmung für den neuen Chalifen versetzt, und andrerseits der Theil, welcher, des langen Krieges in fernem Lande müde, sich nach Ruhe oder nach der Heimath zurücksehnte, von Kuteiba losgerissen werden. Dieser durchschaute jedoch, als er von dem zweiten Schreiben Kenntniß erhielt, die Absicht des Chalifen. Er erklärte den Boten als einen Verräther, der durch einen gefälschten Brief das Heer schwächen wollte. Er schrieb dann drei Briefe an den Chalifen, welche er einem und demselben Boten mitgab. Im ersten schilderte er seine Treue und Hingebung an das Haus der Omejjaden und bat um die Bestätigung in seiner Statthalterschaft, mit der Versicherung, daß er Suleiman eben so gehorsam und eifrig dienen werde wie seinen beiden Vorgängern. Im zweiten Briefe erinnerte er den Chalifen an seine glänzenden und erfolgreichen Waffenthaten, sprach mit Geringschätzung vom Geschlechte Muhallabs, und erklärte, daß wenn Jezid zum Statthalter von Chorasan ernannt werden sollte, er genöthigt wäre, sich ihm mit Gewalt der Waffen zu widersetzen. Im dritten Brief kündete er ganz einfach dem Chalifen den Gehorsam auf. Der Bote erhielt den Auftrag, den ersten Brief dem Chalifen allein zu übergeben, den zweiten erst wenn er sehen sollte, daß er ihn Jezid mittheilte, und den dritten, nachdem auch der zweite dem Jezid übergeben worden. Der Chalife, welchen der Bote an der Seite Jezids fand, theilte wirklich die beiden ersten Briefe seinem Günstling mit, den Dritten soll er, nach einigen Berichten, für sich behalten, nach Andern Jenem mit den Worten zugeworfen haben: „wir haben Kuteiba ungerechterweise gekränkt, er ist ein brauchbarer Mann." Am folgenden Tage sandte er den Boten nach Meru zurück, in Begleitung eines Andern, welcher Kuteiba das Diplom seiner Bestätigung als Statthalter von Chorasan überbringen sollte. Kuteiba, welcher vielleicht fürchtete, ein längerer Zeitverlust möchte Zwiespalt unter seinen Truppen erzeugen, hatte aber die Rückkehr seines Boten nicht abgewartet, schon in Holwan vernahm der Bote des Chalifen, daß der Statthalter von Chorasan sich von ihm losgesagt habe, und kehrte auch alsbald wieder nach Damask zurück. Kuteiba bereute, als er von seinem Boten das Vorgefallene vernahm, sich ohne Noth gegen den Chalifen empört zu haben, setzte jedoch zu großes Vertrauen auf seine Truppen, um sich entweder zu unterwerfen und des Chalifen Gnade anzuflehen, oder, wie ihm einer seiner Brüder rieth, mit den

Zuverlässigsten unter seinem Heere sich nach Transoxanien zu werfen. Die Zeit des Aufruhrs und der Empörung war aber vorüber. Die Soldaten hatten zu viele Beispiele von mißlungenen Aufständen in der Erinnerung, und sahen auch wohl ein, daß selbst ihr Gelingen nur den Häuptern Vortheile bringen. Als Kuteiba daher die Truppen aufforderte, sich vom Chalifen loszusagen, trat ein allgemeines Schweigen ein, und er fühlte sich so gekränkt, daß er sich in Schmähungen erging, besonders gegen die undankbaren Beduinen, denen er sagte „er habe sie als Bettler in sein Heer aufgenommen und mit den Kostbarkeiten türkischer und persischer Fürsten bereichert." Diese Worte entfremdeten ihm alle Beduinen, welche sich nun den Jemeniden anschlossen, die unter dem Heere waren, und es währte nicht lange so stellten sich einige dem Chalifen ergebene, nach hohen Aemtern lüsterne Führer an ihre Spitze. Kuteiba, statt alsbald die Häupter der Verschwörung verhaften zu lassen, und den Unzuverlässigen unter seinen Truppen den Abschied zu geben, nahm zu einer zweiten Anrede an das gesammte Heer seine Zuflucht, die eben so wenig Erfolg hatte, als die Erste, und als er endlich zu energischen Maßregeln gegen seine Feinde greifen wollte, war es zu spät. Er wurde in seinem Palaste überfallen, und von einem Jemeniden getödtet, der sein Haupt nach Damask sandte (715). Kuteibas Nachfolger Jezid, der seitherige Statthalter von Irak, verfolgte alle Anhänger seines Vorgängers, wie er auch in Irak sich durch Grausamkeit und Bedrückung nicht weniger verhaßt als Haddjadj gemacht hatte. Auch er, obgleich der Sinnlichkeit und dem Luxus ergeben, wollte sich jedoch durch Kriegsruhm auszeichnen, und er unternahm daher einen Feldzug gegen die Provinzen Djordjan und Tabaristan, wo vor ihm wohl vorübergehende Streifzüge gemacht wurden, aber keine dauernde Eroberung stattgefunden hatte. Letztere Provinz wurde tributpflichtig, erstere aber, nachdem sie den Frieden gebrochen, mit Gewalt erobert und die Hauptstadt gleichen Namens, nach einer Belagerung von sieben Monaten, erstürmt. Diese Waffenthat ist nahezu die einzige, welche Suleimans Regierung verherrlichte, an allen anderen Kriegsschauplätzen waren die Moslimen unthätig, oder erlitten sie bedeutende Verluste. In Indien konnten sie die frühern Eroberungen nicht behaupten, und nur mit Mühe die Provinz Sind halten. In Spanien wurde, wegen der Ermordung des eben so tapfern als staatsklugen Abd Alaziz, und der nachherigen Entsetzung seines Vetters Ejjub, nicht nur jede weitere Eroberung gehemmt, sondern dieser Wechsel der Statthalter und die daraus entstandenen Spaltungen bereiteten den Widerstand der Christen in den Gebirgen von Asturien, Gallicien und Navarra vor, welcher bald nachher, unter Pelagius' Führung, den Moslimen so verderblich ward. Die größte Schlappe erlitten aber die Araber in ihrem Kriege gegen Byzanz, der anfänglich so große Erfolge verhieß. Der Aufruhr der Flotte gegen ihren Admiral Johannes, die Entthronung des Kaisers Anastasius und der Krieg Leos, des Isauriers, gegen denselben kam den Arabern, welche unter Führung Maslama's, eines Bruders des Chalifen, Konstantinopel zu Wasser und zu Land belagerten, und mehrere feste Plätze in Kleinasien besetzt hatten, zu Statten. Als aber Leo, der bisher um die Freundschaft der Araber gebuhlt, und ihnen eine Theilung des Reichs versprochen hatte, den Thron bestieg, behandelte er sie als Reichsfeinde. Das griechische Feuer und heftige Stürme vernichteten einen Theil der vor Anker liegenden Flotte sowohl als derjenigen, welche mit Lebensmitteln beladen, von Syrien hergesegelt war, um das Belagerungsheer zu verproviantiren. Bald trat eine Hungersnoth und in ihrem Gefolge eine verheerende Pest ein, worauf auch die Griechen in Kleinasien sich ermannten und die zerstreuten Moslimen überfielen, so daß, als endlich, nach Suleimans Tod (Sep.—Okt. 717), der Befehl zur Heimkehr eintraf, der bei weitem größere Theil des Heeres aufgerieben war.

Suleiman ernannte, als er dem Tode nahe war, und sich willenlos dem Rathe Radja's, eines schlauen Schriftgelehrten, fügte, seinen frommen Vetter Omar, Sohn des Abd Alaziz, des vieljährigen Statthalters von Egypten, zu seinem Nachfolger, und es wurde bei dieser Gelegenheit eine weitere Neuerung eingeführt, die nämlich, daß beim Leben des Chalifen dem von ihm bestimmten Nachfolger gehuldigt wurde, ohne daß man dessen Namen vorher bekannt gemacht hätte. Bis zu seinen letzten Tagen hatte Suleiman die Absicht, den Thron einem seiner Söhne zu hinterlassen, so daß das ihm von den Arabern so hoch angerechnete Verdienst, einen Mann wie Omar II. an die Regierung gebracht zu haben, mehr das Werk Radja's, als sein eigenes war. Im Uebrigen geben auch seine moslimischen Biographen zu, daß er wenig Lob verdiente. Die Freuden des Harems und der Tafel, durch welche er sich auch einen frühen Tod zuzog, beschäftigten ihn mehr als das Wohl seiner Unterthanen. Wie unter seinem Vorgänger Bauten, und unter seinem Nachfolger Koran und Tradition Gegenstand aller Gespräche waren, unterhielt man sich zu seiner Zeit am liebsten von Leckerbissen und schönen Mädchen. Dabei war er im höchsten Grad habgierig, grausam und eifersüchtig. Er soll der erste Chalife gewesen sein, der seinen Harem von Eunuchen bewachen ließ.

Omar II. war in Allem von seinem Vorgänger verschieden und es unterliegt daher keinem Zweifel, daß er das Chalifat weniger Suleiman selbst als den Männern verdankte, welche diesen in seinen letzten Tagen umgaben, wenn nicht gar in seinem Testamente eine Fälschung vorgekommen ist. Die Söhne und Brüder des Verstorbenen waren wohl betroffen bei der Eröffnung des Testaments, doch fügten sie sich, da die Huldigung schon früher stattgefunden hatte und selbst ein abwesender Sohn Welids, der Ansprüche auf das Chalifat machte, unterwarf sich, als er vernahm, daß Omar die Stelle seines Vaters eingenommen, so groß und allgemein war die Achtung, die er sich durch seinen bisherigen Lebenswandel, namentlich zur Zeit als er Statthalter von Medina war, erworben hatte. Der Besitz der Macht verschlimmerte ihn auch keineswegs, und er kann als Fürst und Privatmann dem vielgepriesenen Omar I. würdig an die Seite gestellt werden. Er war zwar kein Ländereroberer wie jener, das brauchte und durfte er aber auch nicht sein, denn es galt jetzt mehr für die Erhaltung der eroberten Länder zu sorgen, als ihnen noch neue hinzuzufügen. Eine weitere Zersplitterung der Kräfte konnte dem Reiche nur verderblich werden, das sah Omar wohl ein, und darum ging auch sein Streben dahin, durch Gerechtigkeit und Milde die unterjochten Völker für den Islam zu gewinnen. Alle Statthalter, die sich Bedrückungen und Erpressungen zu Schulden kommen ließen, wurden durch Andere ersetzt. Jezid, der Sohn Muhallebs, der selbst Suleiman's Gunst in der letzten Zeit verloren hatte, wurde alsbald aus Choraßan zurückgerufen, und weil er sich auf Kosten des Staatsschatzes der größten Verschwendung hingegeben hatte, in ein Gefängniß geworfen. Sein Nachfolger Djarrah wurde auch entsetzt, weil er Neubekehrte, unter dem Vorwande, ihre Bekehrung sei keine aufrichtige, noch zur Entrichtung der Kopfsteuer anhielt. Der fromme Omar wollte nicht, wie seine Vorgänger, das islamitische Reich auf Kosten der Ungläubigen vergrößern und bereichern, sondern die Zahl der Gläubigen vermehren, aber nur durch Ueberzeugung, nicht durch gewaltsame Mittel, denn er war auch gegen Andersgläubige gerecht und human. So machte unter seiner Regierung, namentlich in Indien und in Afrika, der Mohammedanismus große Fortschritte unter der Bevölkerung, und auch in Spanien, wo er den milden und staatsklugen Sammah an die Stelle des grausamen Alhorr setzte, dessen Einfälle in Gallien mehr flüchtige Raubzüge als dauernde Eroberungen waren, nahm die Zahl der Proselyten zu.

Omar ging mit dem Gedanken um, das islamitische Reich zu concentriren, die entfernten Provinzen sollten aufgegeben und den dem Islam sich verschließenden Ungläubigen des Innern als Aufenthaltsort angewiesen werden. So sollten die Truppen aus Transoxanien zurückgezogen werden, und Sind die östliche Grenze des Reichs bilden, während Samah den Christen Spaniens besondere Länder im Norden dieses Landes einräumen sollte. Omar's Regierungsdauer war jedoch zu kurz, um so großartige Pläne zur Ausführung zu bringen. Sie diente nur dazu, manchem seiner Vorgänger noch mehr Tadel zuzuziehen und den muthmaßlichen Thronerben, der ihm in keiner Weise ähnlich war, den von Suleiman als zweiten Nachfolger bestimmten Jezid II., im voraus verhaßt zu machen, so daß schon unter seiner Regierung die Charidjiten in Irak sich wieder zusammenrotteten und ihn aufforderten, Suleiman's letzten Willen zu ändern. Omar soll sich drei Tage Bedenkzeit erbeten haben, vor ihrem Ablaufe aber gestorben sein, daher der Verdacht nahe liegt, daß er auf Anstiften Jezib's oder seiner Partei vergiftet worden sei. (Februar 720.)

Jezid II. war eben so verschieden von Omar II. als von Suleiman. Während Omar dieses Leben nur als eine Vorbereitung für das Jenseitige ansah, die Genüsse desselben verschmähte, und bei allen seinen Handlungen nur das göttliche Wohlgefallen im Auge hatte, lebte Jezid nur den Freuden der Liebe, des Weines und des

Gesangs, unbekümmert um seine eigene Seele, wie um das Wohl des Staats. Von Suleiman unterschied er sich aber besonders dadurch, daß während dieser die Jemeniden begünstigte und die Mudhariten, namentlich das Geschlecht Habdjadj's, das ihn von der Herrschaft verdrängen wollte, mit Grausamkeit verfolgte, er diese Familie, aus welcher seine Mutter entsprossen war, wieder an die Spitze der Regierung stellte, so daß jetzt die Jemeniden, und ganz besonders das Geschlecht Muhallabs, ihrer Rache preisgegeben waren. Jezid, der Sohn Muhallab's, sah dies voraus, er entfloh daher aus dem Gefängnisse, zu dem ihn Omar verurtheilt hatte, als dieser in den letzten Zügen lag, und entkam glücklich nach Baßrah. Der Statthalter des Chalifen, der ihm den Eintritt verweigern wollte, wurde von den Anhängern Jezid's geschlagen und genöthigt, in die Burg zu fliehen, aber auch diese wurde erstürmt und die in derselben eingekerkerten Brüder Jezid's wurden befreit. Jezid fand jedoch in Baßrah nur an seinen Stammverwandten und dem gemeinen Volke, das sich gern jeder Empörung anschließt, eine Stütze. Der übrige Theil der Bevölkerung hatte die schlimmen Folgen früherer Aufstände in noch zu frischem Andenken, um ihr Leben und Gut für einen Mann zu opfern, den selbst der fromme und milde Omar seiner Freiheit beraubt hatte. Viele wanderten aus, andere blieben, ohne jedoch sich von Jezid, einem Manne, der stets der Völlerei ergeben und als Statthalter sehr gewaltthätig war, durch heuchlerische Reden zum Abfall vom Chalifen hinreißen zu lassen. Indessen setzte er es doch durch, daß ihm in Baßrah gehuldigt wurde, und sein Anhang erhielt bald starken Zuwachs aus Persien, wo die Omejjaden, ja die Araber überhaupt, nie beliebt waren. Jetzt ging auch Wasit zu ihm über, und mit Mühe konnte Kufa vom Statthalter des Chalifen in Zaum gehalten werden. Bald rückte jedoch ein Heer aus Syrien heran, unter Führung des tapfern Maslama, welches bei Akr, in der Nähe von Kufa, auf dem linken Eufratufer, die Rebellen aufs Haupt schlug. Jezid selbst fiel im Gefechte, nebst zwei Brüdern, und seine übrigen Brüder und Verwandten wurden auf der Flucht nach Indien theils getödtet, theils gefangen genommen und als Sklaven verkauft.

Diesem Aufstande, dessen Unterdrückung die besten syrischen

Truppen des Chalifen in Anspruch nahm, sind wohl die geringen Erfolge zuzuschreiben, welche die, auf sich selbst verwiesenen Statthalter Jezids, bei ihren Kriegszügen gegen äußere Feinde hatten. Das Heer in Transoranien erlitt eine furchtbare Schlappe, das in Armenien wurde von den Chosaren überfallen und auch ein zweites, das Djarrah gegen sie führte, zum Rückzug genöthigt. In Kleinasien wurden zwar einige Siege erfochten, doch auch hier nicht ohne große Opfer.

In Afrika hatte auch der Regierungswechsel die schlimmsten Folgen. Der neu ernannte Statthalter, ein ehemaliger Secretär Haddjabj's, welcher sowohl die Nachkommen Musa's als die Muhallebs peinigte und auch die Berber wie Sklaven mißhandelte, wurde er mordet. Ihm folgte ein vom Volke erwählter Statthalter, den der Chalife zuerst bestätigte, dann aber doch wieder durch einen Andern ersetzte.

Da Spanien von dem Statthalter von Afrika abhängig war, wo um diese Zeit die Autorität des Chalifen keine große Geltung hatte, so trat zwar kein Wechsel in der Stelle des Oberbefehlshabers ein, doch übten diese anarchischen Zustände auch auf dieses Land eine ungünstige Wirkung aus. Die nöthigen Verstärkungen aus Afrika und dem Mutterlande blieben aus, und die vorhandenen Kräfte standen bald nicht mehr im richtigen Verhältnisse mit den kühnen Unternehmungen der Feldherrn. So kam es denn auch, daß der unter Jezid's Regierung fallende Kriegszug Samahs jenseits der Pyrenäen (720—21) für ihn selbst und sein Heer, in der Schlacht bei Toulouse, ein unglückliches Ende nahm, und die Moslimen genöthigt wurden, sich wieder bis Narbonne zurückzuziehen. Die Niederlage bei Toulouse, die Erste, welche europäische Christen den Arabern beigebracht, ermuthigte ohne Zweifel die christliche Bevölkerung Spaniens und die Ueberbleibsel des Königlichen Hauses, die in den Gebirgen von Asturien und Biscaya Zuflucht gesucht, zu neuem Widerstande, und in diese Zeit fallen die ersten Kriege des Pelagius gegen die Araber, welche die Gründung eines neuen christlichen Königreichs und schließlich die Vertreibung der Araber aus Spanien zur Folge hatten.

Jezid's Chalifat dauerte zwar nur vier Jahre, und sein Bruder

Hischam, der nach ihm (Januar 724), früherer Bestimmung gemäß, den Thron bestieg, hatte nicht nur keines der Laster Jezid's, sondern war ein durch Milde, Gerechtigkeitsliebe und Frömmigkeit ausgezeichneter Fürst. Er mußte aber für die Fehler seiner Vorgänger büßen und während seiner zwanzigjährigen Regierung nicht nur gegen äußere Feinde und empörte Grenzprovinzen, sondern auch gegen innern Aufruhr kämpfen. Das Grundübel, an welchem das Reich damals litt, lag in der unter der Regierung Suleiman's und Jezid's wieder neu hervorgerufenen Spaltung zwischen den Jemeniden und Mudhariten, welche von den Emissären der Haschimiten, d. h. der Familie Mohammed's, welche fortwährend Aufruhr gegen das Geschlecht Omejjas predigten, genährt wurde. Hiezu kam, daß Hischam zwei Untugenden besaß, durch welche er sich manche Verlegenheiten zuzog. Er war geizig und argwöhnisch. In einer verdorbenen Zeit wie die Seinige war, und unter einem von Habgier und Rachsucht beherrschten Volke, mußten diese Untugenden ihm verderblich werden. Sein Geiz gestattete ihm nicht durch Geschenke seine Feinde zu gewinnen und seine Freunde zu erhalten zu suchen, und sein Argwohn verleitete ihn dazu, jedem rachsüchtigen Verläumder sein Ohr zu leihen und trieb ihn zu manchen Gewaltthaten, so wie zu häufigem Wechsel seiner Statthalter.

Der erste Statthalter Hischams in Jrak war Chalid Jbn Abd Allah Alkasri. Er war ein Jemenide, und begann daher damit, seinen Vorgänger Omar Jbn Hubeira, den Mudhariten, aufs Grausamste zu mißhandeln, und als er aus dem Kerker entkam, tödten zu lassen. Dadurch lud er den Haß aller Mudhariten auf sich, die sich daher gern den Aufwieglern, welche für das Geschlecht des Propheten warben, anschlossen, so daß es häufig zu Aufständen kam, welche nur mit großer Anstrengung unterdrückt werden konnten.

Auf Chalid folgte wieder der Mudharite Jusuf Jbn Omar, der nun seinerseits Chalid durch die Folter nöthigte, die gesammelten Schätze wieder herauszugeben, und ihn dann, weil man hoffte noch mehr von ihm zu erpressen, im Kerker schmachten ließ, aus dem ihn der Chalife erst nach anderthalb Jahren befreite.

Die von Jusuf über Chalid's Verwaltung angestellte Untersuchung hatte für die Dynastie der Omejjaden sehr ernste, ihren

Sturz vorbereitende Folgen. Chalid erklärte nämlich unter der Folter, als er über eine im Staatsschatze fehlende Summe keine Rechenschaft zu geben wußte, er habe sie dem Zeid Ibn Ali Ibn Husein, einem Urenkel des Schwiegersohnes des Propheten, in Verwahrung gegeben. Zeid läugnete, mußte aber, auf Befehl des Chalifen, nach Irak gehen, um mit Chalid vor Gericht gestellt zu werden. Dieser Prozeß entzweite Zeid sowohl mit dem Chalifen, als mit Jusuf, und war die Veranlassung zu seinem Aufenthalte in Kufa. Hier heirathete er ein Mädchen von Jemenidischer Abkunft, wodurch er mit den Jemeniden, die den neuen Statthalter verabscheuten, in nähere Verbindung trat. Trotz allen Warnungen seiner Freunde trat er bald als Prätendent auf und ließ sich heimlich von den Schiiten huldigen. Jusuf traf zwar die nöthigen Anstalten, um den Aufruhr im Keim zu ersticken, Zeid mußte seine Herrschsucht mit seinem Blute büßen und auch sein Sohn Jahja kam später in Chorasan um, nebst vielen Anhängern seines Geschlechts, aber gerade das wiederholte Mißlingen der Versuche der Aliden, zur Herrschaft zu gelangen, erhöhte den Muth der Abbasiden, denen bisher die Ansprüche der Aliden hindernd in den Weg getreten waren, so daß sie es nicht wagen konnten ausschließlich für sich zu werben, sondern nur, im Verein mit den Aliden, ganz allgemein für die Familie des Propheten, zu der sie, als Nachkommen eines Oheims desselben, eben so gut gehörten, als die von dessen Tochter abstammenden Aliden. Jetzt wurde ganz Irak von den Abbasiden bearbeitet, und einer ihrer thätigsten Emissäre machte in Kufa die Bekanntschaft Abu Muslim's, der, wie wir später sehen werden, den Abbasiden den Weg zum Throne gebahnt hat.

Weit stürmischer als in Irak gieng es unter dem Chalifate Hischams in Chorasan her. Förmlicher Krieg zwischen den Mudhariten und Jemeniden, Aufstände der Urbewohner, welche von Missionären der Abbasiden dazu angestachelt wurden, und unglückliche Feldzüge nach Transoxanien folgten Schlag auf Schlag. Es war soweit gekommen, daß sogar moslimische Feldherrn mit Ungläubigen Bündnisse schlossen, um verhaßte Statthalter zu stürzen, und erst als der tapfere und kluge Nasr Ibn Sejjar die Statthalterschaft von Chorasan erhielt, (738) wurde die Ruhe wieder hergestellt.

Auch in Indien riefen die Bedrückungen der Statthalter viele Unruhen hervor. Manche Eroberungen giengen wieder verloren und die Moslimen mußten, um einen Zufluchtsort zu haben, die festen Städte Mahfuzah und Manßurah gründen. An der nördlichen und nordwestlichen Grenze des Reichs fiel es den Arabern schwer, die früher eingenommene Stellung zu behaupten, obgleich hier keine innere Unruhen stattfanden. Die Kräfte des Chalifats waren zu sehr zersplittert, die schon in früheren Feldzügen reich gewordenen Beduinen sehnten sich nach Ruhe und Genuß und ertrugen ungern längere Entbehrungen und Kriegsstrapazen. Der religiöse Eifer war schon im Abnehmen, das Verlangen nach Ruhm und nationaler Größe wurde weder durch innere Einigkeit noch durch Liebe zum Oberhaupte genährt. In Adserbeidjan erlitten die Moslimen mehrere Niederlagen, die zwar von Maslama, dem Bruder des Chalifen, blutig gerächt wurden, die aber doch auch diesem tapfern Feldherrn das Leben kosteten. (732) Der nachherige Chalife Merwan, der jetzt Statthalter von Armenien und Adserbeidjan wurde, beschränkte sich auf die Unterwerfung der Grenzprovinzen zwischen Tebris, Erzerum und Eriwan.

In Kleinasien waren die Waffen der Moslimen in der ersten Zeit siegreich, denn Leo der Isaurier war zu sehr mit innern Angelegenheiten beschäftigt. Sie eroberten Cäsarea in Cappadocien (725—26) und drangen bis Nicea vor, das sie jedoch nicht einnehmen konnten. Sie wiederholten ihre Streif- und Raubzüge zu Wasser und zu Land in den folgenden Jahren, wurden aber schließlich im Jahr 739 vom Kaiser bei Acroinum aufs Haupt geschlagen.

Am Deutlichsten zeigen die Zustände in Afrika und Spanien die Schwäche der Regierung und die sich immer mehr auflösenden Bande des Gehorsams und der Unterwürfigkeit. In Afrika empörten sich die Berber, welche die Statthalter und ihre Beamten, trotz ihrer Bekehrung zum Islam, wie Ungläubige auspreßten. Sie vereinigten sich mit den Charidjiten, die auch hier, bei der schon vorhandenen Antipathie der Berber gegen die Herrschaft der Araber, und bei ihrem Verlangen nach Selbständigkeit, einen günstigen Boden fanden. Mehrere arabische Heere wurden aufgerieben, das ganze westliche Afrika kam in die Gewalt der Rebellen und wenig fehlte, so wäre sogar Kairawan, die Residenz des Statthalters, genommen worden.

In Spanien waren die Araber auch in den ersten Jahren Hischams, welcher Anbaša zum Statthalter ernannte, siegreich. Er überstieg die Pyrenäen, um die von Samah erlittene Niederlage zu rächen, nahm Carcassone und Nimes, und seine Horden verwüsteten das ganze mittägliche Frankreich. Alles Eroberte gieng aber wieder verloren, als Anbaša selbst getödtet wurde (726), und der häufige Wechsel der Statthalter, welche, je nach dem Geschlechte, denen die Afrikas angehörten, bald Mudhariten, bald Jemeniden waren, machte nicht nur jede größere Unternehmung unmöglich, sondern erzeugte sogar wiederholte Aufstände im Innern. Erst im Jahre 731, als Abd Errahman Jbn Abd Allah Statthalter wurde, derselbe, der nach der Niederlage bei Toulouse das geschlagene Heer vor gänzlichem Untergange gerettet hatte, und sowohl als Feldherr wie als Verwalter beliebt war, besserten sich die Zustände in Spanien wieder. Er züchtigte zuerst den früheren Statthalter Osman Jbn Abi Neša, von den Christen Munuza genannt, welcher ihm den Gehorsam verweigert und mit dem Herzog Eudo von Aquitanien ein Bündniß geschlossen hatte, dann überstieg er (732) mit einem furchtbaren Heere die Pyrenäen. Er drang, ohne auf erheblichen Widerstand zu stoßen, bis Bordeaux vor, eroberte diese Stadt, überschritt die Dordogne, nach einer siegreichen Schlacht gegen den Herzog Eudo, verwüstete Libourne und Poitiers und rückte, raubend und zerstörend, bis gegen Tours vor. Jetzt erst trat ihm der von Herzog Eudo zu Hülfe gerufene Karl Martell entgegen, und nach mehrtägigen Kämpfen, als eine Abtheilung fränkischer Truppen gegen das maurische Lager vorrückte, und die Araber, aus Furcht ihre erbeuteten Schätze zu verlieren, dahin eilten, und den Kampfplatz verließen, trugen die Franken den Sieg davon. Abd Errahman wurde getödtet und sein geschlagenes Heer zog während der Nacht ab, nur darauf bedacht, die reiche Beute hinter den Mauern von Narbonne in Sicherheit zu bringen.

Abd Almelik Jbn Kattan, der Nachfolger Abd Errahmans, sollte den Ruhm der moslimischen Waffen in Gallien wiederherstellen, er mußte aber vorher das aufrührerische Catalonien, Arragonien und Navarra bekämpfen, und da er von den christlichen Gebirgsvölkern geschlagen wurde, auch seine Bedrückungen viele Klagen hervorriefen, wurde er entsetzt, (734) und erst unter Okba wurde Gallien wieder, mit Hülfe der Herzöge und Grafen von Septimanien, von arabischen Horden überschwemmt. Sie besetzten Arles, Avignon, Valence und Lyon, und durchzogen einen Theil von Burgund und Dauphine. Karl Martell rückte aber, nachdem er den Krieg gegen die Sachsen glücklich zu Ende geführt hatte, zum zweitenmale heran. Die Lombarden unter Childebrand und Luitbrand erstürmten Avignon und die Araber wurden aufs Neue bis nach Narbonne zurückgeworfen, von wo aus sie jedoch bald wieder bis an die Rhone vordrangen, so daß Karl Martell im Jahr 739 nochmals genöthigt war, sie zurückzuschlagen. Auf diese Niederlage der Araber in Gallien folgten Bürgerkriege in Spanien selbst, in Folge des Streites zwischen Abd Almelik Ibn Kattan, dem Nachfolger Okba's, und dem von Afrika herübergekommenen Baldj, welcher Ansprüche auf die Statthalterschaft machte. Diese Zerwürfnisse, welche mit geringen Unterbrechungen fortdauerten, bis, nach dem Sturze der Omejjaden in Damask, ein Sprößling dieses Hauses Herr von Andalusien ward, werden wir später darstellen, und bemerken hier nur, daß unter Hischam die Eroberungen in Gallien wieder verloren giengen, und daß in den letzten Jahren seiner Regierung in Spanien selbst eine vollständige Anarchie herrschte. So kam es denn, daß trotz vieler guten Eigenschaften Hischams, die Dynastie der Omejjaden immer mehr an Ansehen verlor, und noch trüber waren die Aussichten für die Zukunft, da der zum Nachfolger bestimmte Welid II., der Sohn Jezid's II., wegen seiner zügellosen Leidenschaften und Laster und seines allen Gesetzen und Sitten Hohn sprechenden ausschweifenden Lebenswandels, verhaßt und verachtet war.

Hischam gieng damit um, seinen Sohn Maslama an die Stelle Welid's als Nachfolger zu ernennen, da er aber nicht viel besser war als Welid, und sowohl Chalid, der Statthalter von Irak, als Merwan davon abriethen, weil durch Abänderung einer von Jezid schon getroffenen Bestimmung leicht Zwietracht entspringen könnte, gab er seinen Plan auf, und hoffte durch Strenge den Thronfolger zu bessern; aber seine Bemühungen blieben ohne Erfolg und seine Anordnungen wurden nicht vollzogen, weil Welid Freunde am Hofe hatte, die ihn heimlich unterstützten. Einer derselben ließ dann auch, sobald Hischam verschied, (6. Febr. 743) im Namen Welid's, der mit seinen Zechgenossen im Lande umherstreifte, alles versiegeln, so daß man selbst einen Kessel entlehnen mußte, um das zur Waschung des Chalifen nöthige Wasser zu wärmen.

IV. Weiterer Verfall und Untergang der Omejjaden, von Welid II. bis Merwan II.

Welid II. bestieg ohne Hinderniß den Thron, obgleich jederman wußte, daß er bisher nur für sinnliche Vergnügungen jeder Art Sinn gezeigt, daß er ohne Scheu die Gesetze des Korans übertreten und sogar auf einer Pilgerfahrt nach Mekka Hunde und Wein mitgeführt hatte. Man drängte sich in Damask zur Huldigung herbei, weil jeder seinen Antheil von den Schätzen haben wollte, welche Hischam aufgespeichert hatte. Der Chalife entsprach den Erwartungen, die man auf seine Freigebigkeit setzte und hoffte namentlich durch Erhöhung des Soldes seiner Truppen sich ihrer Treue versichern zu können. Darauf bauend glaubte er nicht nur gegen das Volk, sondern auch gegen seine eigene Familie jede Rücksicht aufgeben zu können. Derselbe ungläubige Mann, der nicht nur seine ganze Zeit auf der Jagd oder bei Wein, Gesang, Musik und Tanz zubrachte, sondern sich auch noch allerlei unnatürlichen Lastern hingab, erließ ein Rundschreiben, in welchem er im Namen Gottes und des Propheten unbedingte Unterwerfung verlangte, indem er den Gehorsam gegen den Chalifen als einen der Grundpfeiler des Islams darstellte, und schließlich das Volk aufforderte, seinen beiden Söhnen als künftigen Chalifen zu huldigen. Dieses mit frommen Sprüchen und Koransversen, mit Drohungen vor Höllenstrafe und Verheißungen des Paradieses ausgespickte Rundschreiben rief besonders deshalb große Unzufriedenheit hervor, weil diese Söhne noch unmündig waren, und selbst Männer, die mit Empörern nichts zu thun haben wollten, konnten sich nicht entschließen, zwei Kindern zu huldigen, „die noch nicht beten konnten, noch als Zeugen zugelassen werden durften". Am meisten fühlten sich aber die Omejjabischen

Prinzen gekränkt, die selbst gehofft hatten, später auf den Thron zu gelangen, da seit dem Chalifen Abd Almelik keiner mehr seine eigenen Söhne allein zu Nachfolgern bestimmt hatte. Zu den vielen Stürmen, denen das Fürstenhaus seit der Regierung Suleimans ausgesetzt war, kam daher jetzt noch der bedrohlichste hinzu: es ward unter sich selbst uneinig. Die Söhne Hischam's und Welid's I., denen auch noch persönliche Beleidigungen zugefügt wurden, schlossen sich den Feinden der Omejjaden an, welche den Chalifen als einen Ungläubigen, als einen Freigeist, ja sogar als einen Blutschänder darstellten, dem kein Gläubiger Gehorsam schuldig wäre. Das Schlimmste für Welid war aber, daß er als naher Verwandter des berüchtigten Hadbjadj, von mütterlicher Seite, sich entschieden auf die Seite der Mudhariten stellte, und ihnen die Jemeniden preis gab. So wurde Chalid, der frühere Statthalter von Chorasan, der in den letzten Regierungsjahren Hischams wieder in Freiheit gesetzt worden war und ruhig in Damask lebte, seinem Feinde Jusuf Ibn Omar, dem Statthalter von Jrak, der schon lang nach dessen Blute dürstete, gegen eine Summe von 50,000,000 Dirhem überliefert. Jusuf trieb die Grausamkeit so weit, daß er Chalid in einem wollnen Hemde auf einem ungesattelten Kameele nach Kufa bringen ließ, wo man ihm, theils aus Rachsucht, theils in der Hoffnung ihm noch ein Geständniß über verborgene Schätze auszupressen, ein Glied nach dem andern zerbrach, bis ihn der Tod von seinen Qualen befreite.

Noch mehr als Chalid's schauderhafte Ermordung empörte die Jemeniden ein Spottgedicht, in welchem die mit Chalid verwandten jemenidischen Stämme wegen ihrer Schwäche und Feigheit verhöhnt und als gemeine, ehrlose Sklaven geschildert wurden, die sich, nachdem sie Chalid in seinem Unglück verlassen, fortan jede Demüthigung gefallen lassen müßten. Um die Wirkung dieser Satyre, mit welcher wahrscheinlich ein Feind des Chalifen die Jemeniden zur Rache anstacheln wollte, noch zu verstärken, wurde Welid selbst als deren Verfasser genannt.

Als Jezid, ein Sohn Welid's I., die Gewißheit erlangte, daß er, bei einem Kampfe gegen den Chalifen, die Jemeniden für sich haben würde, faßte er den Entschluß, ihn zu entthronen. Vergebens warnte ihn sein Bruder Abbas mündlich, und der Statthalter von Armenien, der nachherige Chalife Merwan II., schriftlich vor einem Schritte, der ihrem ganzen Geschlechte den Untergang bereiten müßte. Vergebens beschworen sie ihn, nicht durch Eidbruch mit eigener Hand einen Brand anzuschüren, der zuletzt sie alle verzehren und nur den Feinden ihres Hauses Nutzen bringen würde. Der herrschsüchtige Jezid verschloß allen Ermahnungen sein Ohr und fuhr, hinter dem Rücken seines Bruders, der ihm gedroht hatte, ihn beim Chalifen anzuklagen, fort, im Namen Gottes und des gefährdeten Glaubens, Aufruhr zu predigen. Als er einen großen Theil der Bevölkerung der Hauptstadt und der umliegenden Orte gewonnen hatte, bemächtigte er sich des Nachts einer Moschee, in welcher viele Waffen aufbewahrt waren, und vertheilte sie unter seine Anhänger. Hierauf ließ er den Gouverneur von Damask, so wie den Obersten der Leibwache, festnehmen, so daß die noch übrigen Freunde des Chalifen, welcher sich in der Nähe des todten Meeres aufhielt, ohne Führung blieben. Durch Bestechung gelang es ihm auch fünf bis sechstausend Soldaten zu verführen, mit welchen er gegen Welid auszog. Dieser beschloß, als er von dem Vorgefallenen Kunde erhielt, nach längerer Berathung mit seiner Umgebung, sich in das feste Schloß Nadjra zu werfen, und hier, in der Hoffnung, daß seine Truppen sich bald um ihn sammeln würden, Jezid zu erwarten. Aber ein Theil der Truppen, die unter Abbas zu seinem Schutze herbeieilten, wurden von Jezid überfallen und genöthigt, ihm zu huldigen, Andere wurden durch Jezid's Geld zu Verräthern. Nichts destoweniger leistete Welid mit seinen wenigen Getreuen den Rebellen tapfern Widerstand. Als aber auch Abbas unter denselben gesehen wurde, streckten viele die Waffen, und es blieb ihm nichts übrig, als sie durch Worte wieder zum Gehorsam zurückzuführen zu versuchen. Er erinnerte die abgefallenen Truppen an den ihnen gewährten erhöhten Sold, die besitzenden Bürger an die verminderten Abgaben, und das niedrige Volk an seine Wohlthätigkeit. Als diese Worte keinen Eindruck machten, indem man ihm entgegnete, nicht materielle Interessen, sondern Glaubenseifer habe das Volk gegen ihn bewaffnet, schlug er eine neue Chalifenwahl vor, aber Jezid gieng nicht darauf ein. Jetzt zog er sich, mit den Worten „es ist ein zweiter Tag wie der Osmans" in ein Gemach zurück und las im Koran, bis die Rebellen das Schloß erstürmten und ihn enthaupteten. (16. April 744). Am folgenden Tage wurde sein Haupt auf einer Lanze in den Straßen Damasks umhergetragen, und sein eigener Bruder Suleiman, dem man es nachher zur Beerdigung brachte, weigerte sich, ihm die letzte Ehre zu erweisen.

Jezid III. konnte nicht erwarten, daß in einem Lande, wo das monarchische Princip so tiefe Wurzeln geschlagen, sein Handstreich, trotz aller Verachtung, die sich Welid durch seinen leichtsinnigen und gottlosen Lebenswandel zugezogen hatte, allgemeine Billigung finden würde. Es genügte übrigens schon, daß er sich mit Hülfe der Jemeniden auf den Thron geschwungen, um bei den Abkömmlingen Mudhar's verhaßt zu werden, um so mehr, da der ermordete Chalife von mütterlicher Seite diesen angehörte. Dazu kam noch, daß Jezid, obgleich streng religiös in seiner Lebensweise, doch den Orthodoxen ein Gräuel war, weil er sich zur Lehre vom freiem Willen bekannte. Die Stadt Himß verweigerte ihm zuerst die Huldigung, und wehklagende Frauen forderten das Volk auf, Welid's Blut zu rächen. Statt aber sich in der festen Stadt zu vertheidigen, und sie zum Sammelpunkte anderer Unzufriedenen zu machen, rückten die Himßer gegen Damask vor und wurden von Jezids Truppen geschlagen, die dann die Stadt zur Huldigung zwangen. Ein zweiter Aufstand in Palästina, an dessen Spitze Jezid, ein Sohn des Chalifen Suleiman, und sein Oheim Mohammed, ein Sohn Abd Almeliks, stand, wurde auch unterdrückt. In Jrak und Chorasan aber wurden Jezid's Statthalter nicht anerkannt. Er mußte andere ernennen, die jedoch auch gegen Empörungen zu kämpfen hatten, und namentlich in letzterer Provinz bildete sich eine starke, den Omejjaden feindliche Partei, welche später so mächtig wurde, daß sie nicht mehr besiegt werden konnte.

Der gefährlichste Feind Jezid's war Merwan Jbn Mohammed, der Statthalter von Armenien und Adjerbeidjan, der ihn vergebens gewarnt hatte, sich nicht an die Spitze der Empörer zu stellen. Merwan schrieb, sobald er von den Vorfällen in Damask unterrichtet wurde, an Omar, den Bruder des ermordeten Chalifen, daß er bereit sei, das Blut des Chalifen an den Aufrührern zu rächen, die den Eid der Treue gebrochen, und bald nachher brach er mit seinem Heere vom Kaukasus auf, fiel in Mesopotamien ein, wo sich sein Sohn Abd Almelik der Stadt Harran bemächtigt hatte, und viele Tausende sich ihm freiwillig anschlossen. Schon war er im Begriffe gegen Damask vorzurücken, als Jezid ihm eine Art Theilung des Reichs vorschlug, indem er ihn nicht nur in seiner bisherigen Statthalterschaft bestätigen, sondern ihm auch noch ganz Mesopotamien überlassen wollte. Mit diesem Anerbieten waren ohne Zweifel noch andere Zugeständnisse, in Betreff der Nachfolge sowohl, als des Schicksals der eingekerkerten Söhne Welid's verbunden, die wir aber nicht näher kennen, weil Jezid bald nach der Huldigung Merwan's starb. (Oktober 744).

Sobald Merwan von dem Tode Jezid's Kunde erhielt, brach er von Harran mit einem starken Heere gegen Syrien auf, angeblich um im Namen der in Damask eingekerkerten Söhne Welid's die Regentschaft zu übernehmen. In Damask hatte man inzwischen Ibrahim, einem Bruder Jezid's, gehuldigt, der aber so schwach und unbedeutend war, daß er sich nicht als Chalife, sondern nur als Emir huldigen ließ. Seine Brüder, welche Merwan bei Kinesrin entgegentraten, wurden geschlagen und gefangen genommen. Von hier aus zog Merwan nach Himß, wo man Ibrahim die Huldigung verweigert hatte, ihm aber willig die Thore öffnete. Sein Heer, das er nun gegen Damask führte, wurde durch viele Mudhariten verstärkt, während die Jemeniden und sonstige Anhänger Jezid's sich um Suleiman Ibn Hischam schaarten, welcher Merwan bei Ein Aldjarr, einem kleinen Orte zwischen dem Libanon und Antilibanon, auf dem Wege von Baalbek nach Damask, erwartete. Suleiman's Heer war dem Merwan's an Zahl überlegen, jenes bestand aber zum großen Theil aus ungeübten Truppen, dieses hingegen aus alten erfahrenen Kriegern, die viele Feldzüge in Armenien und Kleinasien mitgemacht hatten. In einer mörderischen Schlacht, welche von Tagesanbruch bis drei Uhr Nachmittags unentschieden blieb, trug endlich Merwan durch seine Kriegstaktik den Sieg davon. Suleiman's Niederlage war so vollständig, daß er mit Ibrahim sich aus Damask flüchten mußte, doch ermordete er vorher die Söhne Welid's und bemächtigte sich des Staatsschatzes.

Merwan, der bisher nur als Bluträcher Welid's und Beschützer seiner Söhne aufgetreten war, konnte jetzt ohne Scheu selbst auf das Chalifat Ansprüche machen, um so mehr, als der mit den Söhnen Welid's eingekerkerte Abu Mohammed Assosjani erklärte, der Aelteste der Beiden habe vor seinem Tode ihn als seinen Nachfolger bezeichnet.

Trotz dieser wirklichen oder erdichteten Sanction und obgleich Ibrahim auf seine Rechte verzichtete und auch Suleiman sich mit Merwan aussöhnte, stieß doch seine Herrschaft an allen Orten auf Widerstand. Die Unterwerfung der Jemeniden war keine aufrichtige, sie blieben innerlich seine Feinde, weil sie für das bei Ein Djarr geflossene Blut nach Rache dürsteten. Wo sie es vermochten, lehnten sie sich wieder auf, wo sie zu schwach dazu waren, unterstützten sie die Unternehmungen der Charidjiten oder der Haschimiten. Merwan's ganzes Chalifat bildet daher eine Reihe von Kämpfen gegen Empörungen jeder Art, die er trotz seiner Tapferkeit und seiner militärischen Fähigkeiten und trotz seiner unermüdlichen Thätigkeit und zähen Ausdauer, die ihm den Spottnamen „Esel" zuzog, doch nicht unterdrücken konnte, weil sie an allen Enden des Reichs zumal ausbrachen, und die Syrer, welche in allen frühern Kämpfen treu zu dem Chalifen gehalten hatten, jetzt auch zum Theil zu seinen Feinden übergiengen.

In Syrien selbst brachen nach wenigen Monaten schon wieder Unruhen aus, von Thabit Ibn Nueim, dem Statthalter von Palästina, angeschürt, der es mit der Partei Jezid's gehalten hatte. Himß mußte erstürmt und geschleift werden, ebenso die aufrührerische Stadt Palmyra, während Mizza, ein Städtchen in der Nähe von Damask, welches der Sammelplatz der Jemeniden war, den Flammen preisgegeben wurde. In Irak empörte sich Abd Allah Ibn Muawia, ein Haschimite, der von Mohammed's Oheim Abu Talib abstammte, und als er, wie viele Andere vor ihm, von den Irakanern verlassen wurde, bemächtigte er sich, mit Hülfe der Jemeniden, mehrerer persischen Städte, worunter auch Isspahan, Rei und Hamadan. Bald nachher wurde Irak, während der von Merwan entsetzte und der neu ernannte Statthalter sich in dieser Provinz förmlich bekämpften, von Charidjiten überfallen, welche sogar Herrn von Kufa und Hira wurden. Merwan sandte Ibn Hubeira gegen die

Charidjiten, aber die Truppen, die er nach Jrak führen sollte, riefen den von Merwan begnadigten Suleiman Jbn Hischam zum Chalifen aus und zogen mit ihm nach Kinesrin, wo sich bald viele andere Empörer um ihn sammelten. Merwan mußte jetzt Jrak sich selbst überlassen und gegen Suleiman in's Feld ziehen. Er brachte ihm zwar in der Nähe von Kinesrin eine blutige Niederlage bei, aber die geschlagenen Truppen warfen sich nach Himß, das erst nach langen Kämpfen wieder unterworfen wurde, (Sept. 746) während Suleiman selbst sich zu den Charidjiten begab, welche Herrn von Jrak und des größten Theils von Mesopotamien waren, und später zu den Haschimiten, nach Persien.

Sobald indessen Syrien von den Rebellen gesäubert war, griff Merwan die Charidjiten bei Rakka an und nöthigte sie, sich nach Moßul zurückzuziehen. Hier behaupteten sie sich, bis Jbn Hubeira Kufa genommen hatte, und mit einem Theile seines Heeres Merwan unterstützte. (Mai—Juni 747) Auch in Adserbeidjan empörten sich die Charidjiten, tödteten Merwan's Statthalter und schlugen die Truppen des Chalifen. Die Byzantiner machten Streifzüge nach dem nördlichen Syrien und richteten die arabische Flotte in der Nähe von Cypern zu Grund. In Mekka erschienen Anhänger der Abbasiden in schwarzem Gewande und sagten sich von Merwan los. Medina fiel in die Hände der Charidjiten und auch in Sanaa erkannte man den Statthalter des Chalifen nicht an, so daß Merwan auch hierher Truppen schicken mußte, weil er die heiligen Städte, die Sammelplätze aller Pilger, nicht in der Gewalt seiner Feinde lassen konnte. In Afrika mußte er Abd Errahman Jbn Habib zum Statthalter anerkennen, der eigenmächtig den seitherigen noch von Hischam ernannten Hanzala vertrieben hatte, und ihn in seinen Kämpfen gegen Charidjiten und Berber sich selbst überlassen.

So war der Zustand des Reichs, als Naßr, der Statthalter von Chorasan, dem Chalifen schrieb: „Ich sehe glühende Kohlen unter der Asche glimmen, die bald zu hellen Flammen auflodern werden, welche, wenn nicht kluge Männer sie löschen, Kopf und Rumpf verzehren müssen. Wie Holz das Feuer zu lichtem Brande anfacht, so entzündet sich Krieg aus aufrührerischen Reden, und staunend frage ich: wacht das Haus Omejja oder schläft es?"

In Chorasan herrschte nämlich seit der Thronbesteigung Merwan's eine vollständige Anarchie, welche die Emissäre der Abbasiden, die seit zwanzig Jahren dieses Land bearbeiteten, zu ihren Zwecken auszubeuten verstanden. Nasr gehörte zur Partei der Mudhariten und ließ daher Alkermani, welcher an der Spitze aufrührerischer Jemeniden stand, einkerkern. Er wurde aber befreit und mußte aufs Neue bekämpft werden. Nasr hatte außerdem auch gegen den schon früher genannten Rebellen Harth Krieg zu führen, der, als er sich nicht mehr allein vertheidigen konnte, sich dem Alkermani anschloß. Bald stand ganz Chorasan unter den Waffen, jederman sehnte sich nach einer Regierung, welche Ruhe und Ordnung herzustellen im Stande wäre, und jederman fühlte, daß dies von dem in sich selbst zerfallenen und auf keinem religiösen und gesetzlichen Boden fußenden Hause Omejja nicht mehr zu erwarten wäre.

Die Abbasiden benutzten diese allgemeine Unbehaglichkeit und innere Zerrüttung, um ihren längst im Stillen gepredigten Lehren von den Rechten der Familie des Propheten jetzt öffentlich, mit bewaffneter Hand, Geltung zu verschaffen. Ibrahim, das damalige Oberhaupt der Nachkommen des Abbas, ertheilte dem schon früher genannten Emissäre Abu Muslim den Befehl, öffentlich als Vertheidiger der Rechte der Familie des Gesandten Gottes an das Chalifat aufzutreten. Ibrahim mußte zwar seine Herrschsucht, sobald Merwan von diesem Befehle unterrichtet ward, mit dem Leben büßen, aber seine beiden Brüder Abd Allah Abu-l-Abbas und Abu Djafar entkamen glücklich nach Irak, wo sie so lange verborgen lebten, bis ihre Partei die Oberhand erhielt.

Kaum ein halbes Jahr, nachdem Abu Muslim die schwarze Fahne der Abbasiden in dem kleinen Städtchen Sin aufgepflanzt hatte, sah sich Nasr schon genöthigt, die Hauptstadt Meru zu räumen. Ueberzeugt, daß der Untergang der Omejjaden doch nicht mehr fern sei, war er nahe daran, sich auch zu Abu Muslim zu begeben; als er jedoch erfuhr, daß er nur dem sichern Tode entgegengehen würde, zog er sich, von Abu Muslims Truppen verfolgt, bis Nisabur zurück, wo er eingeholt und geschlagen wurde. Eine zweite Niederlage erlitt er bei Djordjan, worauf er, immer vom Feinde verfolgt, nach Hamadan entfliehen wollte, als ihn auf dem Wege dahin der

Tod von weitern Unfällen befreite (November 748). Die Trümmer seines Heeres setzten die Flucht bis nach Rehawend fort, hielten sich noch drei Monate in dieser Festung, capitulirten aber dann mit Kahtaba, dem Obergeneral Abu Muslims. Nach der Einnahme von Rehawend rückten die siegreichen Truppen in zwei Corps immer weiter westwärts über den Tigris und den Eufrat, und in der Nähe von Kerbela, wo einst Husein von den Syrern getödtet worden war, erlitten jetzt diese eine blutige Niederlage (August 749). Jbn Hubeira, der sie befehligte, mußte sich, da alsbald Kufa den Abbasiden huldigte, nach Wasit zurückziehen, wohin auch der Statthalter von Kufa mit den ihm treu gebliebenen Truppen sich richtete.

Merwan selbst verlor indessen noch immer den Muth nicht. Er zog mit seinem Heere, das über 100,000 Mann gezählt haben soll, dem Hauptheere des Feindes entgegen, das, während Kahtaba gegen Kerbela vorgerückt war, über Kurdistan nach dem Flusse Zab hin sich gewendet hatte. Dieses Heer wurde von Abu Aun befehligt, und bei demselben befand sich Abd Allah Jbn Ali, ein Oheim des ersten Abbasidenchalifen Abu-l-Abbas, der nach der Huldigung in Kufa ihm noch eine Verstärkung von mehrern tausend Kufanern zugeführt hatte. Merwan schlug eine Brücke über den Zab und hoffte Abu Aun zu schlagen, ehe neue Schaaren aus Chorasan und Jrak zum Feinde stoßen würden, aber manche ungünstige Umstände, ganz besonders Verrath und böser Wille der Jemeniden und Charidjiten, die unter ihm dienten, vereinigten sich, um ihm den Sieg zu entreißen. Die geschlagenen Syrer lösten sich in wilder Flucht auf, so daß Merwan, um seinen Rückzug zu sichern, die Brücke hinter sich abbrechen lassen, und viele der Seinigen dem Schwerdte Abu Auns preisgeben mußte. (Januar 750). Da Merwan sich vergebens bemühte in Harran ein neues Heer zusammenzubringen, das er dem ihn verfolgenden Abd Allah hätte entgegenstellen können, floh er bis Damask, konnte aber auch hier sich nicht halten. Sobald Abd Allah sich zeigte, brach eine Empörung zu seinen Gunsten aus. Die Rebellen siegten und tödteten den von Merwan zurückgelassenen Statthalter, und am 22. April 750 zog die schwarze Fahne im Triumphe durch die Thore der Hauptstadt der Omejjaden ein. Merwan flüchtete sich, als er Damask verließ, über Palästina nach Egypten, aber er wurde auf dem Fuße verfolgt, so daß er nicht im Stande war, ein neues Heer zu organisiren. Selbst im friedlichen Nilthale war Aufruhr an der Tagesordnung, er mußte auch hier zuerst die Rebellen bekriegen und dann den Abbasiden, die ihn bald einholten, ein Treffen liefern, das für ihn ein schlechtes Ende nahm. Er ergriff abermals die Flucht und wurde endlich (5. August) in einer Kirche in Oberegypten getödtet.

Vierter Abschnitt.

Die Abbasiden in Asien.

I. Die Blüthezeit der Abbasiden, von Al Saffah bis Mutaßim.*)

Eine furchtbare, aus den verschiedensten Elementen zusammengesetzte Coalition hatte endlich den Untergang der Omejjaden herbeigeführt. Neid und Herrschsucht bei einzelnen Gliedern dieses Geschlechts,

*) Stammtafel der Abbasiden in Asien.

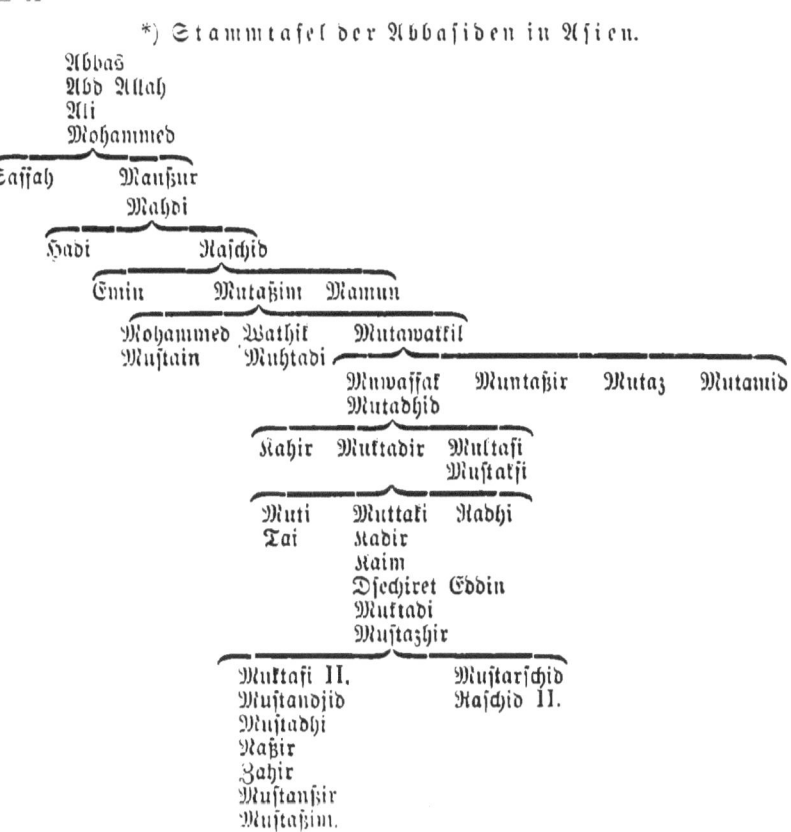

Zwietracht unter den arabischen Stämmen, Nationalitäts- und Raçenhaß in Persien und Afrika, republikanische Principien und Legitimitätsdogmen, Abscheu vor den Nachkommen der Feinde Mohammeds und Liebe zu seinem Geschlechte hatten zusammengewirkt, um eine Dynastie zu stürzen, deren Verdienste um die Größe und Macht des islamitischen Reichs nicht geleugnet werden kann, und die in der Zeit ihres Entstehens sowohl an Muawia, Jezid I., Abd Almelik und Welid I., als später an Hischam und Merwan II. ausgezeichnete Regenten besaß. Viel leichter war es aber der vereinigten Opposition den gemeinschaftlichen Gegner zu besiegen, als nach dessen Fall eine neue Herrschaft zu gründen, die allen Erwartungen zu entsprechen vermocht hätte. Eine Versöhnung zwischen den verschiedenen Raçen und Nationalitäten herbeizuführen, war eben so schwierig als zugleich die Vertheidiger der Volkssouveränität und die Legitimisten zu befriedigen. Noch schwieriger aber war es unter Letztern selbst, bei ihren verschiedenartigen Theorien und Bestrebungen, Frieden und Eintracht zu erhalten. Es ist schon früher erwähnt worden, daß bisher die Nachkommen des Abbas, eines Oheims des Propheten, und die Alis, des Schwiegersohnes Mohammeds, sich verbunden hatten, um Aufruhr gegen die Omejjaden und Anerkennung der Rechte der Familie des Gesandten Gottes auf die Herrschaft zu predigen. Selbst als Abu Muslim die schwarze Fahne aufpflanzte, huldigte man in Chorasan nur im Allgemeinen einem Chalifen aus dem Geschlechte Mohammeds, ohne irgend eine Person näher zu bezeichnen. Erst in Kufa, wohin die Abbasiden sich geflüchtet hatten, riefen die Söhne Kahtaba's, welche Besitz von dieser Stadt nahmen, Abu-l-Abbas Abd Allah, der später den Beinamen Assaffah (der Blutvergießer) erhielt, zum Chalifen aus, und so wurde gewissermaßen durch einen Handstreich das Haus Abbas dem Ali's, und der jüngere Bruder dem älteren Abu Djafar vorgesetzt. Abd Allah soll von seinem Bruder Ibrahim, vor dessen Ermordung, als Oberhaupt des Hauses erklärt worden sein, und als Grund dieser Bestimmung mag entweder die größere Entschiedenheit des Charakters des jüngern Bruders angenommen werden, oder weil er der Sohn einer Frau aus dem angesehenen Stamme der Benu Harith war, während Abu Djafar eine Sklavin zur Mutter hatte. Der Chalife zeigte auch alsbald, daß die auf ihn gefallene Wahl eine geeignete war, in so fern man in so stürmischer Zeit eines Mannes bedurfte, der, um eine neue Dynastie zu gründen, kein Bedenken trug, Menschlichkeit, Ehrgefühl und Religion mit Füßen zu treten. Abu Salama, der bisherige „Vezier der Familie Mohammeds", einer der angesehensten und thätigsten Emissäre der Haschimiten, wurde mit seinem ganzen Anhange, weil er einen Aliden auf den Thron erheben wollte, auf Anstiften des Chalifen, meuchlings ermordet, die schwarze That aber den Charidjiten zugeschrieben. Auch der im vorhergehenden Abschnitte genannte Abd Allah Jbn Muawia, der an der Spitze vieler Aliden gegen Merwan gekämpft hatte, wurde verrätherischer Weise aus dem Wege geräumt. Wenn der Chalife gegen seine seitherigen Verbündeten in dieser Weise verfuhr, so darf man sich nicht wundern, daß gegen die Omejjaden ein wahrer Vertilgungskrieg beschlossen wurde. Abd Allah Jbn Ali, ein Oheim Saffah's, lud, auf dessen Befehl, die Familienglieder des Hauses Omejja zur Huldigung ein, und versprach ihnen nicht nur eine vollständige Amnestie, sondern auch noch Rückerstattung ihres Eigenthums. Als aber die Unglücklichen sich einfanden, wurden sie mit Stangen niedergeschlagen und Abd Allah soll dann die Unmenschlichkeit so weit getrieben haben, daß er über die Leichen einen Teppich ausbreiten ließ und in demselben Saale, bei dem letzten Röcheln der Verrathenen, ein Festmahl hielt. Selbst Suleiman Jbn Hischam, welcher einen großen Antheil an dem Sturze Merwan's hatte, wurde, trotz der ihm verheißenen Begnadigung, zusammengehauen. Auch Jbn Hubeira, der sich elf Monate in Wasit hielt, endlich aber, als ihm eine durch die heiligsten Schwüre bekräftigte Amnestie zugesichert wurde, die Stadt übergab, wurde als früherer eifriger Anhänger der Omejjaden hingerichtet. In Damask müthete man sogar gegen längst verstorbene Omejjaden. Ihre Gräber wurden aufgewühlt und die noch nicht ganz vermoderten Leichname gehängt und verbrannt. Solche Schandthaten riefen in Chorasan sowohl als in Syrien und Mesopotamien neue Empörungen hervor, die aber, weil unter den aus Anhängern Abu Salama's, aus Omejjaden und Charidjiten zusammengesetzten Aufständischen kein Zusammenwirken statt fand, der Reihe nach wieder unterdrückt wurden, so daß im Jahr 752 die Fahne der Abbasiden auf allen Thürmen, von Maußurah in Indien bis an das atlantische Meer, und von Samarkand bis an den Meerbusen von Aden, wehte.

In Chorasan und Transoxanien hatte Abu Muslim die Ruhe wieder hergestellt, obgleich der Chalife diese Empörung heimlich unterstützt hatte, in der Hoffnung, ihn dadurch zu schwächen oder seiner entledigt zu werden. Abu Muslim war aber nicht leicht zu hintergehen. Als ehemaliger Missionshäuptling der Haschimiten hatte er auch in Irak ergebene Werkzeuge, die ihn von Allem unterrichteten. Er ließ den Boten des Chalifen, welcher die Aufrührer zum Widerstande reizen und ihn selbst bei der ersten Gelegenheit aus der Welt schaffen sollte, bei seiner Ankunft niederschlagen, und griff alsbald den Führer der Rebellen an, der bald von seinen Truppen verlassen und auf der Flucht getödtet wurde. Von seinem Grolle gegen Assaffah ließ er weiter nichts merken, und suchte, nachdem die Ruhe hergestellt war, um die Erlaubniß nach, nach Mekka zu pilgern. Der Chalife mußte ihm diese Bitte gewähren, hoffte vielleicht auch eine Gelegenheit zu finden, seiner habhaft zu werden, schrieb aber zugleich seinem Bruder Abu Djafar, welcher Statthalter von Abserbeidjan und Armenien war, er möchte auch um die Erlaubniß zu pilgern und um die Ernennung zum Emir der Pilger bitten, um nicht genöthigt zu werden, dem Abu Muslim diese ehrenvolle Stelle zu übertragen.

Daß dem Chalifen der Untergang Abu Muslims wünschenswerth sein mußte, ist leicht zu begreifen. Er war nicht nur eifersüchtig auf die Macht und das Ansehen desselben in Chorasan, sondern er fürchtete auch, er möchte früh oder spät ihn selbst vom Throne stürzen und ihn einem Aliden anbieten, denn Abu Muslim war zunächst durch das tragische Schicksal der Aliden für das Missionswesen gewonnen worden, indem sie stets bereit waren für ihre Rechte und ihre Ueberzeugung ihr Leben zu opfern, während die Abbasiden von je her nur im Stillen intriguirt und mit müßigen Händen zugesehen hatten, wie das Blut der Enkel und Urenkel des Propheten vergossen wurde. Abbas selbst, der Oheim des Propheten, hatte schon eine sehr zweideutige Rolle gespielt. Er hielt es mit den Feinden seines Neffen, so lange sie die Stärkern waren, er wurde dessen Spion, als der Ausgang des Kampfes zweifelhaft wurde, und gieng öffentlich zu ihm über, sobald am Siege des Islams kein Zweifel mehr blieb. Abd Allah, der wegen seiner Frömmigkeit und theologischen Gelehrsamkeit vielgepriesene Sohn des Abbas, ließ, als Ali's Herrschaft zu wanken anfieng, die ihm verliehene Statthalterschaft von Baßrah im Stich und leerte vor seiner Flucht die Staatskasse. Ali, derjenige Sohn Abd Allah's, von welchem die abbasidischen Chalifen abstammen, trug ebenfalls eine große Frömmigkeit zur Schau, so daß man ihn, seines vielen Betens willen, Affaddjad (der sich Verbeugende) nannte, doch war er es, der den Chalifen Abd Almelik beschwor, das Leben des unglücklichen Mußab Ibn Zubeir nicht zu schonen, wie auch sein Vater schon als Gegner des Abd Allah Ibn Zubeir aufgetreten war, weil sie vielleicht damals schon die Hoffnung hegten, das Chalifat werde dereinst i h r e n Nachkommen zufallen. Ali wird außerdem noch beschuldigt, seinen natürlichen Bruder S e l i t ermordet zu haben. Ali's Sohn Mohammed sandte die ersten Missionäre nach Chorasan, um das Volk gegen die Omejjaden aufzuwiegeln, dies hinderte ihn aber nicht, den Chalifen Hischam zu ersuchen, seine Schulden zu bezahlen. Abu Muslim, der die Absichten des Chalifen durchschaute, traf, ehe er die Pilgerfahrt antrat, die nöthigen Vorsichtsmaßregeln, um nicht seinem Feinde überliefert werden zu können, er zog sich aber durch sein verletzendes Benehmen gegen den Thronfolger Abu Djafar, den er auch durch sein glänzendes und zahlreiches Gefolge und durch seine Liberalität verdunkelte, seinen späteren Untergang zu.

Die blutgetränkte Regierung des grausamen, undankbaren, rachsüchtigen und meineidigen Abu-l-Abbas dauerte nur vier Jahre. Er starb in der neuerbauten Stadt Haschimijeh, bei Anbar, in einem Alter von höchstens 36 Jahren. (9. Juni 754.)

Unter seiner Regierung wurde zuerst die Stelle eines Veziers geschaffen, die unter Andern auch der Stammvater der Barmekiden einige Zeit erhielt. Nach den schiitischen Lehren, welchen ursprünglich auch die Abbasiden huldigten, waren die Chalifen nicht nur weltliche Herrscher, sondern auch geistliche Oberhäupter, welche gewissermaßen von göttlichem Geiste erfüllt waren. Eine so heilige Person erforderte eine Vermittlung zwischen sich und dem Volke, gleichsam einen materiellen Träger (Vezier hat diese Bedeutung im Arabischen) ihrer Befehle.

Kaum war der erste Abbasidenchalife todt, als schon in seiner Familie Zwiespalt über die Nachfolge entstand. Dem Beispiele der Omejjaden folgend hatte er zwei Thronfolger bestimmt, als Ersten seinen Bruder Abu Djafar, den wir fortan Manßur nennen wollen, und als Zweiten seinen Vetter Isa Ibn Musa. Gegen diese Verfügung protestirte sein Oheim Abd Allah Ibn Ali, der im Kriege gegen Merwan und die nachherigen Aufrührer in Syrien und Mesopotamien sich ausgezeichnet hatte, und welcher behauptete, Assaffah habe ihm zu jener Zeit das Versprechen gegeben, ihn zu seinem ersten Nachfolger zu bestimmen. Da er an der Spitze eines Heeres stand, welches die nördliche Grenze gegen Einfälle der Byzantiner schützen sollte, wagte er es, Manßur die Huldigung zu verweigern, und warf sich mit seinen Truppen nach Harran. Manßur mußte, trotz seinem Hasse gegen Abu Muslim, ihn doch gegen seinen Oheim gebrauchen, weil dieser viele Chorasaner in seinem Heere hatte, von denen vorauszusehen war, daß sie nicht gegen jenen kämpfen würden. In der That ließ auch Abd Allah, sobald Abu Muslim gegen ihn heranrückte, sämmtliche Chorasaner niedermetzeln, weil er fürchtete, von ihnen verrathen zu werden, obgleich sein Heer dadurch um 17,000 Mann vermindert wurde. Die übrigen, aus Syrern und Mesopotamiern zusammengesetzten Truppen, führte er bis nach Nißibin, und nahm am Eufrat eine feste Stellung ein. Es gelang jedoch Abu Muslim, welcher Miene machte, ihn zu umgehen und sich nach Syrien zu wenden, ihn aus seiner unangreifbaren Stellung herauszulocken und auf's Haupt zu schlagen. (November 754.)

Sobald diese Gefahr für den Chalifen beseitigt war, ließ er sich wieder von seinem Hasse und seinem Argwohn leiten und kränkte Abu Muslim aufs Bitterste dadurch, daß er einen Commissär in dessen Lager schickte, um die Beute aufzunehmen. „Mit den Menschen", sagte Abu Muslim, als er dieß hörte, „läßt mich Manßur ganz nach Willkühr schalten, aber das mit meiner Hand erbeutete Gut vertraut er mir nicht an." Abu Muslim, der dem Chalifen noch weniger als früher traute, faßte den Entschluß, nach Chorasan zurückzukehren, wo er nichts von ihm zu fürchten hatte, ja ihm sogar gefährlich werden konnte. Der Chalife aber suchte dies zu verhindern, indem er ihn zum Statthalter von Syrien und Egypten ernannte und zu einer Zusammenkunft in Madain einlud. Statt dieser Einladung Folge zu leisten, schrieb Abu Muslim dem Chalifen, daß er es für klug halte, seine Nähe zu meiden, ohne daß er deßhalb aufhöre, ein gehorsamer Unterthan zu bleiben. Gestatte ihm dieß der Chalife, so werde er, wie es einem Manne ziemt, die Treue bewahren, folge er aber seiner Leidenschaft, so sehe er sich, seiner eigenen Sicherheit willen, genöthigt, sie zu brechen. Auf ein zweites Schreiben des Chalifen, in welchem er ihn nochmals aufforderte, ohne Besorgniß vor ihm zu erscheinen, erwiderte Abu Muslim, er sei von einem Lehrer, der dem Hause des Propheten nahe stand, durch den Koran selbst, den er verdrehte und mißdeutete, irre geführt worden. Er habe ihm im Namen Gottes befohlen, das Schwerdt zu ziehen und jedes Gefühl des Mitleids aus dem Herzen zu bannen, um dem Geschlechte des Propheten den Weg zum Throne zu ebnen, und er sei diesem Befehle nachgekommen. Jetzt aber, nachdem er die Menschen, für die er so vieles gethan, näher kennen gelernt, sehe er seinen Irrthum ein, und es bleibe ihm nichts übrig, als durch Reue und Buße Gottes Gnade zu erflehen.

Aus diesem Briefe geht hervor, daß Abu Muslim ein in der Schule mohammedanischer Jesuiten zum Henker erzogener Fanatiker war, dem erst als die Abbasiden zur Herrschaft gelangten die Augen aufgingen über sein teuflisches Treiben, das man ihm als ein gottgefälliges empfohlen hatte. Wir sehen ferner, daß schon die Abbasiden und die Theologen, die es mit ihnen hielten, den einfachen, wahren Sinn des Korans verdrehten und durch falsche Deutung politische Dogmen aufstellten, von denen keine Spur darin zu finden ist, und daß sie die Erfinder jener bequemen Exegese waren, welche spätere Aliden nur noch weiter ausbildeten, bis endlich unter den Batiniten und Assassinen der Wortsinn der heiligen Schrift gar nichts mehr bedeutete und nur noch die allegorische Interpretation zugelassen wurde.

Manßur fuhr indessen fort Abu Muslim, der schon in Hulwan war, durch Drohungen und Versprechungen zurückzulocken. Als dies nicht gelang, bestach er dessen Stellvertreter in Chorasan und dessen Freunde, die am Hofe lebten. Jener schrieb ihm, er könne auf die Chorasaner nicht zählen, wenn es gelten sollte, gegen das Geschlecht des Propheten Krieg zu führen, und diese suchten ihn zu überzeugen, daß er bei freiwilliger Unterwerfung vom Chalifen nichts zu fürchten haben würde. So begab er sich endlich trotz allem Mißtrauen zu Manßur, von einigen tausend Chorasanern begleitet, auf die er sich verlassen zu können glaubte, deren Häupter aber schon bestochen waren, und wurde beim zweiten Besuche, den er dem Chalifen abstattete, von fünf Männern, die auf ein Zeichen desselben aus einem Nebenzimmer hervorstürzten, niedergeschlagen.

Die Ermordung Abu Muslim's, der nicht nur zum Sturze der Omejjaden das Meiste beigetragen, sondern dem auch Manßur selbst noch die Erhaltung seines Thrones verdankte, indem sein Oheim Abd Allah nur durch ihn besiegt werden konnte, rief mehrere Aufstände in Chorasan hervor, die nur mit großer Anstrengung und schweren Opfern gedämpft werden konnten.

In der Residenz selbst brach auch ein Aufruhr eigenthümlicher Art aus, aus dem ebenfalls hervorgeht, daß die Abbasiden, so lang sie nur den Sturz der Omejjaden vor Augen hatten, zu den extravagantesten Dogmen der Schiiten sich bekannten, sie aber wieder verleugneten, sobald sie über materielle Waffen verfügen konnten. Den von den Schiiten ausgebildeten Lehren zufolge, deren Keim schon unter Osman vorhanden war, wurden nämlich die Chalifen als Stellvertreter Gottes, als Träger des Prophetenthums, des von Gott ausstrahlenden Lichts, angesehen, sie bildeten also gewissermaßen selbst einen Theil der Gottheit. Diese schiitisch-persischen, an Abgötterei streifenden Dogmen, welche einen Abu Muslim zum Henker machen konnten, weil jeder Ungehorsam gegen den rechtmäßigen Imam auch zugleich eine Widerspenstigkeit gegen Gott war, durften unter der arabischen Bevölkerung Iraks, Mesopotamiens und Syriens nicht mehr in ihrer ganzen Schroffheit dargestellt werden. Auch konnten sie dem Chalifen leicht gefährlich werden, sobald ein Nachkomme Alis und Mohammed's als der wahre Imam ihm entgegen gestellt wurde. Als daher einige hundert Jünger Abu Muslims aus Persien nach Haschimieh kamen, und den Chalifen ihren Gott nannten, ließ er ihre Häupter einkerkern. Die Fanatiker erstürmten aber das Gefängniß und zogen gegen den Palast des Chalifen, den sie nicht mehr als den rechtmäßigen Herrscher ansahen, und ohne die schnelle Hülfe mehrerer entschlossener Männer, hätte Manßur das Verläugnen der schiitischen Lehren mit dem Leben büßen müssen.

Die wahren Schiiten wendeten sich nun immer mehr von den Abbasiden ab und belebten die Aliden, denen sie sich zuneigten, mit neuen Hoffnungen. An der Spitze der Nachkommen Ali's stand in dieser Zeit sein Urenkel Abd Allah und dessen beide Söhne Mohammed und Jbrahim. Manßur entdeckte bald ihre Umtriebe, und erfuhr auch, daß sie mit den Rebellen in Chorasan in Verbindung standen und von dort manche Unterstützung erhielten. Als er nach Mekka pilgerte, wo Abd Allah lebte, lud er ihn zu einem Festmahle ein und hielt ihm die Beweise seiner Schuld vor, versicherte ihn jedoch seiner Gnade, falls er ihm seine Söhne ausliefern wollte. Da Abd Allah behauptete, er kenne ihren Aufenthaltsort nicht, wurde er eingekerkert und aller seiner Güter beraubt. Der Chalife bot nun Alles auf, um der Söhne Abd Allah's habhaft zu werden, welche bald in Arabien, bald in Jrak, bald im östlichen Persien umherstreiften. Sie fanden überall Anhänger, die ihnen Zuflucht gewährten, und selbst ein Secretär des Chalifen, der ein Freund ihres Hauses war, warnte sie, wenn ihnen Gefahr drohte. Vier Jahre waren seit der Verhaftung Abd Allah's verstrichen, als plötzlich Mohammed, an der Spitze einiger Hundert Schiiten, in Medina erschien, mit Hülfe der Bevölkerung den sie grausam mißhandelnden Statthalter des Chalifen gefangen nahm und sich selbst als Chalifen huldigen ließ.

Da auch gleichzeitig in Chorasan ein Aufstand zu Gunsten Mohammeds ausbrach, gerieth der Chalife in die größte Bestürzung und gebrauchte hier dieselben Mittel wie gegen Abu Muslim. Er forderte Mohammed zur Unterwerfung auf und erbot sich, den heiligsten Eid zu schwören, daß er ihn und alle seine Verwandten und Anhänger nicht nur vollständig begnadigen, sondern auch noch so reichlich beschenken würde, daß er jedes beliebige Land zum Aufenthalte wählen könnte.

Mohammed erwiderte darauf dem Chalifen, daß auch er bereit sei, i h n zu begnadigen, wenn er ihm freiwillig das i h m gebührende Chalifat abtreten wollte. Er behauptete, daß nur durch die Anhänger des Alidischen Geschlechts die Omejjaden vom Throne gestürzt worden seien, daß ihre Abkunft von Mohammed sie vor Allen berechtige, die Herrschaft anzusprechen. „Du kennst meine Rechte", heißt es am Schlusse des Briefes, „du weißt, daß ich des Chalifats würdiger bin, als du, und daß ich mein Wort gewissenhaft erfülle. Die Gnade, deren du mich versicherst, hast du auch schon Anderen versprochen, auf welchen Eid soll ich aber bauen? auf den, welchen du dem Sohne Hubeira's geschworen, oder deinem Oheim Abd Allah, oder dem Abu Muslim?"

In seiner Erwiderung beweist Manßur, daß im Islam Frauen keine Ansprüche auf den Thron haben, und daß folglich Abbas, der einzige Mohammed überlebende Oheim, die nächsten Ansprüche auf denselben hatte, denn da die Tochter Mohammeds das Chalifat nicht übernehmen durfte, so konnten ihre Nachkommen es auch nicht von ihr erben. Ali konnte erst nach der Ermordung Osmans, bei der er betheiligt war, zum Chalifen erwählt werden, wurde aber nicht allgemein anerkannt und unterwarf sich dann einem Schiedgerichte, das ihn entsetzte. Hasan, so fuhr er fort, hat seine Rechte dem Muawia verkauft; Husein und spätere Nachkommen Ali's, die sich gegen die Regierung aufgelehnt haben, sind getödtet worden, und erst als die Abbasiden, die schon im Heidenthume eine hohe Stellung einnahmen, das Schwerdt ergriffen, wurde die Herrschaft den Omejjaden entrissen.

Da diese Briefe, wie leicht vorauszusetzen war, ohne Wirkung blieben, schickte Manßur, auf den Rath seines Oheims Abd Allah, den er zuerst begnadigt, dann aber in ein Gefängniß gesperrt hatte, gegen die aufrührerische Stadt syrische Truppen, welche zu wiederholten Malen in früheren Zeiten schon die Medinenser bekämpft hatten, und von denen daher am wenigsten ein Abfall zu befürchten war. Zugleich ließ er den Hafen von Djar und das Thal Wadil-Kura absperren, so daß jede Zufuhr von Lebensmitteln aus Egypten und Syrien von Medina abgeschnitten war. Zum Anführer der Truppen ernannte Manßur den Thronfolger Isa Ibn Musa, weil er als solcher zuverlässig war und sein Tod ihm den Vortheil gebracht hätte, daß er, was später doch geschah, seinen eigenen Sohn als Nachfolger bestimmen konnte.

Mohammed, dessen Anhänger in der ersten Zeit 100,000 Mann gezählt haben sollen, hatte schon, ehe Jsa gegen ihn heranrückte, weil er den Jemenidischen Stamm Djuheina begünstigte, viele derselben, welche Mudharischen Stämmen angehörten, wieder verloren. Mangel an Lebensmitteln gestattete ihm ohnehin nicht, ein großes Heer in Medina zu concentriren. Demungeachtet wollte er, als Jsa näher kam, statt sich in die Mitte tapferer Beduinen zu begeben, dem Beispiele des Propheten folgen, und sich in Medina verschanzen. Aber der größte Theil der Bewohner verließ die Stadt, welche nicht gehörig verproviantirt war, um eine Belagerung aushalten zu können, und es blieb Mohammed, der sich dennoch nicht ergeben wollte, nichts übrig, als mit einigen hundert Getreuen einen Ausfall zu machen und als Held sein Leben zu beschließen. (December 762.)

Vierzehn Tage vor dem Falle Mohammeds hatte sich sein Bruder Jbrahim in Baßra gegen den Chalifen aufgelehnt, und mit Hilfe der Schiiten, die auch Mohammed als Chalifen proclamirten, den Statthalter von Baßra verhaftet und die geringe Besatzung vertrieben. Ahwaz, Wasit und ein Theil von Farsistan folgten dem Beispiele Baßra's, und der Chalife fürchtete, auch Kufa möchte sich der Empörung anschließen, denn auch in dieser Stadt lag nur eine geringe Besatzung, weil ein Theil des Heeres in Chorasan, ein anderer in Afrika und ein dritter in Arabien beschäftigt war. Er begab sich daher selbst nach Kufa, um für die Erhaltung der Ruhe zu sorgen, und zu verhindern, daß die Kufaner sich nicht in das Lager Jbrahims nach Baßra begäben. Jsa kehrte indessen bald mit seinen Truppen wieder von Medina zurück und Jbrahim, der, in der Hoffnung, die Kufaner würden sich ihm anschließen, ihm entgegenzog, wurde besiegt und blieb selbst, von einem Pfeile getroffen, auf dem Schlachtfelde. (Febr. 763.)

Jsa erndtete für seinen Sieg über die Aliden denselben Undank von dem treulosen Chalifen, wie Abu Muslim für den über Abd Allah Jbn Ali erfochtenen. Er sollte, um einst dem Sohne Manßur's den Weg zum Throne nicht zu versperren, vernichtet werden. Da der Chalife sich jedoch scheute, Gewalt gegen seinen Vetter zu gebrauchen, der nichts verbrochen hatte und der von Saffah zum Nachfolger bestimmt war, ersann er eine wahrhaft teuflische List, um ihn selbst sowohl als seinen Oheim Abd Allah zumal zu vernichten. Er ertheilte nämlich, als er im Jahr 764 die Pilgerfahrt antrat, dem Jsa den Befehl, seinen Oheim zu tödten. Ein Freund Jsa's rieth ihm jedoch, diesen Befehl nicht zu vollziehen, denn er sah voraus, daß Manßur die Schuld auf ihn wälzen und ihn den Verwandten Abd Allah's ausliefern würde. Dem Rathe dieses Freundes gemäß ließ Jsa seinen Oheim, statt ihn zu tödten, an einen verborgenen Ort bringen, und entging dadurch selbst dem sichern Tode. Der Chalife fragte nämlich Jsa, sobald er von Mekka zurückkam, ob er den ihm ertheilten Befehl vollzogen habe, und als er diese Frage bejahte, ließ jener durch eine seiner Creaturen die Verwandten Abd Allah's bestimmen, um dessen Freilassung nachzusuchen. Als sie im Palaste erschienen gewährte ihnen Manßur ihre Bitte und wies sie an Jsa, dem er die Bewachung des Gefangenen anvertraut haben wollte. Jsa erklärte, er habe Abd Allah auf Befehl des Chalifen getödtet. Dieser leugnete aber, einen solchen Befehl ertheilt zu haben. Schon zogen die Verwandten Abd Allah's ihre Schwerter gegen Jsa, als dieser nochmals Manßur fragte, ob er denn wirklich Abd Allah's Ermordung nicht befohlen habe, und als diese Frage wieder verneint wurde, ließ er ihn aus seinem Verstecke hervortreten.

Abd Allah, dem der Chalife nach diesem Vorfalle noch weniger als früher trauen konnte, wurde bald darauf aus dem Wege geräumt. Der Chalife wies ihm ein Haus an, das auf salzigem Boden stand, den er durch einen unterirdischen Kanal untergraben ließ, so daß es eines Nachts über ihm zusammenstürzte, und auch der gelehrte Ibn Mukaffa, welcher, zur Zeit als Abd Allah sich dem Chalifen ergab, die Eidesformel aufgesetzt hatte, mit der Manßur dessen Begnadigung bekräftigte, wurde heimlich ermordet. Jsa wurde einige Zeit vom ganzen Hofe mit Kälte und Geringschätzung behandelt, dann forderte ihn der Chalife in einem Schreiben auf, seinen Ansprüchen auf die Nachfolge zu Gunsten seines eigenen Sohnes Mahdi zu entsagen. Mahdi, sagte er, hat sich durch seine Vorzüge die Liebe des Volks und des Heeres in dem Maaße erworben, daß ich selbst ihrem stürmischen Verlangen, ihm als nächsten Thronfolger zu huldigen, mich nicht widersetzen könnte.

Diese demokratischen Ausflüchte aus der Feder eines scheußlichen

Tyrannen konnten Jsa nicht veranlassen, auf seine Rechte zu verzichten. Er machte den Chalifen auf die Gefahr aufmerksam, welcher er sich aussetze, wenn er Meineid und Treubruch unterstütze, da man ihm ja, nach dem Willen des letzten Chalifen, längst als zweiten Thronfolger gehuldigt habe, so daß, wer jetzt ihm gegenüber seinen Eid breche, bei der ersten Gelegenheit auch gegen den Chalifen die Treue nicht bewahren werde. Manßur war aber fest entschlossen, das Chalifat auf seinen Sohn zu übertragen, und nahm jetzt zu Drohungen seine Zuflucht, welche endlich Jsa mürbe gemacht haben sollen. Nach anderen Berichten soll er dennoch nicht förmlich abgedankt haben; Manßur stellte aber Zeugen auf, welche aussagten, er habe abgedankt. So wurde endlich dem Sohne des Chalifen als Thronfolger gehuldigt, und als, bei dem Tode Manßur's, Jsa nochmals seine Ansprüche geltend machen wollte, wurde er aufs Neue durch Drohungen gezwungen, dem Mahdi zu huldigen.

Trotz der vielen innern Unruhen unter der Regierung Manßur's, wurden doch, den äußern Feinden gegenüber, nicht nur die früheren Eroberungen behauptet, sondern noch neue hinzugefügt. In Kleinasien wurde Malatieh wieder genommen und nebst Mopsuestia befestigt. Am Kaukasus wurde die Provinz Tabaristan zum ersten Male vollständig unterjocht. Im äußersten Osten fiel ein Theil von Kaschmir, Multan und Kandabil in die Gewalt des Statthalters von Sind, und auch die Stadt Kandahar, am Meerbusen von Cambaie, nebst einigen anderen Plätzen am Indus, wurden erobert. Bedeutendere Unternehmungen gegen die Grenznachbarn gestatteten die schon erwähnten vielen Empörungen in Chorasan, Jrak, Arabien, Syrien und Mesopotamien nicht, zu denen noch die Kriege in Africa kamen, welche, wenn nicht auch dieses Land, wie Spanien, vom Chalifenreiche losgerissen werden sollte, Manßur nöthigten, ein ansehnliches Heer dorthin zu werfen.

Abd Errahman Ibn Habib, der sich unter Merwan zum Statthalter emporschwang, unterwarf sich den Abbasiden, aus Furcht vor den flüchtigen Omejjaden, die ihm die Herrschaft zu entreißen suchten. Er hoffte übrigens, es werde von ihm nur verlangt, daß er die Farbe der neuen Dynastie trage und den Herrscher im Gebete nenne. Sobald aber Manßur von ihm, wie von andern Statthaltern, einen

Theil der Steuern und eine Anzahl Sklaven forderte, lehnte er sich gegen ihn auf, wurde aber von seinen eigenen Brüdern ermordet. Nach längeren Kämpfen unter den Verwandten Abd Errahmans rissen zuerst die Berber, dann die Charidjiten, die Herrschaft über Afrika an sich. Der Chalife mußte Mohammed Jbn Alaschath, an der Spitze von 40,000 Mann, nach Afrika schicken, um die Charidjiten zu verdrängen, welche ihm nicht blos dieses Land entrissen, sondern durch ihre Lehren seine Rechte auf das Chalifat untergruben. Mohammed siegte über diese Rebellen und besetzte im Jahr 762 Kairawan wieder. Nach einigen Jahren empörten sich aber, weil er ein Jemenide war, die Mudhariten gegen ihn und ernannten einen anderen Statthalter. Manßur ließ sich zwar diesen nicht aufzwingen, gab jedoch insofern nach, als er auch einen Mudhariten an die Stelle Mohammeds setzte, und zwar Alaghlab Jbn Salim, den Stammvater der Aghlabiten, welche später gewissermaßen unabhängige Herrn von Afrika und Sicilien wurden. Durch diese halbe Maßregel verdarb es aber der Chalife mit allen Parteien. Es brachen neue Empörungen aus, die zwar der neue Statthalter Omar Jbn Haiß (768) niederschlug, aber auch er endete sein Leben im Kampfe gegen Charidjiten und Berber, und Manßur mußte im Jahr 772 abermals 60,000 Mann unter Jezid Jbn Hatim nach Afrika schicken, um die Rebellen zu züchtigen.

Unter diesen Umständen begreift man, daß Manßur nicht im Stande war, zu verhindern, daß Spanien unter seiner Regierung, nachdem es längere Zeit innern Kriegen und Empörungen preis gegeben war, endlich einem Omejjaden zur Beute wurde.

Wir haben im frühern Abschnitte gesehen, wie nach Okba's Tod, Baldj und Abd Almelik Jbn Katan um die Herrschaft über Spanien stritten. Letzterer wurde besiegt und getödtet, aber sein Sohn, in Verbindung mit Abd Errahman, dem Sohne Habib's, erkannte Baldj nicht an, es folgten neue Bürgerkriege und Spaltungen, bis endlich Abu-l-Chattar zum Statthalter von Spanien ernannt wurde. Da dieser aber Jemenide war, so leisteten ihm die Mudhariten, an deren Spitze Zumeil Jbn Hatim stand, nur kurze Zeit Gehorsam. Nach blutigen Kriegen einigte man sich dahin, daß die Herrschaft zwischen Mudhariten und Jemeniden abwechseln sollte. Jusuf, der

Sohn Abd Errahman's, des Statthalters von Afrika, wurde zuerst von den Mudhariten gewählt, wollte aber, als das Jahr (747) abgelaufen war, nicht abtreten, was neuen Aufruhr erzeugte, den er mit Gewalt unterdrücken mußte. Die Jemeniden, denen sich auch die meisten Berber anschlossen, warteten aber nur auf eine günstige Gelegenheit, um den wortbrüchigen Statthalter zu stürzen. Eine solche bot sich ihnen, als Abd Errahman, ein omejjadischer Prinz, nach vielen Abenteuern und Gefahren, allen Nachstellungen der Abbasiden zum Trotze, in Spanien landete. Alle Feinde Jusuf's schaarten sich um den muthigen und unternehmenden Jüngling, er konnte ohne Widerstand bis in die Nähe von Cordova vorrücken, und war stark genug, um über Jusuf (Mai 756) einen glänzenden Sieg zu erringen, welcher ihn in den Besitz der Hauptstadt brachte. Jusuf setzte zwar den Kampf noch fort, wurde aber nochmals geschlagen und zur Unterwerfung genöthigt, und alle seine und seiner Söhne späteren Versuche, die Herrschaft wieder an sich zu reißen, blieben erfolglos und endeten mit ihrem gänzlichen Untergange. Für das Haus Abbas zeigte sich in Spanien auch nicht die geringste Sympathie. Die hier angesiedelten Araber aus Egypten, Syrien und Jemen, konnten, auch abgesehen von ihrer Anhänglichkeit an die Omejjaden, von denen die Eroberung Andalusiens ausgegangen war, einem Geschlechte nicht zugethan sein, das seinen Thron der Hülfe fremder, halbheidnischer Volksstämme verdankte, und den es über den Leichen ihrer arabischen Brüder errichtet hatte. Den Mauren und Berbern, die sich auf der pyrenäischen Halbinsel niedergelassen, mußte ohnehin jede Abhängigkeit vom Osten um so verhaßter sein, als sie, wie die Bewohner Afrikas, größtentheils Charidjiten waren, und die Dogmen verwarfen, auf welche die Abbasiden ihre Rechte auf das Chalifat stützten. Selbst die aus Irak Eingewanderten, welche am meisten Pietät gegen das Geschlecht Mohammeds hegten, waren der neuen Dynastie nicht zugethan, weil sie früher immer nur für die Nachkommen Ali's gekämpft hatten. Dazu kam noch, daß die Araber in Spanien, der fortwährenden Bürgerkriege müde, sich nach einer selbstständigen starken Regierung sehnten, die nur das Wohl Spaniens und nicht die Interessen des östlichen Chalifats im Auge haben würde. Schon unter Jusuf's Regiment, als ein gewisser Habbab mit einer schwarzen

Fahne gegen Saragoſſa zog und die Oberherrſchaft der Abbaſiden proclamirte, zeigte ſich, wie wenig Anhänger ſie in Spanien zählten, noch mehr aber, als unter Abd Errahman, von Afrika aus, ein beträchtliches Heer landete, das im Namen des Chalifen Manßur von Spanien Beſitz nehmen wollte. Ali Ibn Mughith, der Anführer dieſer Truppen, wurde nur von einigen früheren Anhängern Juſuf's unterſtützt, und bei Sevilla von Abd Errahman beſiegt und getödtet. (763). Sein Haupt wurde nach Kairawan, oder wie Andere berichten, nach Mekka gebracht, und dem beſtürzten Chalifen nach den Einen, oder dem Statthalter von Afrika nach den Andern, zu Füßen geworfen. Manßur bewarb ſich nun, da er die erlittene Schmach nicht rächen konnte, um die Freundſchaft der Franken, welche Abd Errahman von Norden her bekriegen ſollten. Der Chalife aus dem Geſchlechte des Propheten, welcher im Koran verbietet, mit Ungläubigen ein Bündniß zu ſchließen, ſcheute ſich nicht, aus Furcht, Abd Errahman möchte ihm Afrika entreißen, Pipin zum Kriege gegen das moslimiſche Andaluſien anzuſtacheln, die fränkiſche Geſandtſchaft in Bagdad (765) feierlich zu empfangen und moslimiſche Geſandte an den Hof des Chriſtenkönigs zu ſchicken.

Der Sitz der Regierung war damals ſchon in Bagdad, der von Manßur neu gegründeten Stadt, am weſtlichen Tigrisufer, ohngefähr fünfzehn engliſche Meilen oberhalb vom ehemaligen Kteſiphon. Saffah hatte die Reſidenz von Damask nach Jrak verlegt, weil er der Bevölkerung von Syrien nicht traute, die ein ganzes Jahrhundert hindurch den Omejjaden treu gedient hatte. Aus ähnlichen Gründen verließ Manßur Haſchimijeh, die Reſidenz ſeines Vorgängers, denn er hatte ſich bei dem Aufſtande der Fanatiker überzeugt, daß das Volk wenig Zuneigung für ihn habe, und bei der Empörung der Aliden, daß man in Baßrah ſowohl als in Kufa, mehr Liebe zum Geſchlechte Ali's als zu dem Seinigen hege. Bagdad ſollte zunächſt eine ſtarke Feſtung werden, geſchützt durch doppelte Mauern, durch den Tigris und durch zahlreiche Kanäle, welche dieſen Strom mit dem Eufrat verbinden. Die Beſatzung von Bagdad ſollte die unruhige Bevölkerung von Kufa, Baßra und Waſit im Zaume halten, während die von Rafika, der ebenfalls von Manßur angelegten Feſtung am Eufrat, gegenüber von Rakka, ſtets bereit sein sollte, sowohl gegen die Charidjiten in Mesopotamien, als gegen die Anhänger der Omeijaden in Syrien auszurücken. Letztere waren außerdem noch im Norden von den festen Städten Malatieh und Mopsuestia bedroht, die zugleich als Bollwerke gegen die Byzantiner dienten. Manßur hatte sich überzeugt, daß Merwan's Untergang dadurch herbeigeführt oder wenigstens beschleunigt worden, daß er, nach der Niederlage am Zab, keinen festen Punkt mehr fand, um neue Kräfte zu sammeln; darum ließ er allenthalben, auch fern vom Sitze der Regierung, neue Festungen bauen oder die Alten wieder herstellen. Bagdad's Lage war aber auch dem Handel so günstig, daß, gegen die Absicht des Gründers, sich der ursprüngliche Kriegsplatz bald in eine große Handelsstadt verwandelte, in welcher zwischen Indien, dem südlichen Arabien und Persien, und zwischen den Karawanen aus Syrien, Armenien und Mesopotamien, ein lebhafter Verkehr statt fand. Die ursprünglichen Mauern konnten die immer wachsende Bevölkerung bald nicht mehr fassen, und später war auch der Tigris kein Hinderniß mehr zu weiterer Ausdehnung der großen Weltstadt nach Osten, indem auch hier prachtvolle Bauten sich erhoben, die durch zahlreiche Brücken mit dem westlichen Theile verbunden waren. Die arabische Besatzung der Stadt ließ Manßur nach Stämmen absondern, damit er, bei etwaiger Empörung eines Theiles derselben, die Andern gegen sie aufbieten konnte. Seine Leibwache bestand größtentheils aus Chorasanern und Türken, denen er mehr als den Arabern traute, und so legte er gewissermaßen den Grund zur Unterdrückung der Araber durch Fremdlinge. War aber einerseits Manßur's Vorliebe zu den Fremden, namentlich zu Persern, denen er seinen Thron verdankte, ein Unglück für die arabische Nationalität, so wurde sie, in wissenschaftlicher Beziehung, ein Segen für das islamitische Reich, denn die Perser, welche zu jener Zeit, von Indien und Byzanz angeregt, alle Zweige der Wissenschaft pflegten, trieben auch die Araber zu ernsten Studien an, und unter Manßur, der die Gelehrsamkeit schätzte und förderte, entstanden die ersten arabischen Werke über Traditionskunde, Jurisprudenz, Theologie, Geschichte, Geographie, Grammatik, Lexikographie, Mathematik, Astronomie und, wie manche behaupten, sogar über Medicin, während bis zu dieser Zeit die ganze Gelehrsamkeit der Araber nur in mündlicher Ueberlieferung bestand, die dazu noch von sehr geringem Umfang war. Nur in der Dichtkunst hatten die Araber schon vor Mohammed einen hohen Grad von Vollkommenheit erreicht, erzeugt vom eigenthümlichen Leben der Beduinen und gefördert durch das hohe Ansehen, in welchem der Dichter stand, der zugleich Richter und Anwalt seines Stammes war, wenn er in seinen Liedern eben so dessen Thaten zu verherrlichen, als die eigenen Gefühle seines Herzens auszudrücken verstand. Schilderung glänzender Waffenthaten, an die sich eine Beschreibung der Waffen, der Schlachtrosse, der Kameele und des Schauplatzes der geschilderten Ereignisse reiht, Lob der Tugenden des Stammes, oder des Dichters selbst, welche besonders in Tapferkeit, Wohlthätigkeit, Gastfreundschaft und Beredsamkeit bestanden, so wie Tadel der Laster des Feindes: Feigheit, Geiz, Hartherzigkeit, bilden den Hauptstoff der vorislamitischen Gedichte, werden aber gewöhnlich durch einige an die Geliebte gerichtete Strophen eingeleitet und hie und da mit Weisheitssprüchen durchwoben. Viele glücklich zusammenwirkende Umstände brachten die Poesie bei den Arabern auf eine hohe Stufe: die jährlichen Pilgerfahrten nach Mekka, durch welche der Koreischitische Dialekt allgemeine Volks- und Dichtersprache wurde, die dichterischen Wettkämpfe auf der Messe von Okaz, die vollständige Glaubens- und politische Freiheit, und endlich die Abgeschlossenheit der Araber von der übrigen Welt, durch welche sie von ihrer eigenen Kleinen um so mehr erfüllt waren. Weil sie von der ganzen Erde nur ihre Wüste, ihr Zelt, ihr Pferd, ihr Kameel, ihre Waffen, ihre Geliebte, ihre Gäste und ihre Feinde kannten, mußte sich ihre glühende Phantasie ganz auf diese Gegenstände concentriren und wahre, lebendige, aus der Natur gegriffene Bilder erzeugen. Die Armuth an üppigen Naturschilderungen, die bei den Bewohnern des mittlern und nördlichen Arabiens, die Heimath arabischer Dichtkunst, leicht erklärbar ist, wird durch die malerische Beschreibung des Wüstenlebens mit seinen Freuden und Leiden zur Genüge ersetzt. Lange beschwerliche Züge bei furchtbarem Gewitter oder glühender Hitze, Schlachtgetümmel, Kämpfe gegen Schakals, Leoparden und Hyänen, wechseln mit der Schilderung eines bequemen Zeltes, eines fröhlichen Mahls, das mit Gesang, Tanz und Spiel endet. Der Islam wirkte nachtheilig auf die arabische Poesie, wenn auch Mohammed selbst die

Dichter, die ihn nicht anfeindeten, noch sehr hoch stellte, weil das individuelle Leben der Araber in dem großen islamitischen Reiche aufgieng, und weil die Religion ihren Geist und ihr Herz dermaßen beherrschte, daß jeder andere Gedanke und jedes andere Gefühl scheu zurücktreten mußte. Das Besingen der eigenen Heldenthaten oder der des Stammes mußte gegenüber denen des Propheten und seiner Gefährten, die Alles überragten, jeden Werth verlieren. Selbst die großen Kriege gegen Ungläubige, obgleich mit dem Feuereiser des religiösen Fanatismus geführt, konnten nicht mehr jene Begeisterung hervorbringen, der wir so manche schöne vorislamitische Heldengedichte verdanken, weil Unerschrockenheit im Kampfe, wie Mildthätigkeit und Freigebigkeit gegen Arme und Reisende, nicht mehr eine persönliche Tugend war, sondern ein göttliches Gebot, dessen Erfüllung in's Paradies und dessen Uebertretung in die Hölle führte. Der Verfall der Poesie war übrigens ein allmähliger, noch barg die Wüste manche poetische Natur, die, unbekümmert um Koran und ein mohammedanisches Reich, die Gefühle des Herzens in feurigen oder anmuthigen Versen aussprach, und die meisten Chalifen aus dem Geschlechte Omejja's duldeten nicht nur profane Dichter, sondern überhäuften sie auch mit Geschenken, wofür sie aber allerdings auch nicht nur Dank, sondern öffentliches Lob erwarteten, so daß an die Stelle der frühern Heldengedichte nach und nach eine poetische Lobpreisung der hohen Gönner und Machthaber trat. Der Beifall des sklavischen Volkes wurde dem Dichter immer gleichgültiger, nur vom Chalifen erwartete er Lohn und Ruhm, ihm zu schmeicheln und sein Wohlwollen zu erfingen, wurde sein einziges Streben, und so verdrängte die Hofpoesie mehr und mehr alle andern Dichtungsarten.

Die Festsetzung der Regeln der Metrik, die unter Manßur begann, wirkte übrigens auch nachtheilig auf die Poesie der Araber. Die Verse wurden fließender, weicher und correcter, aber auch weniger frisch und naturwüchsig, als die der ältern Dichter. Dazu kam noch, daß man bald die ältern Gedichte sammelte, schriftlich aufbewahrte und als Muster aufstellte, Folge davon war aber, daß es den spätern Dichtern immer mehr an Originalität abgieng, und daß sie, ohne innern Drang, ohne alle Begeisterung, Verse nach ältern Formen künstlich zusammenschmiedeten, die zu ihren veränderten Lebensverhältnissen gar nicht mehr paßten. Wir bewundern das Gedicht eines Beduinen, in welchem er uns das Kameel beschreibt, das ihn bei stürmischem Wetter über Berge und Thäler durch eine öde Wüste trägt, dann die noch übrigen Spuren des Zeltes, in welchem einst seine Geliebte gewohnt hat. Wir weinen mit ihm über die jetzt verlassene Stätte und begleiten ihn zum Stamme, der sie ihm geraubt hat. Wir hören ihm gern zu, wenn er dann seine und seines Stammes Muth und Ausdauer preist, die ihn seiner Geliebten würdig machen, und folgen ihm ins Schlachtgetümmel, wo er neue Lorbeern pflückt, um sie endlich mit der wieder erkämpften Geliebten zu theilen. In diesem Gemälde weht ein frischer Lebenshauch, es sind reine Herzensergüsse, die tiefen Eindruck machen. Wenn aber ein Dichter der Residenz, der seine Tage und Nächte im Palaste eines Chalifen oder Veziers, bei Wein, Musik und Tanz verpraßt, irgend ein Lobgedicht nach alter Weise damit beginnt, daß er das Kameel beschreibt, das ihn durch gefahrvolle Wege zu einem Gönner bringt, dem er, um von ihm beschenkt zu werden, eine Kaßideh vorträgt, so spricht uns nur noch der glatte, anmuthige Ausdruck und der correkte Versbau an, wir fühlen aber, daß die Verse dem Dichter nicht aus dem Herzen fließen, sondern ein Produkt der Kunst oder häufig auch nur des Gedächtnisses sind.

Manßur war eine zu kalte, nüchterne Natur, um viel Sinn für Poesie zu haben, und zu geizig, um Dichter durch Geschenke an seinen Hof zu locken. Die folgenden Abbasiden, namentlich Mahdi, Hadi, Raschid und Mamun hatten Empfängniß für dichterische Produkte und waren freigebig gegen Poeten, aber die Dichter hatten ihre Freiheit verloren, jedes den Herrscher, seine Freunde oder seine religiösen Ansichten verletzendes Wort konnte schon die schlimmsten Folgen für sie haben, und so wurde die Poesie nicht weniger zur Dienerin des Despotismus, als die Historiographie, da gerade die Historiker und Biographen in näheren Beziehungen zu den Chalifen standen, und zu einer Zeit schrieben, in welcher die Begebenheiten der ersten Zeit des Islams nach gewissen Doctrinen dargestellt werden mußten. Man begreift leicht, daß zum Beispiel Ibn Ishak, der älteste bekannte Biograph Mohammeds, unter einem Chalifen wie Manßur, die Ahnen der Abbasiden auf Kosten derer der gestürzten

Omejjaden, die eine hervorragende Rolle in der Geschichte der Gründung des Islams spielten, so viel als möglich in den Vordergrund stellen mußte. Eben so wenig durfte Alwakidi, dessen Werke die Hauptquelle über die zwei ersten Jahrhunderte des Islams bilden, die von allen spätern Historikern und Biographen benutzt wurde, unter einem Chalifen wie Mamun, der jeden für vogelfrei erklärte, welcher Ali nicht als den Vorzüglichsten aller Menschen anerkannte, oder der an dem Chalifen Muawia irgend eine Tugend lobte, in seinen Berichten die Wahrheit allein zur Richtschnur nehmen. So sehr wir also Manßur's Pflege der Wissenschaft anerkennen müssen, so darf doch andrerseits bedauert werden, daß namentlich die Anfänge der Aufzeichnung der alten Traditionen über Mohammed, so wie über die Geschichte der ersten Chalifen, in eine Zeit fallen, in welcher eine unparteiische Darstellung der Begebenheiten und Schilderung der Personen nicht zu erwarten war. Manßur selbst soll übrigens, jedoch erst gegen das Ende seiner Regierung, als er nichts mehr zu fürchten hatte, in seinem Urtheile über manche Omejjaden, milder geworden sein. Er soll, als einst Haddjadj in seiner Gegenwart gelobt wurde, und ein Höfling sich mißbilligend darüber äußerte, gesagt haben: „Wollte Gott, ich fände einen Mann wie Haddjadj, ich würde ihm die Regierung überlassen und mein Leben in den heiligen Städten beschließen." Einem Erzähler, welcher, als vom Chalifen Hischam die Rede war, die übliche Formel „Gott sei ihm gnädig!" hinzusetzte, machte er Vorwürfe über diesen Zusatz, als Jener aber erwiderte, er habe diesem ehemaligen Chalifen viel zu verdanken und werde ewig sein Andenken ehren, beschenkte er ihn und sagte: ich wollte, ich hätte viele solche Männer in meiner Umgebung. Solche isolirte Züge von Großmuth und Freigebigkeit verlieren sich aber unter vielen Andern, die ihn als einen grausamen, undankbaren und habgierigen Tyrannen zeichnen. Er scheint als wahrer Geizhals sich am Anblick seiner unermeßlichen Schätze geweidet zu haben, denn er war nicht nur gegen Andere engherzig, sondern versagte sich selbst auch das Nöthigste, lebte eben so einfach wie die ersten Chalifen in Medina, und gestattete auch seinen schlecht besoldeten Beamten nicht, sich irgendwie dem Wohlleben hinzugeben. Auch betete er wie jene viel, las fleißig im Koran, hatte stets fromme Sprüche auf der Zunge, obgleich jedermann wußte, daß ihm kein Verbrechen zu schwer fiel, wenn es galt, seine Herrschaft zu befestigen oder seinen Schatz zu vermehren. Der Widerspruch zwischen seinen strengen Predigten und seinen eigenen Handlungen zog ihm mehrmals Unterbrechungen in denselben zu, indem laut Koransverse vorgetragen wurden, in denen der Gläubige ermahnt wird, seine Handlungen mit seinen Worten in Einklang zu bringen. Manßur hätte, mit seinem Verstande, mit seiner Klugheit, mit seiner Willenskraft und rastlosen Thätigkeit, den islamitischen Völkern das werden können, was sie seit dem Verfall der Omejjaden von einem Fürsten der Gläubigen erwarteten, wenn ihm Leben und Gut seiner Unterthanen heilig gewesen wäre. Durch ein reines, tadelloses Leben und durch Handhabung der Gerechtigkeit wäre es ihm leicht geworden, die Chalifenwürde wieder zu Ansehen zu bringen, und er hätte alle Empörungen ohne Folter, Gift und Dolch niederkämpfen können, wenn er durch Förderung des Wohls seiner Unterthanen sich ihre Liebe und ihr Vertrauen erworben hätte. Aber noch in seinen letzten Tagen soll er seinen Neffen Abd Alwahhab, einen Sohn Ibrahim's, von dem er fürchtete, er möchte nach seinem Tode den Thron seinem Sohne streitig machen, aus der Welt geschafft haben.

Manßur starb nach einer zwei und zwanzigjährigen Regierung (7. Oktober 775) auf dem Wege nach Mekka, in Folge eines Sturzes vom Pferde. Sein Leichnam wurde nach Mekka gebracht, aber heimlich bestattet, weil man fürchtete, seine Gebeine möchten bei etwaigen spätern Umwälzungen dasselbe Schicksal haben, das die Abbasiden denen der Omejjaden bereitet hatten. Auch sein Tod wurde verheimlicht, bis Isa und die Spitzen des Reichs seinem Sohne Mahdi den Eid der Treue geschworen hatten.

Mahdi's Regierungsantritt wurde von den Moslimen als eine wahre Erlösung von einem harten Joch begrüßt. Die Gefangenen wurden alsbald, mit Ausnahme der gemeinen Verbrecher, in Freiheit gesetzt, die von Manßur aufgehäuften Schätze zu wohlthätigen Zwecken, zu gemeinnützigen Werken und zur Unterstützung der Kunst und Wissenschaft verwendet. Es wurden Moscheen gebaut, Brunnen gegraben und Straßen angelegt, mit regelmäßigem Postenlauf. Das heitere luxuriöse Leben am Hofe, von welchem Manßur Musik und

Gesang verbannt hatte, lud auch die immer wachsende Bevölkerung der Hauptstadt ein, die durch Handel und Gewerbfleiß erworbenen Reichthümer zu genießen, und dadurch wieder den allgemeinen Wohlstand zu heben. Auch in Bezug auf die Rechtspflege trat eine Besserung ein, indem Mahdi sich von rechtskundigen Richtern umgab, nach deren Ausspruch er sein Urtheil fällte. Trotz allen diesen Vorzügen des Chalifen fehlte es doch auch unter seiner Regierung nicht an innern Empörungen, die er nur mit Gewalt der Waffen unterdrücken konnte, und die ihn dann später auch zu mancher Gewaltthat hinrissen.

In Transoxanien erhob sich ein unter dem Namen Almukanna (der Verschleierte) bekannter Schwärmer oder Gaukler, welcher die Lehre von der Seelenwanderung und der Incarnation der Gottheit predigte, die er für sich selbst ausbeutete, indem er behauptete, Gott habe sich zuerst in der Gestalt Adams geoffenbart, dann sei er als Noah wieder erschienen, so gieng er dann zu andern Propheten über, bis auf Mohammed, Ali, Abu Muslim und sich selbst. Diese Lehre fand um so leichter Eingang, als er sich durch seine Gewandtheit und ungewöhnlichen Kenntnisse in der Naturwissenschaft den Ruf eines Wunderthäters erworben hatte. Da er mit den Rebellen in Buchara sowohl als mit den Turkomanen ein Bündniß schloß, und Chorasan von andern Aufständischen angegriffen wurde, behauptete er sich längere Zeit gegen die Truppen des Chalifen, und erst im Jahr 779, als Mangel an Lebensmitteln ihm nicht mehr gestattete, die Festung Sanam gegen das Belagerungsheer zu vertheidigen, vergiftete er sich und seine Angehörigen, und ließ seine Burg mit allen darin aufgehäuften Schätzen in Flammen aufgehen.

Während aber in den an Indien grenzenden Provinzen, bei welchen ultraschiitische Lehren verbreitet waren, die Abbasiden verworfen wurden, weil sie, einmal zur Macht gelangt, nur als Fürsten Gehorsam, aber nicht als göttliche Wesen Anbetung verlangten, wurden sie in Andern angefeindet, weil sie ihre Rechte auf ihre Verwandtschaft mit dem Propheten und nicht auf den Willen des Volkes stützten. In Mesopotamien empörte sich Jasin gegen den Chalifen, ein Mann, der einerseits für den ursprünglichen Mohammedanismus, mit seinen alten Sitten und Gebräuchen, schwärmte, andrerseits ein wahrer

Republikaner war, der alle Chalifen seit Osman, weil sie nicht vom Volke gewählt waren, als gewaltthätige Usurpatoren erklärte. Auch dieser Aufstand konnte nicht ohne Machtentfaltung niedergeschlagen werden. In Djordjan und im nördlichen Syrien erhoben sich theils Anhänger der alten Lehre Zoroasters, theils Jünger Mazdak's, welche Frauen- und Gütergemeinschaft predigten, und nicht nur die Grundpfeiler des Islams, sondern die jeder geoffenbarten Religion untergruben, indem sie nur die Gesetze der Natur für heilig hielten und nur die Pflichten der Menschenliebe in ihrer weitesten Ausdehnung erfüllten. Diese irreligiöse Sekte war weit verbreitet, und bedeutende Feldherrn, hohe Staatsbeamte, berühmte Gelehrte und nahe Verwandte des Chalifenhauses gehörten derselben an. Die Vertilgung einer so gefährlichen Sekte erheischte die größten Anstrengungen von Seiten der Regierung, und Mahdi führte daher eine Art Inquisition ein, die bis gegen das Ende der Regierung Harun Arraschids fort bestand, der es oblag, diese Ketzer, Zendik genannt, auszuspähen und zu richten, die aber auch ihre Gewalt mißbrauchte, indem sie manchen von seinen Feinden als Communist und Freigeist verschrienen Unschuldigen zum Tode verurtheilte.

Mahdi scheint überhaupt Denunciationen jeder Art ein zu geneigtes Ohr geliehen zu haben, und darum wechselten auch häufig sowohl die Statthalter der Provinzen als die andern hohen Staatsbeamten. Am längsten behauptete sich der Vezier Jakub Ibn Dawud, der aber auch zuletzt nicht nur entsetzt, sondern eingekerkert wurde, nach einigen, weil er ihm als geheimer Anhänger der Aliden denuncirt wurde, nach Andern, weil er es gewagt hatte, ihm Vorwürfe über seine Anstoß erregenden Bachanalien zu machen. Als einen durchweg rechtlichen Mann, auch in eigenen Angelegenheiten, dürfen wir uns Mahdi, bei allen Verdiensten um die allgemeine Rechtspflege, nicht denken. So folgte auch er dem Beispiele seines Vaters, dem designirten Nachfolger Jsa Ibn Musa gegenüber, indem er ihn durch allerlei Drohungen nöthigte, seinen Ansprüchen zu Gunsten seiner eigenen Söhne zu entsagen.

An kriegerischen Unternehmungen gegen das Ausland ist die Regierung Mahdi's arm. Ein Versuch Spanien von Afrika aus wieder dem östlichen Chalifate zu unterwerfen, (776—77) scheiterte an der Unthätigkeit des Statthalters von Saragossa, der seine Mitwirkung zugesagt hatte. Eine nach Indien gesandte Flotte büßte ihre Mannschaft theils durch Pest, theils durch Schiffbruch ein. Ins Byzantinische Gebiet wurden mehrere erfolgreiche Streifzüge gemacht. Mahdi selbst gab dem Heere das Geleite bis Haleb, und Harun Arraschid machte mehrere Feldzüge mit, und drang zuletzt (781—82) bis Chrysopolis vor, so daß die Kaiserin Irene um jeden Preis Frieden schließen mußte. Ungehinderte Heimkehr mit aller Beute und sämmtlichen Gefangenen, Verpflegung des Heeres während des Marsches und ein jährlicher Tribut von 70,000 Dinaren war der Preis, um welchen Harun den Frieden gewährte, und die eingekerkerten Gesandten der Kaiserin wieder in Freiheit setzte.

Mahdi ließ, nach der Abdankung Isa's, (Oktober 776) seinem Sohne Musa als Nachfolger huldigen. Sechs Jahre nachher ernannte er seinen zweiten Sohn Harun zum zweiten Nachfolger. Später wollte er, weil Harun größere Fähigkeiten zum Regieren zeigte, auch der Liebling seiner Mutter war, seine Bestimmungen ändern und Letztern voransetzen. Er rief daher Musa, welcher bei dem Heere in Djordjan war, nach Bagdad. Dieser ahnte wahrscheinlich, was ihm bevorstand, und leistete dem Befehle seines Vaters keinen Gehorsam, mißhandelte sogar dessen Boten. Mahdi beschloß daher, selbst, an der Spitze eines Heeres, gegen seinen Sohn ins Feld zu ziehen, starb aber auf dem Wege, (7. August 785) in einem Alter von 48 Jahren, nach einigen an Gift, nach Andern auf der Jagd, und Harun, der ihn begleitete, hielt es für räthlich, mit den Truppen wieder umzukehren und seinen ältern Bruder als Chalifen anzuerkennen.

Musa Alhadi besaß dieselben Tugenden wie sein Vater. Er war gerecht, tapfer, freigebig, lebenslustig, doch streng gegen Ketzer. Er wich nur in einem Punkte von ihm ab, indem er allein regieren wollte, während Mahdi seiner Gattin Cheizuran, namentlich in seinen letzten Lebensjahren, großen Einfluß auf die Regierungsangelegenheiten eingeräumt hatte. Cheizuran bildete, so lang Mahdi lebte, den Mittelpunkt des Hofes. In ihrem Palaste versammelten sich die Höflinge, die um irgend eine Gunst warben, und sie empfieng von ihnen den ersten Morgengruß, noch ehe sie dem Chalifen ihre

Aufwartung gemacht hatten. Da Habi wahrscheinlich ihrem Einflusse die von seinem Vater beabsichtigte Aenderung in der Thronfolge zu schrieb, verwies er sie, bald nach seiner Rückkehr nach Bagdad, in ihr Harem, untersagte ihr jede Einmischung in Staatsangelegenheiten, und verbot seinen Beamten, sich in irgend einem Anliegen an sie zu wenden. War diese herrschsüchtige und verwöhnte Frau schon durch diese Maßregel ihres Sohnes erbittert, so wurde ihre Abneigung noch gesteigert, als er ihren Liebling Harun ganz verdrängen und an dessen Stelle seinen eigenen noch minderjährigen Sohn Djafar zum Nachfolger bestimmen wollte. Er verfuhr gegen Harun, wie seine Vorfahren gegen Isa Ibn Musa, indem er ihn vom ganzen Hofe mit Geringschätzung behandeln ließ, so daß er zuletzt in einem festen Schlosse auf dem Lande Zuflucht suchen mußte. Mehrere Häupter der Armee unterstützten den Chalifen in seinem eidbrüchigen Vorhaben, nur der Barmekide Jahja Ibn Chalid wagte es als Vertheidiger der Rechte Harun's aufzutreten, und warnte ihn vor der Verletzung des seinem Vater geleisteten Eides. Der Chalife ließ ihn aber einkerkern und hatte schon alle Anstalten, um seinem Sohne huldigen zu lassen, getroffen, als er, auf Anstiften seiner eigenen Mutter, von ihren Sklavinnen auf einer Reise, in der Nähe von Moßul, nach einigen Berichten, vergiftet, nach Andern, in seinem Bette erstickt wurde. (15. Sept. 786)

Von öffentlichen Begebenheiten unter der einjährigen Regierung Habi's ist nur ein Aufstand der Aliden in Mekka und Medina zu erwähnen, der zwar keine große Dimensionen annahm und bald unterdrückt wurde, aber doch deshalb nicht übergangen werden darf, weil einer der aufrührerischen Aliden, Jdris Ibn Abd Allah, sich über Egypten nach Westafrika flüchtete, wo er selbst zwar später auf Befehl Harun's vergiftet ward, seine Nachkommen aber ein unabhängiges Reich gründeten, das von Welila aus sich bald über Fez und Marokko ausdehnte.

Harun Arraschid (der Gerechte) nimmt sowohl im Morgen- als im Abendlande den ersten Rang in der Geschichte der Chalifen ein. Seinen großen Ruf verdankte er seinem äußerlich religiösen Leben, seinen zahlreichen Pilgerfahrten, auf welchen ihn eine Schaar Theologen begleitete, seiner Freigebigkeit gegen Gelehrte und Dichter, so wie gegen die Bewohner der heiligen Städte, seinen Bemühungen um die Verschönerung und Bereicherung der Hauptstadt, die unter seiner Regierung den Höhepunkt ihres Glanzes erreichte, von dem sie schon unter seinem Nachfolger wieder herabzusinken begann, so wie ferner den zahlreichen ausgezeichneten Männern: Veziere, Richter, Redner, Traditionskundige, Dichter, Sänger und Musiker, welche seinen Hof schmückten und Bagdad zu einer Stadt erhoben, die nicht nur durch Ausdehnung, Reichthum und äußern Glanz, sondern auch durch Gelehrsamkeit, Kunst und feine Sitten sich auszeichnete. Auch seine siegreichen Feldzüge gegen die Byzantiner trugen nicht wenig dazu bei, ihn bei seinen moslimischen Zeitgenossen zu verherrlichen, und schließlich seine eigene Bildung, seine Liebenswürdigkeit, sein Sinn für feinere gesellige Vergnügungen, seine geistreiche Unterhaltung, durch die er, nicht weniger als durch seine Geschenke, die genialsten Männer seiner Zeit anzuziehen und zu fesseln verstand. Kein Wunder also, daß noch spätere Märchenerzähler die Zeit Haruns als die Goldene des Chalifats ansahen, daß, wenn sie ihre Zeitgenossen in die Tage einstigen Glanzes, ehemaliger Herrlichkeit und Macht versetzen wollten, sie die Regierung Haruns wählten, und daß sie ihn selbst mit Tugenden ausstatteten, die er nicht besaß, seine Schwächen und Laster aber verhüllten. Den Namen „Gerechte", den er von seinem Vater erhielt, als er ihn zum zweiten Thronfolger bestimmte, hat er am allerwenigsten verdient, denn wenn auch feile Dichter seine Tugenden über die aller Sterblichen erheben, so haben doch unpartheiische Historiker Thatsachen aufgezeichnet, welche mit diesem Lob in grellem Widerspruch stehen. Seine Frömmigkeit war eine scheinheilige. Er gab sich nicht nur heimlich unerlaubten Genüssen hin, sondern bebte sogar vor den schwersten Verbrechen nicht zurück. Er war nicht viel besser als sein Großvater Manßur, und mögen auch die zahlreichen Anekdoten, in welchen er als milder und gerechter Regent erscheint, mehr als spätere Erdichtung sein, so beweisen sie eben nur, daß bei i h m wie bei andern D e s p o t e n es auch Momente gab, in welchen das Bessere in ihm den Sieg davon trug. Folgende unbestrittene Thatsachen, aus den verschiedenen Lebensperioden Harun's, beweisen, daß er einer der abscheulichsten Tyrannen war, die je auf einem Throne gesessen.

Harun weihte seine Regierung durch Vergiftung des oben genannten Idris ein, durch den Befehl zur Hinrichtung des egyptischen Postmeisters, der dem Unglücklichen die Flucht ermöglicht hatte, so wie zu der des Emirs Abu Ißmah, welcher Habi gerathen hatte, seinen Sohn Djafar an Haruns Stelle als Nachfolger zu bestimmen. Der Statthalter von Mesopotamien wurde mit dem Tode bestraft, weil er im Kampfe gegen die Charidjiten unterlegen war. Der Alide Musa Ibn Djafar mußte sein Leben im Kerker enden, weil er einst das Grab des Propheten in Medina, mit den Worten „heil dir, Vater!" begrüßte, dem sich Harun nur mit dem Ausrufe „heil dir, Vetter!" genähert hatte. Ein Vetter Manßurs wurde in Folge einer niederträchtigen Verläumdung der Freiheit beraubt. Ein anderer Vetter desselben wurde nach seinem Tode noch des beabsichtigten Hochverraths angeklagt, um Harun einen Vorwand zu geben, dessen großes Vermögen zum Nachtheile näherer Blutsverwandten einzuziehen. Der Alide Jahja Ibn Abd Allah, der sich in Persien empört, dann aber, als ihm eine Begnadigungsurkunde vom Chalifen zugestellt wurde, ergeben hatte, wurde dennoch eingekerkert, nach einigen Berichten sogar im Kerker ermordet, weil einer der sklavischen Hofrichter Haruns einen Formfehler in der Urkunde entdeckte. Der Bruder eines Rebellen in Chorasan wurde vor Harun gebracht, als er schon dem Tode nahe war, doch sagte er: bliebe mir nur so viel Lebenskraft noch übrig, um ein Wort hervorzubringen, so wäre es: „stirb!" Er ließ hierauf einen Metzger rufen und den Unglücklichen in Stücke zerhauen. Seine abscheulichste Handlung, die allein schon genügen würde, ihn als einen unmenschlichen Tyrannen zu brandmarken, ist aber die Vertilgung der Barmekiden.

Dieses aus Persien eingewanderte, von Barmek abstammende Geschlecht, das sich schon unter den Omejjaden zum Islam bekehrte, stand sehr früh durch die ausgezeichneten Männer, die ihm angehörten, in hohem Ansehen. Chalid, ein Sohn Barmeks, wurde, nach der Ermordung Abu Salama's, zum Vezier Saffah's ernannt. Unter Manßur war er zuerst Finanzminister, dann Statthalter von Moßul. Später leitete er den Bau der Stadt Bagdad, wobei er sein Möglichstes that, um den Palast der alten Perserkönige in Ktesiphon zu erhalten. Unter Mahdi wurde Jahja, der Sohn Chalid's, der schon früher Statthalter von Aserbeidjan war, Haruns Secretär und Oberhofmeister und später Staatssekretär des Chalifen. Da er, wie schon erwähnt, einer der wenigen war, welche dem Chalifen Hadi gegen seine Absicht, Harun zu verdrängen, Vorstellungen machte, so stieg seine Gunst aufs Höchste, als dieser den Thron bestieg. Harun nannte ihn Vater, erhob ihn zum Vezier, mit unbeschränktester Vollmacht, und verlieh seinen vier Söhnen und andern nahen Verwandten die höchsten Posten im Reiche. Am meisten liebte der Chalife Djafar, den Sohn Jahjas, der ein geistreicher und lebenslustiger Mann wie er selbst war. Seine Neigung zu Djafar gieng so weit, daß er selbst in dessen Abendgesellschaften, in welchen seine Frauen und Sklavinnen, bei Wein, Gesang und Musik, ihn ergötzten, den Freund nicht entbehren wollte. Um dies zu ermöglichen, ohne die hergebrachten orientalischen Sitten zu verletzen, kam er auf den unglücklichen Gedanken, ihn formell mit seiner Schwester Abbasah zu vermählen, die er selbst leidenschaftlich liebte. Er bedeutete ihm jedoch, daß er nur den Namen eines Gatten tragen, aber nicht von den Rechten eines Solchen Gebrauch machen dürfe. Abbasah liebte aber ihren Gatten mehr als ihren Bruder und brachte es, mit Hülfe der Mutter Djafars, dahin, daß dieser sein dem Chalifen gegebenes Wort nicht hielt. Ihr intimeres Verhältniß blieb mehrere Jahre geheim, das Kind, welches Abbasah gebar, wurde in Mekka erzogen. Aber eine Sklavin, welche in ihr Geheimniß eingeweiht war, verrieth sie. Harun reiste nach Mekka, ließ sich das Kind zeigen, und als dessen Aehnlichkeit mit Djafar ihn von der Wahrheit überzeugte, beschloß er den Untergang der ganzen Familie. Djafar wurde ohne Verhör enthauptet und sein verstümmelter Leichnam am Thore und auf einer Brücke von Bagdad aufgepflanzt. Abbasah und ihr Kind sollen lebendig begraben worden sein. Jahja und seine übrigen Söhne wurden eingekerkert und aller ihrer Güter beraubt. Wer ein Wort des Bedauerns über das traurige Schicksal dieser Unglücklichen äußerte, mußte es mit dem Leben büßen. So wurde ein gewisser Ibrahim, ein Sohn des Obersten der Leibwache Manßur's, hingerichtet, weil er Djafars Tod betrauerte. Der Chalife, welchem er als Freund Djafar's denuncirt wurde, lud ihn zu einem Abendmahle ein, und stellte sich, nachdem sie viel Wein getrunken hatten, als bereute er seine Strenge gegen Djafar und als gäbe er sein ganzes Reich darum, wenn er ihn wieder ins Leben zurückrufen könnte. Ibrahim, welcher glaubte, der Chalife bereue wirklich seine That, öffnete ihm nun sein Herz und gestand, daß auch er einen Mann wie Djafar bedaure, der schwer zu ersetzen sein dürfte. Bei diesen Worten schrie ihn der Chalife an: „Gott verdamme dich!" und überlieferte ihn dem Henker.

Von Harun und seinen Freunden wurden natürlich den Barmekiden andere Vergehen angedichtet, um über die scandalöse Haremsgeschichte einen Schleier zu werfen. Aber schon Tabari, ein berühmter Historiker, der noch mit Zeitgenossen Haruns verkehrte, äußert sich, nach der Darstellung des Sturzes der Barmekiden, folgenderweise: „Das Volk sprach einen bittern Tadel über diese Handlungsweise aus und jeder sagte: sein Verfahren hätte gerechtfertigt werden können, wenn diese Catastrophe nicht mit der Geschichte seiner Schwester zusammenhinge. So aber dienten seine Handlungen nur dazu, seine Schande offenkundig zu machen. Hätte er das Geschehene mit Geduld ertragen, so wäre es nur am Hofe oder höchstens in der Hauptstadt ruchbar geworden, so aber wurde es allen Zeitgenossen bekannt, und wird sich durch Chroniken allen zukünftigen Geschlechtern, bis zum Tage der Auferstehung, fortpflanzen. So oft man fragen wird: was hat den Sturz der Barmekiden herbeigeführt? wird die Antwort lauten: das Abenteuer seiner Schwester Abbasah."

Als officieller Grund der Ungnade der Barmekiden wird angegeben, sie seien keine aufrichtige Moslimen gewesen, und haben im Stillen die Freigeister unterstützt, ferner soll der Chalife vor ihrem Ehrgeiz und ihrer Herrschsucht gewarnt und ihm vorgestellt worden sein, daß sie, bei den unermeßlichen Reichthümern, die sie besäßen, und bei der unbeschränkten Macht, die er selbst in ihre Hand gelegt, gar leicht auf den Gedanken kommen könnten, ihn vom Thron zu verdrängen, da sie jetzt schon den Namen des Chalifen, durch ihren Aufwand sowohl als durch ihren Einfluß, in den Schatten stellten. Diese und ähnliche Anklagen mochten allerdings von den Feinden und Neidern der Barmekiden, denen man schon als Perser ihre hohe Stellung nicht gönnte, angebracht worden sein, und derartige Einflüsterungen mochten auch auf das Gemüth eines ehrgeizigen, ruhmsüchtigen und argwöhnischen Mannes, wie Harun war, tiefen Eindruck gemacht haben, aber sein besonderer Grimm gegen Djafar, der allein hingerichtet wurde, die Zeit, in welcher dies geschah, nämlich unmittelbar nach der Rückkehr von Mekka (803), sowie Haruns eigene Antwort an eine seiner Schwestern, welche ihn nach der Ursache der Tödtung Djafars fragte, beweisen, daß ihn geheim gehaltene Motive dazu bestimmten, denn sie lautete: „wäre sie dem Hemde bekannt, das ich auf dem Leibe trage, so würde ich es alsbald zerreißen."

Die unverdiente Mißhandlung der Barmekiden, die sich auch auf ihre Freunde und die von ihnen angestellten Beamten ausdehnte, machte in Bagdad, wo diese Familie wahrhaft verehrt wurde, einen so schlechten Eindruck, daß der Chalife seine Residenz nach Rakkah verlegte, und als Grund dafür die häufigen Empörungen in Syrien und Mesopotamien angab, welche durch seine Nähe mit größerm Nachdruck unterdrückt werden sollten. In Syrien zeigte sich noch viel Anhänglichkeit für die Omejjaden, und dauerte der alte Groll zwischen Jemeniden und Mudhariten fort, so daß Letztere alsbald zu einem Aufstande geneigt waren, wenn ihnen ein Statthalter aus jemenidischem Geschlechte vorgesetzt wurde, und in Mesopotamien hatten republikanische Principien die Oberhand. Aehnliche Zustände wie in Syrien riefen in Chorasan wiederholte Unruhen hervor, wo überhaupt noch wenig Neigung zum Islam und seinen Fürsten vorhanden war, und in Egypten, wo das Volk von schweren Abgaben gedrückt wurde. Auch in der Provinz Afrika, d. h. in Kairawan und Tunis, mit den davon abhängenden Ländern, folgte ein Aufstand dem Andern, bis endlich Ibrahim Ibn Aghlab zum Statthalter ernannt wurde, (800) der aber bald als unabhängiger Herrscher auftrat und seine Macht auf seine Nachkommen vererbte, die unter dem Namen Aghlabiten später auch Sicilien beherrschten und erst im Jahre 909 von den Fatimiden gestürzt wurden. Ibrahim duldete die Idrisiten im äußersten Westen neben sich, welche ihre Herrschaft auf ihre Verwandtschaft mit Ali stützten, um desto sicherer zu sein, von dem Chalifen nicht entsetzt zu werden, der befürchten mußte, daß er dann zu Jenen übertreten und die Herrschaft der Aliden über ganz Afrika ausdehnen würde.

Harun hatte übrigens nicht blos gegen innere Empörungen zu kämpfen, sondern auch gegen die Chosaren in Armenien und gegen die Byzantiner in Kleinasien, und die hier errungenen Siege trugen, wie schon erwähnt, nicht wenig dazu bei, seinen Namen zu verherrlichen und seine Schwächen in Vergessenheit zu bringen. Harun selbst soll achtmal gegen die Griechen ins Feld gezogen sein. Fast alljährlich wurden Raubzüge zu Wasser und zu Land unternommen, die, bei den innern Unruhen und den Kriegen gegen die Bulgaren, welche die Kaiserin Irene beschäftigten, kostbare Beute und zahlreiche Gefangene einbrachten. Im Jahre 797 und 798 drangen die Araber bis Ancyra und Ephesus vor, und Irene mußte abermals den Frieden durch einen Tribut erkaufen. Als Nicephorus den Thron bestieg (802), schrieb er an Harun:

„Die Kaiserin, welche vor mir auf dem Throne saß, hat dir die Stelle des Thurmes (im Schachspiel) eingeräumt, und selbst die des Bauern eingenommen, sie hat dir noch einmal so viel Tribut bezahlt, als du ihr hättest entrichten sollen, das war weibliche Schwäche und Beschränktheit. Darum erstatte mir das empfangene Geld zurück, oder das Schwerdt wird zwischen uns entscheiden."

Auf dieses Schreiben antwortete Harun:

„Im Namen Gottes des Allgnädigen, des Allbarmherzigen. Von Harun, dem Fürsten der Gläubigen, an den Hund der Griechen. Ich habe deinen Brief gelesen, du Sohn einer Ungläubigen, die Antwort sollst du nicht nur vernehmen, sondern auch mit eigenen Augen sehen."

Harun brach sogleich mit einem Heere auf und stand schon vor Heraclea, als Nicephorus noch seine Streitmacht gegen den Rebellen Bardanes brauchte, und es blieb ihm nichts übrig, als den zu früh verhöhnten Chalifen durch Bewilligung eines neuen Tributs zum Rückzug zu bewegen. Mit gleicher Schnelligkeit überstieg Harun das Taurusgebirge im Jahr 803, als der Kaiser, nach der Unterwerfung des Bardanes, den Frieden brach, und nöthigte ihn, nachdem ihm sein Feldherr Djebril Ibn Jahja in Phrygien eine blutige Niederlage beigebracht hatte, zu einem neuen Waffenstillstande. Aber auch diesmal verletzten die Griechen den Vertrag. Sie bauten, während Harun in

Chorasan war, um den dortigen Statthalter zu entsetzen, die von den Moslimen geschleiften Festungen wieder auf, und machten Einfälle in moslimisches Grenzgebiet. Harun rächte bald nach seiner Rückkehr (806) diesen Friedensbruch, indem er ein Heer von 135,000 Mann, die Freiwilligen nicht mit eingerechnet, ins Feld führte, welches Haraclea und andere feste Plätze nahm, Städte zerstörte, Länder verwüstete, Kinder und Frauen zu Sklaven machte, und alles bewegliche Gut mit sich schleppte. Zugleich segelte eine Flotte nach Cypern, welche aus dieser Insel 17,000 christliche Gefangene entführte. Nicephorus mußte, um nicht noch größeres Unheil herbeizuführen, die größte Demüthigung über sich ergehen lassen, und nicht nur sich zu einem neuen Tribut verpflichten, sondern auch, als Zeichen gänzlicher Unterwürfigkeit, zu einer Kopfsteuer für sich und seine Familie. Auch enthielt der Vertrag unter Anderm noch die Bedingung, daß die von den Moslimen zerstörte Festung Heraclea nicht wieder hergestellt werden sollte. Als indessen in den folgenden Jahren Harun gegen die Rebellen in Adserbeidjan und Chorasan ins Feld zog, begiengen die Byzantiner wieder Feindseligkeiten gegen die Araber, für welche diesmal der Chalife nur an den ihm unterworfenen Christen Rache nehmen konnte, indem er ihre Kirchen niederreißen ließ und die in Vergessenheit gekommenen Verordnungen Omars, in Betreff der äußern Abzeichen der Christen, wieder erneuerte. Bis dahin finden wir keine Spur von Intoleranz bei Harun, und auch er scheute sich, so wenig wie Manßur, mit den Franken ein Bündniß zu schließen, damit sie durch ihre Kriege die Omejjaden in Spanien von Versuchen zur Wiedereroberung des Ostens abhielten. Auch mit dem Kaiser von China wurde, wie mit Karl dem Großen, eine Gesandtschaft gewechselt, um die Verhältnisse der an das himmlische Reich grenzenden Provinzen in Transoxanien zu ordnen.

Harun gieng, schon zur Zeit als die Byzantiner wieder in das Gebiet der Moslimen einfielen, mit dem Gedanken um, ein Heer nach Chorasan zu führen, um den Krieg gegen den Rebellen Rafi Jbn Leith zu leiten, welcher alle Länder jenseits des Oxus in seiner Gewalt hatte. Er verließ Bagdad, von seinem ältesten Sohne Mamun begleitet, im Frühling 808, mußte aber, weil er erkrankte, in

Tus bleiben, wo er, nach einigen Berichten in Folge einer Vergiftung, im 24. Regierungsjahre sein Leben endete. (23. März 809).

Harun hatte schon im Jahr 791 seinem zweiten Sohne Emin, der damals erst fünf Jahre alt war, als dem einstigen Thronerben huldigen lassen, weil er ein Sohn seiner Gattin Zubeidah, einer Enkelin Manßur's war, die, durch den Schutz, den sie Gelehrten und Dichtern angedeihen ließ, so wie durch ihre prunkvollen Pilgerfahrten, und manche von ihr veranstaltete öffentliche Arbeiten, fast eben so berühmt wurde, wie ihr Gatte, während Mamun eine persische Sklavin zur Mutter hatte. Im Jahr 798 wurde dieser jedoch zum zweiten Nachfolger bestimmt. Harun wußte indessen aus frühern Beispielen, und wenig fehlte, so hätte er es an sich selbst erfahren, wie leicht es einem despotischen Herrscher wird, ein Stück Pergament, wenn es auch mit den heiligsten Schwüren besiegelt ist, zu zernichten, wo es gilt, an die Stelle eines Bruders den eigenen Sohn auf den Thron zu erheben. Er nahm daher, um den Rechten Mamuns mehr Nachdruck zu geben, schon bei Lebzeiten eine gewisse Theilung des Reichs vor. Emin sollte, früherer Verfügung gemäß, die Würde des Chalifats erben, faktisch aber nur über Irak, Syrien, Egypten und Afrika herrschen; der ganze Osten, von Hamadan bis an den Indus und Jaxartes, sollte von Mamun, und das nördliche Mesopotamien, mit den an Armenien und Kleinasien grenzenden Festungen, von Kasim, dem zum dritten Nachfolger bestimmten Sohne Harun's, regiert werden.

Harun war kaum todt, als auch seine Verfügungen von seinen beiden herrschsüchtigen Söhnen, die, wie er wohl wußte, schon längst mit Ungeduld sein Ende herbeigewünscht hatten, mit Füßen getreten wurden.

Emin hatte, sobald ihm die Nachricht von der Erkrankung seines Vaters zugekommen war, einen zuverläßigen Freund nach Chorasan geschickt, und ihm drei Briefe übergeben, mit der Weisung, sie gleich nach dem Tode des Chalifen zu bestellen. Der eine war an Mamun gerichtet, und enthielt die Aufforderung zur Huldigung und zur Uebernahme der Statthalterschaft von Chorasan, die beiden Andern waren für seinen jüngern Bruder Salih und den Vezier Alfadhl Ibn Rabia, welchen befohlen ward, das Heer nach Bagdad zurückzuführen.

Mamun stand, beim Tode seines Vaters, mit einem kleinen Theile der Truppen schon in Meru, und es wurde dem Ibn Rabia leicht, das in Tus stehende Heer sammt allem Kriegsmaterial und der Kriegscasse in die Heimat zurückzubringen, obgleich hierin schon eine Verletzung des letzten Willens Harun's lag, nach dessen Bestimmung das Heer, zur Bekämpfung der Empörer in Chorasan, seinem Sohne Mamun zur Verfügung bleiben sollte. Als dieser von den Vorfällen in Tus unterrichtet ward, ließ er, auf den Rath des ihm ergebenen Fadhl Ibn Sahl, die Truppen an ihre Pflicht, ihm zu folgen, erinnern. Sein Gesandter wurde aber mit Schmähungen empfangen und mußte sogar manche harte Aeußerung gegen seinen Herrn anhören. Mamun mußte nun entweder sich gänzlich der Gnade Emin's hingeben, oder sich in Chorasan die Mittel verschaffen, ihm Widerstand zu leisten. Ibn Sahl rieth ihm zu Letzterem, da er als Sohn einer Perserin um so eher auf den Beistand der Perser zählen könnte. Wie Mamun sich von Ibn Sahl, der auch von persischer Abkunft war, leiten ließ, wählte Emin den Ibn Rabia, dem er die Rückkehr des Heeres verdankte und der aus Syrien stammte, zum Rathgeber. Der Kampf zwischen den beiden Brüdern, welche noch nicht das vier und zwanzigste Jahr zurückgelegt hatten, nahm dadurch einen gefährlichen Charakter an, daß er von zwei Männern geführt wurde, welche persönlicher und Nationalhaß entzweite und von denen Jeder eben so sehr nach dem Vezierate als die beiden Prinzen nach der Krone gelüstete. Schon Ibn Rabia's Vater repräsentirte das arabische Element und wurde von Manßur, nach der Hinrichtung Abu Muslims, zum Vezier ernannt. Ibn Rabia selbst war der erbittertste Feind der Barmekiden, die er fortwährend als Magier zu verdächtigen suchte, während Ibn Sahl durch dieselben dem Hof empfohlen wurde. Der Kampf zwischen den beiden Brüdern und Vezieren verwandelte sich daher bald zu einem Krieg zwischen dem Osten und Westen, zwischen der persischen und arabischen Nationalität.

Emin ließ sich von Ibn Rabia immer weiter auf der einmal betretenen Bahn der Gewalt forttreiben. Er überließ seinem Bruder Kasim auch nur einen Theil der ihm gebührenden Provinzen, und ernannte seinen Sohn Musa zum dritten Nachfolger. Mamun blieb eben sowenig in den Schranken seiner Befugnisse, er brach schließlich jeden Verkehr mit seinem Bruder ab und gebährdete sich als selbständiger Herrscher. Jetzt unterhandelte Emin aufs Neue. Er wollte Mamun als zweiten, Musa aber als ersten Nachfolger bestimmen, dafür sollte jener ihm einen Theil der Einkünfte von Chorasan abtreten, und selbst nach Bagdad kommen, um seinem Neffen als nächstem Thronerben zu huldigen. Mamun war unentschlossen, weil er, vom Chalifen verlassen, nicht allein die Feinde im Osten und Norden von Chorasan: den Fürsten von Kabul, den Chakan von Thibet und die empörten Turkomanen bekämpfen konnte. Ibn Sahl beredete ihn aber, den äußern Feinden jede Concession zu machen, ja sogar sich mit ihnen zu verbinden, um sein Recht gegen Emin zu behaupten. Emin erklärte hierauf seinen Bruder als einen Rebellen, ließ seinem Sohne Musa (810) als seinem ersten, und seinem zweiten Sohne Abd Allah als zweiten Thronerben huldigen und schickte 50,000 Mann gegen Mamun nach Persien. Diese Truppen wurden aber bei Rei von dem Perser Tahir Ibn Hußein, welcher Mamuns Vorhut befehligte, überfallen. Ihr Führer fiel im Gefechte und das Heer löste sich in wilder Flucht auf. Als Mamun von diesem Siege Nachricht erhielt, ließ er sich als Chalifen huldigen und gab Tahir den Befehl immer weiter gegen Bagdad vorzurücken. Dieser drang, nachdem er ein zweites Corps Emin's bei Hamadan geschlagen hatte, ohne Hinderniß bis in die Nähe von Hulwan vor, und nahm hier eine feste Stellung ein. Die Bestürzung und Muthlosigkeit war in Bagdad so groß, daß Emin nur mit Mühe Generäle finden konnte, die mit den noch übrigen Truppen Tahir die Spitze zu bieten wagten. Als sie endlich auf dem Wege nach Hulwan waren, ließ Tahir durch seine Spione im Lager die Nachricht verbreiten, Emin theile unter der zurückgebliebenen Besatzung der Hauptstadt Geld aus, was große Entrüstung hervorrief, und schließlich die Heimkehr der Truppen zur Folge hatte. Mamuns Truppen rückten nun in zwei großen Heereshaufen der Hauptstadt immer näher, der eine unter Tahir, von Süden her, über Chuzistan, Baßrah und Wasit, der andere unter Harthama, auf dem nächsten Wege, über Chanikin und Nahrawan. Jener stieß, nachdem er die Truppen Emins bei Ahwaz zurückgeschlagen hatte, auf keinen erheblichen Widerstand mehr.

Kufa, Baßrah und Waſit giengen zu ihm über und auch Arabien erklärte ſich für Mamun. Harthama, der von Nordoſten her kam, lieferte dem Feinde noch eine ſiegreiche Schlacht bei Nahrawan, zwölf Milien von Bagdad, und beſetzte dieſen Platz, während Tahir auf der Südſeite bis Sarſar, neun Milien von der Hauptſtadt, vorrückte. Emins Truppen beſtanden größtentheils aus Irakanern, die bei jeder Gelegenheit ſich als Feiglinge und Verräther gezeigt hatten. Die Syrer, auf die er im Kampfe gegen die Choraſaner am meiſten gezählt hatte, ſahen dem Bruderzwiſte mit Schadenfreude zu und benutzten dieſe Zeit, um ſelbſt das Joch der verhaßten Abbaſiden abzuſchütteln, was ihnen auch gelungen wäre, wenn nicht der alte Haß zwiſchen den Keiſiten und Kelbiten auch hier ein Zuſammenwirken verhindert hätte. Emin konnte, nachdem auch ſein Verſuch Tahir's Truppen zu beſtechen, mißlang, nichts thun, als die Hauptſtadt ſo lang als möglich zu vertheidigen. Aber ſeine beſten Generäle giengen nach und nach zum Feinde über, und ſchon im März 812 war Tahir Herr eines Theiles der öſtlichen Stadt. Indeſſen mußte, wegen der vielen Kanäle, die ſie durchſchnitten und der feſten Schlöſſer, die ſie in ſich barg, faſt jede Straße mit dem Schwerdte erobert, oder durch Feuer und Wurfmaſchinen zerſtört werden, daher in dieſem Kriege die ſo blühende und prachtvolle Reſidenz zum großen Theil in Schutthaufen verwandelt wurde. So zog ſich, da eine innere Verſchwörung zu Gunſten Mamuns an dem Widerſtande des Volkes, das die Choraſaner fürchtete, ſcheiterte, die Belagerung in die Länge, und erſt im September 813 wurde der ganze öſtliche Theil der Stadt durch verrätheriſche Generäle den Truppen Tahir's überliefert, die bald auch den Tigris überſchritten, und den von Manßur erbauten Stadttheil, in welchem Emin's Schloß lag, umzingelten. Einen Augenblick dachte jetzt Emin daran, ſich mit den 7000 Reitern, die er noch bei ſich hatte, durch Tahir's Truppen durchzuſchlagen und nach Syrien zu begeben, aber ſeine Umgebung rieth ihm davon ab, und ſo blieb ihm nichts übrig als ſich zu ergeben. Seine Abneigung gegen Tahir war jedoch ſo groß, daß er ſich nicht ihm, ſondern Harthama ergeben wollte. Als er aber in der Nacht vom 24. September auf einem Kahne mit Harthama über den Tigris ſetzte, um ſich in deſſen Lager zu begeben, wurde er von Tahirs Soldaten auf Schiffen verfolgt, die große Steine in seinen Kahn warfen, bis er unterfank. Horthuma wurde von einem Matrofen gerettet, Emin aber, der an das jenseitige Ufer schwamm, wurde hier ergriffen und in ein Haus gebracht, wo er von einigen Persern enthauptet wurde. Ob Tahir, aus Aerger darüber, daß Emin sich nicht unter seinen Schutz gestellt, ihn tödten ließ, oder ob er den geheimen Befehl Mamuns hatte, ihm keine Gnade zu schenken, ist schwer zu ermitteln.

Mit Emin's Tod war indessen das tieferschütterte Reich noch nicht zur Ruhe zurückgekehrt. Die Treulosigkeit Tahirs erregte einen solchen Unwillen in Bagdad, daß er sich nur durch schnelle Flucht retten konnte, und als er mit verstärkter Truppenmacht die Stadt abermals besetzte, brachen in den Provinzen Unruhen aus, an deren Spitze Männer standen, welche mit Entrüstung sahen, wie die arabische und altmohammedanische Bevölkerung Iraks und Arabiens von Persern beherrscht wurde, die zum Theil noch gar nicht, zum Theil erst seit Kurzem und nur äußerlich zum Islam übergetreten waren. Auch die Aliden benutzten die Abneigung der Araber gegen das Perserregiment, und machten aufs Neue ihre Ansprüche auf das Chalifat geltend. Sie wurden nach und nach Herrn von Rakkah, Kufa, Basrah, Wasit und ganz Arabien, besetzten sogar im Frühling 815 Madain, und trafen schon Anstalten gegen die Hauptstadt vorzurücken. Ihr Sturz war aber noch rascher als ihr Emporkommen, sobald der Oberbefehl über die Truppen Mamuns von Harthama übernommen wurde, der übrigens an vielen Orten von den frühern Anhängern der Aliden selbst unterstützt wurde, weil sie mit Bedauern bemerkt hatten, daß diese Abkömmlinge des Propheten sich nicht weniger als andere Machthaber allerlei Gewaltthaten, Grausamkeiten und Ausschweifungen hingaben. Harthama erndtete aber schlechten Lohn für seine Waffenthaten. Er wollte nach seinem Siege über die Rebellen zu Mamun reisen, der noch immer in Meru residirte, und ihn bewegen, sich, um neuen Empörungen zuvorzukommen, nach Irak zu begeben, und statt des verhaßten Persers Hasan Ibn Sahl, Bruder des Fadhl Ibn Sahl, einen Andern zum Statthalter von Irak zu ernennen. Fadhl bot aber Alles auf, um diese Reise zu hintertreiben. Er stellte dem Chalifen vor, Harthamas

Die Blüthezeit der Abbasiden, von Al Saffah bis Mutaßim. 165

längere Abwesenheit könnte gefährliche Folgen haben, bestimmte ihn, ihm die Statthalterschaft von Syrien und Arabien zu verleihen und den Befehl zu ertheilen, sich alsbald nach Damask zu begeben. Als aber Harthama, auf seine dem Chalifen geleisteten Dienste vertrauend, und vom Hasse gegen die Söhne Sahl's angespornt, seine Reise nach Meru dennoch fortsetzte, wurde er hier von Mamun als ein Rebelle empfangen, und in einen Kerker geworfen, wo ihn nach einigen Tagen Fadhl ermordete.

Die Ermordung Harthama's erregte in Bagdad und in ganz Irak nicht geringern Unwillen, als früher die Emin's. Schon vor dieser letzten Schandthat war in Bagdad, wegen Verringerung des Soldes, eine Soldatenmeuterei ausgebrochen, die nur mit Mühe unterdrückt werden konnte. Jetzt fanden neue Unruhen statt, an denen selbst einige unzufriedene Generäle Hasans Ibn Sahl Theil nahmen, und sogar Tahir, der unthätig in Rakka lag, und auf Hasan Ibn Sahl eifersüchtig war, soll mit den Rebellen im Einverständnisse gewesen sein. Der Präfekt von Bagdad wurde aus der Stadt getrieben, (Juli—August 816) Hasan, der in Madain lag, zog sich nach Wasit zurück, und der bisher verborgene Vezier Emins, Fadhl Ibn Rabia, kam wieder zum Vorschein und leitete die Bewegung. Unglücklicherweise fiel der Anführer der Rebellen im Kampfe gegen Hasan vor Wasit, und sein Sohn, der den Oberbefehl übernahm, ließ sich von Hasan bestechen, setzte den Krieg nicht mit Nachdruck fort, und gieng schließlich zu diesem über. Andererseits sehnte sich der besitzende Theil der Bevölkerung der Residenz nach Ruhe, denn die politischen Wirren wurden vom Pöbel zu Raub und Diebstahl benutzt, und so endete auch dieser Aufstand mit einer freiwilligen Unterwerfung.

Mamun selbst warf indessen bald wieder einen neuen Zündstoff unter die aufgeregte arabische Bevölkerung Iraks, Syriens und Mesopotamiens. Sein Vezier Fadhl stellte ihm nämlich vor, alle bisherigen Empörungen seien eine Folge der Zuneigung der Araber zu den Aliden, die Dynastie der Omejjaden sei durch schiitische Dogmen gestürzt worden, ganz Persien huldige diesen Lehren, welche von den frühern Missionären der Abbasiden gepredigt worden, und die Manßur und Harun mit Unrecht verläugnet haben. Er rieth dem

Chalifen, zu denselben zurückzukehren und bestimmte ihn, als sicherstes Zeichen seiner Bekehrung, einen Aliden zum Nachfolger zu ernennen und ihn mit einer seiner Töchter zu vermählen.

Der Plan durch eine Verschmelzung des Abbasidischen und Alidischen Geschlechts eine Versöhnung herbeizuführen und den Frieden im Reiche herzustellen, war an und für sich nicht zu verwerfen, er hätte aber, um zu dem gewünschten Resultate zu führen, früher gefaßt und ausgeführt werden müssen. Unter Mamun war keine Versöhnung mehr möglich. Die Aliden konnten nicht vergessen, wie viel von ihrem Blute seit Manßur vergossen worden, einmal zur Macht gelangt, hätten sie gewiß an den frühern Anhängern der Abbasiden Rache genommen. Dies fühlten Letztere auch, und waren außerdem zu lange schon im alleinigen Besitze der Herrschaft gewesen, um sie jetzt, ohne Widerstand, mit Andern zu theilen. Sie wußten auch recht gut, daß in der Residenz gar keine Sympathien für die Aliden vorhanden waren, daß in Baßrah stets die Anhänger Osmans die Mehrzahl bildeten, daß Syrien noch immer den Omejjaden zugethan war und daß in Mesopotamien, wo die freien Araber aus dem Stamme Rabia den Kern der Bevölkerung ausmachten, jedes monarchische System, am meisten aber ein auf schiitische Dogmen, auf Seelenwanderung und Incarnation der Gottheit gegründetes, unpopulär bleiben würde. Das Schlimmste aber war, daß man eine solche Staatsumwälzung als das Werk des verhaßten, als Schiite und versteckter Freigeist bekannten Fadhl ansah, der dadurch nicht nur die arabische Bevölkerung auf die Dauer durch die Perser unterjochen, sondern auch das innere Wesen des Islams durch altpersische und indische Dogmen umgestalten wollte. Sobald daher der Präfekt von Bagdad das Volk und die Truppen aufforderte, dem von Mamun gewählten Schwiegersohne Ali Jbn Musa als Thronerben zu huldigen, (April 817) bildeten sich zwei Parteien. Die Gemäßigtere wollte nur den Huldigungseid verweigern, und Jbrahim, den Sohn Mahdi's, als Thronerben proclamiren, die Entschiedene aber drang darauf, diesem alsbald als Chalifen zu huldigen und Mamun des Thrones verlustig zu erklären. Nach längern Unruhen und Debatten siegte endlich Letztere, und am 24. Juli trat Jbrahim öffentlich in der Moschee als Fürst der Gläubigen auf.

Ibrahim war ein kenntnißreicher, liebenswürdiger Mann, er war auch ein guter Dichter, Redner und Sänger, die Regierungskunst hatte ihn aber seine Mutter, welche eine Negerin war, nicht gelehrt, und zum Feldherrn war er auch nicht herangebildet worden. Die von ihm gewählten Heerführer waren zum Theil unzuverläßig, und verließen ihn daher so bald sich das Glück von ihm abzuwenden begann. Mehr als Ibrahims Unfähigkeit und die Schlechtigkeit seiner Generäle trug aber die veränderte Politik Mamun's dazu bei, daß ganz Irak bald wieder seine Herrschaft anerkannte. Mamun hatte nämlich, obgleich ganz von Fadhl und andern Persern umstrickt, doch endlich den wahren Grund aller Aufstände erfahren, und sich überzeugt, daß, wenn er nicht ein anderes System verfolge, Irak, Mesopotamien, Syrien und alle westlichen Provinzen von ihm abfallen würden, und er selbst dann nur als willenloses Werkzeug der Perser die Krone tragen könnte. Sobald er daher hörte, daß Ibrahim zum Chalifen proclamirt worden, daß auch Hira, Kufa und andere Plätze, theils sich für Ibrahim erklärt haben, theils von dessen Truppen besetzt waren, brach er, angeblich um selbst sein Heer gegen die Rebellen zu führen, von Meru auf. Auf dem Wege ließ er seinen Vezier im Bade ermorden und seinen Schwiegersohn, den Aliden, vergiften, trug aber, um es mit den Persern nicht zu verderben, und um nicht glauben zu lassen, er mache den Rebellen Concessionen, die tiefste Trauer zur Schau, setzte einen Preis auf das Haupt der Mörder, ernannte Hasan, den Bruder des ermordeten Fadhl, den seitherigen Statthalter von Irak, zum Vezier, und Ibrahim, einen Bruder des vergifteten Aliden, zum Statthalter von Jemen und Anführer der Pilgerkarawane. Hasan konnte jedoch das Vezierat nicht übernehmen, denn er war geisteskrank, oder wurde wenigstens als Solcher behandelt, bis Mamun wieder seine Herrschaft über Irak befestigt hatte, dann ernannte er ihn zum Gouverneur von Wasit.

Während aber Mamun sich äußerlich als unumschränkter Despot gerirte, benützten doch seine Emissäre die vorliegenden Thatsachen, den Tod Fadhls und des Aliden, so wie die Enthebung Sahl's von der Statthalterschaft von Irak, um Ibrahim zu stürzen. Er mußte schon im Juni 819 wieder dem Throne entsagen, und

Mamun wurde einige Wochen später als Chalife in Bagdad begrüßt. Sobald aber die Araber sich mit Mamun aussöhnten, empörten sich die Perser gegen ihn, unter der Leitung Babek's, welcher angeblich zu den exaltirten Schiiten gehörte, und nach einigen Berichten sich selbst für eine Incarnation der Gottheit ausgab, in der That aber ein Freigeist war, welcher, wie Mamun selbst, an keine Offenbarung glaubte, sondern sich zur alten Naturreligion der Perser bekannte, zu welcher nur noch später aus Indien die Lehre von der Seelenwanderung hinzutrat, welche zu politischen Zwecken ausgebeutet wurde. Babek's Anhang war so groß, daß er sich bis Mamun's Tod zu behaupten wußte, und erst unter seinem Nachfolger, nachdem er sechszehn Jahre lang gegen die Truppen des Chalifen die Herrschaft über das nördliche Persien vertheidigt hatte, wurde er durch Verrath überwunden. Mamun hütete sich wohl, seinen Unglauben zur Schau zu tragen, doch scheute er sich nicht, sich dem verbotenen Genusse des Weines hinzugeben und nicht nur die freiere Lehre der Mutazeliten zu adoptiren, sondern sie auch sämmtlichen Unterthanen seines Reichs aufbringen zu wollen. Ebenso offen trat er später wieder als Anhänger der Aliden und Perser auf, indem er eine seiner Töchter mit dem Sohne des vergifteten Thronerben vermählte und selbst die Tochter des Hasan Ibn Sahl heurathete, die Statthalterschaft von Chorasan dem Perser Tahir, die von Syrien, Mesopotamien und Egypten dessen Sohne Abd Allah, und die von Sind einem Sohne des Barmekiden Jahja verlieh. Seine Liebe zu den Aliden bethätigte er besonders noch dadurch, daß er die schwersten Strafen über jeden verhängte, der Muawia Gutes, oder Ali Schlimmes nachredete. Mamun war ein orientalischer Despot, im vollsten Sinne des Wortes, er wollte nicht nur über die Handlungen seiner Unterthanen zu Gericht sitzen, sondern auch ihre Gesinnungen und religiösen Ansichten regeln, so daß ein bis jetzt nicht erhörter geistiger Druck auf den Arabern lastete, der um so unerträglicher war, als er nicht von einem religiösen Fanatiker ausgieng, sondern von einem Manne, der selbst kein wahrer Gläubiger war, der aber in seiner Bekehrungssucht und Intoleranz die Orthodoxen noch weit übertraf. Am meisten Widerstand fand die von Mamun adoptirte Lehre vom

Geschaffensein des Korans, und trotz aller Inquisition und trotz dem Befehle, alle Vertheidiger der Lehre von der Ewigkeit des Korans in Ketten zu legen, blieben doch manche ausgezeichnete Theologen aus der sunnitischen Schule ihrer Ueberzeugung treu.

Mamun ließ sich übrigens keineswegs durch theologische und philosophische Disputationen von einem thätigen Leben abziehen. Er wechselte Gesandtschaften mit fränkischen und indischen Fürsten und unternahm mehrere glückliche Feldzüge gegen den Kaiser Theophilus, welcher, im Bündnisse mit Babek, die unter seinen Vorgängern erlittene Schmach tilgen zu können glaubte. (830—33). Auch begab er sich zum Heere nach Egypten, wo fortwährend Bürgerkrieg und Aufruhr herrschte. Schon im Jahre 826 mußte Abd Allah Ibn Tahir ein Heer nach Egypten führen, um eingewanderte Andalusier, welche sich, mit unzufriedenen Kopten und einigen Beduinenhäuptlingen vereinigt, in Unteregypten festgesetzt hatten, aus dem Lande zu jagen und den Statthalter zu züchtigen, der sich dem Chalifen gegenüber wie ein unabhängiger Fürst benahm. Nach dem Abzuge Abd Allah's, der zuerst in Aserbeidjan gegen Babek kämpfen und dann die Statthalterschaft von Chorasan übernehmen mußte, riefen die Bedrückungen der Unterstatthalter neue Unruhen hervor, welche einen immer ernstern Charakter annahmen, bis endlich Mamun selbst (832) mit einer starken Truppenmacht nach Egypten zog und die Aufrührer, welche sich noch immer nicht unterwerfen wollten, theils zusammenhauen ließ, theils nach Irak verpflanzte.

Theophilus konnte nicht nur in Kleinasien keine Lorbeeren pflücken, sondern er mußte sich auch den Verlust Siciliens gefallen lassen, wie Michael II. den von Creta über sich hatte ergehen lassen. Creta wurde von den aus Egypten vertriebenen Andalusiern erobert, (823) während die griechische Flotte, zum Schutze der Hauptstadt gegen Thomas, vor Konstantinopel lag. Sicilien wurde von Ziabet Allah, dem Sohne Ibrahims, des Stifters der Dynastie der Aghlabiten, dem Islam unterjocht. Dieser Fürst, welcher im Jahr 817 an die Regierung kam, richtete sein Hauptaugenmerk auf die Flotte. Zwischen Abbasiden und Idrisiten eingeengt, blieb ihm zur Ausdehnung seiner Landmacht nur das Innere von Afrika, das wenig Vortheil versprach und schwer zu behaupten war. Eine tüchtige

Flotte ließ ihn nicht nur reiche Beute aus den Inseln des mittelländischen Meeres und den Küsten von Italien und Frankreich erwarten, sondern war ihm zu seinem eigenen Schutze, gegen griechische, normannische, französische und spanische Eroberer und Freibeuter nöthig. Schon vor dem Jahre 822 machte er einen Streifzug nach der Insel Sardinien, die schon früher von Afrikanern und von spanischen Mauren angegriffen, und nur durch Hülfe der Franken gerettet worden war. Auch nach Sicilien hatten, seit der Niederlassung der Araber auf dem Gebiete von Carthago, mehrere Raubzüge statt gefunden. Zur Eroberung der Insel boten aber verrätherische Christen selbst, wie früher in Egypten, Karthago und Spanien, die Hand. Euphemius, ein byzantinischer Feldherr, sollte wegen eines schweren Vergehens, auf Befehl des Kaisers, bestraft werden, er empörte sich aber, bemächtigte sich der Stadt Syracusa und erschlug den kaiserlichen Präfekten. Der Kaiser sandte Photin mit einem Heere nach Sicilien, welcher Euphemius und seine Anhänger verjagte. Er flüchtete sich zu Ziabet Allah nach Afrika, schloß ein Bündniß mit ihm, und landete im Sommer 827 in Mazzara. Asad Ibn Alferat, der afrikanische Admiral, schlug Photin in der Nähe von Platana und nöthigte ihn sich nach Enna zurückzuziehen. Von hier dehnten die Araber, die aus Afrika Verstärkung erhielten, und auch von der spanischen Flotte unterstützt wurden, ihre Herrschaft nach und nach über die ganze Insel aus, und verwüsteten später ganz Unteritalien, drangen sogar einmal bis in die Vorstädte von Rom vor. Messina fiel im Jahre 831 in ihre Hand, Palermo im folgenden, nur Enna behauptete sich bis zum Jahre 859, und Syracus bis 878.

Die Herrschaft der Araber über Sicilien war übrigens wohl für den Mohammedanismus, aber nicht für die Dynastie der Abbasiden ein Gewinn. Je mächtiger die Aghlabiten wurden, um so größer wurde ihre Unabhängigkeit vom Chalifen. Ziabet Allah suchte zwar, als er die Regierung übernahm, zum Scheine noch bei Mamun um die offizielle Anerkennung als Statthalter von Afrika, nach, aber er drohte ihm, zu den Idrisiten überzugehen, als von ihm verlangt wurde, daß er Abd Allah Ibn Tahir, den Oberstatthalter des Westens, im Kanzelgebete nenne, ihn also gewissermaßen als seinen Vorgesetzten anerkenne. Factisch war also Afrika unter Mamun schon vom Chalifate losgerissen.

Auch Chorasan konnte in den letzten Regierungsjahren Mamuns nicht mehr als eine vom Chalifate abhängige Provinz betrachtet werden. Schon Tahir hatte (822), als Mamun ihm einen Verweis gab, den Namen des Chalifen aus dem Kanzelgebete weggelassen, er wurde aber alsbald von einem Eunuchen vergiftet, den ihm der Vezier des Chalifen geschenkt, und dem er die Weisung gegeben hatte, ihn zu ermorden, sobald er Miene zur Empörung machen sollte. Tahir's Anhang war aber so mächtig, daß Mamun sich genöthigt sah, die Statthalterschaft Abd Allah, dem Sohne Tahir's, zu verleihen, der seinen Bruder als Stellvertreter dahin sandte und nach dessen Tod (828) sich selbst dahin begab. Von dieser Zeit an waren Nachkommen Tahir's die Herrn von Chorasan, und dehnten später auch ihre Herrschaft über andere Provinzen aus, zwar ohne förmlichen Abfall vom Chalifate, doch mehr um ihre eigenen Angelegenheiten, als um die des Reichs besorgt.

Tahir sowohl als sein Sohn waren übrigens so freigebig und förderten Kunst und Wissenschaft dermaßen, daß es ihnen, bei persönlicher Liebenswürdigkeit und hoher Geistesbildung, leicht ward, die Herzen ihrer Untergebenen zu gewinnen. Tahir's Brief an seinen Sohn Abd Allah, bei dessen Ernennung zum Statthalter von Mesopotamien, galt viele Jahre hindurch als Muster des Styls sowohl, wie als Inbegriff aller Staatsweisheit. Seine Freigebigkeit wurde mit dem Meere verglichen, und einem Dichter, welcher in zierlichen Versen, bei einer Fahrt auf dem Tigris, sagte, er wundere sich, daß ein Kahn, der nur von einem Strome getragen, selbst aber ein Meer tragen müsse, nicht untergehe, und daß die Planken, die Tahirs Hände berühren, nicht alsbald Blätter und Blumen hervorbringen, schenkte er 3000 Dinare. Sein Sohn Abd Allah war selbst Dichter und Musiker. Abu Tammam, der Verfasser der unter dem Namen Hamasa bekannten und von Rückert übersetzten poetischen Anthologie, dessen eigene Gedichte auch zu den besten Erzeugnissen der arabischen Literatur gehören, war ein Freund und Verehrer Abd Allah's. Andere Feldherrn und hohe Staatsbeamten jener Zeit wetteiferten mit den Tahiriden an Sinn und Liebe für die

Dichtkunst, besonders Fadhl und Hasan Ibn Sahl, welche hierin ganz die Barmekiden als Muster nahmen, denen sie ihre hohe Stellung verdankten. Mehr als die Dichtkunst, die gar zu sehr zur Dienerin der Macht und des Reichthums herabgestiegen war, blühte unter Mamun die Wissenschaft. Das unter Manßur begonnene und unter Mahdi und Harun fortgesetzte Studium der Geschichte, Philosophie, Theologie, Jurisprudenz und Medicin trug unter Mamun die schönsten Früchte. Mamuns Hinneigung zu den Mutazeliten bewog ihn das Studium der griechischen Philosophie zu begünstigen. Er ließ griechische Handschriften sammeln und ins Arabische übersetzen, und schon damals wurde die Aristotelische Dialektik von den Mutazeliten eifrig studirt und zu dogmatischen Streitigkeiten benützt. Auch mathematische und medicinische Werke wurden von Mamuns Aerzten, oder unter ihrer Leitung, ins Arabische übertragen, ganz besonders Euklid, Ptolomäus, Hippokrates und Galen. Neben diesen neu aufblühenden Wissenschaften erhielten die historischen und philologischen Studien eine weitere Ausbildung, und auch die Theologie und Jurisprudenz gewannen, trotz dem Drucke, den Mamun auf dieselben übte, eine sicherere Grundlage durch zuverlässigere Traditionssammlungen. Der Koran reichte, wie schon früher bemerkt worden, längst nicht mehr aus, zur Lösung der religiösen Fragen, man mußte ihn durch mündliche Ueberlieferungen ergänzen. Solange diese nur durch das Gedächtniß fortgepflanzt wurden, war der Erdichtung und Entstellung ein weites Feld geöffnet, das in einer Zeit der politischen und religiösen Spaltung, nicht unbenützt blieb. Ismail Ibn Mohammed aus Buchara, gewöhnlich nur Albuchari genannt, ein Zeitgenosse Mamuns, sammelte und sichtete zuerst die Rechtssprüche und Lehren Mohammeds und seiner Gefährten, und veröffentlichte sie unter dem Titel Assahih (der Wahrhaftige.) Durch diese Traditionssammlung, welcher später noch einige Andere, in demselben Geiste verfaßte, folgten, wurde endlich ein sicherer Grund gelegt, auf welchem fernerhin die Theologen sich bewegen mußten, da bei dem hohen Ansehen, in welchem diese Sammler sowohl hinsichtlich ihrer Frömmigkeit als ihres Eifers für die Sache und ihrer Kenntnisse standen, es niemand mehr wagen konnte, sich auf eine mündliche Aussage des Propheten zu berufen, wenn solche in jenen Werken nicht aufgenommen war.

Auch Ahmed Ibn Hanbal, einer der Stifter der vier orthodoxen Schulen, war ein Zeitgenosse Mamuns, und gehörte zu den Wenigen, welche es wagten, offen gegen die mutazelitische Hoftheologie aufzutreten. Er wurde in Fesseln gelegt, und sollte nach Tarsus gebracht werden, wo damals Mamun sich aufhielt. Als er aber in Rakka anlangte, traf die Nachricht ein, daß der Chalife in Folge einer Indigestion gestorben sei (7. August 833), alsbald wurde er wieder in Freiheit gesetzt, von Mamun's Nachfolger jedoch, der das Verfolgungssystem gegen die orthodoxen Theologen fortsetzte, gegeißelt. Unter Mamun, der dem berühmten Dichter Alakawwak die Zunge ausreißen ließ, weil er den Feldherrn Abu Dulaf gelobt, der es früher mit Emin gehalten hatte, und der einen Vetter, welcher Ibrahim unterstützt hatte, drei Tage lang der glühenden Sonne aussetzte und dann hinrichten ließ, wäre dem unbengsamen Theologen wahrscheinlich noch ein schlimmeres Loos zu Theil geworden. Wie bei andern Tyrannen finden wir indessen auch bei Mamun einzelne Züge der Milde und Menschlichkeit. So wurde Fadhl Ibn Rabia, der Urheber des Bruderzwists und Gehilfe Ibrahims, so wie Letzterer selbst, von ihm begnadigt, doch soll er vor seiner Begnadigung dem Hohne preisgegeben worden sein. Es wird nämlich erzählt, Mamun habe ihm befohlen, in dem Frauengewande, in welchem er sich seit seiner Entthronung, um unerkannt zu bleiben, herumgetrieben hatte, vor dem versammelten Volke die Kanzel zu besteigen, eine Predigt zu halten, und zuletzt etwas auf der Laute vorzuspielen.

Mamun's Nachfolger war nicht der von Harun dazu bestimmte Kasim. Dieser wurde bald nach Emin's Tod, dem er sich wahrscheinlich angeschlossen hatte, beseitigt, und statt seiner, Abu Ishak Mohammed, ein anderer Bruder, als Thronerbe bezeichnet, der unter dem Namen Almutaßim den Thron bestieg. Die Huldigung gieng jedoch nicht ohne Widerstand von statten, denn ein Theil der Truppen proclamirte Abbas, einen Sohn Mamuns, zum Chalifen, und erst als dieser selbst seinem Oheim den Eid der Treue schwur, erkannten auch sie ihn als Fürsten der Gläubigen an.

Almutaßim hatte in den ersten Jahren seiner Regierung mehrere Aufstände zu unterdrücken. Ein Alide, dem man in Chorasan huldigte, nahm die Kräfte Abd Allah's Jbn Tahir in Anspruch. Babek und seine Anhänger, den auch der byzantinische Feldherr Manuel unterstützte, beschäftigten den Türken Afschin, den besten General Mutaßims. Die Zat, eine aus Indien eingewanderte Völkerschaft, welche sich am untern Eufrat, zwischen Baßrah und Wasit, niedergelassen und alle Bande des Gehorsams abgeworfen hatte, hielt Udjeif Jbn Anbasa, einen vortrefflichen arabischen Feldherrn, sieben Monate lang in Schach. Theophilus, mit welchem der Chalife bei seinem Regierungsantritte einen Frieden geschlossen hatte, fand den Moment günstig, um für die früher erlittene Niederlage Rache zu nehmen. Er zog im Jahr 837 an den obern Eufrat, zerstörte mehrere moslimische Städte und drang, raubend und verwüstend, über die Grenze von Syrien und Mesopotamien hinaus, machte alle waffenfähigen Männer nieder und schleppte Frauen und Kinder als Sklaven weg. Der Chalife konnte in der ersten Zeit nur wenige Truppen an die Grenze schicken, um seine unglücklichen Unterthanen gegen weitere Gewaltthaten zu schützen. Sobald aber der Krieg gegen Babek beendigt war, zog er ein mächtiges Heer zusammen, mit dem er selbst nach Kleinasien aufbrach. (Frühling 838). In Tarsus trennte sich das Heer in zwei Theile. Afschin nahm eine östliche Richtung, über Kleinarmenien, während der Chalife mit andern Feldherrn durch die Cilicischen Pässe, in der Richtung von Tyana vorrückte. Theophilus, welcher in Cappadocien stand, wendete sich zuerst gegen Afschin, wurde aber geschlagen und zur Flucht genöthigt. Afschin konnte sich, nach seinem Siege, den er besonders den türkischen Bogenschützen unter dem General Jtach verdankte, ohne weitere Schwierigkeit, mit dem Chalifen vereinigen, und das ganze Heer brach nun in drei Colonnen gegen Amorium auf, denn der Chalife hatte geschworen, die Verwüstung moslimischer Städte durch die Amoriums zu rächen. Theophilus nahm eine feste Stellung bei Doryläum ein, konnte aber dem ihm überlegenen Heere keine Schlacht mehr liefern, noch der bedrängten Stadt Hülfe leisten. Indessen vertheidigte die Besatzung, welche der Kaiser vor seiner Niederlage hineingelegt, die gut befestigte Stadt mit großer Tapferkeit, bis sie endlich, nach einer Belagerung von fünf und fünfzig Tagen, durch Verrath in die Gewalt des Chalifen fiel, der seinen Rachedurst in vollem Maaße stillte. Die Stadt wurde in einen Schutthaufen verwandelt, die Besatzung nebst den Einwohnern theils niedergemetzelt, theils als Sklaven verkauft. (Sept. 838).

Mutaßim lief auf der Heimkehr Gefahr Thron und Leben zu verlieren, weil die zurückgesetzten arabischen Generäle die Fremden beneideten, sie sowohl als Mutaßim selbst ermorden und Abbas zum Chalifen erheben wollten. Die Verschwörung wurde aber durch Unvorsichtigkeit entdeckt, und die Schuldigen fanden keine Gnade. Abbas ließ man vor Durst verschmachten, ebenso den arabischen General Udjeif Jbn Anbasa, der an der Spitze der Verschworenen stand, ein anderer arabischer General wurde lebendig begraben. Schon früher hatten in Bagdad Unruhen stattgefunden, in Folge der Ausschweifungen und Gewaltthaten der zügellosen Soldateska, die größtentheils aus fremden Sklaven bestand, welche Mutaßims Leibwache bildete. Es war so weit gekommen, daß kein einzelner Soldat sich in den von Arabern bewohnten Stadttheilen mehr ohne Lebensgefahr blicken lassen durfte, weshalb auch Mutaßim die, auch mit seinen religiösen Ansichten nicht übereinstimmende Residenz verließ und Samira, eine neue, etwa drei Tagereisen nördlich von Bagdad gegründete Stadt, zum Sitze der Regierung machte. Mutaßim war zwar nicht der Erste, der die Araber durch fremde Truppen beherrschte. Die Abbasiden verdankten ihren Thron lediglich der Hülfe der Chorasaner, und Mamun hätte Emin nicht ohne den Beistand der Perser besiegt. Auch hatte sich jener schon, weil er wegen seiner schwankenden Politik selbst den Persern nicht mehr trauen konnte, von türkischen Sklaven umgeben. Mutaßim gieng aber noch weiter. Er bildete den Kern seiner Truppen aus ausländischen Mamluken (Sklaven), vermehrte ihre Zahl auf 70,000, und seine ganze Leibwache bestand aus fremden Elementen, die ihm ganz ergeben waren, und auf die er sich eher verlassen konnte, als auf Araber, die in allerlei Stammfehden und religiösen und politischen Streitigkeiten verwickelt waren. Uebrigens mochte auch in dieser Zeit, wo zur Unterdrückung innerer Unruhen wie zu auswärtigen Kriegen ein stehendes Heer dringendes Bedürfniß war, ein gewisser Mangel an brauchbaren arabischen Soldaten eingetreten sein. Die Beduinen, welche an den ersten Kriegen des Islams den thätigsten Antheil genommen, waren, als wenig Aussicht mehr auf Ruhm und Beute war, entweder wieder in ihre Wüste zurückgekehrt, oder sie hatten sich in den eroberten Provinzen, besonders in den zahlreichen neu gegründeten Städten in Westafrika, am Euphrat und Tigris, so wie an den Küsten des rothen und persischen Meeres niedergelassen. Hier wurden sie bald durch das ungewohnte üppige Leben entnervt, auch verlor sich bei ihnen der kriegerische Geist, weil sie sich mehr der Wissenschaft, dem Feldbau, den Gewerben, besonders aber dem Handel hingaben, der um diese Zeit fast ausschließlich in den Händen der Araber war. Bagdad war zu jener Zeit der Mittelpunkt des großen Welthandels, sowohl zu Land, über Persien, bis nach Thibet und China, und über Mesopotamien und Syrien nach Byzanz, als zu Wasser, nach Indien. Diese neuen, mitunter auch abenteuerlichen Erwerbsquellen, waren jetzt für die Araber weit lockender als der Kriegsdienst, für welchen daher die Chalifen frische, unverdorbene Elemente heranzuziehen genöthigt waren. Mutaßim mußte, nach der oben erwähnten Verschwörung, sich noch mehr zu den Fremden hinneigen, und allmählig das ganze Heer von arabischen Führern säubern und an ihre Stelle Türken und Perser setzen. Aber auch zwischen diesen herrschte nicht lange Friede und Einigkeit. Neid, Ehrgeiz, Habgier und Herrschsucht mußten sie um so ausschließlicher beherrschen, als ihnen das Land und das Volk, über welches sie zu verfügen hatten, fremd war. So nähern wir uns denn auch der traurigen Periode, in welcher die bedeutendsten historischen Begebenheiten sich nicht mehr um politische Systeme oder religiöse Anschauungen drehen, ja nicht einmal mehr um die Person der Chalifen, die bald selbst nur noch die Sklaven der Häuptlinge der Leibwache waren, sondern nur um Intriguen der verschiedenen Statthalter und Feldherrn. Wir werden derartige rein persönliche Händel entweder ganz übergehen, oder so kurz als möglich zusammenfassen, und theilen daher auch hier, wo sie zum erstenmale zum Vorschein kommen, nur das Wesentlichste mit.

Aschin beneidete Abd Allah Ibn Tahir um die Statthalterschaft von Chorasan. Letzterer war gegen Maziar, den Fürsten von Tabaristan, aufgebracht, weil er den Tribut unmittelbar an den Chalifen sandte, während die Provinz Tabaristan auch zu der ihm verliehenen Statthalterschaft von Chorasan gehörte. Aschin benutzte diese Spannung zwischen Maziar und Abd Allah, um jenen zur Empörung gegen den Chalifen anzuspornen. Er versprach ihm, mit seinen Truppen zu ihm überzugehen, um dann vereint Abd Allah anzugreifen. Afschin wurde aber in seiner Erwartung getäuscht. Maziar fand bei seinen eigenen Leuten wenig Unterstützung, so daß Abd Allah's Truppen den Aufstand bald unterdrückten, und als jener sich von seinen nächsten Verwandten verrathen sah, ergab er sich.

Gleichzeitig mit dieser Empörung fand eine andere in Abserbeidjan statt, welche gleichfalls dem Anstiften Afschin's zugeschrieben wurde, denn der Anführer war der von ihm bestellte Unterstatthalter; aber auch dieser Aufstand wurde durch den türkischen Feldherrn Bogha bald unterdrückt. Afschin wurde hierauf nicht nur als Hochverräther, sondern auch als schlechter Moslim und Anhänger der altpersischen Religion angeklagt. Da es aber an genügenden Beweisen fehlte, konnte er nicht zum Tode verurtheilt werden, doch ließ man ihn im Kerker und reichte ihm so wenig Nahrung, daß er einen langsamen Hungertod starb.

Man darf übrigens aus diesem Urtheil nicht etwa den Schluß ziehen, als habe man sich im Allgemeinen unter Mutaßim streng an das Gesetz gehalten. Der Anhang Afschins in Transoxanien und unter den ihm untergebenen Truppen mochte zu groß gewesen sein, als daß man es hätte wagen dürfen, ihn ohne förmliche Procedur aus der Welt zu schaffen; wir sehen aber an andern Beispielen, daß auch unter Mutaßim das Justizwesen mehr in Machtsprüchen des Chalifen und seiner Veziere und Feldherrn, als in Urtheilen unabhängiger Richter (Kadhi) bestand, und daß die Regierung, wo sie es wollte und konnte, über Leben und Güter der Unterthanen nach Willkühr verfügte, obgleich der Oberrichter Ahmed Jbn Abi Dawud, der auch unter Mutaßim großes Ansehen genoß, so weit er es vermochte, Gewaltthaten zu verhindern suchte. Dem Einflusse dieses Kadhi, so wie dem einiger Veziere, muß auch die fortdauernde Pflege der Wissenschaften zugeschrieben werden, für welche der rohe und unwissende Chalife selbst keinen Sinn hatte. Unter ihm lebte der bekannte Philosoph Alkindi, der erste bedeutende gelehrte Araber im europäischen Sinne des Worts, der namentlich durch seine Ueber-

12

setzungen und Commentare griechischer Philosophen und Mathematiker sich einen großen Namen erwarb.

Almutaßim starb am 5. Januar 842, und wird der Achter genannt, weil er acht Söhne und acht Töchter hinterließ, acht Jahre und acht Monate regierte, ein Alter von 48 Jahren erreichte, im achten Monate des Jahres geboren war, 8,000,000 Dinare und eben so viele Dirhem hinterließ, und acht Feldzüge angeordnet hatte, nämlich, außer den schon erwähnten, gegen Babek, die Zat, die Aliben, die Byzantiner, den Fürsten von Tabaristan und den Unterstatthalter von Adserbeidjan, noch einen gegen die Kurden in Mesopotamien und einen andern gegen Mubarka in Palästina, welcher sich für einen Abkömmling der Omejjaden ausgab.

II. **Anfang des Verfalls des Chalifats und Emporkommen unabhängiger Dynastien. Von der Thronbesteigung Alwathik's bis zum Tode Almuktafi's.**

Die fünfjährige Regierung Alwathik's, eines Sohnes Mutaßims, bietet nur eine Reihe von Aufständen dar, welche größtentheils mit Hülfe türkischer Truppen unterdrückt wurden. In Syrien regten sich die Omejjaden wieder, am Eufrat die Charidjiten, in Arabien die zügellosen Beduinen, im persischen Irak die Kurden, und in Bagdad selbst die Sunniten, welche auch unter diesem Chalifen noch verfolgt wurden, so daß sogar bei dem Gefangenenaustausche mit den Byzantinern nur diejenigen ausgelöst wurden, die sich zur Hoftheologie bekannten, und daß der Chalife selbst einen Mann zusammenhieb, weil er den Koran für ungeschaffen hielt. Wathik war übrigens ein grausamer Wollüstling, der sich auch allerlei Erpressungen erlaubte, und darum so gehaßt war, daß man sich gegen sein Leben verschwor. Die Verschwörung wurde zwar entdeckt und vereitelt, doch starb er bald nachher in Folge seiner Ausschweifungen. (10. Aug. 847).

Wathik war so plötzlich aus der Welt geschieden, daß er nicht mehr Zeit hatte, Verfügungen über die Nachfolge zu treffen. Manche wollten seinem unmündigen Sohne huldigen, dem widersetzte sich aber

Waßif, der Oberst der Leibwache, auf dessen Antrag dann Almutawakkil, ein Bruder Wathik's, zum Chalifen proclamirt wurde, der seine Regierung damit einweihte, daß er den Vezier, welcher für den Sohn Wathik's sich erklärt hatte, unter den qualvollsten Martern tödten ließ und dessen Gehülfen und Freunden unermeßliche Summen auspreßte. Der rachsüchtige Chalife ließ auch den türkischen Feldherrn Itach im Kerker vor Durst verschmachten, obgleich er bei der Chalifenwahl Waßif unterstützt hatte, weil er im Zustande der Trunkenheit die dem Staatsoberhaupte schuldige Ehrerbietung verletzt hatte. Mutawakkil gieng überhaupt damit um, sich von der Herrschaft der fremden Häuptlinge zu emancipiren, aber um dies auszuführen, hätte er die Zuneigung der Araber zu gewinnen suchen müssen, was ihm keineswegs gelang. Er änderte zwar die seit Mamun am Hofe herrschende politisch religiöse Anschauung, er kehrte zu den Lehren der Sunniten zurück, und gieng so weit, daß er nicht nur die Mutazeliten hinrichten ließ, sondern auch jeden, der über die ersten Chalifen etwas Nachtheiliges oder über Ali etwas Löbliches sagte. Auch ließ er Husein's Grabmal zertrümmern, und den Boden, auf dem es stand, in ein Ackerfeld verwandeln. Er verspottete Ali und verfolgte dessen Nachkommen, was sogar die Sunniten empörte, denn wenn sie auch Ali nicht wie Schiiten vergötterten, so verehrten sie ihn doch als Schwiegersohn des Propheten und als ehemaligen Fürsten der Gläubigen, nicht weniger als Abu Bekr und Omar. Als strenger Sunnite erneuerte er auch wieder alle frühern kränkenden Verordnungen gegen Juden und Christen, und fügte noch manche neue verletzende hinzu. Sie mußten gelbe Tücher über ihrer Kleidung tragen, hölzerne Steigbügel und zwei Kugeln an ihren Sätteln anbringen. An ihre Wohnungen mußten sie eine hölzerne, den Teufel vorstellende Figur, befestigen, und selbst ihre Sklaven mußten gelbe Abzeichen tragen. Auch wurden sie mit neuen Steuern belastet, und viele Kirchen und Synagogen wurden niedergerissen und in Moscheen verwandelt.

Diese Härte gegen Aliden und Christen darf übrigens nicht der religiösen Intoleranz allein zugeschrieben werden. Jene setzten im Stillen ihre Umtriebe gegen die Abbasiden fort, und diese brachten den Chalifen, durch einen Aufstand in Hims, durch Empörungen in

Armenien, und durch Raubzüge auf moslimisches Gebiet, gegen sich auf. Eine griechische Flotte landete in Damiet, (853) verheerte die Stadt und plünderte viele Ortschaften aus, welche an der Meeresküste oder an den Mündungen des Niles lagen. In Armenien wurde der Statthalter des Chalifen erschlagen und die armenischen Prinzen kämpften für ihre Unabhängigkeit, wurden jedoch, aus Mangel an Einigkeit, von Bogha geschlagen, der bis Towin und Tiflis vordrang. Die Byzantiner überfielen zu wiederholtenmalen die Grenzprovinzen von Syrien und Mesopotamien und schleppten viele Gefangene und reiche Beute mit, und erst in seinen letzten Regierungsjahren (860—61) konnte Mutawakkil, nach mehreren siegreichen Treffen, an den Byzantinern sich rächen und bis gegen Sinope hin Raub- und Verwüstungszüge machen. Außer diesen Kriegen und Aufständen ist auch noch eine Empörung in Aserbeidjan zu erwähnen, welche durch Bogha den Jüngern unterdrückt wurde, so wie ein Aufstand in Sedjestan, welchen Abd Allah Ibn Tahir niederschlug, der aber doch den Grund zur Herrschaft der Saffariden legte, welche sich bald über den ganzen Osten ausdehnte. Endlich machten auch die Bedjah, ein Berberstamm, welcher in der Wüste, zwischen Egypten, Nubien, Abyssinien und dem rothen Meere umherstreifte, ganz Oberegypten zum Tummelplatze ihrer Raubzüge, so daß Mutawakkil 20,000 Mann gegen sie aussenden und sie zugleich vom rothen Meere und von Egypten her angreifen lassen mußte. Ihr Führer ergab sich und wurde begnadigt, obgleich er noch einen Götzen mit sich führte, woraus sich ergibt, daß der Chalife, wo es sein Vortheil erheischte, seinen religiösen Fanatismus zu beherrschen wußte.

Trotz allem Mißgeschick, von welchem das Reich unter Mutawakkil heimgesucht wurde, und trotz der allgemeinen Unzufriedenheit mit dem Chalifen, der auch den Staatsschatz für luxuriöse Bauten verschleuderte, und um ihn wieder zu füllen, wie unter den letzten Omejjaden, das Vermögen reich gewordener Beamten einzog und einen förmlichen Handel mit denselben trieb, indem er gegen eine beliebige Summe dem Käufer gestattete, ihnen durch Folterqualen so viel als möglich auszupressen, wäre er wahrscheinlich doch noch länger auf dem Throne geblieben, wenn er nicht seinen eigenen ältesten Sohn und den Obersten der Leibwache gegen sich aufgebracht hätte. Er hatte nämlich in den ersten Jahren seiner Regierung verfügt, daß das Reich unter seine drei Söhne getheilt werden sollte. Später bereute er diese Bestimmung, derzufolge sein ältester Sohn Muntaßir eigentlicher Chalife werden sollte, und ließ nur den Namen des Mutaz, seines zweiten Sohnes, auf die Münzen prägen, was einer Ernennung zum Thronfolger gleich kam. Als daher Mutawakkil damit umgieng, Bogha und Waßif zu beseitigen, verabredete Letzterer mit Muntaßir die Ermordung des Chalifen, welche er um so leichter ausführen konnte, als der Oberstkämmerer Bogha der Jüngere auch im Einverständnisse mit ihnen war. Dieser führte die Mörder, unter welchen fünf Söhne Waßifs sich befanden, in später Nachtstunde, in das Gemach des Chalifen. Die wenigen Leute, die bei ihm waren, wurden leicht überwältigt, er selbst fiel unter den Streichen der Mörder (9.—10. December 861) und mit ihm sein Liebling Alfath Jbn Chakan, ein geborener Chorasaner und Schutzgenosse der Benu Azd, welchen er als Waßif's Nachfolger bestimmt hatte, und der zur Partei des Almutaz gehörte.

Am folgenden Morgen proclamirte Waßif den Muntaßir zum Chalifen, und auch seine Brüder, welchen man sagte, ihr Vater sei plötzlich gestorben, so wie der Vezier Ubeid Allah, der die Stütze des Mutaz war, habe auch bereits gehuldigt, unterwarfen sich ihm. In der Stadt wurde verbreitet, Alfath habe den Chalifen ermordet und sei selbst erschlagen worden. Da aber dieses Gerücht keinen Glauben fand, rotteten sich die Perser und Jemeniden, denen Alfath angehörte, zusammen, und wollten den Chalifenpalast erstürmen, aber Muntaßir trieb sie zu Paaren, mit Hülfe der Türken und Abendländer. Er konnte indessen nur kurze Zeit die Früchte seines Verbrechens genießen. Er starb schon nach sechs Monaten, unter furchtbaren Gewissensbissen, nach einigen an einem Halsübel, nach andern an einem Magenübel, oder an Gift (4.—5. Juni 862).

Die Türken und Abendländer, an deren Spitze Bogha und Atamisch standen, welche Muntaßir auf den Thron gehoben hatten, — Waßif war damals beim Heere in Kleinasien — durften auch jetzt Mutaz nicht zur Regierung gelangen lassen, sie riefen daher Almustain, einen andern Enkel Mutaßims, zum Chalifen aus, und zerstreuten die Volkshaufen, welche sich für jenen erklärten. Als die Huldigung in Samira vorüber war, zwang der Präfekt von Bagdad auch die Bewohner dieser Stadt zur Anerkennung Mustains, und wurde dafür mit der Statthalterschaft von Irak und Arabien belohnt. Er war ein Sohn des Abd Allah Ibn Tahir und ein Oheim des Mohammed Ibn Tahir, des vierten Statthalters von Chorasan, aus dem Geschlechte der Tahiriden, das um diese Zeit seine Herrschaft auch über Chowaresm, Herat, Tabaristan und einen Theil von Transoxanien ausdehnte. Wie die Tahiriden den Osten, so beherrschten Atamisch, Bogha der Jüngere und Waßif den Westen, und als die Araber, bei Gelegenheit der Niederlagen, welche den Grenztruppen von den Byzantinern beigebracht wurden, es nochmals versuchten, das Fremdenregiment zu stürzen, wurden sie mit Feuer und Schwerdt hart gezüchtigt.

Wie früher schon entzweiten sich auch jetzt die Sieger selbst. Der Vezier Atamisch wurde von Bogha und Waßif beneidet, sie wiegelten die Truppen gegen ihn auf, und der schwache Chalife mußte ihn opfern. Bald nachher gerieth Baghir, einer der angesehensten türkischen Generäle, mit Bogha in Streit. Dieser veranlaßte den Chalifen ihn zu verhaften und hinrichten zu lassen. Die Türken wurden aber dadurch so empört, daß sie sich gegen den Chalifen auflehnten, der sich hierauf mit Bogha und Waßif nach Bagdad zurückzog. (Febr. 865). Die Führer der Meuterer folgten bald nach, um ihn zur Rückkehr zu bewegen, da er aber darauf bestand, noch in Bagdad residiren zu wollen, auch einer ihrer Häupter von dem Statthalter von Bagdad beleidigt wurde, befreiten sie Mutaz aus seinem Gefängnisse und riefen ihn zum Chalifen aus (März). Er rückte alsbald, an der Spitze von 50,000 Mann, gegen Bagdad aus, und der Kampf zwischen den beiden Chalifen dauerte das ganze Jahr hindurch mit wechselndem Erfolg. Ein Sieg der Anhänger Mustains führte endlich seinen eigenen Untergang herbei, denn die in Bagdad selbst liegenden Türken, unter Waßif und Bogha, gönnten ihn den Arabern nicht, und giengen zu ihren Brüdern ins feindliche Lager über. Bald wurde die Partei des Mutaz so stark, daß es der Statthalter von Bagdad für gerathen fand, zu capituliren. Mustain mußte abdanken (4. Januar 866), und mit einer Pension von

30,000 Dinaren sein Leben in Mekka beschließen, Bogha sollte Statthalter von Arabien, und Waßif von dem persischen Irak werden. Daß während dieses Bruderkriegs auch in den Provinzen Aufstände jeder Art ausbrachen, braucht kaum erwähnt zu werden. Auch die Aliden regten sich wieder, sowohl in Kufa als in Tabaristan, und legten um diese Zeit den Grund zu ihrer Herrschaft in letzterer Provinz, welche bis in das folgende Jahrhundert fort bestand.

Mutaz fand sich in einer schwierigen Lage, als er den Thron bestieg, weil er keiner der herrschenden Parteien volles Vertrauen schenken konnte. Die Türken hatten seinen Vater ermordet, ihn selbst verdrängt, und seinen Bruder Muntaßir an die Regierung gebracht, auch später, nicht aus Hinneigung zu ihm, sondern aus Haß gegen Bogha und Waßif, ihn an Mustain's Stelle auf den Thron gesetzt. Die Tahiriden hatten fast ein ganzes Jahr gegen ihn gekämpft, und die Araber, welche ihm früher zugethan waren, mit in den Kampf hineingezogen. Mutaz, der an Perfidie und Grausamkeit alle seine Vorgänger übertraf, dem Wortbruch und Verrath, selbst gegen die nächsten Verwandten, nicht die geringste Ueberwindung kostete, hoffte sein Dasein dadurch zu fristen, daß er die verschiedenen Machthaber unter sich zu entzweien suchte. Er eröffnete die Reihe seiner treulosen Handlungen damit, daß er den mit Mustain geschlossenen Vertrag verletzte. Er durfte nicht nach Arabien auswandern, sondern wurde in Wasit eingekerkert und später ermordet. Als man ihm dessen Haupt brachte, machte er eine Schachparthie; er unterbrach sie nicht, erst als sie zu Ende war, überzeugte er sich, daß das überbrachte Haupt wirklich des Mustains war, und schenkte dann dem Mörder 50,000 Dirhem. Bogha und Waßif sollten auch, trotz allen Verträgen, meuchlings aus der Welt geschafft werden, sie wurden aber gewarnt und waren auf ihrer Huth. Eben so wenig gelang es dem Chalifen, Mohammed Jbn Abd Allah, den Präfekten von Bagdad, durch Aufreizung der Miliz, zu verdrängen. Aus Furcht, er möchte nun selbst gestürzt und sein Bruder Muejjed auf den Thron gesetzt werden, ließ er auch diesen heimlich ermorden und den andern minder gefährlichen Bruder Ahmed einkerkern. Er bemühte sich dann, die Türken, an deren Spitze jetzt Bogha und Babkial standen — Waßif war bei einem Aufruhr umgekommen —

zu entzweien, dann begünstigte er Letztern, den er weniger fürchtete, so daß Bogha nach mehreren Kämpfen unterlag und enthauptet ward. Mutaz befolgte eine ähnliche Politik in Bagdad und in Persien, unbekümmert um das Wohl der Unterthanen, suchte er nur Zwietracht zu stiften, und dem Schwächern, der ihm selbst weniger gefährlich schien, gegen den Stärkern beizustehen. In Bagdad stritten, nach dem Tode Mohammed's, (Dezember 867) sein Bruder Obeid Allah und sein Sohn Tahir um die Herrschaft. Letzterer wurde vom Volke unterstützt, und dies war Grund genug für den Chalifen, sich gegen ihn zu erklären. Sobald aber Tahir beseitigt war, ernannte er Suleiman, einen andern Bruder des Verstorbenen, zum Statthalter, der in Bagdad wie in Feindes Land hauste, so daß diese alte Hauptstadt, die noch immer durch ihre Größe, durch ihren Handel und ihre Industrie die erste des Reichs war, ein Heerd des Aufruhrs und Bürgerkriegs wurde.

In Persien war dem Chalifen der Saffaride Jakub Ibn Leith, der Herr von Sedjestan, ein Dorn im Auge, denn er hatte auch den Tahiriden einige Städte in Chorasan entrissen. Statt Letztere zu unterstützen, hetzte er den ihm gleichfalls verdächtigen Ali Ibn Husein, den Statthalter von Farsistan, gegen Jakub, indem er jedem von Beiden, in der Hoffnung, sie würden sich durch einen langen Krieg gegenseitig schwächen, die Statthalterschaft von Kerman verlieh. Jakub trug aber ohne großen Verlust den Sieg davon, nahm Ali gefangen und drang bis Schiras vor. Er begnügte sich jedoch mit dem Besitze von Kerman, und gestattete dem Chalifen, an Ali's Stelle einen andern Statthalter von Farsistan zu ernennen. Ostpersien war aber so gut als losgerissen vom Chalifate, und bald setzte sich auch in Egypten eine Familie fest, die kaum noch einen Schein von Unterwürfigkeit bewahrte, nämlich die der Tuluniden, denn noch unter Almutaz wurde Ahmed Ibn Tulun, der erste Fürst aus diesem Geschlechte, zum Statthalter von Egypten ernannt.

Mutaz wurde, trotz seiner verwerflichen Politik, trotz seinem schlechten Charakter und allem Unheil, welches er über das Reich brachte, das an allen Enden von Rebellen durchzogen ward, so lang geduldet, als er die Habgier seiner Söldlinge befriedigen konnte. Dies wurde aber, zu einer Zeit, in welcher mehrere größere Provinzen unabhängigen Fürsten gehörten, Andere, wie ein Theil von Syrien, Mesopotamien und Persien, von Rebellen besetzt waren, wieder Andere von selbstsüchtigen Häuptlingen verwaltet wurden, die nur sich und ihre Freunde bereicherten, aber nicht daran dachten, die Staatskasse zu füllen, immer schwieriger. Als Mutaz den rückständigen Sold der fremden Truppen nicht bezahlen konnte, rotteten sie sich zusammen und drangen gegen das Schloß vor. Die Rebellen wollten sich zwar mit einer abschlägigen Summe von 50,000 Dinaren begnügen, die ihnen der Chalife zusagte, weil er hoffte, seine Mutter, welche viele Schätze verborgen hatte, würde sie ihm verschaffen. Als er sich aber getäuscht sah, wurde er zur Abdankung genöthigt (13. Juli 869), und in ein unterirdisches Gewölbe gebracht, wo er, in einem Alter von 24 Jahren, nach drei Tagen verschmachtete.

Die Meuterer, an deren Spitze Salih stand, wählten Muhtadi, den Sohn Wathik's, zum Chalifen, der bisher ein zurückgezogenes Leben geführt hatte, und von dem sie hofften, er werde sich als blindes Werkzeug von ihnen leiten lassen. Sie hatten sich aber geirrt, denn er war ein eben so kluger als energischer Mann; dennoch unterlag er, ehe ein Jahr verging, im Kampfe gegen die Usurpatoren, weil er bei den Arabern, die er, nicht weniger als sich selbst, von den Fremdlingen befreien wollte, nicht die verdiente Unterstützung fand. Die Einen sahen dem Kampfe mit Gleichgültigkeit zu und die Andern schaarten sich um Aliden, die wieder in verschiedenen Provinzen: in Tabaristan, in Egypten, in Kufa und in Basrah ihre Ansprüche erneuerten. So konnte er es nicht hindern, daß gleich bei seinem Regierungsantritt Salih die Mutter des Mutaz aller ihrer Schätze beraubte und dessen Vezier und Staatssecretäre foltern ließ, bis sie ihren Qualen unterlagen. Salih erhielt aber seine gerechte Strafe durch Musa Ibn Bogha, der, sobald er von den Vorfällen in Samira Kunde erhielt, mit seinen Truppen aus Persien, wo er Aldien und andere Rebellen bekämpfen sollte, zurückkehrte, und von ihm Rechenschaft verlangte. Salih verbarg sich, und da man glaubte, der Chalife kenne dessen Aufenthaltsort und warte nur eine günstigere Zeit ab, um ihn wieder an die Spitze der Regierung zu stellen, rotteten sich die Türken im Palaste Musa's zusammen und wollten Muhtadi entthronen, was jedoch Babkial, einer ihrer einflußreichen Führer, zu verhindern wußte. Der Chalife selbst trat dann im Todtengewande, das Schwerdt in der Hand, in die Mitte der Rebellen, betheuerte, daß er nicht wisse, wo Salih sich aufhalte, erklärte aber zugleich, daß er bereit sei zu sterben, jedoch nicht eher, bis er von seinem Schwerdte keinen Gebrauch mehr machen könne. Diese muthige Handlung imponirte den Rebellen für den Augenblick, doch nach wenigen Tagen brach neuer Aufruhr aus. Indessen wurden Proclamationen an das Volk für den Chalifen gegen die Türken verbreitet, auch erhielt er eine Deputation von mehreren Vorstädten Bagdad's, welche sich erboten, ihn zu beschützen, wenn er sie militärisch organisiren und ihnen gleichen Sold wie den Türken bezahlen wollte. Dafür verlangten sie, daß sowohl Salih als Musa über ihren Besitz Rechenschaft ablegen, dann aber auch begnadigt und wieder in ihre Aemter eingesetzt werden sollten. Der Chalife nahm diese Bedingungen an, da aber Salih dennoch nicht zum Vorschein kam, glaubten dessen Anhänger in Bagdad, der Chalife halte ihn gefangen, sie zogen daher nach Samira, plünderten und tobten vor dem Chalifenpalaste. Muhtadi mußte jetzt durch Musa die Rebellen aus einander treiben lassen und sich ganz in die Arme dieses Türken werfen, der dann später auch Salih auffand und alsbald enthaupten ließ. Sobald indessen Musa sich wieder aus der Hauptstadt entfernt hatte, um gegen den Rebellen Musawir in der Gegend von Moßul zu kämpfen, knüpfte Muhtadi neue Unterhandlungen mit Bagdad an, wo auch viele Türken lagen, welche Anhänger Salihs waren. Auf Verlangen dieser Türken ließ er zuerst Musa's Bruder, welcher in Samira war, enthaupten und ertheilte dann Babkial den Befehl, auch Musa aus dem Wege zu räumen und den Oberbefehl über die Truppen zu übernehmen. Babkial wagte es aber nicht, diesen Befehl zu vollziehen, sah vielleicht auch ein, daß der Chalife nur einen Türken durch den Andern vernichten wollte, und daß die Reihe früh oder spät auch an ihn kommen würde. Er theilte daher Musa das erhaltene Schreiben mit, und ging auf dessen Rath selbst nach Bagdad, um dem Chalifen vorzustellen, wie gewagt es wäre, den von ihm ertheilten Befehl zu vollziehen, suchte aber zugleich, unter der Versicherung vollkommenster Treue und Hingebung, eine Gelegenheit, ihn vom Throne zu stürzen. Muhtadi war indessen nicht so leicht zu täuschen. Babtial wurde bei seiner Ankunft in Samira verhaftet, und als seine Freunde sich vor dem Palaste des Chalifen zusammenrotteten und seine Befreiung stürmisch forderten, ließ er ihn enthaupten und das Haupt unter die Meuterer werfen. Er trat dann selbst heraus, in der Mitte einer Anzahl Araber, Perser und Abendländer, und selbst 1000 Türken, welche zur Partei Salih's gehört hatten, schlossen sich ihm an. Die Stammverwandtschaft trug jedoch bei Letzteren den Sieg über den Parteihaß davon. Sie gingen zu den meuterischen Türken über und die übrigen Truppen des Chalifen ergriffen alsbald die Flucht. Muhtadi wurde fest genommen und zur Abdankung aufgefordert, und als er sich weigerte, ermordet. (21. Juni 870.)

Almutamid, ein Sohn Mutawakfils, welcher zum Chalifen erhoben ward, war zwar ein vergnügungssüchtiger, wenig begabter Mann, doch kam das Chalifat unter seiner Regierung wieder zu größerem Ansehen, denn faktisch regierte sein wackerer Bruder Almuwaffak, der es verstand, den Türken, die unter sich selbst uneinig waren, die Gewalt zu entreißen, was ihm schon dadurch leichter ward, daß die Residenz wieder nach Bagdad verlegt wurde, wo die starke Bevölkerung der Stadt es mit den Persern und Abendländern hielt, welche dem türkischen Regimente nicht hold waren.

War aber auch der Hof und die Residenz nicht wie früher mehr der Schauplatz von Aufruhr und Meuterei, so wurden doch nahezu sämmtliche Provinzen der Reichs von Empörungen verschiedener Prätendenten (Aliden), Demokraten (Charidjiten), widerspenstiger Statthalter und Usurpatoren jeder Art heimgesucht. Von Westen her bedrohten die Iuluniden das Reich, von Osten die Saffariden, im Süden und Nordosten hausten wirkliche und angebliche Aliden, und im Norden widersetzten sich die Charidjiten der Autorität des Chalifen. Nur ein Mann wie Muwaffak, der mit großen Herrschertugenden Tapferkeit und Feldherrntalent verband, vermochte es, allen diesen Feinden die Spitze zu bieten und den Thron fester und geachteter, als er vor ihm war, auf seinen Sohn zu vererben.

Ahmed Ibn Tulun, dessen Ernennung zum Statthalter von Egypten schon früher erwähnt wurde, fiel, nach mehreren glücklichen Kriegen gegen Aliden und Aghlabiten, während Muwaffak in andere

Kriege verwickelt war, in Syrien ein, besetzte Damask, Himß, Hamah, Haleb, Antiochien und Tarsus. Hierauf wendete er sich nach Mesopotamien, nahm Rakkah und Harran, und wäre ohne Zweifel noch weiter vorgedrungen, wenn ihn nicht eine Empörung in Egypten, an deren Spitze sein eigener Sohn Abbas stand, zur Rückkehr genöthigt hätte. Ahmed hatte wohl eingesehen, daß, um in Egypten unabhängig zu sein, er auch Syrien besitzen müßte; darum hatte er den günstigen Moment dafür rasch ergriffen, um so mehr, als er wohl wußte, daß der Chalife ihn entsetzen wollte. Aber die Empörung seines Sohnes fesselte ihn mehrere Jahre in Egypten, und da Muwaffak inzwischen gegen andere Rebellen bedeutende Vortheile erfochten hatte, so konnte er leicht voraussehen, daß er bald seine ganze Macht gegen ihn wenden würde. Um diese Gefahr abzuwenden, lud er den Chalifen, der auf seinen Bruder eifersüchtig war, weil er alle Macht an sich gerissen hatte, ein, sich zu ihm zu begeben, und dann, unter dem Schutze seines Heeres, sich wieder selbst der Regierung zu bemächtigen. Mutamid nahm das Anerbieten an, und schon war der Tag bestimmt, an welchem er zu den Egyptern nach Rakkah fliehen sollte; aber die Sache blieb nicht geheim, und auf Muwaffaks Befehl wurde der Chalife in Moßul angehalten und nach Samira zurückgebracht. Ahmed benützte diesen Vorfall, um Muwaffak als einen Usurpator darzustellen, der dem Chalifen Gewalt anthue und daher nicht würdig sei, fernerhin als Thronfolger anerkannt zu werden, während andererseits Muwaffak seinen Bruder nöthigte, Ahmed von allen Kanzeln herab als Rebellen verfluchen zu lassen.

Schmerzlicher als dieser Bannstrahl war für Ahmed der Verlust von Rakkah und von Tarsus, hier durch einen Volksaufstand gegen seinen Präfekten, und dort durch Verrath seines eigenen Gouverneurs, der zu Muwaffak überging. Er begab sich selbst noch einmal nach Syrien, wurde aber krank und starb im folgenden Jahre. (Mai 884).

Unter seinem Sohne und Nachfolger Chumarujeh ging Syrien bald verloren; sein wackerer Feldherr Said, der Mutadhid, den Sohn Muwaffaks, in Palestina schlug, besetzte es zwar wieder, und nochmals wurde der Krieg nach Mesopotamien hinüber getragen, wo Chumarujeh sich bis zum Tode des Chalifen behauptete. Unter dem folgenden Chalifen aber opferte der vergnügungssüchtige Tulunide seine Selbstständigkeit dem eitlen Ruhme, Schwiegervater des Chalifen zu werden, und verpflichtete sich zu einem jährlichen Tribut von 300,000 Dinaren. Nach seinem Tode (Febr. 896) ging die Herrschaft der Tuluniden einem raschen Untergange entgegen. Sein ältester Sohn Djeisch kam in Folge einer Verschwörung noch in demselben Jahre um. Sein zweiter Sohn Harun war ein Spielball seiner Feldherrn und Beziere, die um die Freundschaft des Chalifen buhlten. Er mußte (899) Mesopotamien und die Grenzfestungen räumen und einen noch größeren Tribut entrichten. Unter Almuktafi fiel auch Syrien von ihm ab, und als er dem Heere, das der Chalife nach Egypten sandte, entgegenziehen wollte, kam er bei einer Meuterei unter seinen eigenen Truppen um. (29. Dec. 904). Sein Oheim Scheiban, der den Oberbefehl übernahm, mußte, da ein Theil seines Heeres zum Feinde überging, sich in die Hauptstadt zurückziehen, und sie nach zwölf Tagen übergeben. Egypten empfing nun, bis zum Einfalle der Fatimiden, seine Statthalter wieder aus Bagdad, die bald Alles zerstörten, was Ahmed und Chumarujeh, welchen Fostat und Kahirah viele große und schöne Paläste und Moscheen, und das ganze Land eine Anzahl nützlicher und wohlthätiger Werke verdankte, aufgebaut hatten.

Noch herrschsüchtiger als die ersten Tuluniden, die nur nach dem ungestörten Besitze einiger Provinzen trachteten, waren die Saffariden, welche sich offen gegen den Chalifen selbst empörten und nahe daran waren, sich der Hauptstadt zu bemächtigen.

Wir haben gesehen, wie schon unter Mutaz der Saffaride Jakub Ibn Leith als Statthalter von Sedjestan und Mekran anerkannt ward. Mutamid, welcher fürchtete, er möchte wieder in Fars einfallen, verlieh ihm auch die Statthalterschaft von Balch, Tocharistan und Sind. Jakub führte seine Horden nach dem Norden und Nordosten, drang einerseits bis Balch und andererseits bis Kabul vor, wo er sich der aufgehäuften Schätze des Fürsten von Kabulistan bemächtigte. Dann besetzte er Bost, Herat und einige andere den Tahiriden gehörende Plätze, hierauf Nisabur selbst, wo er den Tahiriden Mohammed Ibn Tahir gefangen nahm und der Herrschaft dieses Geschlechts über Chorasan ein Ende setzte. (873.) Er machte dann noch einen Einfall in Tabaristan, und nöthigte auf der Rückkehr den

Präfekten von Rei, ihm Abd Allah Assindjari auszuliefern, der ihm bei seiner Heimkehr aus Kabul die Herrschaft über Sedjestan streitig gemacht hatte. Im folgenden Jahre fiel er in Farsistan ein, wo der Rebelle Mohammed Jbn Waßil sich gegen die Truppen des Chalifen unter Musa Jbn Bogha behauptete, trieb Ersteren in die Flucht und besetzte die bedeutendsten Plätze dieser Provinz. Im Jahr 875 drang er nach Ahwaz vor, obgleich der Chalife, der unmöglich einem Manne die Herrschaft über alle Länder zwischen dem Karun und Oxus übertragen konnte, ihn nur als Statthalter von Fars, Chorasan und Tabaristan anerkennen wollte. Er erklärte ihn daher öffentlich als Rebellen und Usurpator und rief alle verfügbaren Truppen zusammen, um die Hauptstadt zu vertheidigen, denn schon war Wasit verloren und Jakubs Truppen standen nur noch einige Meilen von Bagdad. Jakub lieferte den Truppen des Chalifen, dessen Centrum Muwaffak befehligte, eine blutige Schlacht (April 876), und schon neigte sich der Sieg auf seine Seite, als der Feind durch frische Truppen verstärkt wurde, welche den Ausschlag gaben und ihn zum Rückzug nöthigten. Jakub konnte den Krieg im Westen nicht weiter fortsetzen, weil sich in Chorasan Ahmed Jbn Abd Allah, ein Anhänger der Tahiriden, gegen ihn erhob, den er vergebens wieder zu verdrängen suchte. Er wieß aber demohngeachtet alle Friedensanträge des Chalifen entschieden zurück und behauptete sich bis zu seinem Tode (Juni 879) in Fars und Chuzistan. Noch als er auf dem Krankenbette lag und sein Schwerdt, einen Laib Brod, nebst einigen Zwiebeln, vor sich hatte, sagte er einem Gesandten des Chalifen: „sterbe ich, so hat dein Herr Ruhe vor mir; genese ich, so kann nur dieses Schwerdt zwischen uns entscheiden; ich werde entweder siegen und Rache nehmen, oder unterliegen, und wieder wie früher mit Brod und Zwiebeln zufrieden sein."

Amr, Jakubs Bruder und Nachfolger, war weniger herrschsüchtig; er unterwarf sich dem Chalifen, begnügte sich mit der Belehnung der Länder, welche früher schon Jakub verwaltet hatte, und suchte sich wieder in den Besitz von Chorasan zu setzen. Sobald indessen Muwaffak durch den Tod des Tuluniden und seinen Sieg über die Aliden freie Hand hatte, forderte er von Amr, daß er Fars und Chorasan räume und nur noch Statthalter von Kerman und Sedjestan bleibe, und als er sich diesem Befehle nicht fügte, wurde er von den Kanzeln herab verflucht, später aber mit materiellen Waffen bekriegt und sowohl aus Fars und Kerman, wie aus Chorasan vertrieben.

Den Sieg in Chorasan verdankte der Chalife ganz besonders der Hülfe der Samaniden, welche aber bald dem Chalifate eben so gefährlich wurden, als es die Saffariden gewesen. Unter den Samaniden versteht man das fürstliche Geschlecht des Asad Jbn Saman, welches seit Mamun mit den höchsten Aemtern in Transoxanien betraut ward. Naßr, ein Enkel Asads, war Statthalter von Buchara, und er verbündete sich mit Rafi Jbn Harthama, der in Chorasan für den Chalifen und die Thairiden gegen die Partei der Saffariden kämpfte. Unter dem folgenden Chalifen, als der Samanide Jsmail, ein Bruder Naßrs, Herr von ganz Transoxanien war, und Rafi ein Bündniß mit den Aliden schloß, wurde der Saffaride Amr wieder zum Statthalter von Chorasan ernannt, das er jedoch erst Rafi mit Gewalt der Waffen entreißen mußte. Als dieser besiegt war (896), vertrieb Amr auch die Aliden wieder aus Tabaristan. Als Statthalter von Chorasan machte er jetzt auch auf Transoxanien Anspruch, das früher immer von Chorasan abhängig war, und forderte vom Chalifen, daß er den Samaniden entsetze. Der Chalife gewährte ihm sein Gesuch, spornte aber zugleich Jsmail zum Widerstande an, in der Hoffnung, daß sie sich gegenseitig schwächen und ihm weniger gefährlich sein würden. Jsmail trug aber einen vollständigen Sieg über Amr davon, nahm ihn selbst gefangen (901) und sandte ihn nach Bagdad, wo er bis zu seinem Tode eingekerkert blieb. Sein Enkel Tahir Jbn Mohammed behauptete sich zwar noch in Sedjestan, aber auch Fars ging für die Saffariden verloren. Jsmail vereinigte jetzt mit der Statthalterschaft von Transoxanien auch die von Chorasan, Tabaristan und Djordjan, so daß alle Länder zwischen der südwestlichen Küste des kaspischen Meeres und dem Jaxartes unter seiner Bothmäßigkeit standen. Unter Almuktafi wurde er auch noch Statthalter von Rei, nachdem er die dortigen Anhänger der Aliden zu Paaren getrieben hatte. Jsmail hatte dem Chalifate so große Dienste geleistet, daß bei seinem Tode (907) sein Sohn Ahmed ohne Widerstand vom Chalifen als sein Nachfolger anerkannt wurde und auch Sedjestan den Saffariden entreißen durfte.

Weder die Tuluniden noch die Saffariden wären dem Chalifate so gefährlich geworden, wenn nicht andere noch entschiedenere Feinde, die Aliden nämlich, sich zu gleicher Zeit gegen dasselbe erhoben hätten. Bei Jenen handelte es sich am Ende doch blos um den Besitz einer Provinz mehr oder weniger, aber immer nur unter Oberhoheit des Chalifen, während diese einen gänzlichen Umsturz der Dynastie der Abbasiden und die Gründung einer neuen aus dem Geschlechte Ali's erstrebten.

Außer den Aliden, welche in Tabaristan um diese Zeit herrschten, und von denen, wie von Andern, welche in Egypten die Tuluniden beunruhigten, schon früher die Rede war, machten auch Nachkommen Ali's in Kufa und in Medina Ansprüche auf die Herrschaft, und nöthigten den Chalifen, einen Theil seiner Heere gegen sie auszusenden. Mehr und länger als alle diese wirklichen Aliden beschäftigte den Chalifen, oder seinen Bruder Muwaffak, der unter dem Namen „Herr der Zendj" bekannte Ali Ibn Mohammed, aus der Gegend von Rei. Er gab sich für einen Abkömmling Ali's aus, und wurde Herr der Zendj genannt, weil er viele afrikanische Sclaven, welche bei den Arabern Zendj heißen, um sich versammelte und ihnen die Freiheit versprach. Er trieb sich (869) raubend und brandschatzend in der Gegend von Baßrah herum, schlug mehrere Feldherrn des Chalifen und bemächtigte sich im Jahr 871 der Stadt Baßrah, welche er drei Tage der Plünderung Preis gab. Er wurde zwar nach wenigen Wochen wieder vertrieben, zog aber nach Chuzistan und verjagte den Statthalter des Chalifen. Muwaffak selbst, der im Februar 872 gegen ihn ins Feld zog, konnte nur geringe Vortheile erfechten, und erst in den folgenden Jahren gelang es Musa Ibn Bogha, ihn gegen den persischen Meerbusen hin zu drängen. Als aber einige Jahre später die Saffariden die Hauptstadt bedrohten, bemächtigte sich der Herr der Zendj wieder des ganzen Gebietes zwischen Baßrah und Wasit, und dehnte seine Raubzüge bis nach Kadesia aus, im Jahr 877 nahm er sogar Wasit. Erst nach dem Tode des Saffariden Jakub und der Unterwerfung seines Bruders konnte Ali mit Nachdruck bekämpft werden, zuerst (879—80) von Almutabhid, dem Sohne Muwaffaks, dann von diesem selbst, der die Rebellen wieder aus Ahwaz vertrieb, dann immer weiter nach den Mündungen des Eufrats hin drängte. Ali zog sich in die feste Stadt Almuchtarah zurück, welche an den beiden Ufern eines großen Canals lag und durch viele Burgen, Gräben und Wälle leicht zu vertheidigen war. Erst im Jahr 883 wurde die Festung erstürmt und Ali, der vierzehn Jahre lang der Schrecken des Chalifen und des Islams war, enthauptet.

Auch gegen die Charidjiten, welche das ganze Gebiet von Moßul in ihrer Gewalt hatten, führte Muwaffak selbst Krieg. Ihr Häuptling Musawir residirte in Haditha, und nannte diese Stadt, wie Mohammed einst Medina, „Sitz der Auswanderung". Er dehnte seine Streifzüge über Irak und einen Theil von Persien aus, wich größeren Heeren aus, kam aber nach ihrer Rückkehr bald wieder zum Vorschein und gewann immer mehr Anhänger. Erst nach seinem Tode (876—77), als Spaltungen unter den Charidjiten eintraten, die auch wieder Herrn von Moßul geworden waren, konnten die Truppen des Chalifen sie im Zaum halten, doch brandschatzten sie Moßul nochmals im Jahr 892.

Noch bleibt uns ein anderer Rebelle zu erwähnen übrig, den auch Muwaffak bekriegte, der aber nichts mit den Charidjiten gemein hatte. Dieser war Ahmed, aus dem Geschlechte Abu Dulaf's. Der Ahnherr Abu Dulaf, dessen eigentlicher Name Kasim Jbn Jsa war, lebte in Karadj, einem persischen Städtchen zwischen Hamadan und Jspahan. Er hatte, wie schon früher erwähnt, zuerst für Emin gekämpft und später zurückgezogen gelebt, bis ihn Mamun begnadigte. Er war durch Gelehrsamkeit, Tapferkeit und Freigebigkeit so berühmt, daß die ersten Dichter jener Zeit ihm Lobgedichte widmeten. Schon Abu Dulaf genoß fürstliches Ansehen in einem Theile des persischen Jraks, und eine gleiche Stellung nahm, nach seinem Tode (840), sein Sohn Abd Alaziz ein, der auch unter Mustain von Waßif zum Präfekten von Jspahan ernannt wurde. Als später Musa Jbn Bogha an Waßif's Stelle trat und Abd Alaziz entsetzte, leistete er Widerstand, da er aber von den Truppen Musa's geschlagen wurde, und sich nicht in Jspahan behaupten konnte, flüchtete er sich ins Gebirge, unterhandelte dann mit Musa, der ihn wieder zum Präfekten von Karadj einsetzte. Auf Abd Alaziz folgte (873—74) sein Sohn Dulaf, dann (878—79) des Letztern Bruder Ahmed, der einen großen Theil des persischen Iraks eroberte, mehrere Feldherrn des Chalifen schlug, und erst im Jahre 889, als Muwaffak selbst an der Spitze eines starken Heeres heranzog und Karabj besetzte, unterwarf er sich und wurde nicht nur begnadigt, sondern auch wieder in sein früheres Amt eingesetzt, weil Muwaffak sich überzeugt hatte, daß die Anhänglichkeit der Bevölkerung an dieses Geschlecht so groß war, daß jeder andere Präfekt fortgesetzte Empörungen zu unterdrücken haben würde. Ahmed kämpfte übrigens im Jahr 892 für den Chalifen Mutabhid, der auch später dessen Sohn Omar zum Statthalter des persischen Iraks ernannte. Dieser empörte sich jedoch im Jahr 896, und als er zur Unterwerfung genöthigt wurde, mußte er Bagdad zu seinem Wohnorte nehmen. Sein Bruder Bekr, der sich gegen den neuen Statthalter auflehnte, wurde im folgenden Jahre verjagt, ein dritter Bruder Harith getödtet, und von nun an verschwindet dieses Geschlecht aus der Geschichte des Islams.

Die Byzantiner benutzten alle diese innern Wirren im islamitischen Reiche zu wiederholten Einfällen in moslimisches Gebiet, doch konnten sie weder Tarsus, noch Germanicia, Adana und Malatia nehmen. Muwaffak selbst konnte an diesen Kriegen sich nicht betheiligen, in welchen hier und da auch die Araber die Offensive ergriffen die Raubzüge vergalten, oder dem Feinde durch plötzlichen Ueberfall großen Verlust zufügten. Er war, wie wir gesehen, zu sehr von innern Empörungen in Anspruch genommen, und brachte die letzten Lebensjahre auf dem Krankenbette zu. Nach seinem Tode (Juni 891) behandelte sein Sohn Abu-l-Abbas, der nachherige Chalife Mutabhid, den Chalifen Mutamid, den er schon längst nicht weniger als sein Vater bevormundet hatte, ganz wie einen Gefangenen, und nöthigte ihn, statt seinem Sohne Djafar, ihm selbst als Thronerben huldigen zu lassen. Mutamid starb am 15. Oktober 892, nach Einigen an einer Indigestion, nach Andern an Gift, das ihm, auf Anstiften Mutabhids, beigebracht wurde, welcher doch noch fürchten mochte, der Chalife könnte wieder auf seine frühere Bestimmung zu Gunsten seines Sohnes zurückkommen.

Da wir der leichten Uebersicht willen die Geschichte der Tuluniden, Saffariden und Samaniden, sowie des Geschlechts Abu Dulafs, bis über das Chalifat Mutabhids hinaus verfolgt haben, so bleibt uns nur noch das Verhältniß des Chalifats zu den Charidjiten, zu den Hambaniden und Sadjiten zu erwähnen übrig, ehe wir zu den Aliden übergehen, deren Umtriebe, während der ganzen Dauer der Regierung Almutadhids, einen immer drohenderen Charakter annahmen.

An der Spitze der Charidjiten in Mesopotamien stand Harun Ibn Abd Allah. Während er aber gegen einen andern Charidjiten im Kampfe war, rückte der Chalife gegen seinen Verbündeten Hamdan Ibn Hamdun aus, welcher von dem mächtigen Stamme Taghlab unterstützt wurde, und als er diesen besiegt hatte, (894) wurde Harun selbst angegriffen, und von Hufein, einem Sohne Hamdans, gefangen genommen. Hamdan, der in Bagdad im Gefängnisse war, wurde durch die Fürbitte seines Sohnes begnadigt, und von dieser Zeit an nahmen die Hambaniden einen hohen Rang am Hofe von Bagdad ein.

Die kleine Dynastie der Sadjiten hatte in Adserbeidjan und Armenien ihren Sitz. Ihr Ahnherr Diwdads Abu Sadj, aus Transoxanien, bekleidete schon unter Mutawakkil verschiedene hohe Aemter und zeichnete sich als Feldherr im Kriege gegen die Aliden aus. Er starb als Statthalter von Ahwaz im Jahr 879—80, und hinterließ zwei Söhne: Afschin und Jusuf. Ersterer kämpfte unter Mutamid bald für bald gegen die Tuluniden, und wurde nachher zum Statthalter von Adserbeidjan ernannt. Jusuf, welcher an der Spitze einer kleinen Truppenabtheilung stand, die er nach Seimara führen sollte, begab sich zu seinem Bruder, der (297) dem Chalifen Mutamid den Gehorsam aufkündete, doch im folgenden Jahre sich wieder unterwarf. Trotz seiner Empörung, und obgleich er später sich auch noch durch List des nördlichen Syriens und Egyptens zu bemächtigen suchte, was ihm aber nicht gelang, blieb er doch bis zu seinem Tode (301) Statthalter von Adserbeidjan. Nach seinem Tode übernahm sein Sohn Diwdads diese Stelle, wurde aber von seinem Oheim Jusuf verdrängt, welchen auch der Chalife anerkannte. Auf die Empörung Jusufs, sowie auf seine Kriege gegen den Chalifen Muktabir und gegen die Karmaten, werden wir im folgenden Kapitel zurückkommen.

Die Aliden, welche unter Almutadhid und den folgenden Chalifen den Abbasiden die tiefsten Wunden schlugen und schließlich ihr Reich spalteten, sind die Ismaeliden, welche die Karmaten und die Dynastie der Fatimiden erzeugten.

Unter den Ismaeliden ist diejenige schiitische Sekte zu verstehen, welche Ismail, einen Urenkel Ali's in siebter Linie und seine Nachkommen als die wahren Imame ansieht. Wir haben schon früher gesehen, daß die Lehre von der Wiederkehr unter den Schiiten alt ist. Man sprach zuerst von der Wiederkehr Mohammeds, der bis dahin Ali zu seinem Veziere eingesetzt haben sollte, dann von der Alis, dessen Stelle einer seiner Söhne oder Enkel vertreten mußte. Um aber je nach Umständen diesen oder jenen Aliden als Imam erklären zu können, und inzwischen selbst die Schiiten nach Belieben leiten zu dürfen, erfanden die Ismaeliden, nach dem Tode Ismails, eine neue Lehre. Sieben Imame, sagten sie, waren berufen, öffentlich zu lehren, nach denselben aber, bis zum Siege des wahren Imams, sollten die Imame, um nicht von den herrschenden Usurpatoren verfolgt zu werden, ein zurückgezogenes Leben führen, und an ihrer Stelle ihre Missionäre thätig sein. Es wurden nun förmliche Missionsschulen gegründet, in welchen die schiitischen Dogmen weiter ausgeführt und Zöglinge herangebildet werden sollten, die für deren Verbreitung sorgten.

Die wichtigste Aufgabe des Missionärs war, darzuthun, daß Gott nur den wahren Imamen die Schlüssel zur Lösung aller religiösen Fragen anvertraut habe, daß die innere Bedeutung des Islams immer mehr verloren gehen müsse, bis die Nachkommen des Propheten, die berechtigten, von Gott erleuchteten Häupter des Reichs, die Usurpatoren vom Throne gestürzt haben würden. Der Missionär sollte, durch allerlei hingeworfene schwierige Koransstellen und dunkle Glaubensfragen, die Wißbegierde der Jünger reizen, sie aber nicht eher befriedigen, bis sie ihm durch die heiligsten Schwüre Verschwiegenheit und unbedingte Hingebung gelobt haben. War einmal der Proselyte zur Ueberzeugung gelangt, daß der Koran nicht nach dem Wortsinne, sondern allegorisch gedeutet werden müßte, so wurde er immer mehr dem Boden des ursprünglichen Islams entrückt. Mohammed galt nicht mehr als der letzte Prophet, sondern der erwartete Imam, welcher erst den Schleier von dessen Offenbarung lüften sollte. Folge dieser Lehre war auch, daß die Eingeweihten nicht mehr den Vorschriften des Korans, denen ein ganz anderer Sinn gegeben wurde, nachzukommen brauchten, und dieser Umstand führte ihr alle Freigeister zu, und alle Diejenigen, denen das islamitische Gesetz lästig war. Man gieng aber natürlich bei diesem Bekehrungssystem nur stufenweise zu Werk, je nach der Geistesrichtung, oder dem Grade der Bildung und Hingebung des Proselyten. Schwachköpfe, welche geneigt waren Wunder zu glauben, ließ man das Wiedererscheinen Ismails erwarten, den Freidenkern stellte man vor, daß er durch die von seinen Getreuen gepredigte Lehre sich alltäglich offenbare und geistig mit ihnen vereine. So wurden Freigeister, welche die Religion nur als einen Zaum für das gemeine Volk ansahen, mit religiösen Schwärmern zugleich gewonnen. Den Juden wurde der erwartete Imam als Messias, den Christen als Paraklet dargestellt, und den Anhängern des Parsismus schilderte man den Islam als eine noch der Vervollkommnung bedürfende Religion, deren Grundzüge mit der Lehre Zoroasters in Uebereinstimmung gebracht werden sollten.

Abd Allah Ibn Meimun, dessen Vater schon als Schiite und Freigeist bekannt war, gründete eine solche Missionsschule, in welcher allegorische Interpretation des Korans, in Verbindung mit Seelenwanderung, Infusion der Gottheit, und Erwartung eines Messias (Mahdi) aus Alidischem Geschlechte gelehrt wurde, und trieb sich selbst als Missionär in verschiedenen Provinzen des Reichs unter dem Chalifate Mamuns herum. Sein Sohn setzte das Missionswerk fort und bekehrte unter Andern Hamdan Ibn Aschath Karmat zu seiner Lehre, der für ihre Verbreitung in Irak thätig war, während Andere sie nach Syrien und nach Bahrein trugen. In Syrien wurden die Karmaten unter Almutadhid geschlagen, sie behaupteten sich aber in Bahrein, und brachten sogar den Truppen des Chalifen, bei Baßrah, eine Niederlage bei. Auch in Jemen faßte die Sekte der Ismaeliden festen Fuß, und von hier wurden Missionäre nach Afrika geschickt, um auch die dortigen Berberstämme für die Aliden zu gewinnen. Zu den Missionären aus Jemen gehörte Abu Abd Allah Hasan Ibn Ahmed, welcher später die Aghlabiten stürzte und den Fatiniden Obeid Allah auf ihren Thron setzte. Seine

Niederlassung unter den Berbern, welche den Grund zur Theilung und Schwächung des Reichs legte, fällt aber noch in das Chalifat Mutadhibh's, der als Herrscher keinerlei Veranlassung dazu gab, denn er war rechtgläubig, tapfer, gerecht und sparsam, und hinterließ, als er starb, (5. April 902) die Schatzkammer in gutem Stande, obgleich er manche lästige Steuer abgeschafft hatte.

Almuktafi, der Sohn und Nachfolger Almutadhib's, mußte, sobald er den Thron bestieg, gegen die Karmaten in Syrien, die aufs Neue Damask und Haleb bedrohten, Hinß, Hamah, Balbek und andere Städte schon ausgeplündert hatten, bedeutende Heere aussenden, und erst im Jahre 904 wurden sie von dem Feldherrn Mohammed Ibn Suleiman besiegt, der dann bald darauf die Tuluniden aus Egypten vertrieb. Sie fielen zwar im Jahre 906, als der nochmalige Abfall Egyptens die Heere des Chalifen in Anspruch nahm, unter einem andern Führer abermals in Syrien ein, wurden aber, da bald darauf Egypten wieder unterworfen wurde, in die Flucht geschlagen.

Andere Karmaten beunruhigten das Gebiet von Kufa, und wagten es sogar einmal an einem Festtage in der Stadt selbst unter dem Rufe „Rache für Husein!" die Truppen des Statthalters anzugreifen, die sie jedoch, sobald sie sich gesammelt hatten, aus der Stadt verjagten. Sie trieben sich dann in der Gegend von Kadesia herum, schlugen mehrere Generäle des Chalifen, plünderten die große Pilgerkarawane aus, welche von Mekka zurückkam, erschlugen die Männer und schleppten Frauen und Kinder als Gefangene mit sich fort. Erst im Jahre 907 wurden sie von den Truppen des Chalifen zu Paaren getrieben, nachdem ihr Häuptling Zakarujeh, den sie wie einen Gott verehrten, verwundet und gefangen war.

Wir dürfen indessen trotz allen diesen Vorfällen die Macht der Karmaten nicht zu hoch anschlagen, auch die Regierung nicht der Schwäche anklagen. Wo es zu rauben galt, waren stets die Beduinen bei der Hand, gleichviel ob ihr Führer Sunnite oder Schiite war, ob christliche Karawanen nach Jerusalem, oder moslimische nach Mekka pilgerten. Die Truppen des Chalifen hatten außerdem in Mesopotamien und im persischen Irak fortwährend gegen aufrührerische Kurdenstämme zu kämpfen, und der Samanide Ismail gerieth durch zahlreiche, in Transoxanien einfallende Turkomanen, in solchen Schrecken, daß er in Bagdad Truppen werben ließ. Nicht geringe Opfer erheischte endlich auch der Krieg gegen die Byzantiner, der unter dem Chalifate Almuktafi's kaum unterbrochen wurde. In den ersten Jahren machten die Byzantiner Einfälle in moslimisches Gebiet und drangen einmal sogar bis in die Nähe von Haleb vor, andrerseits landete eine arabische Flotte vor Thessalonich, die Landungstruppen erstürmten die reiche und blühende Stadt, machten 5000 Mann nieder, schleppten eben so viele Gefangene und unermeßliche Schätze mit sich fort. Auch fielen im Jahre 907 arabische Landtruppen in Kappadocien ein, drangen bis Konieh vor und führten den griechischen Feldherrn Andronicus mit sich fort, worauf dann die Byzantiner um Frieden gebeten haben sollen, so daß Muktafi bei seinem Tode (13. Aug. 908) mit Zufriedenheit seine Blicke nach allen Seiten hin werfen konnte, denn er war allenthalben aus schwierigen Kämpfen als Sieger hervorgegangen. Das Chalifat sank nach seinem Tode um so tiefer, als sein Bruder und Nachfolger Muktabir erst dreizehn Jahre alt war, und somit Palastintriguen, Volkstumulte, Soldatenemeuten und Haremswirthschaft wieder an die Stelle einer geordneten Regierung und eines selbständigen, energischen Herrschers traten.

III. **Gänzlicher Verfall des Chalifats. Von Almuktabir, bis zum Einzug der Bujiden in Bagdad.**

Obgleich Almuktabir, oder vielmehr sein Vormund, der Vezier Abbas Ibn Husein, bei seinem Regierungsantritte, alles aufbot, um sich populär zu machen, bildete sich doch bald eine Partei, an deren Spitze mehrere Generäle standen, gegen ihn, welche den Vezier ermordete und Abd Allah, einen Sohn des Chalifen Mutaz, der als Gelehrter, Redner und Dichter in hohem Ansehen stand, zum Chalifen ausrief. (18. December 908). Die Verschworenen zogen dann gegen den Palast Muktabir's, um ihn zur Abdankung zu nöthigen, die Thore waren aber geschlossen, und wurden von den Sklaven des Chalifen, an deren Spitze Munis stand, hartnäckig vertheidigt, so daß jene nach mehrstündigem Kampfe wieder abziehen mußten. Abd

Allah, welcher sich verbarg, wurde aufgefunden und hingerichtet, die Häupter der Verschwörung wurden jedoch zum Theil begnadigt. Muktabir blieb nun bis zum Jahre 929 in unbestrittenem Besitze des Thrones, war aber immer nur das Werkzeug seiner Veziere oder seines Harems, welches auf die Wahl derselben großen Einfluß übte. Die besten Veziere wurden bald wieder entsetzt, wenn sie sich weigerten, durch Confiscationen und andere Gewaltmaßregeln den Staatsschatz zu füllen, um Frauen, Eunuchen, Sängern und Possenreißern ein üppiges Leben zu bereiten, und dem Chalifen und seinen Höflingen die Mittel zu bieten, unermeßliche Summen zu verschwenden. Die in Ungnade gefallenen Veziere wurden gewöhnlich eingekerkert und häufig ihren Feinden verkauft, die sie dann nach Herzenslust foltern durften. Diejenigen Veziere aber, welche gewissenlos genug waren, um das Volk auf Kosten des Hofs zu mißhandeln, wurden durch Aufstände genöthigt, ihren Posten wieder zu verlassen. Zu den bessern Vezieren, unter dessen Vezierat Muktabir abermals vom Throne gestürzt werden sollte, gehört der auch als Dichter und Grammatiker berühmte Ibn Mokla, mit dessen Person und Stellung übrigens die Auflehnung gegen den Chalifen in keinerlei Beziehung stand. Veranlassung zu dieser Empörung waren Zerwürfnisse zwischen dem Polizeipräfekten Nazuk und Harun Ibn Gharib, einem Vetter des Chalifen, welche in Schlägereien ausarteten, bei denen der Chalife zu Gunsten des Erstern hätte einschreiten sollen. Nazuk suchte Abd Allah Ibn Hamdan und Munis, den Oberbefehlshaber der Truppen, für sich zu gewinnen, und ließ Letztern glauben, der Chalife gehe damit um, ihn zu stürzen, und Harun an seine Stelle zu setzen. Munis sandte dem Chalifen ein Schreiben, in welchem er die Entfernung Haruns und die Rückerstattung von Staatsgütern verlangte, welche an Höflinge und Frauen verschenkt worden waren. Der Chalife gab nach und empfing allein, bei offenen Thoren, Munis und sein Gefolge. Dieser ließ dann den Palast von seinen Leuten bewachen und kehrte in seine Wohnung zurück. Abd Allah und Nazuk fuhren aber fort, die Truppen und das Volk gegen Muktabir aufzuwiegeln, und nöthigten Munis, an einer Berathung über eine neue Chalifenwahl Theil zu nehmen, und an der Spitze von etwa 12,000 Reitern gegen den Chalifenpalast zu ziehen.

Schon waren die Hauptthore des Schlosses erstürmt und die Soldaten in die innersten Gemächer gedrungen, als Munis, während die Sieger mordeten, plünderten und Frauen schändeten, in das Zimmer eilte, in welchem Muktadir sich befand, und mit ihm durch eine Hinterthüre in seine Wohnung gieng. Indessen wurde Muktadir des Thrones verlustig erklärt und zur Abdankung genöthigt, und sein Bruder Kahir zum Chalifen proclamirt. (11. März 929). Während aber die Spitzen des Reichs dem neuen Chalifen ihre Huldigung darbrachten, war Munis, der wohl einsah, daß er von Nazuk und Abd Allah hintergangen und mißbraucht worden war, für eine Restauration thätig, was ihm um so leichter ward, als Nazuk, bei Uebernahme des Amtes eines Oberstkämmerers, das reguläre Fußvolk kränkte, indem er es aus seinem Lager vor dem Palast verdrängte, und diesen Platz den ihm ergebenen Truppen anwies. Die unzufriedenen Soldaten stürmten, auf Munis' Anstiften, gegen den Palast und verlangten eine Erhöhung ihres Soldes und Vorausbezahlung auf sechs Monate. Nazuk, der nicht im Stande war sie zu befriedigen, suchte sie vergebens zu beschwichtigen, er wurde festgenommen und getödtet, und auch Abd Allah fiel in ihre Hände. Sie zogen dann vor die Wohnung Munis', riefen Muktadir wieder zum Chalifen aus, und führten ihn im Triumphe in seinen Palast zurück.

Durch diese Restauration wurde indessen der Chalife abhängiger als zuvor von den Truppen, die fortwährend neue Forderungen an ihn stellten, jedem Gesetze Hohn sprachen, die Gerichte zu ihren Werkzeugen machten, und in ihrer Habgier selbst fromme Stiftungen anzugreifen wagten. Eine Rauferei zwischen einzelnen Soldaten des Fußvolks und der Reiterei, welche zu einem förmlichen Kampfe ausartete, bei welchem Letztere die Oberhand behielt, brachte der Regierung wenig Vortheil, denn es dauerte nicht lange, so traten die Reiter eben so gebieterisch auf, als vor ihnen die reguläre Infanterie, welche bis auf die Negerabtheilungen ganz aufgelöst und zum Theil ausgerottet ward. Neue Unruhen erzeugte auch bald das Zerwürfniß zwischen Munis und dem Polizeipräfekten Mohammed Ibn Jakut. Munis verlangte vom Chalifen die Verbannung Mohammeds, verließ die Stadt, als seinem Wunsche nicht willfahren wurde, und sammelte alle Unzufriedenen um sich, die bald so zahlreich waren, daß der Chalife doch endlich nachgab und Mohammed nach Persien schickte. (August 931.) Es dauerte aber nicht lange, so zerfiel Munis auch mit dem Vezier Husein Ibn Kasim, und da ihm wieder hinterbracht wurde, der Chalife suche ihn zu stürzen und Harun Ibn Gharib sowohl als Mohammed Ibn Jakut zurückzurufen, verließ er abermals die Stadt (Januar 932), schlug sein Lager außerhalb derselben auf, und ließ durch seine Leute die Wohnung des Veziers ausplündern. Muktadir blieb indessen auch nicht unthätig, er theilte Geld unter die Truppen aus und erhöhte ihren Sold, auch ritt er mit seinen Söhnen durch die Stadt, forderte das Volk auf, zur Erhaltung der Ruhe beizutragen, und wurde überall mit Jubel begrüßt. Als Munis merkte, daß man in Bagdad wenig Sympathie für ihn hatte, schickte er seinen Adjutanten zum Chalifen und ließ ihn versichern, er habe die Stadt nicht in aufrührerischen Absichten verlassen, sondern nur aus Besorgniß, er möchte in die Hände seiner Feinde fallen. Der Chalife hätte nun sich entweder mit Munis aussöhnen, oder ihn sogleich, an der Spitze seiner Truppen, angreifen sollen, denn er hatte kaum 2000 Mann bei sich, größtentheils Neger, Sklaven und abtrünnige Karmaten. Es geschah aber keines von Beiden. Der Bote wurde mißhandelt und eingekerkert, Munis selbst blieb aber unangefochten, er konnte in Samira Geld sammeln, dann unbelästigt mit seinen Leuten nach Tekrit ziehen und von da nach Moßul, weil er hoffte, bei den Hambaniden, deren Wohlthäter er stets gewesen, eine freundliche Aufnahme zu finden. Diese ließen ihn jedoch auffordern, ihr Gebiet zu meiden, da sie auf Befehl des Chalifen genöthigt wären, ihn zu bekriegen. Munis kehrte sich aber nicht an diese Botschaft, beschleunigte vielmehr seinen Zug gegen Moßul, überrumpelte die Truppen der Hambaniden, besetzte Moßul (15. Febr.) und bald nachher, da die Hambaniden die Flucht ergriffen und ein Theil ihres Heeres zu ihm übergieng, auch Nißibin und Haditha.

Durch diesen Sieg über die Hambaniden nahm die Macht und das Ansehen Munis' in dem Maaße zu, als die Partei des Chalifen immer schwächer ward. Mehrere Feldherrn aus Syrien und Armenien giengen zu Ersterem über, der Hambanide Husein Ibn Abd

Allah schloß sich ihm an, und sogar aus Bagdad kamen viele Ueberläufer in sein Lager. In letzterer Stadt herrschte die größte Verwirrung, der Vezier mußte abtreten, denn er konnte den Sold der Truppen nicht mehr herbeischaffen, das Volk tobte in den Straßen umher und schimpfte über die Regierung, weil um diese Zeit auch Nachrichten über die Erfolge der Byzantiner gegen die Araber einliefen. Es kam so weit, daß der Pöbel eines Freitags in die große Moschee drang, und den Geistlichen, der das Gebet für den Chalifen verrichten wollte, mit Steinen von der Kanzel jagte, während einer der Führer ihm sagte: "wie wagst du es, Gottloser, für einen Mann zu beten, der sich mit seinen Frauen und Sängern belustigt, statt sich mit den Angelegenheiten der Moslimen zu beschäftigen und für die Sicherheit der Grenzen und der heiligen Städte zu sorgen?" (Mekka und Medina, die von den Karmaten überfallen wurden.) Der neue Vezier Fadhl Ibn Djafar wußte kein anderes Mittel, der Anarchie ein Ende zu machen, als heimlich Munis herbeizurufen. Munis folgte diesem Rufe, und als er nur noch einen Tagemarsch von Bagdad stand, wiederholte er dem Chalifen die Versicherung seiner Treue und bat um die Erlaubniß wie früher als sein Feldherr in Bagdad einziehen zu dürfen. Der Chalife ließ sich aber von Munis' Feinden, welche ihn glauben ließen, er würde, einmal Herr von Bagdad, ihn bald entthronen, zum Widerstande verleiten. Er bereute es zwar bald, als ein Aufstand unter seinen Soldaten ausbrach, und wollte, statt Munis entgegen zu treten, sich nach Wasit zurückziehen, aber man drohte ihm, ihn dem Munis auszuliefern, wenn er ohne Kampf ihm die Hauptstadt überliefern wollte. So rückte er denn, mehr gezwungen als freiwillig, von düstern Ahnungen erfüllt, mit seinen Truppen aus, und mußte, von einer Schaar Geistlicher umgeben, welche Korane trugen, Augenzeuge ihrer Niederlage sein. Er befand sich bald allein in der Mitte eines Volkshaufens, den er vergebens bei dem Gewande des Propheten, in das er sich gehüllt hatte, beschwor, für ihn zu kämpfen. Dann kam eine Schaar Afrikaner herbei, welche ihm zuerst dieses Gewand sowohl als das Schwerdt und den Siegelring abnahmen, ihn hierauf unter vielen Schmähungen zusammenhieben, und sein Haupt Munis brachten. (27. Oktober 932.)

Diese gedrängte Darstellung der Ereignisse, welche die Person des Chalifen, seinen Hof und seine Minister betreffen, mußte der eigentlichen Reichsgeschichte vorausgeschickt werden, weil sie mit derselben im engsten Zusammenhange steht, denn unter einer kräftigen Regierung wären die verhängnißvollen Umwälzungen, wie sie das Chalifat Muktadir's aufweist, nicht vorgekommen. Die Wichtigste und Folgenreichste war die Gründung der Herrschaft der Fatimiden in Afrika, welche in diese Zeit fällt, weil sie die Dynastie der Abbasiden nicht nur materiell schwächte, sondern auch die religiöse Grundlage, auf welcher sie ruhte, untergrub.

Wir haben schon früher berichtet, wie der ismaelitische Missionär Abu Abd Allah sich, die Lehre vom Mahdi predigend, unter den Berbern niederließ. Er gewann viele Anhänger, doch sahen die Stammhäupter mit eifersüchtigen Augen, wie täglich sein Einfluß den ihrigen verdrängte, und nicht ungern erklärten sie ihm den Krieg, als sie von dem aghlabitischen Fürsten Ibrahim den Befehl dazu erhielten. Abu Abd Allah mußte einige Zeit verborgen leben, wurde aber dann von dem Häuptling der Ketamaberber, dem Herrn der Stadt Taßrut, beschützt und von nun an verbreitete sich seine Lehre und seine Herrschaft immer weiter, und erst als er Herr von Meila war, rüstete der Aghlabite Abu-l-Abbas Abd Allah, der Sohn Ibrahims, ein ansehnliches Heer aus, um den geistigen und materiellen Eroberungen des Schiiten Einhalt zu thun. (902.) Der aghlabitische Heerführer Abu Hawal, ein Sohn des regierenden Fürsten, siegte zweimal über Abu Abd Allah, nahm ihm die eroberten Städte wieder ab und belagerte dessen letzten Zufluchtsort, als er die Kunde erhielt, sein Bruder Ziadet Allah habe seinen Vater ermorden lassen und selbst den Thron bestiegen, wodurch er genöthigt ward, in die Hauptstadt zurückzukehren. Jetzt konnte Abu Abd Allah nicht nur das verlorene Gebiet wieder besetzen, sondern noch größere Eroberungen machen, denn viele bisherige Anhänger der Aghlabiten wendeten sich mit Abscheu von dem Vatermörder Ziadet Allah ab, und machten gemeine Sache mit den Schiiten. Zwei Jahre vergiengen, bis Ziadet Allah ein Heer gegen Abu Abd Allah aussenden konnte, welches aber eine blutige Niederlage erlitt. Gleiches Schicksal hatte ein zweites aghlabitisches Heer im folgenden Jahre. Ein drittes, stärker als alle frühern, erfocht manche Vortheile, wurde aber auch zuletzt bei Arbes geschlagen, worauf Ziadet Allah nach dem Osten entfloh, um die Hülfe des Chalifen zu erflehen. Hier wurde er von einer Zeit auf die andere vertröstet, dann an den Statthalter von Egypten gewiesen, der ihn so lang herumzog, bis er endlich starb. (912)

Abu Abd Allah rückte, bald nach seinem Siege bei Arbes, gegen die Hauptstadt vor, welche capitulirte. (März 909) Schon frühe rhatte er Obeid Allah Jbn Mohammed, den angeblichen oder wirklichen Enkel Jsmails, der als das Oberhaupt des Geschlechts Jsmails galt, und sich in Salamieh aufhielt, eingeladen, nach Afrika zu kommen, um sich als Mahdi an die Spitze der Schiiten zu stellen. Obeid Allah reiste als Kaufmann, um den Nachstellungen der Regierung zu entgehen; es fehlte wenig, so wäre er, da sein Signalement den Polizeibehörden der Provinzen zugeschickt wurde, in Egypten schon verhaftet worden, er entkam jedoch glücklich nach Tripoli, wurde aber in Sedjelmeß, da der Fürst dieses Landes ihn als den erwarteten Mahdi erkannte, festgenommen. Abu Abd Allah mußte daher, um ihn zu befreien, nach Sedjelmeß aufbrechen. Auf dem Wege dahin nahm er Tahert, die Residenz der Benu Rustem, und machte der Herrschaft dieser Familie, welche anderthalb Jahrhunderte gedauert hatte, ein Ende. Vor Sedjelmeß angelangt, wollte er, aus Besorgniß für Obeid Allah, mit dem Fürsten Aljas unterhandeln, da dieser aber die Gesandten mißhandelte, griff er zu den Waffen, erstürmte die Stadt, befreite Obeid Allah und stellte ihn seiner Umgebung als den längst verheißenen Mahdi, als den wahren Fürsten der Gläubigen vor. (8. Januar 910.)

Da wir die Geschichte der Obeiditen oder Fatimiden in einem besondern Abschnitt behandeln werden, so übergehen wir hier die innern Kämpfe Obeid Allah's und bemerken nur, daß er den Abbasiden, oder dem wenigstens zum Scheine ihnen unterworfenen Aghlabiten, auch Sicilien entriß, und daß sein Sohn Abu-l-Kasim zweimal in Egypten landete, Alexandrien nahm und Fajjum besetzte, doch vor den Truppen des Chalifen, unter Munis, sich wieder zurückziehen mußte.

Zwischen den Abbasiden und Fatimiden wurde um diese Zeit schon nicht nur mit dem Schwerdte, sondern auch mit der Feder ein Krieg geführt, der noch nach dem Untergange Beider bis in die neueste Zeit fortgedauert hat, indem die einen für die wirkliche Abstammung Obeid Allah's von Ismail und die andern gegen dieselbe kämpften, was Letztern um so leichter ward, als die Nachkommen Ismail's, wegen der Verfolgungen, denen sie fortwährend ausgesetzt waren, häufig Namen und Aufenthaltsort wechseln mußten, so daß es ihnen schwer fallen mochte, unwiderrufliche Beweise für die Aechtheit ihrer genealogischen Tafeln beizubringen. Wie dem auch sei, so ist sicher, daß Obeid Allah nicht nur in Afrika, sondern auch von den Karmaten in Asien als Mahdi anerkannt wurde. Abu Tahir Suleiman, das Oberhaupt der Karmaten von Bahrein, fiel, auf Befehl Obeid Allah's, in Irak ein, während Abu-l-Kasim zum zweitenmale Egypten angriff, überrumpelte Baßrah und plünderte die Stadt aus. (919.) Vier Jahre nachher wurde er abermals Herr dieser reichen Handelsstadt und konnte, ehe die Truppen aus Bagdad anlangten, alle bewegliche Habe, nebst vielen Frauen und Kindern, nach Bahrein führen lassen. Im Jahre 924 überfiel er die aus Mekka zurückkehrende Pilgerkarawane, plünderte sie aus, mordete einige tausend Menschen und nahm mehrere Führer gefangen, unter andern auch den Hamdaniden Abu-l-Heidja Abd Allah und Ahmed Ibn Bekr, einen Großoheim des Chalifen. Im folgenden Jahre griff er die nach Mekka pilgernde Karawane in der Nähe von Kufa an, trieb sie in die Flucht, besetzte Kufa und hauste auch hier wie früher in Baßrah. Im Jahre 927 nahm er Kufa zum zweitenmale, schlug den Sadjiten Jusuf, der, an der Spitze der Truppen des Chalifen, die Stadt belagerte, und machte ihn selbst zum Gefangenen.. Bald nachher besetzte er auch Anbar, und schon begann die Auswanderung aus Bagdad, obgleich Munis alle verfügbaren Truppen gegen ihn führte. Suleiman konnte indessen nicht ernstlich daran denken, mit seinem kleinen, wenn auch verwegenen Häuflein gegen Bagdad vorzurücken, er wendete sich, da Hit von den Truppen des Chalifen besetzt war, gegen Kirkisia und Nahabah. Auch Nakkah griff er an, mußte sich aber, da die Bewohner der Stadt von den Dächern herab schwere Steine und vergiftete Pfeile gegen ihn schleuderten, auch seine Leute mit siedendem Wasser überschütteten, wieder zurückziehen. Im Jahr 930 über=

rumpelte Suleiman Mekka, machte jeden nieder, der ihm Widerstand leistete, plünderte die Stadt aus und schleppte alle Kostbarkeiten des Tempels, ja sogar den heiligen schwarzen Stein, mit sich fort nach Bahrein, obgleich Obeid Allah ihn deshalb zurechtwies, und ihm bemerkte, daß er durch solche Entweihung des Heiligthums die Schiiten als Ketzer brandmarke.

Außer den Obeiditen und ihren Anhängern tauchten noch andere Aliden auf, welche bald hier bald dort eine Partei um sich sammelten und den Abbasiden oder ihren Statthaltern den Krieg erklärten. Hasan Jbn Ali, ein Sprößling Huseins, unter dem Namen Alutrusch (der stumme Sieger) bekannt, trieb sich lange unter den Deilemiten herum, bemächtigte sich dann auch durch Verrath der Stadt Salus in Tabaristan, und unterwarf, nach dem Tode des Samaniden Ahmed Jbn Jsmail, (Januar 914) während dessen minderjähriger Sohn und Nachfolger mit innern Rebellen beschäftigt war, die ganze Provinz Tabaristan, und als er nach drei Jahren in einem Gefechte gegen die Samaniden fiel, behaupteten sich seine Söhne noch längere Zeit, und wurden sogar in einem Theile von Chorasan als rechtmäßige Chalifen anerkannt. Erst im Jahre 921 wurden sie wieder von den Samaniden besiegt, jedoch nicht gänzlich vertilgt.

Der Chalife konnte, so lang der Aufruhr sich auf Tabaristan und Chorasan beschränkte, die Unterdrückung desselben den Samaniden überlassen, welche Statthalter oder eigentlich Vicekönige dieser Länder waren. Als aber Affar, einer ihrer frühern Feldherrn, sich in Rei festsetzte, sandte Muktabir seinen Vetter Harun Jbn Gharib gegen denselben, und als dieser bei Kaswin geschlagen wurde, rief er die Hülfe des Samaniden Naßr gegen den Usurpator an. Affar unterwarf sich diesem, wurde aber bald nachher ermordet und an seine Stelle trat Merdawidj aus Ghilan, der seine Herrschaft bis nach Jspahan ausdehnte, später auch Hamadan nahm und, die Heere des Chalifen vor sich hertreibend, bis Hulwan vordrang, während andere Truppenabtheilungen die Steuern in Chuzistan eintrieben. Dem Chalifen blieb am Ende nichts übrig, als ihm, gegen einen Tribut von 200,000 Dinaren, die Statthalterschaft über alle von ihm eroberten Länder zu verleihen.

Zu den Rebellen, welche das Chalifat unter Almuktabir bekämpften, gehört noch der schon früher erwähnte Sadjite Jusuf, welcher Herr von Armenien und Adserbeidjan war, und nicht zufrieden, diese Provinzen zu beherrschen, ohne dafür irgend einen Tribut zu entrichten, im Jahr 916 auch noch Ansprüche auf die Statthalterschaft von Rei geltend machte, und diese Stadt sowohl als einige Andere in der Provinz Djebel besetzte. Er schlug die Truppen des Chalifen, bis Munis mit einem mächtigen Heere gegen ihn anrückte, da zog er sich zurück und knüpfte Unterhandlungen an. Er brachte zwar, als seine Anträge verworfen wurden, dem Heere Munis' eine Niederlage bei, wurde aber zuletzt doch bei Ardebil geschlagen und als Gefangener nach Bagdad gebracht. (Juni 919.) Da indessen, bald nach der Rückkehr des Munis, Sabak, ein Freigelassener Jusufs, alle Anhänger des Letztern um sich sammelte und die Besatzungen des Chalifen verjagte, wurde Jusuf wieder in Freiheit gesetzt und gegen einen Tribut von 500,000 Dinaren abermals als Statthalter von Rei und Adserbeidjan anerkannt. Im Jahr 927 kämpfte er dann, auf Befehl des Chalifen, gegen die Karmaten und wurde gefangen genommen und später, als Munis sie angriff, um ihn zu befreien, getödtet.

Auch die Hambaniden, von deren Ursprung schon früher die Rede war, bewahrten nicht immer die dem Chalifen geschworene Treue. Abd Allah Jbn Hamdan, der Statthalter von Moßul, empörte sich gegen den Chalifen (913) und unterwarf sich erst, als Munis mit einem starken Heere gegen ihn auszog. Auch sein Bruder Hufein, der Statthalter von Kom und Kaschan, lehnte sich gegen die Herrschaft Muktadirs auf, wurde als Gefangener nach Bagdad gebracht und später hingerichtet. Abd Allah, sowie seine Brüder Naßr, Dawud, Said und Jbrahim erhielten jedoch bald wieder hohe Aemter. Abd Allah wurde zum Statthalter von Moßul ernannt, residirte aber in Bagdad und überließ die Verwaltung seinem Sohne Hasan, welcher später den Ehrentitel Nâßir Eddawlah (Beschützer des Reichs) erhielt und sich der Partei des Munis gegen den Chalifen anschloß. Hasan sollte zuletzt über ganz Mesopotamien, im weitesten Sinne des Wortes, herrschen, um dieses Land um so nachdrücklicher gegen die Byzantiner beschützen zu können, die unter der stürmischen

Regierung Muktadirs häufig Einfälle in das islamitische Gebiet machten. Dauerhafte Vortheile konnten sie jedoch nicht erringen, denn auch am Hofe von Byzanz lähmten kleinliche Intriguen, kirchliche Streitigkeiten und herrschsüchtige Prätendenten jede größere Unternehmung, außerdem waren die Araber nicht ihre einzigen äußeren Feinde, denn auch die Bulgaren, Russen und Ungarn beunruhigten das Reich. Alle von den Griechen zur Zeit der Bedrängniß des Chalifats eroberten Plätze, unter welchen Samosata, Chalat, Amid, Malatieh und Towin die bedeutendsten waren, wurden später nochmals von den Arabern genommen, und erst im Jahre 934, unter dem Chalifen Radhi, bemächtigten sich die Griechen wieder der Städte Malatieh und Samosata und nahm die Herrschaft der Araber über Kleinarmenien ein Ende.

Fassen wir die wesentlichen Veränderungen unter der 25jährigen Regierung Muktadirs kurz zusammen, so ergibt sich für das Chalifat der Verlust von ganz Afrika, mit Ausnahme Egyptens, das jedoch schon um diese Zeit von den Fatimiden bedroht war. Hingegen waren die Aliden in Tabaristan gestürzt und die Karmaten zur Ruhe zurückgekehrt. Die Saffariden waren nahezu erloschen, und die Samaniden dachten an keine weitere Ausdehnung mehr nach dem Herzen des Reichs. Die Sadjiten waren ausgestorben und die Hamdaniden, durch den letzten Sieg Munis', in Abhängigkeit gebracht. Das Schlimmste war, daß durch Muktadirs Schwäche und Wankelmüthigkeit das Ansehen des Chalifats wieder tief gesunken war. Die Häupter der Truppen, an deren Spitze Munis stand, der schon den Titel Emir Alumara (Oberbefehlshaber) führte, beherrschte das Reich und den Chalifen selbst, und das Volk hatte alle Energie und alle Willenskraft verloren. Munis war aber, als er den Chalifen besiegte, selbst schon ein Greis, und eigentliche Machthaber waren sein General Belik und sein Vezier Ismail. Munis selbst hatte nur gewünscht, den Chalifen zu unterwerfen, er hatte ihn nur nöthigen wollen, seine Feinde zu entfernen, aber nicht entthronen. Als daher Muktadir, gegen Munis' Wunsch und Willen, erschlagen wurde, war sein nächster Gedanke, einen Sohn des Erschlagenen auf den Thron zu setzen. Belik und Ismail wollten aber keinen Chalifen, dessen Vater von ihnen getödtet worden war, sie schlugen daher

Kahir vor, und drangen, trotz der Opposition Munis', mit ihrem Vorschlage durch.

Kahir war, als er den Thron bestieg, so arm, daß er mehrere Kleidungsstücke entlehnen mußte, um mit Anstand bei der Huldigung erscheinen zu können, doch wußte er bald durch Beraubung der Verwandten und Beamten seiner Geldnoth ein Ende zu machen, trug aber nichts desto weniger die größte Gerechtigkeitsliebe zur Schau. So trat er auch als Sittenverbesserer auf, verbot den Genuß des Weines und verbannte Sänger und Musiker, obgleich er selbst sich jeden Abend in Gesellschaft von Sängerinnen und Tänzerinnen berauschte.

Die früheren Anhänger Muktabir's und Feinde Munis' suchten zuerst zu Gunsten eines Sohnes Muktabirs in Persien Anhänger zu werben, als sie aber von Belik verfolgt wurden, unterwarfen sie sich der neuen Regierung und gewannen bald die Gunst des Chalifen, welcher mit ihrer Hülfe sich der Vormundschaft Belik's und seiner Söhne zu entledigen hoffte. Diese ahnten zwar was ihnen bevorstand, und behandelten den Chalifen wie einen Staatsgefangenen; aber Kahir täuschte ihre Wachsamkeit und wußte einen der Generäle Munis', so wie die ehemaligen Anhänger der Sadjiten und eine Abtheilung der Leibwache, durch Versprechungen jeder Art, zu gewinnen. Als Belik und seine Partei, zu welcher auch der Vezier Ibn Moklah gehörte, sich verrathen sahen, beschlossen sie, den Chalifen zu entthronen, aber alsbald wurde der Chalife davon unterrichtet, er ließ daher Ali, den Sohn Beliks, als er sich zu ihm verfügen wollte, zurückdrängen und die Thore des Palastes schließen, und als Belik selbst kam, um über die Mißhandlung seines Sohnes sich zu beklagen, ließ er ihn festnehmen. Die schon früher gewonnenen Truppen traten unter die Waffen und die Uebrigen verhielten sich ruhig, sobald ihnen eine Erhöhung des Soldes versprochen wurde. Ali ergriff die Flucht, wurde jedoch bald festgenommen. Munis zog sich zuerst in seinen Palast zurück, der von zahlreichen Sklaven und Freigelassenen bewacht war, ließ sich aber dann doch, wie früher Abu Muslim, auf seine dem Reiche geleisteten Dienste vertrauend, in das Schloß des Chalifen locken, wo er alsbald, trotz der ihm zugesicherten Gnade, eingekerkert wurde. Nach einigen Monaten, als seine Freunde die Miliz zu einem Aufstand reizten, so daß sie stürmisch seine Befreiung forderte, ließ Kahir ihn sowohl als Belik enthaupten, den von ihnen zum Chalifen bestimmten Sohn Muktasi's aber lebendig einmauern.

Kahir konnte sich jedoch, da er sich bald gegen diejenigen, die ihm gegen seine Unterdrücker Hülfe geleistet hatten, undankbar zeigte, nicht lange auf dem Throne behaupten. Der flüchtige Vezier Ibn Moklah reiste im Lande umher und predigte Haß und Verachtung gegen den Chalifen, dessen Privatleben eben so Abscheu erregend war, als sein öffentliches. Er verschmähte kein Mittel, um zum Ziele zu gelangen und so gewann er endlich auch Sima, den Obersten der Sadjiten, mit Hülfe einiger Traumdeuter und Astrologen, von denen die einen ihn glauben ließen, Kahir trachte ihm nach dem Leben, während die Andern ihm prophezeiten, er werde den Chalifen stürzen. In der Nacht vom 22. April 934 versammelte Sima seine Leute, drang an ihrer Spitze in den Palast und forderte den Chalifen auf, abzudanken. Als er sich weigerte, ließ er ihn blenden und in ein Gefängniß werfen, das er erst nach elf Jahren verließ, um noch bis zum 18. Oktober 950 sein Leben als Bettler zu fristen.

Unter Kahir wurde die Herrschaft der Ichschiden über Egypten und die der Bujiden in Persien gegründet, welche bald den Chalifen aller weltlichen Macht beraubten. Da aber beide erst unter dem folgenden Chalifen zu größerer Bedeutung gelangten, werden wir, der leichtern Uebersicht willen, erst später ihre Geschichte im Zusammenhange darstellen.

Der nach der Ermordung Kahir's zum Chalifen erhobene Abbaside war ein Sohn Muktadir's, und ist unter dem Beinamen Al-Radhi bekannt. Er besaß keines der Laster seiner Vorgänger, er war fromm, human und freigebig, aber das Chalifat war schon zu tief gesunken, als daß die Tugend des Herrschers es vor weiterem Verfalle hätte schützen können, um so weniger, als der Chalife nur noch den Namen des Herrschers trug, alle Macht aber in den Händen des Veziers und Oberbefehlshabers der Truppen ruhte. Mohammed, der Sohn Jakuts, welcher dem Vezier Ibn Moklah wie dem Chalifen selbst Gesetze geben wollte, wurde von Ersterem verdrängt, und auch sein Vater, welcher Statthalter von Persien war, mußte, in Folge der

Intriguen des Veziers, dem Unterstatthalter Alberidi weichen. Ibn Moklah hoffte dadurch zugleich Persien, welches Jakut mit einer gewissen Selbstständigkeit verwaltete, wieder in eine vom Chalifen abhängige Provinz verwandeln zu können, aber er hatte sich hierin eben so geirrt, wie die von ihm in Mesopotamien befolgte Politik das Gegentheil bewirkte, von dem was er erwartete.

In Moßul herrschte nämlich der Hamdanide Hasan, ein Sohn Abd Allah's, welcher bei einem Aufstande gegen Muktabir umgekommen war. Da seine Herrschaft auf Blutverwandtschaft und anderen älteren Verbindungen mit der Bevölkerung von Mesopotamien beruhte, so konnte Ibn Moklah nicht hoffen, ihn durch einen fremden Statthalter zu verdrängen, er kam daher auf den Gedanken, einen andern Hamdaniden, Said, den Oheim Hasans, an dessen Stelle zu setzen. Said reiste, unter dem Vorwande alte Schulden einzutreiben, nach Moßul, trug aber seine Ernennung zum Statthalter von Moßul und einen Befehl, Hasan zu verhaften, bei sich. Hasan wurde jedoch durch seine Freunde in Bagdad von Allem unterrichtet, und ließ seinen Oheim alsbald ermorden. (935.) Jetzt wurde er als Aufrührer erklärt und Ibn Moklah führte selbst eine ansehnliche Truppenzahl gegen Moßul. Hasan hielt es nicht für gerathen, den Feind auf offenem Felde zu bekämpfen, noch sich in der Stadt zu verschanzen. Er legte aber eine zuverlässige Besatzung in die Citadelle, in die er auch alle Vorräthe an Lebensmitteln, Waffen und Geld schaffen ließ. Er selbst, mit den wohlhabenden Leuten der Stadt, zog sich in das Gebirge zurück. Ibn Moklah konnte ohne Schwerdtstreich die Stadt besetzen, aber die Citadelle war so gut vertheidigt, daß er sie kaum anzugreifen wagte. Indessen hätte doch die Lage Hasans bedenklich werden können, wenn der Vezier längere Zeit in Moßul geblieben wäre, aber sein eigner, von Hasan bestochener Sohn rief ihn bald unter allerlei Vorwänden nach Bagdad zurück, worauf dann Hasan die zurückgebliebenen Truppen und die vom Vezier eingesetzten Präfekten theils durch Bestechung gewann, theils mit Gewalt vertrieb, und wieder unumschränkter Herr von ganz Mesopotamien wurde.

Der unglückliche Ausgang dieses Feldzugs, so wie die zunehmende Macht Alberidi's in Persien, führten den Sturz Ibn Moklah's herbei. Muzfir, ein Sohn Jakuts, stellte sich an die Spitze der

Leibwache und nahm ihn gefangen, und der schwache Chalife mußte ihn entsetzen. (936) Mehrere Veziere folgten nun auf einander, ohne sich behaupten zu können, da sie namentlich gegen den schlechten Finanzstand kein Heilmittel ausfindig machen konnten, denn die Statthalter der Provinzen verweigerten den Tribut, und die eigentliche Herrschaft des Chalifen dehnte sich nicht mehr weit über die Hauptstadt hinaus. Wasit und Baßrah waren in der Gewalt des Mohammed Jbn Raik, Chuzistan in der Alberidis, welche alle die Steuern für sich behielten. Farsistan war den Bujiden unterthan, die sich auch nach dem nördlichen Persien hin ausdehnten. In Mesopotamien herrschten die Hambaniden, in Egypten und Syrien die Jchschiden, das übrige Afrika gehorchte den Fatimiden. Chorasan und Transoxanien war noch immer den Samaniden unterthan, Tabaristan und Djordjan den Deilemiten, Bahrein und Jemameh den Karmaten. Der Chalife sah zuletzt kein anderes Mittel, der großen Noth abzuhelfen, als sich ganz in die Arme des Mohammed Jbn Raik zu werfen. Er rief ihn nach Bagdad, verlieh ihm den Titel Emir Alumara, übergab ihm die höchste Civil- und Militärgewalt und ließ ihn sogar im öffentlichen Gebete neben sich selbst erwähnen.

Jbn Raik entwaffnete nach und nach die Truppen, welche ihm nicht ergeben waren, rief Badjkam nach Bagdad, der an der Spitze vieler Türken und Deilemiten in Persien gekämpft hatte, und beschloß einen Feldzug gegen Alberidi, der noch immer jeden Tribut verweigerte, und sogar den Statthalter des Chalifen aus Baßrah vertrieb. Alberidi flüchtete sich, nach mehreren unglücklichen Gefechten, zu den Bujiden, und spornte sie zur Eroberung von Chuzistan und Jrak an.

Unter den Bujiden oder Buweihiden sind die Nachkommen des Abu Schudja Bujeh zu verstehen, welcher, als Häuptling einer meistens aus Deilemiten zusammengesetzten kriegerischen Horde, in den Kriegen zwischen den Aliden in Tabaristan und dem Chalifate, oder den Samaniden, bald diesen bald jenen gedient hatte, und seine Abstammung von den alten Perserkönigen herleitete. Bujeh hatte drei Söhne, welche unter den ihnen später verliehenen Ehrentiteln Jmad Eddawlah (Stütze des Reichs), Rokn Eddawlah (Pfeiler des

Reichs), und Muizz Eddawlah (Verherrlicher des Reichs) bekannt sind. Ersterer hatte schon im Jahr 932, als Präfekt des Ghilaniden Merdawidj, den Statthalter des Chalifen aus Ißpahan vertrieben und diese Stadt besetzt. Als Merdawidj, aus Furcht vor der Herrschsucht der Bujiden, sich mit dem Chalifen aussöhnte und ihm Ißpahan wieder zurückgab, wendeten sich die Bujiden gegen den Statthalter Jakut, und besetzten den größten Theil von Farsistan, mit der Hauptstadt Schiras. (934) Alberidi fand bei den Bujiden eine freundliche Aufnahme und einen mächtigen Beistand gegen Badjkam. Als sie aber Chuzistan erobert hatten und von ihm verlangten, daß er seine Truppen aus Baßrah und anderen Plätzen ziehe, und sie mit den ihrigen vereine, um Wasit anzugreifen und Rokn Eddawlah zu unterstützen, der gegen Waschmegir um die Herrschaft über Ißpahan Krieg führte, merkte er bald, daß er statt eines Helfers einen neuen Herrn eingetauscht, und gieng auf diese Forderung nicht ein, doch behaupteten sich die Bujiden in Chuzistan, obgleich auch Badjkam sie an mehreren Punkten angriff.

Badjkam führte jedoch den Krieg nicht mit Nachdruck, er gieng damit um, im Vereine mit Ibn Moklah, der um diese Zeit wieder Vezier war, Ibn Raik zu stürzen, und concentrirte daher seine Truppen bei Wasit.

Ibn Raik ließ, als er die Pläne seiner Feinde durchschaute, den Vezier grausam verstümmeln, und knüpfte Unterhandlungen mit Alberidi an, um Badjkam unschädlich zu machen. Dieser rückte aber alsbald gegen Baßrah vor, schlug die Truppen Alberidi's und nöthigte ihn, sich mit ihm gegen Ibn Raik zu verbinden, der dann, als Beide gemeinschaftlich gegen Bagdad vorrückten, die Flucht ergriff, so daß Badjkam ohne Kampf die Hauptstadt besetzte und sich vom Chalifen zum obersten Emir ernennen ließ. (September 938)

Badjkam ordnete jetzt wieder einen Feldzug gegen den Hamdaniden Naßir Eddawlah an und schlug ihn in der Nähe von Moßul, worauf er nach Nißibin floh und Moßul preis gab. (November 938) Der Chalife hatte Badjkam bis Tekrit begleitet, und begab sich, als er hier die Siegesbotschaft erhielt, selbst nach Moßul. Ein Theil der Truppen, die ihm folgen sollten, verließen ihn aber und schaarten sich um Ibn Raik, der aus seinem Verstecke hervortrat und die

Hauptstadt besetzte. Badjkam mußte nun mit dem Hamdaniden Frieden schließen und mit dem Chalifen nach Bagdad zurückkehren. Ibn Raik erbot sich, die Hauptstadt zu übergeben, wenn der Chalife ihn zum Statthalter des obern Eufratgebiets und der Grenzfestungen ernennen wollte. Badjkam gewährte ihm diese Forderung, weil er ihn in solcher Entfernung nicht mehr fürchtete, und auch wünschte, seine ganze Macht gegen die Bujiden und Deilemiten verwenden zu können, welche um diese Zeit wieder Herrn von Ißpahan waren und nun auch von Chuzistan her bis gegen Wasit vordrangen. Alberidi sollte sie in Chuzistan angreifen und Badjkam wollte sich der nordwestlichen Provinzen bemächtigen, welche noch in der Gewalt Waschmegirs waren. Als Badjkam aber nach Holwan kam, erfuhr er, daß jener, statt nach Chuzistan aufzubrechen, damit umgehe, sich der Hauptstadt und des Chalifen zu bemächtigen. Er kehrte daher in Eilmärschen zurück, vertrieb Albaridi aus Wasit, (Oktober 940) und nöthigte ihn, sich bis Baßrah zurückzuziehen.

Während dieser Vorfälle in Irak befehdeten sich Ibn Raik und der Ichschide Mohammed Ibn Toghdsch, welchen schon Muktabir zum Statthalter von Egypten ernannt hatte, und der, wie seine Vorgänger, bald auch von Syrien Besitz nahm und keinen Tribut entrichtete. Mohammed stammte von den Fürsten von Ferghana her, daher er den Titel Ichschid führte, welcher in Ferghana dieselbe Bedeutung hatte, wie Chakan bei den Türken. Ibn Raik fiel, während der Ichschide seinen Vorgänger in Egypten bekämpfte, in Syrien ein und besetzte dieses Land, das bisher unter der Verwaltung des Ichschiden gestanden war. Es kam zu mehreren Gefechten, bis endlich im Jahr 940 ein Friede zu Stande kam, in Folge dessen der südliche Theil von Syrien, bis Ramlah, dem Ichschiden, der nördliche aber dem Ibn Raik überlassen wurde.

Da Ibn Raik, statt, seiner Bestimmung gemäß, die Grenze gegen die Byzantiner zu schützen, nach eigener Vergrößerung in Syrien trachtete, wurde Mesopotamien zu wiederholten Malen von griechischen Truppen überfallen, doch gestattete ihnen Seif Eddawlah, der jüngere Bruder Nasir Eddawlah's, welcher Statthalter von Dijar Bekr war, nicht, dauernde Vortheile zu erringen, und drang sogar im Jahr 940 bis tief in Cappadocien ein.

Der Chalife Radhi, der trotz seinen persönlichen Tugenden doch das Chalifat nicht zu heben vermochte, starb am 18. December 940, und erst am 28. wurde sein Bruder Ibrahim mit dem Beinamen Almuttaki zu seinem Nachfolger gewählt, denn Badjkam befand sich in Wasit, und er war der eigentliche Herrscher, so daß eine Vacanz des Thrones keinerlei Störung in der Regierung hervorbrachte. Badjkam wurde, bald nach dem Tode Radhis, von Kurdischen Räubern, die er verfolgte, getödtet, und nun trat eine vollständige Anarchie ein. Die Truppen, welche er befehligt hatte, bestanden nämlich aus Deilemiten und Türken, welche sich alsbald befehdeten. Kurtekin, welcher an der Spitze der Erstern stand, schloß ein Bündniß mit Alberidi, die Türken schlossen sich dem Chalifen an, weigerten sich aber, gegen Alberidi zu kämpfen, und giengen zum Theil zu ihm über, während der größere Theil, unter Turun, sich nach Moßul zurückzog, so daß Alberidi ohne Kampf sich der Hauptstadt bemächtigte. (Mai 941). Er konnte sich jedoch nur 24 Tage behaupten, denn da er seine frühern Truppen, die großentheils aus Karmaten bestanden, bevorzugte, auch die Bevölkerung mißhandelte, wurde er von Kurtekin gestürzt, der nun, wie früher Badjkam, oberster Emir wurde. Aber auch seine Herrschaft war von kurzer Dauer. Der Chalife rief Ibn Raik herbei, dem sich die Türken unter Turun anschlossen, und während Kurtekin ihn auf offenem Schlachtfelde bekämpfte, brach ein Aufstand in der Hauptstadt gegen die zurückgebliebene Besatzung aus, so daß Kurtekin weichen mußte.

Ibn Raik konnte sich aber auch nur kurze Zeit behaupten, er zerfiel bald mit Turun, welcher noch immer an der Spitze der Türken stand. Dieser verbündete sich mit Alberidi, der inzwischen wieder Wasit besetzt hatte, und zog gegen Bagdad. Ibn Raik entfloh mit dem Chalifen nach Moßul, und Naßir Eddawlah traf Anstalten, Letztern wieder in seine Hauptstadt zurückzuführen, ließ aber Ibn Raik meuchlings tödten, weil er selbst oberster Emir werden, auch die Besitzungen Ibn Raiks, im nördlichen Mesopotamien, an sich reißen wollte.

Die Vertreibung Alberidi's war um so leichter, als auch er nicht lang mit Turun in gutem Vernehmen blieb, daher dieser mit seinen Türken sich wieder dem Chalifen näherte und im Kampfe zwischen den Hambaniden und Alberidi den Ausschlag zu Gunsten der Ersteren gab. Aber so mächtig auch die Hambaniden in ihrer Heimat, in Mesopotamien, unter ihren Stammgenossen, waren, so konnten sie doch in Bagdad, von Türken und Deilemiten umgeben, welche schon seit langer Zeit nicht mehr gewöhnt waren, sich Befehlshabern von arabischem Geschlechte unterzuordnen, keine dauernde Herrschaft gründen. Seif Eddaulah wurde auf seinem Zuge gegen Alberidi von den Türken überfallen und genöthigt, nach Bagdad zu fliehen, und als Turun sich der Hauptstadt näherte, kehrte er nach Moßul zurück, wohin ihm Naßir Eddawlah schon vorausgeeilt war. (Juni 943)

Der Chalife ernannte Turun zum obersten Emir und blieb einige Zeit in Bagdad, während jener zuerst die Hambaniden und hernach Alberidi bekämpfte. Dann flüchtete er sich abermals zu den Hambaniden, weil die Feinde Turuns ihn glauben ließen, er werde ihn, bei seiner Rückkehr vom Feldzuge gegen Alberidi, entthronen. Turun schloß nun mit Letzterm Frieden und schlug die Hambaniden bei Tekrit, sie flohen mit dem Chalifen nach Moßul und, da sie auch hier verfolgt wurden, zogen sie sich nach Nißibin zurück, während der Chalife sich in Rakkah niederließ. Da bald darauf Turun mit den Hambaniden Frieden schloß, weil die Bujiden Wasit angriffen, flehte der Chalife die Hülfe des Ichschiden Mohammed an.

Mohammed reiste selbst nach Rakkah und suchte den Chalifen zu bewegen, mit ihm nach Damask oder Egypten zu fliehen, bis er ein Heer ausgerüstet haben würde, um ihn wieder in seine Hauptstadt zurückzuführen. Seif Eddawlah sah dies aber nicht gern, weil er nach dem nördlichen Syrien gelüstete, das dem Ichschiden, als Beschützer des Chalifen, nicht leicht zu entreißen gewesen wäre, er behandelte daher den Chalifen wie einen Gefangenen, und nöthigte ihn, alsbald nach Bagdad zurückzukehren und Turun zu vertrauen, der ihm Treue und Ergebenheit schwur. Er wurde aber, trotz allen Schwüren, noch ehe er in Bagdad anlangte, geblendet und entthront. (12. Okt. 944)

Die Zerwürfnisse zwischen dem Chalifen und seinen Emiren, in welche Ibn Raik und die Hambaniden verwickelt waren, die das

Reich gegen die Einfälle der Byzantiner schützen sollten, hatten wiederholte Raub- und Eroberungszüge derselben zur Folge, sowohl nach Syrien hin, wo sie bis Haleb vordrangen, als auch nach Armenien und Mesopotamien, wo sie Arsen, Dara, Nißibin nahmen und auch von Edessa nicht eher abzogen, bis ihnen das in der Kirche aufbewahrte angebliche Schweißtuch Christi ausgeliefert wurde. In diese Zeit fallen auch die Einfälle der Russen in die Provinz Adserbeidjan, welche noch immer die Deilemiten beherrschten, und hängen auch mit den innern Unruhen in so fern zusammen, als die Hambaniden zugleich von Süden her diese Provinz angriffen, so daß der Deilemitische Fürst seine Kräfte zersplittern mußte.

Der von Turun gewählte Chalife Almustakfi war ein Sohn Almuktafi's. Turun selbst war übrigens auch nur noch ein Schattenemir, und wie der Chalife, das Werkzeug des Veziers Abu Djafar Ibn Schirzad, der daher auch nach dem Tode Turuns, (Sept. 945) welcher in den letzten Jahren häufige epileptische Anfälle hatte, oberster Emir ward. Seine Lage war übrigens keine beneidenswerthe, denn seine Macht dehnte sich kaum mehr weiter als über das Weichbild von Bagdad aus. Die Bujiden waren bis Wasit und die Hambaniden bis Hit vorgedrungen, in der Residenz selbst wüthete Pest und Hungersnoth, während privilegirte Räuberbanden jeden Besitz gefährdeten. Der Chalife wendete sich nochmals an Naßir Eddawlah, und selbst Abu Djafar, der sich mit seinem Häuflein Türken nicht behaupten konnte, wollte ihm gern die Würde des obersten Emirs überlassen, aber die Hambaniden hatten ihre Truppen theils in Syrien, gegen den Ichschiden, theils in Adserbeidjan gegen die Deimeliten engagirt, so daß der Bujide Muizz Eddawlah ungehindert gegen Bagdad vorrücken konnte. Abu Djafar lieferte ihm noch ein Treffen, als er aber unterlag, flüchtete er sich nach Moßul, und der Chalife mußte die Bujiden als Herrscher über die von ihnen eroberten Länder anerkennen, Muizz Eddawlah den Sultanstitel verleihen, und ihm nicht nur alle weltliche Gewalt abtreten, sondern dessen Namen auch auf die Münzen prägen und im Kanzelgebete neben dem seinigen einfügen lassen. Obgleich aber der schwache Chalife allen Wünschen des Bujiden entgegenkam, traute ihm dieser doch nicht, denn er war ein Geschöpf der Türken, die sich mit Abu Djafar zu den Hambaniden geflüchtet hatten, und konnte, bei einem ausbrechenden Kriege, irgendwie für sie thätig sein. Almustakfi wurde, wie sein Vorgänger, (29. Januar 946) geblendet, und statt seiner Almuti, ein Sohn Muktadirs, zum Chalifen ernannt. Der Bujide soll die Absicht gehabt haben, einen Sprößling des Hauses Ali auf den Thron zu setzen, von diesem Vorhaben aber abgestanden sein, theils weil er die sunnitische Bevölkerung von Irak, Syrien und Mesopotamien nicht zum äußersten treiben wollte, theils weil er fürchtete, selbst alle Macht zu verlieren, sobald ein Alide das Chalifat übernehmen würde, der auf die Hingebung der Perser zählen könnte.

IV. Die Abbasiden unter den Bujidensultanen.

Der Einzug der Bujiden in Bagdad hatte für das Chalifat keine schlimmen Folgen. Die Chalifen waren ohnehin schon seit Muktabir die Sklaven ihrer Heerführer, welche den Titel Emir Alomara führten. Während aber die Herrschaft dieser Emire oder des Chalifats nach und nach bis auf das Weichbild von Bagdad zusammengeschrumpft war, wurde sie unter den Bujiden bald wieder über einen großen Theil von Irak, Persien und Mesopotamien ausgedehnt. Muizz Eddawlah hatte nämlich vor der Besitznahme von Bagdad Chuzistan und Kerman unterworfen, während seine beiden ältern Brüder Farsistan und das ganze persische Irak, bis an die Grenze von Tabaristan, unter ihre Botmäßigkeit gebracht hatten. Nasir Eddawlah versuchte es zwar nochmals, mit Hülfe der Türken, den Bujiden aus Bagdad zu vertreiben, er wurde aber geschlagen, und als er Frieden schloß, von den Türken verfolgt, so daß er genöthigt ward, Muizz Eddawlah als seinen Oberherrn anzuerkennen. Nach diesem Siege wendete sich der Bujide nach Süden, und vertrieb den Neffen und Nachfolger Alberidi's aus Baßrah. (Aug. 946) Noch zweimal empörte sich Nasir Eddawlah gegen die Bujiden, wurde aber jedesmal aus Moßul vertrieben, doch immer wieder aufs Neue als tributpflichtiger Statthalter eingesetzt, weil Muizz, theils wegen innerer Empörungen, theils weil er seine Brüder unterstützen mußte, welche die Samaniden bekriegten, den Krieg nicht in die Länge ziehen konnte. Naßir Eddawlah wurde von seinem eigenen Sohne Abu Taghleb entthront, (967) und da ohngefähr um dieselbe Zeit auch Seif Eddawlah starb, so wurde die Macht der Hamdaniden gebrochen, denn Abu-l-Muzfir Hamdan, ein anderer Sohn Naßir Eddawlah's, bekämpfte seinen Bruder und schloß ein Bündniß mit den Bujiden, während Saad Eddawlah, der Sohn und Nachfolger Seif Eddawlah's, nicht nur gegen rebellische Sklaven und Verwandte zu kämpfen hatte, sondern auch von den Byzantinern erdrückt wurde, welche schon unter seinem Vater, in den letzten Jahren, trotz aller Tapferkeit und Ausdauer, bedeutende Vortheile errungen hatten. Kreta wurde wieder von den Byzantinern erobert, Antiochien erstürmt, Haleb zweimal gebrandschatzt, das ganze nördliche Syrien bis Tripoli besetzt, während am Eufrat die Provinz Dijar Bekr Raub- und Verheerungszügen ausgesetzt war, und die Städte Amid, Nißibin und Mejjafarikin theils genommen, theils gebrandschatzt wurden.

Die Hamdaniden mußten außerdem noch, so oft die Byzantiner sie frei athmen ließen, Syrien gegen die Eroberungen der Ichschiden, und später der Fatimiden vertheidigen. Ueber die Ichschiden herrschte, nach dem Tode Mohammed's, des Stifters dieser Dynastie, (945) zuerst im Namen Anudjurs und Ali's, der Söhne des Verstorbenen, dann aber in seinem eigenen, der abyssinische Sklave Kafur. Nach seinem Tode (968) wurde ein minderjähriger Enkel Mohammeds zum Fürsten von Egypten proclamirt, während ein Vetter seines Vaters wirklicher Regent war, und das Land so schwer drückte, daß mehrere angesehene Familien auswanderten und die Fatimiden zur Eroberung Egyptens anspornten. Der Fatimide Muizz sandte Djauhar (969) mit einem starken Heere nach Egypten, welcher die Anhänger der Ichschiden bei Djizeh schlug und hierauf von der Hauptstadt Fostat Besitz nahm, bald nachher auch die Küstenstädte Syriens eroberte. Die Fatimiden mußten zwar Syrien nochmals räumen, als die Ichschiden und Hamdaniden, in deren Lager sich der abbasidische Chalife selbst begab, im Vereine mit allen Sunniten sowohl als mit den Karmaten, sich gegen sie erhoben. Als aber Muizz selbst seine Residenz nach Egypten verlegte und die Karmaten für sich gewann, eroberte er nicht nur Syrien wieder, sondern wurde auch im Hedjas als rechtmäßiger Herrscher anerkannt.

In Bagdad selbst wurden übrigens durch die Bujiden, welche, wie schon früher erwähnt, Schiiten waren, zum großen Aerger der sunnitischen Bevölkerung, manche schiitische Gebräuche, wie die Todesfeier Huseins, das Verwünschen Aischa's und der drei ersten Chalifen, wieder eingeführt. Unter den Truppen kam es deshalb sowohl, als aus Racenhaß, zu häufigen Reibungen, denn nur die Deilemiten waren Schiiten, die Türken aber Sunniten. Im Jahr 974 kam es sogar zu einem förmlichen Kampfe zwischen denselben, und da Letztere siegten, wurde der Chalife zur Abdankung genöthigt (5. August) und Bachtjar, der Sohn des Muizz Eddawlah, der seit dem Tode seines Vaters (1. April 867) Sultan war, entsetzt. Bachtjar war zur Zeit dieser Empörung in Wasit, wo er sich so lange gegen die Türken behauptete, bis ihm sein Vetter Adhud Eddawlah, ein Sohn des Rokn Eddawlah, zu Hülfe kam, und sie wieder aus Bagdad vertrieb.

Die Empörung der Türken, obgleich bald wieder gedämpft, hatte doch unheilvolle Folgen für das Haus der Bujiden, denn sie war Veranlassung zum Unfrieden unter den verschiedenen Gliedern dieses Geschlechts. Adhud Eddawlah nöthigte nämlich, nach seinem Siege über die Türken, Bachtjar abzudanken und ließ sich selbst vom neuen Chalifen Attai, dem Sohne Muti's, zum Sultan ernennen. Rokn Eddawlah war über diesen Gewaltstreich empört und nöthigte seinen Sohn, sich nach Fars zurückzuziehen und Bachtjar wieder als Sultan einzusetzen. Sobald aber jener starb (Sept. 976), brach sein Sohn wieder gegen den Tigris auf, schlug Buchtjar und besetzte Bagdad aufs Neue. Bachtjar suchte bei den Hambaniden um Hülfe nach, wurde aber nochmals bei Tekrit geschlagen und kam selbst um, worauf Adhud Eddawlah Moßul nahm, bis an die Grenze Armeniens vordrang, und den Hambaniden Abu Taghleb nöthigte, sich zuerst zu den Byzantinern und dann zu den Fatimiden zu flüchten, durch welche er in Palestina, in Folge eines Krieges gegen den Präfekten von Ramlah, umkam. (979.) Die Herrschsucht Adhud Eddawlah's war aber noch immer nicht befriedigt. Er begnügte sich nicht mit den Besitzungen Bachtjar's und Abu Taghleb's, sondern gelüstete auch nach denen seines Bruders Fachr Eddawlah, welcher, den Bestimmungen ihres Vaters zufolge, Herr von Tabaristan und Djebel, mit den Städten Rei und Hamadan war, und es gelang ihm, im Bündnisse mit seinem dritten Bruder Muejjed Eddawlah, dem Herrn von Ispahan, Fachr Eddawlah zu verdrängen, so daß er über alle Länder zwischen dem kaspischen Meere und dem persischen Meerbusen, und zwischen Ispahan und Syrien gebot, denn sein Bruder Muejjed Eddawlah erkannte seine Oberherrschaft an, und die über Farsistan, Kerman und Chuzistan hatte er schon von seinem Vater geerbt.

Mit dem Tode Adhud Eddawlah's (März 983), der eben so mildthätig und gerecht als eroberungssüchtig war, und der auch Kunst und Wissenschaft förderte, beginnt die Zersplitterung und der Verfall des Bujidischen Geschlechts. Sein Sohn und Nachfolger Semsem Eddawlah wurde von seinem Bruder Scheref Eddawlah, welcher Herr von Fars und Kerman war, nicht als Oberherr anerkannt, und mußte ihm auch noch die Herrschaft über Chuzistan abtreten. Im Jahre 987 bemächtigte sich Scheref Eddawlah auch der Hauptstadt Bagdad und ließ Semsem Eddawlah in eine Burg in der Nähe von Schiras einkerkern, später auch blenden.

Als Scheref Eddawlah nach zwei Jahren (989) starb, trat neue Verwirrung im Reiche und neuer Unfriede zwischen den Bujiden ein. Sein Bruder Beha Eddawlah, welcher in Bagdad sein Nachfolger als Sultan war, mußte Farsistan seinem Bruder Semsem Eddawlah abtreten, der wieder in Freiheit gesetzt worden war, und einen Angriff seines Oheims Fachr Eddawlah abwehren, der aufs Neue in Chuzistan einfiel. Auch Moßul entzog sich wieder der Oberherrschaft der Bujiden. Die Söhne Naßir Eddawlah's bemächtigten sich der Stadt, konnten sich zwar nur kurze Zeit behaupten, an ihre Stelle traten aber die Benu Ukeil, während die Provinz Dijabekr den Benu Merwan zufiel, deren Häuptling, ein unter dem Namen Badu bekannter Kurde, unter Semsem Eddawlah sogar Moßul erobert und einen Feldzug gegen Bagdad unternommen hatte, welcher jedoch ein unglückliches Ende für ihn nahm. Badu starb im Jahre 390 und ihm folgte sein Neffe Abu Ali Ibn Merwan, von welchem diese Herren von Dijar Bekr ihren Namen führen. Stifter der Herrschaft der Benu Ukeil war Abu Djuwad Mohammed, Sohn des Musejjeb, welcher die Benu Merwan wieder von Moßul vertrieb, und sich als selbstständiger Fürst gebährdete, so daß Beha Eddawlah ihn mit Gewalt unterwerfen mußte. Nach seinem Tode (386) kam es zu neuen Conflikten zwischen seinem Sohne Mukallad und Beha Eddawlah, und dieser mußte jenen schließlich als Statthalter von Moßul dulden, eben so später (391) Mukallad's Sohn Kirwasch, der sich aber zu wiederholten Malen empörte, und die Fatimiden anerkannte.

Obgleich die Macht der Bujiden schon im Sinken war, da nicht nur die genannten Provinzen in der Nähe der Hauptstadt von ihnen abfielen, sondern auch in der Ferne die Gaznawiden, welche sich auf den Trümmern des Samanidenreichs erhoben, eine drohende Stellung einnahmen, hörten sie doch nicht auf, sich durch innere Kriege noch mehr zu schwächen. Beha Eddawlah, welcher den Chalifen Attai beherrschte, und im Jahr 992 aus Lüsternheit nach den Schätzen desselben ihn entthronte und Alkadir, einen Sohn des Chalifen Muttaki, an dessen Stelle setzte, erneuerte den Krieg gegen Semsem Eddawlah, in der Hoffnung, ihm Farsistan zu entreißen, wurde aber geschlagen, und hätte auch Chuzistan und Baßrah verloren, wenn nicht Semsem Eddawlah von den Söhnen Bachtjars ermordet worden wäre, welche die Herrschaft über Fars und Kerman an sich rissen (998), denn ein Theil der Truppen Semsem Eddawlah's ging zu Beha Eddawlah über, dem es dann nicht schwer fiel, die Mörder zu besiegen und wieder Herr von Farsistan und Kerman zu werden.

Nach dem Tode des Beha Eddawlah (December 1012), der in seinen letzten Jahren mit Glück gegen die Rebellen am untern Eufrat sowohl, als gegen die Kurdenhäuptlinge Bedr und Hilal, und gegen den Ukeiliten Kirwasch gekämpft hatte, wurde sein Sohn Sultan Eddawlah Herr von Irak und Farsistan. Sein Bruder Abu-l-Jawaris, der Herr von Kerman, empörte sich aber gegen ihn, und als er besiegt war, gewann ein anderer Bruder, der unter dem Namen Muscherrif Eddawlah bekannt ist, die Deilemiten für sich, so daß sie ihn (1020) zum Sultan proklamirten, und Sultan Eddawlah genöthigt wurde, sich nach Chuzistan zurückzuziehen. Als Letzterer starb (1023), bekriegten sich sein Sohn Abu Kalinbjar und sein Bruder Abu-l-Jawaris, von denen jeder Farsistan besetzen wollte, und erst nach zwei Jahren trug Ersterer den Sieg davon, und wurde, nach dem Tode des Abu-l-Jawaris (1028), auch Herr von Kerman.

Jetzt trachtete auch er nach der Herrschaft über Bagdad, welche nach dem Tode des Muscherrif Eddawlah (1025) dessen Bruder Djelal Eddawlah ansprach und mit Hülfe der Türken auch (1027) erlangte. Der Krieg dauerte mehrere Jahre fort und auch Abu Kalindjar mußte weichen, weil seine Besitzungen in Farsistan durch den Gaznawiden Mahmud gefährdet waren, der schon die der Nachkommen des Fachr Eddawlah im nördlichen Persien, welche sich übrigens auch selbst zerfleischten, an sich gerissen hatte.

Mahmud war der Sohn des türkischen Sklaven Sebuktekin, der zur Zeit des Samaniden Abd Almelik Ibn Nuh im Dienste Alptekin's, des Unterstatthalters von Chorasan stand. Nach dem Tode Abd Almeliks (961), verließ Alptekin mit seinen Türken Chorasan, weil er ein Gegner Mansurs, des Nachfolgers Abd Almeliks war, ging über den Hindukusch, und bemächtigte sich der Stadt Gazna (Ghizni). Sebuktekin heirathete eine Tochter Alptekins, wurde bald nach dem Tode seines Schwiegervaters (976—77) Fürst von Gazna, dehnte seine Herrschaft über einen Theil von Sedjestan und Beludjistan aus, und eroberte auch, im Bündnisse mit den Afganen und Chiliḍje, einen Theil von Indien. Sebuktekin stand in gutem Vernehmen mit den Samaniden, er erhielt den Ehrentitel Nâṣir Eddin (Beschützer des Glaubens), und sein Sohn Mahmud, welchen er zum Statthalter von Persien ernannte, wurde Jemin Eddawlah (Rechte des Reichs) genannt.

Als Sebuktekin starb (997), wurde sein jüngerer Sohn Ismail in Gazna zum Nachfolger proclamirt, aber Mahmud erkannte ihn nicht an und bemächtigte sich der Regierung. Inzwischen hatte der Samanide Mansur die Statthalterschaft von Chorasan, welche bisher Mahmud inne hatte, einem Andern übergeben, so daß dieser dieses Land wieder mit Gewalt zurückerobern mußte. Die Samaniden zogen sich nach Buchara zurück, wo bald ihrer Herrschaft durch den Turkomanen Ilek Chan ein Ende gesetzt wurde.

Mahmud ließ seinen Bruder Naṣr in Chorasan, überschritt, nachdem er Sedjestan und Kabul unterjocht hatte, den Indus, und nahm Multan (1006). Der Einfall Ilek Chan's in Chorasan nöthigte ihn zur Rückkehr, sobald dieser aber besiegt war, setzte er seine Eroberungen in Indien wieder fort und drang nach und nach bis

Canoga vor. Einige Jahre darauf überschritt er den Ganges, besiegte den Radja von Kallindjar und von Anhalwara und nahm die heilige Stadt Sumenat, an der Küste von Güzürat. (1025). Im Jahr 1028 wendete er seine Waffen nach Westen, eroberte Rei, Kaswin und Sawa und zuletzt auch Hamadan und Jspahan.

Das Reich der Bujiden wäre ohne Zweifel jetzt schon gänzlich zerfallen, wenn nicht der Tod Mahmuds (1030), die darauf folgenden Zwistigkeiten unter seinen Nachkommen, Empörungen in Indien, und Kriege gegen die emporgekommenen Seldjuken, die Gaznawiden im Osten und Norden beschäftigt hätten. Die Bujiden und mit ihnen das Chalifat waren so tief gesunken, daß sie weder den Fatimiden den Besitz von Syrien streitig machen, noch die Byzantiner hindern konnten, Roha, Serudj und Harran zu besetzen. Auch erhoben sich, außer den schon früher genannten, noch andere kleine Fürsten, welche immer mehr vom Chalifate unabhängig wurden und häufig mit den Fatimiden gemeine Sache machten. Die vorzüglichsten derselben waren die Benu Maziad, die westlich von Bagdad, zwischen Hilleh und Hit, ihren Sitz hatten, die Benu Dubeis, denen die Städte Korkub und Tib, mit dem größten Theile der Länder zwischen Wasit und Schuster gehörten, und die Benu Kilab, welche mit den Fatimiden um die Herrschaft über Haleb stritten, und diese Stadt auch gegen die Byzantiner vertheidigten.

Diese kleinen Fürsten befehdeten sich häufig gegenseitig und gaben dadurch dem Chalifen wieder Gelegenheit, sie zur Entrichtung eines Tributs zu nöthigen, doch war ihre Abhängigkeit nur von kurzer Dauer. In Bagdad selbst war übrigens die Einigkeit auch nicht groß. Sunniten und Schiiten bekriegten sich mit geistigen Waffen, nicht selten aber auch mit materiellen. Ebenso arteten öffentliche Disputationen zwischen Orthodoxen und Mutazeliten, welche um diese Zeit die Rationalisten des Mohammedanismus waren, in große Raufereien aus, so daß der Chalife sie zuletzt nicht mehr gestattete.

Noch größer wurde die Anarchie in Bagdad, als der Chalife Alkadir starb (29. November 1031), und sein schwacher Sohn Alkaim auf den Thron kam. Es verging kaum ein Tag, an welchem nicht blutige Raufereien zwischen Schiiten und Sunniten vorkamen. Der Sultan Djelal Eddawlah, welcher, wie alle Bujiden, Schiite war, wurde von den sunnitischen Türken mißhandelt und sogar genöthigt, die Hauptstadt einige Zeit zu verlassen. Abu Kalindjar wurde aufgefordert, das Sultanat zu übernehmen, er wollte aber Persien nicht verlassen, doch wurde für ihn in Bagdad das Kanzelgebet verrichtet, und auch Wasit und Baßrah huldigten ihm. Indessen gelang es Djelal Eddawlah, die Türken, mit Hülfe der Benu Ukeil und Maziad, wieder aus Bagdad zu vertreiben, und da er mit Abu Kalindjar Frieden schloß, so behielt er nicht nur das Sultanat über Irak, sondern nöthigte auch den Chalifen, ihm den Titel „König der Könige" zu verleihen. Erst nach dem Tode Djelal Eddawlah's (April 1045) gewann die Partei Abu Kalindjars in Bagdad die Oberhand. Er wurde sowohl hier, als auch im Gebiete der Benu Merwan und Maziad als Sultan anerkannt, und da er sich vor den immer näher rückenden Seldjuken beugte und mit ihnen verschwägerte, so kehrten einige Jahre der Ruhe und des Friedens in Bagdad ein. Bald nach seinem Tode aber (Okt.—Nov. 1048) trat wieder die alte Verwirrung und Zerrüttung hervor: förmlicher Kampf und tiefe Spaltung zwischen Sunniten und Schiiten, und Bruderkrieg zwischen den Söhnen Abu Kalindjars, welche mit ihrem gänzlichen Untergange und mit der Herrschaft der Seldjuken über das Chalifenreich endete.

V. Die Abbasiden unter der Herrschaft der ersten Seldjukensultane.

Seldjuk, der Stammvater des Geschlechts, das von nun an einen hervorragenden Platz in der Geschichte Westasiens einnimmt, stand zuerst im Dienste Peighu's, des Fürsten der Kirgisen, begab sich dann mit seinen Anhängern und Stammverwandten nach Buchara, und trat zum Islam über. Seine Söhne und Enkel wurden bald so mächtig, daß der Fürst von Buchara sowohl, als der von Turkistan, so wie auch später der Sultan Mahmud, sich ihrer zu entledigen suchten. Sie überschritten nun den Oxus und Arslan, ein Sohn Seldjuks, zog an der Spitze der Ghusen gegen Ispahan und Adserbeidjan, während Toghrilbey und Djaghirbey, die Enkel Seldjuks, sich in der Gegend von Meru niederließen. Nach mehreren Siegen über den Gaznawiden Masud, den Sohn Mahmud's, und dessen Feldherren, gelangten sie in den Besitz von Meru, Nisabur und Herat (1039), und einige Jahre später auch (1042), von Balch, in Folge der Ermordung Masuds und der innern Kriege unter den Gaznewiden, welche Maudud, den Sohn Masuds, nöthigten, Chorasan zu verlassen und sich nach Indien zu begeben. Toghrilbey bemächtigte sich hierauf auch der Provinzen Djordjan, Tabaristan und Charizm, während sein Bruder Ibrahim Inal das ganze Gebiet zwischen Hamadan und Holwan unterwarf. Ersterer ließ sich dann in Rei nieder und eroberte später noch Ispahan. Von Rei aus wendeten sich die Seldjuken gegen Adserbeidjan und Armenien, wo sie bald mit den Byzantinern in Conflikt geriethen, und von Ispahan aus gegen die östlichen und südlichen Provinzen Persiens. Ihre Horden fanden allenthalben reichlichen Zuwachs, denn schon vor ihnen waren, von den Gaznewiden gedrängt, viele Ghusen und andere Turkomanen aus Transoxanien ausgewandert, die sich gern ihren Heeren anschlossen.

Mehr als durch alle diese Eroberungen wurde Toghrilbey durch seine Feldzüge gegen die Griechen berühmt und beliebt. Sein Sohn Kutulmisch, welcher Dijar Bekr unterworfen hatte, und bei Sindjar geschlagen wurde, wollte sich nämlich durch Byzantinisches Gebiet nach Adserbeidjan zurückziehen, und als ihm der Statthalter Stephanus dieß nicht gestattete, erzwang er sich den Durchmarsch und schlug Stephanus zurück. Dieß veranlaßte Toghrilbey zur Eroberung der armenischen Provinz Vasburgan zu schreiten. Ibrahim Inal drang bis Erzerum vor (1048—49), schlug Liparites, den Fürsten von Iberien, und nahm ihn gefangen. Der Kaiser ließ, um die Befreiung Liparites' zu bewirken, die schon früher erbaute Moschee in Konstantinopel wieder herstellen und in derselben das Kanzelgebet für Toghrilbey verrichten; auch sandte er ihm kostbare Geschenke. Toghrilbey gab zwar den Gefangenen frei, schloß jedoch keinen Frieden, wiederholte vielmehr, nachdem er seinen Bruder Ibrahim Inal, der sich gegen ihn empörte, unterworfen hatte, einen Einfall nach Armenien, bei welchem er abermals das ganze Land bis nach Erzerum ausplünderte und verwüstete.

Nach diesem, in den Augen der Mohammedaner höchst glorreichen Feldzuge, zögerte Toghrilbey nicht mehr länger, zur Unterwerfung der Hauptstadt des Chalifenreichs zu schreiten, die ihm um so leichter ward, als der Chalife selbst ihn sehnlich herbeiwünschte, denn die

Anarchie war so groß in Bagdad, daß er in seinem eigenen Palaste nicht sicher vor räuberischen Ueberfällen war. Außer den fortwährenden Reibungen zwischen Sunniten und Schiiten, zwischen Türken und Deilemiten, zwischen organisirten Räuberhorden und der Obrigkeit, zwischen meuterischen Truppen und ihren Führern, befehdeten sich auch noch am Hofe selbst der Vezier des Chalifen, welcher den Titel Raïsarru'sa (Oberhaupt) führte, und der unter dem Namen Albasasiri bekannte Vezier des Bujidensultans Melik Rahim. Letzterer hatte die schiitische Bevölkerung für sich, ersterer hingegen die Sunniten, welche fürchteten, der Vezier möchte die Hauptstadt den Fatimiden überliefern. Der Chalife selbst soll daher Toghrilbey ersucht haben, nach Bagdad zu kommen, theils weil er von ihm den Sieg der Sunniten über die Schiiten erwartete, theils weil er nur ihn für stark genug hielt, um dem Bürgerkriege und der Pöbelherrschaft ein Ende zu machen. Unter dem Vorwande einer Pilgerfahrt nach Mekka fiel daher Toghrilbey, mit einem starken Heere, in Irak ein, und verlangte vom Chalifen, unter der Versicherung friedlicher Gesinnungen und vollkommenster Ergebenheit, in die Hauptstadt eingelassen zu werden. Der Chalife ertheilte sie ihm natürlich, trotz dem Widerspruche Albasasiri's und Melik Rahim's, und am 15. Dec. 1050 hielt er seinen Einzug in Bagdad.

Schon in den nächsten Tagen fand Toghrilbey einen günstigen Vorwand, um die dem Melik Rahim vor seinem Einzuge geschworene Treue zu brechen. Als nämlich eine Rauferei zwischen Ghusen und Bürgern Bagdads größere Dimensionen annahm und in einen förmlichen Kampf zwischen der Bevölkerung und den Truppen Toghrilbey's ausartete, wurde Melik Rahim als Anstifter des Aufstandes angeklagt, und sammt seinen Generälen von Toghrilbey verhaftet. Auch wurden alsbald die Truppen entlassen, welche für Melik Rahim waren, so daß Bagdad im ausschließlichen Besitze Toghrilbey's und seiner Ghusen blieb.

Indessen sammelte Albasasiri, welcher vor dem Einzuge Toghrilbey's die Flucht ergriffen hatte, alle entlassenen Truppen, so wie viele Schiiten, und andere von den Ghusen mißhandelte Bewohner Bagdad's um sich, und gewann auch die Benu Ukeil, die Benu Maziad und die Benu Merwan für sich, die statt des Abbasiden den

Fatimiden Almustanzir als ihren Oberherrn anerkannten. Es gelang zwar Toghrilbey, sie zu Paaren zu treiben, als aber später sich auch Ibrahim Inal gegen ihn empörte, und er genöthigt war, Irak zu verlassen, und sich nach Hamadan, wohin sich Ibrahim zurückgezogen hatte, zu begeben, bemächtigte sich Albasasiri mit seinen Verbündeten abermals der Hauptstadt, proclamirte den Fatimiden als den rechtmäßigen Chalifen, und sandte ihm, außer andern Kostbarkeiten aus dem Abbasidischen Chalifenpalaste, auch die Tribune des Chalifen, so wie seinen Mantel und Turban, nebst der ihm abgedrungenen Abdankungsurkunde. Alkaim begab sich unter den Schutz Kureisch's, des Fürsten von Moßul, der ihn nach Habitha in Sicherheit bringen ließ, sein Vezier aber wurde zuerst dem Hohne des Pöbels preisgegeben, dann in eine Ochsenhaut eingenäht und gehängt. Albasasiri nahm auch Wasit und Baßrah, doch fehlte es ihm an einem gut organisirten Heere, so wie an zuverlässigen Verbündeten. Kureisch konnte er gar nicht mehr trauen, seitdem er den Chalifen unter seinen Schutz genommen, Dubeis, das Oberhaupt der Benu Maziad, hatte sich ihm nur halb gezwungen angeschlossen, und die Mehrzahl der Irakaner war mehr aus Haß gegen die rohen Ghusen als aus Sympathie für die Fatimiden zu seiner Partei übergetreten. So kam es denn, daß, sobald Toghrilbey seinen Bruder besiegt hatte und mit seinem Heere gegen Bagdad heranrückte, die Herrschaft Albasasiri's ein schnelles Ende nahm. Er selbst zog sich alsbald mit Dubeis nach Kufa zurück, und wurde in der Nähe dieser Stadt von den ihn verfolgenden Truppen angegriffen und getödtet. Dubeis unterwarf sich, und Toghrilbey hielt mit dem Chalifen, der in Nahrawan zu ihm stieß, seinen Einzug in Bagdad. (Dec. 1059.) Toghrilbey, dem der Chalife schon früher den Ehrentitel „König des Ostens und des Westens" verliehen hatte, warb nun auch um eine Tochter des Chalifen, aber nur mit Widerstreben und nach langen Unterhandlungen ward sie seine Braut, und er starb, ehe er sich mit ihr vermählen konnte, in einem Alter von siebzig Jahren (September 1063.)

Alp Arslan, ein Neffe Toghrilbey's, welcher bisher Statthalter in Chorasan war, wurde auf Verlangen der Emire nach Bagdad gerufen, um seines verstorbenen Oheims Stelle einzunehmen, und unter seiner Herrschaft gewann das Chalifat der Abbasiden wieder an Ansehen und Ausdehnung, während das der Fatimiden immer tiefer sank. In der Hauptstadt herrschte wieder volle Ordnung und Sicherheit, und Alp Arslans Vezier Nizam Almulk förderte sowohl den Handel und den Gewerbsfleiß, als auch die wissenschaftliche Thätigkeit, welche durch Gründung einer hohen Schule einen neuen Aufschwung erhielt. Der Chalife blieb zwar aller weltlichen Macht beraubt, doch war sein Verhältniß zu den Seldjuken, welche eifrige Sunniten waren, ein freundlicheres, als das seiner letzten Vorgänger zu den Bujiden, welche schiitischen Lehren huldigten: auch wurde sein Name, wenigstens im Kanzelgebete, wieder in den meisten Mohammedanischen Städten Asiens genannt. Alp Arslan gewann den Fürsten von Moßul Muslim Ibn Kureisch, welcher die mit den Fatimiden verbündeten Benu Kilab aus Rahabah vertrieb, dann unterwarf er die Provinz Dijar Bekr, hierauf wendete er sich nach Syrien, und nöthigte den Fatimidischen Statthalter von Haleb, ihn und den Chalifen Alkaim als Oberherrn anzuerkennen, während andere Turkomanen unter Ansiz in Palestina einfielen und sowohl Ramlah als Jerusalem den Fatimiden entrissen, die schon früher auch ihre Herrschaft über Mekka und Medina wieder durch das hohe Ansehen der Seldjuken eingebüßt hatten.

Den größten Ruhm erwarb sich Alp Arslan durch seine Feldzüge gegen die Christen. Er selbst machte im Jahr 1064 von Rei aus, nach seinem Siege über seinen Vetter Kutulmisch, welcher sich gegen ihn empört hatte, einen Einfall nach Georgien und eroberte Nachdjewan, Kars, Ani und andere Städte, und sein Sohn Melikschah setzte den Krieg mit Erfolg fort, während die Fürsten von Djarbekr das südliche Armenien, und die von Haleb das Gebiet von Antiochien mit Plünderung und Verwüstung heimsuchten. Selbst als der Kaiser Diogenes Romanus (1068—69) selbst, an der Spitze eines starken Heeres, nach Syrien zog und mehrere Siege erfocht, konnte er das verlorene Gebiet nicht wieder erobern, und die Turkomanen überrumpelten, sobald er nach Konstantinopel zurückgekehrt war, Amorium in Galatien, während Andere in Cappadocien einfielen und bis Iconium in Lycaonien vordrangen. Als endlich im Jahr 1071 der Kaiser abermals an der Spitze seines Heeres in

Armenien erschien, wurde er von Alp Arslan selbst aufs Haupt geschlagen und gefangen genommen. Der Kaiser mußte ein beträchtliches Lösegeld versprechen, sich zu einem jährlichen Tribut und zur Freilassung aller mohammedanischen Gefangenen verpflichten. Da aber der in Romanus' Abwesenheit zum Kaiser erhobene Michael VII. die von seinem Vorgänger eingegangenen Verpflichtungen nicht erfüllte, so ließ Alp Arslan die an sein Reich grenzenden byzantinischen Provinzen aufs Neue mit Feuer und Schwerdt verwüsten. Er selbst verfügte sich nach Nisabur, wo die Vermählung seines Sohnes und Nachfolgers Melikschah mit einer Tochter des Fürsten von Samarkand gefeiert wurde. Von hier brach er nach Transoxanien auf, das er in der ersten Zeit seiner Regierung unterworfen hatte, und jetzt wieder von ihm abgefallen war, wurde aber von dem rebellischen Commandanten einer Burg, welcher hingerichtet werden sollte, erdolcht (1073).

Zwei Jahre darauf starb (1. April 1075) auch der Chalife Alkaim, dessen Regierung so reich an erfreulichen und betrübenden Begebenheiten war, denn während einmal sogar Bagdad von ihm abfiel, wurde er zu anderer Zeit nicht nur nahezu im ganzen mohammedanischen Asien, sondern selbst in Afrika, von Muizz Ibn Badis, dem gegen die Fatimiden sich auflehnenden Statthalter von Kairawan, als geistliches Oberhaupt anerkannt.

Dem Chalifen Alkaim folgte sein Enkel Almuktabi, und Alp Arslan, dem eigentlichen Beherrscher des Chalifats, sein Sohn Melikschah. Der Chalife blieb ein machtloses Werkzeug, der Sultan aber trat in die Fußtapfen seines Vaters, und entwickelte, mit Hülfe seines Veziers Nizam Almulk, eine dreifache Thätigkeit zur Vergrößerung und Verherrlichung des Reichs, das unter seiner Herrschaft zu hohem Glanze und ansehnlicher Macht gelangte. Im Innern wurde ein geordnetes Finanzwesen eingeführt, lästige und den Verkehr hemmende Zölle wurden abgeschafft, und dadurch sowohl als durch Anlage neuer Straßen, Kanäle und Bazare, und besonders durch die äußerste Sorgfalt für vollkommene Sicherheit der Person und des Eigenthums, hob sich Handel und Wohlstand zur höchsten Blüthe. Auch für Wissenschaft und Kunst wurde, durch Gründung hoher Schulen und Erbauung prachtvoller Paläste, Moscheen, Spitäler und Observatorien, aufs Glänzendste gesorgt.

Nach Außen wurden die Grenzen der Seldjukenherrschaft immer weiter ausgedehnt. Im Osten berührten sie das chinesische Reich, im Westen griffen sie einerseits tief in Kleinasien ein und andererseits erstreckten sie sich über ganz Mesopotamien und den größten Theil von Syrien und Palästina, wo bisher theils kleinere Fürsten, theils die Fatimiden geherrscht hatten. Die Macht der Seldjuken wurde aber auch bald, wie die der Bujiden, durch Uneinigkeit unter den verschiedenen Gliedern dieses Geschlechts untergraben, bis endlich auch sie das Loos der ihnen vorangegangenen Dynastien im Islam theilten.

Was zunächst die Begebenheiten in Syrien und Mesopotamien angeht, so ist schon früher berichtet worden, daß der Seldjukenhäuptling Ansiz Ramlah und Jerusalem unterwarf. (1071) Einige Jahre später wurde er auch Herr von Tiberias und Damask. Im Jahre 1077 zog er nach Egypten und belagerte die Hauptstadt, wurde aber zum Rückzug genöthigt und später sogar von den Fatimiden in Damask belagert, so daß er Tutusch, den Bruder Melikschah's, zu Hülfe rufen mußte, während er bisher ganz unabhängig von dem herrschenden Seldjukengeschlechte Krieg geführt hatte. Tutusch trieb die Egyptier zurück, ließ aber bei seinem Einzuge in Damask Ansiz, weil er ihn nicht mit gebührender Unterwürfigkeit begrüßte, hinrichten. Tutusch belagerte auch Haleb, da diese Stadt aber nur mit Hülfe Muslims, des Fürsten von Moßul, erobert wurde, machte Melikschah, welcher seines Bruders Herrschsucht fürchtete, Muslim zum Herrn von Haleb. Muslim selbst empörte sich indessen bald gegen Melikschah, wurde jedoch besiegt und aufs Neue unterworfen, später aber von Suleiman, dem Sohne des im Kriege gegen Alp Arslan getödteten Kutulmisch, in der Nähe von Antiochien, erschlagen. Suleiman hatte nämlich seit mehreren Jahren in Kleinasien mit großem Erfolge Krieg geführt. Er hatte Iconium erobert, sich sogar in Nicäa festgesetzt, und von hier aus Konstantinopel bedroht. (1080) Im Jahre 1084 nahm er Antiochien, das in den Händen des Griechen Philaret war, welcher dem Muslim Tribut bezahlte. Muslim verlangte die Fortzahlung des Tributs von Suleiman, welcher dieser als Mohammedaner ihm verweigern zu dürfen glaubte, so kam es denn zum Kriege zwischen ihnen, der für Muslim und sein Geschlecht ein schlimmes Ende nahm, denn sein Bruder Ibrahim, der ihm in Moßul nachfolgte, wurde auf Befehl Melikschah's verhaftet, welcher dann die Statthalterschaft von Moßul einem seiner Emire verlieh.

Suleiman überlebte indessen Muslim nur um ein Jahr, denn als er dessen Statthalter von Haleb aufforderte, ihm auch diese Stadt zu übergeben, hielt er ihn so lange hin, bis Tutusch von Damask herbeikam, um selbst von diesem herrenlosen Platze Besitz zu nehmen. Es kam zu einem Treffen zwischen den beiden Vettern in der Nähe von Haleb, in welchem Suleiman getödtet wurde. Tutusch konnte zwar nunmehr die Stadt besetzen, ehe er aber die Burg eroberte, welche sie beherrschte, zog Melikschah heran, mit dem dann der Commandant der Burg capitulirte, und auch jetzt wurde nicht Tutusch, sondern der Emir Kasim Eddawlah Aksonkor, der Großvater Nureddins, zum Statthalter von Haleb ernannt.

Auf diesem Zuge vollendete Melikschah die Eroberung von Mesopotamien, von dem schon früher sein Emir Ibn Djehir einen Theil den Benu Merwan entrissen hatte, auch unterwarf sich ihm, ehe er Haleb verließ, der fatimidische Statthalter von Latakieh, Apamäa und einigen andern Städten.

Nicht minder glücklich und erfolgreich waren Melikschah's Feldzüge im Osten. Kawerd, ein Sohn Djaghirbeys, der rebellische Statthalter von Kerman und einem Theile von Farsistan, wurde besiegt und getödtet, sein Bruder Takasch, welcher zweimal in Chorasan einfiel und dieses Land erobern wollte, wurde gefangen genommen und geblendet, worauf ganz Transoxanien mit der Hauptstadt Samarkand erobert, und der Fürst von Kaschgar genöthigt wurde, Melikschah als seinen Oberherrn anzuerkennen und Münzen mit dessen Namen prägen zu lassen.

Melikschah zerstörte aber in seinem letzten Lebensjahre die Früchte seiner ganzen glorreichen Regierung, indem er seinen Vezier Nizam Almulk entsetzte und wahrscheinlich auch ermorden ließ. Er säte dadurch neuen Keim zur Zwietracht unter seinem Geschlechte aus, welcher bald blutige Kriege und tiefe Spaltung hervorbrachte. Dieser weise Vezier wollte nämlich die Herrschaft Melikschah's auf dessen ältern, schon großjährigen Sohn Barkijarok übertragen, während die Sultanin Turkan Chatun die Nachfolge ihrem vierjährigen Sohne Mahmud zu sichern strebte. Sie verläumdete daher den Vezier, der, im Gefühle seiner Verdienste, dem Sultan gegenüber nicht geschmeidig genug war, so lange, bis er ihn endlich entsetzte und Tadj Almulk, den Liebling seiner Gattin, zum Vezier ernannte.

Die unglückseligen Folgen dieses Verbrechens ließen nicht lange auf sich warten. Melikschah starb bald nach der Ermordung seines Veziers, (November 1092) Turkan Chatun ließ in Bagdad Mahmud als dessen Nachfolger proclamiren, machte sich mit ihm nach Ißpahan auf, wo auch Melikschah in den letzten Jahren residirt hatte, und ließ Barkijarok gefangen nehmen. Dieser wurde jedoch, vor ihrer Ankunft in Ißpahan, von seinen und Nizam Almulk's Anhängern wieder befreit, und nach wenigen Monaten brachte er in Rei ein Heer zusammen, das ihn als Sultan anerkannte und mit dem er gegen Ißpahan aufbrach. Tadj Almulk wurde in einer Schlacht bei Burudjerd gefangen genommen und getödtet, und Turkan Chatun mußte sich dem Sieger unterwerfen. Barkijarok hatte indessen noch zuerst gegen seinen Oheim Ismail zu kämpfen, welcher Statthalter von Adserbeidjan war, und dann bedrohte ihn der schon genannte Tutusch, welcher, im Bündnisse mit Aksonkor, dem Statthalter von Haleb, und Buzan, dem Statthalter von Edessa, die Städte Nahabah, Nißibin und Moßul nahm, dann über Dijarbekr nach Adserbeidjan vorrückte. Hier sagten sich jedoch seine Verbündeten von ihm los, so daß er nach Syrien zurückkehren mußte, worauf Barkijarok sich nach Bagdad begab, wo endlich der Chalife Almuktadi das Kanzelgebet für ihn verrichten ließ. (3. Febr. 1094)

Der Chalife starb am folgenden Tage eines plötzlichen Todes, so daß die Vermuthung nahe liegt, er sei von Barkijarok vergiftet worden, weil er sich so willfährig gegen Turkan Chatun gezeigt hatte. Der neue Chalife Almustazhir, ein Sohn Almuktadi's, erkannte Barkijarok auch nur so lange an, als er ihn fürchtete, gab ihn aber wieder auf, sobald dessen Nebenbuhler mächtiger wurden. Schon im ersten Jahre seines Chalifats ließ er das Kanzelgebet für Tutusch verrichten, als dieser ein neues Heer sammelte, die abtrünnigen Verbündeten züchtigte, abermals siegreich nach Adserbeidjan zog und von hier bis Hamadan vorrückte. Dem geschlagenen und von seinen Truppen verlassenen Barkijarok blieb nichts übrig, als den Schutz seines Bruders Mahmud in Ispahan anzuflehen. Hier sollte er von den Anhängern Mahmuds festgenommen werden, als dieser an den Blattern starb, worauf der alte Groll erlosch und die Anhänglichkeit an Melikschah sie bestimmte, für Barkijarok gegen Tutusch zu kämpfen. Er konnte bald wieder die Offensive ergreifen und Tutusch, der sich nach Rei gewendet hatte, eine Schlacht liefern, welche er gewann und unter deren Opfern Tutusch selbst war. (Febr. 1095)

Barkijarok sollte aber nicht im ruhigen Besitze seiner Herrschaft bleiben. Im folgenden Jahre empörte sich sein Oheim Arslan Arghun in Chorasan gegen ihn, dann Anaz, der Statthalter von Farsistan, und endlich der gefährlichste von allen, sein Bruder Mohammed, der von Gendjeh, wo er sich aufhielt, bis Rei vordrang. Als ihm Barkijarok hier eine Schlacht liefern wollte, brach eine Meuterei in seinem eigenen Heere aus, so daß er nur durch eilige Flucht sein Leben retten konnte. (1099) Er sammelte zwar im südlichen Persien ein neues Heer, wurde aber bei Hamadan von seinem Bruder geschlagen, (1100) und erst im folgenden Jahre erfocht er einen glänzenden Sieg, welcher Mohammed nöthigte, sich nach Chorasan zurückzuziehen, wo er an seinem Bruder Sindjar, dem Statthalter von Chorasan und Ostpersien, eine mächtige Stütze fand. Die beiden Letzteren marschirten gegen Rei, und Barkijarok mußte vor ihnen weichen, worauf dann ein Friede zu Stande kam, dessen Hauptbedingung war, daß Barkijarok Sultan und Herr von Irak bleiben, Mohammed aber, mit dem Titel Melik (König), die Herrschaft über Mesopotamien und Aserbeidjan erhalten sollte. (Januar 1102) Mohammed griff indessen nochmals zu den Waffen, und erst nachdem er mehrere Niederlagen erlitten hatte, schloß er einen neuen Frieden, den ihm Barkijarok gewähren mußte, weil Sindjar ihn unterstützte. (Dec. 1103.)

Sobald jedoch Barkijarok starb, (Nov. 1104) brach der Krieg zwischen seiner Partei, welche seinen Sohn Melikschah II. als Sultan proclamirte, und Mohammed, der selbst nach dieser Würde strebte, aufs Neue aus, und Letzterer blieb Sieger. (Febr. 1105) Er hatte von nun an keinen Nebenbuhler zu bekämpfen, und nur noch gegen Sabakah, den Häuptling der Benu Maziab, und gegen die Assassinen Krieg zu führen. Ersterer wurde getödtet und seine Besitzungen fielen dem Sieger zu, den Assassinen aber entriß er mehrere ihrer Burgen.

Die Assassinen, welche schon unter Melikschah I. sich in Persien niedergelassen hatten, bilden einen Zweig der Ismaeliten, aus deren Schooß, wie früher berichtet wurde, die Dynastie der Fatimiden hervorging, welche bald ganz Afrika beherrschte, einen Theil von Syrien und Mesopotamien eroberte und in verschiedenen anderen mohammedanischen Provinzen viele Anhänger zählte. Mit dem Sturze der Bujiden, welche selbst Schiiten waren, fing auch die Macht der Fatimiden an zu sinken. Sie verloren unter der Herrschaft der sunnitischen Seldjuken nicht nur allen Einfluß in Irak, sondern mußten auch den größten Theil von Syrien wieder aufgeben, und wurden sogar in ihrer eigenen Hauptstadt bedroht. Je weniger sie aber auf offenem Schlachtfelde gewinnen konnten, um so mehr mußten sie durch ihre Missionäre die Zahl ihrer Anhänger zu vermehren und durch deren Fanatismus die erlittenen Verluste zu ersetzen suchen. Auch sie warfen ihre Blicke zunächst nach Persien, wo der Name Ali's von jeher wie ein Zauber wirkte, und wo auch der Sturz der Omejjaden vorbereitet worden war. Unter den Missionären der Fatimiden zeichnete sich Hasan Ibn Sabbah durch seinen Eifer und seine Thätigkeit in Persien aus. Nach mehrjähriger Wirksamkeit reiste er nach Egypten, an den Hof des Fatimiden Almustanßir, wo er eine höchst ehrenvolle Aufnahme fand. Da er aber dessen ältesten Sohn Nizar für den rechtmäßigen Nachfolger hielt, während der Vezier sich für den zweiten Sohn, den nachherigen Chalifen Almustaali erklärte, wurde er verbannt und auf ein Schiff gebracht, das nach Westafrika segeln sollte, in Folge eines Sturmes aber an die syrische Küste getrieben wurde. Hasan verließ das Schiff und kehrte über Bagdad nach Persien zurück, wo er fortfuhr, ismaelitische Lehren zu verbreiten und bald auch, theils durch List, theils mit Gewalt, sich der Burg Alamut, nördlich von Kaswin, bemächtigte, (1090) in welcher er den Nachstellungen der sunnitischen Statthalter trotzen, und von wo aus er nach und nach den ganzen Bezirk von Rudbar, in welchem sie lag, beherrschen konnte. Melikschah sandte Truppen gegen ihn aus, sie konnten aber die Burg nicht nehmen und wurden durch einen nächtlichen Ueberfall von den Anhängern Hasans zum Rückzug genöthigt. (1092) Husein Alkeini, ein anderer mit Hasan befreundeter Missionär, eroberte mehrere Burgen in Kuhistan und wiegelte diese ganze Provinz gegen die Seldjuken und Abbasiden auf. Auch gegen ihn sandte Melikschah Truppen aus, er hielt sich aber in seiner Burg, bis der Tod Melikschah's sie zum Abzug nöthigte.

Die Ismaeliten hatten um diese Zeit schon die kräftigsten Männer unter ihren Anhängern zu blinden Werkzeugen ihres Willens herangebildet. Sie wurden F e d a i genannt, d. h. solche, die für eine heilige Sache willig ihr Leben opfern. Hasan, der Stifter des Assassinenordens, soll nicht blos durch trügerische Lehren, sondern auch durch andere Täuschungen und Gaukeleien den Fanatismus seiner Anhänger erzeugt haben. Die Jünger wurden durch berauschende Getränke eingeschläfert und dann in einen wahren Zaubergarten getragen, in welchem sie alle sinnlichen Genüsse im Uebermaße fanden, dann brachte man ihnen wieder einen Schlaftrank bei und legte sie an ihre frühere Stelle zurück. Beim Erwachen glaubten sie im Paradiese gewesen zu sein. Der Meister bestärkte sie in dieser Täuschung, und stellte ihnen vor, daß sie durch einen Märtyrertod solche Seligkeit ohne Aufhören erringen könnten. Durch den Genuß anderer, damals noch wenig bekannten narkotischen Pflanzen, konnten die Jünger, je nach dem Willen ihrer Obern, bald in einen Zustand innerer Behaglichkeit, bald in gewaltige Aufregung versetzt werden. Die Ismaeliten in Persien machten zuerst von den berauschenden Präparaten Gebrauch, welche heut zu Tage in Kahirah und Konstantinopel unter dem Namen H a s c h i s c h verkauft werden, sie führten daher auch den Namen H a s c h i s c h i n, (Haschischesser) aus welchem abendländische Chroniken das Wort Assassini oder Assissini gebildet haben, wie es bei ältern Schriftstellern vorkömmt, und dieses Wort, welches ursprünglich die Sekte der Ismaeliten bezeichnete, wurde später gleichbedeutend mit M ö r d e r, weil ihre Jünger, welche gern ihr irdisches Leben hingaben, um das Paradies dafür einzutauschen, ganz besonders zu Mordthaten verwendet wurden, bei welchen häufig der Mörder einem sichern Tode entgegenging.

Die Ismaeliten wurden bald durch ihre Burgen, welche ihnen eine sichere Zufluchtsstätte boten, und durch ihre Jünger, welche jeden Augenblick bereit waren, ihr Leben für ihre Sache hinzugeben, noch furchtbarer als früher, denn kein Fürst, kein Feldherr, kein Vezier, war vor ihren Dolchen sicher.

Auch in Syrien gelangten sie gegen Ende des 11. Jahrhunderts in den Besitz mehrerer festen Plätze, im Libanongebirge, zwischen Himß und Tripoli; sie gewannen Ridhwan, den Fürsten von Haleb für sich, und spielten, wie wir in der Folge sehen werden, keine unbedeutende Rolle in der Geschichte der Kreuzzüge.

Sowohl der Sultan Barkijarok als Mohammed hatten fortwährend gegen die Assassinen zu kämpfen und konnten nicht verhindern, daß sie noch in vielen anderen Provinzen Persiens feste Burgen eroberten.

Mohammed starb im April 1118 und ihm folgte sein vierzehnjähriger Sohn Mahmud; am 6. August stieg auch der Chalife Almustazhir ins Grab, und an seine Stelle wurde sein Sohn Almustarschid zum Chalifen ernannt. Mit Mohammed's Tod gerieth die Macht der Seldjuken in immer größern Verfall, während die der Chalifen wieder gehoben ward.

VI. **Die selbständigern Chalifen, zur Zeit der letzten Seldjuken-Sultane und der Fürsten von Charizm.**

Mit der Regierung Almustarschid's erhob sich das Chalifat, in Folge neuer Spaltungen unter den Seldjuken, deren Hauptmacht sich mehr in Chorasan concentrirte, zu größerem Ansehen und selbst zu einer gewissen Selbständigkeit. Zum erstenmale, seit der Eroberung Bagdad's durch die Bujiden, nahmen die Chalifen nicht nur thätigen Antheil an der Regierung, sondern führten sie auch das Schwerdt wieder, um ihre Rechte zu vertheidigen.

Gleich nach dem Tode des Sultan Mohammed, wurde sein von ihm zum Nachfolger bestimmter Sohn Mahmud von zwei Seiten angegriffen. Zuerst zog sein Bruder Masud, der Herr von Moßul und Adserbeidjan, während Mahmud in Persien war, mit zahlreichen Verbündeten gegen Irak, und besetzte die Hauptstadt. Er räumte sie jedoch wieder, als Mentburs, ein Enkel Alp Arslans, an der Spitze der Truppen Mahmuds ihn bedrohte, und begnügte sich mit der Statthalterschaft von Moßul und Aserbeidjan. Gefährlicher war Mahmuds Oheim Sindjar, welcher das Oberhoheitsrecht über alle den Seldjuken unterworfenen Länder ansprach. Er brach mit einem starken Heere von Chorasan auf, und stieß in der Nähe von Sawah auf die Truppen Mahmuds, welche sich zwar tapfer schlugen, zuletzt aber von Sindjars Elephanten in Verwirrung gebracht und geschlagen wurden. Mahmud flehte jetzt die Großmuth seines Oheims an, der ihn zwar wieder zum Statthalter von Jrak einsetzte, jedoch unter der Bedingung, daß sein Name zuerst im Gebete genannt werde, und daß die Ernennung der höhern Beamten von ihm ausgehe; auch entzog er ihm die Herrschaft über Rei, und vereinigte sie mit der von Chorasan.

Jetzt glaubte Masud dem so geschwächten Bruder auch den Besitz von Jrak streitig machen zu können, und wurde von Dubeis, dem Sohne Sadaka's, dem Herrn von Hilleh, unterstützt, welcher hoffte, während des Bruderkriegs seiner eigenen Herrschaft eine weitere Ausdehnung geben zu können. Masud ließ sich zum Sultan proclamiren und zog mit seinen Truppen gegen Hamadan, wurde aber in der Nähe dieser Stadt, weil der mit ihm verbündete Emir Aksonkor Alburfuki, der Herr von Meragha, zum Feinde überging, geschlagen und genöthigt, seines Bruders Gnade anzuflehen. Masud wurde begnadigt, der Dichter Toghrai aber, welcher ihn, wie Dubeis, zu diesem Kriege angespornt hatte, hingerichtet. Dubeis zog einige Zeit plündernd in Jrak umher, unterwarf sich dann, hörte jedoch nicht auf, sowohl gegen den Chalifen, als gegen Aksonkor, der jetzt Statthalter von Moßul war, zu intriguiren, so daß es aufs Neue zu Feindseligkeiten kam, an welchen der Chalife selbst thätigen Antheil nahm. Er begleitete, in kriegerischer Rüstung, Aksonkor, welcher dem Dubeis, zwischen Kufa und Bagdad, eine gänzliche Niederlage beibrachte. (1123) Dubeis selbst entkam jedoch und plünderte Baßrah aus, flüchtete sich dann, als Aksonkor ihm nachsetzte, zu den Kreuzfahrern und unterstützte sie bei der Belagerung von Haleb (1124), und als auch dieses Unternehmen scheiterte, begab er sich zu Toghril, dem dritten Bruder Mahmuds, welcher Herr von Sawah und einigen andern Plätzen war, und spornte auch ihn zum Kriege gegen Mahmud an. Toghril hatte schon früher seinem Bruder den Krieg erklärt und ihm Adserbeidjan zu entreißen gesucht, sich aber im Jahr 1122 wieder unterworfen. Da jetzt Dubeis ihm die Versicherung gab, daß er in Jrak großen Anhang habe und es ihm leicht sein werde, sich zum Sultan emporzuschwingen, brach er aufs Neue den Frieden und rückte gegen Bagdad vor. Dieser Feldzug hätte wahrscheinlich auch einen günstigen Erfolg gehabt, wenn nicht Toghril durch einen Fieberanfall genöthigt worden wäre, einige Stunden auszuruhen und inzwischen der Chalife Dubeis, welcher vorausgezogen war, geschlagen und mit seinen Truppen die Zugänge zur Hauptstadt vertheidigt hätte.

Dubeis bemühte sich jetzt, den Sultan Sindjar gegen Mahmud einzunehmen. Es gelang ihm zwar nicht, einen Krieg anzuschüren, da Mahmud durch seine unbedingte Unterwerfung Dubeis Lügen strafte, doch mußte Mahmud diesen ränkevollen Araber wieder in seine Heimat zurückkehren lassen, und der Chalife wurde gezwungen, sich mit ihm auszusöhnen. Er weigerte sich jedoch hartnäckig, ihn wieder zum Herrn von Hilleh einzusetzen, und als jener abermals zu den Waffen griff, wurde er von Mahmud aus Jrak vertrieben. Auf dem Wege nach Syrien nahmen ihn Araber vom Stamme Kelb gefangen. Zenki, der Sohn Atsonkors, damaliger Herr von Moßul, kaufte ihn los, und als der Chalife dessen Auslieferung verlangte, ließ er die Gesandten einkerkern.

Dubeis fand bald wieder Gelegenheit, in die Geschicke des Chalifats thätig einzugreifen. Als nämlich Mahmud starb (Sept. 1131), erhoben sich neue Erbfolgestreitigkeiten unter den Seldjuken. Der Chalife erklärte sich für Seldjuk, den Sohn Mohammeds, Zenki aber für Masud. Zenki wurde in die Flucht geschlagen und verdankte seine Rettung nur Nedjm Eddin, dem Stammvater der Ejjubiten, was den Grund zur Freundschaft zwischen dem Geschlechte Nureddins und Saladins legte. Masud und Seldjuk schlossen bald Frieden, denn gegen beide machte Sindjar seine Rechte geltend und verlangte, daß Toghril, der Sohn Mohammeds, Fürst von Jrak werde. Zenki und Dubeis verbündeten sich mit Sindjar, der Chalife schlug sie und belagerte Moßul mehrere Monate lang, da aber

Sindjar bei Deinewr die Truppen Masuds besiegte, mußte er Toghril als Sultan anerkennen.

Nach dem Tode Toghril's (1134), als Masud und sein Neffe Dawud, der Sohn Mahmuds, um das Sultanat stritten, erklärte sich der Chalife gegen Ersteren. Statt sich aber mit Dawud zu verbünden, hielt er sich allein für stark genug, Masud zu besiegen. Er stieß zwischen Asadabad und Hamadan auf den Feind, wurde von einem Theile seiner Truppen verrathen, worauf die Uebrigen die Flucht ergriffen, und er selbst gefangen genommen wurde. Masud ließ ihn in einem Zelte bewachen, während aber die Wache ihre Blicke nach einer eben anlangenden Gesandtschaft Sindjars richtete, drangen Assassinen in das Zelt und ermordeten ihn. Ob die Assassinen diese Mordthat auf Befehl ihres Oberhauptes vollbracht haben, für den ein nach Unabhängigkeit strebender Abbaside eine gefährliche Erscheinung war, oder ob der Mordbefehl von Masud ausging, ist schwer zu ermitteln. Gewiß ist nur, daß die öffentliche Meinung Masud und Sindjar dieses Mordes anklagte, und daß Ersterer, um diesen Verdacht von sich abzuwälzen, Dubeis als den Anstifter dieses Verbrechens erklärte und gleichfalls tödten ließ. (Aug. — Sept. 1135.) So kamen die beiden einzigen Araber um, welche seit langer Zeit bemüht waren, der Fremdherrschaft Grenzen zu setzen, aber statt ihre Kräfte zu vereinen, sich selbst fortwährend befehdet hatten. Sie befolgten eine engherzige Politik und waren von unzuverlässigem Charakter, hatten es aber auch mit Gegnern zu thun, bei denen Wortbruch und Treulosigkeit keine seltene Erscheinung war. Beide waren übrigens als Dichter und Gönner von Dichtern hochgeschätzt, und wenn der Chalife, als Kämpfer für seine Rechte, in der Geschichte des Islams fortlebt, so ist auch Dubeis durch eine Makamah des Hariri, in welcher ihn dieser Dichter als einen der ausgezeichnetsten Männer des Islams darstellt, unsterblich geworden.

Raschid, der Sohn des ermordeten Mustarschid, hielt sich nicht für verpflichtet, die Zugeständnisse einzuhalten, welche sein Vater, zur Zeit seiner Gefangenschaft, dem Sultan Masud gemacht hatte, er wollte, wie vor ihm sein Vater, nicht blos den Namen eines Fürsten der Gläubigen führen, und als der Abgesandte Masuds Gewalt gegen ihn brauchen wollte, stellte er sich an die Spitze einiger ihm ergebenen Truppen, und trieb ihn, vom Volke unterstützt, aus Bagdad. Er verbündete sich dann mit Zenki, der wegen der Ermordung des Dubeis auch gegen Masud aufgebracht war, und rief Dawud, den Sohn Mahmud's, zum Sultan aus. (November 1135.) Der Chalife und seine Verbündeten konnten jedoch dem Masud, der mit einem mächtigen Heere nach Irak aufbrach, nicht auf offenem Felde die Spitze bieten, sondern mußten sich auf die Vertheidigung der Hauptstadt beschränken. Als er aber Anstalten zur Erstürmung derselben traf, verließen sie die Verbündeten, und es blieb dem Chalifen nichts übrig, als mit Zenki sich nach Moßul zu flüchten. Masud ließ eine Untersuchung über das Verfahren des flüchtigen Chalifen anstellen, den er des Wortbruchs und anderer Vergehen anklagte, und legte die Acten den Ulema vor, welche ihn des Thrones unwürdig erklärten, worauf dann sein Oheim Almuttafi zum Chalifen ernannt wurde. (Aug. 1136.)

Masud forderte von Zenki die Auslieferung Raschids, er entkam jedoch, mit der Hülfe des Fürsten von Irbil, nach Adserbeidjan zu Dawud, den er zur Erneuerung des Krieges gegen Masud anstachelte. Nach mehreren Treffen sah sich dieser genöthigt, Frieden zu schließen und Dawud im Besitze von Adserbeidjan, Arran und Armenien zu lassen, ihn auch als seinen Nachfolger zu bestimmen. Der Chalife Raschid aber, welcher in Persien zurückgeblieben war, wurde in der Nähe von Ißpahan von Assassinen ermordet. (6. Juni 1138.)

Masud mußte, auch nach dem Friedensschlusse mit Dawud, den Krieg in Persien gegen Buzabeh, welcher im Besitze von Farsistan und Chuzistan war, fortsetzen, und als auch dieser starb (1147), gegen dessen Neffen Sonkor Ibn Maudud, welcher sich in Farsistan behauptete. Andere Rebellen schaarten sich um den Seldjuken Mohammed, den Sohn Mahmuds, und später um dessen Bruder Melikschah, und verlangten vom Chalifen die Entsetzung Masuds, aber der Chalife wieß sie zurück und vertheidigte, in Masuds Abwesenheit, die Hauptstadt gegen sie. Nach dem Tode Masuds (Oktober 1152) wurde zuerst sein Neffe Melikschah, dann dessen Bruder Mohammed zum Sultan erhoben, während eine andere Partei dessen Oheim Suleimanschah wählte, der, nach vielen Abenteuern, nach Bagdad kam, und vom Chalifen als Sultan anerkannt wurde (Febr. 1156), jedoch unter der Bedingung, daß er die Herrschaft über Irak ganz dem Chalifen überlassen werde. Suleimanschah wurde aber von Mohammed besiegt, der dann auch gegen Bagdad aufbrach, um den Chalifen zu züchtigen. Da indessen Melikschah und Jldeghiz, der Herr von Adserbeidjan, Hamadan angriffen, mußte Mohammed abziehen und sich mit dem Chalifen aussöhnen.

Als Mohammed starb (Jan. 1159) wurde Suleimanschah, der inzwischen in Moßul gefangen war, wieder zum Sultan ernannt, doch sollte er Arslan Jbn Toghril, den Stief- und Adoptivsohn des genannten Jldeghiz, zu seinem Nachfolger erklären, und noch in demselben Jahre wurde er von den Emiren beseitigt und Arslan an seine Stelle gesetzt.

Der Sultan Sindjar hatte seit dem Jahre 1132, in welchem ihm die Oberhoheit über das Reich der Seldjuken zuerkannt wurde, keinen großen Antheil mehr an den Angelegenheiten des Chalifats und des westlichen Persiens nehmen können, weil er zu sehr im Osten und Norden mit den untergehenden Gaznawiden, den aufblühenden Reichen der Ghuriden und Charizmier, und den rebellischen Turkomanen und Ghusen in Transoxanien beschäftigt war.

Der Gaznawide Masud Jbn Jbrahim hatte eine Schwester Sindjars zur Gemahlin. Nach seinem Tode (1115) mißhandelte sein Sohn und Nachfolger Arslanschah seine Verwandten. Sein Bruder Behremschah flüchtete sich zu Sindjar, der sich seines Neffen annahm und zweimal nach Gazna zog, um ihn an Arslanschah's Stelle zum Sultan einzusetzen, und ein drittes Mal, um Behremschah selbst, welcher den Tribut verweigerte, zur Unterwerfung zu zwingen. Dieser wurde zu wiederholten Malen von den Ghuriden, d. h. von den Fürsten des Gebirgslandes zwischen Herat und Gazna, die sich auch nach Chorasan hin auszudehnen suchten, angegriffen und aus Gazna vertrieben, doch kehrte er jedes Mal wieder nach dem Abzuge der Ghuriden dahin zurück. Nach seinem Tode aber (1154) konnte sich sein Sohn Chosruschah nicht mehr behaupten. Er mußte Gazna den Ghuriden überlassen und seine Residenz nach Lahor verlegen, und mit ihm, oder mit seinem Sohne Mulkschah, endete die Herrschaft der Gaznawiden, welche eine Dauer von etwa 200 Jahren hatte.

Sindjar hatte inzwischen andere Kriege zu führen, und war selbst ein Gefangener, zur Zeit als die Ghuriden sich Gazna's bemächtigten. Er war auch mit den Turkomanenfürsten von Samarkand verschwägert, welche seine Oberhoheit anerkannten, nicht selten aber auch, wie früher gegen die Samaniden und Gaznawiden, sich gegen ihn empörten. Zur Zeit der Herrschaft des von Sindjar eingesetzten Fürsten Mahmud Chan fiel Gurchan, der Häuptling der Chatai-Turkomanen, welcher die nördlichen Provinzen Turkistans und einen Theil China's beherrschte, in Transoxanien ein und bedrohte Samarkand. Mahmud rief Sindjar zu Hülfe, welcher alsbald den Oxus überschritt, aber in der Nähe dieser Stadt von Gurchan (1141) geschlagen wurde. Er selbst entkam mit Mühe, sein Heer löste sich auf, seine Gattin, nebst mehreren seiner Emire, wurde gefangen genommen, und ganz Transoxanien von den Chataiern unterjocht, welche damals noch nicht zum Islam übergetreten waren.

Auch zwischen Atsiz, dem Fürsten von Charizm, und Sindjar herrschte längst große Spannung, die schon im Jahr 1138 zu einem Kriege führte. Sindjar blieb zwar Sieger, aber der von ihm eingesetzte Fürst wurde später wieder von Atsiz vertrieben, der mit Gurchan ein Bündniß schloß, und nach dem Siege des Letzteren über Sindjar, auch in Chorasan einfiel. Sindjar konnte zwar nach einigen Jahren wieder Atsiz demüthigen, hatte aber später gegen andere Ghusen, welche an den Ufern des Oxus, zwischen Balch und Buchara, sich herumtrieben, zu kämpfen, und wurde selbst von ihnen, nach einer verlorenen Schlacht, gefangen genommen (1153). Erst nach drei Jahren erlangte er, durch Bestechung der Wachen, seine Freiheit wieder, aber seine Thatkraft war gelähmt, er wurde trübsinnig und starb, ohne an seinen Feinden Rache genommen zu haben (1157). Seine Besitzungen wurden zwischen den Fürsten von Charizm und Mahmud getheilt; Letzterer wurde aber bald von seinem Mamluken Aibeh beseitigt, der einen Theil der Länder seines Herrn an sich riß, einen Andern aber den Ghuriden abtreten mußte.

Drei Jahre nach dem Sultan Sindjar starb auch der Chalife Almuktafi, (12. März 1160) welcher 24 Jahre als selbständiger Herr von Jrak regiert hatte, und sowohl als Herrscher wie als frommer Muslim tief betrauert wurde. Er war weder wie die früherrn Chalifen seit Muntaßir, ein Sklave seiner Mamluken und Feldherrn, noch wie die Spätern, seit Radhi, der Diener des Emir Alumara oder der fremden Sultane. Nicht zufrieden mit der Herrschaft über Bagdad und die nächste Umgebung, hatte er auch jede Gelegenheit benutzt, um sie weiter auszudehnen, und stand selbst an der Spitze seiner Truppen, wo die Gefahr am größten war. So hatte er sich auch, nach dem Tode Masuds, der Städte Wasit und Hilleh, so wie des Bezirks Lihaf im persischen Irak bemächtigt.

Sein Sohn und Nachfolger Almustandjid machte der Herrschaft der Benu Maziad, welche das Chalifat so oft beunruhigt und sich aufs Neue in Hilleh niedergelassen hatten, ein Ende, auch vertheidigte er das untere Eufratgebiet gegen Schimleh, den Herrn von Chuzistan. Der Chalife, oder eigentlich sein Vezier Aun Eddin, bemühte sich, Ildeghiz, welcher im Namen seines Stiefsohnes Arslan herrschte, zu schwächen, indem er andere, von Zenki, dem Fürsten von Fars, von Ak Sonkor Alahmedili, dem Fürsten von Meragha, und von Jnanedj, dem Statthalter von Rei unterstützte Prätendenten, zum Kriege gegen ihn anspornte, doch behauptete sich Ildeghiz gegen alle diese Rebellen und brachte auch Georg III., dem Fürsten von Armenien, (1163) eine blutige Niederlage bei.

Auf Almustandjid folgte (23. Dec. 1170) sein Sohn Almustadhi. Eigentliche Herrscher waren der Vezier Adhud Eddin und der Feldherr Kaimaz, die auch seinen Vater, weil er sich ihrer entledigen wollte, ermordet hatten. Die beiden Chalifenmörder entzweiten sich bald und Kaimaz blieb Alleinherrscher, wurde aber später, als er den Schatzmeister des Chalifen, der sich in dessen Palast geflüchtet hatte, mit Gewalt herausreißen wollte, vom Volke, das der Chalife von der Terrasse herab zu Hülfe rief, verdrängt, und Adhud Eddin wieder zum Vezier ernannt. Außer einem glücklichen Kriege gegen den Herrn von Chuzistan ist von diesem Chalifen wenig zu berichten, und auch die Geschichte der Machthaber im Osten läßt sich in Kürze zusammenfassen.

Aibek mischte sich, nach dem Tode Il Arslans, (1172) des Fürsten von Charizm, in die Erbfolgestreitigkeiten zwischen dessen Söhnen Takasch und Sultanschah, und nahm für Letztern Partei, wurde aber von Takasch gefangen genommen und getödtet, und ihm folgte sein Sohn Toghanschah, der weder die Fähigkeiten noch die Tugenden seines Vaters besaß.

Ildeghiz starb ohngefähr um dieselbe Zeit wie Aibek, und seine Söhne Mohammed und Kizil Arslan theilten unter sich die Herrschaft über Westpersien und die Person des Seldjuken Arslan. Nach dem Tode Arslans (1176—77) riefen sie dessen Sohn Toghril zum Sultan aus und regierten in seinem Namen. Als nach dem Tode Mohammed's (März 1186) Kizil Arslan allein alle Macht in Händen hatte und Toghril wie einen Gefangenen behandelte, flüchtete sich Letzterer aus Hamadan, sammelte die Anhänger seines Geschlechts um sich und schlug die Truppen des Usurpators, der sich hierauf nach Bagdad begab und die Hülfe des Chalifen Alnaßir nachsuchte.

Alnaßir, der Sohn Almustadhi's, regierte seit dem Jahre 1180 (Ende März) und er war der letzte Abbaside, welcher es versuchte, dem Chalifate wieder seinen alten Glanz und seine frühere Macht zu verleihen. Da ihm der Untergang der Seldjuken erwünscht war, so verbündete er sich mit Kizil Arslan und nach längerm, mit wechselndem Glück geführten Kriege wurde Toghril gefangen genommen, worauf Kizil Arslan, der früher einen andern Sprößling der Seldjuken zum Sultan ausgerufen hatte, sich selbst vom Chalifen den Sultanstitel verleihen ließ. Dies empörte jedoch die andern Emire; es bildete sich eine Verschwörung gegen den Usurpator, und eines Morgens fand man seine Leiche von vielen Dolchstichen durchbohrt. Toghril wurde bald darauf in Freiheit gesetzt, und zog, nach einem Siege über Kotlugh Inanedj, den Neffen Kizil Arslans, welcher Herr von Ispahan war, wieder als Sultan in Hamadan ein. (1192)

Kotlugh Inanedj flehte die Hülfe Takasch's, des Sultans von Charizm, an, der auch Toghril den Krieg erklärte, sich jedoch für jetzt damit begnügte, daß er ihm den Besitz von Rei abtrat, weil er selbst in seiner Heimat von einem Einfalle seines Bruders Sultanschah bedroht war. Nach dessen Tode (1193) sandte Takasch, der fortwährend sowohl von Kotlugh Inanedj als vom Chalifen zur Erneuerung des Krieges gegen Toghril angestachelt wurde, wieder ein Heer nach Djebel, das jedoch von Toghril geschlagen wurde. Während nun aber dieser siegestrunkene Seldjuke sich in Rei einem sorgenlosen Wohlleben hingab, rückte plötzlich Takasch selbst mit einem starken Heere heran. Toghril, obgleich nur von wenigen Truppen umgeben, trat doch muthig, halb betrunken, dem Feinde entgegen, schlug mit seiner Keule sein eigenes Pferd zu Boden und wurde alsbald von Kotlugh Jnanedj getödtet. (März 1194)

Das ganze persische Jrak beugte sich nun vor Takasch, doch verlangte der Chalife, der schon früher seine Herrschaft durch die Einnahme mehrerer Städte im Norden und Nordosten von Bagdad vergrößert hatte, als Lohn für die förmliche Einsetzung Takasch's an die Stelle der Seldjuken, einen Theil der herrenlosen persischen Provinzen. Takasch war geneigt, die Weihe des Chalifen durch einige Zugeständnisse zu erkaufen, aber das anmaßende Benehmen des Beziers, welcher ihm Diplom und Ehrenkleider überbringen sollte und von ihm verlangte, daß er ihm entgegenkomme und zu Fuß neben ihm einhergehe, brachte ihn so auf, daß er sich um den Chalifen nicht weiter kümmerte, und dessen von Arabern und Kurden umgebenen Bezier, zurücktrieb.

Der Chalife gab indessen seine Eroberungspläne nicht auf. Sein Bezier besetzte im folgenden Jahre, während Takasch in Transoranien Krieg führte, den größten Theil von Chuzistan, drang dann, im Bündnisse mit Kotlugh Jnanedj, nach Norden vor und nahm Hamadan und Rei. Takasch brachte aber bald seinen vor dem Bezier sich zurückziehenden Truppen Verstärkung, schlug das Heer des Chalifen (Juli 1196), setzte auch einen seiner Enkel zum Statthalter von Jspahan ein, den jedoch, da Takasch nochmals nach Transoranien gerufen wurde, die Truppen des Chalifen bald wieder vertrieben. Auch die Provinz Djebel wurde den Charizimern durch den Mamluken Gökdjeh entrissen, der auch mit dem Chalifen über die Theilung Persiens unterhandelte. Es kam jedoch zu keinem Einverständnisse, der Chalife söhnte sich daher wieder mit Takasch aus, und ernannte ihn, als er im Jahre 1197 abermals nach Jrak kam, zum Sultan von Jrak, Chorasan und Turkistan.

Da Takasch im folgenden Jahre starb, und sein Nachfolger Mohammed fortwährend gegen Churiden und Turkomanen kämpfen mußte, so konnte Gökdjeh wieder seine Herrschaft über das ganze perſiſche Irak ausdehnen, er wurde aber (1203) von dem Mamluken Itighmiſch ermordet. Gegen dieſen empörte ſich Mengeli, (1211—12) gleichfalls ein Mamluke, welcher im Kriege gegen den Chaliſen umkam. (1215—16) Sein Nachfolger Oghlumiſch, der ein Anhänger des Sultans von Chariʒm war, wurde auf Anſtiften des Chaliſen, der ſtets von Aſſaſſinen umgeben war, und mit ihrem damaligen Oberhaupte auf beſtem Fuße ſtand, von einem dieſer Fanatiker ermordet.

Dieſe Mordthat beſtimmte endlich Mohammed, den Fürſten von Chariʒm, dem Chaliſen den Krieg zu erklären, gegen den er ohnehin ſchon aufgebracht war, weil er ihm die Rechte und Privilegien nicht einräumen wollte, wie ſie vor ihm die Sultane der Bujiden und Seldjuken beſeſſen, auch den unter ſeiner Fahne pilgernden Moslimen nicht den ihnen gebührenden Platz in Mekka angewieſen hatte. Mohammed hatte jetzt die Ghuriden gänzlich vernichtet, und ſein Reich erſtreckte ſich vom kaſpiſchen Meere bis an den Indus und vom Jaxartes bis an das Meer von Oman, ſo daß es ihm nunmehr leicht ſchien, den Chaliſen vom Throne zu ſtürzen. Er wollte aber nicht blos den Chaliſen, ſeinen perſönlichen Feind, verdrängen, ſondern auch, um nicht als Rebelle gegen das geiſtliche Oberhaupt des Islams zu erſcheinen, und um zugleich die dem Hauſe Ali zugethanen Perſer zu gewinnen, das ganze Geſchlecht der Abbaſiden entthronen. Er berief daher, noch ehe er zu den Waffen griff, eine Anzahl Ulema zuſammen, und legte ihnen die Frage vor, ob ein Meuchelmörder wie Alnaṣir die Würde des Imamats verdiene, und ob er nicht durch einen Nachkommen Huſeins, des Sohnes Ali's, zu erſetzen ſei, da doch die Abbaſiden nur Uſurpatoren ſeien und kein Recht haben, ſich Nachfolger des Propheten zu nennen. Die Ulema erließen ein Fetwa nach dem Wunſche Mohammed's, man huldigte einem gewiſſen Ala Almulk aus Tirmedh als rechtmäßigem Imam, nannte ihn im Kanzelgebete und prägte Münzen mit ſeinem Namen.

Mohammed brach an der Spitze eines mächtigen Heeres gegen Irak auf, ſchlug den Atabeg Saad, welcher einen Theil der Länder Oghlumiſch's an ſich geriſſen hatte, und unterwarf auch Uzbek, einen Sprößling der Seldjuken, der im Beſitze von Aſerbeidjan war.

Dem von seinen Verbündeten verlassenen Chalifen blieb nichts übrig, als den Zorn des mächtigen Schah, der in Hamadan sich zu einem Feldzuge gegen Bagdad vorbereitete, durch freundliches Entgegenkommen, von sich abzuwenden. Mohammed, seines Sieges gewiß, war aber nicht mehr geneigt, sich in Unterhandlungen einzulassen; er hörte den Gesandten des Chalifen kaum an, und zeigte sich fest entschlossen, einen würdigern Imam auf den Thron der Abbasiden zu setzen. Alnaßir traf, nach der Rückkehr des Gesandten, Anstalten zur Vertheidigung Bagdad's und flehte auch die Hülfe Djenkischans, des Fürsten der Mongolen, gegen Mohammed an, obgleich man es für eben so gefährlich als unrecht hielt, einen Ungläubigen zum Kriege gegen Mohammedaner anzuspornen. Die Hülfe Djenkischans wäre indessen viel zu spät gekommen, und auch die Vertheidigungsanstalten hätten sich dem Heere Mohammeds gegenüber als ungenügend erwiesen, um das Chalifat von Bagdad zu retten, aber ein früher und ungewöhnlich strenger Winter rieb das Heer Mohammeds, auf seinem Zuge nach Bagdad, fast gänzlich auf, und nöthigte ihn sich mit den Trümmern desselben zurückzuziehen.

Mohammed konnte, obgleich er in Chorasan und Transoxanien ein neues Heer zusammenbrachte, doch den Krieg gegen den Chalifen nicht weiter fortsetzen, denn er wurde von Djenkischan angegriffen, der um diese Zeit sich schon vom Häuptling einiger Tartarenstämme zum Herrn aller Länder Ostasiens emporgeschwungen hatte, die früher die Karachitaier im Besitze hatten. Die Aufforderung des Chalifen und die Mißhandlung tatarischer Kaufleute, Seiten Mohammed's, gaben Veranlassung zu einem Kriege, der übrigens zwischen zwei Eroberern wie Mohammed und Djenkischan, die jetzt Grenznachbaren waren, ohnehin nicht lang ausbleiben konnte.

Mohammed, statt den heranziehenden Feind (1219) am Jaxartes zu erwarten, zog ihm entgegen und wurde bei Djund, nördlich vom Aralsee, geschlagen, und dermaßen entmuthigt, daß er alsbald ganz Transoxanien aufgab und sich nach Chorasan zurückzog. Djenkischan setzte bei Otrar über den Jaxartes, nahm Buchara und Samarkand, (1220) während andere Heeresabtheilungen Fergana und Charizm unterwarfen. Hierauf überschritten sie auch den Oxus und drangen in Chorasan ein. Mohammed flüchtete sich nach Kaswin, wo er, nach dem Rückzuge von Bagdad, seinen Sohn Rokn Eddin zurückgelassen hatte. Als aber die Mongolen auch in Adserbeidjan einfielen und Rei und Hamadan besetzten, entfloh er durch das Gebirge von Ghilan und endete bald nachher sein Leben auf einer kleinen Insel des kaspischen Meeres.

Die Mongolen verbreiteten sich nun einerseits über Adserbeidjan und Georgien bis in das südliche Rußland, wo sie sich festsetzten und von wo aus sie Polen, Ungarn und Deutschland bedrohten, andrerseits nach dem Zab hin, so daß man damals schon in Mesopotamien und sogar in Bagdad einen Einfall befürchtete. Djenkischan selbst verfolgte Djelaleddin, den Sohn Mohammeds, welcher nach dem Tode seines Vaters sich nach Gazna gewendet hatte, und nöthigte ihn, nach Indien zu fliehen. Im Jahre 1224 kehrte er aus Indien nach Ispahan zurück, wo sein Bruder Ghijath Eddin herrschte, und gerieth bald in Conflikt mit dem Chalifen, indem er dessen Statthalter aus einem Theile von Chuzistan vertrieb. Dann wendete er sich, nachdem er auch im arabischen Irak wie in Feindes Land gehaust hatte, nach Meragha. Von hier zog er nach Hamadan, dessen sich, auf Anstiften des Chalifen, ein mütterlicher Oheim des Ghijath Eddin bemächtigt hatte, und unterwarf den Rebellen. Er eroberte hierauf den größten Theil von Adserbeidjan, drang tief in Armenien und Georgien ein, zog dann wieder nach Persien, um den rebellischen Statthalter von Kerman zu unterwerfen, kämpfte auch siegreich gegen die Mongolen, welche Ispahan belagerten, und vertrieb sie wieder aus Rei. Nach längeren Kriegen gegen den Ejjubiten Almelik Alaschraf, den Sohn des Melik Aladil, dem er Chelat entriß, und gegen Turkomanenhorden, welche in Adserbeidjan einfielen, mußte er endlich, wie sein Vater, neuen Mongolenschaaren, die aus Transoxanien hereinbrachen, ausweichen. Seine Truppen zerstreuten sich, die moslimischen Fürsten, deren Hülfe er nachsuchte, wendeten sich von ihm ab, weil seine Charizmier nicht besser waren als die Mongolen, und er soll schließlich in einem Dorfe in der Nähe von Mejjafarikin von einem Kurden ermordet worden sein. (August 1231)

Sechs Jahre früher schon (6. Oktober 1225) war der Chalife Alnaßir in einem Alter von siebzig Jahren gestorben. Er hatte

große Tyrannei in den ihm unmittelbar unterworfenen Ländern geübt und stets eine engherzige Politik verfolgt, sowohl den Seldjuken
und Charizmiern, als den Herrn von Egypten, Syrien und Mesopotamien gegenüber, auf die er jedoch, wie wir in der Geschichte der
Kreuzzüge sehen werden, geringen Einfluß hatte.

VII. Untergang des Chalifats von Bagdad.

Auf den Chalifen Nazir folgen noch drei Andere, von denen
die beiden Ersten kaum genannt zu werden verdienen, denn sie
griffen in keiner Weise in die Geschichte ihrer Zeit ein, und
mußten ruhig zusehen, wie einerseits Djelal Eddin und die Mongolen
um die Herrschaft über Persien stritten, und andrerseits die Ejjubiten, theils unter sich selbst, theils gegen die Kreuzfahrer, um die
über Syrien, Palestina und Egypten. Zahir, der Sohn Naßir's,
regierte nicht ganz zehn Monate, und ihm folgte sein Sohn Almustanßir (11. Juli 1226), dessen voller Name (Almustanßir billahi,
der bei Gott Hilfe suchende) bezeichnend für die trostlose Lage ist,
in der er sich befand, denn schon zu seiner Zeit wurden die zum
Chalifate gehörenden Provinzen im Osten und Norden Bagdad's zu
wiederholten Malen von Mongolenhorden heimgesucht, und die Bag-
dadenser trafen schon Anstalten zur Vertheidigung der Hauptstadt.
Sein Sohn und Nachfolger Almustaßim, der am 5. December
1242 den Thron bestieg, beschleunigte durch seinen Geiz, seine Ver-
gnügungssucht und Prunkliebe, ganz besonders aber durch seine
Sorglosigkeit und Unentschlossenheit, den Untergang des Chalifats.
Zu diesen Lastern und Schwächen des Chalifen kam noch die Uneinigkeit zwischen seinen auf einander eifersüchtigen Rathgebern. Der
Vezier Ibn Alalkami und der Staatssecretär Eibek klagten sich
gegenseitig des Verraths an, und ein jeder von ihnen wollte den
schwachen Chalifen allein beherrschen. Ersterer war Schiite, und
wird von sunnitischen Schriftstellern angeklagt, Hulagu, welcher an
der Spitze der Mongolen in Persien stand, herbeigerufen zu haben,
weil ein Sohn des Chalifen an den blutigen Händeln zwischen
Schiiten und Sunniten in Bagdad sich zu Gunsten der Letztern be-

theiligt und Erstere grausam mißhandelt hatte. Zugleich soll er dem Chalifen, um ihn machtlos dem Feinde zu überliefern, gerathen haben, sein Heer zu vermindern. Nach andern Quellen aber soll er dem Chalifen zuerst den Rath ertheilt haben, ein starkes Heer auszurüsten, um Hulagu Widerstand leisten zu können, und erst als dieser Rath an dem Geize des Chalifen gescheitert war, ihn zu bestimmen gesucht haben, sich ganz in die Arme des Mongolen zu werfen, und durch vollständige Unterwürfigkeit weiteres Unheil abzuwenden.

Wie dem auch sei, so ist wohl anzunehmen, daß die Mongolen um diese Zeit keiner Aufforderung mehr bedurften, um ihre Eroberungen immer weiter nach Westen auszudehnen, und gewiß ist, daß der Chalife weder die nöthigen Anstalten traf, um ihre Einfälle mit den Waffen abzuwehren, noch durch freundliches Entgegenkommen ihr Wohlwollen zu gewinnen suchte.

Als Hulagu, auf Befehl seines Bruders Mangu, des damaligen Großchans der Mongolen, mit einem starken Heere den Oxus überschritt, (Januar 1256) erließ er Proclamationen an die Fürsten Persiens, Kleinasiens und Mesopotamiens, und forderte sie zur Unterwerfung und zur Sendung von Hülfstruppen zum Kriege gegen die Assassinen auf. Dieser Aufforderung wurde von allen Seiten Folge geleistet, nur der Chalife ließ sie unberücksichtigt, weil der Feind in solcher Ferne ihm noch keine Furcht einflößte.

Hulagu brachte den Winter in der Nähe von Balch zu, brach dann im Frühjahr gegen Kaswin auf, von wo aus er im Laufe dieses Jahres die gänzliche Unterwerfung und Vertilgung der Assassinen in Persien vollendete. Er begab sich hierauf nach Hamadan und schickte von hier aus eine Gesandtschaft an den Chalifen, mit einem Schreiben, in welchem er ihm Vorwürfe machte, daß er bei dem Kriege gegen die gefährlichsten Feinde der Menschheit ruhiger Zuschauer geblieben sei, und ihn aufforderte, die Festungswerke von Bagdad schleifen zu lassen und sich selbst zu ihm zu begeben, oder ihm seine höchsten Staatsbeamten, den Vezier, den Staatssecretär und den Oberfeldherrn zu schicken, damit er ihm durch dieselben seinen Willen kund thue, fügte jedoch die Versicherung hinzu, daß er in diesem Falle ihn im Besitze seines Landes lassen werde.

Der Chalife erwiderte diese Botschaft mit einer Hinweisung auf die unzählbaren Schaaren, die sich auf seinen Wink erheben würden, um die Feinde des Fürsten der Gläubigen zu bekämpfen. Er verweigerte die Schleifung der Mauern Bagdads, mit dem Bemerken, daß er in diesem Verlangen schon feindselige Absichten erblicke, doch hüllte er diese Erklärung in freundliche Worte ein, und gab auch den Gesandten einige Geschenke für Hulagu mit. Dieser entließ die Gesandten des Chalifen mit einer Kriegserklärung und der Drohung, ihn aus der Hauptstadt zu vertreiben. Der Chalife berieth sich mit dem Veziere über die Mittel, diesen Sturm zu beschwören. Der Vezier, entweder wirklich mit Hulagu in geheimem Einverständniß, oder überzeugt, daß der Chalife doch zu schwach sein werde, um dem Heere Hulagu's auf die Dauer zu widerstehen, rieth zur Nachgiebigkeit. Hulagu sollte durch großartige Geschenke, zu denen die vom Chalifen Naßir aufgehäuften Schätze die Mittel boten, so wie durch Erwähnung seines Namens auf den Münzen und im Kanzelgebete, gewonnen und von feindseligen Unternehmungen gegen das Chalifat abgehalten werden. Der Chalife war bereit, diesen Rath zu befolgen, als aber der Staatssecretär den Vezier als einen Verräther erklärte und drohte, sich an die Spitze seiner Anhänger unter dem Volke zu stellen, um die Gesandtschaft des Chalifen mit Gewalt zurückzuhalten, änderte dieser seinen Entschluß wieder und ertheilte den Befehl, Truppen aus den Provinzen zusammenzuziehen, doch war er zu geizig, um das nöthige Geld für ihre Ausrüstung und ihren Sold zu spenden, so daß auch dieser Entschluß nur zur Hälfte ausgeführt wurde. Er hoffte immer noch, eine göttliche Fügung oder ein glücklicher Zufall werde ihn, wie manche seiner Ahnen, retten und verfehlte auch nicht Hulagu an das Schicksal der Saffariden, des Vasasiri und des Charizmschah zu erinnern, die in ihren Versuchen das Chalifat zu stürzen, ihren Untergang fanden. Diese Warnung soll nicht ohne Eindruck auf das Gemüth Hulagu's geblieben sein, als aber der berühmte Astronom Naßir Eddin Tusi ihm vorstellte, daß manche abbasidische Chalifen vom Throne gestürzt und ermordet worden seien, ohne daß die Vorsehung an ihren Feinden Rache genommen habe, und seiner Unternehmung eine glückliche Prognose stellte, wurde die Eroberung von Bagdad fest beschlossen.

Die Generäle Djurmagun und Baidju erhielten Befehl, von Kleinasien und Armenien aus nach Moßul zu marschiren und hier den Tigris zu überschreiten, um Bagdad von der westlichen Seite her anzugreifen. Hulagu selbst rückte in der Richtung von Kirmanschah und Holwan vor, ohne sich durch eine neue Gesandtschaft des Chalifen abhalten zu lassen, welche ihm das Anerbieten eines jährlichen Tributs überbrachte. Er konnte ohne Kampf sich der Hauptstadt nähern, während die Truppen des Chalifen auf der Westseite die Angriffe Djurmagun's und Baidju's abzuwehren suchten, wozu sie jedoch auch zu schwach waren. So war Bagdad bald von Osten und Westen her belagert, und dem Chalifen blieb nichts übrig, als den Vezier in Hulagu's Lager zu schicken, um mit ihm zu unterhandeln. Hulagu begnügte sich jetzt aber nicht mehr mit dem Zugeständnisse seiner frühern Forderungen, sondern verlangte unbedingte Uebergabe, und um den Widerstand der Bevölkerung zu lähmen, sagte er allen ruhigen, friedlichen Bürgern, welchem Stande sie auch angehören mochten, Sicherheit des Lebens zu. Der Chalife ließ wieder in voller Rathlosigkeit mehrere Tage verstreichen, und erst als die östlichen Wälle schon erstürmt waren, sandte er seine Söhne mit ansehnlichen Geschenken in das Lager Hulagu's, um dessen Gnade zu erflehen. Hulagu ließ den Staatssecretär und den Oberfeldherrn mit allen ihren Anhängern zu sich kommen, wodurch jeder ernstere Widerstand der Stadt unmöglich wurde; statt sie aber, seinem Versprechen gemäß, mit ihren Truppen abziehen zu lassen, wurden sie sämmtlich niedergemacht. Nicht besser erging es dem Chalifen selbst, der sich, als der südliche Theil von Bagdad schon in der Gewalt Hulagu's war, mit seinen vier Söhnen zu ihm begab und um Schonung bat. Hulagu begegnete ihm mit Artigkeit und forderte ihn auf, den Bewohnern der Hauptstadt zu befehlen, die Waffen niederzulegen und in kleinen Abtheilungen abzuziehen. Auf diese Weise wurde er, ohne weitern Kampf, Herr der Hauptstadt, die er alsbald der Plünderung preis gab. Er selbst behielt sich die Schätze des Chalifenpalastes vor, und der Chalife mußte ihn begleiten, um ihm die Stellen zu bezeichnen, wo er seine Reichthümer verborgen hatte. Nach vollbrachter Plünderung wurden auch mehrere Stadttheile in Brand gesteckt, aber Hulagu befahl, die Stadt als sein Eigenthum zu schonen und ernannte den Vezier des Chalifen zum Statthalter von Bagdad und dem arabischen Irak, nebst Chuzistan, das alsbald von den Mongolen besetzt wurde. Der Chalife wurde dann, auf Befehl Hulagu's, mit vielen Prinzen aus dem Hause Abbas, getödtet (21. März 1258), und es traf dieses Geschlecht somit dasselbe Schicksal, welches Saffah, der erste Abbasidenchalife, dem Omejja's bereitet hatte. Die Abbasiden gelangten aber zu keiner weltlichen Herrschaft mehr, wenn auch manche ihrer Sprößlinge noch unter den Egyptischen Mamluken den Namen Chalifen führten, während die Omejjaden, nach ihrem Untergange im Osten, noch mehrere Jahrhunderte im Westen Europa's und in Afrika neben den ersten Regenten ihrer Zeit einen ehrenvollen Platz einnahmen, und als Beförderer der Wissenschaft und Cultur sie alle überstrahlten.

Fünfter Abschnitt.

Die Omejjaden und andere moslimische Fürsten in Spanien.

I. Die Gründung und die Glanzperiode des Omejjadenreichs, von Abd Errahman I. bis Hakam II.

Wir haben im vierten Abschnitt in Kürze berichtet, wie Abd Errahman, ein Sohn Muawia's und Enkel des Chalifen Hischam, wunderbarer Weise den Nachstellungen der Abbasiden entging und nach Spanien entkam, sich dort den Weg zum Throne bahnte und ihn gegen die damaligen Machthaber Jusuf und Zumeil behauptete (756), doch fehlte es zu keiner Zeit seiner Regierung an innern Unruhen. Abd Errahman verdankte seinen Sieg über Jusuf und Zumeil den Jemeniden, welche für frühere Niederlagen Rache nehmen wollten, als aber der Rachedurst gestillt war, kam die Lust, selbst zu herrschen, um so mehr, als ja Abd Errahman selbst und die Freigelassenen der Omejjaden, die sich alsbald um ihn geschaart hatten, zur gehaßten Race der Mudhariten oder Fihriten gehörten. Die Mudhariten selbst vergaßen nie, daß Abd Errahman ihnen die Herrschaft entrissen, und im Bündnisse mit den Jemeniden ihr Blut vergossen und ihr Gut geraubt; sie ergriffen jede Gelegenheit, um ihm zu schaden. Jusuf selbst, welcher sich dem Sieger unterworfen hatte, griff zwei Jahre später nochmals zu den Waffen, wurde abermals besiegt und auf der Flucht getödtet. Im Jahr 761 empörten sich die Mudhariten in Toledo und unterwarfen sich erst nach der mißlungenen Landung der Abbasiden (764), unter deren Fahne auch viele Jemeniden kämpften, die sich bald darauf in Niebla unter Matari und in Sevilla unter Abu Sabbah empörten. Ersterer wurde in einem Treffen getödtet, doch mußte mit seinen Anhängern unterhandelt werden, und Letzteren ermordete Abd Errahman, nachdem er ihm eine Sicherheitsurkunde ausgestellt und ihn zu friedlicher Unterhandlung in seinen Palast gelockt hatte.

Bald nach diesem scheußlichen Meuchelmorde erhob sich ein unter dem Namen Schakija bekannter Schulmeister, von dem Berberstamme Miknesa, der sich für einen Sprößling Ali's ausgab, im Westen Andalusiens, und behauptete sich an der Spitze zahlreicher Berber viele Jahre hindurch im Gebirge der Sierra Morena, und als Abd Errahman selbst gegen ihn ausrückte, zogen andere Berberschaaren mit Jemeniden vereint gegen Cordova. Unter den Freigelassenen Abd Errahmans befanden sich aber auch viele Berber, welche ihren Stammgenossen vorstellten, daß, wenn die Jemeniden zur Herrschaft gelangen, sie als ehemalige Verbündete des Emirs einem harten Loose entgegengehen würden. Sie gingen daher in der entscheidenden Schlacht zum Feinde über und die Jemeniden erlitten abermals eine furchtbare Niederlage.

Noch waren aber die Berber unter Schakija nicht unterworfen, als sich eine neue furchtbare Coalition gegen Abd Errahman bildete. An ihrer Spitze stand der jemenidische Statthalter von Barcelona, Suleiman Jbn Jakzan, unter dem Namen Al=Arabi bekannt, der Fihrite Abd Errahman Jbn Habib, ein Schwiegersohn Jusufs, und Abu=l=Aswad, ein Sohn Jusufs, der als Gefangener in Cordova gelebt hatte, und dadurch, daß er sich mehrere Jahre blind stellte, nicht mehr streng bewacht worden und plötzlich entkommen war. Diese drei Häupter begaben sich (777) nach Paderborn, wo Karl der Große einen Reichstag hielt, und schlugen ihm ein Bündniß gegen Abd Errahman vor. Da Karl die Sachsen unterworfen hatte und Wittekind sich zu den Dänen zu flüchten genöthigt war, lieh er ihren Anträgen ein williges Ohr und beschloß, mit einem starken Heere die Pyrenäen zu übersteigen. Al=Arabi sollte am Ebro mit seinen Verbündeten zu ihm stoßen, während Jusufs Schwiegersohn in der Provinz Murcia Berber und Afrikaner um sich sammeln und die Fahne der Abbasiden aufpflanzen sollte, mit welchen, wie schon früher berichtet worden, Karl der Große in freundschaftlichen Beziehungen stand.

So gut aber auch dieser Plan angelegt war, so schlecht wurde er ausgeführt. Jbn Habib empörte sich im Süden, noch ehe Karl die Pyrenäen überschritten hatte, und da Al=Arabi, der Verabredung gemäß, im Norden blieb, statt, wie jener es wünschte, sich mit ihm zu vereinigen, wurde er des Verraths beschuldigt und selbst be-

17

kriegt, doch blieb er Sieger und Ibn Habib wurde auf der Flucht getödtet.

Al-Arabi war indessen bereit, die Franken mit aller Macht zu unterstützen, und hatte sich inzwischen auch der Stadt Saragossa bemächtigt. Als aber Karl vor dieser Stadt lag, weigerte sich Husein Ibn Jahja, der Commandant derselben, ihm die Thore zu öffnen, weil er, als Abkömmling eines der ältesten Gefährten Mohammeds, es nicht über sich gewinnen konnte, gemeine Sache mit Ungläubigen zu machen. Karl mußte nun Saragossa mit Gewalt zu nehmen suchen, aber während der Belagerung erhielt er die Nachricht, daß Wittekind wieder in seine Heimath zurückgekehrt und aufs Neue an der Spitze der Sachsen bis gegen Deutz und Coblenz vorgerückt sei. Er kehrte daher schleunig zurück, wurde aber im Thale von Roncevaux von den Basken überfallen, die ihm viele Leute tödteten und einen großen Theil der Bagage raubten. Al-Arabi wurde als Verräther auf Befehl Huseins ermordet, und dieser unterwarf sich, als Abd Errahman zur Belagerung von Saragossa heranzog. Er empörte sich zwar später nochmals, wurde aber von seinen eigenen Leuten dem Abd Errahman ausgeliefert, der ihn tödten ließ. Auch Abu-l-Aswad wurde, als er sich aufs neue gegen Abd Errahman auflehnte, von einem seiner Generale verrathen, und seine Getreuen mußten der Uebermacht unterliegen.

So war zwar Abd Errahman aus allen Kämpfen als Sieger hervorgegangen, aber er war mehr gefürchtet als geachtet und geliebt, denn er hatte manchen Sieg durch List und Verrath erkauft und sich gegen manchen Besiegten hart und grausam gezeigt. Selbst seine Freigelassenen waren ihm nicht zugethan, und von den Omejjaden sogar, die sich nach und nach zu ihm flüchteten, wurden mehrere Verschwörungen gegen ihn angezettelt. Er wurde darum auch in seinen letzten Lebensjahren immer mißtrauischer und unzugänglicher, und glaubte nur durch ein größtentheils aus Sklaven und Berbern zusammengesetztes stehendes Heer sein Leben und seinen Thron schützen zu können. In der That konnten die Berber und die Araber in Spanien, wie die im Osten, nur durch Gewalt zum Gehorsam gezwungen werden, denn ihre ganze Vergangenheit und ihre Naturanlage widerstrebte der monarchischen Regierungsform.

Nach dem Tode Abd Errahmans (788) wurde, seiner Anordnung gemäß, sein dritter Sohn Hischam als Emir ausgerufen, denn unter diesem Titel, der eigentlich „Befehlshaber" bedeutet, hatte auch sein Vater den Herrscherstab geführt. Die ältern Brüder, welche ihm die Herrschaft zu entreißen suchten, wurden besiegt, und er konnte von nun an seine Waffen gegen die Christen wenden, denen er großen Schaden zufügte, denn seine Schaaren drangen bis Narbonne vor, doch vermochten sie nicht mehr sich jenseits der Pyrenäen festzusetzen. Hischam hatte übrigens diesen Krieg mehr aus Frömmigkeit als aus Eroberungssucht geführt. Ein Astrologe hatte ihm eine kurze Lebensdauer prophezeit, er übte daher gottgefällige Werke, unter welchen der heilige Krieg oben an steht. Er entsagte allen irdischen Genüssen, betete und fastete viel, besuchte die Kranken, unterstützte die Armen und beförderte die theologischen Studien, nach der Schule des Malik Ibn Anas, der ein Feind der Abbasiden war und von denselben gegeißelt ward.

Als Hischam starb (796), genossen die Theologen, welche bei Mohammedanern zugleich Juristen sind und den Namen Fekih führen, großes Ansehen unter der Bevölkerung. Einer der hervorragenden unter ihnen war Jahja, der in Medina die Vorlesungen Maliks besucht hatte, und von ihm als einer seiner besten Schüler erklärt wurde. Unter Hischam übten sie großen Einfluß auf die Regierung, und da ihnen Hakam, der neue Emir, dieß nicht mehr gestattete, er sich auch nicht wie sein Vorgänger streng an die Vorschriften des Korans hielt, überhaupt ein fröhliches, genußreiches Leben liebte, wurden sie seine Feinde, verspotteten und verhöhnten ihn, beteten für seine Bekehrung und gingen schließlich auch zu Thätlichkeiten über, indem sie auf offener Straße ihm Steine nachwarfen, wofür jedoch die Züchtigung nicht ausblieb. Nun gingen sie damit um, Hakam zu entthronen und seinen Vetter Ibn Schammas an seine Stelle zu setzen. Dieser setzte aber Hakam in Kenntniß von der gegen ihn angezettelten Verschwörung und theilte ihm die Liste der Verschworenen mit, von welchen 72 gekreuzigt wurden (805). Nichts desto weniger brach im folgenden Jahre, in Abwesenheit des Emirs, eine neue Empörung aus, die jedoch durch die schleunige Rückkehr Hakams unterdrückt wurde und abermals einer Anzahl Rebellen das Leben kostete.

Im Jahr 806 züchtigte Hakam die aufrührerische Stadt Toledo, welche größtentheils von Christen und christlichen Renegaten bewohnt war, die in ihrem Innern weder dem Islam noch den arabischen

Herrschern zugethan waren. Er ernannte, um die Toledaner zu
täuschen und in volle Sicherheit zu wiegen, den Renegaten Amrus
zum Statthalter, dem es nicht schwer fiel, das Vertrauen und die
Liebe der Bevölkerung zu gewinnen, deren Glauben und Abkunft er
theilte, und vor welcher er bittern Haß gegen die Araber heuchelte.
Amrus ließ, angeblich um die Stadt von der Last der Einquartirung
zu befreien, eine befestigte Caserne bauen und setzte sich mit seinen
Truppen darin fest. Bald nachher rückte ein arabisches Heer, bei
welchem sich auch der Thronfolger Abd Errahman II. befand, unter
dem Vorwande eines Krieges im Norden, gegen Toledo heran.
Amrus forderte die angesehensten Männer der Stadt auf, den Prinzen
zu begrüßen. Als dies geschehen war und der Prinz sie durch seine
freundliche Aufnahme bezaubert hatte, beredete sie Amrus, ihn auch
einzuladen, einige Tage in ihrer Mitte zuzubringen. Nach einigem
Zögern nahm er die Einladung an, begab sich in Amrus' Schloß
und lud die Häupter der Stadt zu einem Feste auf den folgenden
Tag ein. Als sie erschienen, führte man sie in kleinen Abtheilungen
durch einen Hof, wo sie enthauptet und in eine Grube geworfen
wurden. So endeten 700, nach Andern mehrere tausend der einfluß=
reichsten Toledaner ihr Leben, in Folge eines mit teuflischer Hinterlist
ausgedachten Planes Hakams, zu dessen Ausführung ein tückischer
und rachsüchtiger Renegat die Mittel bot, und so gelang die Unter=
werfung der ihrer Häupter beraubten und von Truppen umzingelten
aufrührerischen Stadt.

Trotz aller Strenge und Wachsamkeit Hakam's brach doch (814)
in der Hauptstadt selbst wieder ein furchtbarer Aufstand aus, der
nur durch seinen Muth und seine Entschlossenheit unterdrückt wurde.
Hier bestand seit längerer Zeit ein geheimer Bund zwischen den Re=
negaten und Theologen, welche besonders in der südlichen Vorstadt
ihren Sitz hatten. Nach wiederholten Neckereien und Reibungen
zwischen den Bewohnern dieser Vorstadt und den Soldaten, hie und
da auch zwischen Studenten und dem Emir selbst, welchen sie ver=
höhnten, brachte endlich die Ermordung eines Waffenschmieds durch
einen Soldaten den lang verhaltenen Groll zum Ausbruch. Das
Volk bewaffnete sich und zog gegen den Palast des Emirs und
nöthigte die Reiterei, welche es zurücktreiben wollte, sich in das
Innere des Palastes zu flüchten. Hakam wählte aber die Tapfersten
unter seiner Leibwache, welche, da sie größtentheils aus fremden, des

Arabischen nicht kundigen Sklaven bestand, die „Stumme" hieß, und ertheilte Obeid Allah, ihrem Führer, den Befehl, sich einen Weg durch die Rebellen zu bahnen und die Vorstadt in Brand zu stecken. Dies veranlaßte die Bewohner derselben dahin zu eilen, um ihre Familie und ihre Habe zu retten. Hier wurden sie aber von Obeid Allah's Schaar empfangen, während alsbald die übrigen Truppen einen Ausfall aus dem Palaste machten und die Rebellen in die Mitte nahmen, so daß viele tausende niedergeschlachtet wurden. Die Vorstadt wurde auf Befehl Hakam's der Erde gleich gemacht und die dem Schwerdte entronnenen Bewohner derselben mußten auswandern. Die Einen ließen sich in der neu erbauten Stadt Fez, in der Residenz der Jdrisiden, nieder, die Andern schifften nach Egypten hinüber, setzten sich in Alexandrien fest und eroberten von da aus, wie schon früher berichtet worden, die Insel Creta.

Sobald indessen jede Gefahr vorüber und der Heerd des Aufruhrs für die Zukunft beseitigt war, ließ Hakam die Urheber aller Aufstände ungestraft ausgehen. Zu diesen gehörte, außer dem schon genannten Theologen Jahja, ein gewisser Talut, der ursprünglich von der Amnestie ausgenommen war. Er blieb einige Zeit bei einem Juden verborgen, stellte sich dann selbst dem Vezier Abu-l-Bassam vor und bat ihn, des Emirs Gnade für ihn zu erwirken. Der Vezier aber kam ganz frohlockend zu Hakam und meldete ihm die Gefangennahme Taluts, ohne ein Wort der Fürbitte an ihn zu richten. Talut wurde vor den Emir geführt, und obgleich er nicht nur in keiner Weise sich demüthigte, sondern sogar in trotzigem, hochmüthigen Tone die Gründe seiner Theilnahme an dem Aufstande vortrug und den Emir mit göttlicher Strafe bedrohte, wurde er doch begnadigt. Als Hakam dann erfuhr, daß er sich selbst dem Vezier gestellt und, in Folge früherer freundlicher Beziehungen zwischen ihnen, seine Hoffnung auf dessen Fürbitte gestützt habe, entließ er in voller Entrüstung den Vezier, der Talutins Verderben stürzen gewollt, während ein Jude, in uneigennützigster Weise, nur aus Achtung vor der Frömmigkeit und der Gelehrsamkeit Taluts, sein und seiner Familie Leben und Gut aufs Spiel gesetzt hatte, um ihm das Leben zu retten.

Hakam konnte, kurz vor seinem Tode (822), ein Gedicht an seinen Sohn, in welchem er von seinem Siege über seine Feinde sprach und von der Nothwendigkeit sie zu vertilgen, wenn er nicht selbst unterliegen wollte, damit schließen, daß er die unterworfenen Provinzen einem Bette verglich, auf welchem er ruhig schlafen könne, ohne fürchten zu müssen, daß ein Aufrührer seinen Schlaf störe. Nichts destoweniger brachen auch unter der Regierung dieses Sohnes und Nachfolgers, welcher Abd Errahman II. genannt wurde, ernste Unruhen aus. In der Provinz Murcia bekämpften sich Jemeniden und Mudhariten sieben Jahre lang. In Merida unterhandelte man mit den Franken, und in Toledo lehnte man sich aufs Neue gegen die Herrschaft des Emirs auf, (829) und erst nach acht Jahren, als Zwiespalt in der Stadt selbst zwischen den Christen und Renegaten ausbrach, konnte sie unterworfen werden. Sogar in der Hauptstadt Cordova zeigten die Christen einen Geist der Widerspenstigkeit, der zwar zu keinem allgemeinen Aufstande führen konnte, aber sich in Schmähungen gegen die Regierung und den Islam Luft machte, welche viele Hinrichtungen zur Folge hatten. Fanatiker, wie der Priester Eulogius und sein Freund Alvaro, spornten ihre Glaubens= genossen an, ihre religiöse Ueberzeugung öffentlich auszusprechen und ohne Scheu den Mohammedanismus zu bekämpfen, was die Regie= rung, dem Islamitischen Gesetze gemäß, bei aller sonstigen Toleranz gegen Ungläubige, denen nicht nur volle Religionsfreiheit, sondern auch eine eigene Gerichtsbarkeit zugestanden war, mit dem Tode be= strafen mußte. Manche Priester schmähten öffentlich den Propheten, um damit die Märtyrerkrone zu verdienen, und als Heilige verehrt zu werden. Abd Errahman bemühte sich vergebens, durch Berufung einer Kirchenversammlung, Ausbrüche zu verhindern, die ihn nöthigten, gegen die Verbrecher mit aller Strenge zu verfahren, was seinem sanften und milden Charakter widerstrebte, denn er war ein friedlieben= der, lebensfroher Mann, der sich gern allen Genüssen eines üppigen Hofes hingab, aber auch seinen Unterthanen, ohne Unterschied des Glaubens, ein friedliches, unverkümmertes Dasein gönnte. Obgleich sich noch, wie seine Vorfahren, mit dem bescheidenen Titel eines Emir begnügend, suchte er doch mit den Chalifen von Bagdad an Pracht und Glanz zu wetteifern, und den Hof Harun Arraschid's als Vorbild zu nehmen. Wie in Bagdad wurden auch in Cordova Dichter, Gelehrte und Künstler reichlich beschenkt, prachtvolle Paläste, Moscheen und Landhäuser gebaut. Wie dort die allmächtige Zubeida, herrschte auch hier die Sultanin Tarub, und der schon aus tausend und eine Nacht bekannte Masrur tritt hier in der Gestalt des

Eunuchen Naßr auf, welcher namentlich als Christenverfolger gefürchtet und verhaßt war. Selbst der Sänger Ibrahim Almanßuli, welcher mit seiner Stimme die Hofkreise am Tigris bezauberte, war in der Residenz am Quadalquivir durch seinen Schüler Zirjab vertreten, der auch durch seine Kenntnisse und seinen feinen Geschmack hervorragte, so daß er großen Einfluß auf die Mode und die Etiquette seiner Zeit übte. Naßr war der Liebling der Sultanin, die sich viel in Staatsangelegenheiten mischte und durch ihren Einfluß ihrem Sohne Abd Allah die Nachfolge zu sichern suchte, während der Emir doch nie förmlich seinen ältesten Sohn Mohammed zurücksetzte. Als Tarub den Augenblick gekommen glaubte, in welchem die mächtigsten Männer am Hofe ihren Sohn dem Erstgeborenen ihres Gatten vorziehen würden, wendete sie sich an Naßr, mit der Bitte, Abd Errahman aus dem Wege zu schaffen. Naßr ließ sich von dem Arzte Harrani einen Gifttrank geben und reichte ihn seinem Herrn, der gerade unpäßlich war, als ein heilsames Mittel für seine Leiden. Der Arzt hatte aber den Emir vor diesem Tranke warnen lassen. Naßr mußte das Gift selbst nehmen und endete sein Leben unter heftigen Schmerzen, und da ihm kurz vorher ein von ihm verurtheilter Priester vorausgesagt hatte, er werde kein Jahr mehr leben, von diesen Haremsintriguen aber der äußern Welt nichts bekannt war, so wurde sein plötzlicher Tod als eine Strafe des Himmels und als Erfüllung jener Prophezeihung angesehen. Die Erbfolgeangelegenheit blieb aber unentschieden bis zum Tode Abd Errahmans. (852) Tarub hoffte noch immer, die Eunuchen, welche die Herren des Palastes waren, würden Abd Allah als Emir proclamiren. Einer derselben durchkreuzte aber ihre Pläne, indem er von der Irreligiosität und den Lastern Abd Allah's sprach und seinen Genossen vorstellte, daß sie, durch die Wahl dieses Prinzen zum Emir, den Haß und die Verachtung aller guten Moslimen und den Zorn Allah's auf sich laden würden. Diese Worte blieben nicht ohne Eindruck. Mohammed wurde heimlich in den Palast geführt, und als alle Maßregeln zur Sicherung seiner Herrschaft getroffen waren, erfuhr Cordova zumal den Tod Abd Errahmans und die Nachfolge seines ältesten Sohnes.

Mohammed galt für einen strenggläubigen Moslim, als solcher mußte er sich den Christen gegenüber durch größere Intoleranz auszeichnen, was die der Hauptstadt erbittern, die der entlegenen Prorinzen aber zu Krieg und Aufruhr anstacheln mußte. In Asturien, dessen Gebirge den flüchtigen Gothen eine sichere Zuflucht bot, bestand längst ein christliches Königreich, von **Pelagius** und seinem Sohne **Favila** unter der Statthalterschaft Jusuf's gegründet, und von seinem Schwiegersohne **Alfonso** erweitert. Beim Tode dieses Königs (765) erstreckte sich das asturische Reich im Osten über die Provinz Navarra, mit der Hauptstadt Pampeluna, und im Westen und Süden über Galicien und Leon. Sein Sohn und Nachfolger **Fruela** (765—75) konnte sich nur mit Mühe gegen die unter Abd Errahman vereinten Araber behaupten, und hatte auch gegen Empörungen im Innern zu kämpfen, zu denen unter seinen Nachfolgern **Aurelio** und **Silo** noch Erbfolgestreitigkeiten hinzukamen. Erst als **Alfonso** II. (790) Alleinherrscher wurde, erstarkte das asturische Reich wieder, und dehnte sich weiter nach Südwesten aus; aber neue Aufstände und Kriege über die Thronfolge hemmten jeden Fortschritt unter **Ramiro** (842—850) und **Ordoño** (850—866). **Alfonso** III. war zwar auch noch von manchen Verschwörungen und Aufständen bedroht, dies hinderte ihn aber nicht, sein Reich zu vergrößern und zu befestigen, und die Araber unter Mohammed und seinen Nachfolgern fortwährend zu beunruhigen. Mehrere arabische Heere wurden, als sie in Leon und Galicien eindringen wollten, geschlagen, Coimbra und viele andere Städte wurden erobert und von Galiciern bevölkert, und im Jahre 881 setzte er sogar über den Tajo und den Guadiana, und lieferte den Arabern eine siegreiche Schlacht.

In Toledo brach, in Folge der Unduldsamkeit des Emirs, bald nach seinem Regierungsantritt, ein neuer Aufruhr aus. Der Statthalter des Emirs wurde von den Rebellen gefangen genommen und nicht eher frei gegeben, bis der Emir die von den Toledanern nach ihrer letzten Unterwerfung gestellten Geißeln nach Toledo zurückschickte. Mehrere arabische Feldherrn, welche die aufrührerische Stadt besetzen sollten, wurden mit Verlust zurückgeschlagen, so daß endlich (854) der Emir selbst, an der Spitze eines starken Heeres, gegen sie anrückte. Die Toledaner schlossen ein Bündniß mit Ordoño, dem christlichen Fürsten von Asturien, und obgleich das verbündete Heer eine blutige Niederlage erlitt, behauptete doch die Stadt ihre Unabhängigkeit, und fand auch bald an Lope, dem Sohne Musa's, des Herrn von Saragossa und Tudela, einen tapfern Vertheidiger. Musa stammte aus einer alten zum Islam übergetretenen gothischen Familie. Er trat als dritter Fürst von Spanien, neben dem Emir und dem König von Asturien auf, und führte bald gegen die Grafen von Barcelona und Alava, bald gegen Ordoño Krieg, wurde aber von Letzteren besiegt. Nach seinem Tode (864) fiel Saragossa und Tudela wieder auf einige Zeit in die Gewalt des Emir, aber die Söhne Musa's, im Bündnisse mit Alfonso III., vertrieben die Statthalter des Emir und behaupteten ihre Unabhängigkeit. Toledo widerstand auch nach dem Falle Musa's noch den Angriffen des Emirs, und erst im Jahre 873 unterwarf sich die Stadt, nachdem ihr die Erhaltung ihrer eigenen Verwaltung zugesichert, und nur ein jährlicher Tribut als Zeichen der Abhängigkeit auferlegt wurde.

Ganz unabhängig vom Emir machte sich Abd Errahman, der Sohn Merwan's, in Badajoz, der sogar diese Stadt, mit Einwilligung des Emirs, befestigte, und dessen Heere dadurch fern hielt, daß er ihm drohte, beim Herannahen desselben die Stadt in Brand zu stecken, und wie früher, an der Spitze seiner Horden, den ganzen Bezirk von Sevilla und Niebla zu verwüsten. Diese verschiedenen gelungenen Empörungen, welche häufig an den christlichen Fürsten eine mächtige Stütze fanden, riefen endlich die gefährlichste von allen, in dem Gebirge zwischen Ronda und Malaga, hervor, das ausschließlich von Spaniern bewohnt war, welche, sowohl Christen als Moslime, die Fremdherrschaft haßten und mit Neid nach andern Provinzen hinblickten, welche das Joch der Araber abgeschüttelt hatten. Der Geist des Aufruhrs nahm bei jeder Kunde von dem Siege eines Rebellen zu, und es fehlte nur noch der geeignete Mann, um an die Spitze des Aufstandes zu treten. Dieser fand sich in der Person des Omar Ibn Haßßun.

Omar stammte aus einer angesehenen gothischen Familie, die unter Hakam zum Islam übergetreten war, aber, wie viele andere Renegaten, in ihrem Innern noch mehr Sympathien für das Christenthum als für den Islam hatte. Er führte längere Zeit ein Banditenleben, mußte nach Afrika fliehen, und kehrte erst wieder zurück, als er hörte, daß in seiner Heimath alles zu einem Aufstande bereit sei. Er setzte sich mit einer kleinen Bande in einer alten römischen Burg auf dem Berge Bobastro fest, von welcher aus er kleine Raubzüge in die Ebene machen konnte. Als seine Bande stärker wurde, begnügte er sich nicht mehr mit Straßenraub, sondern griff auch die Präfekten der umliegenden Städte an, und behauptete sich mehrere

Jahre gegen ihre Nachstellungen. Er mußte sich jedoch ergeben, als der Vezier Haschim selbst gegen ihn anrückte, und er wurde aufgefordert, im Heere des Emirs zu dienen, was er auch einige Zeit that. In Folge einer ihm vom Präfekten von Cordova widerfahrenen Beleidigung verließ er aber diese Stadt, bemächtigte sich wieder Bobastro's und fand bald so zahlreiche und so opferwillige Anhänger unter den von Haß gegen die Araber erfüllten Bergbewohnern, daß mehrere Jahre vergingen, ehe nur der Emir etwas gegen ihn zu unternehmen wagte. Im Jahre 886 schlug ihn Mundsir, der Sohn des Emirs, bei Alhama und belagerte dann Bobastro, mußte aber, da er die Nachricht vom Tode seines Vaters erhielt, die Belagerung aufheben und nach Cordova zurückkehren, um sich als Emir huldigen zu lassen.

Während Mundsir in Cordova war, sammelte Omar neue Kräfte und gewann tapfere Verbündete unter den benachbarten Großen, welche gleich ihm in schwer zugänglichen Burgen hausten. Der Krieg gegen die Rebellen in den Bezirken von Elvira, Jaen und Cabra wurde zwar bald wieder aufgenommen, aber ohne großen Erfolg, bis im Jahr 688 Mundsir selbst wieder an der Spitze seines Heeres erschien, welcher Archidona unterwarf, mehrere Burgen eroberte und endlich auch Bobastro belagerte. Omar hatte aber inzwischen diesen Platz dermaßen befestigt, daß er nicht nur ohne Sorge war, sondern sogar den Emir zu necken wagte. Er bot ihm nämlich seine Unterwerfung an und verpflichtete sich, seine Familie nach Cordova zu bringen, und selbst im Heere des Emirs zu dienen. Als der Emir dieses Anerbieten annahm, erbat er sich hundert Maulesel, um seine Habe nach der Hauptstadt zu schaffen. Diese kamen von einer kleinen Zahl Reiter begleitet, und Omar machte sich mit ihnen auf den Weg; in der Nacht überfiel er aber mit seinen Leuten die Bedeckung und kehrte mit den Maulthieren nach Bobastro zurück.

Mundsir war wüthend, als er sich hintergangen sah, er belagerte Bobastro abermals und schwur, nicht abzuziehen, bis der Verräther in seiner Gewalt sein würde. Er wurde aber während der Belagerung, auf Anstiften seines herrschsüchtigen Bruders Abd Allah, getödtet. (29. Juni.)

Abd Allah, welcher in Cordova war, wurde, da Mundsir's Söhne noch minderjährig waren, als Emir anerkannt, und die Belagerung von Bobastro abermals aufgehoben. Im folgenden Jahre unternahm zwar der neue Emir einen Kriegszug gegen Omar, hatte aber keinen andern Erfolg, als daß er einige Schlösser der Umgegend zerstörte und Saaten verwüstete. Bald nach dem Abzuge des Heeres wurde Omar Herr von Ossuna und Ecija, und dem Emir blieb, um sich vor weitern Feindseligkeiten zu bewahren, keine andere Wahl, als ihn zum Statthalter der von ihm eroberten Länder anzuerkennen. Dieser Friede war indessen nicht von langer Dauer, denn Omar mußte seine Leute durch fortgesetzte Kriege und Raubzüge beschäftigen, und es fiel ihm nicht schwer, seine Eroberungen immer weiter auszudehnen. Bald war er gewissermaßen der Gebieter über Andalusien, und trachtete nach nichts weniger als nach der Herrschaft über Cordova. Um dahin zu gelangen, suchte er, in der Absicht, die Geringschätzung, mit welcher die Araber auf die Renegaten herabsahen, zu tilgen, sich vom Chalifen von Bagdad zum Statthalter von Spanien ernennen zu lassen, und knüpfte deshalb Unterhandlungen mit dem Statthalter des Chalifen in Afrika an. Inzwischen rückte er mit seinem Heere bis Ecija vor, und machte, in Verbindung mit den Rittern von Polei, einer starken Burg, nur eine Tagreise südlich von Cordova, Streifzüge bis vor die Thore der Hauptstadt, in welcher die größte Noth und Muthlosigkeit herrschte. Der Emir selbst war machtlos, es fehlte ihm an Truppen und an Geld, weil die meisten Provinzen keine Abgaben mehr entrichteten; alle seine Friedensverträge, so günstig sie auch für Omar waren, wurden daher zurückgewiesen. Aber gerade diese verzweifelte Lage nöthigte ihn, sein Heer gegen den Feind zu führen, obgleich dieser ihm an Zahl um das Doppelte überlegen war, und ein vollständiger Sieg krönte seine Waffen. Omar flüchtete sich mit Mühe nach Polei, aber die kleine Besatzung wollte sich keiner Belagerung aussetzen, er mußte daher in der Nacht entfliehen, und es gelang ihm, ohne vom Feinde eingeholt zu werden, wieder in Bubastro eine sichere Zuflucht zu finden. Der Emir belagerte diese Festung nach der Unterwerfung von Ecija, mußte aber, da seine Truppen nach der Heimkehr verlangten, und Omar ihnen durch plötzliche Ueberfälle manche Verluste zufügte, unverrichteter Dinge wieder abziehen, doch unterwarf er auch noch Archidona, Elvira und Jaen.

Da Ibn Hafßun der Ruhe bedurfte, schloß er Frieden mit dem Emir, statt ihm aber seine Söhne als Geißeln zu stellen, schickte er, um bei gelegener Zeit den Krieg wieder fortsetzen zu können, nur einen Adoptivsohn. In der That war er bald wieder im Stande, dem Emir zu trotzen. Er unterwarf aufs Neue Elvira und Archidona und erfocht über die Araber von Granada einen glänzenden Sieg. Bald nachher bemächtigte er sich auch wieder der Stadt Jaen (892), und einige Jahre später ward er nochmals Herr von Ecija. Er war jetzt noch mächtiger als zuvor, denn er schloß ein Bündniß mit Ibrahim Ibn Haddjadj, dem Herrn von Sevilla. Dieser fiel jedoch, um seinem Sohne, der als Geißel in Cordova war, das Leben zu retten, von Omar ab, und unterwarf sich dem Emir, worauf auch die übrigen Städte im Süden, von Algesiras bis Niebla, die Herrschaft des Emirs anerkannten. Omar verlor eine Stadt und einen Verbündeten nach dem Andern, denn da er sich zum Christenthum bekehrt hatte, wendeten sich viele Moslimen von ihm ab, auch war man überhaupt der vielen Empörungen und Bürgerkriege müde, und das Verlangen nach Ruhe und gesetzlicher Ordnung wurde stärker als das nach Unabhängigkeit. Selbst in den südlichen Gebirgen wurde die Zahl der Kämpfer für die Freiheit Spaniens so gering, daß Omar genöthigt war, fremde Soldaten in Afrika zu werben, die aber keineswegs wie seine früheren Truppen bereit waren, ihr Leben für ihn zu opfern. Er zählte zuletzt so wenig mehr auf seine Landsleute, daß er sogar den Fatimiden Obeid Allah als seinen Oberherrn anerkannte. Aber auch dieser Versuch, sich aufs Neue emporzuschwingen, mißlang, ebenso ein Bündniß mit Ahmed Ibn Maslama, dem neuen Herrn von Sevilla, das Beider Niederlage zur Folge hatte. Er behauptete sich jedoch in seiner Burg bis zu seinem Tode (917), und sein Sohn Djafar blieb Herr von Bobastro, wurde aber im Jahr 920, weil er wieder zum Islam übergetreten war, von dem christlichen Theil der Besatzung ermordet. Ihm folgte sein Bruder Suleiman, der im Jahre 927 in einem Treffen gegen die Truppen des Emir umkam, und sein anderer Bruder Hafß, der jetzt Herr von Bobastro wurde, ergab sich dem Emir, nachdem dieser die Burg sechs Monate belagert und ausgehungert hatte, und trat in dessen Dienst. Seine Schwester Argentea aber wollte das Christenthum nicht abschwören, sie wurde daher nach mohammedanischem Gesetze, weil sie geborene Moslimin war, denn ihr Vater hatte sich erst nach ihrer Geburt zum Christenthum bekehrt, als Abtrünnige zum Tode verurtheilt (931), und sie zeigte sich durch ihre heldenmüthige Todesverachtung als eine würdige Tochter des unüberwindlichen Omar Jbn Haßßun.

Wir sind, um die Geschichte des Jbn Haßßun nicht zu unterbrechen, die, weil sie noch in der neuesten Zeit von deutschen Historikern nach unlautern Quellen dargestellt worden ist, etwas ausführlicher behandelt werden mußte, bis tief in die Regierung Abd Errahman's III. vorgeschritten, noch bleibt uns aber von einem andern Aufstande zu berichten übrig, der unter dem Emirate Abd Allah's statt fand.

Ahmed Jbn Muawia, ein herrschsüchtiger Omejjade, gab sich für den Mahdi aus, sammelte viele Berber unter seine Fahne (901) und wollte sich durch die Eroberung der Stadt Zamora einen Namen machen, zugleich auch eine Festung gewinnen, von welcher aus er seine Herrschaft weiter ausdehnen könnte. Alfons III., welcher in Zamora lag, und von Ahmed in einem, furchtbare Drohungen enthaltenden Schreiben aufgefordert wurde, zum Islam überzutreten, griff ihn am Duero an; er wurde zwar von den Berbern zurückgeschlagen, aber mehrere Häupter der Berber gönnten dem Omejjaden seinen Sieg nicht, und zogen sich mit ihren Leuten zurück, so daß an einem der folgenden Tage, als die Besatzung von Zamora wieder einen Ausfall machte, die Moslimen die Flucht ergriffen und Ahmed selbst getödtet wurde.

Abd Errahman III. war ein Sohn Mohammeds, des ältesten Sohnes Abd Allahs. Sein zum Thronfolger bestimmter Vater wurde von seinem Bruder Mutarrif gehaßt, und bei seinem Vater als Verräther angeklagt, weshalb ihn dieser auch einkerkern ließ. Als später seine Unschuld klar wurde, erschlug ihn Mutarrif, der hierauf auch, nachdem er sich einige Zeit bei Jbn Haßßun herumgetrieben hatte, getödtet wurde. Nach Andern wurde Mohammed auf Befehl seines Vaters erschlagen, der auch seine beiden Brüder Hischam und Kasim, weil er sie für Verräther hielt, aus dem Wege räumte. Abd Errahman war erst einige Wochen alt, als sein Vater starb. Er wurde bei seinem Großvater mit Sorgfalt erzogen, und früh schon zum Thronfolger bestimmt. Abd Errahman bestieg den Thron (912) unter günstigen Auspicien. Schon in den letzten Zeiten Abd Allah's hatte die Monarchie wieder viele Anhänger gefunden, und bei einer liebenswürdigen Persönlichkeit, wie die des neuen Herrschers war, kehrte bald Liebe und Vertrauen in alle Gemüther zurück. Von seinen Zügen gegen die Renegaten und Christen im Süden war schon die Rede, gleich glücklich waren die gegen die arabische Aristokratie, in deren Gewalt noch Sevilla und Carmona waren. Einen schweren Kampf hatte der neue Emir, welcher zuerst, wie die Chalifen in Bagdad, den Titel Emir Almumenin (Oberbefehlshaber der Gläubigen) annahm, gegen die christlichen Fürsten im Norden der Halbinsel zu führen. Ordoño II. drang im Jahr 914 raubend und verwüstend bis Merida vor und unterwarf die Festung Alanja und Badajoz, während Sancho, der Fürst von Navarra, über den Ebro setzte und das südliche Aragonien verheerte. Abd Errahmans Truppen, unter Ibn Abi Abda, wurden von Ordoño geschlagen, aber sie siegten unter dem Oberstkämmerer Bedr (918), und in den folgenden Jahren unter Abd Errahman selbst, sowohl am Duero als am Ebro. Im Jahr 924 eroberte und zerstörte er Pampeluna. Sancho verlor allen Muth, sein Verbündeter Ordoño war todt, des Letztern Bruder Fruela II. folgte ihm bald (925) ins Grab, und die Söhne Ordoño's, Alfons IV. und Sancho, stritten mehrere Jahre um die Herrschaft, bis endlich (928) Ersterer Herr von Leon und Letzterer von Gallicien blieb. Bald nachher zog sich Alfons in ein Kloster zurück, während aber sein Nachfolger Ramiro II. vor Toledo lag, um die Christen gegen den Chalifen zu schützen, bemächtigte er sich der Stadt Leon wieder. Ramiro mußte sich mit Gewalt der Hauptstadt bemächtigen, und ließ nach seinem Siege Alfons blenden.

Während die Christen unter sich selbst Krieg führten, richtete der Emir seine Blicke nach Afrika, und warb unter den dortigen Berberhäuptlingen mächtige Verbündete. Musa Ibn Alafiia, der Statthalter der Fatimiden, erkannte ihn als Oberherrn an und überlieferte ihm Ceuta. Erst im Jahr 932 konnten die Christen ihm wieder die Spitze bieten, doch gelang es Ramiro nicht, die gänzliche Unterwerfung Toledo's zu hindern, ebensowenig im Jahr 934 die Zerstörung von Burgos, der Hauptstadt Castiliens.

Einige Jahre später, als Mohammed Ibn Haschim, der Statthalter von Saragossa, vom Emir abfiel und mit Ramiro und Garcia ein Bündniß schloß, brach Abd Errahman mit einem starken Heere gegen Norden auf, unterwarf Saragossa und nöthigte Tota, die Wittwe Sanchos, welche im Namen Garcias regierte, seine Oberhoheit anzuerkennen.

Den letzten Krieg Abd Errahmans, welchen er im Jahre 939, an der Spitze von 100,000 Mann, gegen die Christen führte, nahm ein schlechtes Ende, denn er wurde bei Chandak, südlich von Salamanca, gänzlich in die Flucht geschlagen. Ursache seiner Niederlage war die Unzufriedenheit der Araber mit seiner Begünstigung der unter dem Namen „Slaven" geworbenen Fremdlinge, aus deren Mitte er auch den Oberbefehlshaber der Armee gewählt hatte. Ramiro konnte jedoch keinen weitern Vortheil aus diesem glänzenden Siege ziehen, weil Ferdinand Gonzalez, der Graf von Castilien, ihm den Krieg erklärte. Dieser wurde zwar bald besiegt und in Leon gefangen gehalten, aber die Castilier blieben ihm stets ergeben und nöthigten Ramiro, ihn wieder als Herrn von Castilien einzusetzen. Von einem guten Vernehmen zwischen den beiden Fürsten war aber keine Rede mehr, so daß Ramiro, auf sich selbst verwiesen, mehrere Jahre (944—47) mit Mühe die Einfälle der Araber abwehren konnte, und erst im Jahre 950, kurz vor seinem Tode (Januar 951), konnte er wieder die Offensive ergreifen und dem Feinde bei Talavera eine Niederlage beibringen. Auch dieser Sieg blieb ohne weitere Folge, weil durch den Tod Ramiro's ein neuer Krieg unter den Christen selbst ausbrach. Ordoño III., der älteste Sohn Ramiro's, machte Ansprüche auf den Thron, aber sein Bruder Sancho, im Bündnisse mit seinem Oheim Ferdinand Gonzalez und mit dem Fürsten von Castilien, machte ihm denselben streitig. Zu gleicher Zeit lehnten sich auch die Galicier gegen die Herrschaft Ordoños auf. Während dieser Kriege konnten die Moslimen glückliche Streifzüge in christliches Gebiet machen, die Ordoño III. erst nach Besiegung seiner Gegner abzuwehren im Stande war, doch unterhandelte er mit dem Emir, und im Jahr 956 wurde ein Frieden geschlossen. Der Emir ging um diese Zeit damit um, die Fatimiden in Afrika zu bekämpfen, deren Statthalter von Sicilien Hassin Jbn Ali in Almeria gelandet war, die ganze Umgegend ausgeplündert und mehrere spanische Schiffe zerstört hatte. Alles war zu einer großen Expedition nach Afrika bereit, als der Tod Ordoños III. (957) aufs Neue seine Aufmerksamkeit nach dem Norden zog. Sancho, der Bruder und Nachfolger Ramiro's III., verletzte den zwischen seinem Vorgänger und dem Emir geschlossenen Friedensvertrag und nöthigte dadurch Letztern, einen Theil der nach Afrika bestimmten Truppen in das Königreich Leon zu schicken, die hier mit Erfolg gegen die Heere Sancho's kämpften, während in Afrika Ziri Jbn Menad die Anhänger der Omejjaden besiegte. (959—60.)

Noch einen glänzendern Sieg feierte Abd Errahman, als Sancho, in Folge der Intriguen Ferdinand's, aus Leon vertrieben, und sein Vetter Ordoño der Böse, ein Sohn Alfons' IV. zum König gewählt wurde. Sancho flüchtete sich nach Pampeluna, zu seiner Großmutter Tota, die noch immer im Namen Garcia's über Navarra herrschte. Tota sah kein andres Mittel, ihren Enkel wieder nach Leon zurückzubringen, als indem sie die Hülfe des Emirs anflehte, die ihr auch zugesagt wurde, nachdem sie selbst mit Garcia und Sancho sich nach Cordova an den Hof des Emirs begeben und Letzterer sich verpflichtet hatte, ihm eine Anzahl fester Plätze an der Grenze abzutreten. Sancho, den auch der jüdische Arzt und Staatsmann Chasdai von seiner außerordentlichen Beleibtheit heilte, kehrte an der Spitze moslimischer Truppen in sein Königreich zurück (959--60) und vertrieb Ordoño. Ferdinand wurde als Gefangener nach Pampeluna gebracht, denn, der Verabredung mit dem Emir gemäß, mußten, während arabische Heere in Leon einrückten, die Truppen Garcia's Castilien angreifen.

Diese Waffenthat war die letzte unter der glorreichen Regierung Abd Errahmans III. Er war schon kränklich, als sein Heer Sancho wieder nach Leon zurückführte und starb im folgenden Jahre (Okt. 961) in einem Alter von siebzig Jahren, mit dem Bewußtsein, während seiner neunundvierzigjährigen Regierung nichts versäumt zu haben, um sein Reich, durch Unterdrückung der innern Unruhen wie durch Bekämpfung der äußern Feinde, größer und mächtiger zu hinterlassen, als es vor ihm war. Die Finanzen waren in gutem Stande, überall herrschte die größte Sicherheit, Ackerbau, Handel, Industrie, Kunst und Wissenschaft blühten, wie nie zuvor, in allen Provinzen zeigten sich die Merkmale eines großen Wohlstandes, und die Prachtbauten, welche die Residenz zierten, so wie die der neuen von Abd Errahman gegründeten Stadt Zahra, in der Nähe von Cordova, erregten die Bewunderung der ganzen damaligen Welt.

Hakam II., der Sohn und Nachfolger Abd Errahmans, mußte bald nach seinem Regierungsantritte wieder ein Heer gegen die Christen aussenden, denn Sancho räumte die Festungen nicht, welche er dem verstorbenen Emir abzutreten sich verpflichtet hatte, und Garcia schloß Frieden mit Ferdinand, der seinerseits Ordoño IV. aus Burgos vertrieb, und seine Waffen wieder gegen die Moslimen kehrte. Wie früher Sancho kam jetzt Ordoño IV. nach Cordova, um den Emir zu bitten, ihn wieder auf den Thron zu setzen, und wie Jener suchte er denselben durch allerlei Zugeständnisse zu gewinnen. Hakam nahm ihn freundlich auf, und versicherte ihn seines Beistandes in einer feierlichen Audienz. Als aber Sancho von diesen Vorfällen Kunde erhielt, und fürchten mußte, abermals den Thron zu verlieren, schickte er eine Gesandtschaft nach Cordova, und erklärte sich bereit den Friedensvertrag einzuhalten. Kaum war aber Ordoño beseitigt, so zögerte er, auf das Bündniß mit Castilien, Navarra und Catalonien vertrauend, abermals mit der Räumung der Festungen. Hakam blieb nun keine andere Wahl mehr, als den Christen den Krieg zu erklären (963) und seine Feldherrn erfochten so glänzende Siege, daß Leon und Navarra um Frieden baten, welcher auch 966 unter vortheilhaften Bedingungen für den Emir zu Stande kam, und auch von Dauer war, da bald nachher Sancho vom Grafen von Gallicien vergiftet wurde, und während der Minderjährigkeit seines Sohnes Ramiro III. die größte Anarchie in Leon herrschte. Gegen Castilien aber dauerten die Feindseligkeiten bis zum Tode Ferdinands (970) fort.

Hakam konnte jetzt, wie sein Vater, seine Aufmerksamkeit den afrikanischen Angelegenheiten schenken, welche in den letzten Jahren eine schlimme Wendung für ihn genommen hatten, da Buluggin, der Sohn Ziri's, der Statthalter der Fatimiden, die jetzt auch die Herrn von Egypten waren, den äußersten Westen unterworfen hatte, und die Idrisiden in Mauritanien es mit ihm hielten. Er sandte eine Flotte mit einem starken Heere nach Afrika, unter dem Oberbefehle des Mohammed Ibn Tomlos, welcher Tanger eroberte, wo der Idrisiden Haßin Ibn Kennun herrschte, dann aber, in einem Treffen gegen ein zweites von Haßin gesammeltes Heer getödtet wurde. Der tapfere General Ghalib wurde hierauf mit frischen Truppen nach Afrika gesandt, welcher mehrere Heerführer der Idrisiden bestach, einen Theil von Mauritanien eroberte und die Idrisiden selbst als Gefangene nach Cordova führte. (974)

Hakam war nicht blos ein glücklicher Ländereroberer, auch auf dem Gebiete der Wissenschaft hat er sich einen glorreichen Namen erworben. Er war selbst, namentlich in der Geschichte der arabischen Literatur, der gelehrteste Mann seiner Zeit und kein Opfer war ihm zu groß, um seine Bibliothek mit den kostbarsten und seltensten Handschriften zu bereichern, so daß sogar manche im fernen Osten verfaßte Werke ihm zugeschickt wurden, noch ehe sie in der Heimath des Verfassers bekannt waren. War aber auch Literaturgeschichte sein Lieblingsfach, so daß er mit eigener Hand eine kurze Biographie der Antoren schrieb, deren Werke seine, mehrere hunderttausend Bände starke Bibliothek enthielt, so unterstützte er doch auch die Studien im Allgemeinen, sowohl die philologischen als die philosophischen, juridischen und theologischen. Er gründete eine Anzahl Armenschulen, so daß sich zu seiner Zeit kaum mehr ein Araber fand, der nicht wenigstens lesen und schreiben konnte, und sorgte für den höhern Unterricht dermaßen, daß die Universität von Cordova eine der berühmtesten des Mittelalters wurde.

Hakam war so geachtet und geliebt, daß er auf keinen Widerstand stieß, als er einige Monate vor seinem Tode die Spitzen seines Reichs aufforderte, seinem eljährigen Sohne Hischam II. als Thronfolger zu huldigen, obgleich bisher kein minderjähriger Prinz den Thron von Cordova bestiegen hatte, und die Araber für eine Weiberherrschaft, wie sie zu erwarten war, da Hischam's Mutter Subh den größten Einfluß am Hofe übte, keine große Sympathie hatten.

II. **Verfall des Omejjadenreichs, von Hischam II. bis Hischam III.**

Als Hakam starb (Oktober), wollten die Häupter der Eunuchen, welche über die Slaven, das heißt über die Leibwache des Emirs, zu gebieten hatten, weil sie den Vezier Mußahefi nicht liebten, der im Namen Hischam's regieren sollte, trotz dem geleisteten Huldigungseide, Hischam beseitigen und seinen Oheim Mughira zum Emir proclamiren, jedoch unter der Bedingung, daß er Hischam zu seinem Nachfolger bestimme. Einer derselben wollte alsbald Mußahefi rufen lassen und enthaupten, ein Anderer widersetzte sich aber diesem Meuchelmorde und hoffte Mußahefi für seinen Plan zu gewinnen. Dieser wurde herbeigeholt und erfuhr zumal den Tod Hakam's und die Absicht der Eunuchen, Mughira an dessen Stelle zu setzen. Da er wußte, daß jeder Widerspruch sein Leben gefährden würde, zeigte er sich mit ihnen einverstanden, aber kaum hatte er sie verlassen, rief er seine Freunde und die Häupter der spanischen und afrikanischen Truppen zusammen, theilte ihnen den Tod des Emirs und den Plan der Eunuchen mit, und stellte ihnen vor, daß unter Hischam alle Macht in ihren Händen bleiben würde, unter Mughira aber es um sie alle geschehen wäre. Man beschloß zunächst, Mughira aus dem Wege zu räumen und Ibn Abi Amir, ein Günstling Subh's, welcher sich zu den höchsten Aemtern emporgeschwungen hatte, übernahm die Ausführung dieses Beschlusses. Die Eunuchen sahen bald ein, daß sie hintergangen worden, sie mußten sich aber fügen und die Krönung Hischam's ging ohne Widerstand vor sich. Mußahesi wurde zum ersten Minister mit dem Titel Hadjib (Oberstkämmerer) und Jbn Abi Amir zum Vezier ernannt, und beide machten sich durch Abschaffung einiger lästigen Abgaben sowohl als durch Mißhandlung und Verbannung der verhaßten Slaven beim Volke beliebt. Jbn Abi Amir's Ansehen stieg im folgenden Jahre noch höher, als er sieggekrönt von seinen Feldzügen gegen die Christen heimkehrte, welche in den letzten Jahren wieder Streifzüge auf moslimisches Gebiet unternommen hatten. Während dieser Campagne wurde er auch mit dem Oberfeldherrn Ghalib, dem Statthalter der Grenzprovinzen, befreundet, welcher ein Feind Mußahesi's war, und ihn bestimmte, nach seiner Rückkehr sich von Subh zum Präfekten der Hauptstadt an die Stelle eines Sohnes Mußahesi's ernennen zu lassen. Auf diesem neuen Posten erwarb sich Jbn Abi Amir noch eine größere Popularität, denn während unter seinem geldgierigen und bestechlichen Vorgänger die größten Verbrechen ungestraft blieben, herrschte zu seiner Zeit die vollste Sicherheit. Mußahesi sah wohl ein, daß er Jbn Abi Amir nicht mehr trauen dürfte und er bot alles auf, um Ghalib für sich zu gewinnen, dieser zog aber die Freundschaft Jbn Abi Amirs vor und gab ihm seine Tochter zur Frau. Mußahesi wurde bald nachher entsetzt und der Veruntreuung der Staatsgelder angeklagt, und Jbn Abi Amir zum ersten Minister ernannt, mit dem Titel Hadjib, den er jedoch mit seinem Schwiegervater Ghalib theilen mußte.

Die Feinde des neuen Hadjib blieben indessen nicht unthätig; zu diesen gehörten die Eunuchen, welche von jeher gegen eine Regentschaft waren, die Theologen, denen er nicht fromm und rechtgläubig genug war, und viele Leute aus dem Volke und unter den Beamten, welche dem Mußahesi zugethan waren. Da auch der neue Präfekt von Cordova zu den Verschworenen gehörte, deren Plan war, Hischam zu tödten und einen andern Enkel Abd Errahman's III., Abd Errahman Jbn Obeid Allah, zum Chalifen auszurufen, so war die Gefahr für Jbn Abi Amir um so größer. Der Handstreich wäre auch ohne Zweifel gelungen, wenn nicht der Eunuche, welcher den Emir ermorden sollte, überwältigt worden wäre, ehe er ihm den Todesstreich versetzen konnte, worauf dann der Präfekt, aus Furcht selbst entlarvt zu werden, die übrigen Häupter der Verschworenen festnehmen und nebst dem zum Emir bestimmten Prinzen Abd Errahman hinrichten ließ. Ibn Abi Amir fühlte jedoch das Bedürfniß, sich mit der Geistlichkeit auszusöhnen, und um ihr einen Beweis seiner Rechtgläubigkeit zu geben, gestattete er den angesehensten Ulema aus der großen Bibliothek Alhakams alle philosophischen Werke, welche als religionsgefährlich angesehen wurden, zu verbrennen, zeichnete überhaupt die Theologen aus, und schrieb sogar mit eigener Hand den Koran ab.

Ibn Abi Amir konnte jetzt, da er die Geistlichkeit und durch sie auch das Volk für sich hatte, nach Alleinherrschaft trachten und Anstalten treffen, um seinen Schwiegervater Ghalib zu beseitigen, der ihm stets Vorwürfe darüber machte, daß er den rechtmäßigen Emir wie einen Gefangenen behandelte, denn nur seine Creaturen hatten Zutritt zu ihm und er mußte in der neu gegründeten Stadt Zahirah, östlich von Cordova, residiren. Da aber Ghalib das Heer für sich hatte, warb Ibn Abi Amir viele neue Truppen in Afrika und in den christlichen Provinzen, und gab ihnen einen so guten Sold, daß sie ihm ganz ergeben waren. Ghalib merkte bald die Absicht seines Schwiegersohnes und nachdem sein Versuch, ihn selbst zu durchbohren, mißlang, trat er öffentlich an der Spitze seiner alten Truppen und der mit ihm verbündeten Leoneser als Verfechter der Rechte des Emirs auf, fiel aber in einem Gefechte gegen das Heer Ibn Abi Amirs (981), worauf seine Truppen die Flucht ergriffen.

Sobald die Ruhe in der Hauptstadt hergestellt und die nöthigen Vorkehrungen, um weitere Störungen zu verhindern, getroffen waren, fiel Ibn Abi Amir in das Königreich Leon ein, um Ramiro III. für die Ghalib geleistete Hülfe zu züchtigen. Er nahm Zamora und Simancas, und drang sogar bis in die Vorstadt von Leon vor, obgleich die Fürsten von Castilien und Navarra sich mit Ramiro gegen ihn verbündet hatten, wurde jedoch durch die schlechte Jahreszeit genöthigt, nach Cordova zurückzukehren.

Nach diesem neuen glänzenden Siege gebährdete er sich wie ein Fürst. Er nahm den Titel Almanßur (der Siegreiche) an, und räumte auch noch durch Meuchelmord den Feldherrn Djafar Ibn Ali aus dem Wege, der aus Afrika gekommen war, wo er mit Erfolg für die Omajjeden gegen die Fatimiden gekämpft hatte, und den er um seinen Einfluß auf die afrikanischen Truppen beneidete.

In Folge des Bürgerkriegs unter den Christen zwischen Ramiro und Vermudes wurde das Ansehen Almanßurs noch erhöht. Vermudes suchte um den Beistand der Moslimen nach, der ihm gewährt wurde, ihn aber auch gewissermaßen zum Präfekten Manßurs degradirte. (984) Im folgenden Jahre unterwarf dieser Catalonien, nahm Barcelona und verwandelte die Stadt in einen Schutthaufen.

Auch in Afrika, wo der unter Alhakam nach Alexandrien verbannte Idriside Ibn Kennu aufs Neue, mit Hülfe der Fatimiden, die Anhänger der Omejjaden vertrieben hatte, siegten die spanischen Truppen. Der Idriside mußte sich ergeben und wurde, obgleich ihm der Oberfeldherr Sicherheit des Lebens zugesagt hatte, auf Befehl Manßurs hingerichtet (985).

In den Jahren 987 und 988, als Bermudes es versuchte, die Oberherrschaft der Moslimen abzuschütteln, führte Manßur wieder ein Heer gegen Leon, nahm und zerstörte viele feste Plätze, unter Andern auch die Hauptstadt selbst, und im folgenden Jahre fiel er in Castilien ein, weil der Graf Fernandes Garcia Abd Allah, den Sohn Almanßurs, aufgenommen hatte, welcher sich mit Abd Errahman, dem Statthalter von Saragossa und Abd Allah, dem Statthalter von Toledo, gegen seinen eigenen Vater verschworen hatte. Auch unterstützte Manßur später (994) Sancho, den Sohn Garcias, als er sich gegen seinen Vater empörte, und als er im folgenden Jahre, nach seines Vaters Tod, Herr von Castilien wurde, mußte er sich den Arabern gegenüber zu einem jährlichen Tribut verpflichten.

Auch Bermudes, welcher den rebellischen Statthalter von Toledo aufgenommen hatte, mußte sich vor Manßur demüthigen, als dieser in dessen Reich einfiel, und nicht nur Abd Allah ausliefern, sondern auch, wie Sancho, tributpflichtig werden.

Während Manßur immer neue Lorbeeren pflückte und nach jedem Siege einen Schritt weiter zur Herrschaft machte, die er factisch allein besaß, deren Insignien er aber noch mit dem schwachen Hischam theilen mußte, war Subh an seinem Sturze thätig, und bemühte sich, ihren nunmehr herangewachsenen aber noch immer wie ein Kind behandelten Sohn zu bewegen, seine Rechte dem Usurpator gegenüber geltend zu machen und selbst die Zügel der Regierung in die Hand zu nehmen. Zugleich ließ sie durch ihre Freunde das Volk bearbeiten, welches für den Sohn Hakam's II. und den Enkel Abd Errahman's III. noch viele Sympathien hatte, und forderte es auf, den Emir aus den Händen Manßur's zu befreien. Dieser begab sich aber selbst zu dem schwachen Emir, den er zum Pietisten und nicht zum Regenten erzogen hatte, und bestimmte ihn, öffentlich zu erklären, daß er seine

Lust habe, selbst zu regieren, sondern Manßur beauftrage, wie bisher die Staatsangelegenheiten zu leiten; zugleich ritt er, um das Volk zu überzeugen, daß ihm keinerlei Gewalt angethan worden, im Emirsornate, an der Seite Almanßurs, und in Begleitung des ganzen Hofes, durch die Hauptstraßen der Residenz (997).

Da es Subh auch gelungen war Ziri Jbn Atijeh, den Statthalter von Mauritanien, für sich zu gewinnen, so daß er sich anschickte, mit seinen Truppen nach Andalusien überzusetzen, um Hischam zu befreien, so sandte Manßur, als in Cordova die Ruhe hergestellt war, zuerst den Feldherrn Wadhih und dann seinen Sohn Abd Almelik nach Afrika, welche nach mehreren Treffen Ziri (998) besiegten und dessen Besitzungen eroberten. Ziri selbst starb (1001) an den Folgen seiner Wunden. Auch Bermudes, welcher zur Zeit der Unruhen den Tribut verweigern zu dürfen glaubte, wurde durch Verheerung seines Landes und durch Verbrennung Santiago's, der berühmten Pilgerstadt, mit der Kirche und dem Grabe des Apostels, gezüchtigt (997).

Den letzten glücklichen Krieg unternahm Manßur im Jahr 1002 gegen Castilien. Auf dem Rückwege erkrankte er und starb in Medinaceli, (August) nachdem er seinen Sohn Abd Almelik zu seinem Nachfolger bestimmt hatte. So endete der große Held und Staatsmann sein Leben auf einem Feldzuge, wie er es stets gewünscht hatte. Unter ihm wurde Andalusien, sowohl durch glänzende Waffenthaten, als durch Förderung der Cultur und des materiellen Wohlstandes, durch Schöpfung gemeinnütziger Werke, wie durch Handhabung der strengsten Gerechtigkeit, zum schönsten und mächtigsten Staate der damaligen Welt erhoben. Darum spenden ihm auch die moslimischen Chroniken reiches Lob, ohne jedoch die Mittel zu billigen, durch welche er sich den Weg zur Herrschaft gebahnt hatte.

Abd Almelik war eben so glücklich wie sein Vater, in seinen Streifzügen gegen die Christen sowohl, als in Unterdrückung innerer Empörungen, die jedoch sehr selten waren. Sie nahmen aber zu, als nach seinem Tode (1008) sein Bruder Abd Errahman, dessen Mutter eine Christin war, der selbst die Vorschriften des Corans verletzte, und im Verdachte stand, Abd Almelik vergiftet zu haben, die Zügel der Regierung ergriff. Dazu kam noch, daß er den Chalifen beredete, ihn zu seinem Nachfolger zu ernennen, wodurch er nicht nur alle omejjadischen Prinzen gegen sich aufbrachte, sondern alle aufrichtigen und gläubigen Royalisten, welche nur Abkömmlinge aus dem Geschlechte

Mohammeds als rechtmäßige Chalifen ansehen konnten, weshalb auch im Osten keiner der mächtigen Eroberer unter den Bujiden und Seldjuken auf den Gedanken kam, sich selbst zum Chalifen erheben zu lassen. Ibn Abi Amir war zwar ein Araber, aber er gehörte zur südarabischen Race und nicht zu der von Maadd, aus welcher Mohammed herstammte. Abd Errahman hatte keine Ahnung von der aufgeregten Stimmung, welche in der Hauptstadt gegen ihn herrschte, und wollte, wie seine Vorgänger, sich auch auf christlichem Gebiete Lorbeeren sammeln. Alfonso V. gab ihm jedoch hiezu keine Gelegenheit, er vermied eine Schlacht und zog sich ins Gebirge zurück, bis der Schnee jenen zur Rückkehr nöthigte. Während der Abwesenheit Abd Errahmans hatte aber Cordova seine Herrschaft abgeschüttelt. An der Spitze der Verschwörung stand Mohammed, ein Urenkel Abd Errahman's III., dessen Vater Hischam schon unter Abd Almelik conspirirt hatte, und hingerichtet worden war. Mohammed überrumpelte, an der Spitze einiger hundert entschlossener Männer, den Palast des Emirs, tödtete den Commandanten und nöthigte Hischam zu seinen Gunsten abzudanken. Seine Anhänger riefen dann das Volk zu den Waffen, das zahlreich herbeiströmte, die höhern Klassen aus Haß gegen die fremden Usurpatoren, die Niedern in der Hoffnung ihr eigenes Loos durch einen Umsturz der Regierung zu verbessern. Die Behörden in Cordova sowohl als in Zahirah verloren bald alle Fassung, und die wenigen zurückgebliebenen Truppen waren ohne Führer, so daß der Regierungswechsel ohne weitern Kampf von Statten ging. Abd Errahman vernahm in Toledo, was in der Hauptstadt vorgefallen, er hoffte mit seinen Truppen sie wieder unterwerfen zu können, merkte aber bald, daß auch sie geneigt waren, ihn zu verlassen. Allen Warnungen und Erfahrungen zum Trotze, setzte er doch den Rückmarsch fort, und obgleich selbst die Berber von ihm abfielen und ihn zuletzt nur noch seine eigenen Leute und einige Leoneser umgaben, weigerte er sich doch durch die Flucht nach Castilien sein Leben zu retten, und hoffte durch seine freiwillige Unterwerfung weitern Verfolgungen zu entgehen. Er wurde aber gefesselt und niedergehauen, und seine Leiche vor dem Thore des Palastes gekreuzigt.

Mohammed, welcher den Beinamen Mahdi annahm, hatte nicht die erforderliche Gewandtheit, um die heraufbeschworene Empörung wieder zu dämpfen. Er verlor bald das Vertrauen des Volkes dadurch, daß er die Arbeiter, die sich für ihn geschlagen, freilich nachher auch in den Häusern der Amiriden und ihrer Anhänger gehörig geplündert hatten, nicht unter seine Truppen aufnahm. Den Slaven traute er auch nicht, er verbannte sie daher aus der Hauptstadt und entzog ihnen einen Theil ihres Soldes, so daß sie bereit waren, jeden neuen Aufstand zu begünstigen. Selbst die Berber, welche unter den Amiriden vom Hofe gefeiert wurden, behandelte er mit Geringschätzung, so daß auch sie mit Unwillen der neuen Regierung gehorchten. Dazu kam noch, daß er durch sein irreligiöses Leben die Frommen und durch seine raffinirte Grausamkeit alle bessern Menschen empörte. Aus Furcht, man möchte bei einer neuen Empörung Hischam wieder zum Emir ernennen, ließ er ihn heimlich in den Palast eines seiner Veziere bringen, und sagte ihn todt, indem er die Leiche eines ihm ähnlich sehenden Christen für die Seinige ausgab. Diese Maßregel nützte ihm jedoch wenig. Als er den zum Thronfolger bestimmten Suleiman, den Sohn Abd Errahman's III., einkerkern ließ, stellte sich dessen Sohn Hischam an die Spitze der Unzufriedenen, die ihn als Emir ausriefen, und rückte vor den Palast Mahdi's. Dieser hätte ohne Zweifel abdanken müssen, wenn nicht, während der Unterhandlung zwischen ihm und Hischam, die Rebellen, welche Letztern umgaben, die benachbarten Bazare ausgeplündert hätten. Jetzt griffen die Bürger, deren Eigenthum gefährdet war, zu den Waffen, um das Gesindel und die Berber zu verjagen, was auch nach vierundzwanzigstündigem Kampfe gelang. Hischam selbst nebst seinem Vater wurden gefangen genommen und auf Mahdi's Befehl enthauptet.

Die Berber sammelten sich jedoch an der Grenze von Castilien, wählten Suleiman, einen Neffen des enthaupteten Hischam, zum Emir und verbündeten sich mit dem Grafen Sancho, der ihnen gegen das Versprechen, ihm nach dem Siege über Mahdi eine Anzahl fester Plätze abzutreten, Beistand leistete. Die Afrikaner und Castilianer schlugen Mahdi in der Nähe der Hauptstadt, und obgleich dieser nun gestand, daß Hischam II. noch am Leben, wurde doch Suleiman als Emir anerkannt (November 1009).

Mahdi entkam jedoch nach Toledo, vereinigte sich mit Wedhih, dem Statthalter von Medinaceli und mit den Grafen von Catalonien, und rückte gegen Cordova vor. Die Afrikaner schlugen sich mit großer Tapferkeit für Suleiman, da dieser selbst aber die Flucht ergriff, zogen auch sie sich zurück und Mahdi hielt als Sieger seinen Einzug (Juni) in die Hauptstadt, welche aufs Neue ausgeplündert wurde.

Als er aber hierauf die Afrikaner verfolgte, sammelten sie sich an der Mündung des Guadaira, brachten seinen Truppen eine blutige Niederlage bei und nöthigten ihn nach der Hauptstadt zurückzukehren, welche die christlichen Truppen bald darauf verließen. Mahdi konnte sich daher auch nur kurze Zeit in derselben halten. Die Slaven, an deren Spitze Wedhih stand, verschworen sich gegen ihn, holten Hischam II. aus dem Gefängnisse, setzten ihn auf den Thron und tödteten Mahdi.

Wedhih hoffte jetzt, wie früher Manßur, im Namen des schwachen Emirs regieren zu können, aber die Berber unterwarfen sich nicht, und manche Omejjaden hielten es mit ihnen, weil ihnen die Herrschaft der Slaven zuwider war. Wedhih mußte auch dem Grafen Sancho von Castilien, weil er ihm drohte, er werde Suleiman und die Berber unterstützen, eine Anzahl Festungen überliefern, was ihm von den gläubigen Moslimen als ein schweres Verbrechen angerechnet wurde. Die Berber waren aber bald auch ohne christliche Hülfe stark genug, um die Slaven in die Enge zu treiben. Zahra mit seinen herrlichen Palästen fiel in ihre Hände und sie begnügten sich nicht damit, die Stadt auszuplündern, sondern verwüsteten sie auch gänzlich und mordeten ihre Bewohner. Wedhih knüpfte aufs Neue Unterhandlungen mit den Berbern an, welche schon vor den Thoren der Hauptstadt umherschwärmten und die Zufuhr von Lebensmitteln abschnitten, er wurde aber von dem General der Slaven als Verräther zusammengehauen (Oktober 1011). Die Slaven hielten sich dann noch achtzehn Monate, unter fortwährenden Kämpfen und bei zunehmender Hungersnoth, in Cordova, aber im April 1013 öffnete ein Verräther den Berbern ein Thor der Stadt, die nun das Schicksal Zahra's theilte. Sie wurde der Plünderung preisgegeben, weil sie so hartnäckigen Widerstand geleistet hatte, viele Paläste gingen in Flammen auf, alle Anhänger der gestürzten Regierung wurden ermordet und mehrere Stadttheile den Siegern als Wohnungen angewiesen, ihre Eigenthümer aber, ohne alle Entschädigung, aus der Stadt verbannt. Hischam II. wurde von Suleiman als Wortbrüchiger hart angefahren, was aber weiter aus ihm wurde, ob Suleiman ihn tödtete, oder ob er in einem Gefängnisse oder unerkannt in der Fremde sein Leben beschloß, ist ungewiß. Gewiß ist, daß die Slaven, welche sich in den Provinzen herumtrieben und im Besitze mancher Städte waren, noch immer Hischam II. im Kanzelgebete nannten, für ihn warben und sich hartnäckig weigerten, Suleiman anzuerkennen.

An der Spitze der Slaven stand Chairan, der Herr von Almeria, viele Andalusier, welche Suleiman nicht verzeihen konnten, daß er durch seine afrikanischen Horden so viel Unglück über sein Vaterland gehäuft, schlossen sich ihm an. Er gewann auch bald einen mächtigen Verbündeten an Ali Ibn Hammud, einem Abkömmling Mohammeds, dessen Ahnen sich längst unter den Berbern niedergelassen hatten, und der jetzt Statthalter von Ceuta und Tanger war. Ali machte Ansprüche auf das Chalifat, erklärte sich jedoch Chairan gegenüber bereit, Hischam II. anzuerkennen, falls er noch am Leben sein sollte. Als Chairan sich damit einverstanden erklärte, setzte er über die Meerenge, gewann den Statthalter von Malaga, und zog, nachdem Chairan zu ihm gestoßen war, gegen Cordova. Ihr Sieg war um so leichter, als selbst die Berber wenig Sympathien für den schwachen Suleiman hatten, und Ali als einen der Ihrigen ansahen. Ohne Kampf besetzten sie Cordova, und da Suleiman selbst Hischam II. todt sagte, wurde Ali zum Emir ausgerufen (Juli 1016), der alsbald Suleiman, so wie dessen Bruder und Vater, welcher behauptete, Hischam lebe noch, hinrichten ließ.

Chairan hatte, als er mit Ali ein Bündniß schloß, gehofft, er würde sich mit dem Namen eines Chalifen begnügen und ihm die Zügel der Regierung überlassen. Als er sich getäuscht sah, fiel er von ihm ab und erklärte sich für Abd Errahman IV., einen Sprößling Abd Errahman's III. Ali mußte sich jetzt ganz den Berbern hingeben und, wie unter Suleiman, ihnen volle Freiheit lassen, die Andalusier nach Belieben zu mißhandeln. Einige patriotische Slaven nahmen die Leiden der Bevölkerung von Cordova zu Herzen und ermordeten Ali (April 1018).

Kasim, welchen die Berber an seines Bruders Ali's Stelle zum Emir ernannten, söhnte sich mit Chairan aus, der schon früher Abd Errahman IV. verrathen hatte, weil er nicht die Rolle eines Schattenchalifen spielen wollte, und bildete mehrere Negerregimenter, um die Berber im Zaum zu halten. Die Berber verließen ihn daher und schlossen sich seinem Neffen Jahja, dem Sohne Ali's, an, welcher Statthalter von Ceuta war, und mit dem auch bald Chairan gemeine Sache machte, so daß er nach Andalusien kam und im September 1021 in Cordova als Chalife einzog. Er konnte sich jedoch nur bis zum Februar 1023 behaupten, denn Kasim kehrte mit seinen Negern und mehreren andalusischen Häuptern wieder und nöthigte ihn, sich nach dem Süden zu flüchten. Bald nachher empörte sich Cordova gegen Kasim; nach wiederholten blutigen Kämpfen wurde er (Ende Ottober) in die Flucht geschlagen und endete sein Leben (1036) in Malaga, als Gefangener seines Neffen Jahja. Zum Chalifen wurde Abd Errahman V., ein Bruder Mahdi's, gewählt.

Abd Errahman hatte gleich gegen Verschwörungen zu kämpfen, denn viele einflußreiche Bewohner Cordova's wollten Suleiman, einen Sohn Abd Errahman's IV., zum Fürsten wählen, und als dieser starb, schlossen sie sich einem andern ehrgeizigen Omejjaden an, welcher Mohammed hieß und großen Anhang unter der niedern Volksklasse hatte. Die Rebellen gewannen die Leibwache des Emirs, welche es ihm übel nahm, daß er auch einige Afrikaner in seinen Dienst genommen, drangen ohne Hinderniß in den Palast, ermordeten Abd Errahman und riefen Mohammed zum Emir aus. (Januar 1024.)

Ein roher ungebildeter Mann, wie Mohammed, der einen Weber zum Vezier wählte, und nur für die Genüsse der Tafel Sinn hatte, konnte sich in einer an Revolutionen gewöhnten Stadt nicht lang behaupten. Nach wenigen Monaten schon (Mai) rottete sich das Volk zusammen und ermordete seinen Vezier, er selbst entkam in Frauenkleidung und wurde später von einem seiner Leute vergiftet. Ein halbes Jahr verging, ehe man zur Wahl eines neuen Herrschers schritt, endlich entschloß man sich, den Hammuditen Jahja aus Malaga zurückzurufen, der stark genug war, das Gesindel der Hauptstadt, welches, um nach Lust rauben und plündern zu können, jeden Augenblick zu neuem Aufstande bereit war, im Zaum zu halten. Jahja nahm das Anerbieten an, da er aber den Wankelmuth der Cordovaner kannte, blieb er selbst in Malaga und begnügte sich damit, einen seiner Generäle mit einigen Truppen in die Hauptstadt zu schicken. (November 1025.) Was Jahja vorausgesehen, traf bald ein. Die Feinde der Berber unterhandelten mit den Slaven Chairan und Mudjahid, den Herren von Almeria und Denia, welche gegen Cordova aufbrachen, das Volk erhob sich bei ihrem Herannahen und vertrieb den Statthalter Jahja's. (Mai 1026.)

Noch einmal versuchte man es, einen Omejjaden, Hischam III., einen Bruder Abd Errahman's IV., auf den Thron zu setzen, aber auch er war nicht der geeignete Mann, Ordnung und Ruhe herzustellen und die Liebe des Volks zu gewinnen. Sein Vezier Hakam war der Aristokratie, weil er von niederer Herkunft war, ein Dorn im Auge. Die Theologen haßten ihn, weil er in seiner großen Finanznoth die Stiftungen der Moscheen nicht schonte, und das Volk schrieb die Stockung im Handel, welche Folge der wiederholten Aufstände war, den auf den Waaren lastenden Abgaben zu. Als endlich alles zum Aufstande vorbereitet war, wendete sich Ibn Djauhar, der Präsident des Staatsraths, an einen Omejjaden, welcher Omejja hieß, beredete ihn, sich an die Spitze der Empörung zu stellen und verhieß ihm den Thron. Der Sturz Hischams war leicht zu bewerkstelligen, sobald Hakam, die Seele der Regierung, durch einen Meuchelmord beseitigt war, denn er selbst flüchtete sich auf einen Thurm des Palastes und ergab sich, als man ihm Sicherheit des Lebens versprach. Als aber Omejja dessen Stelle einnehmen wollte, wurde ihm vom Staatsrath der Befehl ertheilt, das Gebiet von Cordova zu verlassen. Ibn Djauhar sah kein Heil mehr in der Monarchie und hatte Omejja nur getäuscht, weil der Aufstand unter der Fahne eines Omejjaden leichter zu organisiren war. Hischam wurde in ein festes Schloß gebracht, er entkam aber und flüchtete sich nach Lerida, wo er im Jahr 1036 starb, und mit ihm endete die Herrschaft der Omejjaden über Spanien.

III. Das moslimische Spanien nach dem Sturze der Omejjaden.

Die Herrschaft der Omejjaden war seit dem Tode Manßurs immer tiefer gesunken, und hatte sich in den letzten Zeiten nur noch über wenige Städte ausgedehnt, denn an vielen Orten waren Slaven, Berber und Araber ganz unabhängig von den Emiren von Cordova. Im Süden herrschten die Berber, und zwar in Malaga und Algesiras die Hammuditen, d. h. die Nachkommen Ali's und Kasim's Ibn Hammud, in Granada die Ziriden, d. h. die Söhne Zawi's Ibn Ziri. Andere Berberhäuptlinge, unter denen besonders die Dju-l-Nun hervorragten, waren oder wurden bald die Herrn von Toledo, Carmona, Ronda, Moron und Badajoz. Der Osten gehörte zum großen Theil den Slaven. Chairan war Herr von Murcia und Almeria und Mudjahid gebot über Denia und die Balearischen Inseln. Zaragossa fiel dem arabischen Geschlechte der Beni Hud zu. Sevilla folgte dem Beispiele Cordova's. Hier standen die Nachkommen Ibn Djauhars an der Spitze der Republik und dort, die unter dem Namen Benu Abbad bekannten Nachkommen des Cadhi Mohammed Ibn Ismail, welche später nicht nur Cordova, sondern auch Malaga,

Algesiras, Ronda, Moron, Niebla und einige andere Städte annexirten. Um seine Herrschaft zu begründen, hatte der schlaue Cadhi einem Handwerker huldigen lassen, welcher sich für den Emir Hischam II. ausgab, über dessen Ende, wie schon erwähnt, man nichts Bestimmtes wußte und den das Volk noch am Leben glaubte (1035). Er gewann dadurch den Beistand Cordova's und anderer Städte, welche sich dem vermeintlichen Omejjaden unterwarfen und konnte mit Erfolg dem Hammuditen Jahja Widerstand leisten. Dieser Handwerker mußte seinen Namen hergeben, bis Mutadhid, der Sohn des Cadhi Mohammed, so mächtig war, daß er unter eigenem Namen regieren konnte, dann wurde er todt gesagt (1059), vielleicht auch heimlich ermordet. Man wagte es jetzt von allen Seiten, ohne irgend einen legitimen Grund, Anspruch auf die Herrschaft zu machen, und sich Prädicate und Ehrentitel beizulegen, die nur dem Chalifen ziemten. Jeder Emir suchte nach Kräften, bald allein, bald im Bündnisse mit andern, seine Herrschaft weiter auszudehnen und die blutigen Kriege zwischen diesen Emiren, in Folge ihrer Ländergier, kamen ihren gemeinschaftlichen Feinden, den Christen im Norden, zu statten, welche nicht selten, wie in frühern Jahren, von Moslimen selbst herbeigerufen wurden, die lieber den Fürsten von Kastilien Tribut zahlten, als sich einem arabischen Emir zu unterwerfen, oder von ihren mißvergnügten Unterthanen vertreiben zu lassen. Auch Mutadhid mußte, um nicht alle seine Eroberungen wieder einzubüßen, dem Beispiele der Emire von Badajoz, Saragossa und Toledo folgen, und dem König Ferdinand I. Tribut bezahlen.

Noch schlimmer wurde die Lage der Mauren zur Zeit Alfons' VI., der sich nicht mehr mit einem Tribut begnügte, sondern das moslimische Andalusien zu erobern sich anschickte. Schon war Toledo in seiner Gewalt und die Fürsten von Sevilla und Granada, Mutamid und Abd Allah, erwarteten jeden Augenblick von der Uebermacht erdrückt zu werden. Sie fanden kein anderes Rettungsmittel, als Jusuf Jbn Tejchufin, den Fürsten der Murabitin (Almoraviden), welche ein mächtiges Berberreich in Westafrika gegründet hatten, herbeizurufen.

Jusuf landete in Algesiras, rückte, mit den moslimischen Fürsten vereinigt, gegen Alfons vor und brachte ihm in Zallaka, nicht weit von Badajoz, eine blutige Niederlage bei (October 1086). Er mußte aber bald wieder nach Afrika zurückkehren und Alfons fuhr fort, den Osten Spaniens von der Festung Aledo aus zu beunruhigen. Im

Jahr 1090 kam Jusuf wieder nach Spanien, er konnte zwar Aledo nicht nehmen, doch wurde die halb zerstörte Festung von den Christen geräumt. Jusuf, vom Volke und den Theologen begünstigt, welche ihn seines Eides entbanden, den er den Fürsten geschworen, ihre Souveränetät nicht anzutasten, übernahm nun selbst die Rolle Alfon's, indem er sie der Reihe nach unterjochte. Abd Allah von Granada wurde zuerst entthront, ihm folgte der Herr von Malaga, dann kam die Reihe an Mutamid, der vergebens Alfons zu Hülfe rief. Auch Mutawakkil, der Fürst von Badajoz, beschleunigte seinen Untergang nur durch sein Bündniß mit Alfons, dem er Lisabon, Cintra und Santarem abtrat, denn ehe dieser herankam, war Badajoz schon von den Murabiten besetzt (1094) und Mutawakkil hingerichtet. Nur Mustain, der Fürst von Saragossa, der sich zur rechten Zeit unterworfen hatte, blieb verschont, und erst nach seinem Tode (1109) und dem Jusufs, (1106) bemächtigte sich des Letztern Sohn und Nachfolger Ali der Stadt Saragossa. Valencia, dessen sich der Cid im Jahre 1094 bemächtigt, und das er bis zu seinem Tode (1099) behauptet hatte, war schon im Jahre 1102 von seiner Wittwe den Almoraviden übergeben worden. Der Cid selbst, der übrigens in den nüchternen und unpartheiischen Chroniken ein ganz Anderer ist, als der von den Dichtern besungene, indem er, je nach Umständen, eben so wacker im Dienste moslimischer Fürsten gegen Christen, als gegen Erstere für Letztere, oder für sich selbst kämpfte, und an Grausamkeit und Wortbruch es maurischen Großen gleichthat, hatte indessen auch schon kurz vor seinem Tode in einer Schlacht gegen die Almorabiten, den größten Theil seines Heeres verloren.

Unter der Regierung Ali's änderten sich bald die Zustände wieder. Sein Bruder Temim brachte zwar (1108) den Christen bei Ucles noch eine schwere Niederlage bei, und er selbst nahm im folgenden Jahre viele Burgen im Gebiete von Toledo, während seine Feldherren in Portugal bald nachher einiges Gebiet eroberten, aber seine eigene Schwäche, das allmählige Erschlaffen seiner Soldaten und ihrer Häuptlinge in dem verführerischen Andalusien, und das Emporkommen anderer Berberhorden, welche unter einem neuen Mahdi ihm die Herrschaft über Afrika streitig machten, ermuthigten die Christen zu neuen Kämpfen und die gedrückten Andalusier zu wiederholten Aufständen, denn die Herrschaft der Moraviden, welche sie einst als Erlöser von den Christen begrüßt hatten, war ihnen jetzt unerträglich.

Alfons VII. von Castilien eroberte im Jahr 1118 Saragossa und viele andere Plätze im Osten Spaniens. Ali selbst kam nochmals nach Spanien, konnte aber nur verwüsten und rauben. Auch sein Sohn Teschufin, der später den Oberbefehl in Spanien führte, vermochte nicht bedeutende Vortheile zu erfechten, wenn er auch mehrere Festungen eroberte und seinem Vater (1134—35) viele Tausende gefangener Christen zuführte. Als Teschufin (1140) an die Regierung kam, war schon der größte Theil seines Reichs in den Händen der Almohaden, und mit ihm endete, nach zwei Jahren, die Herrschaft der Moraviden, wenn auch einzelne Städte ihnen erst später entrissen wurden.

Nach dem Sturze der Moraviden in Afrika empörte man sich in Spanien gegen ihre Statthalter und überall erhoben sich wieder selbständige Emire, wie nach dem Untergange der Omejjaden, bis endlich Abd Almumin, der zweite Almohade, den größten Theil des moslimischen Andalusiens unter seinem Scepter wieder vereinigte. Schon im Jahre 1145 wurde Algesiras von den Almohaden erobert, im folgenden Jahre Sevilla und Cordova. Im Jahr 1151 nahmen sie Almeria wieder, welches seit vier Jahren in den Händen der Castilier war, und im Jahr 1156—57 gelangten sie auch in den Besitz von Granada und den übrigen Städten, welche noch in der Gewalt der Moraviden waren. Zum Glück für die christlichen Staaten Spaniens wendete Abd Almumin seine Waffen von nun an gegen das östliche Afrika, das er bis Barka seinem Scepter unterwarf, und als er endlich, (1163) an der Spitze eines Heeres von 300,000 Mann, nach Andalusien übersetzte, um weitere Eroberungen zu machen, wurde er krank und starb bald nachher.

Sein Sohn und Nachfolger Jusuf, der seitherige Statthalter von Sevilla, wurde in der ersten Zeit von zwei Brüdern nicht anerkannt, er hatte auch gegen mehrere Berberhäuptlinge, die sich zu Emiren aufwarfen, zu kämpfen, und die Unternehmungen seiner Feldherrn in Spanien beschränkten sich auf unbedeutende Raubzüge. Jusuf selbst verheerte mehrere Jahre hintereinander das Gebiet von Toledo und unterwarf Murcia und Valencia, welche dem Mohammed Ibn Saad Ibn Merdanis gehörten (1170). Im Jahr 1184 kam Jusuf wieder nach Spanien, wurde aber auf einem Zuge nach Portugal von Sancho I. bei Santarem, als ein Theil des Heeres, in Folge eines mißverstandenen Befehles, schon abgezogen war, geschlagen und starb bald nachher an seinen Wunden.

Jakub, der Nachfolger Jusufs, welcher den Ehrentitel Almanzur führte, mußte auch mehrere Jahre gegen seine eigenen Verwandten und gegen rebellische Araber Krieg führen. Erst im Jahr 1189 setzte er nach Spanien über, verheerte ganz Portugal und schleppte viele tausend Gefangene nach Afrika. Auch nach seiner Rückkehr setzten seine Feldherrn die Verwüstungen fort und entrissen Sancho mehrere Städte am Tajo. Jakub selbst fiel wieder im Jahre 1195 in Spanien ein, nachdem Alfons VIII. von Castilien ihm ein herausforderndes verhöhnendes Schreiben zugeschickt hatte, und dieser König erlitt bei Alarkos eine noch blutigere Niederlage als Alfons VI. bei Zulaca erlitten hatte. Nach diesem Siege durchstreifte Jakub mit Feuer und Schwert den größten Theil von Estremadura und Altcastilien und eroberte Alcala, Calatrava, Guadalaxara, Salamanca und andere Städte und Festungen.

Jakub starb im Jahr 1199, sein Sohn Mohammed Alnaßir brauchte mehrere Jahre, um den Rebellen, welcher sich der Städte Mahdieh und Tunis bemächtigt hatte, zu unterwerfen. Die Araber nennen diesen Aufrührer Almiorki, weil er Gouverneur der Insel Majorca war, derer sich die Almohaden jetzt auch bemächtigten. Erst im Jahr 1211 landete Mohammed in Spanien, und obgleich er, selbst nach arabischen Quellen, eine halbe Million Streiter um sich hatte, wurde er doch (1212) bei Tolosa von den spanischen Christen, denen sich viele vom Papste Innocenz III. herbeigerufene fremde Kreuzfahrer angeschlossen hatten, aufs Haupt geschlagen und der größte Theil seines Heeres niedergemacht. Die christlichen Schaaren machten nach diesem Siege viele Eroberungen, denn die Macht der Almohaden war gebrochen, doch hinderten sie wieder innere Streitigkeiten daran, einen Hauptschlag gegen die Moslimen zu führen.

Mohammed starb gegen Ende des Jahres 1213, von seinen Vezieren vergiftet, welche im Namen seines minderjährigen Sohnes Jusuf Almuntaßir das Regiment fortführten. Später ergriff er selbst die Zügel der Regierung, ohne dazu die erforderliche Kraft und Fähigkeit zu besitzen, und umgab sich mit Leuten, die ihn durch sinnliche Genüsse schwächten. Nach seinem Tode (Januar 1224) huldigte man in Marotto dem Abd Alwahid, einem Enkel Abd Almumins, der schon im Greisenalter war. Sein Neffe Abd Allah Aládil, ein Oheim Jusufs, welcher Statthalter von Murcia war, verweigerte ihm die Huldigung und brachte es, im Vereine mit seinem Bruder

Abu-l-Ala, dem Statthalter von Sevilla, durch Drohungen und Versprechungen dahin, daß Abd Alwahid wieder abdankte, worauf dann Aladil auch in Marokko zum Emir gewählt wurde (September). Abd Alwahid wurde trotz seiner Abdankung nach einigen Tagen erdrosselt. Gegen Aladil empörte sich Abu Zakaria, vom Geschlechte der Benu Hafß, in der Provinz Afrika, und auch seine eigenen Vetter, Abu Zeid, der Statthalter von Valencia, und Abu Mohammed, der Statthalter von Baeza, versagten ihm die Huldigung. Da Letzterer auch in Cordova und andern Städten als Emir anerkannt wurde, befahl Aladil seinem Bruder Abu-l-Ala, ihn zu bekriegen. Als er Baeza belagerte, unterwarf sich Jener, aber kaum war die Belagerung aufgehoben, so schloß er ein Bündniß mit dem König von Castilien, dem er mehrere Städte abtrat, zog gegen Sevilla und schlug Abu-l-Ala. Einige Jahre später empörte sich Abu-l-Ala selbst gegen seinen Bruder Aladil, und gewann auch die Häupter der Almohaden, welche Aladil aufforderten, abzudanken, und als er sich weigerte, ihn erdrosselten (Oktober 1227). Kaum hatten sie aber dem Abu-l-Ala, welcher den Ehrentitel Almamun annahm, einen Boten nach Spanien geschickt, um ihn einzuladen, den Thron in Marokko zu besteigen, so bereuten sie es wieder, weil sie Mamuns Härte fürchteten, und proclamirten Jahja, einen Sohn Nasirs, zum Emir, der erst sechzehn Jahre alt war. Als Mamun den Abfall der Mohaden vernahm, schloß auch er ein Bündniß mit dem König von Castilien, dem er nicht nur eine Anzahl fester Plätze abtrat, sondern auch das Versprechen gab, in Marokko den Christen eine Kirche bauen zu lassen. Mit Hülfe christlicher Streiter siegte er dann über Jahja und besetzte Marokko (Februar 1229), und da die Scheichs der Mohaden es mit Jahja gehalten hatten, sagte er sich ganz von ihnen los, und erklärte Mahdi, den Stifter der Sekte, für einen Betrüger. Jahja sammelte indessen wieder neue Schaaren und lieferte im folgenden Jahre eine zweite Schlacht, die aber auch Mamun gewann. Im Jahr 1231—32 empörte sich sein Bruder Abu Musa Almuejjeb in Ceuta, und während Mamun diese Stadt belagerte, überfiel Jahja Marokko, ließ viele Leute hinrichten und plünderte Stadt und Schloß aus. Als hierauf Mamun wieder nach Marokko eilte, überlieferte Abu Musa Ceuta Mohammed, dem Fürsten aus dem Geschlechte der Benu Hud, welcher um diese Zeit einen großen Theil von Andalusien beherrschte, und erhielt dafür Almeria.

Nach dem Tode Mamun's (September 1232) huldigte man seinem Sohne Abd Alwahid, aber die Hauptstadt empörte sich und Jahja machte aufs Neue Ansprüche auf den Thron. Als dieser abermals eine Niederlage erlitt, capitulirte Marokko, vertrieb Abd Alwahid jedoch nach einigen Jahren wieder und erst nach dem Tode Jahja's (Juni 1236) blieb er in unbestrittenem Besitze der Herrschaft.

Auf Abd Alwahid folgte sein Bruder Ali Assaid (December 1242), welcher in fortwährende Kriege gegen die emporkommenden Benu Merin (Meriniden) verwickelt war, die bald das zerfallende Mohadenreich erbten. Außerdem empörte sich der Fürst von Tunis vom Geschlechte der Benu Hafß gegen ihn, so wie auch Jaghmurasen Ibn Zijan, welcher Herr von Tlemsen war, und er fand seinen Tod im Kriege gegen Letzteren (Juni 1248). Sein Nachfolger Omar, ein Enkel Jusufs, war auch unglücklich in seinen Kriegen gegen die Meriniden, welche schon Herren von Fez waren, und wurde nach einer verlorenen Schlacht (1266) von dem Mohaden Abu Dabus getödtet, welcher mit Abu Jusuf, dem Fürsten der Meriniden, ein Bündniß geschlossen und ihm eine Theilung des Reichs versprochen hatte. Abu Dabus glaubte, nachdem er Ibn Zijan für sich gewonnen hatte, den Meriniden trotzen zu können, aber Abu Jusuf erklärte ihm den Krieg, schlug zuerst die Benu Zijan, fiel dann über den treulosen Mohaden her und tödtete ihn in einer mörderischen Schlacht, welche dem Reiche der Almohaden (1269) ein Ende setzte. An ihre Stelle traten nun die Meriniden in Mauritanien, während die Benu Zijan in Tlemsen und die Benu Hafß in Tunis herrschten.

In Spanien, welches seit Mamun von den Almohaden Mauritaniens verlassen war, wurde ihnen auch ihre Herrschaft, theils von den Christen, theils von Almutewakkil, einem Abkömmling der Benu Hud, der ehemaligen Herrn von Saragossa, entrissen. Schon im Jahr 1228 huldigte ihm Murcia, im folgenden Jahre Xativa und Denia und im Jahr 1229 wurde er Herr von Granada, Jaen und Cordova, worauf er den Titel Fürst der Gläubigen annahm. Im Jahr 1231 nahm er auch Algesiras und Gibraltar. Im folgenden Jahre erhob sich in Arjona der unter dem Namen Ibn Alahmar bekannte Mohammed Ibn Jusuf als Emir der Gläubigen, unterwarf Cordova, Jaen, Xeres und Carmona und schlug, im Bündnisse mit Ahmed Albadji, dem Herrn von Sevilla, in der Nähe dieser Stadt, den Ibn Hud aufs Haupt. Bald nachher tödtete er Ahmed und besetzte Sevilla, konnte sich jedoch nur kurze Zeit hier halten, eroberte aber dafür Granada (1235) und später auch Malaga und Almeria. Während dieser Zerwürfnisse unter den Moslimen eroberten die Christen, welche die Streitenden abwechselnd zu Hilfe riefen, eine Stadt und eine Provinz nach der andern: Merida und Badajoz im Jahre 1231, die Balearischen Inseln im folgenden Jahre, Cordova im Jahr 1236, Valencia im Jahr 1238, Murcia im Jahr 1241, Denia und Arjona im Jahr 1244, Jaen im Jahr 1246, Carmona, Sevilla und Xativa im Jahr 1248.

Während die Fürsten von Castilien und Aragonien, Ferdinand der Heilige und Jakob der Eroberer, im Osten und Süden Spaniens auf Kosten der Mohammedaner ihre Reiche vergrößerten und des Erstern Sohn, Alfons der Weise, gemeinschaftlich mit Alfons III. von Portugal, Algarvien hinzufügte, arbeitete Mohammed Ibn Alahmar, der Fürst von Granada, welcher seit dem Falle von Jaen ein Vasall der Christen war, und es nicht ungern gesehen hatte, wie seine moslimischen Nebenbuhler, die Benu Hud und die Almohaden, untergingen, wieder im Stillen an der Vergrößerung seiner Macht. Er nahm alle unzufriedenen, von den Christen mißhandelten Moslimen, freundlich auf und veranlaßte die von Moslimen bewohnten Provinzen sich gegen die christlichen Besatzungen zu erheben. Bald verbreitete sich der Aufstand über den ganzen Süden, von Denia bis Xeres (1262 bis 63). Alfons unterwarf zwar in den folgenden Jahren den Westen wieder, während Jakob in Valencia und Murcia die Rebellen besiegte, aber Ibn Alahmar schürte immer neue Empörungen an, und nach seinem Tode (1272) trat sein Sohn Abu Abd Allah Mohammed II. offen, im Bündnisse mit Abu Jusuf, dem Fürsten der Meriniden, welcher selbst nach Spanien kam (1275), als Feind der Christen auf. Ihre vereinten Truppen brachten den Heeren Alfons' mehrere Niederlagen bei, welche ihn nöthigten (1277), einen sehr nachtheiligen Frieden mit den Mauren zu schließen, und als er ihn, nach der Heimkehr Abu Jusufs, wieder brach, erlitt er eine zweite Niederlage bei Algesiras. Die Freundschaft zwischen Ibn Alahmar und Abu Jusuf war aber nicht von Dauer, weil Ersterer die seinem Verbündeten gehörende Stadt Malaga wieder an sich riß, während andrerseits der von seinem Sohne Sancho entthronte Alfons Abu Jusuf um Beistand auflehte, Sancho aber mit Ibn Alahmar ein Bündniß schloß. Abu Jusuf kam im Jahre 1282 abermals nach Spanien und suchte das ganze Gebiet von Cordova, Jaen und Toledo mit Raub und Verwüstung heim, bis endlich Ibn Alahmar sich wieder mit ihm aussöhnte. Jetzt wendete sich der Meriuide gegen Sancho allein, belagerte Xeres und sandte zahlreiche Truppen in das christliche Andalusien, welche alle Saaten zerstörten, Dörfer und Städte in Brand steckten, die Männer mordeten, Frauen und Kinder und bewegliches Gut fortschleppten, so daß endlich Sancho auch Frieden schloß (1285).

Abu Jusuf starb im folgenden Jahre, sein Sohn Abu Jakub erneuerte den Frieden, mit Sancho sowohl als mit Ibn Alahmar, und ernannte seinen Bruder Abu Atijeh zum Statthalter seiner Besitzungen in Spanien. Ibn Alahmar schloß aber nach wenigen Jahren wieder ein Bündniß mit den Christen. Er vereinigte sich mit Sancho zur Belagerung der Festung Tarifa (1292), welche ihm nach deren Einnahme gegen andere feste Plätze überlassen werden sollte. Als aber Sancho die eroberte Stadt nicht herausgab, verbündete sich Ibn Alahmar wieder mit Abu Jakub, welcher Tarifa angriff, jedoch unverrichteter Dinge wieder abziehen mußte. Ibn Alahmar konnte bis zu seinem Tode (1302) den Krieg, der sich jedoch auf Raubzüge und Erstürmung einiger Burgen beschränkte, ohne die Meriniden fortführen, weil nach dem Tode Sancho's (1295) die Gegner Ferdinands IV. mit ihm ein Bündniß schlossen.

Mohammed III., der Sohn Mohammeds II., setzte den Krieg gegen Castilien fort, und eroberte auch Ceuta (1309), wurde aber drei Jahre später von seinem Bruder Naßr entthront, der sowohl Jakob II. von Arragonien als Ferdinand IV. nöthigte, die Belagerung von Algesiras und Almeria aufzuheben, doch nicht hindern konnte, daß Gibraltar genommen wurde. Naßr hatte bald mit innern Empörungen zu kämpfen, an deren Spitze sein Vetter Ismail, der Sohn des Statthalters von Malaga und Ceuta, stand. Nach mehreren Schlachten unterlag Naßr, dessen Vezier auch die Bevölkerung von Granada zum Aufstande gereizt hatte, und Ismail wurde Herr der Hauptstadt (Februar 1314). Don Pedro, der Oheim des minderjährigen Alfons XI., welchen Naßr zu Hilfe gerufen hatte, setzte auch nach dessen Tod den Krieg mit Ismail fort, brachte ihm im Jahre 1316 eine blutige Niederlage bei, und eroberte mehrere Festungen, wurde aber drei Jahre später in der Nähe von Granada besiegt und getödtet (Juni 1319), worauf Ismail dann seinerseits wieder um so leichter castilianisches Gebiet verheeren konnte, als durch Don Pedro's und Don Juan's Tod neue Streitigkeiten über die Regentschaft ausbrachen. Unter den Moslimen war übrigens die Eintracht auch nicht groß. Ismail wurde von einem seiner Vetter (Juli 1325) ermordet. Sein Sohn und Nachfolger Mohammed IV., welcher, im Verein mit dem Meriniden Abu-l-Hasan Ali, Gibraltar wieder eroberte (1333), wurde von Afrikanern getödtet. Sein Sohn Jusuf Abu-l-Haddjadj wurde (1340), trotz dem Beistande der Meriniden, bei Tarifa besiegt und verlor, in Folge dieser Niederlage, eine Anzahl fester Plätze, unter andern auch Algesiras (1344), worauf ein Waffenstillstand geschlossen wurde. 1350 wurde auch Gibraltar hart bedrängt, die Belagerung mußte jedoch, in Folge des Todes Alfons XI., wieder aufgehoben werden. Auch Jusuf starb eines gewaltsamen Todes (1354) und ihm folgte Mahommed V., welcher wieder ein engeres Bündniß mit den Meriniden schloß. Er wurde 1359 von seinem Halbbruder Ismail enthront, behauptete sich jedoch in Guadix. Ismail wurde nach sechs Monaten von seinem Vetter Abu Abd Allah Mohammed VI., einem Abkömmling des Mohammed Ibn Abi Said, welchen (im Jahr 1230) die afrikanischen Truppen zum Emir ausgerufen hatten, entthront und getödtet. Mohammed V., welcher nach Afrika gegangen war, um den Beistand der Meriniden nachzusuchen, kehrte im Jahr 1361 nach Guadix zurück, alle Unzufriedenen sammelten sich um ihn, und er rückte, unter allgemeinem Volksjubel, gegen Granada vor. Mohammed VI. ging Pedro den Grausamen um Hülfe an, wurde aber von dem nach seinen Schätzen lüsternen König ermordet (1362). Mohammed V. konnte, da die christlichen Fürsten der Halbinsel unter sich selbst Krieg führten, sich in die Erbstreitigkeiten unter den Meriniden mischen, und dadurch wieder in den Besitz von Gibraltar gelangen, das seit 1333 in den Händen der Afrikaner war. Auch eroberte er Algesiras im Bündnisse mit Arragonien und Portugal, gegen Heinrich von Castilien, doch wurde diese Festung geschleift. Mohammed V. starb im Jahr 1391 und ihm folgte sein Sohn Jusuf II. Es werden hierauf noch sieben Fürsten von Granada genannt, deren Geschichte wenig Merkwürdiges bietet und deren Reihenfolge und Regierungsdauer schwer zu bestimmen ist. Mehrere derselben wurden entthront und bemächtigten sich zum zweiten oder dritten Male der Regierung, woraus folgt, daß im 15. Jahrhunderte das Königreich Granada nicht weniger an innern Zerwürfnissen litt, als das von Castilien bis zur Regierung Isabella's der Katholischen. Während diese aber in wenigen Jahren (1474—80) Frieden und Eintracht herstellte, dauerten in Granada die innern Spaltungen fort. Gegen Ali Abu-l-Hasan, dem Zeitgenossen Isabella's, empörte sich zuerst sein Bruder Mohammed Assaghal, welcher Statthalter von Malaga war. Nach der Unterwerfung dieses Rebellen und nach einigen Streifzügen in das christliche Gebiet, gab sich Abu-l-Hasan einem sorgenlosen Leben hin, drückte seine Unterthanen mit schweren Abgaben, ließ mehrere Generäle hinrichten, deren Kriegslust ihm lästig war, und beleidigte auch die Prinzen des Hauses, indem er seine Gattin, eine Tochter des Emir Abu Abd Allah Alaisar, vernachlässigte und eine Christin bevorzugte, sogar damit umging, die Söhne der Erstern hintanzusetzen. Die Unzufriedenheit der Moslimen erhielt neue Nahrung durch den Verlust der Festung Alhama, welche der Marquis von Cadix (1482) überrumpelte, und Abu-l-Hasan vergebens ihm wieder zu entreißen suchte. Er besiegte zwar bald nachher Don Fernando bei Loja, in seiner Abwesenheit wurde er aber von seinem Sohne Abu Abd Allah Mohammed, welcher fürchtete, sein Vater möchte ihm seinen Halbbruder, den Sohn der Christin, vorziehen, entthront, so daß er genöthigt war, sich zu seinem Bruder Assaghal nach Malaga zu flüchten. Obgleich aber das Königreich Granada jetzt getheilt war, setzten doch Vater und Sohn ihren Kampf gegen die Christen fort. Abu-l-Hasan kämpfte mit Erfolg gegen den Großmeister von St. Jakob und den Marquis von Cadix, sein Sohn aber wurde im Gebiete von Lucena geschlagen, gefangen genommen und zu einem schmählichen Frieden genöthigt, dessen Bedingungen er jedoch nicht nachkommen konnte, da während seiner Gefangenschaft sein Vater wieder in Granada als Emir anerkannt wurde. Er lehnte zwar die Krone ab, aber an seiner Stelle wurde sein Bruder Assaghal gewählt (1483). Abu Abd Allah zog sich nach Almeria zurück und führte von hier aus, mit christlichem Beistande, Krieg gegen die Provinzen, welche seinen Oheim anerkannten. Während dieses innern Krieges machten die Castilier neue Eroberungen im Gebiete von Malaga und bemächtigten sich mehrerer Festungen, worunter auch Ronda und Cambil. Onkel und Neffe unterhandelten jetzt, und kamen über eine Theilung des Königreichs mit einander überein, aber der Neffe verzichtete nicht gern auf den Besitz der Hauptstadt, er unterhielt daher im Stillen seine Beziehungen zu den Christen und stachelte sie zu einem Kriege gegen Malaga an, verlor aber selbst dabei die zu seinem Gebiete gehörende Festung Loja, welche den Schlüssel des Xenilthales bildet, und trotz allen Verträgen belagert und erobert wurde (1486). Er mußte jedoch, um sich gegen seinen Oheim zu behaupten, einen neuen Vertrag mit Castilien schließen, und da in diesem Vertrage allen Provinzen und Städten, welche sich ihm anschlossen, ein Waffenstillstand von Seiten der Castilianer zugesichert wurde, so fielen manche sich nach Ruhe und Frieden sehnende Städte von Assaghal ab, und in der Hauptstadt selbst bildete sich eine starke Partei für Abu Abd Allah, die, als er selbst, von christlichen Söldnern begleitet, plötzlich erschien, ihn zum Sultan proclamirte. Nach mehrwöchentlichem Kampfe in der Hauptstadt selbst, von welcher die Anhänger des Neffen schon einen Theil besetzt hatten, mußte sich dieser wieder zurückziehen, doch gelang es ihm, Malaga für sich zu gewinnen. Velez Malaga, das dem Assaghal treu blieb, wurde von Ferdinand (April 1487) belagert, und während jener einen Versuch machte, der bedrängten Stadt beizustehen, siegte in Granada die Partei Abd Allah's, worauf Velez Malaga capitulirte und bald nachher auch die übrigen Plätze, die zwischen dieser Stadt und Malaga lagen, sowie Malaga selbst, genommen wurden. Zwei Jahre später wurde Baza übergeben und bald nachher unterwarf sich Assaghal, der sich nach Guadix zurückgezogen hatte, und öffnete den Christen die Thore der ihm noch treu gebliebenen Städte Almeria, Guadix und Almunnecar.

Nach der Besiegung Assaghals, der eine Auswanderung nach Afrika der ihm angebotenen Herrschaft über Andaraz vorzog, kam die Reihe an seinen Neffen Abu Abd Allah, den Herrn von Granada, welcher, einem frühern Vertrage gemäß, die Oberhoheit Ferdinands anerkennen und eine christliche Besatzung aufnehmen sollte, was er weder wollte, noch in der von Moslimen stark bevölkerten und gut befestigten Stadt konnte. Das Jahr 1490 verging unter gegenseitigen Raub- und Verwüstungszügen, im Folgenden wurde Granada belagert und in der Nähe der Stadt häufig und muthig gekämpft. Bald stellte sich Hungersnoth innerhalb der Mauern Granada's ein, und da von keiner Seite Entsatz zu erwarten war, begannen die Unterhandlungen, welche zur Capitulation führten, indem die Bedingungen, unter welchen die Stadt übergeben wurde, keineswegs drückend für die Mauren waren, denn es wurde ihnen unbeschränkte Religionsfreiheit, eigene Gerichtsbarkeit, Erhaltung ihres Eigenthums und Freiheit auszuwandern zugesichert. Ferdinand hielt am 2. Januar 1492 seinen Einzug in die Alhambra und Abu Abd Allah zog als dessen Vasall nach den Alpuxarras, wo er ein kleines Gebiet beherrschen sollte; aber auch er wanderte im folgenden Jahre nach Afrika aus, und starb in Fez im Jahr 1538. Wir übergehen das weitere traurige Schicksal der besiegten Mauren, welchen bekanntlich, allen Verträgen zum Trotze, wie den Juden, nur noch die Wahl zwischen Bekehrung zum Christenthum und Auswanderung gelassen wurde.

Sechster Abschnitt.

Die moslimischen Dynastien in Afrika und Sicilien.

I. Die Idrisiden.

Wir haben früher berichtet, daß Husein Ibn Ali, ein Abkömmling des Chalifen Ali, sich (786) gegen den Abbasidenchalifen Hadi empörte und besiegt wurde, und daß sein Vetter Idris Ibn Jahja, dessen Vater sich dem Rebellen angeschlossen hatte, nach Westafrika entfloh und später, auf Befehl Harun Arraschids, vergiftet wurde (791—92). Er hatte sich in Welila niedergelassen, viele moslimische Berberstämme von seinen Rechten an das Chalifat überzeugt, Andere, sowie auch Juden und Christen, mit Gewalt unterworfen und war kurz vor seinem Tode sogar vom Fürsten von Tlemsen als Imam anerkannt worden. Er hinterließ eine schwangere Sklavin, die, als sie einen Sohn gebar, ihm den Namen seines Vaters gab und den sie sorgfältig erziehen ließ, weil er zum Imam bestimmt war, und in der That huldigte man ihm auch als Solchem, sobald er in das Jünglingsalter trat. Unter Idris II., dem auch viele Araber zur Seite standen, wurde die Residenz von Welili nach der von ihm neu gegründeten Stadt Fez verlegt. Idris unterwarf den abtrünnigen Fürsten von Tlemsen aufs Neue und dehnte seine Eroberungen bis in das Schelif aus, doch schloß er, als mehrere Berberhäuptlinge von ihm abfielen, mit dem Aghlabiten Ibrahim, dem er mehrere Provinzen entrissen hatte, wieder Frieden.

Unter Mohammed, dem Sohne und Nachfolger des Idris II., fand (828—29) eine Theilung der eroberten Länder zwischen den Brüdern des Thronfolgers statt, während die Herrschaft über Tlemsen seinem Großoheim Suleiman Ibn Abd Allah verliehen wurde. Diese auf den Rath seiner Großmutter vorgenommene Theilung führte bald zu Streitigkeiten, mehrere Brüder wurden wieder ihrer Ländereien beraubt und das Reich zwischen Omar und Mohammed getheilt. Ersterer, der Stammvater der Hamuditen, welche später in Spanien herrschten, starb im Jahre 835 und hinterließ seine Herrschaft über die meisten Küstenstädte des nordwestlichen und nördlichen Afrika's, bis zur Grenze des Aghlabitischen Reichs, seinem Sohne Ali.

Mohammed überlebte seinen Bruder Omar nur um wenige Monate, ihm folgte zuerst (bis 848—49) sein Sohn Ali, dann dessen Bruder Jahja, welcher das Reich der Idrisiden durch eine geordnete Verwaltung, wie durch Pflege der Kunst und Wissenschaft, zur höchsten Blüthe erhob. Sein Sohn und Nachfolger Jahja wurde wegen seiner Laster vom Throne gejagt und Ali, der Sohn Omars, an dessen Stelle gesetzt, wodurch wieder die Regierung über die meisten Idrisidischen Länder in eine Hand kam. Es währte aber nicht lange, so wurde Fez von den Charidjiten überfallen und Ali genöthigt, die Flucht zu ergreifen. Jene konnten jedoch die überrumpelte Stadt nicht behaupten, Jahja, ein Sohn des Kasim Ibn Idris, vertrieb sie und wurde zum Fürsten erhoben, später aber von Jahja Ibn Idris Ibn Omar, einem Neffen des geflüchteten Ali, getödtet (904—5), der dann selbst als Emir anerkannt wurde. Obgleich von seinen Unterthanen geliebt und wegen seiner Gelehrsamkeit geachtet, und trotz der ansehnlichen Macht, über welche er gebot, unterlag er doch (916) im Kampfe gegen die Truppen des Fatimiden Obeid Allah, der in Kairawan herrschte, und wurde genöthigt, ihn als seinen Oberherrn anzuerkennen und auf den größten Theil seiner Länder zu verzichten. Einige Jahre nachher wurde er gänzlich entthront und nach Azila verbannt, später begab er sich an den Hof von Mahdich und endete daselbst sein Leben.

Hasan, ein Sohn des Mohammed Ibn Kasim Ibn Idris, bemächtigte sich zwar wieder (925—26) der Stadt Fez, konnte sich jedoch nur kurze Zeit gegen Musa Ibn Afia, den fatimidischen Statthalter von Mauritanien, behaupten, seine Brüder sowohl, als die Nachkommen des Omar Ibn Idris blieben jedoch im Besitze der Küstenstädte und hielten es, wie wir in der Geschichte Spaniens gesehen haben, bald mit den Fatimiden, bald mit den Omejjaden, bis zuletzt Alhasan Ibn Kennun von den Truppen Almansurs getödtet wurde. Mit Hasan endet die Herrschaft der Idrisiden in Mauritanien, denn die Nachkommen Suleimans Ibn Idris, welche Herren von Tlemsen waren, und sich später gleichfalls den Omejjaden anschlossen, wurden auch in der Hälfte des zehnten Jahrhunderts aller ihrer Ländereien beraubt.

II. Die Aghlabiten.

Von Ibrahim Ibn Aaghlab, dem abbasidischen Statthalter von Afrika, war schon unter dem Chalifate Harun Arraschids die Rede. Er ist der eigentliche Gründer dieser Dynastie, obgleich schon sein Vater Aghlab, vom arabischen Stamme Temim, unter Manßur Statthalter von Afrika war. Aghlab war aber vollkommen abhängig vom Chalifate und zwischen seinem Tode (767) und der Ernennung Ibrahims liegen zweiundzwanzig Jahre. Ibrahim erbaute die Festung Abbasiah, später Al-Kaßr-al-kadim (das alte Kastell) genannt, die ihm einen sichern Schutz gegen die Rebellen bot, und hier empfing er auch die Gesandten Karls des Großen, welche um Erlaubniß anhielten, die Leiche des heiligen Cyprian nach Europa zu schaffen. Nach zwölfjähriger unabhängiger Regierung, wenn auch unter dem Titel **Statthalter**, starb Ibrahim (812), und sein Sohn **Abd Allah** wurde zu seinem Nachfolger ernannt. Eine neue Steuerordnung, welche gegen den Koran und die islamitischen Gebräuche verstieß, zog ihm die Verwünschungen des Volkes und der Theologen zu, denen auch sein früher Tod (817), in Folge eines giftigen Geschwürs, zugeschrieben wurde. Dies machte auf seinen Bruder und Nachfolger **Ziadet Allah** einen tiefen Eindruck, und bewog ihn, wenigstens äußerlich streng nach dem moslimischen Gesetze zu leben und die Theologen durch Verfolgung der Freigeister und Erbauung von Moscheen für sich zu gewinnen. Damit glaubte er aber auch der öffentlichen Meinung genug geopfert zu haben. Er zeigte sich in allem Uebrigen als grausamer Tyrann, so daß mehrere Empörungen gegen ihn ausbrachen und sogar Kairawan zweimal von den Rebellen besetzt wurde. In seinem Kastell war aber Ziadet Allah unangreifbar, und da, wie immer, die aus verschiedenen Elementen zusammengesetzten Rebellen sich bald entzweiten, fiel er über sie her, unterwarf die Hauptstadt wieder und ließ die Mauern niederreißen, welche die Stadt gegen ihn schützen sollten. Auf Befehl Ziadet Allahs wurde, wie schon erwähnt, unter dem Oberbefehle des Cadhi Asad Ibn Ferat eine Landung in Sicilien bewerkstelligt und Mezara besetzt. Asad starb während der Belagerung von Syracusa, worauf die Moslimen sich nach Mineo zurückzogen. Sie eroberten zwar bald nachher Girgenti, konnten aber Castrogiovanni (Enna), wo der Verräther Euphemius den Tod fand, nicht nehmen, und sich bald auch nicht mehr in Girgenti halten, nur Minco und Mezara blieb ihnen noch), wäre ihnen aber auch bald entrissen worden, wenn nicht spanische Schiffe in Sicilien gelandet wären, die ihren bedrängten Glaubensgenossen Hülfe brachten, worauf dann auch, nachdem Ziadet Allah eine in Tunis ausgebrochene Empörung unterdrückt hatte, eine zweite Flotte aus Afrika landete (830). Die in Minco eingeschlossenen Moslimen wurden von den Spaniern befreit, während die Afrikaner Palermo angriffen und nach einer Belagerung von etwa einem Jahre zur Uebergabe zwangen. Durch die Eroberung von Palermo wurde eigentlich erst die Expedition nach Sicilien zur dauernden Besitznahme des Landes, denn die große, nahezu entvölkerte Stadt, bot den Truppen eine bequeme Unterkunft, die fruchtbare Gegend reichliche Lebensmittel, die starke Festung eine sichere Zufluchtsstätte, und der vortreffliche Hafen eine leichte Verbindung mit Afrika. Jetzt ernannte auch Ziadet Allah seinen Vetter Mohammed zum Statthalter von Sicilien (832) und als er bei einer Soldatenmeuterei im Jahr 835 umkam, folgte ihm, nach einer kurzen Zwischenregierung, sein Bruder Jbrahim. Kleine Scharmützel, Raub- und Verwüstungszüge, mitunter auch ernstere Treffen zwischen den Arabern und Byzantinern dauerten ununterbrochen fort und endeten fast immer zum Nachtheil der Letztern. Im Jahr 837 überrumpelten die Araber Castrogiovanni, konnten jedoch die Citadelle nicht nehmen und zogen sich daher wieder nach Palermo zurück. Der Tod Ziadet Allahs (Juni 838) änderte nichts an den Zuständen Siciliens, denn sein Bruder und Nachfolger Abu Jtal befolgte in Allem die gleiche Politik und ließ es der neuen Colonie nicht an den nöthigen Hilfsmitteln und Verstärkungen fehlen. Die Araber konnten sich nicht nur in Sicilien weiter ausdehnen, sondern auch der Republik Neapel gegen die lombardischen Fürsten von Benevent Hilfe leisten und diese zwingen, die Belagerung von Neapel aufzuheben und die Gefangenen herauszugeben. Um diesen Dienst zu belohnen, und um den Moslimen einen Hafen im Osten Siciliens zu verschaffen, von welchem aus sie die Lombarden fortwährend bedrohen konnten, verbündeten sich die Neapolitaner mit den Arabern zur Belagerung von Messina, und trotz tapferem Widerstande wurde diese feste Stadt (842—43) genommen. In den folgenden Jahren fiel auch Modica, Lentini und Ragusa (in Sicilien) in die Gewalt der Moslimen. Die ganze Insel wurde nun nach allen Richtungen hin von ihnen durchstreift, und kein Christ, der sich außerhalb der Festungen, die noch von Byzantinern besetzt waren, blicken ließ, war seines Lebens sicher. Auf Ibrahim, welcher die größten Verdienste um die Consolidirung und weitere Ausdehnung der moslimischen Herrschaft über Sicilien hatte, folgte Abbas Ibn Fadhl (851), der von den Siciliern gewählt wurde, und den, obgleich er nicht aus dem Geschlechte der Aghlabiten war, doch der in Kairawan damals regierende Fürst Abu-l-Abbas Mohammed (seit 841) anerkannt, denn das Verhältniß der Sicilianer zu den Aghlabiten war bald dem der Letztern zu den Chalifen ähnlich. Die Anerkennung wurde eine leere Formalität, der Tribut verwandelte sich in einige Geschenke und die ganze Oberhoheit bestand in der Erwähnung des Namens auf den Münzen und im Kanzelgebete. Mohammed war außerdem ein schwacher, dem Trunke ergebener Fürst, der auch gegen die Rebellen von Tunis Krieg führen mußte und selbst längere Zeit nur der Sklave seines Bruders Ahmed war.

Die auf Abbas gefallene Wahl der Sicilianer war übrigens eine äußerst glückliche. Er war ein kühner, gewandter und tapferer Feldherr. Er machte wiederholte Streifzüge in das Gebiet von Syracusa, Taormina und Catania, brandschatzte Butara, führte viele Christen in die Sklaverei und nahm außer andern unbedeutendern Städten und Burgen auch Castrogiovanni. Letztern Platz überrumpelte er, unter Führung eines gefangenen Christen, mitten im Winter (Januar 859), die ganze Besatzung wurde niedergemacht und die übrigen Einwohner als Gefangene fortgeschleppt. Im folgenden Spätsommer schlug er die gelandeten Byzantiner und züchtigte mehrere schon früher unterworfene Städte, die sich aufs Neue empört hatten.

Auch in Italien führte Abbas mit Glück das Schwert und nahm blutige Rache für die Ermordung der Araber in Benevent. Die moslimischen Sicilianer hatten nämlich seit ihrem oben erwähnten Bündnisse mit Neapel häufig die Küste des tyrrhenischen und adriatischen Meeres mit ihren Flotten heimgesucht. Im Jahr 839, während der Thronstreitigkeiten zwischen Radelchi und Siconolfo, die nach dem Tode Sicardo's die Herrschaft über Benevent an sich reißen wollten, überfielen sie Tarant, beherrschten von hier aus das ganze adriatische Meer, schlugen die Venetianer, plünderten Ancona und schifften sogar den Po hinauf, um Beute und Sklaven wegzuschleppen. Radelchi schloß, als Siconolfo schon im Besitze von Calabrien und einem Theile von Pulien war, ein Bündniß mit diesen Freibeutern, und gab ihnen

Bari preis. Siconolfo blieb nicht hinter seinem Gegner zurück, er gewann seinerseits einen mit einer Anzahl Schiffen aus Ceuta gekommenen arabischen Häuptling, den die christlichen Chroniken Apolosar nennen, welcher namentlich durch seine Raubzüge dem Feinde großen Schaden zufügte. Als er später mit Geringschätzung behandelt wurde, ging er auch zu Radelchi über, zeichnete sich nachher bei der Belagerung von Benevent aus, wurde aber zuletzt doch hingerichtet.

Im Jahr 846, nachdem die Sicilianer einen glänzenden Sieg über die Byzantiner erfochten hatten, wurde Italien aufs Neue das Ziel ihrer Raubzüge und selbst manche zu Neapel gehörenden Bezirke wurden nicht verschont, obgleich sie mit dieser Republik im Frieden lebten. In diese Zeit fällt auch ihr Einfall in den Kirchenstaat und ihr mißlungener Versuch Rom auszuplündern und Gaeta zu erstürmen. Noch unglücklicher war ihre zweite Landung (849) vor Ostia, da diesmal auch die Neapolitaner sich zur Vertheidigung Roms einfanden. Auch die Araber, welche als Söldlinge Radelchi's in Benevent lagen, nahmen ein schlechtes Ende. Sie wurden dem Fürsten bald lästig, weil sie in ihrer Raubsucht keinen Unterschied zwischen Freund und Feind machten und ihm daher seine eigenen Unterthanen und Verbündeten entfremdeten. Als daher Ludwig II. von Frankreich Benevent belagerte und Radelchi Frieden schloß, lieferte er alle Araber aus, und sie wurden ohne Gnade von den Franken niedergemacht.

Diese Schandthat Radelchi's konnte ein Mann wie Abbas nicht ungestraft hingehen lassen. Er landete in Italien, durchzog mit Feuer und Schwert Calabrien und Pulien und sandte Tausende gefangener Christen nach Sicilien. Ein anderer Häuptling, Musarridj Ibn Salim, den die Christen Sultan nennen und der, unabhängig von den Aghlabiten, seine Investitur aus dem Osten erhielt, setzte sich in Bari fest, durchzog raubend und mordend nicht nur die südöstlichsten Provinzen Italiens, sondern auch das Gebiet von Salerno, Capua und Neapel. Er widerstand sogar dem König Ludwig, und schlug später auch den Herzog von Spoleto, in der Nähe von Bari. Erst im Jahre 871, nachdem Byzantiner und Venetianer sich mit Ludwig verbunden hatten, wurde endlich Bari genommen, woraus auch die folgenden Einfälle der Araber in Unteritalien, sowie ihr Versuch, Salerno zu erobern, mißglückten.

Abbas war seit dem Jahre 861 nicht mehr, und der Aghlabite Mohammed schon fünf Jahre früher ins Grab gestiegen. Sein Sohn

Ahmed ernannte Chafadja Ibn Sofian zum Statthalter von Sicilien, obgleich die Sicilianer zuerst einen Oheim und dann einen Sohn des Abbas zum Emir gewählt hatten, und er wurde auch von Ahmed's Bruder und Nachfolger (864) Ziadet Allah in seiner Würde bestätigt. Chafadja nahm mehrere Festungen, verwüstete das ganze offene von Christen bewohnte Land, schlug die Byzantiner zu wiederholten Malen, und wurde, als er gegen Syracusa ins Feld zog, von einem Berber ermordet (869). Sein Sohn Mohammed nahm dessen Stelle ein und erhielt die Bestätigung als Statthalter von dem Aghlabiten Mohammed Ibn Ahmed, der seit dem Ende des Jahres 864 in Kairawan herrschte. Unter Mohammed's Emirat wurde Malta (869) von Afrikanern erobert, jedoch erst durch die Landung vieler Sicilianer im folgenden Jahre förmlich besetzt. Die nächsten Jahre waren für die Aghlabiten keine glückliche. Während Ludwig II. sie in Italien schwächte, bedrohten sie die Byzantiner in Afrika und Sicilien, und der häufige Wechsel der Statthalter auf dieser Insel deutet theils auf Unfähigkeit derselben, theils auf Widerstand von Seiten der Colonie, und auf innere Zwistigkeiten zwischen Arabern und Berbern. Erst nach dem Tode Mohammeds (875), der dem Trunke ergeben und ein Jagdliebhaber war, und dem, gegen seine letzte Verfügung, nicht sein minderjähriger Sohn, sondern sein Bruder Ibrahim auf dem Throne folgte, obgleich er geschworen hatte, ihn nie zu besteigen, gewann das Reich der Aghlabiten wieder an Macht und Ansehen. Ibrahim war ein vollendeter Staatsmann. Er machte sich in den ersten sechs Jahren seiner Regierung durch seine Pflege der Gerechtigkeit, durch Handhabung der Ordnung, durch seine Sorge für die Sicherheit des Lebens und Guts, sowie durch den Bau von Moscheen, Festungswerken, Straßen und Wasserleitungen, allgemein beliebt. Unter seinen Bauten nimmt die neue Festung Rakkadah, vier Milien von Kairawan, wohin er seine Residenz verlegte und wo er die meuterischen Freigelassenen verrätherischerweise vertilgte, den ersten Platz ein. An die Stelle der Freigelassenen traten von nun an Neger, Slaven und andere Sklaven. Sie bildeten nicht nur seine Leibwache, sondern auch den Kern seiner Truppen, während er Berber und Araber nach Sicilien sandte, welche um diese Zeit endlich die so oft vergeblich angegriffene Stadt Syracusa (879) erstürmten und den Byzantinern auch zur See mehrere Niederlagen beibrachten. Im folgenden Jahre wurde jedoch die moslimische Flotte im jonischen Meere geschlagen, byzantische Truppen landeten in Sicilien und machten von Polizzi aus Streifzüge gegen die den Arabern unterworfenen Provinzen, während diese die Umgebung von Catania und Taormina verheerten. Erst im Jahr 882 wurden die Byzantiner wieder aus Polizzi vertrieben. Die fortdauernden innern Unruhen und Spaltungen hinderten jedoch weitere Eroberungen. Auch in Afrika war Ibrahim als Sieger aus dem Kriege gegen den Tuluniden Abbas hervorgegangen, welcher, wie früher erwähnt worden, sich gegen seinen Vater empört, Barkah besetzt hatte und schon bis Tripoli vorgerückt war. Bald nachher erhoben sich verschiedene Berberstämme und verweigerten die Steuern, welche Ibrahim, in Folge seiner Kriege, erhöht hatte. Auch die Araber von Belesma, an der südlichen Grenze der jetzigen Provinz Constantin, empörten sich gegen Ibrahim, und da er sie nicht besiegen konnte, verhieß er ihnen eine vollständige Amnestie und lockte ihre Häupter nach Rakkadah, wo sie hingerichtet wurden. Durch diesen Verrath entfremdete Ibrahim seiner Dynastie den mächtigen Berberstamm Ketama, der sich daher auch später bald den Fatimiden anschloß. Andre Araber, die sich gegen ihn auflehnten und sich der Städte Tunis, Bedja, Kamuda bemächtigten, wurden der Reihe nach, weil kein Zusammenwirken unter ihnen statt fand, besiegt, und die unterworfenen Städte, namentlich Tunis, hart gezüchtigt. Ibrahim wollte auch Egypten seinem Scepter unterwerfen, wurde aber auf dem Wege, als er schon Tripoli hinter sich hatte, von einem Theile seiner Truppen verlassen, und sah sich genöthigt, wieder nach Rakkadah zurückzukehren. Auf diesem Feldzuge tödtete er mit eigener Hand mehrere hundert gefangene Rebellen vom Stamme Nefußa und ließ seinen Vetter Mohammed hinrichten, den er wegen seiner hohen Bildung und Gelehrsamkeit beneidete. Zuletzt wurde er gegen alle seine Beamten und nächsten Verwandten mißtrauisch. Der geringste Verdacht genügte ihm, um Brüder, Söhne, Töchter, Minister, Kämmerer, Frauen, weiße und schwarze Sklaven dem Henkerbeile zu überliefern. Je älter er wurde, um so grausamer und blutdürstiger zeigte er sich, so daß man ihn zuletzt für geisteskrank hielt.

Sicilien hatte zwar das Joch dieses Tyrannen abgeschüttelt, aber sich bald wieder in zwei Lager getheilt: Berber und Araber, so daß ihre Unterwerfung (899) durch Abd Allah, den Sohn Ibrahims, welcher Palermo, den Hauptsitz der Rebellen erstürmte, vollkommen gelang. Abd Allah setzte (901) auch über die Meerenge nach Reggio, überrumpelte die Stadt, nachdem er die vor derselben lagernden Byzantiner und Calabresen in die Flucht geschlagen, schleppte viele Gefangene und unermeßliche Beute fort, kehrte nach Sicilien zurück, um die in Messina gelandeten Byzantiner zu schlagen, und wiederholte dann seine Streifzüge längs den Küsten des Festlandes. Im folgenden Jahre kehrte er nach Afrika zurück, um selbst die Regierung zu übernehmen, denn sein Vater, von allen Seiten angefeindet und vom Chalifen von Bagdad bedroht, hatte sich endlich entschlossen, zu seinen Gunsten abzudanken. Da er aber weder in Afrika als Unterthan seines Sohnes bleiben, noch sich nach dem Osten begeben wollte, wo schwere Anklagen gegen ihn angebracht waren, entschloß er sich nach Sicilien überzusiedeln, die Herrschaft über diese Insel zu führen, und im heiligen Kriege gegen die Christen sein Leben zu beschließen. In der That wurde er von dieser Zeit an wieder derselbe tapfere Krieger und weise Herrscher, wie er es in den ersten Jahren seiner Regierung gewesen. Er wendete alle seine aufgehäuften Schätze auf, um Truppen zu werben und Waffen und Pferde zu kaufen und traf kurz nach seiner Landung in Sicilien Anstalten zur Belagerung von Taormina. Diese Festung fiel bald in seine Gewalt (August 902), und nicht nur die Besatzung, sondern auch alle Christen, die sich dahin geflüchtet hatten, wurden, ohne Unterschied des Alters oder Geschlechts, niedergemetzelt. Nach der Einnahme von Taormina, welcher noch die einiger andern festen Plätze im Val Demone folgte, schiffte sich Ibrahim nach dem Festlande ein, und hoffte nach und nach ganz Unteritalien zu erobern, weil er im südlichen Calabrien, bis vor Cosenza, gar keinen ernsten Widerstand fand. Hier wurde aber, während der Belagerung dieser Stadt, seinem bewegten Leben von der Vorsehung ein Ende gemacht. Er starb in einem Alter von 53 Jahren an einer Dyssenterie (23. October 902), und wurde von den Moslimen, weil er im heiligen Kriege sein Leben beschlossen, als Märtyrer verehrt. Die Truppen nöthigten seinen Enkel Ziadet Allah, den Oberbefehl zu übernehmen und sie mit der Beute von Calabrien in die Heimath zurückzuführen.

Abd Allah, der Sohn und Nachfolger Ibrahim's, war mit den schönsten Eigenschaften eines Regenten ausgestattet; er war ein tapferer und gewandter Feldherr, ein ausgezeichneter Dichter und Gelehrter und ein milder, gerechter, für das Wohl der Unterthanen besorgter Fürst. Seine Truppen kämpften mit Erfolg gegen den Schiiten Abu Abd Allah, als er, wie schon erwähnt, von seinem Sohne Ziadet Allah ermordet wurde (Juli 903). Dieser war, nach seiner Rückkehr aus Calabrien, in Sicilien geblieben, und verworfene Menschen, die seine Gesellschaft bildeten, spornten ihn zum Aufruhr gegen seinen Vater an. Abd Allah rief ihn nach Afrika zurück und ließ ihn in seinem Palaste zu Tunis bewachen, aber seine Freunde gewannen einige Eunuchen, welche Abd Allah ermordeten und ihn zum Emir proclamirten. Ziabet Allah's unglückliches Ende ist schon unter dem Chalifate Muktadirs berichtet worden und die weiteren Erfolge der Fatimiden in Afrika sowohl als in Sicilien werden wir im folgenden Abschnitte darstellen.

III. Die Fatimiden und die ersten Ziriden.

Von dem Ursprung der Fatimiden, von den Kämpfen Abu Abd Allah's bis zur Einsetzung Obeid Allah's als Fürst von Kairawan, war schon früher die Rede. Kaum hatte dieser den Thron in der Residenz Raktadah bestiegen (Januar 910), so wurde auch von den Unterthanen verlangt, daß sie ihn nicht blos als weltlichen Herrscher, sondern auch als geistliches Oberhaupt ansähen, und daß sie überhaupt den schiitischen Lehren vom Imamat huldigten. Der Missionshäuptling oder Groß-Inquisitor ließ am Freitag nach dem Gebete die Leute vor sich kommen, trug ihnen seine Dogmen über den Mahdi vor und ließ jeden einkerkern, der ihm zu widersprechen wagte. Dieser Gewissenszwang hörte jedoch auf, als verschiedene Empörungen ausbrachen und das Oberhaupt des ganzen Missionswesens selbst immer anmaßender und zudringlicher wurde, da verbot Obeid Allah irgend Jemanden wegen ketzerischer Doctrinen Gewalt anzuthun.

Abu Abd Allah, welchem Obeid Allah den Thron verdankte, hatte ohne Zweifel gehofft, er würde sich mit dem Namen eines Mahdi begnügen und als Halbgott im Innern seines Palastes thronen, die Leitung der weltlichen Angelegenheiten aber ihm überlassen. Als er sich in dieser Erwartung getäuscht sah, ging er, von seinem Bruder angestachelt, damit um, den von ihm selbst proclamirten Mahdi wieder zu beseitigen. Er stellte ihn den Berbern als einen ungerechten Tyrannen vor, der den größten Theil der Beute für sich behalten habe, fügte außerdem noch hinzu, daß er, als letzten Beweis seiner Bestimmung zum Mahdi, ein Wunder üben müsse. Obeid Allah wurde aber durch einen Spion von den Umtrieben Abu Abd Allah's und seiner Mitverschworenen unterrichtet und vereitelte sie, indem er die Häupter derselben zu Statthaltern verschiedener Provinzen ernannte, den seitherigen Statthaltern aber den Befehl ertheilte, jene bei ihrer Ankunft hinrichten zu lassen. Abu Abd Allah und sein Bruder aber wurden in der Hauptstadt selbst durch Meuchelmord aus dem Wege geräumt. Die zahlreichen Freunde der Ermordeten und Hingerichteten retteten sich zwar zusammen und stießen Schmähungen gegen Obeid Allah aus, in Kairawan selbst kam es sogar zu blutigen Händeln zwischen den Berbern und den Arabern, da es aber den Rebellen an Führung fehlte, so fiel es Obeid Allah nicht schwer, sie zu unterwerfen, und als später die Ketamaberber in den Provinzen sich auflehnten und einen neuen Mahdi aufstellten, wurden sie von Abu-l-Kasim, dem Sohne Obeid Allah's, geschlagen, der auch im Jahre 912 die Stadt Tripoli unterwarf und züchtigte, welche ihren Statthalter verjagt hatte. Derselbe unternahm dann, wie schon früher erwähnt, eine Expedition nach Egypten, eroberte Alexandrien und besetzte Fajjum, mußte aber schließlich sich vor den Truppen der Abbasiden zurückziehen. Hubascha, welcher die Flotte befehligte und nach der Einnahme von Alexandrien, auf dem Wege nach Kahirah, geschlagen wurde, mußte, bei seiner Rückkehr, seine Niederlage mit dem Leben bezahlen. Sein Bruder Uruba, derselbe, welcher die Ermordung Abu Abd Allah's übernommen hatte, war darüber so empört, daß er die Berber zu einem neuen Aufruhr antrieb, er wurde aber unterdrückt und Uruba kam im Kampfe um.

Diese und andere Empörungen bestimmten Obeid Allah, eine Festung mit einem großen Hafen am Meeresufer zu gründen, welche ihm einen sichern Zufluchtsort bot und von der aus er im schlimmsten Falle nach Sicilien hinüber segeln konnte. Er wählte als geeigneten Platz für dieselbe eine Halbinsel, zwischen dem Meerbusen von Hammamet und Kabes, und nannte die neue feste Stadt Mahdijeh. Als sie vollendet war (918—19), sagte er: „jetzt bin ich über das Schicksal der Fatimiden ohne Sorge."

Da eine zweite Expedition nach Egypten eben so wenig Erfolg hatte als die erste, so wendete Obeid Allah seine Blicke nach Westen, machte, wie wir schon früher berichtet haben, der Herrschaft der Jdrisiden in Fez ein Ende und unterwarf Sedjelmeß aufs Neue, wo die Benu Midrar herrschten.

Auch Sicilien zog Obeid Allah's ganze Aufmerksamkeit auf sich. Er ernannte, bald nach seiner Niederlassung in Rakkadah, den unter dem Namen Ibn Abi Chinzir bekannten frühern Polizeipräfekten von Kairawan, einen Feind der arabischen Aristokraten, zum Statthalter dieser Insel. Eines Tages lud er ihre Häupter zu einem Mahle ein. Plötzlich hörten die Gäste Waffengeklirre, oder gaben sie vor ein solches zu hören, sprangen an die Fenster und riefen: Verrath! Das Volk strömte herbei und drang in den Palast des Statthalters. Dieser versuchte vergebens die Masse zu haranguiren, er wurde beschimpft und bedroht, flüchtete sich in ein benachbartes Haus, brach aber auf der Flucht ein Bein und wurde in ein Gefängniß gebracht. Obeid Allah stellte sich mit dem Berichte der Aristokratie zufrieden und ernannte (912) einen andern Statthalter. Auch dieser wurde von den Sicilianern im folgenden Jahre verjagt und an dessen Stelle Ahmed Ibn Korhob, ein kluger und reicher Araber, von altem angesehenem Geschlechte, zum Emir gewählt, welcher mehrere glückliche Raubzüge gegen die Christen veranstaltete und der die Oberhoheit des Chalifen von Bagdad anerkannte, von welchem er wohl wußte, daß er sich mit dieser formellen Anerkennung begnügen würde. Um Obeid Allah außer Stand zu setzen, Sicilien wieder zu erobern, verbrannte er die afrikanische Flotte und schlug auch die Landtruppen, welche Obeid Allah gegen ihn geschickt hatte. Nach diesen Erfolgen kamen aber auch bald Verluste, welche Unzufriedenheit unter dem Volke und das Wiedererwachen alter Zerwürfnisse zwischen Arabern und Berbern sowohl, als zwischen der Aristokratie und dem niedern Volke zur Folge hatten. Ein Theil der Flotte, welche ein sicilianisches Streifcorps aus Calabrien zurückbringen sollte, litt Schiffbruch, ein anderer wurde bald nachher von den Afrikanern weggenommen. Dies genügte, um die Stadt Girgent, wo die Berber die Oberhand hatten, zum Abfall von Ibn Korhob zu bewegen. Man schickte eine Deputation an Obeid Allah, um ihn aufzufordern, wieder Besitz von Sicilien zu nehmen, und verlangte von Ibn Korhob, daß er die Insel verlasse. Dieser griff zu den Waffen, sah aber bald ein, daß er nicht auf die Dauer gegen eine Empörung im Innern und die Afrikaner und Byzantiner zumal werde Krieg führen können, er verstand sich daher zu einer Auswanderung nach Spanien. Als er sich aber mit seiner Familie und seiner Habe einschiffte, fiel ein Volkshaufe über seine Schiffe her, plünderte sie aus, legte ihn selbst in Ketten und sandte ihn nach Afrika (Juli 916), wo er und die Seinigen, wie gemeine Verbrecher, verstümmelt und erhängt wurden.

Die Häupter von Girgent wurden bald für diese Schandthat bestraft. Sie hatten gehofft, Obeid Allah würde mit ihrer Huldigung sich begnügen, und, wie sie ausdrücklich verlangten, ihnen nur einen Statthalter und einen Cadhi schicken. Statt dessen gab er den Befehl, ein starkes Heer einzuschiffen, und ihr General Abu Said, welcher in Trapani landete, ließ alsbald die Notablen von Girgent, welche ihn zu begrüßen gekommen waren, in Ketten legen. Girgent sowohl als Palermo und andere Städte schüttelten zwar aufs Neue das Joch des Fatimiden ab, mußten aber der Uebermacht unterliegen. Im Jahr 917 konnte Abu Said als Sieger nach Afrika zurückkehren und Obeid Allah ohne Widerspruch Salim Ibn Raschid als Statthalter nach Sicilien schicken, der sich bis zum Tode dieses Fatimiden daselbst behauptete.

Auf Obeid Allah folgte (934) sein Sohn Abu-l-Kasim, unter dem Namen Alkaim biamri-l-lahi (der Gottes Befehl Vollziehende). Unter seiner Regierung erschien Musa Ibn Al-Afija, der abtrünnige Statthalter von Mauritanien, der sich schon unter Obeid Allah für die Omejjaden in Spanien erklärt hatte, wieder in Mauritanien, und mußte aufs Neue mit Gewalt der Waffen vertrieben werden. Der Idriside Alkasim, mit dem Beinamen Kennun, wurde zum Statthalter von Mauritanien eingesetzt. Bald nachher (936) rüstete Alkaim eine Flotte aus, welche Genua überrumpelte, in Sardinien mordete und raubte, dann mehrere corsicanische Schiffe in Brand steckte und mit zahlreichen Gefangenen und reicher Beute wieder heimkehrte. Auch nach Egypten sandte Alkaim eine Flotte, Alexandrien wurde zum drittenmale genommen, aber auch diesmal wurden die fatimidischen Truppen wieder von den egyptischen verdrängt.

Alkaim mußte indessen bald seine Eroberungspläne aufgeben und für seine eigene Erhaltung sorgen. Die Republikaner, welche von jeher unter den Berbern großen Anhang gefunden hatten, waren unter den Fatimiden, mit deren Dogmen sie sich am wenigsten befreunden konnten, zu einer großen Macht herangewachsen, und hatten an Abu-Jezid einen gewandten Führer gefunden. Abu Jezid war ursprünglich ein Schullehrer und gehörte einer Sekte an, welche die Lehre vom Imamat verwarf und als Ketzerei brandmarkte. Er erklärte alle Anhänger der Fatimiden als Ketzer, die durch ihre Abgötterei Leben und Gut verwirkt hätten. Er führte den Titel „Scheich der Gläubigen" und wurde auch „der Mann vom Esel" genannt, weil er gewöhnlich auf einem Esel umherritt. Bald nach dem Tode Obeid

Allah's stellte er sich an die Spitze seiner Anhänger und gewann, theils durch seine Predigten, theils durch Gewalt der Waffen, verschiedene Berberstämme, so daß er endlich daran denken konnte, die Fatimiden wieder aus Afrika zu treiben. Wir übergehen die verschiedenen Treffen, welche er den Statthaltern Alkaims und dessen Feldherrn lieferte, und bemerken nur, daß er im Jahr 944 schon Herr von Tunis und Kairawan war, und daß der Fatimide sich nur noch in Mahdieh halten konnte. Im folgenden Jahre kämpfte er mit Glück gegen die Ketama-Berber und gegen Ziri Ibn Menad, den Häuptling der Senhadjaberber, welche es mit den Fatimiden hielten, und belagerte dann Mahdieh. Als mehrere Versuche, die Festung zu erstürmen, scheiterten, beschloß er sie auszuhungern, aber Alkaim ließ die Bewohner der Stadt auswandern und behielt nur die Truppen bei sich, für deren Unterhalt er schon früher gesorgt hatte. Wie gewöhnlich wurden die Belagerer bald der Kriegsstrapazen überdrüssig, auch herrschte nicht mehr volle Einigkeit unter ihren Führern, so daß Abu Jezid sich genötbigt sah, die Belagerung aufzuheben und sich nach Kairawan zurückzuziehen. Hier behauptete er sich bis zum Tode Alkaims (946), machte sich aber durch die Excesse seiner Truppen so verhaßt, daß man sich allenthalben gegen seine Herrschaft empörte. Bald nachher erlitt er eine Niederlage vor Susa, und als er sich nach Kairawan zurückziehen wollte, schlossen die Einwohner die Thore der Stadt, welche alsbald wieder von Almanßur, dem Sohne und Nachfolger Alkaim's besetzt wurde. Abu Jezid kehrte zwar mit neuen Verstärkungen wieder zurück und griff zu wiederholtenmalen sowohl Kairawan als Mahdieh und Susa an, wurde aber schließlich auf's Haupt geschlagen und von Manßur selbst verfolgt, und da keine Stadt ihm ihre Thore öffnete, Manßur aber ihm keine Zeit zu Belagerungen ließ, so mußte er sich in die Wüste flüchten, um wo möglich nach Sudan zu gelangen. Seine Leute wollten ihm aber nicht folgen, er warf sich daher in das Gebirge von Kiana, wo er nach mehreren Treffen gefangen genommen wurde (August 947). Zu seinem Glück starb er bald an seinen Wunden, doch wurde er nach seinem Tode noch geschunden und die mit Stroh ausgestopfte Haut wurde in einen Käfig gesperrt, in welchem sie zwei Affen zum Spielwerk diente. Fadhl, der Sohn Abu Jezid's, der sich wieder im Aurasgebirge umhertrieb und die Trümmer der Heere seines Vaters an sich zog, wurde auch von Manßur verfolgt und auf der Flucht ermordet. Auch den rebellischen Statthalter von Mauritanien Hamid, welcher die Oberherrschaft der Omejjaden anerkannte und Tehert belagerte, besiegte Manßur mit Hülfe Ziri's Jbn Menad, und nöthigte ihn, sich nach Spanien zu flüchten. Ziri wurde zum Oberhaupte der Senhadja ernannt, und Hasan Jbn Ali, ein arabischer Feldherr vom Stamme Kelb, welcher gleich Ziri in allen Kriegen Manßurs sich ausgezeichnet hatte, erhielt die Statthalterschaft von Sicilien.

Wir haben gesehen, daß Sicilien bis zum Tode Obeid Allah's dem Statthalter Salim Jbn Raschid gehorchte. Unter Alkaim brach wieder eine Empörung in Girgent aus (936) und bald darauf auch in Palermo, worauf Halil Jbn Jshak mit vielen Truppen aus Afrika kam, welchem sich die empörten Städte unterwarfen. Da aber auch Chalil bald zeigte, daß er, nicht weniger als sein Vorgänger, die Sicilianer zu unterdrücken bestrebt war, brach in Girgent ein neuer Aufruhr aus, der sich bald über andere Städte verbreitete und erst im Jahr 940 gedämpft wurde. Chalil sorgte jetzt dafür, daß die Ruhe in Sicilien sobald nicht mehr gestört werden könnte. Ein Theil der Rebellen war im Kriege umgekommen, Andere waren in den belagerten Städten verhungert und die noch übrigen gefährlichen Parteimänner wurden nach Afrika verbannt und zum Theil auf der Ueberfahrt ertränkt. Erst im Jahr 947 erhob sich Palermo gegen den von Chalil, der selbst in Afrika weilte, und dort im Kriege gegen Abu Jezid umkam, zurückgelassenen Präfekten, unterwarf sich aber dem neuen von Manßur ernannten Statthalter Hasan (948), der bald nachher eine Anzahl Aristokraten, von denen die Empörung ausgegangen war, in seine Citadelle lockte und hinschlachten ließ. Diese Schandthat hatte jedoch eben so gute Folgen wie das in unserm Jahrhundert statt gehabte Zusammenschießen der Mamluken in Kahirah durch Mehmed Ali und die Vertilgung der Janitscharen durch Sultan Mahmud in Konstantinopel. Das Land erfreute sich wieder der Ruhe und Ordnung, das Volk wurde nicht mehr von einzelnen Familien ausgesogen, es bildete sich ein wohlhabender Bürgerstand, dem Ackerbau, den Gewerben, dem Handel und selbst der Wissenschaft obliegend. Unter Hasans Verwaltung verwandelte sich Sicilien, das bisher noch immer einem Kriegslager glich, in eine förmliche Colonie, und mit ihm wurde auch die Statthalterschaft eine erbliche, wozu die baldige Uebersiedlung der Fatimiden von Mahdieh nach Kahirah auch nicht wenig beitrug. Dort lagen ihnen die Angelegenheiten von Syrien und Mesopotamien näher als die von Sicilien, sie mußten sich mit einer formellen Unterthänigkeit ihrer Statthalter begnügen, während diese nur das Wohl der Insel im Auge zu haben brauchten, und indem sie für das Gedeihen derselben bedacht waren, sich selbst und ihrem Hause eine sichere Stütze verschafften. Hasan zeichnete sich übrigens auch im Kriege gegen die Byzantiner aus, welche in Otrant gelandet waren und die Araber, die Reggio besetzt hatten, aus Unteritalien vertreiben wollten. Sie mußten nach einer blutigen Niederlage einen schmählichen Frieden schließen (952), Tribut bewilligen, und den Moslimen volle Freiheit des Cultus gestatten. In Reggio erhob sich mitten in der Stadt eine Moschee mit Minaretten, auf welchen die Gläubigen fünfmal täglich zum Gebete gerufen wurden. Kein Christ durfte die Moschee betreten; sie sollte jedem Gläubigen eine sichere Zufluchtsstätte sein, und die Verletzung dieses Vertrags wurde von Hasan mit Niederreißen aller Kirchen in Afrika und Sicilien bedroht.

Hasan begab sich beim Tode des Fatimiden Manßur (März 953) nach Mahdieh, zu dessen Sohn und Nachfolger Almuizz und ließ seinen Sohn Ahmed als Statthalter zurück, den der neue Chalife auch als solchen bestätigte. Hasan blieb jedoch nicht unthätig, er nahm Rache für ein von den Spaniern weggenommenes Schiff durch eine Landung in Almeria, kehrte auch später wieder nach Sicilien zurück, wo die Araber zu Wasser und zu Land glänzende Siege über die Byzantiner erfochten und Taormina und Rametta wieder eroberten (965). Ahmed, der Sohn Hasans, wurde später nach Afrika zurückgerufen, da aber bald nachher eine Empörung ausbrach, gab Almuizz seinen Plan, Sicilien wieder durch fremde, unmittelbar von ihm ernannte Präfekten regieren zu lassen, auf, und ernannte, als Ahmed starb (970), dessen Bruder Ali zum Statthalter.

Almuizz suchte in den ersten Jahren seiner Regierung seine Herrschaft im westlichen Afrika zu befestigen und weiter auszudehnen. Er sandte seinen Feldherrn Djauhar und Ziri, den Herrn von Aschir, gegen die Fürsten von Tehert und von Sedjelmeß, welche von ihm abgefallen waren und sich mit den Omejjaden in Spanien verbündet hatten. Sie drangen bis an den Ocean vor, nahmen Fez, und mit Ausnahme von Ceuta blieb den Omejjaden keine Besitzung mehr in Afrika. In den folgenden Jahren kämpften die Truppen des Fatimiden siegreich in Sicilien und Calabrien. Nun kam die Reihe an Egypten, das schon seine Vorgänger zu wiederholtenmalen angegriffen hatten. Der Augenblick war günstig, denn seit Kafur's Tod herrschte Anarchie, Bedrückung und Hungersnoth in Egypten, so daß die unglücklichen Bewohner dieses Landes sich nach einem Wechsel der Regierung sehnten. Djauhar schlug die Ichschiden bei Djizeh, hielt seinen Einzug in Fostat und eroberte bald darauf auch den größten Theil von Syrien (969—70), das ihm jedoch im folgenden Jahre von den Karmaten, welchen die letzten Ichschiden tributpflichtig waren, wieder entrissen wurde. Die Karmaten drangen sogar in Egypten ein und belagerten die Hauptstadt, wurden aber von Djauhar zurückgeschlagen. Almuizz wurde durch neue Empörungen im Innern Afrikas, welche er mit Hülfe Bulnggin's Ibn Ziri dämpfte, noch in Mahdijeh zurückgehalten. Im Jahr 972 brach er endlich selbst, auf Djauhars Verlangen, nach Egypten auf, und verlegte seine Residenz nach der neu erbauten Stadt Kahirah, nachdem er vorher Bulnggin zum Statthalter der Provinz Afrika und Mauritaniens ernannt hatte, dessen Nachkommen, nach seinem Vater Ziri, Ziriden genannt, bis gegen die Mitte des zwölften Jahrhunderts über einen Theil von Afrika herrschten.

Bald nach seiner Ankunft in Kahirah machte Almuizz den Häuptling der Karmaten auf ihre gemeinschaftlichen schiitischen Grundsätze aufmerksam und forderte ihn zur Unterwerfung auf. Der Karmate, welcher die erlittene Niederlage rächen wollte, erwiderte ganz kurz, er habe das Schreiben erhalten, welches viele Phrasen enthalte, aber wenig Greifbares biete, er werde selbst dieser Antwort bald nachfolgen. In der That fiel er im Frühling 974 wieder in Egypten ein, schlug sein Lager bei Heliopolis auf und sandte Streifcorps nach Unter- und Oberegypten. Almuiz bestach, um sich von diesem furchtbaren Gegner zu befreien, einen mit den Karmaten verbündeten arabischen Feldherrn, so daß er bei dem nächsten Treffen mit dem ihm untergebenen Corps plötzlich die Flucht ergriff, wodurch die Karmaten geschlagen und zum schleunigen Abzug genöthigt wurden, und worauf auch in Syrien die Autorität der Fatimiden wieder die Oberhand gewann. In Damask brachen jedoch, auch nach dem Abzuge der Karmaten, wiederholte Empörungen gegen die Fatimiden aus, und als der Türke Aftetin in die Nähe der Stadt kam, forderten ihn die Notablen auf, sie von der Herrschaft der Schiiten und des Gesindels, das der fatimidische Statthalter Rejjan gewähren lassen mußte, zu befreien. Aftekin besetzte Damask, unterhandelte dann mit Muizz und erbot sich, ihn als Ober-

Herrn anzuerkennen, wenn er ihn zum Statthalter von Damask ernennen wollte. Muizz verwarf dieses Anerbieten nicht, verlangte aber, daß Aftekin nach Egypten komme, um die Jnvestiturdiplome und Ehrenkleider in Empfang zu nehmen. Aftekin traute nicht und ließ daher in Damask das Kanzelgebet für die Abbasiden verrichten, worauf Almuizz sich zum Kriege rüstete, der aber erst unter seinem Nachfolger Alaziz (Abu Manßur Nizar) zum Ausbruch kam, denn er erkrankte bald nachher und starb (24. Dez. 975), kurz nachdem er noch die freudige Nachricht erhalten hatte, daß Mekka und Medina ihm gehuldigt haben, und daß Rejjan, sein Statthalter von Tripoli (in Syrien), den Byzantinern unter Tzimisces, mit welchen Aftekin ein Bündniß geschlossen hatte, eine blutige Niederlage beigebracht.

Alaziz sandte bald nach seiner Thronbesteigung Djauhar gegen Aftekin, der inzwischen auch Akka und Tiberias genommen hatte. Aftekin, der bis nach Damask zurückgeworfen wurde, rief abermals die Karmaten herbei, wodurch Djauhar genöthigt wurde, die Belagerung von Damask aufzuheben und sich nach Askalon zurückzuziehen. Hier hätte er sich, da es ihm an Lebensmitteln fehlte, bald dem Feinde übergeben müssen, wenn nicht Aftekin, der vielleicht noch immer hoffte, von den Fatimiden als Statthalter von Damask anerkannt zu werden, ihm, zum großen Aerger der Karmaten, freien Abzug gestattet hätte. Alaziz führte dann selbst ein starkes Heer nach Syrien und schlug bei Ramlah die verbündeten Türken und Karmaten. Aftekin wurde gefangen genommen, jedoch von Alaziz mit Schonung behandelt, später aber von dessen Vezier, den er mit Geringschätzung behandelte, vergiftet. Die Karmaten kehrten nach Arabien zurück, nachdem Alaziz ihrem Häuptling einen jährlichen Tribut von 20,000 Dinaren zugesagt hatte, und Alaziz begnügte sich bald nicht mehr mit dem Besitz von Damask, sondern er gelüstete auch nach Haleb, welches in den Händen Lulu's war, der daselbst im Namen eines minderjährigen Prinzen aus dem Geschlechte der Hamdaniden regierte. Lulu rief die Byzantiner zu Hülfe, welche um diese Zeit Herrn von Antiochien waren, aber Mandjutkin, der Statthalter von Damask, schlug sie am Orontes und belagerte dann Haleb. Mandjutkin hätte ohne Zweifel Haleb zur Uebergabe genöthigt, wenn es nicht Lulu gelungen wäre, den fatimidischen Feldherrn Ali Almaghrabi zu bestechen, welcher jenen bestimmte, wieder nach Damask zurückzukehren. Auf Befehl des Aziz mußte zwar die Belagerung aufs Neue wieder begonnen werden, inzwischen hatte aber Lulu den Kaiser selbst herbeigerufen, der nicht nur Haleb entsetzte, sondern auch Himß und Cäsaräa nahm und Tripoli bedrohte. Alaziz wollte selbst nach Syrien aufbrechen, wurde aber auf dem Wege krank und starb in Bilbeis. (Oktober 996.)

Sowohl Almuiz als Aziz konnten, da ihr Hauptaugenmerk auf Syrien und Arabien gerichtet war, sich nicht mehr viel mit den Angelegenheiten des westlichen Afrika's und Siciliens beschäftigen. Zu Mahdijeh führte Buluggin ein selbständiges Regiment und züchtigte die Rebellen in Tlemsen und Tehert. Unter Almuiz wurden auch Tripoli und einige andere Städte dem Reiche der Ziriden einverleibt und von ihren Präfekten verwaltet, so daß Buluggin von Tripoli bis Fez herrschte, denn auf einem zweiten Feldzuge nach Mauritanien trieb er auch die Anhänger der Omejjaden zu Paaren und nöthigte sie nach Andalusien zu flüchten. Nach seinem Tode wurde, ohne Widerstand, sein Sohn Almanßur zu seinem Nachfolger erhoben (984) und alsbald kamen auch die Investiturdiplome aus Egypten an. Manßur konnte jedoch die neuen, von omejjadischen Heeren unterstützten Empörungen der Zenata nicht unterdrücken und mußte Fez und Sedjelmeß preisgeben. Diese Niederlage mochte Alaziz bestimmt haben, den Ziriden die Herrschaft zu entreißen und selbst wieder die afrikanischen Statthalter zu ernennen. Er sandte im Jahr 986 einen vertrauten Agenten an die Ketamaberber, mit der Weisung, sie aufzufordern, nur den Fatimiden zu gehorchen. Abu Fehm — so hieß dieser Agent — fand bald großen Anhang bei diesen Berbern, welche zuerst die Fatimiden unterstützt hatten und jetzt mit Neid die Macht der Senhadjaberber sahen, welchen die Ziriden angehörten. Als Manßur von diesen Umtrieben Kunde erhielt, rüstete er sich zu einem Feldzuge gegen Abu Fehm. Aziz schickte ihm zwei Boten, welche ihm verboten, etwas gegen Abu Fehm zu unternehmen. Diese Boten sollten dann, nach Ueberreichung der Briefe des Chalifen, sich in das Lager Abu Fehm's begeben, der schon ein ansehnliches Heer um sich versammelt hatte. Manßur behielt aber die Boten bei sich und führte seine Truppen gegen die Rebellen, verwüstete alle Ländereien der Ketama, schlug Abu Fehm bei Setif, nahm ihn gefangen und ließ ihn tödten. Jetzt erst entließ Manßur die Boten des Chalifen, und dieser beschenkte den Sieger und bemühte sich, das Vorgefallene wieder in Vergessenheit zu bringen.

Unter Badis, dem Nachfolger Manßurs (seit 995—96), versuchte Alhakim, der Nachfolger des Aziz, die Statthalterschaft von Tripoli wieder an sich zu reißen, aber auch dieser Versuch mißlang und Badis konnte nach mehrjährigem Kriege wieder selbst einen Präfekten für Tripoli ernennen.

In Sicilien herrschte Ali eben so selbständig als die Ziriden in Mahdijeh. Er kämpfte mit Glück gegen die Byzantiner, auf der Insel sowohl als in Calabrien und brachte später (982) auch Otto II., welcher den größten Theil von Unteritalien den Byzantinern weggenommen hatte, eine blutige Niederlage bei. Otto selbst entkam mit Mühe, und verdankte sein Leben einem Juden, der ihm sein Pferd zur Flucht lieh; eine Anzahl Fürsten, Barone und Bischöfe blieben auf dem Schlachtfelde. Unter den Leichen war aber auch Ali, weshalb dieser letzte Sieg keinen weitern Vortheil brachte, denn sein Sohn und Nachfolger Djaber führte alsbald die Moslimen wieder nach Sicilien zurück. Djaber wurde wegen seiner Unfähigkeit zu regieren bald entsetzt und ihm folgten bis zum Jahr 998 drei andere Statthalter aus dem Geschlechte der Kelbiten, die für Sicilien ein Segen waren, für Unteritalien aber, wo nach dem Tode Otto's die Byzantiner wieder mit schlaffen Händen das Regiment führten, durch ihre häufigen Einfälle eine fortdauernde Plage. Sowohl in Sicilien als in Afrika änderten sich die Zustände unter dem Chalifate Alhakim's, wenn auch ohne sein Hinzuthun. Die Kelbiten sowohl als die Ziriden hatten nicht mehr die Tugenden und den kriegerischen Geist ihrer Ahnen, und ihre persönliche Schwäche reizte nicht blos Fremde, sondern Glieder aus der eigenen Familie zu Empörungen, die eine Theilung und Schwächung der Herrschaft zur Folge hatten. Wir werden auf diese beiden Länder am Schlusse der Geschichte der Fatimiden zurückkommen, weil der Abfall der Ziriden von denselben, welcher unter dem Chalifen Almustanßir statt hatte, sowohl für ihr eigenes weiteres Schicksal als mittelbar auch für das Siciliens verhängnißvoll war, und dann die bedeutendsten Veränderungen, bis zur Zeit der Eroberung der Normannen und Almoraviden, im Zusammenhange darstellen.

Alhakim war erst ohngefähr eilf Jahre alt, als sein Vater Alaziz starb. Hasan Ibn Ammar, ein Berber vom Ketamastamme, wurde erster Vezier unter dem Titel Wasita (Vermittler zwischen dem Fürsten und den Unterthanen), gegen die Bestimmung des verstorbenen Chalifen, welcher den Eunuchen Bardjewan zum Reichsverweser während der Minderjährigkeit Alhakim's bezeichnet hatte. Bardjewan beklagte sich über seine Zurücksetzung bei Mandjutkin, dem Statthalter von Damask, und stellte ihm vor, daß Ibn Ammar damit umgehe, Alhakim ganz zu beseitigen und selbst den Thron zu besteigen. Mandjutkin zog die syrischen Truppen zusammen und brach gegen Egypten auf, wurde aber von den Egyptiern unter Suleiman Ibn Djafar, einem Stammgenossen Ibn Ammars, geschlagen und nach Egypten geschickt. Suleiman übergab die Statthalterschaft von Damask seinem Bruder Ali und fügte auch die von Tripoli hinzu, welche bisher dem Djeisch Ibn Semsem gehört hatte. Dieser zog sich nach Egypten zurück, verbündete sich mit Bardjewan und andern Feinden Ibn Ammar's und es gelang ihnen bald, mit Hülfe des Chalifen, dem die Vormundschaft des Veziers zur Last war, und der Egyptier, die von den Berbern schwer mißhandelt wurden, Ibn Ammar zu stürzen und Bardjewan an seine Stelle zu setzen. Auch Suleiman, der Statthalter von Syrien, wurde durch Djeisch entsetzt, der jedoch erst nach schweren Kämpfen gegen aufrührerische Präfekten sowohl als gegen die Byzantiner unter Ducas, welchen die Rebellen zu Hülfe gerufen hatten, und der selbst bei Apamäa getödtet wurde, in Damask einziehen konnte. Diese Siege in Syrien sowohl als in Barkah und Tripoli in Afrika, wo um diese Zeit wieder egyptische Statthalter einzogen und die der Ziriden verdrängten, machten Bardjewan so zuversichtlich, daß auch er, wie früher Ibn Ammar, den Chalifen wie gar nicht vorhanden betrachtete. Alhakim befahl aber eines Tages, obleich erst vierzehn Jahre alt, seinem Sklaven Reidan, ihm den Kopf Bardjewans zu bringen, und sein Befehl wurde alsbald vollzogen (April 999). Es fand zwar ein Volksauflauf vor dem Palaste statt, denn Bardjewan hatte sich die Liebe der Egyptier erworben, aber der Chalife haranguirte das Volk vom Fenster aus, stellte den Ermordeten als einen Verschwörer dar und flehte es mit weinender Stimme um seine Unterstützung an, da er selbst doch nur noch ein schwaches Kind wäre. Halim hatte indessen nicht ganz ohne fremde Beihilfe diese kühne That vollbracht, er war des Beistandes Huseins, eines Sohnes Djauhars, des Eroberers von Egypten, versichert, der großen Einfluß auf die Truppen hatte, und der auch jetzt zum Oberfeldherrn ernannt wurde. Er blieb auf seinem Posten bis zum Jahre 1008 und wurde wahrscheinlich entsetzt, weil er zur Zeit der Empörung des Abu Rakwa, welcher den Thron der Fatimiden an den Rand des Abgrundes brachte, entweder wenig Eifer und Treue oder wenig Fähigkeit gezeigt hatte.

Abu Rakwa (der Schlauchträger) war der Beiname Welib's Ibn

Hischam, eines von den Omejjaden in Damask abstammenden und mit dem Königshause in Andalusien verwandten Arabers, der nach Weise der Derwische einen kleinen Schlauch an einer Schnur trug. Zur Zeit der Herrschaft Almanßurs war er aus Spanien entflohen und hatte sich zuerst in Egypten als frommer Einsiedler, als Lehrer und Traditionssammler bekannt gemacht. Später warb er für die Omejjaden, und da er bei den Benu Kerra und Zenate, welche mit Alhakim's Regierung unzufrieden waren, Gehör fand, gab er sich als einen Abkömmling des Chalifen Abd Almelik zu erkennen, und wurde zum Imam ausgerufen. Er griff alsbald den Statthalter von Barkah an, schlug ihn und besetzte diese Stadt. Von den Truppen, welche Alhakim gegen ihn schickte, ging ein Theil zu ihm über, so daß die Uebrigen leicht überwältigt wurden. Abu Rakwa griff dann bald Egypten an, und da Alhakim sich um diese Zeit schon als launischer und halb verrückter Tyrann gezeigt hatte, sah das Volk und die Miliz dem Kampfe ganz gleichgültig zu. Hakim mußte Truppen aus Syrien und Beduinen herbeirufen, die ein gewisser Fadhl befehligte, der es aber kaum wagte, dem Feinde eine Schlacht zu liefern. Abu Rakwa machte immer größere Fortschritte, bis er endlich, in Folge eines von seinen Leuten mißverstandenen Schlachtplans, geschlagen, zur Flucht nach Nubien genöthigt und schließlich dem Chalifen ausgeliefert wurde. Dieser ließ ihn auf ein Kameel setzen, mit einer Art Narrenkappe auf dem Haupte. Hinter ihm saß ein Affe, der ihm fortwährend eine Peitsche ins Gesicht schlug. So mußte er durch die festlich geschmückte Stadt reiten, um dann außerhalb derselben enthauptet zu werden. Er war aber schon eine Leiche, als man ihn vom Kameele hob (1007).

Hakim hatte sich seit dem Jahre 1003 durch seine schiitischen Extravaganzen verhaßt und lächerlich gemacht. Wer das Gebet nach sunnitischem Ritus verrichtete, oder Abu Bekr und Omar etwas Gutes nachredete, hatte sein Leben verwirkt. Juden und Christen, welche hohe Aemter in den Staatskanzleien inne hatten, wurden entsetzt und verfolgt, die Verordnungen in Betreff der äußern Kennzeichen der Nichtmohammedaner wurden wieder zur Geltung gebracht und verschärft. Die Christen mußten dunkelblaue und die Juden gelbe Kleider mit schwarzen Mützen tragen, Erstere auch ein langes schweres Kreuz und Letztere eine schwarze Kugel am Halse. Gemüse, welche Muawia oder Aischah liebten, wurden verboten. Diese sowohl als die drei ersten Chalifen wurden öffentlich verflucht, und solche Flüche

in Goldfarbe über die Thore der Moscheen und anderer öffentlichen
Gebäude geschrieben. Frauen durften zuerst nicht mehr unverschleiert,
später gar nicht mehr ausgehen, und diejenigen, die keinen männlichen
Diener hatten, mußten sich ihre Lebensbedürfnisse durch eine lange
Schaufel ins Haus reichen lassen. Auch den Männern wurde verboten,
nach Sonnenuntergang ihre Wohnung zu verlassen.

Die Empörung Abu Rakwa's und die Haltung der Egyptier bei
dem Kampfe gegen denselben hatten Alhakim überzeugt, daß wenig
Sympathie für ihn unter dem Volke herrschte, es folgte aber nur
eine kurze Pause der Toleranz. Die gehässigen Inschriften wurden
auf seinen Befehl verwischt und den Sunniten wurde volle Gewissens-
freiheit gestattet, die übrigen Verordnungen blieben in Kraft, und
gegen die Juden und Christen wurde mit noch größerer Härte verfahren, indem eine Anzahl Kirchen und Synagogen demolirt, oder in
Moscheen verwandelt wurden. Später erhob er zwar selbst wieder
einen Christen zum Staatssecretär, gab ihn aber bald darauf seinen
Feinden preis, die ihn so lang prügeln ließen, bis er für todt gehalten wurde. Als er wieder zu sich kam, setzte ihn der Chalife aufs
Neue in sein Amt ein, ließ ihn jedoch später hinrichten. Mit großer
Strenge wurde gegen diejenigen verfahren, welche Wein, Bier, oder
sonstige geistige Getränke genossen, bereiteten oder verkauften. Alle
dazu dienenden Gefäße wurden zerschlagen, alle Vorräthe ausge-
gossen, selbst alle Rosinen, weil sie zur Bereitung von Liqueuren
dienten, wurden in den Nil geworfen. Auch alle öffentlichen Belusti-
gungen: Musik, Gesang und Tanz wurden verboten, sogar das Schachspiel sollte nicht mehr geduldet werden. Hatim konnte den Egyptiern
Unglaubliches bieten, weil einerseits das Volk zwischen Sunniten und
Schiiten getheilt war, andrerseits er durch seine Fürsorge für das
Wohl der niedern Volksklasse, durch seine unbegrenzte Freigebigkeit,
und durch sein eigenes religiöses, anspruchloses Leben bei der großen
Masse beliebt war. Die Verfolgungen der Juden und Christen waren
in ihren Augen ein Verdienst, die Hinrichtung vieler Veziere, Staatssecretäre, unehrlicher Kanzlisten, zügelloser Eunuchen, untreuer Hofbeamten, oder Uebertreter der Gesetze, kümmerten das Volk eben so
wenig, als die Verbote von Speisen und Getränken, die ihm doch
nur selten zu Theil wurden. Es sah den Chalifen fast täglich in
seiner Mitte, in einfachster Kleidung, sich jede hohe Ehrerbietung ver-
bittend, Hände voll Gold ausstreuend und mit ihm andächtig betend.

Das Volk sah, wie er einer künstlich erzeugten Theuerung durch einen Befehl die vorhandenen Vorräthe aufzunehmen, plötzlich steuerte, wie er Moscheen bauen ließ und reichlich ausstattete, und Schulen gründete, sowohl für Sunniten als für Schiiten, wie er manche, die ärmere Classe drückenden Steuern abschaffte, wie er strenge Zucht unter seinen Sklaven und Soldaten hielt, die früher die Bürger mißhandelt hatten, und wie er ganz besonders die Gerichte überwachte und die der Bestechlichkeit zugänglichen Richter bestrafte, im Uebrigen aber nicht nur der Gerichtsbarkeit freien Lauf ließ, sondern sich selbst sogar dem Richterspruche nicht entzog. So wird erzählt, daß zur Zeit, als die Verordnung erschien, alle Rosinen in den Nil zu werfen, ein Kaufmann beim Kadhi auf Schadenersatz klagte, indem er schwur, daß er sie nicht zur Bereitung verbotener Getränke gekauft habe. Der Chalife erschien vor Gericht und wurde vom Kadhi verurtheilt, und weit entfernt, dem Richter deshalb zu grollen, der ihn sogar erst nach gefälltem Urtheil als Chalifen begrüßte, achtete er ihn noch höher als zuvor, und bewies es ihm durch reiche Geschenke.

Alhakim war bis zum Jahr 1017 ein blutgieriger Tyrann gegen die Großen, gegen die Hofbeamten, und die Andersgläubigen, aber ein mildthätiger Fürst gegen das gemeine Volk, er war bald mehr bald weniger tolerant gegen die Sunniten, lebte aber selbst als frommer Schiite, verlangte Gehorsam als rechtmäßiger Imam, verbat sich aber jede an Vergötterung grenzende Ehrenbezeugung. Ganz anders ward er aber in den letzten Jahren seines Lebens, da warf er sich ganz in die Arme der Ultraschiiten, welche ihn zu einem Gotte machten und ihr Oberhaupt zu seinem Minister. Ein solcher ultraschiitischer Missionär war Mohammed Ibn Ismail Darazi, der Stifter der Religion der Drusen, welche sich noch bis auf unsre Zeit im Libanongebirge erhalten hat. Er soll aus dem östlichen Persien stammen, was auch um so wahrscheinlicher ist, als er der indischen Lehre von der Seelenwanderung huldigte und wie die Ismaeliten den Koran allegorisch deutete. Dieser Darazi erklärte den Chalifen Alhakim für ein göttliches Wesen, forderte das Volk auf, ihn als eine Gottheit anzuerkennen und überzeugte zuletzt Alhakim selbst von seiner Göttlichkeit. Darazi mußte zwar, als er seine Lehre predigte, in Folge eines Volksaufstandes, Egypten verlassen und nach Syrien entfliehen, aber Andere kamen an seine Stelle, die sein Werk fortsetzten. Hamza Ibn Ahmed, auch ein persischer Missionär, predigte dieselbe Lehre, indem er alle äußerlichen Religionsübungen, wie das Gebet, die Fasten und die Pilgerfahrt, die der Koran verschreibt, als nichtig erklärte und die betreffenden Stellen allegorisch deutete. Alhakim selbst besuchte keine Moschee mehr, ordnete keine Pilgerfahrt an, und verlangte göttliche Verehrung. Wenn sein Name im Kanzelgebete genannt wurde, mußte sich Jeder erheben, in Kahirah verbeugte man sich vor ihm, wenn er auf der Straße ging und Manche riefen: „O Einziger, der du über Leben und Tod verfügst." In Mekka schlug einer seiner Anhänger mit seiner Lanze gegen den heiligen schwarzen Stein und rief der im Tempel versammelten Menge zu: „Warum seid ihr so thöricht, diesen Stein zu küssen und zu verehren, der euch weder nützen noch schaden kann, und denjenigen zu vernachlässigen, der in Egypten Leben und Tod spendet?" Der Islamismus wurde ihm ganz gleichgültig, so daß er sogar, zum großen Aerger der Gläubigen, Juden und Christen, welche zur Zeit der Verfolgung sich zum Mohammedanismus bekehrt hatten, gestattete, zu ihrem alten Glauben zurückzukehren, was nach mohammedanischem Gesetze mit dem Tode bestraft werden sollte. Alle Kirchen und Synagogen mit den dazu gehörenden Gütern und Mobilien mußten den Christen und Juden zurückerstattet werden, auch durften sie sich nach Belieben und ohne besondere Merkmale kleiden. Seine Strenge gegen die Frauen blieb jedoch dieselbe und soll, nach einigen Berichten, die Ursache seines Todes gewesen sein. Als er nämlich eines Nachts wie gewöhnlich nach Fostat ging, fand er eine Puppe an ein Haus gelehnt, die ein Briefchen in der Hand hatte. Da er die Puppe für eine Frau hielt, befahl er seinen Begleitern, sie zusammenzuhauen. Sie bemerkten bald, daß es nur eine Puppe war, nahmen ihr jedoch das Briefchen ab und überreichten es dem Chalifen. Er las das Briefchen und fand darin die gröbsten Schmähungen und Anklagen gegen seine unverheirathete Schwester Sitt Almulk. Er züchtigte zuerst die ganze Stadt Fostat für diese ihm widerfahrene Beleidigung, indem er sie mehrere Tage dem Mord und der Plünderung seiner Soldaten preis gab, und einen Theil derselben in Brand stecken ließ. Dann soll er aber seine Schwester mit Vorwürfen und Drohungen überhäuft haben, so daß sie für ihr Leben zitterte und daher einen Häuptling der Ketama-Berber gewann, der gleichfalls, aus andern Gründen, den Tod von der Hand Alhakims fürchtete. Dieser Berber ließ durch zwei seiner Leute Alhakim ermorden, welcher allnächtlich, nur von einem Diener begleitet, sich im

Mukattamgebirge, in der Nähe von Kahirah, erging. Nach andern Berichten wurde er von einem frommen Moslim ermordet, der es für ein gottgefälliges Werk hielt, ihn aus der Welt zu schaffen. Bestimmtes erfuhr man nie, weder über seinen Tod, noch über seine Todesart. Mehrere ihm ähnlich scheude Personen gaben sich später noch für Hakim aus, und machten Anspruch auf die Herrschaft. Die Drusen glauben, er habe wegen der Sünden der Menschheit sich zurückgezogen, und werde dereinst wieder erscheinen und als die letzte Personification der Gottheit auf der ganzen Erde angebetet werden. Der unparteiische Historiker hält ihn nicht für ganz so verworfen, wie ihn die Moslimen schildern, wohl aber für einen launischen, wankelmüthigen und zuletzt halb verrückten Menschen, der ein Spielball der Häupter des Missionswesens wurde, die selbst als Minister der incarnirten Gottheit, als die allgemeine Intelligenz und die executive Gewalt des Gottmenschen, alle Macht und allen Einfluß in ihre Hände zu concentriren hofften. Daß aber ein solches Religionssystem nicht neu, sondern unter einem Theile der Schiiten längst schon, wenigstens in seinen Grundelementen, vorhanden war, ist schon früher angedeutet worden, und es genüge hier, an die Fanatiker zu erinnern, welche schon den Chalifen Manßur als ihren Gott angeredet hatten.

Alhakim verschwand in der Nacht auf den 13. Februar 1021. Nachdem man eine ganze Woche auf seine Rückkehr gewartet, nach einigen Berichten erst als man sichere Zeichen seiner Ermordung gefunden hatte, wurde auf Befehl der Sitt Almulk, sein Sohn Ali mit dem Titel Azzahir zum Chalifen erhoben. Da aber der neue Chalife erst achtzehn Jahre alt und überhaupt gar nicht für den Thron erzogen war, denn Alhakim hatte einen andern Thronfolger bestimmt, so regierte Sitt Almulk faktisch und wurde deshalb auch später für die Urheberin des an ihrem Bruder verübten Mordes gehalten. Dazu kam noch, daß sie sowohl den designirten Thronerben, welcher Statthalter von Haleb war, als den Häuptling, der sich mit ihr gegen das Leben Alhakims verschworen hatte, ermorden ließ. Sie überlebte ihren Bruder übrigens nur um vier Jahre und eigentlicher Regent war der Vezier Ali Aldjardjarai.

Die Regierung Azzahirs bietet wenig Berichtenswerthes. Im Innern herrschte Ruhe und Zufriedenheit, und wie früher war auch jetzt Syrien das Hauptaugenmerk der egyptischen Politik. Schon unter Alhakim hatte Lulu, welcher im Namen zwei minderjähriger Prinzen aus dem Geschlechte der Hamdaniden in Haleb regierte, sich den Fatimiden unterworfen und diese Prinzen an den Hof von Egypten geschickt. Auch Lulu's Sohn Manßur, welcher von Alhakim fürstliche Titel erhielt, erkannte die Oberherrschaft der Fatimiden an. Später traten Zerwürfnisse zwischen dem Sohne Lulu's und Zahir ein. Ein Sklave des Erstern empörte sich gegen seinen Herrn und überlieferte Haleb den Fatimiden, deren Statthalter bis zum Jahr 1023 sich auch daselbst behaupteten. In diesem Jahre aber fiel Haleb in die Gewalt der Benu Kilab, welche die Stadt auch mit Erfolg gegen Romanus vertheidigten (1030). Erst unter Zahir's Nachfolger Almustanßir (Abu Temim Maadd), der im Juni 1036 an die Regierung kam, wurde Haleb wieder von den Fatimiden erobert, fiel aber nach wenigen Jahren abermals in die Gewalt eines Kilabiten, den, nach wiederholten Kriegen, der Chalife als seinen Statthalter bestätigen mußte, bis er endlich freiwillig den Besitz von Haleb gegen den einiger andern Städte Syriens vertauschte, womit jedoch die Kämpfe um den Besitz von Haleb nicht aufhörten.

Mustanßir war erst sieben Jahre alt, als er den Thron bestieg, seine Mutter, obgleich eine ehemalige schwarze Sklavin, übte doch großen Einfluß auf die Regierung und besonders auf die Wahl der Veziere, welche die Staatsangelegenheiten leiteten, und selbst als der Chalife großjährig war, zeigte er wenig Selbständigkeit und Energie, sondern ließ sich immer von Andern leiten oder von der Gewalt der Umstände beherrschen, weshalb er auch weder geliebt noch geachtet, sondern mehrmals mit Verlust des Lebens und des Thrones bedroht war. Seine sechzigjährige Regierung bietet einen ewigen Wechsel von Erfolgen und Niederlagen. Bald beschränkte sich seine Herrschaft nur noch auf die Hauptstadt Kahirah, bald wurde er im größten Theile Afrika's, in Sicilien, in Arabien, in Syrien, in Mesopotamien, selbst in der Abbasidenhauptstadt Bagdad als Fürst der Gläubigen anerkannt. Von den Erfolgen Almustanßirs war schon unter dem Chalifate Alkaim's die Rede, wir haben gesehen, wie Albasisiri sich mit den Fatimiden verbündete und in ihrem Namen (1059) in Bagdad herrschte. Almustanßir hielt sich seines Sieges so gewiß, daß er schon in Kahirah neben seinem großen Palaste einen kleinen bauen ließ, der den gefangenen Abbasiden zum Aufenthaltsorte dienen sollte, aber er unterstützte doch in der letzten Zeit Albasisiri nicht mehr, und der rasche Sieg Toghrilbegs über seinen Bruder Ibrahim nöthigte jenen bald wieder, die

Hauptstadt zu räumen. Wenige Jahre nachher war die Herrschaft Mustanßirs dem Erlöschen nahe. Die Ermordung eines Türken durch die Neger führte zu einem förmlichen Kriege zwischen den türkischen Miethtruppen und den Schwarzen, welche die Leibwache des Chalifen bildeten und denen sich noch viele andere Sklaven anschlossen. Mit den Türken hielten es aber die Ketamaberber und einige Beduinenstämme, sowie auch der Hamdanide Naßir Abdawlah, welcher schon längst in egyptischen Diensten stand. Obgleich die Mutter des Chalifen fortwährend die Schwarzen unterstützte, wurden sie doch in mehreren Treffen geschlagen und der Chalife mußte sich ganz unter die Gewalt Naßir Abdawlah's beugen, so daß er sogar mit Abdankung drohte. Er führte jedoch diese Drohung nicht aus, als man ihm erklärte, daß in diesem Falle sein mit Kostbarkeiten jeder Art angefüllter Palast der Plünderung preisgegeben werden sollte. Mit jedem Siege über die Neger, welche zuletzt selbst in Oberegypten sich nicht mehr halten konnten, nahm die Macht des Hamdaniden und der Türken zu. Der Chalife wurde mit Geringschätzung behandelt, stets mit neuen Forderungen gequält, und da die Staatskasse leer war, wurde er nach und nach genöthigt, die Kostbarkeiten, die ihm so sehr am Herzen lagen, zu Spottpreisen zu verkaufen, um die gierigen Truppen zu befriedigen. Ganze Kisten voll Edelsteine, Perlen, goldene, silberne und crystallne Gefäße, gemaltes Porzellan, Spiegel, goldene Schachspiele und Blumenvasen, ganze Ladungen von Aloe, Ambra und Kampfer, ein silberner Kahn, ein goldener Pfau mit den kostbarsten Edelsteinen verziert, viele tausend Teppiche, Vorhänge, Ballen von Seiden- und Sammtstoffen, Zelte, Waffen vom höchsten Werthe, theils durch ihre Verzierung, theils durch ihre antiquarische Bedeutung, denn es befanden sich darunter solche, die von Ali, Husein, Hamza und anderen Heroen der ersten Zeit des Islams herrührten, wurden dem Meistbietenden überlassen. Selbst die Gräber der Ahnen Mustanßirs wurden zuletzt aller ihrer Kostbarkeiten, wie goldene Leuchter, Rauchpfannen und dergleichen beraubt, und als endlich alles geleert war, schonte man auch die Hofbibliothek nicht mehr, welche vielleicht die reichste und vollständigste der mohammedanischen Welt war. Die besten Handschriften wurden verschleudert, viele kamen nach Afrika, andere gingen bei der nachherigen Plünderung des Hauses des Veziers, der sich fünf und zwanzig Kameelladungen mit Handschriften zugeeignet hatte, zu Grund, manche wurden auf dem Nil beschädigt oder absichtlich von Sunniten zerstört, weil sie zum Theil von Schiiten verfaßt waren. Von vielen wurde der Lederband abgerissen und zu Sandalen verwendet, die Handschrift selbst als werthloses Ding von den Türken verbrannt.

Muſtanßir soll, um dieser Tyrannei ein Ende zu machen, einen Mörder gedungen haben, welcher Naßir Abdawlah aus der Welt schaffen wollte, der Mordverſuch mißlang aber und nun ging dieſer damit um, den Chalifen zu entthronen und den ſehr angeſehenen Scherif Heidara an deſſen Stelle zu ſetzen. Der einzige Mann, den er noch fürchtete, war Bedr Al Djemali, der Statthalter von Damaſk, der über die ſyriſchen Truppen verfügen konnte. Er ſuchte daher, um dieſen zu ſtürzen, mehrere Häuptlinge der ſyriſchen Beduinen für ſich zu gewinnen. Damaſk empörte ſich zu wiederholtenmalen, aber Bedr blieb doch zuletzt Herr von Syrien und der Scherif wurde hingerichtet. Unter den egyptiſchen Truppen ſelbſt trat auch bald Zwietracht ein, welche dem Chalifen zu ſtatten kam, denn ein Theil derſelben ſchloß ſich ihm an und kämpfte an ſeiner Seite gegen Naßir Abdawlah. Dieſer wurde zwiſchen Alt- und Neukahirah geſchlagen und genöthigt, ſich nach Alexandrien zurückzuziehen. Hier ſchloß er ein Bündniß mit Verbern und Beduinen und brandſchatzte ganz Unteregypten, erkannte den Abbaſiden-Chalifen als Oberherrn an und ließ keinerlei Lebensmittel in die Reſidenz gelangen, ſo daß ſie bald von ſchwerer Hungersnoth heimgeſucht war, denn ſchon waren mehrere Mißjahre vorausgegangen und hatten die innern Unruhen weder Ackerbau noch Handel aufkommen laſſen. Man riß ſich nicht nur um Hund- und Eſelsfleiſch, ſondern zuletzt wurde auch Menſchenfleiſch gegeſſen und es bildeten ſich Mörderhöhlen, in welchen Menſchen geſchlachtet, verzehrt oder verkauft wurden. Zu dieſer Zeit mußte der Chalife was ihm noch an Habſeligkeiten übrig geblieben verkaufen, um nicht vor Hunger umzukommen, unter Anderm auch die Kleidungsſtücke des Chalifen von Bagdad, die Baſaſiri zur Zeit ſeines Einzugs in Bagdad nach Egypten geſchickt hatte, und zuletzt verdankte er die Erhaltung ſeines Lebens nur noch der Mildthätigkeit einer reichen Frau, die ihm täglich eine Suppe zukommen ließ. Die Vorräthe waren indeſſen noch nicht ganz erſchöpft, Bäcker, Müller und Fruchthändler hatten viel Getreide aufgeſpeichert, für das ſie noch höhere Preiſe zu erzielen hofften, bis endlich einige Hinrichtungen dieſe abſcheulichen Wucherer einſchüchterten. Inzwiſchen dauerte der Krieg zwiſchen Muſtanßir und Naßir Abdawlah in Egypten und Syrien fort, bis endlich Letzterer auch Herr von Kahirah wurde und den Chalifen wieder ganz in seine Abhängigkeit brachte. Es bildete sich aber bald eine Verschwörung gegen Naßir Abdawlah, an deren Spitze Ildekus, ein türkischer General, stand, der schon früher gegen ihn gekämpft und sich nur zum Scheine mit ihm ausgesöhnt hatte. Er selbst sowohl als seine nächsten Verwandten und Anhänger wurden meuchlings ermordet. Ildekus war aber bald dem Chalifen gegenüber eben so herrschsüchtig und gewaltthätig als sein Vorgänger (1072—73). Der Chalife wandte sich nun an Bedr Aldjemali, der sich in Akka nicht nur gegen die Anhänger Naßir Abdawlah's, sondern auch gegen den Turkomanen Ansiz behauptete, welcher schon einen Theil von Palästina erobert hatte. Bedr schiffte sich mit den besten syrischen Truppen nach Akka ein, landete in der Nähe von Damiette und rückte gegen die Hauptstadt vor, in die er, nach der Verhaftung Ildekus's, ohne Kampf einzog (Januar 1075). Er wurde zum Oberfeldherrn und ersten Vezier ernannt, so daß die höchste Militär- und Civilgewalt in seiner Hand vereinigt war. Um sich aber auch seinen Posten für die Dauer zu sichern, ließ er alle Häupter der Truppen sowohl als frühere Veziere und andere hohe Beamten, denen er nicht traute, bei einem Festmahle ermorden. Unter der Leitung Bedr's, welcher bald auch die Rebellen in den Provinzen besiegte, kehrte wieder Ruhe, Ordnung und Wohlstand nach Egypten zurück. Die Staatseinnahmen hoben sich in Folge der guten Verwaltung, obgleich die Steuern herabgesetzt wurden. Auch in Arabien wurde Almustanßir wieder als Fürst der Gläubigen anerkannt. In Syrien hingegen behielten die Turkomanen die Oberhand. Ansiz fiel sogar, nach der Eroberung von Damask, in Egypten ein und lagerte mehrere Wochen, während die egyptischen Truppen in den südlichen Provinzen waren, in der Nähe der Hauptstadt. Bedr unterhandelte mit Ansiz, ließ aber inzwischen seine Truppen schleunigst zurückkehren, gewann auch einen Beduinenhäuptling, welcher mit 2000 Reitern im Heer der Turkomanen diente, so wie mehrere tausend Pilger, welche auf dem Wege nach Mekka waren, und so gelang es ihm, Ansiz in die Flucht zu schlagen, worauf dann auch der größere Theil von Syrien sich wieder den Fatimiden anschloß, und selbst Damask wäre wieder erobert worden, wenn nicht Tutusch, der Sohn Alp Arslans, zum Entsatze herbeigekommen wäre. Bedr blieb bis zu seinem Tode auf seinem Posten und Almustanßir, welcher ihn nur um wenige Tage überlebte, ernannte (December 1094) dessen Sohn Alafdhal zum Vezier, den auch sein Nachfolger

Die Fatimiden und die ersten Ziriden.

Almustaʿli (bis 11. Dec. 1101) beibehielt, und der dann unter **Alamir** (Dec. 1121) von Assassinen ermordet wurde, nach Einigen, weil er ihnen nicht eifriger Schiite genug war, nach Andern, weil der Chalife selbst herrschen und sich der unermeßlichen Schätze des Veziers bemächtigen wollte. Alamir selbst wurde (7. Ottober 1130) auch von Assassinen erdolcht und ihm folgte, da er keinen Sohn hinterließ, ein Vetter, welcher unter dem Namen **Alhafiz** den Thron bestieg und einen Sohn Alafdhal's zum Vezier ernannte, der bald, wie sein Vater und Großvater, eigentlicher Regent war und den Chalifen nicht einmal mehr im Kanzelgebet nennen ließ, daher er auch auf Anstiften desselben ermordet wurde. Gleiches Schicksal hatten mehrere andere Veziere, worunter ein eigener Sohn des Chalifen, und zuletzt regierte Alhafiz ohne Vezier. Sein Sohn und Nachfolger (1149—50) **Azzafir**, wechselte auch häufig seine Veziere, weil sie bald nach ihrer Ernennung ihm alle Macht und allen Einfluß raubten und eigentlich nicht dem Chalifen, sondern gewissen Parteien ihre Stelle verdankten, die wieder von andern verdrängt wurden. Der letzte Vezier, Abbas, vom Berberstamme Sanhadja, tödtete den Chalifen (März—April 1154) wegen allzuvertrauten Umgangs mit seinem Sohne, und setzte **Alfaiz**, einen fünfjährigen Sohn des getödteten Chalifen, auf den Thron, der in seinem elften Jahre starb (Juli 1160). Der damalige Vezier Salih erhob **Aladhid**, einen Enkel Alhafiz's, zum Chalifen und gab ihm eine seiner Töchter zur Frau, weshalb er auf Anstiften des Harems ermordet wurde. Sein Sohn Aladil konnte sich nur kurze Zeit behaupten, Dhargham und Schawir kämpften mit einander um das Vezirat und da Ersterer den Sieg davon trug, entfloh Schawir nach Syrien und rief **Nureddin** zu Hülfe, dessen Heere unter Schirkuh und Saladin, der Herrschaft der Fatimiden (1171) ein Ende machten. Wir werden auf diesen Thronwechsel im folgenden Abschnitt zurückkommen und dann auch manches, die letzten Fatimiden Betreffende, nachtragen, weil es in zu enger Verbindung mit der Geschichte der Kreuzzüge steht, deren Anfang mit dem Tode Almustansirs zusammentrifft. Wir müssen aber vorher einen Blick auf Westafrika und Sicilien werfen, wo noch vor dem Untergange der Fatimiden, dort die Ziriden vor den Almoraviden und hier die Moslimen vor den Normannen zu weichen genöthigt wurden.

IV. Die letzten Ziriden.

Wir haben gesehen, wie unter dem Ziriden Badis der Fatimide Alhakim vergebens wieder die Herrschaft von Tripoli an sich reißen wollte. Obgleich aber Badis nach dieser Seite den Sieg davon trug, begann doch schon unter seiner Regierung der Verfall des Reichs, das nicht nur durch schwere Kriege gegen verschiedene Berberstämme, sondern auch durch innere Empörungen, von Prinzen aus dem Geschlechte Ziri's angeschürt, tief erschüttert wurde. Hammad, ein Oheim des Badis, empörte sich, nach seinen Siegen über die Zenata, gegen seinen Neffen und gründete die nach ihm benannte Festung (Kalat Beni Hammad), eine Tagereise nordöstlich von Mesila, welche er bis zum Tode Badis' behauptete (1015). Unter dessen Sohn und Nachfolger Muiz, der erst acht Jahre alt war, als er den Thron bestieg, setzte er den Kampf fort und es kam schließlich zu einer Theilung des Reichs. Muiz blieb Herr der eigentlichen Provinz Afrika, welche ohngefähr das jetzige Paschalik Tripoli und Tunis umfaßte, während Hammad die Provinzen Budjieh und Constantine behielt. Ersterer wurde von einem Scheich erzogen, der ein heimlicher Sunnite war, er verfolgte daher die Schiiten, und antwortete auf die Drohungen des Fatimiden Almustanßir mit einer öffentlichen Anerkennung der Rechte und der Oberherrschaft des Abbasiden Alkaim (1045—46). Almustanßir rächte sich für diesen Abfall, indem er verschiedene Zweige der Benu Hilal, welche zuerst an der Seite der Karmaten gefochten und sich dann an den Ufern des Nils niedergelassen hatten, durch Geschenke und Versprechungen bestimmte, in das Gebiet des Ziriden einzufallen. Diese raubsüchtigen Horden verwüsteten nach mehreren gewonnenen Schlachten die ganze Provinz Afrika. Die Städte Kairawan, Susa und Tunis leisteten noch einige Zeit Widerstand, fielen aber zuletzt auch theils in die Gewalt der Araber, theils in die der Söhne Hammads, und selbst in Mahdiech konnte sich Muiz nur durch den Schutz eines arabischen Emirs behaupten, mit welchem er verschwägert war.

Temim, der Nachfolger des Muiz (1062), gewann einen Theil des von seinem Vater verlorenen Gebiets wieder, in Folge von Spaltungen, die unter den eingewanderten Arabern selbst eintraten, und von denen ein Theil sich ihm anschloß, während Andre es mit den Benu Hammad hielten. Hingegen wurde unter seiner Regierung die Hauptstadt Mahdiech von den Genuesern verwüstet und gebrandschatzt. Sein Sohn Jahja (1108—16) nahm Rache für diesen Einfall, indem er eine starke Flotte baute und durch fortgesetzten Seeraub die mittelländischen Küstenbewohner beunruhigte. Die innern Unruhen dauerten indessen unter ihm, wie unter seinem Sohne Ali (1116—21) fort, und einer der Rebellen, welcher sich in Kabis gegen Letztern aufgelehnt hatte, wurde von den Normannen unterstützt, die um diese Zeit schon Herren von Sicilien waren. Ali rüstete sich zum Kriege und rief die Almoraviden zu Hülfe, starb aber, ehe der Krieg zum Ausbruch kam. Zur Zeit seines Sohnes Hasan, des letzten Ziriden, wurde Mahdieh zu gleicher Zeit von dem Emir von Budjieh und von Roger angegriffen. Hasan fand sich mit Letzterm ab, gerieth aber später doch wieder in Conflikt mit ihm und im Jahr 1148—49 wurde Mahdieh von den Normannen besetzt, während die Truppen Hasans gegen einen Rebellen, der sich der Stadt Tunis bemächtigt hatte, ausgezogen waren. Sfax, Tripoli, Susa und andere Städte hatten gleiches Schicksal wie die Hauptstadt und wurden erst unter Wilhelm (1160) durch die Almohaden den Christen wieder entrissen. Hasan lebte noch mehrere Jahre in Mahdieh, als Statthalter des Almohaden Abd Almumin. Er wurde dann von dessen Sohn Jusuf nach Marokko berufen und starb auf der Reise dahin (1167—68). Der Herrschaft der Benu Hammad, des andern Zweigs der Ziriden, machte auch Abd Almumin (1152—53) ein Ende.

V. Die Hafsiden und die Meriniden.

Im westlichen Afrika herrschten der Reihe nach, wie in dem Abschnitte über die Omejjaden in Spanien erwähnt worden ist, die Almoraviden (1055—1147), die Almohaden (bis 1269) und dann die Meriniden, die jedoch die Herrschaft mit den Benu Zijan, auch Benu Abd Alwadd genannt, theilen mußten. Beide Dynastien gehörten dem Stamme der Zenataberber an, Erstere beherrschten das Marokkanische Reich und Letztere das Gebiet von Tlemsen. In der Provinz Afrika, mit der Hauptstadt Tunis, regierten die Hafsiden, zuerst als Statthalter der Almohaden, und später als selbständige Fürsten, bis sie von den Osmanen vertrieben wurden, während Marokko in die Gewalt der Saaditen und der Scherife fiel, die es bis in die neueste Zeit behaupteten. Die Geschichte dieser verschiedenen Dynastien bietet überall die gleichen Erscheinungen: Fehden zwischen Arabern und Berbern, oder zwischen verschiedenen Stämmen derselben Race, Grenzstreitigkeiten mit den Nachbarstaaten, innere Empörungen, Lostrennung einzelner Städte und Provinzen, unter herrschsüchtigen Familiengliedern oder Stammhäuptern. Die Darstellung der Einzelnheiten aller dieser Kriege und Umwälzungen würde selbst in einer Specialgeschichte Afrika's den Leser ermüden, wir werden daher nur noch, ehe wir zu den letzten Zeiten moslimischer Herrschaft über Sicilien übergehen, einige Worte über die Hafßiden vorausschicken.

Abu Hafß, der Stammvater dieses Hauses, einer der ersten und treuesten Anhänger der Almohaden, war Häuptling der Masmudaberber. Unter Abd Almumin sowohl als unter seinem Sohne Jusuf hatte er großen Einfluß auf die Regierung, auch zeichnete er sich als Feldherr in Afrika sowohl als in Spanien aus. Nach seinem Tode (1175—76) wurden seine Söhne zu den höchsten Würden erhoben. Abd Alwahid, einer derselben, erhielt von dem Almohaden Nâßir (1207) die Statthalterschaft der Provinz Afrika. Er war ein eben so kluger Staatsmann als tapferer General und kämpfte mit Erfolg gegen den schon früher genannten Ibn Ghania und die noch übrigen Anhänger der Almoraviden. Sein Sohn Abu Mohammed, welcher nach kurzer Zwischenregierung seinem Vater folgte, wurde, weil er dem Almohaden Mamun die Huldigung verweigerte, entsetzt und sein Bruder Abu Zakaria (1228) zum Statthalter ernannt. Später erkannte auch dieser Mamun nicht mehr als Oberherrn an, er nannte sich selbst Emir, nahm Constantine, Budjieh und Algier den Almohaden weg, und auch ein Theil Spaniens, sowie Ceuta und Tanger, unterwarf sich ihm. Endlich behute er seine Oberherrschaft noch über Tlemsen aus, worauf auch die Meriniden sich vor ihm beugten. Sein Sohn Almustanßir, unter dessen Regierung die Landung des heiligen Ludwig vor Tunis stattfand, hatte schon Mühe seine Autorität über alle von seinem Vater eroberten Länder geltend zu machen. Unter diesen beiden Fürsten erreichte die Provinz Afrika und besonders die Hauptstadt Tunis den höchsten Grad der Blüthe. Almustanßir nahm endlich auch den Titel „Fürst der Gläubigen" an, was er um so eher konnte, da sowohl die Abbasiden in Bagdad als die Mohaden in Marokko, die Fatimiden in Egypten und die Omejjaden in Spanien untergegangen waren. Tunis war um diese Zeit die Residenz des mächtigsten Fürsten des Islams, und der Sitz des Wohlstandes, der Wissenschaft und der Kunst. Aber auch in diesem Reiche trat bald der Mißstand hervor, welcher den Verfall so vieler andern im Oriente herbeigeführt, nämlich der Mangel an bestimmten Gesetzen über die Thronfolge, und die daraus folgenden Zerwürfnisse unter Brüdern, Oheimen und Vettern. Schon Alwathik, der Sohn und Nachfolger Almustanßir's, mußte gegen seinen Oheim Abu Jshak kämpfen, der sich in Budjieh zum Sultan ausrufen ließ, und schließlich abdanken. Unter Abu Jshak empörte sich der Statthalter von Constantine und rief Peter von Arragonien zu Hülfe (1282), der mit seiner Flotte in Collo landete, aber die Kunde von der sicilianischen Vesper bewog ihn, schleunigst nach Palermo zu segeln, und der Aufruhr unterlag im Kampfe gegen den Sohn des Emirs. Bald nachher gab sich ein gewisser Jbn Abi Omara für einen Sohn Alwathik's aus, trat als Prätendent auf und bemächtigte sich nach wiederholten Kämpfen des Throns. Indessen machte sich der Sieger bald so verhaßt, daß die Anhänger der Hafßiden sich um Abu Hafß, einen Bruder Almustanßirs, schaarten, der den Usurpator besiegte und zum Emir proclamirt wurde. Zu seiner Zeit wurde die Insel Djerbeh und Jvisa von Roger de Loria besetzt und Mahdieh belagert. Es dauerte nicht lange, da machte auch Abu Zakaria, ein Sohn Abu Jshat's, Anspruch auf den Thron. Er wurde in den westlichen Provinzen, in Budjieh, Constantine und Algier als Emir anerkannt, worauf er auch Biskera, die Hauptstadt der Provinz Zab, unterwarf. Er behauptete sich gegen Abu Hafß und dessen Nachfolger Abu Asida, obgleich beide die Meriniden zu Verbündeten hatten, und ihm folgte in Budjieh, das ein zweites Tunis wurde, sein Sohn Abu-l-Beka (1298—99), der endlich, nach dem Tode Abu Asida's (1309), auch Herr von Tunis wurde, doch nach zwei Jahren wieder den Thron einem andern Prinzen aus seinem Geschlechte überlassen mußte. Die innern Kriege dauerten fort, bis unter Omar Tunis von dem Meriniden Abu Hasan erobert wurde (1347), der aber, da in seiner Abwesenheit sein Sohn sich zum Sultan aufwarf, bald wieder nach Marokko zurückkehren mußte, worauf sein in Tunis zurückgebliebener anderer Sohn Fadhl von dem Bruder Omars vertrieben wurde. Acht Jahre später nahmen die Meriniden Budjieh, Constantine und Tunis wieder, während die Genueser, unter Philipp Doria, Tripoli brandschatzten; und nur eine Meuterei unter den Truppen der Meriniden rettete die Hafßiden vor gänzlichem Untergang. Noch einmal trat eine Glanzperiode für Letztere im Laufe des fünfzehnten Jahrhunderts ein. Sie vertheidigten sich wacker gegen den Herzog von

Bourbon, welcher Mahdich belagerte und gegen Alphons von Arragonien, der die Insel Djerbah angriff, auch dehnten sie ihre Oberherrschaft nochmals über Tlemsen und Fez aus, aber bald schwächten sie wieder innere Kriege, so daß sie ihr Gebiet nicht mehr gegen die im mittelländischen Meere immer mächtiger werdenden Spanier vertheidigen konnten. Oran, Budjich und Tripoli wurden mit Gewalt erobert, Tlemsen, Algier, Tunis und andre Städte mußten Tribut entrichten. Bald nachher setzte sich Harudj (Barbarossa), ein Seeräuber aus Lesbos, welcher mit seinem Bruder Cheir Eddin sich längere Zeit in Tunis aufgehalten hatte, durch Verrath in den Besitz von Algier (1515) und nach seinem Tode (1518) wurde sein Bruder von Selim I. zum Pascha von Algier ernannt. Diesen rief der Hafßide Reschid gegen seinen Bruder Hasan, den damaligen Herrn von Tunis, zu Hülfe, der seine übrigen Brüder dem Henker überliefert hatte. Cheir Eddin trug dieses Gesuch dem Sultan Suleiman vor, welcher gern diese Gelegenheit ergriff, um auch Tunis in ein osmanisches Paschalik zu verwandeln. Unter dem Vorwande, Reschid an seines Bruders Hasan Stelle einsetzen zu wollen, erschien Cheir Eddin vor Tunis und nahm, von der mit der Regierung Hasans unzufriedenen Bevölkerung unterstützt, Besitz von der Stadt. Einmal Herr derselben, war aber von Reschid, den er gleich beim Einzug verhaften ließ, keine Rede mehr, und die Tuniser mußten es sich gefallen lassen, daß ihre königliche Residenz nur noch die eines türkischen Statthalters blieb. Die Türken wurden zwar noch einmal von Karl V., im Bündnisse mit Portugal, dem Pabste und den Malteserrittern, welche seit 1530 Herren von Tripoli waren, vertrieben, und der entthronte Hafßide Hasan, der die Christen herbeigerufen hatte, erhielt als spanischer Vasall sein Fürstenthum wieder (1535), aber die Spanier schändeten ihren Sieg durch Mord und Plünderung, und als der wieder eingesetzte Hafßide nochmals ihre Hülfe gegen innere Aufrührer sowohl als gegen die Türken anflehte, welche unter Torgut Mahdich und die Insel Djerbeh besetzt hatten, erklärte ihn sein Sohn Ahmed des Thrones verlustig und schlug die gelandeten Christen zurück (1542). Ahmed wurde (1570) von den Osmanen verjagt, aber sein Bruder Mohammed wieder von Don Juan von Oesterreich, welcher Tunis besetzte, auf den Thron gehoben (1573). Seine Herrschaft war jedoch von kurzer Dauer, denn Sinan Pascha, der schon früher den Malteserrittern Tripoli entrissen hatte, erschien schon im folgenden Jahre vor

Tunis, die spanische Besatzung mußte alsbald die Stadt räumen und konnte sich auch in den Forts nicht lang halten. Von nun an blieb Tunis, wie Tripoli und Algier, ein türkisches Paschalik, und nur in Oran behaupteten sich die Spanier noch längere Zeit.

VI. Untergang der moslimischen Herrschaft über Sicilien.

Wir haben die Geschichte Siciliens bis zum Jahre 998 fortgeführt. In diesem Jahre wurde der Kelbite Emir Jusuf gelähmt, so daß er die Herrschaft seinem Sohne Djafar abtreten mußte, der sich durch seine Unthätigkeit, sowie durch seinen Geiz und seine Grausamkeit verhaßt machte. Während er selbst in seinen Landhäusern in Sicilien sich der Ruhe und dem Vergnügen hingab, führten seine Feldherrn unglückliche Kriege in Unteritalien. Sein eigener Bruder Ali gewann die Berber und die Schwarzen für sich und machte Anspruch auf die Herrschaft. Djafar bekämpfte ihn aber an der Spitze der Araber und der Milizen, ließ ihn und die rebellischen Sklaven nach seinem Siege hinrichten und verbannte die Berber aus der Insel. Trotz diesem Siege konnte er sich doch nur noch kurze Zeit behaupten; die Härte seiner Beamten und die Veränderungen, die er im Steuerwesen zum Nachtheile seiner Unterthanen einführte, erregten allgemeine Unzufriedenheit. Die Hauptstadt empörte sich gegen ihn (1019), das Volk wollte den Palast stürmen, ließ sich jedoch von Jusuf abhalten und begnügte sich damit, daß an Djafar's Stelle sein Bruder Ahmed Alakhal (der Braunäugige) zum Emir ernannt wurde, den aber sein Bruder Abu Haßß vom Throne stürzte (1036). Zwei Jahre später machten die Byzantiner unter Maniakes einen letzten Versuch, Sicilien wieder zu erobern, und bei ihrem Heere befanden sich auch einige hundert Normannen, welche, von Wilhelm mit dem eisernen Arme angeführt, dem Fürsten von Salerno gedient hatten. Sie schlugen die Araber in mehreren Treffen, besetzten Messina, Syracusa und eine Anzahl andrer Städte. Alle diese Vortheile gingen jedoch wieder verloren, weil Maniakes sowohl die Normannen als den Admiral Stefan, den Schwager des Kaisers, beleidigte. Erstere verließen Sicilien und bekämpften, im Verein mit neu herangekommenen Schaaren, die Byzantiner in Unteritalien, und Stefan erwirkte am Hofe die Abberufung und Verhaftung des ihm verhaßten Feldherrn, und erhielt selbst den Oberbefehl über die Truppen in Sicilien, konnte aber die von seinem

Vorgänger gemachten Eroberungen nicht behaupten. Die Araber nahmen wieder einen Platz nach dem andern und selbst Messina, das sich am längsten hielt, fiel abermals in ihre Hände (1042).

Kaum waren aber die Moslimen wieder Herren der Insel, so spalteten sie sich aufs Neue in verschiedene Parteien. Palermo empörte sich gegen die Herrschaft der Ziriden, ihr Statthalter wurde vertrieben und ein Bruder Alakhals, unter dem Namen Simßam bekannt, zum Emir erwählt. Mehrere Städte im Westen der Insel unterwarfen sich dem arabischen Häuptling Ibn Menkut, während Girgent, Castrogiovanni und einige andre Plätze dem Ibn Nima, mit dem Beinamen Ibn Hawaschi, und Syracusa dem Ibn Thimna gehorchten. Bald fiel auch die Hauptstadt wieder von Simßam ab und führte eine republikanische Regierung ein. Berber und Araber, Städte und Landbewohner, alte Moslimen und neubekehrte standen einander feindlich gegenüber, und die Ziriden waren um diese Zeit selbst von den neu eingewanderten Arabern so hart bedrängt, daß sie Sicilien ganz sich selbst überlassen mußten. Gegen die Mitte des elften Jahrhunderts wurden die erstgenannten Häupter verdrängt, und es fand eine Art Theilung der Herrschaft zwischen Ibn Nima (Benamet) und Ibn Thimna (Benhumen) statt. Der Friede wurde aber durch die Gattin Ibn Thimna's, eine Schwester Ibn Nima's gestört. Ihr Gatte hatte sie nämlich im Rausche umbringen wollen, worauf sie sich zu ihrem Bruder begab, der sich weigerte, sie dem Schwager zurückzugeben. Dieser belagerte Castrogiovanni, wurde aber geschlagen und von den ihm unterworfenen Städten verlassen. Aufs Aeußerste gebracht, begab er sich nach Milet zum Grafen Roger und flehte ihn um seine Hülfe an.

Die Normannen waren um diese Zeit Herren von Unteritalien und an ihrer Spitze standen der Herzog Robert Guiscard und sein jüngerer Bruder, der Graf Roger, welcher einen Theil der Grafschaft Pulien mit der Stadt Milet verwaltete. Roger schenkte dem Araber ein williges Ohr, da er sowohl durch die frühere Landung seines verstorbenen Bruders Wilhelm, als durch einen von ihm selbst einige Jahre früher ausgeführten Streifzug, von der militärischen Macht der sicilianischen Araber eine sehr geringe Meinung gewonnen hatte. Als er nun von den innern Spaltungen hörte, sowie von der Hülfe, die ihm die Partei Ibn Thimna's leisten würde, und er auch noch auf die Bereitwilligkeit der Christen, sich bei seinem Anrücken zu erheben, zählen konnte, zauderte er keinen Augenblick mehr, und traf die nöthigen Anstalten zu dieser Expedition. Messina war das erste Ziel seiner Waffenthaten, und wurde bald, mit Hülfe der Christen im Innern der Stadt, erobert (1060). Rametta ergab sich dem Herzog Robert, welcher seinem Bruder bald nachgefolgt war, und mehrere andere Plätze folgten diesem Beispiele, um nicht, wie Messina, allem Jammer einer mit Sturm eroberten Stadt preisgegeben zu werden.

Inzwischen sammelte Ibn Rimet ein den Christen an Zahl weit überlegenes Heer und lieferte ihnen nicht weit von Enna eine Schlacht. Aber auch diesmal siegten die geschlossenen Reihen der Normannen über die in Unordnung und ohne Vorsicht kämpfenden Araber und beschlossen, nach der ohne beträchtlichen Verlust gewonnenen Schlacht, die Belagerung von Enna, wohin sich die flüchtigen Araber geworfen hatten. Diese Festung war aber durch ihre Lage auf dem Gipfel eines Berges nicht leicht anzugreifen, sie konnte nur ausgehungert werden, dazu reichten aber die Mittel Rogers nicht aus, indem er einerseits eine starke Besatzung in Messina lassen mußte, um diese Stadt vor einem Ueberfalle zu schützen, dann aber auch andere Angriffe der Araber abzuwehren hatte. Die Belagerung wurde daher wieder aufgehoben, und die beiden Brüder brachten den Winter in Italien zu, während Ibn Thimna, der sich ihnen stets als treuer und nützlicher Bundesgenosse gezeigt hatte, fortfuhr, mit den zurückgebliebenen Truppen, seine Glaubensgenossen bald hier bald dort zu beunruhigen, bis er endlich durch Meuchelmord aus der Welt geschafft wurde. Während die Normannen durch diesen Verlust so entmuthigt waren, daß sie sich in Messina concentrirten und andere Plätze räumten, bekämpften sich Herzog Robert und Graf Roger in Italien, weil Letzterer auf einen Theil von Calabrien Anspruch machte, während Ersterer ihm nur Milet und Squilaci gewähren wollte. Wahrscheinlich herrschte auch bei den Arabern um diese Zeit keine Eintracht, sonst wäre es ihnen nicht schwer gefallen, die Normannen wieder aus der Insel zu verjagen. Nachdem der Friede in Italien hergestellt war, erwartete den nach Sicilien zurückgekehrten Grafen Roger neue Gefahr. Er war nämlich zur Belagerung von Nicosia ausgerückt, als die von Griechen bewohnte Stadt Trayna, in welcher er seine Gemahlin mit einer geringen Besatzung zurückgelassen hatte, sich empörte, und die Araber zu Hülfe rief. Roger mußte schleunigst aufbrechen und sich durch die vereinten Araber und Griechen durchschlagen, um zu seiner

Gemahlin zu gelangen, welche mit ihren getreuen Normännern sich in die Citadelle zurückgezogen hatte. Nach manchen harten Tagen in der von zahlreichen Feinden belagerten Citadelle, machte er mehrere glückliche Ausfälle, und unterwarf endlich wieder die rebellische Stadt. Indessen hatte sich aber die Macht der Ziriden unter Temim wieder gehoben, und viele Afrikaner schifften, um gegen die Christen zu kämpfen, nach Sicilien hinüber. Roger lieferte ihnen eine siegreiche Schlacht bei Cerami und später, als auch Herzog Robert neue Verstärkungen herbeiführte, belagerte er Palermo, jedoch ohne Erfolg, weil in dieser stark befestigten Stadt die Hauptmacht der Moslimen concentrirt war. Als er nach einigen Monaten wiederkehrte und die ganze Umgebung verwüstete, lieferten ihm die Araber eine Schlacht, welche den gleichen Ausgang wie die von Cerami hatte (1064). In den folgenden Jahren kämpften die beiden Brüder wieder in Italien und machten durch die Eroberung von Bari der Herrschaft der Byzantiner in diesem Lande ein Ende. Erst im Jahr 1071 belagerten sie Palermo wieder und nahmen die Stadt, mit Hülfe gefangener Christen, welche in der Citadelle waren. Abermals mußten die Waffen in Sicilien ruhen, weil die Normannen in Italien gegen den Fürsten von Salerno und gegen den Pabst, sowie später gegen den Kaiser von Byzanz und Kaiser Heinrich IV. Krieg führen mußten, und die in Sicilien zurückgelassenen Truppen erlitten sogar mehrere Schlappen. Bis zum Jahr 1085 wurde von bedeutendern Plätzen nur Trapani und Taormina erobert. In den folgenden Jahren aber nahm Roger, der seit dem Tode seines Bruders Robert (1085) wieder seine ganze Kraft dem Kriege in Sicilien zuwendete, zuerst Syracusa, dann Girgenti und endlich auch Enna, Butera und Noto (1090). Von den Eroberungen der Normannen in der Barbarei war schon früher die Rede, ebenso von den Feldzügen der Almohaden, welche die Christen wieder aus Afrika vertrieben. Sicilien wurde aber den Arabern für immer entrissen und die moslimische Bevölkerung verschwand nach und nach von der Insel, theils in Folge mißlungener Empörungen, theils in Folge freiwilliger oder durch die Unduldsamkeit christlicher Fürsten gezwungener Auswanderungen nach moslimischen Ländern.

Siebenter Abschnitt.

Der Kampf der islamitischen Völker gegen die Kreuzfahrer.

I. Der erste Kreuzzug, bis zum Tode Zenki's.

Die Siege der Christen in Spanien unter Ferdinand I. und Alfons VI., sowie die Eroberung Siciliens durch die Normannen, hatten das christliche Europa überzeugt, daß die Moslimen durch die Zersplitterung ihrer Macht schwach geworden. Die Noth und die Leiden der Christen in Egypten und Syrien, unter den fanatischen Fatimiden sowohl als unter den rohen Seldjuken und raubsüchtigen Arabern, hatte ein tiefes Mitleid und eine schwärmerische Begeisterung unter ihren europäischen Glaubensgenossen hervorgerufen, die noch einerseits durch die ritterliche Poesie jener Zeit, andrerseits durch die Predigten beredter Geistlichen gesteigert wurde. Hiezu kam noch die Gründung des Reichs von Nicäa, durch den Seldjuken Suleiman Ibn Kutulmisch, das sich über den größten Theil von Armenien und Klein-asien ausdehnte, und das byzantinische Reich mit gänzlichem Unter-gang bedrohte. So ward es dem Pabste Urban II. nicht schwer, auf der Kirchenversammlung zu Clermont, die ungewöhnlich zahlreiche Ver-sammlung für den heiligen Krieg gegen die Moslimen zu begeistern. Das Volk strömte in Massen herbei mit dem Entschlusse, ins heilige Land zu ziehen, die Einen um das bedrohte Christenthum zu retten, die Andern aus Lust an Abenteuern, oder um sich auf gute Weise aus gedrückter Lage in der Heimath zu ziehen. Der großen kampf-lustigen Masse schlossen sich fromme Bischöfe und ritterliche weltliche Herren an. Zu Letztern gehören besonders Graf Raimund von Tou-louse, Herzog Gottfried von Bouillon und sein Bruder Balduin, Her-zog Robert von der Normandie, Graf Robert von Flandern, Graf Hugo von Vermandois, Fürst Boemund und sein Neffe, der Markgraf Tankred. Die ersten Schaaren der Kreuzfahrer, welche den genannten Großen, die noch mit ihren Rüstungen beschäftigt waren, unter Walter von Habenichts und dem Priester Gottschalk, vorauseilten, fanden theils in Ungarn, theils in Kleinasien, ihren wohlverdienten Untergang (1096), denn sie waren während ihres ganzen Zugs nicht als Kämpfer für den Glauben, sondern als rohes, zügelloses, blut- und raubgieriges Gesindel aufgetreten.

Das erste eigentliche Kreuzheer, das diesen Namen verdient, langte im folgenden Jahre vor Nicäa an, und nöthigte diese Stadt zur Uebergabe. Kilidj Arslan, der Sohn und Nachfolger Suleimans, hatte sie schon früher verlassen, und ein Lager auf dem Gebirge in der Nähe der Stadt bezogen, in der Hoffnung, die Christen, während eines Ausfalles der Besatzung, im Rücken angreifen zu können, aber sein Plan war durch einen aufgefangenen Boten verrathen worden und hatte ihm selbst eine Niederlage bereitet. Eine zweite Schlacht verlor Kilidj Arslan bei Dorylänm gegen das ihm an Zahl weit überlegene Kreuzheer, denn er war auf sich allein beschränkt, die andern moslimischen Fürsten kümmerten sich entweder nicht um ihn, oder sahen sogar mit Schadenfreude sein Unglück an. Mit den Seldjuken, welche Bagdad und den Chalifen beherrschten, standen die in Kleinasien, wie es scheint, in keinerlei Beziehungen. Kilidj Arslans Großvater Kutulmisch war von Alp Arslan, und sein Vater Suleiman von Tutusch, dem Bruder Barkijarok's, erschlagen worden. Barkijarok fürchtete seine Verwandten, was übrigens auch, nach den verschiedenen Empörungen derselben, leicht zu begreifen ist. Gerade zur Zeit des ersten Kreuzzugs mußte er zuerst gegen seinen Oheim Tutusch und dann gegen seinen andern Oheim Arslan Argun Krieg führen, hierauf folgten die Kriege gegen Mohammed, so daß ihm die Angelegenheiten seines Vetters sehr fern lagen, und er auch keine Lust haben mochte, ihn in seiner imposanten Macht zu erhalten. Noch weniger als der verwandte Seldjuke, welcher das Chalifat von Bagdad repräsentirte, mochte Afasdhal, der allmächtige Vezier des Fatimiden, geneigt gewesen sein, für einen Seldjuken in Kleinasien eine Lanze zu brechen, da die Fatimiden seit Jahren um den Besitz von Syrien und Palästina mit den Brüdern derselben, die in Bagdad residirten, in Streit waren. Die übrigen Machthaber dieser Zeit waren theils zu schwach, theils auch zu sehr mit ihren eigenen Angelegenheiten beschäftigt, oder in Kriege mit ihren Nachbarn verwickelt, um sich vereint dem Kreuzheere entgegen zu stellen. Im nördlichen Syrien befehdeten sich die Söhne Tutusch's. Ridhwan wurde Herr von Haleb und Dekak von Damask. Baghi Sijan, der Herr von Antiochien, hielt es zuerst mit Ridhwan, fiel dann von ihm ab und schloß sich Dekak an. Ridhwan gewann aber Sokman Jbn Ortok, den Herrn von Serudj, für sich und nöthigte, nach einer gewonnenen Schlacht, seinen Bruder, ihn als seinen Oberherrn anzuerkennen (1096—97). Er selbst ließ sich dann von seinem Vezier bereden, sich den Fatimiden zu unterwerfen, die in den letzten Jahren Almustanßirs wieder Herren von Jerusalem und sämmtlichen Küstenstädten, von Jafa bis Tyrus, waren. Nach einigen Wochen gab er jedoch den Vorstellungen Baghi Sijan's und Sokmans nach, und erkannte wieder die Oberherrschaft der Abbasiden an. In Mesopotamien und Armenien herrschte dieselbe Zerstückung und Uneinigkeit, wie in Syrien. Das große Seldjukenreich war eine Art Feudalmonarchie geworden, und namentlich im Norden und Westen hatten sich mehrere Herrscherfamilien emporgeschwungen, die zwar noch den Schein von Unterwürfigkeit bewahrten, aber nicht nur selbständig regierten, sondern auch auf eigene Faust ihre Nachbarn bekriegten, um ihre Herrschaft zu vergrößern. Der türkische Emir Kerbogha hatte kurz vor dem ersten Kreuzzuge Harran, Rahabah, Nissibin und Mossul erobert. Der schon genannte Sokman besaß außer Serudj auch noch Maridin, und erhielt später noch Hisn Keifa. Rakkah und Kalat Djabar gehörten noch den Ukeiliten, Amid dem Ibrahim Jbn Jnal. Kumischtekin, gewöhnlich Jbn Aldanischmend genannt, herrschte über das ganze Land am obern Euphrat, von Malatieh bis Siwas, und Sokman Alkotbi, der Gründer der Dynastie der Schaharmen, über das ganze Gebiet von Chalat. Edessa stand wohl unter griechischer Verwaltung, doch war die Citadelle von Moslimen besetzt, und zwar, seit dem Tode Buzan's von den Truppen Baghi Sijan's, dem sie Ridhwan überlassen hatte. Andre Türken, Kurden oder Araber, denen wir später begegnen werden, hielten einzelne Städte oder kleinere Distrikte besetzt, und schlossen sich bald diesem, bald jenem mächtigern Fürsten an. Unter solchen Umständen dürfen wir uns nicht wundern, daß das mächtige Kreuzheer ohne großen Widerstand unter Tankred Tarsus, Adana und Skanderun, und unter Balduin Edessa und einige andere Städte am Euphrat eroberte, deren christliche Bevölkerung allenthalben ihren Glaubensgenossen hilfreiche Hand reichte. Den ersten kräftigen Widerstand fanden die Christen vor Antiochien, welches Baghi

Sijan mit großer Tapferkeit und Ausdauer vertheidigte, obgleich er in den ersten Monaten ganz auf sich selbst verwiesen war, und die später eintreffenden syrischen Hülfstruppen von Boemund geschlagen wurden. Endlich rückte, auf Befehl Barkijarok's, der Emir Kerbogha zum Entsatze heran, schon waren aber, durch den Verrath eines Renegaten, die Franken Herren der Stadt. Noch ehe sie indessen die Burg von Antiochien, welche auf einer schwer zugänglichen Anhöhe lag, einnehmen und sich verproviantiren konnten, wurden die Sieger selbst von Kerbogha belagert, dem sich viele andere Emire angeschlossen hatten. Hungersnoth, Ausfälle der moslimischen Besatzung der Burg und Desertion versetzten bald die in Antiochien eingeschlossenen Christen in eine so verzweifelte Lage, daß Boemund die Stadt unter der Bedingung freien Abzugs übergeben wollte. Da aber Kerbogha unbedingte Uebergabe verlangte, griffen die aufs Aeußerste gebrachten Führer der Christen zum letzten Rettungsmittel, indem sie einen allgemeinen Ausfall gegen das moslimische Heer machten. Die Wallbrüder kämpften mit dem Muthe der Verzweiflung und mit der Zuversicht des Sieges, die ihnen das Wiederauffinden der Lanze gab, mit welcher, wie die Sage ging, einst Christus am Kreuze durchbohrt wurde. Die Moslimen hingegen, auf ihre Uebermacht vertrauend, griffen den Feind zu spät an, und mehrere Emire, welche dem stolzen Kerbogha nur ungern gefolgt waren, ergriffen bald die Flucht, so daß er mit Sokman und Djenah Eddawlah, dem Fürsten von Himß, die allein noch bei ihm ausharrten, eine gänzliche Niederlage erlitt.

Nach diesem Siege hätten die Franken, ohne großen Widerstand, weiter nach Süden vorrücken können, aber die erlittenen Strapazen, die Erwartung neuer Pilgerschaaren, und die Unterhandlungen mit den Fatimiden in Egypten, welche nur ihre Besitzungen in Syrien und Palästina retten, übrigens aber den Christen in ihren Kriegen gegen die Seldjuken und ihre Vasallen jeden Vorschub leisten, auch ihren Pilgern jede Freiheit und Sicherheit verbürgen wollten, hielten sie in Antiochien auf. Während dieser Unterhandlungen eroberten sie jedoch die Burg Aazaz, in der Nähe von Haleb, die Stadt Barin, im Distrikte von Apamäa, und endlich die feste Stadt Maarrah, zwischen Antiochien und Hamah. Tod oder Sklaverei waren das Loos aller Moslimen, welche in der erstürmten Stadt gefunden wurden. Viele, welche sich in unterirdischen Höhlen verborgen hatten, wurden, wie in neuerer Zeit in Afrika, entweder im Rauche des vor denselben

Der erste Kreuzzug, bis zum Tode Zenki's. 341

angezündeten Feuers erstickt, oder wenn sie hervorkamen, zusammengehauen.

Da die Unterhandlungen mit Egypten wenig Erfolg versprachen, weil die Führer des Kreuzheeres die Abtretung Palästina's forderten, brach man (Januar 1099) in der Richtung nach Damask auf. Der Schrecken, welchen die bei der Einnahme von Maarrah verübten Gräuel verbreitet hatten, war so groß, daß die Herren von Larissa und Himß um die Freundschaft der Christen buhlten und sie reichlich mit Lebensmitteln versorgten. Von hier wendeten sie sich gegen die Meeresküste, um sowohl mit ihren in Antiochien zurückgebliebenen Brüdern, als mit den aus Europa erwarteten Pilgern in Verbindung zu bleiben. Während der Belagerung von Irkah, einer Festung, welche dem Kadhi Ibn Ammar von Tripoli gehörte, zerschlugen sich die Unterhandlungen mit den Fatimiden vollständig, und man mußte daher jetzt ohne Säumen gegen Palästina verrücken, um dem egyptischen Heere zuvorzukommen. Der Herr von Beirut erkaufte sich den Frieden durch Geschenke, der egyptische Statthalter von Sidon, der die Christen in ihrem Zuge aufhalten wollte, wurde in die Stadt zurückgeschlagen, der von Akka verhielt sich ruhig, versprach sogar die Festung zu übergeben, wenn es ihnen gelingen sollte, Jerusalem zu nehmen. Sie setzten dann ihren Zug über Cäsarea, Lydda, Ramlah und Emmaus fort, und langten am 7. Juni vor den Mauern von Jerusalem an. Gegen diese gut befestigte und von einer starken Besatzung vertheidigte Stadt vermochte Muth und Tapferkeit allein nichts auszurichten, man bedurfte bedeutender Kriegsmaschinen, um sie einzunehmen, und hatte wenig Zeit zu verlieren, weil man nicht zweifelte, daß bald ein egyptisches Heer, unter dem Vezier Alafdhal, zum Entsatze heranziehen werde. Glücklicherweise entdeckte man ein Wäldchen, welches das nöthige Holz lieferte, und landeten einige pisanische und genuesische Schiffe in Jafa, auf denen sich tüchtige Maschinisten und Werkmeister befanden, welche sich alsbald zu den Belagerern begaben. Das kühne Unternehmen gelang, trotz dem muthigen Widerstande der Moslimen, in sehr kurzer Zeit, denn schon am 15. Juli war Jerusalem in der Gewalt der Kreuzfahrer. Der größte Theil der Besatzung sowohl, als der sehr zahlreichen moslimischen und jüdischen Bevölkerung wurde von den Christen theils niedergemetzelt, theils verbrannt, oder auf andere unmenschliche Weise dem Tode geweiht, die Moscheen wurden in Kirchen verwandelt, in welchen die Sieger eben so andächtig beteten, als sie kurz vorher mit leidenschaftlicher Wuth gemordet, geraubt und geschändet hatten.

Der von den Kreuzfahrern zum König erwählte Gottfried von Bouillon hatte kaum seine Regierung angetreten, als Alafdhal mit seinen Egyptiern und Negern heranrückte. Auf ihn allein fiel in dieser Zeit die ganze Last des Krieges, obgleich der Verlust der von Omar eroberten, auch den Moslimen heiligen Stadt Jerusalem, und die daselbst verübten Gräuelthaten unter allen Völkern des Islams große Entrüstung und Bestürzung verbreiteten. Vergebens riefen Prediger und Dichter zur Rache und zum Schutze des Islams auf, der große Erbfolgekrieg im Osten machte die streitenden Seldjuken taub gegen die Klagen einer Provinz, welche nicht viel eintrug, und die längst den Abbasiden nicht mehr unterthänig war, die kleinen Fürsten im nördlichen Syrien und Mesopotamien aber zitterten für ihre eigene Sicherheit, und waren theils in Fehde unter einander, theils von Mißtrauen, in Folge früherer Zerwürfnisse, erfüllt. Alafdhal hatte wahrscheinlich, so lange die Kreuzfahrer sein Gebiet nicht betreten hatten, noch immer gehofft, es werde zu keinem Kriege kommen, auch keinesfalls erwartet, daß Jerusalem in so kurzer Zeit fallen könnte, sonst wäre er wohl früher zum Entsatze herbeigeeilt, und hätte dann auch mit einem kleinen, kampfgeübten Heere mehr ausgerichtet, als jetzt mit seinen zahllosen Schaaren, die zum Theil aus jungen unerfahrenen Soldaten bestanden, welche schon durch die Kunde von den glänzenden Waffenthaten der Franken entmuthigt waren. Die Kreuzfahrer, obgleich nur 20,000 Mann stark, zogen mit Siegeszuversicht dem ihnen an Zahl weit überlegenen Feinde entgegen, und brachten ihm in der Nähe von Askalon (August 1099) eine gänzliche Niederlage bei. Diese gewonnene Schlacht machte Gottfried zum Herrn von Palästina und einem Theile von Syrien. Die Festungen an der Küste wurden ihm zwar nicht überliefert, aber sie schlossen Frieden und bewilligten zum Theil Tribut. Erst unter Balduin I., dem Nachfolger Gottfrieds, welcher am 17. August 1100 starb, wurde Arsuf zur Uebergabe genöthigt, und Chaifa und Cäsarea mit Sturm genommen (1101). Akka wurde drei Jahre später von dem egyptischen Statthalter unter Bedingungen übergeben, welche die Christen in sehr unritterlicher Weise verletzten. Aehnlichen Vertragsbruch hatten sie übrigens auch schon bei der Besetzung von Arsuf begangen. Hierauf wurde die Festung Tripoli belagert, welche einem selbständigen Herrn, dem

Kadhi Ibn Ammar, gehörte. Graf Raimund von St. Gilles, welcher das Belagerungsheer anführte, scheiterte jedoch in diesem Unternehmen, denn der bedrängte Kadhi wurde von den Fürsten von Haleb und Damask, so wie von den noch unter egyptischer Botmäßigkeit stehenden Küstenstädten Askalon, Tyrus und Sidon unterstützt. Nach Raimund's Tode (Febr. 1105) setzte Graf Wilhelm von Cerdagne, welchen Balduin mit den schon eroberten Städten Djebeleh und Tortosa belehnt hatte, die Belagerung fort, und Ibn Ammar eilte nach Bagdad, um Hülfe von den Seldjuken zu erflehen, die er aber wegen des Krieges gegen Sadaka (s. S. 236) nicht erlangte. In seiner Abwesenheit übergab sein Statthalter die Stadt den Egyptiern, deren Flotte sie aufs Neue mit Lebensmitteln und Kriegsbedarf versorgte, so daß die Belagerung sich in die Länge zog, und erst im Jahre 1109, als die egyptische Flotte, welche die Stadt wieder verproviantiren sollte, durch widrige Winde zurückgehalten und der egyptische Statthalter abgezogen war, wurde sie von dem Kreuzheere erobert.

Dem Falle von Tripoli war der von Irkah schon vorausgegangen. Im April des folgenden Jahres wurde auch Beirut und vor Ende 1110 die reiche Stadt Sidon, mit Hülfe Sigurds, des Königs von Norwegen, genommen.

Während Balduin I. in Palästina ein Reich gründete und immer weiter ausdehnte, hatte der Fürst von Antiochien und der Graf von Edessa, Boemund und Balduin von Bourges, schwere Kämpfe, nicht nur gegen ihre moslimischen, sondern selbst gegen ihre griechischen Nachbarn zu bestehen. Boemund kämpfte anfänglich mit Erfolg gegen den Fürsten von Haleb, wurde aber dann von Ibn Danischmend, dem Fürsten von Siwas, in der Ebene von Marasch geschlagen und mit andern angesehenen Rittern gefangen genommen. Ibn Danischmend, vereint mit Kilidj Arslan und einigen andern moslimischen Fürsten, schlug auch in Kleinasien drei neue Pilgerheere, das eine unter Führung des Grafen Raimund von Toulouse, bei Tokat, das zweite unter dem Grafen Wilhelm von Nevers bei Erekli und das dritte unter dem Grafen von Poiten, dem Herzog Welf von Baiern, Hugo von Vermandois und Hugo von Lusignan, bei Akserai dermaßen, daß nur Wenige von diesen Hunderttausende zählenden Schaaren entkamen. Nach diesen glänzenden Siegen nahm er auch den Griechen Melitene weg, zerfiel aber bald mit Kilidj Arslan, weshalb er mit den Franken ein Bündniß schloß, und Boemund, gegen ein Lösegeld, wieder in sein Fürstenthum zurückschickte, welches während seiner Gefangenschaft Tankred verwaltet hatte (1104).

Gleiches Schicksal wie Boemund hatte auch Balduin, der Fürst von Edessa. Er wurde, als er die Stadt Harran belagerte, welche dem Emir Karadja gehörte, von Sokman Ibn Ortok und Djekirmisch, dem Fürsten von Mossul, am Flusse Belich, der sich bei Rakkah in den Euphrat ergießt, angegriffen und nebst Joscelin gefangen genommen. Wie Boemund verdankte auch Balduin seine Befreiung den Zerwürfnissen unter den Moslimen selbst. Djekirmisch wurde nämlich im Jahre 1107 entsetzt und ihm folgte Djewali. Zwei Jahre später ernannte der Sultan der Seldjuken Maudud zum Statthalter von Mossul. Djawali verließ Mossul mit seinen Truppen und befreite Balduin gegen ein Lösegeld und das Versprechen, ihm gegen jeden Feind Beistand zu leisten. Balduin mußte indessen zunächst selbst die Hülfe Djawali's in Anspruch nehmen, weil Tankred, der sich inzwischen der Grafschaft Edessa bemächtigt hatte, sich weigerte, sie ihm wieder abzutreten, und als er endlich sich zur Rückerstattung derselben entschlossen hatte, dauerte doch der Krieg zwischen Beiden noch fort, indem Tankred dem Fürsten von Haleb beistand, gegen welchen Djawali und Balduin Krieg führten. Tankred trug den Sieg davon, söhnte sich dann mit Balduin aus, und wendete später selbst seine Waffen gegen den Fürsten von Haleb, sowie gegen die Herrn von Cäsarea, Hamah und Tyrus und nöthigte sie, den Frieden von ihm zu erkaufen. Schon früher war er in den Besitz von Apamäa gelangt. Diese Stadt gehörte den Egyptiern, fiel dann durch Verrath in die Gewalt der Ismaeliten, welche um diese Zeit über ganz Syrien verbreitet waren. Ehe diese sich aber festsetzten, kam ein Sohn des verrathenen Statthalters von Egypten zu Tankred und forderte ihn auf, die mit der Herrschaft der Ismaeliten unzufriedene Stadt zu nehmen, was ihm auch nach kurzer Belagerung gelang.

Indessen hatten die fortwährenden Siege der Christen in Bagdad ernste Unruhen hervorgerufen. Zahlreiche Flüchtlinge drangen in die Moschee des Sultans, zerbrachen die Kanzel und die Loge des Chalifen und tobten der Art, daß der Gottesdienst eingestellt werden mußte. Der Sultan Mohammed war endlich genöthigt, um weiteren Empörungen vorzubeugen, ein Heer gegen die Kreuzfahrer zu senden, dessen Oberbefehl Maudud, der Statthalter von Mossul, erhielt (1011). Dieser Feldzug hatte aber nicht den geringsten Erfolg, eben so wenig der im folgenden

Jahre. Erst im Jahr 1113 schlug Maudud den König Balduin am See Tiberias und verwüstete viele christliche Ortschaften. Er wollte dann den Winter in Damask zubringen und im Frühling wieder die Feindseligkeiten fortsetzen, wurde aber, bald nach seiner Ankunft daselbst, von einem Assassinen erdolcht. Als Urheber des Mords nennen die Einen den Großmeister der Assassinen, welcher den Seldjuken grollte, Andere Ridhwan, den Fürsten von Haleb, wieder Andere Toghtekin, welcher nach dem Tode Dekal's die Herrschaft über Damask an sich gerissen hatte.

Der Tod Maududs hatte für die Christen nicht nur den Vortheil, daß ein zweiter von ihm beabsichtigter Einfall in Palästina unterblieb, sondern auch noch den weit größern, daß er Veranlassung zu neuen Spaltungen unter den Emiren wurde. Der Sultan ernannte nämlich an Maudud's Stelle den Emir Aljonker Alburfuli zum Fürsten von Mossul und beauftragte ihn, den Krieg gegen die Franken fortzusetzen. Der Fürst von Maridin, Jlghazi, der Sohn Ortok's, fühlte sich darüber gekränkt, er leistete dem Befehle, sich zum Heere Alsonkers zu stellen, keine Folge, und führte sogar, mit Hülfe seines Neffen Dawud, Krieg gegen ihn. Später schloß er ein Bündniß mit Toghtekin, der als Urheber der Ermordung Maudud's galt und daher auch die Rache der Seldjuken fürchtete. Als hierauf der Sultan neue Truppen, unter Führung des Emir Bursuk, des Herrn von Hamadan, gegen die Rebellen schickte, riefen jene die Christen zu Hülfe, und auch Lulu, der damalige Herr von Haleb, schloß sich ihnen an. Sie ließen jedoch den Emir Bursuk Hamah nehmen und das ganze Gebiet von Maarrah und Kafrtab verwüsten, und blieben ruhig bei Apamäa liegen, weil sie die Christen nur zu ihrem Schutze herbeigerufen hatten, ihnen aber keinen Sieg über ihre Glaubensgenossen gönnten. Erst als beide Heere sich wieder in ihre Heimath begaben und die Truppen Bursuls im Thale Sermin zerstreut waren, rief Lulu den Fürsten Roger von Antiochien herbei, der die zerstreuten Soldaten, welche keinen Angriff erwarteten, fast ohne Widerstand zusammenhieb (1115). Lulu selbst mußte übrigens bald nachher diesen Verrath an seinen Glaubensgenossen mit dem Leben büßen. Er wurde von ehemaligen Soldaten Bursuk's, die in seinen Diensten standen, ermordet und nach kurzer Zwischenregierung nahm Jlghazi dessen Stelle als Herr von Haleb, d. h. als Atabeg eines minderjährigen Sohnes Ridhwan's ein.

Während dieser Kriege im Norden gegen die mit dem Chalifate

von Bagdad in näherer oder fernerer Beziehung stehenden Fürsten, dauerte im südlichen Palästina der Kampf gegen die Fatimiden fort, und Balduin war kurz vor seinem Tode (1118) nahe daran, ihrer Herrschaft in Egypten selbst ein Ende zu machen. Unter seinem Nachfolger Balduin II., dem seitherigen Grafen von Edessa, waren die Waffen der Kreuzfahrer, namentlich in den ersten Jahren, weniger glücklich, obgleich durch den gleichzeitigen Tod des Sultans Mohammed neue Erbfolgestreitigkeiten unter den Seldjuken diesen nicht gestatteten, sich am Kampfe zu betheiligen. Jlghazi zog ein starkes Heer zusammen und brachte den Christen bei Atharib, nördlich von Haleb, eine gänzliche Niederlage bei. Der Fürst Roger und die tapfersten Ritter von Antiochien waren unter den Gefallenen, und wären die Turkomanen, statt das flache Land auszuplündern, nach diesem Siege nach Antiochien gezogen, so hätten sie sich ohne große Opfer dieser Stadt bemeistern können, die erst später wieder, durch den König und den Grafen Pontius, in den Stand gesetzt wurde, einen Angriff abzuwehren. Eine zweite Schlacht bei Danit (Juli 1119) zwischen Jlghazi und dem König hatte auch für Letztern keinen glücklichen Ausgang, denn Jener wurde Herr der Festen Atharib und Sarbanah. Im folgenden Jahre wurde Jlghazi durch die Meuterei seiner Truppen nicht nur an weitern Siegen verhindert, sondern sogar genöthigt, mit den Franken einen nachtheiligen Frieden zu schließen. Joscelin, dem Balduin II. bei seiner Thronbesteigung die Grafschaft Edessa übergeben hatte, brach aber diesen Frieden, während Jlghazi in Armenien Krieg führte, und des Letztern Sohn Suleiman, welcher in Haleb lag, empörte sich gegen seinen eigenen Vater. Jlghazi züchtigte seinen Sohn, mußte aber von den Franken einen neuen Waffenstillstand erkaufen und starb bald nachher (1122). Die Freude der Christen über den Tod Jlghazi's wurde durch die Gefangennahme Joscelins, mit vielen tapfern Rittern, getrübt. Sie wurden auf dem Wege von Antiochien nach Edessa, in der Nähe von Serudj, von Belek, einem Neffen Jlghazi's, überfallen und nach der Burg Chertbert gebracht, und als Balduin im folgenden Jahre sich nach der Grafschaft Edessa aufmachte, um Belek zu befriegen und Joscelin zu befreien, wurde er selbst, zwischen Tell Beschir und Melitene, von Belek gefangen genommen. Während dieser aber Harran, Haleb und Albara eroberte, bemächtigten sich Balduin und Joscelin, durch Einverständniß mit der Miliz, der Burg Chertbert. Joscelin allein wagte es jedoch, zu entfliehen, der König hoffte sich so lange halten zu können, bis neue Truppen aus Antiochien, Tripoli und Jerusalem zum Entsatze heranrücken würden. Belek eilte aber, sobald er von der Flucht Joscelins Kunde erhielt, nach Chertbert zurück, erstürmte die Burg und brachte den König in Fesseln nach Harran (14. Sept. 1123). Nach mehreren Gefechten mit Joscelin fiel Belek während der Belagerung von Menbidj (Hierapolis) (Mai 1124) und sein Tod hatte den Fall von Tyrus zur Folge, denn nur die Hoffnung auf seine Hülfe, hatte der schwer bedrängten und sowohl von Egypten als von Damask verlassenen Stadt noch die Kraft zum Widerstande gegeben. Der Tod Beleks hatte auch die baldige Befreiung des Königs Balduin zur Folge, welcher in der letzten Zeit in Haleb gefangen gehalten wurde. Diese Stadt fiel nämlich Timurtasch, dem Sohne Jlghazi's, zu, während sein Bruder Suleiman Herr von Mejjafarikin und der zahlreichen Burgen Belek's in Mesopotamien wurde. Ersterem lag viel daran, sich den Besitz von Haleb durch den der umliegenden festen Plätze: Aazaz, Kafrtab, Sardanah und Atbarib, welche die Christen nach und nach erobert hatten, zu sichern. Er bot daher dem König seine Freilassung gegen die Uebergabe dieser Festungen an. Balduin nahm dieses Anerbieten an, weigerte sich aber, sobald er in Antiochien angelangt war, die eingegangenen Verpflichtungen zu erfüllen, und überlieferte nicht nur die genannten Plätze nicht, sondern belagerte sogar, im Verein mit Dubeis (s. S. 239) die Stadt Haleb, obgleich er vor seiner Befreiung auch gelobt hatte, mit diesem Rebellen nie ein Bündniß zu schließen. Haleb wurde aufs Aeußerste gebracht, denn Timurtasch, der um diese Zeit in der Stadt Mejjafarikin residirte, die ihm nach dem Tode seines Bruders zugefallen war, blieb unthätig. Als aber die Verbündeten sich schon im baldigen Besitz der ausgehungerten Stadt wähnten, rückte Aksonkor Alburjuki, der damalige Herr von Mossul, welcher schon in Jrak gegen Dubeis gekämpft hatte, mit einem starken Heere heran, vor welchem Jene, mit Zurücklassung ihres Lagers, die Flucht ergriffen. Aksonkor kämpfte dann mit wechselndem Erfolg gegen die Christen, die ihn nicht weniger als früher Belek und Jlghazi fürchteten. Bei seiner Rückkehr nach Mossul wurde er aber von Assassinen ermordet (November 1126), denen er als eifriger Sunnite und zuverlässige Stütze des Chalifen sowohl als der Seldjuken, ein Dorn im Auge war. Die Christen hatten indessen wenig Gewinn dabei, denn, da auch sein Sohn und Nachfolger Masud kurz nachher starb, wurde Zenki zum Statthalter von Mossul ernannt, dessen Kriegsthaten bald dem Kreuzheere den größten Schrecken einflößten.

Zenki war ein Sohn jenes Aksonkor, welcher im Kriege zwischen dem Sultan Barkijarok und seinem Bruder Tutusch von Letzterm getödtet wurde (1094). Er war erst zehn Jahre alt, als er mit seinem Vater auch dessen Ländereien verlor, derer sich Tutusch bemächtigte. Er diente zuerst unter Sokman Jbn Ortok, dann unter den Statthaltern von Mossul, in ihren Kriegen gegen die Kreuzfahrer, bei welchen er sich durch Tapferkeit und Tüchtigkeit auszeichnete. Später trat er in den unmittelbaren Dienst des Sultan Mahmud, der ihn zum Statthalter von Baßrah ernannte und an ihm in seinen Kriegen gegen den Chalifen eine kräftige Stütze fand. Nach dem Friedensschlusse wurde er zuerst zum Präfekten von Bagdad und dann, nach dem Tode Masud's, zum Statthalter von Mossul, oder eigentlich zum Atabeg eines minderjährigen seldschukischen Prinzen ernannt (1127). Mit Mossul erhielt Zenki auch die Herrschaft über alle von diesem Fürstenthume abhängigen Städte, denen er bald noch andere hinzufügte, die sich theils freiwillig ergaben, theils durch List, Verrath oder Gewalt von ihm unterworfen wurden. Harran rief ihn als Beschützer gegen die Christen herbei, Djesiret Jbn Omar nahm er den ehemaligen Mamluken Aksonkors weg, Nissibin dem Sohne Jlghazi's, Haleb den um die Herrschaft über diese Stadt streitenden Emiren Kotlugh Jbeh und Suleiman, einem Neffen Jlghazi's, Hamah endlich dem Fürsten Buri von Damask (1128). Auch Himß hoffte er durch Verrath und Wortbruch gegen den Fürsten Kirchan unter seine Botmäßigkeit zu bringen, aber die Stadt leistete kräftigen Widerstand und eben so wenig vermochte er Damask zu nehmen. Wenig fehlte indessen, so wäre letztere Stadt schon im folgenden Jahre in die Hände der Christen gekommen. Der Vezier Tahir rief, im Einverständniß mit den Jsmaeliten, den König Baldwin herbei, um sie ihm zu übergeben, wogegen sich dieser verpflichtete, Tyrus den Jsmaeliten zu überliefern. Buri entdeckte aber diesen Plan noch früh genug, um den treulosen Vezier zu züchtigen, die Jsmaeliten in der Stadt hinzuschlachten und dann die Christen zurückzuschlagen; doch brachte auch ihm zwei Jahre später ein Assassine eine tödtliche Wunde bei. Buri's Sohn und Nachfolger Jsmail (seit 1132) nahm die Stadt Hamah wieder, denn Zenki war damals im Osten beschäftigt (s. S. 240). Erst im Jahre 1135, als in Folge der Ermordung

Ismails neue Unruhen in Damask ausbrachen, kam Zenki wieder nach Syrien und belagerte die Stadt, aber ein ehemaliger Mamluke Togbtekin's, welcher im Namen Mahmud's, eines Bruders Ismail's, die Regierung übernommen hatte, vertheidigte sie mit Erfolg, worauf jener dann seine Waffen gegen die Kreuzfahrer kehrte, denen er Atharib und Sardanah nahm.

Zenki führte hierauf, sei es nun aus Herrschsucht, oder weil er überzeugt war, daß er die Christen um so nachdrücklicher werde bekämpfen können, wenn er die an ihr Gebiet gränzenden Provinzen in seiner Gewalt haben würde, Krieg gegen die Stadt Himß, welche die Söhne Kirchans dem Fürsten von Damask übergeben hatten, der ihnen dafür Palmyra überließ, war jedoch nicht im Stande, sie zu nehmen. Hierauf griff er Barin an, schlug den König Fulko, welcher diese Festung vertheidigen wollte, nahm den Grafen Raimund mit vielen angesehenen Rittern gefangen, und nöthigte zuletzt auch den König, Barin zu übergeben, und seinen freien Abzug mit 50,000 Dinaren zu erkaufen (August 1137).

Im folgenden Jahre widerstand Zenki nicht blos den gegen ihn vereinigten Kreuzfahrern, sondern auch dem Kaiser Johannes, der nach Syrien gekommen war, um den rebellischen Fürsten Leo von Kleinarmenien zu züchtigen und dem Fürsten Raimund Antiochien zu entreißen, nach Herstellung des Friedens aber sich mit den Fürsten Syriens und Palästinas gegen die Moslimen verbündete. Zenki hob schleunigst die wieder begonnene Belagerung von Himß auf, warf einen Theil seiner Truppen in die bedrohte Stadt Haleb, und rief den Beistand befreundeter Fürsten Mesopotamiens an. Der Kaiser sah bald ein, daß es der Stadt Haleb weder an Tapferkeit noch an Mitteln zu einer langen und hartnäckigen Vertheidigung fehlte, er rückte daher, nach der Eroberung der Festen Buzagha und Atharib, gegen Larissa vor, fand aber auch an Ibn Munkis, dem Herrn dieser Stadt, einen tapfern und entschlossenen Widersacher. Bald bezog auch Zenki ein Lager in der Nähe von Larissa und forderte den auf einer Anhöhe gelagerten Kaiser zum Kampfe heraus, obgleich ihm der Feind an Zahl weit überlegen war. Johannes, der den mit ihm verbündeten Lateinern nicht traute, auch in Erfahrung brachte, daß von Bagdad und andern Orten Truppen zur Verstärkung Zenki's heranrückten, zugleich die Nachricht erhielt, daß der Fürst von Iconium Adanah überrumpelt, und der Fürst von Maridin Edessa angegriffen habe, nahm die Schlacht nicht an, sondern zog sich, mit Verlust an Menschen und Gut, von Zenki verfolgt, nach Antiochien zurück. Zenki erwarb sich durch diesen rühmlichen Feldzug das Lob aller Dichter, denn er eroberte auch Irteh, Buzagha und Atharib wieder, besetzte die Burg von Larissa und nahm endlich auch Himß.

Die Ermordung des Fürsten Mahmud von Damask (1139) rief Zenki, der, nach der Uebergabe von Himß, dessen Mutter geheirathet hatte, wieder nach Syrien. Er hoffte, von den inneren Unruhen begünstigt, endlich diese reiche Stadt, nach welcher er schon längst lüstern war, in seine Gewalt zu bringen. Mahmuds Nachfolger Mohammed gerieth in große Angst, und hätte gern das Anerbieten Zenki's, für Damask die Städte Himß und Balbek einzutauschen, angenommen, wenn er ihn nicht als wortbrüchigen Mann gekannt und gefürchtet hätte, zuletzt doch Alles zu verlieren. Er leistete daher Widerstand, und als er nach einigen Monaten starb, setzte Anaz, der im Namen des minderjährigen Prinzen Ibek die Regierung übernahm, den Krieg fort und schloß ein Bündniß mit den Kreuzfahrern, denen er als Lohn für ihren Beistand, durch welchen Zenki zum Abzug genöthigt wurde, Paneas überlieferte.

Zenki überließ hierauf mehrere Jahre hindurch die Erhaltung und mögliche Ausdehnung seiner Besitzungen in Syrien dem tapfern Emir Sawar, während er selbst nach Mossul zurückkehrte, von wo aus er mehrere Kriegszüge nach dem nördlichen Mesopotamien und gegen die Kurden östlich von Mossul unternahm und sich vieler Städte und Burgen bemächtigte. Diese Eroberungen und die Flucht verschiedener Rebellen in sein Lager gaben Anlaß zu neuen Zerwürfnissen zwischen ihm und dem Sultan Masud, doch unterwarf er sich, als es endlich zum Kriege kommen sollte, und zog es vor, im Kampfe gegen die Christen Lorbeeren zu pflücken. Er wendete diesmal seine Blicke nach Edessa, dem Mittelpunkte ihrer Macht in Mesopotamien, von welchem aus sie fortwährend Nisibis, Amida, Harran, Ralkah und Maridin bedrohten. Er verbarg aber sein Vorhaben, sprach beim Aufbruch von Mossul von einem Feldzuge nach Dijarbekr, wendete sich dann plötzlich, in Abwesenheit des Grafen Joscelin, gegen Edessa und ließ die Mauern der Stadt an verschiedenen Punkten untergraben. Als sie dem Einsturze nahe waren, forderte er den Erzbischof Hugo, der den Oberbefehl über die Festung hatte, auf, sie ihm zu übergeben, und auf dessen Weigerung erzwang er sich über die einstürzenden Mauern den Eingang in die Stadt. Sie wurde zwar der Plünderung preisgegeben, aber nur kurze Zeit, und selbst christliche Chroniken preisen Zenki's Milde und Schonung gegen die unglücklichen Bewohner von Edessa (Dezember 1144).

Auf den Fall von Edessa folgte der verschiedener kleinerer Festungen am Euphrat, von weiteren Eroberungen wurde aber Zenki durch einen Aufstand in Mossul abgehalten, der ihn dahin zurückzukehren nöthigte, und ohngefähr zwei Jahre später wurde er, auf einem Kriegszuge gegen Kurden und Ukeiliten, von seinen eigenen Mamluken ermordet (14. Sept. 1146).

Der Tod Zenki's verbreitete die größte Bestürzung unter den Moslimen, denn er allein hatte, vermöge seiner weit ausgedehnten Besitzungen in Mesopotamien und Syrien, und durch seine persönliche Tapferkeit und Klugheit den Kreuzfahrern die Spitze geboten. Obgleich aber seine Herrschaft zwischen seinen Söhnen getheilt ward, indem Seif Eddin Mossul und die östlichen Besitzungen und Nureddin die in Syrien eroberten Städte erhielt, hatten doch die Franken durch diesen Tod wenig Gewinn. Joscelin erfuhr zuerst, daß Nureddin seinem Vater an Tapferkeit und Feldherrntalent nicht nachstand. Als er nämlich, im Einverständnisse mit den christlichen Bewohnern von Edessa, sich wieder dieser Stadt bemächtigte, zog Nureddin, noch ehe Jener Herr der Burg war, mit seinen Truppen heran, so daß die Christen sich bald zwischen der ausfallenden Besatzung der Burg und dem in die Stadt eindringenden Nureddin befanden und Joscelin sich nur mit wenigen Rittern durchschlagen konnte.

II. Die Kreuzzüge gegen Nureddin und Saladin.

Die Kunde vom Falle Edessa's und die Predigten des heiligen Bernhard bewogen neue Schaaren im Abendlande zu einem Kreuzzuge gegen die Moslimen. An ihrer Spitze stand der König Ludwig VII. von Frankreich und der deutsche König Konrad III. Ihre Heere schmolzen zwar in Kleinasien bedeutend zusammen, denn sie hatten nicht nur gegen türkische Waffen, sondern auch gegen Hunger, Seuche und griechischen Verrath zu kämpfen. Da indessen ein Theil der Pilger unversehrt zu Wasser ankam, fanden sich im Sommer 1148 so zahlreiche Streiter in Palästina, daß der Beschluß gefaßt wurde, die große und reiche Stadt Damask den Moslimen zu entreißen. Dieses Unternehmen scheiterte an dem Verrathe der Barone und Fürsten von

Paläſtina, welche ſich von Anaz, dem Regenten von Damaſk, beſtechen ließen. Auch rückten bald Nureddin und Seifeddin mit ihren Heeren heran, deren Hülfe jedoch Anaz nur mit größter Vorſicht annahm, indem er ihren Truppen nicht geſtattete, die Stadt zu beſetzen. Die verrathenen Könige wurden zum Rückzug genöthigt und erlitten dabei noch großen Verluſt an Menſchen und Gut. Aus gleichen Gründen mißlang auch ihr Angriff auf Aſkalon, durch welchen ſie die Schmach des Rückzugs von Damaſk wieder zu tilgen gehofft hatten. Es bemächtigte ſich dann der beiden Könige ein ſolcher Mißmuth, daß ſie nur noch an ihre Heimkehr dachten und ihre treuloſen Glaubensbrüder ihrem Schickſal überließen.

Nureddin fiel zu wiederholtenmalen in das Fürſtenthum Antiochien ein, erſchlug den Fürſten Raimund nebſt vielen Rittern und eroberte Apamäa, Harim und mehrere andere Burgen (1149—50). Im folgenden Jahre nahm er auch den Grafen Joſcelin gefangen und beſetzte die ihm gehörenden Feſtungen Tell Baſchir, Ravendan, Aintab, Maraſch Aazaz und Andere. In Folge dieſer Unfälle der Chriſten, zu denen auch noch innere Zwiſtigkeiten, ſelbſt Zerwürfniſſe zwiſchen dem Könige Balduin III. und ſeiner Mutter ſich geſellten, hielten die Moslimen ſie gar keines Widerſtandes mehr fähig, ſo daß ſogar Timurtaſch, der kleine Fürſt von Maridin, es wagte, in das gelobte Land einzufallen, in der Hoffnung, die heilige Stadt, das ehemalige Eigenthum ſeiner Väter, wieder erobern zu können. Er mußte jedoch dieſe Verwegenheit ſchwer büßen, denn er wurde mit großem Verluſt zurückgeſchlagen (1152).

Dieſer Sieg hob den Muth der Franken wieder, welche bald nachher auch Aſkalon belagerten, die einzige Stadt an der ſyriſchen Küſte, welche noch eine egyptiſche Beſatzung hatte. Die Zuſtände in Egypten begünſtigten dieſes Unternehmen, denn der damalige Chalife Azzafir war, wie die frühern Chalifen von Bagdad, ganz ein Werkzeug des Veziers Aladil, der auch den Sultanstitel führte. Dieſer Vezier ſtellte die nach Syrien beſtimmten Truppen unter den Befehl ſeines Stiefſohnes Abbas, welcher nichts weniger als Feldherr war und dieſen Poſten nur dazu benutzte, um den Vezier zu verdrängen und ſelbſt deſſen Stelle einzunehmen. So blieb Aſkalon von Egypten her ohne Hülfe, und auch Nureddin konnte, in Folge der Eiferſucht und Aengſtlichkeit des Fürſten von Damaſk, nichts zur Rettung der bedrängten Stadt unternehmen, in welcher übrigens auch die aus verſchiedenen

Elementen zusammengesetzte Besatzung in zwei Parteien gespalten war, die, nach einem glücklichen Ausfalle gegen die Belagerer, sich selbst unter einander bekämpften. Nichts desto weniger hielt sich Askalon acht Monate lang und capitulirte erst, als Balduin der Besatzung freien Abzug mit aller fahrenden Habe zusicherte.

Der Fall von Askalon (1153) brachte eine tiefe Mißstimmung gegen die Regierung von Damask hervor, welche nicht nur selbst nichts für die Rettung der Stadt gethan, sondern sogar Nureddin verhindert hatte, die Franken zu beunruhigen. Dieser benutzte die Unzufriedenheit der Damascener zu seinem Vortheile, indem er, im Einverständnisse mit den Feinden des Regenten, die Stadt überrumpelte. Anaz flüchtete sich zwar in die Burg und rief Balduin zu Hülfe, übergab sie aber noch, ehe dieser herbeigekommen war, weil Nureddin ihm die Herrschaft über Hims verlieh, die er ihm jedoch auch, angeblich weil er ihn aus Damask verdrängen wollte, bald wieder entriß (1154). Mit den Christen schloß Nureddin jetzt Frieden, den Balduin (1156), durch den Ueberfall einer moslimischen Karawane im Walde von Paneas, verletzte. Nureddin nahm Rache für diesen Friedensbruch, den selbst die Christen bitter tadelten, indem er von allen Seiten her Truppen gegen sie aufbot und ihr Gebiet verwüstete; auch brachte er bald nachher bei Paneas dem König selbst eine blutige Niederlage bei. Balduin flüchtete sich nur mit wenigen Rittern nach Safed, die Uebrigen wurden theils erschlagen, theils als Gefangene, unter großem Gepränge, nach Damask gebracht, wo sie dem Hohne des Volks preis gegeben wurden, doch vermochte Nureddin nicht Paneas zu nehmen.

Bald nachher ergriffen die Christen, durch die Ankunft neuer Streiter unter dem Grafen Dietrich von Flandern, verstärkt, wieder die Offensive, doch gestattete ihnen Nureddin nicht, die Stadt Rugia, zwischen Hims und Tripoli, zu erobern, und Zerwürfnisse zwischen dem Grafen von Flandern und dem Fürsten von Antiochien führten die Aufhebung der Belagerung von Larissa herbei. Im Jahr 1158 waren die Kreuzfahrer glücklicher, indem sie Harim nahmen und Nureddin bei dem See Tiberias schlugen. Dieser mußte auch, um nicht zu gleicher Zeit von dem Kaiser Emanuel angegriffen zu werden, der nach Kleinasien gekommen war, um den rebellischen Fürsten Toros von Cilicien und Rainald von Antiochien zu züchtigen, den Frieden durch Freilassung aller christlichen Gefangenen erkaufen. Er benutzte ihn zu einem Feldzuge gegen den Sultan von Iconium, dem er mehrere Städte und Burgen entriß, sowie zur Befestigung und Arrondirung seiner Macht in Syrien und Mesopotamien.

Der Friede dauerte mit geringen Unterbrechungen fort, bis die egyptischen Zustände einen neuen Krieg zwischen Nureddin und Amalrich, dem Nachfolger Balduin's III., herbeiführten. Unter der Regierung des Fatimiden Aladhid stritten nämlich Schawer und Thargham um das Vezirat. Ersterer wurde verdrängt, begab sich mit den geretteten Schätzen zu Nureddin nach Damask und flehte seinen Beistand gegen Thargham an. Als Lohn versprach er ihm den Drittheil der Einkünfte Egyptens, auch erbot er sich, alle Kosten dieses Feldzuges zu tragen. Nureddin gab, nach einigem Zögern, denn er traute den Versprechungen Schawer's nicht, und sah auch voraus, daß die Kreuzfahrer nicht unthätig bleiben würden, doch endlich nach und sandte den tapfern Feldherrn Schirkuh an der Spitze eines ansehnlichen Heeres nach Egypten, welchem Thargham nur geringen Widerstand leisten konnte. Schawer, der als Sieger in Kahirah einzog, und wie andere Veziere vor ihm den Chalifen beherrschte, vergaß aber bald, wie Nureddin befürchtet hatte, daß er ihm seinen Sieg verdankte. Er verlangte den Abzug der Hülfstruppen, ohne eine Bürgschaft für die Erfüllung seiner Versprechungen zu leisten, und als Schirkuh nicht nachgab und Bilbeis besetzte, schloß der undankbare Vezier ein Bündniß mit Amalrich. Dieser brach alsbald auf und belagerte Bilbeis, mußte aber nach drei Monaten der Besatzung freien Abzug gestatten und selbst wieder nach Syrien zurückkehren, weil Nureddin sich von der bei dem Schlosse der Kurden erlittenen Niederlage wieder erholt hatte und eine drohende Stellung einnahm. Nureddin war nämlich nicht nur als tapferer Feldherr und gerechter Fürst hoch geachtet, sondern stand auch als frommer Moslim in hohem Ansehen und in allgemeiner Verehrung. Die Geistlichen und Derwische schwärmten für ihn, beteten für seine Erhaltung und spornten das Volk in ihren Predigten an, ihm gegen die Ungläubigen beizustehen. Der Krieg wurde jetzt auch unter den Moslimen ein national-religiöser, und selbst die auf Nureddins Macht eifersüchtigen Fürsten wurden vom Volke genöthigt, sich daran zu betheiligen. So kam es, daß Nureddin bald wieder die Offensive ergreifen und Harim belagern konnte, dessen Besatzung die Halebiner fortwährend beunruhigte. Die Fürsten Boemund III. von Antiochien, Raimund von Tripoli und Toros von Cilicien vereinigten sich, um Harim zu vertheidigen. Nureddin zog sich zurück und die Verbündeten, welche diesen Rückzug für eine Flucht hielten, verfolgten ihn. Plötzlich ließ aber Nureddin seine wohlgeordneten Schaaren Halt machen und den Feind angreifen (Aug. 1164), der bald muthlos die Waffen streckte und nur in der Flucht sein Heil suchte. Nach diesem glänzenden Treffen, in welchem auch die beiden erstgenannten Fürsten gefangen genommen wurden, erstürmte Nureddin Harim und nöthigte auch die Stadt Paneas, welche Anaz den Christen überliefert hatte, zur Uebergabe. Durch diese Vorfälle wurde Amalrich bewogen, mit Schirkuh einen Frieden zu schließen, denn ohne seine schleunige Rückkehr wäre das Fürstenthum Antiochien dem gänzlichen Verderben entgegengegangen.

Schirkuh hörte indessen nicht auf, Nureddin zu einem zweiten Feldzuge nach Egypten anzuspornen, denn er hatte sich überzeugt, daß dieses Land von allen Vertheidigungsmitteln entblößt war. Auch der Chalife von Bagdad drang, in der Hoffnung, der Herrschaft der Fatimiden ein Ende zu machen, so lange in Nureddin, bis er endlich (1167) ein zweites Heer unter Schirkuh nach Egypten sandte. Schawer sah auch diesmal kein anderes Rettungsmittel, als mit Almarich ein Bündniß zu schließen. Da dieser die Straße längs dem Nile wählte, so fand Schirkuh, der auf dem beschwerlichen Wege durch die Wüste vorrückte, die Festung Bilbeis schon von den Franken besetzt und mußte daher weiter nach Süden ziehen, ehe er den Nil überschreiten konnte. Schirkuh's Lage wurde bald sehr bedenklich, er war von Syrien abgeschnitten, während Amalrichs Heer durch neue Pilger stets verstärkt wurde. Dieser setzte über den Nil, griff Schirkuh an, wurde aber von den zur Verzweiflung gebrachten Moslimen dermaßen geschlagen, daß er nur mit größter Anstrengung sich nach Kahirah zurückziehen konnte. Schirkuh begab sich hierauf nach Alexandrien, das bald von den Kreuzfahrern belagert wurde. Da diese jedoch abermals, in Folge der Siege Nureddins in Palästina, nicht länger in Egypten weilen konnten, schlossen sie einen Frieden. Im folgenden Jahre stellte Amalrich so ungebührliche Forderungen an Schawer, daß er sich an Nureddin wendete, um von dem Joche der Christen befreit zu werden. Schirkuh fiel aufs Neue in Egypten ein und Amalrich, der zu schwach war, um dem vereinigten egyptisch-syrischen Heere zu widerstehen, beeilte sich, das Land zu räumen. Schirkuh bemächtigte sich alsbald der Hauptstadt, schaffte Schawer, der ihn schon einmal hintergangen hatte, aus dem Wege und nahm selbst dessen Stelle als Vezier ein, die nach seinem Tode sein Neffe Salah Eddin erhielt (April 1168).

Salah Eddin (Heil der Religion) Jusuf, in Europa unter dem Namen Saladin bekannt, war ein Sohn Ejjubs, daher auch seine Nachkommen, welche ein ganzes Jahrhundert über Syrien und Egypten herrschten, Ejjubiten genannt werden. Sein Vater war schon ein treuer Diener Zenki's gewesen. Nach dessen Tod hatte er zwar dem Fürsten von Damask gedient und ihm Balbek überliefert, später sich aber Nureddin angeschlossen und ihm zur Besitznahme von Damask geholfen, weshalb er auch zum Präfekten dieser Stadt ernannt wurde. Schirkuh war gleich beim Tode Zenki's in den Dienst Nureddins getreten, der ihm Himß und Hamah zu Lehen gab und nachher den Oberbefehl über das gesammte Heer verlieh.

Saladin beherrschte als Vezier den Chalifen und besetzte die bedeutendsten Aemter mit ihm ergebenen Männern. Er mußte daher nicht nur gegen alle Schüten auf seiner Hut sein, die ungern die Herrschaft in der Hand eines eifrigen Sunniten sahen, sondern auch gegen alle früheren Würdenträger, größtentheils Neger, Abyssinier und Nubier, deren Landsleute auch längst schon die Leibwache des Chalifen bildeten. Die Unzufriedenen unterhandelten mit den Franken und beabsichtigten, sich, während Saladin ihnen entgegenziehen würde, der Hauptstadt zu bemächtigen und ihn mit den ihnen und dem Chalifen ergebenen Truppen im Rücken zu überfallen. Saladin entdeckte diesen Verschwörungsplan, ließ die Häupter der Verschwörung hinrichten, die Neger entwaffnen und den Palast des Chalifen von syrischen Truppen bewachen. Obgleich aber nunmehr unumschränkter Herrscher von Egypten und durch die Vertheidigung von Damiette gegen ein fränkisches Heer und eine griechische Flotte (1169) als Held gefeiert, gab er doch dem Verlangen Nureddin's, die Fatimiden ganz zu beseitigen und die Oberhoheit des Abbasidenchalifen anzuerkennen, erst nach einigen Jahren, wenige Tage vor dem Tode Aladhids (Sept. 1171), nach. Mit dem Sturze des Fatimidenchalifats wurde aber auch das Verhältniß zwischen Nureddin und Saladin schwieriger, denn Letzterer war jetzt gewissermaßen Statthalter des Chalifen von Bagdad und hing nicht mehr ganz von Nureddin ab. Dieser fühlte dies und suchte daher unter verschiedenem Vorwande Saladin nach Syrien zu locken, und als alle seine Bemühungen an der Klugheit Saladin's scheiterten, rüstete er sich zum Kriege gegen ihn, aber sein Tod (15. Mai 1174) befreite jenen von der ihm drohenden Gefahr.

Nureddin, der nur ein Alter von 58 Jahren erreichte, wird von seinen Zeitgenossen den größten Fürsten des Islams an die Seite gesetzt. Man rühmte an ihm nicht nur seinen Muth, seine Unerschrockenheit und sein Feldherrntalent, sondern auch seine Rechtlichkeit, Sittenreinheit, Frömmigkeit und Wohlthätigkeit, sowie seine Pflege der Wissenschaft und Cultur. Ueberall erhoben sich auf seinen Befehl und aus seinen Mitteln Schulen, Chane, Karawanserais, Moscheen und Spitäler, die so reich dotirt waren, daß auch Bemittelte in denselben unentgeltliche Aufnahme und sorgsame Verpflegung finden konnten. Seine Soldaten gewann er dadurch, daß er nicht nur für ihren Unterhalt im reichsten Maße sorgte, sondern auch für den ihrer Familien nach ihrem Tode. Die Trauer um ihn war auch so allgemein und so aufrichtig, daß Saladin in der ersten Zeit die früher gegen ihn geheuchelte Unterwürfigkeit auch gegen dessen ihm nachfolgenden minderjährigen Sohn Almelik Assalih fortzusetzen für gut fand. Saladin war übrigens um diese Zeit in Egypten selbst von zwei Seiten her bedroht. Die Anhänger der Fatimiden verschworen sich aufs Neue gegen ihn und obgleich er ihnen in der Hauptstadt, in Folge des Verraths eines Mitverschworenen, zuvorkam, brach doch ein Aufstand in Oberegypten aus, der mit Gewalt der Waffen unterdrückt werden mußte. Um dieselbe Zeit landete Wilhelm II., der König von Sicilien, mit einer zahlreichen Flotte vor Alexandrien und schiffte Truppen aus, welche die Stadt belagerten, so daß Saladin herbeieilen mußte, um sie zu vertreiben. Erst als Egypten von innern und äußern Feinden gesäubert war, warf Saladin sein Auge nach Syrien und trachtete darnach, seine Herrschaft auf Kosten des Geschlechts Nureddins zu vergrößern, wozu ihm dieses selbst bald eine günstige Gelegenheit bot. Seif Eddin, der Herr von Mossul, bemächtigte sich nämlich aller Länder und Städte in Mesopotamien, welche seinem Oheim Nureddin gehört hatten, und bedrohte jetzt auch das nördliche Syrien. Salih wurde daher vom Statthalter von Haleb eingeladen, mit seinen Truppen seine Residenz von Damask nach Haleb zu verlegen. Kaum war dies geschehen, als der Emir Kumeschtekin den Statthalter stürzte, sich des jungen Prinzen bemächtigte und in dessen Namen regierte. Die Partei des gestürzten Emirs forderte daher Saladin auf, nach Syrien zu kommen, sowohl um der Usurpation Kumeschtekins ein Ende zu machen, als auch um den Krieg gegen die Kreuzfahrer mit mehr Nachdruck zu führen. Saladin besetzte Damask, Himß und Hamah und griff Haleb an. Die Halebiner, welche der junge Fürst an die Verdienste seines Vaters erinnerte, leisteten tapfern Widerstand, und Kumeschtekin nahm auch, um Saladin unschädlich zu machen, zur Mörderhand der Assassinen seine Zuflucht, welche jedoch ihr Ziel verfehlte. Saladin mußte bald die Belagerung aufheben, weil Seif Eddin von Mossul her gegen ihn heranrückte und Graf Raimund zum Entsatze der noch nicht eroberten Citadelle von Himß Anstalten traf. Er brach zuerst gegen Himß auf und erstürmte die Citadelle in wenigen Tagen, unterwarf auch Balbek und lieferte dann den Mossulanern, denen sich auch die Miliz von Haleb angeschlossen hatte, in der Nähe von Hamah eine Schlacht (April 1175). Das Heer der Verbündeten, welches von einem jüngern Bruder Seif Eddins angeführt wurde, weil er selbst gegen seinen ältern Bruder Zenki, den Herrn von Sindjar, Krieg führte, erlitt schweren Verlust und floh bis Haleb, welches nun Saladin zum zweitenmale belagerte. Von nun an nahm er auch den Sultanstitel an, ließ Münzen in seinem Namen prägen und nur noch den Chalifen und sich selbst im Kanzelgebete nennen, während er vor der Schlacht bei Hamah sich erboten hatte, alle übrigen Eroberungen in Syrien aufzugeben, wenn ihn Salih nur mit Damask belehnen wollte. Jetzt konnte Saladin den Frieden dictiren und Jener mußte froh sein, daß ihm die Herrschaft über Haleb blieb. Indessen sammelte Seif Eddin ein neues Heer und zog selbst nach Syrien, wo, nach langem Zaudern, auch Salih sich wieder mit ihm verbündete. Aber auch diesmal siegte Saladin über das Heer der Verbündeten bei dem Sultanshügel, zwischen Haleb und Hamah. Der verweichlichte Fürst, der selbst auf diesem Feldzuge von einer Anzahl Gauklern, Sängerinnen und Papageien begleitet war, entfloh nach Mossul. Saladin aber nahm Buzaa, Menbidj und nach einer Belagerung von vierzig Tagen, während derer er abermals von Assassinen angefallen ward, die in der Uniform seiner Soldaten sich ihm näherten, auch die Festung Aazaz. Von hier brach er zum drittenmale gegen Haleb auf und nöthigte den jungen Fürsten zu neuen Concessionen (1176). Nach Züchtigung der Assassinen durch Verheerung ihrer Ländereien kehrte Saladin nach Egypten zurück und setzte seinen Bruder Turanschah, der ihm schon früher Nubien und das glückliche Arabien unterworfen hatte, zum Statthalter von Damask ein. Dieser vermochte aber nicht, den Kreuzfahrern die Spitze zu bieten, welche aufs Neue, im Bündnisse mit den Byzantinern, die in Ptolemais landeten, nicht nur Syrien, sondern auch Egypten bedrohten. Saladin mußte daher wieder nach Palästina zurückkehren, wurde aber, während ein Theil seiner Truppen zerstreut war, in der Nähe von Ramlah überfallen und erlitt eine so schwere Niederlage, daß er schwur, nicht eher die einem Sultan gebührende Ehrerbietung zu dulden, bis er Rache genommen haben würde. Den Egyptiern, welchen er noch immer nicht traute, verbarg er aber nicht nur die Größe seines Verlusts, sondern ließ allenthalben, durch die von Nureddin eingerichtete Taubenpost, die schönsten Siegesbulletins verbreiten. Alle in dieser Zeit auch im Norden durch den Grafen Philipp von Flandern errungenen Vortheile gingen in den folgenden Jahren wieder durch den Sieg Saladins im Walde von Paneas verloren (1178—79). Er konnte jetzt gegen den Fürsten von Iconium Krieg führen und nach dessen Unterwerfung in das Gebiet der Armenier in Kleinasien einfallen und den Fürsten von Armenien sowohl als die Kreuzfahrer zu einem Waffenstillstand nöthigen. Ein Raubzug des Fürsten Rainald nach Arabien führte zwar bald wieder neue Feindseligkeiten herbei, Saladins Aufmerksamkeit war aber mehr nach Haleb gerichtet. Diese Stadt war nach dem Tode des Melik Salih (November 1182) in den Besitz Masuds, des Fürsten von Mossul gekommen, der sie aber dem Fürsten Imad Eddin gegen Sindjar abgetreten hatte. Um Haleb in seine Gewalt zu bringen, mußte daher Saladin Masud außer Stand setzen, dem Imad Eddin zu Hülfe zu kommen. Er überschritt den Euphrat, indem er vorgab, Imad Eddin und Masud haben sich mit den Christen gegen ihn verbündet, unterwarf Edessa, Rakkah und Serudj, setzte dann über den Chabur, nahm Nissibin und belagerte Mossul. Da diese Stadt tapfern Widerstand leistete, zog er wieder ab und eroberte Sindjar und Amid, dann kehrte er plötzlich nach Haleb zurück und flößte dem Imad Eddin, der auch mit den Häuptern in Haleb in Unfrieden lebte, solchen Schrecken ein, daß er nicht nur diese Stadt gegen einige andere in Mesopotamien übergab, sondern auch die Oberherrschaft Saladin's anerkannte und die Verpflichtung übernahm, ihm in allen seinen Kriegen beizustehen (Juni 1183).

Nach diesem Friedensschlusse wendete Saladin seine Waffen gegen die Kreuzfahrer, welche inzwischen Raubzüge auf dem Gebiete von Bosra und Damask unternommen und mit einer am rothen Meere gebauten Flotte die Küste Arabiens beunruhigt hatten. Letztere war zwar schon von seinem Bruder Aladil gezüchtigt worden, um aber auch für die Zukunft den Christen den Weg nach dem rothen Meere zu versperren, wurde zur Belagerung der Festung Kerak geschritten, die jedoch ohne Erfolg blieb; dann ließ aber Saladin das Gebiet von Beisan und Naplus dermaßen verwüsten, daß endlich doch der Graf von Tripoli, der damalige Reichsverweser, einen Waffenstillstand erkaufte, den Saladin gern gewährte, weil er von einer neuen Coalition in Mesopotamien bedroht war, die er mit Erfolg bekämpfte, so daß endlich der Fürst von Mossul sich ihm unterwarf.

Am Ziele seiner Wünsche angelangt, indem er die Nachkommen Nureddins unter seine Botmäßigkeit gebracht, zog jetzt Saladin mit seiner ganzen Macht gegen Palästina, denn der Fürst Rainald hatte abermals den Frieden gebrochen. Die Christen erlitten eine Schlappe nach der andern. Sie wurden zuerst von Almelik Alafdhal, dem Sohne Saladin's, am Flusse Kischon, dann von Saladin selbst, nach der Einnahme von Tiberias, bei Hittin, einige Stunden südlich von genannter Stadt (Juli 1187), aufs Haupt geschlagen. Der größte Theil der streitbaren Ritterschaft wurde getödtet oder gefangen genommen. Unter den Gefangenen war auch der König Veit, der Graf Rainald und der Großmeister des Tempelordens. Ersterer wurde mit Schonung behandelt, den Grafen Rainald hieb Saladin selbst zusammen, die Hospitaliter und Templer wurden sämmtlich enthauptet, die übrigen Gefangenen, wie gewöhnlich, als Sklaven verkauft. Folge dieses glänzenden Sieges war die Eroberung von ganz Palästina bis Tyrus. Alka ergab sich ohne Widerstand, Askalon nach vierzehntägiger Belagerung, auf das Zureden des Königs, der dadurch wieder seine Freilassung von Saladin erhielt, und endlich Jerusalem (2. Oktober). Saladin belagerte auch Tyrus, aber diese Festung wurde durch die Tapferkeit des vor Kurzem erst angelangten Markgrafen Conrad gerettet.

Im folgenden Jahre eroberte Saladin eine Anzahl Städte und Burgen im nördlichen Syrien und Palästina, auch nahm sein Bruder Aladil die Feste Kerak. Tyrus, Tripoli und Antiochien behaupteten sich aber gegen jeden Angriff und da bald eine große Zahl neuer Pilger aus dem Abendlande anlangte, durfte König Veit die Belagerung von Alka wagen und er nahm, ehe Saladin zum Entsatze herbeikam, eine feste Stellung in der Nähe der Festung ein, aus der er nicht mehr vertrieben werden konnte. Man kämpfte zwei Jahre hindurch mit wechselndem Erfolg in der Nähe von Alka, ohne irgend eine Entscheidung herbeizuführen. Die Kreuzfahrer hatten nach und nach

Die Kreuzzüge gegen Nureddin und Saladin.   361

die Stadt umzingelt und ihr Lager gleich einer wahren Festung, so daß Saladin ihnen eben so wenig, als sie selbst der gut vertheidigten Stadt, beikommen konnte. Saladin hatte übrigens Mühe, seine kriegsmüden Emire zusammenzuhalten und mußte sich häufig, gegen seine bessere Ueberzeugung, ihrem Willen fügen. So hatte er auch den König Veit gleich bei seinem Abzuge von Tripoli angreifen wollen, während seine Emire behaupteten, er sei leichter zu besiegen, wenn er in der Nähe von Akka isolirt sein würde. Unter den Christen herrschte übrigens auch keine große Einigkeit und Zusammenwirken, namentlich seitdem der Herzog Friedrich von Schwaben mit den Trümmern des deutschen Pilgerheeres angelangt war, das Friedrich Barbarossa durch Kleinasien nach Syrien führen wollte. Erst im Frühling 1191, als der König Philipp August von Frankreich, Richard Löwenherz von England und der Markgraf von Tyrus zu dem Belagerungsheer stießen, war Akka nicht mehr zu retten, und nur weil es in zwei feindliche Lager gespalten war, von denen das eine den König von Frankreich und den Markgrafen von Tyrus, das andere den König von England und den von Jerusalem als ihre Häupter ansahen, so daß die meisten Operationen gegen den Feind immer nur von einer Partei ausgingen, hielt sich die Festung noch bis zum 12. Juli, wurde aber endlich von den Commandanten derselben unter harten Bedingungen übergeben, welche Saladin, der vergebens fortwährend den Chalifen um Hülfe gebeten hatte, genehmigen mußte. Noch kurz vor dem Falle von Akka hatte er demselben unter Anderm geschrieben: „Man hat nie einen Feind gesehen oder von einem Feinde gehört, welcher zugleich belagert und belagert wird, der aber hinter seinen Verschanzungen unangreifbar ist. Die Franken zählen jetzt 5000 Reiter und 100,000 Mann Fußvolk. Krieg und Gefangenschaft haben sie geschwächt, der Sieg hat sich von ihnen gewendet, aber das Meer ist für sie, das Wasser hat sich für die Söhne des Feuers (der Hölle) erklärt. Unmöglich ist es, die Zahl der Völker, aus denen das christliche Heer zusammengesetzt ist, oder der barbarischen Sprachen, die sie reden, zu bestimmen, keine Einbildung vermag sich eine Vorstellung davon zu machen. Man sollte glauben, der Dichter Mutenebbi habe auf sie den Vers gedichtet: „Hier sind alle Völker versammelt, nach ihren verschiedenen Mundarten, nur durch Dolmetscher ist ein Verkehr mit ihnen möglich." Ihre Ueberläufer und Gefangenen müssen wir häufig von Einem zum Andern schicken, um sie zu verstehen. Unsere Truppen sind erschöpft und entmuthigt, sie haben vergebens Stand gehalten, bis ihnen die Kräfte versagten u. s. w."

Nach der Uebergabe von Akka konnte Saladin voraussehen, daß Richard, der nach der Rückkehr Philipp Augusts den Oberbefehl über das Kreuzheer führte, Alles aufbieten würde, um Jerusalem wieder zu erobern, er durfte daher seinerseits kein Opfer scheuen, um dies zu verhindern. Um dem Feinde keinen haltbaren Punkt zu lassen, ertheilte er den Befehl, alle auf dem Wege nach Jerusalem gelegenen Festungswerke minder bedeutender Plätze zu schleifen und Städte und Dörfer zu verwüsten; er selbst umschwärmte das Kreuzheer auf seinem ganzen Marsche, ohne ihm jedoch bedeutende Verluste beibringen zu können. Selbst Askalon, die einzige noch übrige Festung an der syrischen Küste, mußte er, als Richard bis Java vorgerückt war, opfern, weil seine Emire, aus Furcht, das Schicksal der Besatzung von Akka theilen zu müssen, welche Richard über die Klinge springen ließ, verlangten, daß er selbst oder einer seiner erwachsenen Söhne sich mit ihnen einschließe. Mit gebrochenem Herzen ertheilte er endlich, da ihm die Erhaltung Jerusalems wichtiger war, den Befehl, die Mauern von Askalon zu schleifen und die Stadt selbst lieber dem Feuer als dem Feinde preiszugeben. Jerusalem wurde aber nun von seinen besten Truppen besetzt und von neuen Mauern und Bollwerken umgeben, so daß Richard mehreremale vorrückte und dann wieder in sein Lager zurückkehrte, weil er die Schwierigkeit einsah, die heilige Stadt zu erstürmen, oder im Angesichte eines starken Heeres längere Zeit zu belagern. Er ließ sich daher in Unterhandlungen ein, die jedoch nicht so bald zu einem Ziele führen konnten, weil Saladin, obgleich sich nach Frieden sehnend, sich doch wenig nachgiebig zeigte, denn Konrad bot ihm ein Bündniß an und zeigte sich nicht abgeneigt, mit ihm gegen Richard zu kämpfen. Als aber der Vertrag dem Abschluß nahe war, wurde Konrad von Assassinen ermordet (20. April 1192), welche durch erheuchelte Frömmigkeit sein Vertrauen erworben hatten. Richard hätte jetzt, bei entschlossenem Vorrücken, Jerusalem erobern können, denn die größte Muthlosigkeit und Niedergeschlagenheit herrschte unter dem Heere Saladins und die Emire wollten sich nur unter der Bedingung, daß Saladin selbst sich mit ihnen einschließe, einer Belagerung aussetzen, aber sein eigener Wankelmuth und der Widerstand der Franzosen, welche das Unternehmen zu schwierig fanden, ließen ihn zu keiner raschen That kommen. So verging noch der ganze Sommer unter kleinen

Gefechten und fortgesetzten Unterhandlungen, bei welchen sogar von einer Vermählung Melik Adils mit einer Schwester Richard's die Rede war, bis endlich am 2. September ein Friede zu Stande kam. Die Christen behielten das ganze Küstenland, von Tyrus bis Jafa, nebst der Hälfte des Gebiets von Lydda und Ramlah, das Uebrige blieb den Moslimen, die sich jedoch verpflichteten, der Pilgerfahrt nach Jerusalem keinerlei Hinderniß in den Weg zu legen. Askalon, welches Richard wieder hergestellt hatte, mußte aufs Neue zerstört werden.

Sechs Monate nach diesem Friedensschlusse (3. März 1193) machte ein Gallenfieber dem thatenreichen Leben Saladins, in einem Alter von 57 Mondjahren, ein Ende. Er wurde nicht weniger als Nureddin von seinen Glaubensgenossen betrauert, denn er glich ihm an Tapferkeit, Umsicht, Frömmigkeit und Gerechtigkeitsliebe und übertraf ihn noch an Freigebigkeit, Großmuth und Toleranz. Er betrachtete den Krieg gegen die Christen als eine heilige Pflicht, sobald diese aber erfüllt war, umfaßte auch sie seine Fürsorge und sein Wohlwollen. Das Loos der Christen in Egypten war unter seiner Regierung viel milder als unter der seiner Vorgänger, sie wurden nicht nur von allen frühern Einschränkungen und erniedrigenden Auszeichnungen befreit, sondern konnten auch zu den höchsten Aemtern gelangen. Trotz einzelner unedler Handlungen, namentlich dem Geschlechte Nureddins gegenüber, gewann ihm doch sein vorherrschend ritterlicher Sinn, seine Wahrheitsliebe und Ehrenhaftigkeit, sowie sein leutseliges Wesen und seine geistreiche Unterhaltung, die Liebe und Verehrung der Moslimen und die Achtung und Bewunderung der Christen. Der Friede, den er am Ende seines Lebens mit den Franken schloß, war eine große Wohlthat für seine Unterthanen, denn bei den Zerwürfnissen, die bald unter seinen Nachkommen eintraten, wären sie außer Stand gewesen, den Krieg mit Erfolg fortzuführen.

III. Die Kreuzfahrer und die Nachkommen Saladins.

Saladin hatte schon bei Lebzeiten sein Reich unter drei Söhne getheilt: Alafdhal erhielt, mit dem Sultanstitel, Damask, das südliche Syrien und Palästina; Alaziz ward Herr von Egypten und Azzahir vom Fürstenthum Haleb. Außerdem war sein Bruder Aladil mit den Festungen Schaubek und Kerak und einigen Städten in Mesopotamien belehnt worden, auch andere Ejjubiten herrschten über einzelne oder mehrere Städte zusammen, hingen aber mehr oder weniger von den Söhnen Saladins ab. Die Eintracht unter den Erben Saladins war nur von kurzer Dauer. Schon im ersten Jahre nach dem Tode ihres Vaters brach der Krieg unter denselben aus. Alaziz wurde von Alafdhal's Emiren, die er sich durch seine Ausschweifungen und durch seine Undankbarkeit entfremdet hatte, aufgefordert, Besitz von Damask zu nehmen. Er fiel in Syrien ein und belagerte Damask, aber Aladil sowohl als Azzahir nahmen sich Alafdhal's an und Alaziz zog wieder ab, nachdem ihm Jerusalem und das südliche Palästina abgetreten wurde. Jetzt verfiel Alafdahl in das entgegengesetzte Extrem, indem er weltlichen Dingen den Rücken kehrte, sich der Andacht hingab und seine ganze Zeit mit Beten und Koranabschreiben zubrachte. Alaziz unternahm einen zweiten Feldzug nach Syrien, wurde aber zurückgeschlagen und, in Folge einer Meuterei unter seinen Truppen, genöthigt, sich nach Kahirah zurückzuziehen. Alafdhal verfolgte ihn und stand schon in Bilbeis, als Aladil, der bisher für ihn gefochten hatte, aus Furcht er möchte zu mächtig werden und ihn selbst seiner Ländereien und seines Einflusses berauben, ihn nöthigte, einen Frieden zu schließen, bei welchem er keinen andern Vortheil hatte, als daß ihm Jerusalem und das südliche Palästina wieder zurückerstattet wurde. Bald nachher bewog Aladil seinen Neffen Aziz, mit dem er ein Bündniß geschlossen hatte, und bei dem er in Kahirah geblieben war, den Krieg wieder zu erneuern und Damask zu nehmen. Alafdhal wurde verrathen und mußte sich mit der Herrschaft über Sorchod begnügen, während Aladil Damask besetzte, und Aziz nöthigte, wieder nach Egypten zurückzukehren (Juni 1196). Nach dem Tode des Aziz (November 1198), dessen Sohn Almansur noch minderjährig war, wurde Alafdhal von einigen Emiren aufgefordert, als Reichsverweser nach Egypten zu kommen. Andere forderten Aladil auf von Egypten Besitz zu nehmen. Alafdhal wurde Herr von Egypten und belagerte auch Damask, im Vereine mit seinem Bruder Zahir, der nicht weniger als er die Eroberungssucht seines Oheims fürchtete. Die Eintracht unter den Brüdern wurde aber bald gestört, ihre Heere trennten sich, Alafdhal mußte die Belagerung aufheben, von Aladil verfolgt, sich nach Egypten zurückziehen, nach mehreren Treffen seinem Oheim die Hauptstadt übergeben und sich wieder mit der Herrschaft über Sorchod und einige Städte am Euphrat begnügen (Februar 1200). Aladil regierte nur kurze Zeit im Namen des Sohnes Alaziz's, dann trat er selbst als Sultan auf, nöthigte auch Zahir ihn als Oberherrn anzuerkennen, setzte seinen Sohn Almuazzam zum Statthalter von Damask ein, während er die ihm gehörenden Städte in Mesopotamien seinen andern Söhnen übergab, und folglich gewissermaßen der Oberherr aller von Saladin eroberten Länder ward. Später wurde sein Sohn Alaschraf auch Herr von Chelat in Armenien und sein Enkel Masud, der Sohn Kamils, bemächtigte sich des glücklichen Arabiens, so daß der Name Melik Adils auf allen moslimischen Kanzeln, von den Grenzen Georgiens bis zum Meerbusen von Aden genannt wurde.

Gegen die Kreuzfahrer konnte Aladil, weil er zu sehr mit der Unterjochung moslimischer Fürsten beschäftigt war, denn auch die Herrn von Nissibin und Maridin unterwarf er mit Waffengewalt, ferner gegen Alaschal, der sein verlorenes Reich wieder zu erobern suchte, stets gerüstet bleiben mußte, nicht mit Nachdruck Krieg führen, nur ungern trat er ihnen entgegen, so oft sie den Frieden verletzten, und war bald wieder bereit, einen neuen Waffenstillstand zu schließen. So erstürmte er Jafa, als die von Heinrich VI. ausgerüsteten Pilger nach Palästina kamen und moslimisches Gebiet angriffen (August 1197), und als hierauf der Reichskanzler Konrad Sidon und Beirut nahm, begnügte sich Aladil damit, erstere Stadt gänzlich zu zerstören und die Einnahme der Feste Toron zu verhindern, überließ aber Beirut dem Feinde. Auch später (1204) ließ er verschiedene Einfälle der Christen auf islamitisches Gebiet, unter Andern auch die Ausplünderung der am Nilarme von Rosette gelegenen Stadt Fuah, ungeahndet und erkaufte sogar den Frieden durch Abtretung der ihm gehörenden Distrikte von Ramlah und Lydda. Erst im Jahre 1206 ergriff er die Offensive gegen den damaligen Reichsverweser Johann von Ibelin, begnügte sich aber mit geringen Vortheilen und schloß wieder einen dreijährigen Waffenstillstand.

Aladil theilte das Schicksal seines Bruders Saladin, indem auch er, kurz vor seinem Tode, nahe daran war, allen erworbenen Ruhm und die Früchte so mancher Siege wieder einzubüßen. Es war nämlich dem Pabste Honorius III. gelungen, den Eifer der Abendländer für die Kreuzfahrt aufs Neue anzufachen. Zahlreiche, wohlbewaffnete und von kriegerischem Geiste beseelte Pilger, darunter auch König Andreas von Ungarn und Herzog Leopold von Oesterreich, landeten (1217) in Akka, und der König Johann von Jerusalem führte sie gegen die Moslimen. Aladil eilte aus Egypten herbei, wurde aber genöthigt, sich nach Damask zurückzuziehen und den ganzen Süden, mit Ausnahme der gut vertheidigten und befestigten heiligen Stadt, der Plünderung preiszugeben. Im folgenden Frühling, während Aladil in Syrien lag, segelte eine christliche Flotte nach Damiette und belagerte diese Stadt. Alkamil, der Sohn Aladils, eilte aus Kahirah herbei, um sie zu vertheidigen und die Flotte aufzuhalten. Dies geschah durch starke eiserne Ketten, welche von der Stadt bis zu einem am westlichen Nilufer gelegenen festen Thurm reichten, der durch eine Schiffbrücke mit derselben verbunden war, und daher leicht vertheidigt werden konnte. Indessen wurde doch nach drei Monaten die Schiffbrücke von den Christen zerstört, der Thurm erstürmt, und durch Abnahme der Ketten der Nil ihrer Flotte geöffnet. Die Nachricht von diesem Erfolge machte auf Aladil einen so niederschlagenden Eindruck, daß er wenige Tage nachher starb (Ende August 1218). Alkamil ließ jedoch den Muth nicht sinken, er vertheidigte nicht nur Damiette, sondern ließ auch den Feind in seinem eigenen Lager auf dem westlichen Nilufer durch Beduinenhorden beunruhigen. Erst als unter seinen Truppen eine Verschwörung gegen ihn, zu Gunsten seines jüngern Bruders Alfaiz, angezettelt wurde, welche ihn nöthigte, mit seinen Getreuen sich nach Kahirah zu flüchten, worauf eine gänzliche Auflösung des egyptischen Heeres folgte, konnten die Kreuzfahrer über den Nil setzen und Damiette gänzlich umzingeln.

Durch die Ankunft des Fürsten Muazzam, der nach dem Tode seines Vaters die Herrschaft über Damask an sich riß, wurde indessen die Ordnung in Egypten bald wieder hergestellt. Die Rebellen wurden gezüchtigt und die beiden Brüder führten ihre Truppen gegen Damiette, vermochten jedoch die Belagerer nicht aus ihrer Stellung zu verdrängen, und die Besatzung von Damiette schmolz durch Hunger und Seuche, wie durch fortwährende Kämpfe, immer mehr zusammen. Alkamil knüpfte daher Unterhandlungen an und bot den Franken für die Räumung Egyptens die Rückgabe von Jerusalem und einigen andern Plätzen in Syrien an. Die Unterhandlungen wurden aber abgebrochen, weil, nach christlichen Berichten, während derselben Kamil die Besatzung zu verstärken suchte, und bald nachher fiel die Festung fast ohne Kampf in die Gewalt der Kreuzfahrer (5. November 1219), weil die entkräftete Bevölkerung keinen ernstlichen Widerstand mehr zu leisten vermochte, nach einigen Berichten sogar förmlich capitulirte.

Bei größerer Einigkeit unter den Franken hätten sie die Bestür=

zung, welche der Verlust von Damiette, mit allen Waffenvorräthen und in die Festung geflüchteten Schätzen, bei den Moslimen hervorrief, benützen können, um alsbald nach Kahirah vorzurücken. Der größte Unfriede herrschte aber zwischen dem päbstlichen Legaten Pelagius und dem König Johann von Brienne, so daß Letzterer bald nachher mit vielen Kriegern Egypten verließ, und Pelagius, auf Verlangen des Heeres, dessen Rückkehr und die Ankunft neuer Pilger abwarten mußte, ehe er von Damiette aufbrechen konnte. Inzwischen verstärkte auch Alkamil sein Heer wieder, denn alle befreundeten Fürsten Syriens führten ihm ihre Truppen zu, so daß er nicht nur das weitere Vordringen der Christen hindern, sondern dadurch, daß er sie im Rücken bedrohte und durch Zerstörung der Schleußen und Dämme der Nilkanäle ihr Lager unter Wasser setzte, in eine so gefahrvolle Lage brachte, daß sie bald um Frieden baten und gegen freien Abzug sich erboten, Damiette wieder zu räumen. Alkamil, der sich nach Frieden sehnte und die Kreuzfahrer nicht zu einem Verzweiflungskampfe drängen wollte, nahm diese Bedingungen an (August 1221).

Kaum hatten die Ejjubiten die ihnen drohende Gefahr abgewendet, so brach unter ihnen selbst Zwietracht aus. Almuazzam bekriegte zuerst Almelik Alnaßir, den Fürsten von Hamah, dann seinen Bruder Alaschraf, der jenem zu Hülfe gekommen war. Als nun Alkamil Letzterm beistand und Almuazzam mit einem Einfalle in Syrien bedrohte, schloß er ein Bündniß mit Djelal Eddin, dem Fürsten von Charizm, welcher dem Statthalter Alaschrafs Chelat wegnahm, während Alaschraf mit Keikobad, dem Fürsten von Iconium, sich verbündete. Das Bündniß Almuazzams mit den Charizmiern versetzte Alkamil in solche Angst, daß er den Kaiser Friedrich II. aufforderte, seine längst vorbereitete Kreuzfahrt zu beschleunigen, und ihm die Rückgabe von Jerusalem und andern Plätzen des gelobten Landes versprach. Der Kaiser langte indessen erst im September 1228 in Akka an, und da der gefürchtete König Almuazzam schon im vorhergehenden Jahre gestorben war, so bereute Alkamil zwar die gegen den Kaiser eingegangenen Verpflichtungen, konnte jedoch auch unter den jetzigen Verhältnissen die freundlichen Beziehungen zu demselben nicht auflösen, weil er, im Bündnisse mit Alaschraf, Dawud, dem Sohne Muazzams, das Fürstenthum Damask entreißen wollte. Dawud wurde mit den Festungen Kerak und Schaubek abgefunden, Alaschraf erhielt Damask und Alkamil den südlichen Theil von Syrien nebst Palästina, von welchem er jedoch (Februar 1229) Jerusalem und die zwischen dieser Stadt und dem Meere gelegenen Ortschaften dem Kaiser abtrat. Alkamil, den sowohl Alaschraf als die übrigen Ejjubiten als ihren Oberherrn anerkennen mußten, führte hierauf einen langen Krieg gegen Keikobad und später gegen dessen Sohn Keichosru, welchem viele Ejjubiten beistanden, weil sie fürchteten, von jenem ihrer Länder beraubt zu werden. Alkamil trug jedoch den Sieg davon und behauptete seine Herrschaft über Syrien, nahm sogar dem Nachfolger Alaschraf's Damask. Nach dem Tode Alkamils (März 1238) brach ein neuer Krieg zwischen seinem Sohne Aladil II., der in Egypten regierte und seinem Bruder Ejjub aus, welcher Damask besetzte. Letzterer eroberte Egypten, in seiner Abwesenheit bemächtigte sich aber sein Oheim Ismail, der Fürst von Balbek, der Stadt Damask, und schloß, um sich zu behaupten, ein Bündniß mit den Franken in Palästina und mit mehreren anderen Fürsten Syriens. Durch dieses unnatürliche Bündniß entfremdete sich Ismail aber nicht nur die moslimische Bevölkerung Syriens, sondern auch sein eigenes Heer, von dem ein Theil, als es in der Nähe von Askalon zu einer Schlacht kam, zu Ejjub überging, dem es dann leicht ward, die Verbündeten zu besiegen (1240). Nichtsdestoweniger bildete sich nach einigen Jahren eine neue Coalition gegen ihn, der diesmal auch der von Ejjub zuerst beraubte und dann hintergangene Fürst Dawud von Kerak beitrat. Ejjub sandte, unter Führung des nachherigen Sultan Beibars, ein starkes Heer von Egyptiern, Negern und Mamluken nach Syrien, mit welchem sich auch die vor den Mongolen fliehenden Charizmier, nach ihrer Verwüstung von Jerusalem und andern Städten Palästina's, vereinigten. Die syrischen Truppen kämpften auch diesmal mit Widerwillen in den Reihen der Christen gegen ihre Glaubensgenossen, auch flößten ihnen die ihnen gegenüberstehenden wilden Charizmier einen panischen Schrecken ein, sie verließen daher bald das Schlachtfeld, in der Nähe von Gaza, und die Christen allein waren dem Feinde nicht gewachsen (Oktober 1244). Die Egypter bemächtigten sich hierauf wieder der Städte Jerusalem, Hebron und Naplus und nahmen in den folgenden Jahren auch Damask, Balbek, Askalon und Tiberias.

Ejjub war im Jahre 1248 wieder in Syrien, um Amelik Alnassir, den Fürsten von Haleb, zu züchtigen, welcher dem Melik Aschraf Himß weggenommen hatte, als er von dem nahe bevorstehenden Kreuzzuge Ludwig's des Heiligen Kunde erhielt. Er schloß daher mit den

Halebinern Frieden und kehrte nach Egypten zurück, um die nöthigen Vertheidigungsanstalten zu treffen. Trotz seiner Fürsorge wurden jedoch die Pilger nicht an der Landung gehindert, weil Emir Fachr Eddin, der Befehlshaber der Egyptier, nach kurzem Gefechte die Flucht ergriff, worauf auch die Beduinen, welche in Damiette lagen, abzogen und die Festung dem Feinde überließen (Juni 1249). Ejjub nahm in der Stadt Maußurah, welche sein Vater nach der ersten Einnahme von Damiette in einer von vielen Kanälen durchschnittenen Gegend gegründet hatte, eine feste Stellung ein, und ließ das christliche Lager durch leichte Reiterei beunruhigen. Ludwig erwartete Verstärkungen, die erst eintrafen, als die Ueberschwemmung des Nils ein Vorrücken ins Innere des Landes erschwerte. Am 21. Dezember langte endlich das christliche Heer am Kanale von Aschmum Taneh an, der dasselbe von der von den Egyptiern besetzten Stadt Maußurah trennte. Diese befehligte der Emir Fachr Eddin, denn Ejjub war seit einem Monate todt, seine Gattin Schedjret Eddurr verheimlichte es jedoch, bis sein Sohn Turanschah aus Mesopotamien eingetroffen war. Fachr Eddin bot Alles auf um die bei der Landung der Franzosen begangenen Fehler wieder gut zu machen. Er griff die Christen, welche mit Erbauung eines Dammes über den Kanal von Aschmum beschäftigt waren, mehreremale an, erschwerte ihnen ihre Arbeit durch die am südlichen Ufer aufgestellten Wurfmaschinen, zerstörte ihre Thürme durch griechisches Feuer, und als demohngeachtet die mühsame Arbeit ihrer Vollendung nahe war, machte er sie ganz zwecklos, indem er inzwischen ein neues Bassin ausgraben ließ, in welches er das Wasser vom Aschmumkanale leitete. Am 8. Februar 1250 überschritten jedoch die Franzosen an einer ihnen von einem Beduinen bezeichneten Stelle den Kanal, statt sich aber hier zu sammeln, und, nach dem Befehle des Königs, mit ihrer ganzen Macht den Feind anzugreifen, drangen einzelne Schaaren sogleich gegen die Egyptier vor, von denen die tapfern Mamluken unter Beibars viele, unter Andern auch den Grafen von Artois, Bruder des Königs, tödteten. Selbst als das gesammte französische Heer den Kanal überschritten hatte, blieb der Ausgang der Schlacht einen ganzen Tag unentschieden, denn die Egyptier hatten Maußurah verbarricadirt, so daß diese Stadt nur mit großen Opfern erstürmt werden konnte, und nach der Eroberung derselben das Heer der Ruhe bedurfte. Die Egyptier benutzten diese Zögerung, um, wie vor 30 Jahren unter Alkamil, eine Flotte in den Rücken der christlichen Schiffe zu bringen, welche sie, gleichzeitig mit der bei Manßurah aufgestellten, angriff und gänzlich vernichtete. Sobald sie Herren des Nils waren, setzten sie auch Truppen unterhalb des christlichen Lagers ans Land, so daß dieses von Damiette ganz abgeschnitten war, und bald den größten Mangel an Lebensmitteln litt. In dieser trostlosen Lage, welche durch Krankheiten noch verschlimmert wurde, knüpfte Ludwig Unterhandlungen mit Turanschah an, und als sie sich zerschlugen, blieb ihm nichts übrig als die Rückkehr nach Damiette zu versuchen. Obgleich sie aber in der Nacht (5. April) angetreten wurde, blieb sie doch den Egyptiern nicht verborgen. Am folgenden Morgen waren die Fliehenden eingeholt und vom Feinde eingeschlossen, so daß jeder längere Widerstand unmöglich war. Ein großer Theil des Heeres wurde, selbst nach der Uebergabe, noch zusammengehauen, ein Anderer, worunter auch der König und seine Brüder, wurde gefangen genommen und im Triumphe nach Manßurah gebracht.

Turanschah behandelte den König mit Schonung und beeilte sich, weil er des Krieges müde war und sich der Mamluken (Sklaven) seines Vaters entledigen wollte, welche man die Bahritischen nannte, weil sie am Nile (Bahr), auf der Insel Rodha, erzogen wurden, einen Frieden zu schließen, sobald ihm die Räumung von Damiette und ungeheure Auslösungssummen für die Gefangenen zugesichert wurden. Die Bahriten, die sich nicht von den Häuptlingen Turanschah's verdrängen lassen wollten, murrten über diesen Friedensschluß, welcher die Christen von Palästina im Besitze der Städte ließ, welche sie inne hatten und ermordeten ihn, im Einverständnisse mit Schedjret Eddurr, die er mißhandelt hatte (2. Mai 1250).

Nach der Ermordung Turanscha's wurde zuerst seine Mutter als Sultanin und der Mamlute Eibek zum Oberfeldherrn ernannt. Später, als der Chalife von Bagdad sich gegen die Herrschaft einer Frau aussprach, nahm Eibek den Sultanstitel an und heirathete Schedjret Eddur. Nach einiger Zeit regierte er wieder im Namen eines minderjährigen Enkels Kamil's, um die Ejjubiten in Syrien, an deren Spitze Alnaßir, der Fürst von Haleb, stand, der sich auch der Stadt Damask bemächtigt hatte, mit einem Scheine von Recht bekämpfen zu können. Bei Abbaseh kam es zur Schlacht zwischen Eibek und den Syrern, welche durch den Verrath der unter Naßir kämpfenden Türken, die zu Eibek übergingen, zu Gunsten des Letztern entschieden ward (Februar 1251). Eibek, der nach diesem Siege wieder den

Die Kreuzfahrer und die Nachkommen Saladins. 371

Sultanstitel annahm, sollte, von denselben Mamluken, die ihn zu ihrem Herrn gewählt hatten, ermordet werden, weil sie sich keiner Disciplin und keinem Gesetze unterwerfen wollten. Er kam ihnen aber zuvor, tödtete ihren Führer, den Emir Aktai, und nöthigte dessen Anhänger, die Flucht zu ergreifen. Als er aber hierauf vom Chalifen das Investiturdiplom und die übrigen Insignien der Herrschaft begehrte, und bei dem Fürsten von Mossul um dessen Tochter anhielt, wurde er auf Anstiften seiner Gattin im Bade ermordet (10. April 1257).

IV. Die ersten Mamlukensultane und die Mongolen, bis zur Vertreibung der Kreuzfahrer.

Die Emire rächten die Ermordung Eibeks an der Urheberin derselben, wählten dessen unmündigen Sohn zum Regenten und Kotuz zum Reichsverweser. Dieser kämpfte mit Erfolg gegen die Ejjubiten, die sich übrigens unter sich selbst auch noch fortwährend befehdeten. Diese sowohl als Kotuz mußten indessen bald ihre Waffen gegen einen andern Feind richten, gegen Hulagu nämlich, den Bruder des Großchans Mangu, der, nach der Eroberung von Bagdad, auch nach Mesopotamien, Syrien und Egypten gelüstete. Nachdem die Fürsten und Städte am Euphrat und Tigris sich theils freiwillig unterworfen hatten, theils mit Gewalt unterjocht waren, forderte Hulagu auch Naßir, den Herrn von Haleb, Damask und Himß zur Unterwerfung auf, und als er, auf die Hülfe anderer syrischer Fürsten, so wie auf die des Herrn von Egypten zählend, ihm trotzte, wurde zuerst Haleb mit Sturm genommen und dermaßen mißhandelt (Januar 1260), daß sowohl Damask als die meisten übrigen Städte sich ohne Kampf ergaben. Naßir ergriff die Flucht, wurde aber später den Mongolen ausgeliefert, welche siegreich nach Palästina vordrangen und sich zu einem Einfalle in Egypten vorbereiteten, weil Kotuz nicht nur der an ihn ergangenen Aufforderung Hulagus, ihn als seinen Oberherrn anzuerkennen, nicht Folge geleistet, sondern sogar, um jede Unterhandlung abzuschneiden, den Befehl zur Enthauptung der mongolischen Gesandten ertheilt hatte. Er brach, an der Spitze eines starken Heeres, das aus Egyptiern, Beduinen, Turkomanen und Syrern bestand, welche sich von Naßir getrennt hatten, gegen die Mongolen auf, deren Vorhut schon in Gaza stand, trieb diese zurück und brachte ihrem Hauptheere nach hartnäckigem Kampfe, bei Ain Djalut, in der Nähe von Beisan, eine vollständige Niederlage bei. Die Mongolen mußten Syrien wieder räumen, und wurden nicht nur von Kotuz verfolgt, sondern auch die ganze moslimische Bevölkerung Syriens erhob sich überall, gegen sie sowohl als gegen die Christen, die ihnen Vorschub geleistet und unter ihrem Schutze die Mohammedaner verhöhnt hatten. Kotuz, der durch diesen Sieg Herr von ganz Syrien wurde, ernannte wieder Ejjubiten zu Statthaltern der verschiedenen Städte Syriens, die Statthalterschaft von Haleb verlieh er aber dem Melik Said, dem Sohne des frühern Herrn von Moßul. Darüber war der schon früher genannte Emir Beibars, welcher der tapferste Mamlukengeneral war, und selbst darum gebeten hatte, so aufgebracht, daß er auf Mittel sann, sich zu rächen. Kotuz, der einen so wichtigen Posten lieber einem unbedeutenden Prinzen als einem tüchtigen Feldherrn anvertraute, der ihm früh oder spät die Herrschaft über Syrien streitig machen konnte, ging seinerseits damit um, Beibars unschädlich zu machen. Während er aber damit bis zur Rückkehr nach Egypten warten wollte, beschloß Beibars, im Einverständnisse mit einigen andern Emiren, die erste sich darbietende Gelegenheit zu benützen, um den Sultan zu ermorden. Diesen Beschluß führte er auch aus, als Kotuz in der Nähe von Salihijeh sich von seinem Hauptquartier entfernte, um zu jagen. Beibars wurde hierauf von den Emiren zum Sultan gewählt, der Gouverneur von Kahirah unterwarf sich ihm, und die Bevölkerung empfing ihn mit Jubel, weil sie Kotuz schwer besteuert hatte, und es fanden ihm zu Ehren die Festlichkeiten statt, welche für den Einzug des von ihm ermordeten Siegers von Ain Djalut vorbereitet worden waren.

Beibars bemühte sich, sobald er auf dem Throne von Egypten saß, und sich auch die Anerkennung der syrischen Fürsten und Statthalter verschafft hatte, seine frühern Verbrechen, die Ermordung Turanschah's und Kotuz's, durch gemeinnützige und den Gläubigen wohlgefällige Werke, in Vergessenheit zu bringen. Er gründete Schulen, baute Moscheen, machte fromme Stiftungen, sorgte für neue Wasserleitungen, ließ den Nil bei Rosette dermaßen verschütten und verrammeln, daß kein größeres Schiff mehr einlaufen konnte, stellte eine imposante Kriegsflotte her, vermehrte die Festungswerke von Alexandrien und den syrischen Städten, und richtete eine regelmäßige Post zwischen Damast und Kahirah ein. Um sich einen Schein von Legitimität zu geben, erkannte er auch einen Sprößling aus dem Hause Abbas als Chalifen an, und lud ihn ein, nach Egypten zu kommen, um sich von ihm zum Fürsten aller schon inne habenden und noch zu erobernden Länder und Städte weihen zu lassen. Er ging anfänglich auch damit um, ihm zur Wiedereroberung von Bagdad beizustehen, da man ihm aber vorstellte, daß der Abbaside, einmal im Besitze der Hauptstadt der Abbasiden, auch die Herrschaft über alle moslimischen Länder ansprechen würde, und unter Umständen ihn selbst entsetzen könnte, gab er seinen Plan wieder auf, zog die dem Chalifen zur Verfügung gestellten Truppen wieder zurück, so daß dieser, als er dennoch an der Spitze von einigen tausend Beduinen und kleinern Abtheilungen Syrer und Turkomanen gegen Bagdad verrückte, in der Nähe von Hit geschlagen wurde und nicht mehr zum Vorschein kam, und man weiß nicht, ob er als Leiche auf dem Schlachtfelde blieb, oder unerkannt noch unter Beduinen fortlebte. Beibars huldigte zwar, bei der Kunde von dem Schicksale des Chalifen, einem andern Abbasiden, behandelte ihn aber mehr wie einen Gefangenen, als wie einen Oberherrn, so daß, obgleich diese Schattenchalifen bis zur Eroberung Egyptens durch die Osmanen fortbestanden, sie doch nur höchst selten irgend eine politische Rolle spielen konnten. Wenn aber Beibars sich nicht scheute zwei Sultane, in deren Dienst er gestanden, zu ermorden und den von ihm selbst herbeigerufenen und anerkannten Chalifen, weil er eine Beschränkung seiner eigenen Macht von ihm befürchtete, ins Verderben stürzte, so dürfen wir uns nicht wundern, daß er gegen Andere, die seine Sicherheit gefährden, oder seinen Einfluß schmälern konnten, jedes noch so verworfene Mittel in Anwendung brachte, um sie unschädlich zu machen. Die Emire, welchen er nicht traute, wurden ohne weitläufige Procedur erdrosselt, oder ihrer Freiheit beraubt, der tapfere Ejjubite, welcher noch Herr der Festung Kerak und einiger andern Plätze war, wurde von ihm durch die heiligsten Schwüre herbeigelockt und dann dennoch ermordet. Einen andern Ejjubiten, den Fürsten von Nissibin und Hißn Keifa, der in gutem Einvernehmen mit den Mongolen stand, brachte er an den Rand des Abgrunds, indem er ihm von syrischen Freunden Hoffnung auf die Herrschaft über Syrien machen ließ, zugleich aber dafür sorgte, daß diese Briefe sowohl als die Antwort des Ejjubiten in die Hände der Mongolen fielen. Aehnliche Intriguen gebrauchte er gegen andere ihm verhaßte Persönlichkeiten, so gegen den christlichen Patriarchen von Bagdad, dem er schrieb, er danke ihm für seine Mittheilungen über die Zustände und geheimen Pläne der Mongolen, und werde seine Dankbarkeit durch

Anstellung des von ihm empfohlenen N. N. und durch Zusendung der gewünschten Reliquien bethätigen. Diesen Brief wußte er auch in die Hände der Mongolen zu spielen, und der unschuldige Patriarch, der in gar keiner Beziehung zu Beibars gestanden war, wurde als Verräther hingerichtet. Trotz allen seinen Verbrechen und bei aller innern Verdorbenheit verstand es Beibars doch immer, den Schein eines frommen Moslim zu wahren, und seine persönliche Tapferkeit, seine rastlose Thätigkeit, seine Freigebigkeit, seine Stiftungen, seine wohlthätigen Werke, und vor allem seine Siege über die Mongolen und Christen sowohl, als über die Assassinen und Nubier, verbreiteten einen strahlenden Glanz um seinen Thron und sicherten ihm, wie früher dem Harun Arraschid, einen Ruhm, der noch heute in den vielen Erzählungen fortlebt, die über ihn cursiren, und den beliebtesten Stoff zu öffentlichen Vorträgen in den egyptischen Kaffeehäusern liefern.

Was zunächst das Verhältniß des Sultan Beibars zu den Mongolen angeht, so kam ihm ein Zerwürfniß unter ihnen selbst, das er zu benützen verstand, sehr zu statten. Er war nämlich, in der ersten Zeit seiner Regierung, als sie nochmals bis Haleb vorgedrungen waren, auch nachdem die syrischen Fürsten sie zurückgeschlagen hatten, in so großer Angst, sie möchten mit größeren Heeren ihren Einfall wiederholen, daß er alle Frauen und Kinder des nördlichen Syriens zur Auswanderung veranlaßte, und alle Felder und Aecker von Haleb bis an die Grenze von Kleinasien und Mesopotamien verwüsten, sogar alle Sträucher verbrennen ließ, damit es ihnen an Lebensmitteln und Fourage für ihre Reiterei fehle. Zu seinem Glück brach aber ein Krieg zwischen Hulagu und Berekeh aus. Ersterer beherrschte unter dem Titel Ilchan von Persien alle Länder Westasiens, vom Oxus bis an das mittelländische Meer, also nicht nur Persien und Medien, sondern auch das arabische Irak, Kurdistan, Armenien, Georgien und einen Theil von Kleinasien, denn die Herren von Iconium und andere Fürsten dieses Landes hatten sich ihm längst unterworfen. Berekeh war der Sohn Batus', welcher das Mongolenreich in Kipdjak gegründet hatte, und führte gegen Hulagu selbst, und als dieser starb (Februar 1265), gegen dessen Sohn Abagha Krieg, weil jeder von Beiden Ansprüche auf den Besitz der Provinzen Arran und Adserbeidjan erhob, welche die Grenze beider Reiche bildeten. Zur Zeit als die Mongolen mit wechselndem Erfolg einander bekämpften, wanderten manche von Hulagu unterworfene, ehemalige Unterthanen Bereich's, nach Egypten aus, welche Beibars mit offenen Armen aufnahm. Dies gab Veranlassung zu einem Gesandtschaftswechsel zwischen Letzterem und Bereleh, welche gleiches Interesse hatten, die Ilchane zu bekriegen; auch bekannten sich Beide zum Islam, während Hulagu sowohl als Abagha noch Heiden waren. Erstere knüpften auch freundliche Beziehungen mit dem Kaiser Michael Paläologus an, welcher dem lateinischen Kaiserreiche in Konstantinopel ein Ende gemacht hatte, und wie sie ein Feind der Kreuzfahrer war, während die Ilchane diese sowohl als die Fürsten von Kleinasien und Armenien zum Kriege gegen Beibars anspornten. Der Krieg zwischen den beiden Mongolenreichen, zu dem sich noch andere innere Zerwürfnisse und Empörungen in verschiedenen, den Ilchanen gehörenden Provinzen gesellten, verschaffte Beibars einige Ruhe. Die Truppen der Ilchane fielen zwar noch einigemale in Syrien und das angrenzende Mesopotamien ein, drangen bis Aintab und Jamieh vor und belagerten Harim und Birah, sie mußten sich aber bald wieder zurückziehen, und Beibars konnte, während der Feind anderwärts beschäftigt war, seine ganze Macht gegen die Christen wenden. Er eroberte im Jahr 1265 die festen Städte Cäsarea und Arsuf, und im folgenden Jahre, außer vielen andern kleinern Plätzen, die Festung Safed. Er nöthigte auch den Fürsten von Armenien, ihm eine Anzahl Burgen nördlich von Haleb abzutreten, welche seit dem Einfalle Hulagu's in seiner Gewalt waren. Im Jahr 1268 überrumpelte er Jafa und erstürmte er die Festung Schelif (Beaufort) und die dem Fürsten Boemund IV. gehörende Stadt Antiochien. Gegen diesen war er besonders aufgebracht, weil er ein treuer Verbündeter der Mongolen war, auch zur Zeit ihres ersten Einfalls in Syrien sich mehrerer Plätze bemächtigt hatte, welche bis dahin den Moslimen gehört hatten. Er begnügte sich nicht damit, ihm diese reiche und stark bevölkerte Stadt wegzunehmen, sondern kränkte ihn auch noch durch ein Schreiben, in welchem er ihn in unbarmherzigster Weise verhöhnte und verspottete. Nachdem er ihn nämlich an seinen vorausgegangenen Verwüstungszug durch das Gebiet von Tripoli erinnert hat, fährt er fort mit der Bemerkung, er wolle ihm nun auch Kunde von den Vorfällen in Antiochien geben, und theilt ihm nun die ganze Geschichte dieses Feldzugs, bis zur Erstürmung der Stadt und den damit verknüpften Leiden für die Christen mit, in deren Schilderung er oder sein Secretär sich als Meister zeigt. Er schreibt unter Anderm: „Hättest du gesehen, wie deine Reiter unter den Hufen unsrer Rosse lagen, wie deine Häuser von Plünderern erstürmt und von Beutesüchtigen durchwühlt wurden, wie deine Kirchen zerstört, deine Kreuze zerstückelt und die Blätter deiner Evangelien zerstreut umherlagen, wie deine Schätze nach Centnern gewogen, deine Frauen je vier für einen Dinar verhandelt, und wie die Gräber deiner Patriarchen durchwühlt wurden, wie der Moslim, dein Feind, das Tabernakel mit Füßen getreten, wie auf dem Altare Mönche, Priester und Kirchendiener geschlachtet, wie Patriarchen dem Tode geweiht und Prinzen zu Sklaven gemacht wurden, hättest du die Flammen gesehen, wie sie in deinen Palästen loderten und die Erschlagenen verzehrten, ehe sie dem Feuer der Hölle anheimfielen.... du würdest ausgerufen haben: O, wäre ich doch Staub!... du würdest deine Seele mit einem Wehegeschrei ausgehaucht und den Brand mit deinen Thränen ausgelöscht haben." Er theilt ihm dann noch die Eroberung mehrerer andern festen Plätze mit, gratulirt ihm, daß er selbst nicht in Antiochien anwesend war, da er jetzt getödtet, gefangen, verwundet oder verstümmelt wäre, und schließt mit der Bemerkung, daß er ihn von diesen Ereignissen benachrichtigen müsse, weil kein Ungläubiger entkommen sei, der dies thun könnte." In einem spätern Schreiben, welches Beibars nach der Einnahme mehrerer Burgen an Boemund richtete, heißt es: „Es ist dem Grafen Boemund bekannt, wie wir nach der Eroberung von Hißn Alakrad (Kurdenburg) vor die Feste Akkar gezogen, wie wir über steile Berge, auf welche Vögel sich nur mühsam emporschwingen, um sich ein sicheres Nest zu bauen, trotz ungünstiger Jahreszeit und feindseliger Regengüsse, unsere Belagerungsmaschinen fortgebracht und an einem Platze aufgestellt haben, wo Ameisen ausgleiten müßten, wie wir auch in Thäler und Klüfte hinabgestiegen sind, die so tief liegen, daß wenn die aus den Wolken hervortretende Sonne etwas Anderes als ihren Schatten darin erblickte, sie erschrecken würde." Nachdem er ihn dann mit der baldigen Belagerung von Tripoli bedroht, fügt er am Schlusse hinzu: „Der Graf nehme Kenntniß von diesem Schreiben und handle darnach, wenn nicht, so halte er Schiffe bereit (zur Flucht), für sich und seine Waffengefährten, denn wir haben schon die Ketten zur Hand, für ihn und für sie." Beibars führte jedoch diese Drohung nicht aus, weil um diese Zeit der Prinz Eduard von England mit einer starken Flotte und vielen Rittern in Akka landete. - Er fand es zu schwierig, die Stadt zu belagern, verwüstete jedoch das ganze Gebiet von Tripoli, bis der Graf um Frieden bat. In gleicher Weise verfuhr er gegen den Fürsten von Tyrus, bis er einen Theil seines Gebiets abtrat. Während aber der Sultan mit seinen Landtruppen allenthalben Sieger blieb, traf seine Flotte ein großes Ungemach. Er hatte nämlich, weil Akka stets von Cypern Beistand erhielt, um Ersteres desto leichter zu besiegen, die Eroberung dieser Insel beschlossen, und in Abwesenheit des Königs Hugo eine Anzahl Kriegsschiffe mit Landungstruppen dahin beordert, welche ein nächtlicher Sturm in der Nähe des Hafens von Limassol an die Klippen schlug, so daß sie gänzlich zertrümmert wurden und die Mannschaft theils in den Fluthen unterging, theils von den Christen gefangen genommen wurde.

Beibars' letzte Kriegszüge waren gegen den Fürsten von Armenien gerichtet, und hatten die Verwüstung und Ausplünderung der bedeutendsten Städte Ciliciens und Kleinarmeniens zur Folge, dann gegen das Fürstenthum Iconium, das längst den Mongolen unterworfen war, und in welchem der Kämmerer Suleiman, im Namen eines minderjährigen Seldjuken, das Regiment führte. Er überschritt den taurischen Engpaß, schlug den von Mongolen unterstützten Kämmerer bei Ablestin (Albestan), rückte bis Cäsarea vor, und besetzte diese Stadt (April 1277), zog sich jedoch wieder zurück, als er vernahm, daß Abagha selbst mit einem starken Heere im Anzuge sei, der dann nach Lust an der moslimischen Bevölkerung, welche dem Sultan Vorschub geleistet hatte, blutige Rache nahm.

Daß ein mächtiger und herrschsüchtiger Fürst wie Beibars keine gefährliche Macht, wie die der Assassinen eine war, neben sich duldete, versteht sich von selbst. Es ist schon früher berichtet worden, daß sie im elften Jahrhunderte sich in dem nördlichen Syrien niederließen und den Fürsten von Haleb für sich gewannen. Auch hier war Meuchelmord an der Tagesordnung, und der Fürst von Himß der erste, der von ihren Dolchen durchbohrt ward; ihm folgten bald die beiden Fürsten von Mossul, Maudud und Aksonkor. Nach dem Tode Ridhwan's wurden sie in Haleb verfolgt, gewannen aber später wieder, unter ihrem Großmeister Behram, Macht und Einfluß, indem der Vezier des Fürsten von Damask sie begünstigte, und ihnen die Festung Banias überlieferte, in welcher jeder Verbrecher eine sichere Zufluchtsstätte fand. Sie verloren zwar diesen Platz wieder, als Buri, der Fürst von Damask, den Plan des verrätherischen Veziers entdeckte, welcher sie in den Besitz von Tyrus setzen und den Franken dafür Damask überliefern wollte, dafür eroberten sie aber andere Burgen, im Gebirge zwischen Himß und Tripoli, in welchen sie später selbst Nureddin und Saladin trotzten, denn die Furcht vor einem Meuchelmorde gestattete diesen nicht, sie bis aufs Aeußerste zu bekriegen. Beim Einfalle der Mongolen mußten sie einen Theil ihrer Burgen verlassen, sie kehrten aber nach dem Siege Kotuz's wieder in dieselben zurück. Beibars behandelte sie in der ersten Zeit seiner Regierung mit Schonung, aber im Jahr 1266, als Gesandte Manfred's, Alfons' X. und des Fürsten von Jemen mit Geschenken für das Oberhaupt der Assassinen in Egypten landeten, um dadurch ihre Dolche von ihren in Syrien und Palästina weilenden Unterthanen abzuwenden, erhob er von denselben den gewöhnlichen Eingangszoll, um zu zeigen, daß er die Assassinen als seine Unterthanen betrachte. Er schrieb ihnen auch damals schon einen drohenden Brief, machte ihnen Vorwürfe darüber, daß sie den Hospitalitern Tribut zahlten, und nöthigte sie bald nachher, ihm diesen Tribut zu entrichten. Vier Jahre später fing er an, ihre Burgen zu besetzen, und im Jahr 1273 wurden die letzten derselben seinen Emiren übergeben. Dem Sultan Beibars war es übrigens nur darum zu thun, die Assassinen als politische Macht zu vernichten, er ließ sie als religiöse Sekte fortbestehen, und machte, wie der Chalife Nasir, von ihren Dolchen Gebrauch, wo er mit seinem Schwerte nichts ausrichten konnte. In einem Schreiben an die egyptischen Emire rühmt er sich selbst damit, dem Fürsten Barthelemy von Merakiah, der sich zu den Tataren flüchtete, Assassinen nachgeschickt zu haben, auch war er der Urheber des Mordanfalls auf den Prinzen Eduard, der glücklicherweise mit einigen Wunden davon kam.

Wie sehr die Assassinen auch nach dem Tode Beibars' noch als Meuchelmörder gefürchtet waren, sehen wir daraus, daß der Fürst von Kleinarmenien ihnen noch im Jahr 1282 Tribut zahlte. Wie Beibars bedienten sich auch seine Nachfolger dieser Banditen, um ihre Feinde zu verderben. Der Sultan Kilawun verspricht in seinem Friedensvertrage mit Margarethe von Tyrus (1285) weder mit seinen Truppen noch mit denen seiner Verbündeten etwas gegen diese Fürstin zu unternehmen, behält sich aber ausdrücklich vor, je nach Umständen ihr und ihrem Lande durch Assassinen Schaden zuzufügen. Vom Sultan Nasir, welcher im vierzehnten Jahrhunderte regierte, berichtet der berühmte Reisende Ibn Batuta, die Assassinen seien die Pfeile, die er denjenigen nachschleudere, welche in einer Auswanderung aus seinen

Staaten ihr Heil zu finden glauben. Sie fuhren fort in den Plätzen zu wohnen, deren Herren sie einst waren, versuchten es auch hie und da wieder, schwachen Herrschern zu trotzen, geriethen jedoch, weil sie nach und nach zu gewöhnlichen Mördern herabsanken, immer mehr in Verfall, und mögen jetzt kaum noch einige hundert Familien zählen.

Die Unterjochung Nubiens, welche durch Streitigkeiten innerhalb der regierenden Familie erleichtert ward, fand im Jahre 1275 statt. Das egyptische Heer drang bis Denkolah vor, setzte einen neuen Fürsten über Nubien ein, der seine Unterthanen zur Kopfsteuer und zu einem jährlichen Tribut verpflichtete und überhaupt mehr ein egyptischer Statthalter als ein selbständiger Fürst war. So schwang sich Beibars nach und nach vom Sklaven zum größten Sultan seines Jahrhunderts empor, denn seine Befehle wurden einerseits von den vierten Nilkataralten bis an den Piramus, andrerseits längs dem Euphrat im Osten von Birch, bis nach Kirtisieh am Chabur herunter vollzogen. Die Araber der Wüste waren seine Verbündeten, die Scherife der heiligen Städte standen unter seiner Botmäßigkeit, Syrien, mit Ausnahme weniger Küstenstädte, war ihm unterthan, die Fürsten von Jemen, aus dem Geschlechte Rasul's, welches die Nachkommen Saladins verdrängt hatte, sowie der Herr von Abyssinien, buhlten um seine Freundschaft, die Emire des westlichen Afrika, bis über Barkah hinaus, waren ihm tributpflichtig. Mit dem Kaiser von Byzanz stand er in bestem Vernehmen, und erlangte von ihm die Wiederherstellung einer Moschee in Konstantinopel, eben so mit König Manfred von Sicilien, Jakob von Arragonien und Alfons X. von Castilien, mit denen er Handelsverträge abschloß.

Beibars starb bald nach seiner Rückkehr aus Kleinasien (1. Juli 1277), nach einigen Berichten in Folge eines heftigen Fiebers, nach andern an Gift, das für einen Ejjubiten, der sich im Kriege ausgezeichnet hatte, von ihm bereitet worden, von dem er aber aus Versehen selbst genossen hatte. Von seinen drei Söhnen hatte er früher schon den Aeltesten unter dem Titel Almelik Assaid zu seinem Nachfolger bestimmt und, um ihm eine zuverlässige Stütze zu geben, ihn mit der Tochter des Emir Kilawun, eines seiner besten und angesehensten Generäle, verheirathet, aber dem ungeachtet konnte er sich nur kurze Zeit auf dem Throne behaupten. Er hatte von seinem Vater nur die Herrschsucht, den Argwohn und die Verstellungskunst geerbt, es fehlte ihm aber an Klugheit und Energie. Er ließ bald einen seiner treuesten Emire, den seine Günstlinge bei ihm verläumdeten, vergiften, andere, gleichfalls ohne genügenden Grund, einkerkern, wechselte jeden Augenblick seine Veziere, vernachlässigte die ältern Emire und begünstigte seine jungen Mamluken, beleidigte sogar seinen Schwiegervater, und ging damit um, auch ihn zu beseitigen, so daß endlich auch er sich den Unzufriedenen anschloß, welche den Sultan zur Abdankung nöthigten und ihm die Festung Kerak als Residenz anwiesen. Kilawun sollte alsbald den vacanten Thron besteigen, er wagte es aber nicht, weil er manche dem Geschlechte Beibars' ergebene Emire fürchtete, in deren Hand die meisten Festungen und Statthalterschaften waren. Er regierte daher noch hundert Tage im Namen eines andern siebenjährigen Sohnes Beibars', bis er nach und nach die wichtigsten Aemter seinen Creaturen übergeben hatte, dann schob er ihn bei Seite und trat selbst als Sultan auf (November 1279). Er hatte sich jedoch in der Gesinnung des Statthalters von Damask Sonkor Alaschkar geirrt; dieser erkannte ihn nicht an, ließ sich selbst als Sultan von Syrien huldigen und verbündete sich mit mehreren Beduinenhäuptlingen. Er wurde jedoch von den Egyptiern besiegt (Juni 1280) und mußte sich mit der Herrschaft über Sehjun und einige andere Plätze begnügen, die ihm Kilawun lassen mußte, weil Abagha Syrien mit einem neuen Einfalle bedrohte. Schon hatten die Mongolen mehrere feste Plätze in der Provinz Haleb genommen und den Halebinern solchen Schrecken eingeflößt, daß sie die Stadt dem Feinde überließen. Selbst in Damask begann schon die Auswanderung, als endlich ein egyptisches Heer bei Hamah zusammengezogen wurde, vor welchem die Mongolen, die auf die Mitwirkung Sonkors und seiner Beduinen gerechnet hatten, sich zurückzogen. Sie kamen jedoch im folgenden Jahre, von Abagha und seinem Bruder Mangutimur angeführt, wieder nach Haleb, wurden aber bei Hims von Kilawun geschlagen. Ihr ganzes Heer ging theils in der Schlacht, theils auf der Flucht zu Grund (Oktober 1281) und die beiden Brüder selbst blieben nur noch etwa ein halbes Jahr am Leben. Mit ihrem Tode änderte sich das Verhältniß Kilawun's zu den Mongolen, denn Tugadar, ein anderer Bruder Abagha's, welcher Ilchan wurde, bekehrte sich zum Islam, und knüpfte Unterhandlungen mit Kilawun an. Sie führten zwar, da sie mit Mißtrauen aufgenommen wurden, nicht zum Ziele, doch kam es zu keinem Kriege mehr, weil Tugadar, oder Ahmed, wie er sich seit seiner Bekehrung nannte, gegen innere Verschwörungen zu kämpfen hatte, an deren Spitze sein Neffe Argun, ein Sohn Abagha's stand, dem sich viele Häupter der Mongolen anschlossen, weil sie fürchteten, in Folge der Belehrung Ahmeds, von Moslimen verdrängt zu werden. Auch sein Nachfolger Argun (August 1284) konnte, obgleich ein Feind der Moslime und ein Freund der Juden und Christen, sich doch auch in keinen Krieg gegen Kilawun stürzen, weil er im Innern von Verräthern und herrschsüchtigen Prinzen umgeben war, außerdem auch die Einfälle der Mongolen von Kipdschak abwehren mußte. Argun war jedoch, wie früher Abagha, bemüht, die Kreuzfahrer und die ihnen befreundeten europäischen Fürsten, den Pabst Nicolaus IV., den König Eduard I. von England und Philipp den Schönen von Frankreich zu einem Angriffe auf Syrien und Egypten anzuspornen, und erbot sich, ihnen die zu ihrem Feldzuge nöthigen Pferde, Lastthiere und Lebensmittel zu liefern; auch versprach er, ihnen nach ihrem Siege Jerusalem abzutreten. Er zeigte Sympathie für das Christenthum, obwohl sein erster Minister ein Jude war.

Kilawun seinerseits buhlte um die Freundschaft der Mongolen von Kipdjak und des Kaisers von Byzanz, auch knüpfte er Verbindungen mit dem Kaiser Rudolf, mit den Gennesern, mit Alfons III. von Castilien und Jakob von Sicilien, mit dem Fürsten von Jemen und dem von Ceylan an. Inzwischen züchtigte er die Fürsten von Armenien und Georgien, wegen ihres Bündnisses mit den Mongolen, nahm den Kreuzfahrern Martab und Merakieh weg, nöthigte die Fürstin von Tyrus, ihm die Hälfte ihrer Einkünfte abzutreten und, nachdem er trotz aller Verträge die Nachkommen des Sultan Beibars aus Keral und Sonter Alaschkar aus Schjun vertrieben hatte, nahm er die dem Fürsten von Tripoli gehörende Stadt Latakieh (Laodicea) und endlich Tripoli selbst, welches nach dem Tode Boemunds in die Gewalt Bertram's von Gibelet gefallen war (April 1289). Er traf nun alle Anstalten, um auch Akka, die einzige den Christen noch übrige bedeutende Festung zu erobern, starb aber, ehe er sein Vorhaben ausführen konnte (10. November 1290).

Auch nach Nubien hatte er zwei Expeditionen angeordnet, weil Schemamun, der Nachfolger des von Beibars eingesetzten Fürsten, den ein Assassine ermordet haben soll, keinen Tribut mehr zahlen wollte. Er wurde zwar von den Egyptiern zweimal geschlagen und entthront, nach ihrem Abzuge kehrte er aber immer wieder und vertrieb den egyptischen Vasallen, das zweitemal zur Zeit, als Kilawun seine ganze Macht zur Eroberung von Akka aufbot, so daß dieser nichts weiter gegen ihn unternehmen konnte.

Kilawun wird von den Historikern, die größtentheils unter der Regierung seines Sohnes lebten, übermäßig gelobt. Er war allerdings nicht so blutgierig als Beibars und drückte auch seine Unterthanen weniger als jener. Auch ihm ging indessen die Ausdehnung seiner Macht und die Befestigung seiner Herrschaft über Gerechtigkeitsliebe und Treue. Kein Vertrag war ihm heilig, sobald er aus dessen Verletzung Gewinn ziehen konnte, das zeigt sich bei seinem Verfahren gegen die Kreuzfahrer sowohl, als bei dem gegen die Nachkommen Beibars' und den Emir Sonkor Alaschkar. Das schönste Denkmal, das er hinterließ, war ein ungeheures Gebäude außerhalb Kahirah's, welches ein Spital, eine Schule und sein Grabmal umfaßte. Das Krankenhaus war von so großem Umfange, daß für jede Krankheit ein besonderer Saal bestimmt war, nebst Nebengemächern für Frauen, auch enthielt es geräumige Magazine mit Lebensmitteln und Medicamenten angefüllt. Ferner war ein großer Hörsaal darin, in welchem der Oberarzt medicinische Vorlesungen hielt. Der Verbrauch war so groß — denn selbst Bemittelte fanden darin unentgeltliche Aufnahme — daß mehrere Administratoren angestellt waren, die nichts zu thun hatten, als den Einkauf des Bedarfs zu besorgen und zu verrechnen. Außerdem waren wieder mehrere Verwalter und Aufseher angestellt, welche die dem Spital angewiesenen Einkünfte aus den verschiedenen Stiftungen eintreiben mußten. Im Grabdome wurde der Koran und die Traditionsurkunde gelehrt, und sowohl Lehrer als Schüler empfingen ihren Unterhalt vom Staate. Ein großer daran stoßender Saal enthielt die Bibliothek, welche reich an Werken über Koransexegese, Tradition, Sprachkunde, Medicin, praktische Theologie, Jurisprudenz und Belletristik war, und welche ein besonderer Bibliothekar mit sechs Dienern in gutem Stande hielt. Das Schulgebäude umfaßte vier Hörsäle für Lehrer der vier islamitischen Schulen, außerdem noch eine Kinderschule, in welche sechzig arme Waisenkinder aufgenommen wurden, die freie Wohnung, Kost und Kleidung hatten.

Kilawun hatte vor seinem Tode schon alles Nöthige zur Belagerung von Akka vorbereitet, so daß sein Sohn Chalil, welcher unter dem Titel Almelik Alaschraf ihm nachfolgte, mit Beginn des Frühlings 1291 gegen diese Festung, das letzte Bollwerk der Kreuzfahrer in Syrien, aufbrechen konnte, und sie wurde, nach hartnäckigem Kampfe, am 18. Mai erstürmt. Wer sich nicht zu Wasser retten konnte, wurde entweder niedergemetzelt oder gefangen genommen, die

Stadt wurde ausgeplündert, dann niedergebrannt und die Festungswerke wurden geschleift. Nach dem Falle von Akka wagten die übrigen Plätze, wie Tyrus, Sidon, Beirut und einige andere Städte, welche noch in den Händen der Christen waren, keinen Widerstand mehr zu leisten und wurden entweder von ihren Bewohnern verlassen oder dem Feinde übergeben. Alaschraf richtete, nachdem er Syrien von den Kreuzfahrern gesäubert hatte, seine Waffen gegen die Mongolen und ihre Vasallen und begann mit der Erstürmung von Kalat Errum, einer Festung am obern Euphrat, in der Nähe von Bireh, deren Besitz sowohl zur Vertheidigung des nördlichen Syriens, als zu Einfällen in Armenien und Kleinasien von Wichtigkeit war. Trotz aller pompösen Siegesschreiben, in welchen er diese Waffenthat als den Anfang größerer Eroberungen in Kleinasien und Irak verkündete, zog er sich wieder zurück, als der Ilchan Keichatu, der Bruder und Nachfolger Argun's (seit dem 7. März 1291) ihm ein starkes Truppencorps entgegen schickte. Er bedrohte jedoch später den Fürsten von Kleinarmenien mit einem Kriege, und nöthigte ihn, ihm einige Grenzplätze abzutreten. Auch mit Keichatu wechselte er einige Drohbriefe, aber keiner von Beiden konnte seine Drohungen ausführen. Keichatu wurde bald von Beidu gestürzt, dieser von Gazan, dem Sohne Arguns (1295), nach vielen innern Kämpfen, die ihnen nicht gestatteten, einen auswärtigen Krieg zu führen. Alaschraf wurde auf der Jagd von dem Reichsverweser Beidara, der mit dem Verluste seines Amtes bedroht war, in der westlichen Nilprovinz ermordet (December 1293). Mit Beidara hatten sich Kara Sonkor, Ladjin Almanßuri und einige andere Emire verschworen, in der Hoffnung, daß nach vollbrachter That alle Großen des Reichs ihnen Beifall zollen würden, weil Alaschraf viele hochgestellte Emire getödtet oder eingekerkert hatte und überhaupt als ein irreligiöser Mann verschrieen war, der nicht nur gegen die Gesetze des Islams, sondern auch gegen die Natur sündigte. Da aber Beidara alsbald selbst den Thron besteigen wollte, bildete sich eine starke Partei gegen ihn, an deren Spitze der Emir Ketboga stand. Dieser rief die Mamluken Alaschrafs zur Rache auf, verfolgte die Rebellen und tödtete Beidara. Hierauf kehrte er nach Kahirah zurück, und nach längern Unterhandlungen mit dem Gouverneur der Hauptstadt, wurde Mohammed, ein jüngerer Bruder Alaschraf's, mit dem Titel Almelik Alnaßir zum Sultan proclamirt.

Achter Abschnitt.

Die Ilchane in Persien und die bahritischen Mamlukensultane nach den Kreuzzügen.

I. Der Sultan Naßir und seine Zeit.

Der an seines ermordeten Bruders Stelle zum Sultan gewählte Mohammed Alnaßir nimmt einen so hervorragenden Platz in der Geschichte seiner Zeit ein, daß sich die der übrigen moslimischen Fürsten leicht um die Seinige gruppiren läßt. Er war erst neun Jahre alt, als er zum Herrscher über das Mamlukenreich ausgerufen ward, und konnte natürlich nur den Namen eines Sultans führen, wirkliche Machthaber waren der Reichsverweser Ketboga und der Vezier Schudjai. Zwischen diesen Beiden herrschte die vollste Eintracht, so lange es sich nur um die Verfolgung ihrer Gegner handelte, zu denen nicht nur die Mörder Alaschraf's nebst allen ihren Freunden und Anhängern gehörten, sondern auch der unschuldige frühere Vezier Alaschraf's, weil er sie mit Geringschätzung behandelt hatte und weil er im Besitze großer Reichthümer war, nach denen sie mit lüsternen Augen blickten. Er theilte das Schicksal der Königsmörder, indem er, trotz der Fürsprache des fürstlichen Harems, unter der Folter sein Leben aushauchte. Sobald indessen die beiden Machthaber ihre Feinde beseitigt und ihre Habgier gestillt hatten, nahm auch ihr friedliches Zusammenwirken ein Ende, denn jeder von ihnen wollte den Sultan und mit ihm das Reich allein beherrschen. Schudjai hatte die Mamluken des letzten Sultans für sich, Ketboga, ein geborener Mongole, alle seit der Regierung Beibars' nach und nach eingewanderten Mongolen und die Kurden. Ein Mongole warnte auch Ketboga vor Schudjai, welcher schon alle Anstalten getroffen hatte, um seinen Rivalen einkerkern zu lassen, der aber nun ihn angriff und nach mehreren Gefechten besiegte.

Ketboga's Herrschsucht war aber noch nicht befriedigt, obgleich er jetzt der einzige Gebieter war. Er ließ sich zuerst als Mitregenten huldigen, und als er auf keinen Widerstand stieß, faßte er den Entschluß, den Sultan Naßir ganz zu verdrängen, und hoffte, ihn durch die Unterstützung Ladjin's und Kara Sonkor's, der Mörder Alaschraf's, die einen großen Anhang hatten, leicht ausführen zu können. Er ließ die Begnadigung dieser beiden Emire, deren Aufenthalt bisher nicht ermittelt werden konnte, bekannt machen, worauf sie aus ihrem Verstecke hervortraten und mit Ketboga gemeine Sache machten, denn auch ihnen mußte die Beseitigung Naßirs, dessen Bruder sie ermordet hatten, erwünscht sein. Der Staatsstreich gelang vollkommen (December 1294), aber demungeachtet war die Regierung Ketboga's eine unglückliche und hatte nur eine kurze Dauer. Die alten Emire liebten ihn nicht, weil er seine Mamluken zu den höchsten Würden erhob, die Geistlichkeit nahm es ihm übel, daß er eine Anzahl eingewanderter Mongolen aufnahm und mit Ehrenbezeugungen überhäufte, obgleich sie noch Heiden waren. Das Volk machte ihn für die schwere Hungersnoth verantwortlich, welche Egypten und Syrien heimsuchte, und eine furchtbare Pest im Gefolge hatte. Mehrere Emire, an deren Spitze wieder Ladjin stand, verschworen sich gegen ihn, drangen, auf einer Reise nach Syrien, in sein Zelt, stachen die Wachen nieder und wollten sich seiner Person bemächtigen. Er flüchtete sich zwar durch einen andern Ausgang des Zeltes und rettete dadurch sein Leben und seine Freiheit, des Thrones bemächtigte sich aber Ladjin, mit Uebereinstimmung der übrigen Emire (November 1296).

Ladjin war ein ehemaliger Sklave eines Sohnes des ersten Mamlukensultans Eibek, und kam, nach dessen Verbannung, in den Besitz des Sultan Kilawun. Dieser ließ ihn sorgfältig erziehen, und er zeichnete sich durch Tapferkeit und Geschicklichkeit dermaßen aus, daß er von einer Würde zur andern stieg, bis er zuletzt Statthalter von Damask und eine Tochter des Sultan Beibars seine Gattin ward. Ob er von deutscher Abkunft war, wie manche behaupten, mag dahingestellt bleiben, gewiß ist aber, daß er als Knabe von kaum zehn Jahren nach Egypten kam, und daher weder ein Ordensritter noch ein Waffengefährte des Herzogs Heinrich V. von Mecklenburg sein konnte, wie Manche behaupten. Wenn aber dieser in Egypten eingekerkerte Fürst von Ladjin befreit wurde, und ihm, bei seiner Rückreise nach Europa, Aufträge an den Pabst Bonifacius VIII. mitgegeben wurden, so erklärt sich dies einfach dadurch, daß Ladjin sich von einem Bündnisse der Mongolen mit den europäischen Höfen bedroht sah, und er daher Alles aufbot, um Letztere für sich einzunehmen, deshalb auch dem Pabste die schönsten Versprechungen in Betreff seiner Behandlung der christlichen Pilger machte. Im Uebrigen war Ladjin nicht viel klüger als sein Vorgänger, auch er setzte die alten Emire hinter die neuen Günstlinge zurück, und überließ die Leitung der Staatsangelegenheiten einem seiner Mamluken, den er später sogar zu seinem Nachfolger bestimmte. Die Emire, welche über diese Maßregel murrten, fielen in Ungnade, mehrere derselben wurden verhaftet, Andere, wie Kipdjak, der Statthalter von Damask, flüchteten sich zu den Mongolen und sporuten sie zur Erneuerung des Kriegs gegen das Mamlukenreich an. Trotz seiner Vorzüge, als Mensch sowohl wie als frommer Moslim, und obgleich er über den Fürsten von Armenien glänzende Siege erfocht, wurde er doch, nebst dem von ihm designirten Thronfolger, ermordet und Naßir, der in Kerak lebte, wieder als Sultan zurückgerufen (Januar 1299).

Naßir war auch jetzt noch zu jung, um selbständig zu regieren, er mußte sich von den Emiren leiten lassen, welche schon vor seiner Rückkehr eine Art Regentschaft eingesetzt hatten. An ihrer Spitze stand Sallar und Beibars Djaschengir. Zwischen diesen Beiden, von denen Ersterer Reichsverweser und Letzterer Palastpräfekt war, herrschte bald Mißtrauen und Unfriede, denn jeder wollte die höchste Gewalt an sich reißen, doch drängte bald die gemeinsame Gefahr ihre persönlichen Intriguen in den Hintergrund. Der Ilchan Gasan rüstete sich nämlich zum Kriege gegen das Mamlukenreich, weil der Statthalter von Haleb die unter mongolischer Herrschaft stehende Stadt Maridin überfallen und ihre Bevölkerung grausam mißhandelt hatte, und weil die Flüchtlinge aus Egypten und Syrien ihn versicherten, daß der Augenblick günstig wäre, seine Herrschaft über diese Länder auszudehnen.

Gasan verließ Tebris, die Residenz der Ilchane, im Oktober 1299, überschritt mit seinem Heere am 7. December den Euphrat und stand fünf Tage später vor Haleb. Ohne Aufenthalt rückte er, um die noch nicht besetzte Citadelle von Haleb sich wenig kümmernd, bis Salamieh, zwischen Hamah und Hims vor, wo er endlich auf den Feind stieß, der, obgleich längst von dem Anzuge der Mongolen in Kenntniß gesetzt, doch, theils aus Mangel an dem nöthigen Kriegs=

bedarf, theils aus Nachlässigkeit und in Folge verschiedener Empörungen, ihnen nicht früher entgegengetreten war. Die Egyptier wurden geschlagen und überließen Gasan nicht nur Himß mit allen hier aufgehäuften Schätzen und Kriegsvorräthen, sondern räumten auch Damask; doch verließ der tapfere Emir Ardjewasch, welcher mit einer kleinen Besatzung in der Citadelle lag, seinen Posten nicht. In der Stadt herrschte die größte Unordnung. Die reichen Leute wanderten aus, die Gefangenen verließen ihre Kerker und plünderten mit anderm Gesindel die schutzlosen Häuser und Bazare aus, Frauen und Kinder füllten die Straßen mit Wehegeschrei und sahen sich schon den Mißhandlungen der heranrückenden Mongolen preisgegeben. Indessen gelang es doch einigen besonnenen Männern, welche wußten, daß Gasan sich zum Islam bekehrt hatte, der Verzweiflung der Damascener ein Ende zu machen. Es wurde eine Deputation an ihn abgesandt, welche eine freundliche Aufnahme fand und mit einem Firman zurückkehrte, in welchem der Ilchan erklärte, er führe nur gegen die ruchlose Mamlukenherrschaft Krieg, sehe es aber als seine Pflicht an, ihre Unterthanen gegen jede Gewaltthat zu schützen.

Gasan hielt Wort, er verbot bei Todesstrafe jede feindselige Handlung gegen die Bewohner von Damask, obgleich Ardjewasch sich hartnäckig weigerte, die Citadelle zu räumen, doch wurde der Stadt eine bedeutende Kriegssteuer auferlegt, auch konnte er nicht hindern, daß seine Truppen, unter welchen Armenier waren, deren Land oft von den Syrern verwüstet worden war, die Provinzen ausplünderten und manche Schulen und Moscheen zerstörten. Ganz Syrien und Palästina fiel in die Gewalt der Mongolen, doch folgten die Festungscommandanten dem Beispiele Ardjewasch's, in der Hoffnung, bald von einem zweiten egyptischen Heere entsetzt zu werden. Gasan that nichts zur Unterwerfung der festen Plätze, noch rückte er weiter gegen Egypten vor, denn sein eigenes Reich war durch den Fürsten von Transoxanien bedroht, auch fand er sich in seiner Erwartung getäuscht, in Palästina ein europäisches Heer zu treffen, das ihm längst vom Pabste sowohl als von England und Frankreich verheißen war. Endlich scheute er auch einen Sommerfeldzug für seine an ein kälteres Klima gewöhnten Mongolen, Georgier und Armenier, er verschob daher seine weiteren Operationen auf den Herbst und setzte Kipdjak und andere moslimische Emire, die sich zu ihm geflüchtet hatten, als Präfekten der bedeutendern Städte ein.

Während aber Gasan in Persien weilte, rüstete man in Egypten ein neues Heer aus, vor dem sich die in Syrien zurückgebliebenen Mongolen zurückziehen mußten, denn auch die von ihm ernannten Präfekten machten bald gemeinsame Sache mit ihren alten Waffengenossen. Gasan hätte daher im Herbste (1300) Syrien aufs Neue erobern müssen. Da aber auch diesmal das erwartete christliche Hülfscorps nicht eintraf, während das syrisch-egyptische Heer in Hamah stand und anhaltende Regengüsse die Straßen ungangbar machten, so begnügte er sich damit, das ganze nördliche Syrien, von Haleb bis über Antiochien hinaus, auszuplündern und kehrte, statt weiter nach Süden vorzurücken, wieder über den Euphrat zurück. Er versuchte jetzt, weil er an der Mitwirkung der Europäer verzweifelte, auf diplomatischem Wege zu erreichen, was ihm bisher mit Gewalt der Waffen nicht gelungen war. Er schickte ein Schreiben an Naßir (Mai 1301), in welchem er die friedlichsten Gesinnungen an den Tag legte, und seine Einfälle in Syrien als nothwendige Repressalie für die von den Syrern in Maridin verübten Gräuelthaten darstellte. Er betheuerte, daß ihm, als einem sich zum Islam bekennenden Fürsten, das Wohl aller Moslimen am Herzen liege und er sich daher auch nach einem Frieden mit ihm sehne. Die Bedingungen, unter welchen ein Friedensschluß zu Stande kommen sollte, werden aber in dem uns erhaltenen Schreiben nicht näher angegeben, über diese sollte mündlich durch die Gesandten unterhandelt werden. Aus Allem geht aber hervor, daß Gasan wenigstens eine nominelle Oberhoheit über Syrien ansprach, die ihm Naßir oder seine Rathgeber nicht einräumen wollten. Demohngeachtet ließ er ein ganzes Jahr verstreichen, ehe er wieder zu den Waffen griff, und die Egyptier benutzten diese Pause, um den Fürsten von Cilicien, wegen seines Bündnisses mit den Mongolen, zu züchtigen und die Tempelritter zu vertreiben, welche sich auf der Insel Arwad (Aradus), Tortosa gegenüber, niedergelassen und von hier aus Streifzüge gegen die benachbarten Küstenländer unternommen hatten.

Diese mit Erfolg ausgeführten Expeditionen hoben den Muth der Araber wieder, so daß sie mit mehr Vertrauen den Mongolen entgegenrückten, welche Gasan zum drittenmale nach Syrien schickte. Sie drangen zwar ohne Widerstand bis Damask vor, erlitten aber im Thale Merdj Assofar (April 1303) eine blutige Niederlage. Nur wenige entkamen, denn die auf dem Schlachtfelde verschont gebliebenen wurden auf der Flucht getödtet oder kamen vor Durst in der Wüste um.

Nach diesem Siege sandte Naßir ein Schreiben an Gasan, welches mit dem des Sultan Beibars an den Fürsten Boemund, nach der Einnahme von Antiochien, große Aehnlichkeit hat. Nach bittern Vorwürfen über seine geheuchelte Friedensliebe, theilt er ihm einen ausführlichen Schlachtbericht mit und wünscht ihm Glück dazu, daß er ihr fern geblieben, weil die Erinnerung daran ihm das ganze Leben verbittert hätte, denn er hätte seine besten Truppen auf dem Schlachtfelde hingestreckt gesehen, welche von Wölfen und Geyern verzehrt wurden. Er habe ihm gedroht, seine Reiter und sein Fußvolk werden Egypten überschwemmen, diese Drohung sollte, aber freilich in anderer Weise, zur Wirklichkeit werden, indem sie mit zerschlagenen Kriegstrommeln und umgekehrten Fahnen als Gefangene ihm folgen und seinen Siegeszug verherrlichen würden.

Gasan konnte weder für die erlittene Niederlage noch für das höhnische Schreiben Naßir's Rache nehmen, denn er starb (Mai 1304), ehe ein neuer Feldzug nach Syrien ausgeführt werden konnte, und sein Nachfolger Charbendeh, gewöhnlich Oeldjeitu (der Glückselige) genannt, war von innern Kämpfen, sowie von Kriegen gegen Herat und Ghilan in Anspruch genommen, so daß er an keinen Feldzug nach Syrien denken konnte.

Die innere Geschichte Egyptiens bietet zu dieser Zeit eine Reihe von unerquicklichen Streitigkeiten zwischen verschiedenen Emiren und ganz besonders zwischen den beiden Mächtigsten unter ihnen, Beibars und Sallar, die, ohne die Dazwischenkunft ihrer Freunde und Anhänger, mehr als einmal zu offenem Kriege ausgeartet wären. Bei allen zwischen ihnen obwaltenden Differenzen waren sie doch darin ganz einig, den Sultan, obgleich jetzt alt genug, um selbst zu regieren, von aller Theilnahme an der Leitung der Staatsangelegenheiten fern zu halten und so viel wie möglich einzuschränken, um ihn alles Einflusses zu berauben. Während Sallar unermeßliche Summen verschwendete, mußte der Sultan im wahren Sinne des Wortes darben. So bezahlte Sallar, um nur ein Beispiel anzuführen, als er nach Mekka pilgerte, die Schulden aller Moslimen, die sich in diese Stadt zurückgezogen hatten, ferner vertheilte er 10,000 Malter Frucht unter die Armen der Stadt und so viel Geld und andere Lebensmittel, daß sie ein ganzes Jahr davon zehren konnten, beschenkte auch mit gleicher Freigebigkeit die Bewohner von Medina und Djiddah. Um dieselbe Zeit aber machte der Sultan eine Jagdpartie nach Unteregypten und suchte vergebens bei verschiedenen Kaufleuten von Alexandrien ein kleines Anlehen zu machen, um seiner Frau einige Geschenke mitzubringen. Als endlich der Vezier ihm 2000 Dinare bewilligte, wurde er, bei der Rückkehr Sallar's, der Veruntreuung des Staatsschatzes angeklagt, auf einem Esel in der Stadt herumgeführt und so lange geprügelt und gefoltert, bis er seinen Qualen erlag.

Im Jahr 1307, als Naṣir bereits dreiundzwanzig Jahre alt war, und noch immer wie ein unmündiger Knabe behandelt wurde, versuchte er es, mit Hülfe des Emirs Buktumur, welcher die Mamluken des Palastes befehligte, sich der Personen seiner Unterdrücker zu bemächtigen. Der Plan scheiterte aber, denn sie hatten ihre Spione in der nächsten Umgebung des Sultans, und Folge davon war, daß die treuen Diener des Sultans entlassen und nach Syrien verbannt wurden, und er selbst sich noch größere Einschränkungen gefallen lassen mußte. Erst zwei Jahre später gelang es ihm, seine Tyrannen zu täuschen. Er äußerte den Wunsch, nach Mekka zu pilgern, an dem man nichts gefährliches sah und gegen den man auch, da es sich um die Erfüllung einer religiösen Obliegenheit handelte, keinen Widerspruch erheben konnte. Als er aber nach der Festung Kerak kam, nahm er mit Hülfe der ihm zugethanenen Soldaten, die in seinem Gefolge waren, und indem er den Commandanten durch falsche Briefe täuschte, von derselben Besitz und erklärte, er sei der Bevormundung Sallar's und Beibars' überdrüssig und werde vorläufig in Kerak residiren. Als der getäuschte Commandant diese Erklärung nach Kahirah brachte, forderten Sallar und Beibars den Sultan, unter Androhung der Entthronung, zu schleuniger Rückkehr auf, noch ehe aber eine Antwort eintraf, sahen sie ein, daß eine Rückkehr zu den früheren Zuständen nicht mehr denkbar sei, und daß sie entweder selbst das Feld räumen oder Naṣir entthronen müßten. Nach längerer Berathung unter ihnen und ihren Anhängern wurde zu einer neuen Sultanwahl geschritten, welche auf Beibars fiel (April 1309).

Beibars nahm die ihm dargebotene Krone unter der Bedingung an, daß Sallar seine Stelle beibehalte. Er bestätigte auch die übrigen Emire in ihren Aemtern und hoffte dadurch um so eher von ihnen unterstützt zu werden. Der Regierungswechsel stieß auch in der That in Egypten, wo die meisten Emire längst von Beibars und Sallar abhängig waren, auf keinen Widerstand. In Syrien hingegen wollten die als Statthalter fungirenden Emire den neuen Sultan nicht anerkennen, theils aus Anhänglichkeit an Naßir's Geschlecht, theils weil die Sultanswahl ohne sie vorgenommen worden war. Nur Atusch, der Statthalter von Damask, welcher ein alter Freund Beibars' und wie er ein geborner Cirkassier war, leistete den Huldigungseid, die von Haleb, Hamah und Tripoli aber, denen sich bald auch die von Safed und Jerusalem anschlossen, forderten Naßir auf, sich in ihre Mitte zu begeben, um, im Vereine mit andern Anhängern, den Thron von Egypten wieder zu erringen. Der schlaue Sultan, welcher wohl einsah, daß die Zeit zum offenen Kampfe noch nicht gekommen, weil Egypten noch zu einig war und Damask sich dem Gegner angeschlossen hatte, rieth ihnen, Beibars zu täuschen und den geforderten Huldigungseid zu leisten, den sie ja später als einen abgenöthigten wieder brechen dürften. Er selbst heuchelte Unterwürfigkeit gegen die neue Regierung und ließ sogar in Kerak das Kanzelgebet im Namen Beibars' verrichten. Dieser ließ sich täuschen, obgleich er die Gewißheit hatte, daß zwischen Naßir und den schwierigen Statthaltern Syriens ein lebhafter Verkehr statt hatte. Er verließ sich übrigens auch auf Atusch, welcher Kundschafter ausschickte, um Naßir zu beobachten. Da diese aber sich bestechen ließen, so traf auch er nicht zur rechten Zeit die nöthigen Maßregeln, um die Gegner unschädlich zu machen. Er glaubte, Naßir weile noch in Kerak, als er schon auf dem Wege nach Damask war, und als ihm endlich dies gemeldet wurde, war der Aufruhr schon so weit gediehen, daß er ihn nicht mehr zu dämpfen vermochte, denn ein Theil der Truppen, welche dem entsetzten Sultan entgegengeschickt wurden, ging zu ihm über. Die einzige Möglichkeit, den Sturm zu beschwören, war, daß Beibars selbst sich an die Spitze seiner ihm ergebenen Generäle mit ihren Truppen stellte, um, mit Atusch vereint, Naßir zu bekämpfen; dazu fehlte es ihm aber an Muth und Entschlossenheit. Statt zum Schwerte zu greifen, nahm er seine Zuflucht zum Chalifen, welcher im Namen Gottes Naßir in Acht erklärte und alle Gläubigen im Namen der Religion aufforderte, dem rechtmäßigen von ihm geweihten Sultan Beibars zu gehorchen und in den heiligen Krieg gegen den Rebellen Naßir zu ziehen. Die Aufforderung des Chalifen, welche auf allen Kanzeln verlesen wurde, brachte nicht die geringste Wirkung hervor. Der Glaube an das Chalifat war längst geschwunden, außerdem wußte man, daß die egyptischen Chalifen nur Werkzeuge des jeweiligen Sultans waren, von dem sie abhingen. Selbst Anhänger Beibars' spotteten über die Proclamation des Chalifen und wo sie vorgelesen wurde, traten laute Manifestationen zu Gunsten des in Acht Erklärten hervor.

Auch in Damask war die Stimmung der Bevölkerung so entschieden gegen Beibars, daß Akusch es für gerathen hielt, die Stadt zu räumen, worauf Naßir ohne Widerstand unter großem Volksjubel seinen Einzug hielt. Hier versammelten sich die übrigen Emire Syriens, sowohl die, welche ihm längst ergeben, als andere, die bisher neutral geblieben waren, und auch Akusch unterwarf sich, nachdem ihm nicht nur volle Begnadigung, sondern auch Verbleiben in seiner Statthalterschaft zugeschworen wurde.

Beibars war ganz rathlos, denn eine Hiobspost folgte der andern: der Einzug Naßirs in Damask, der Abfall aller syrischen Emire, dann das Vorrücken der Rebellen bis Gaza, zu denen die Egyptier, welche die Grenze vertheidigen sollten, auch übergegangen waren. Außer einigen älteren Freunden und von ihm geschaffenen Emiren hatte Beibars keinen zuverlässigen Menschen um sich, denn auch Sallar hatte ihn längst verrathen und zog sich jetzt, als er zu einer Berathung eingeladen wurde, in seinen gut vertheidigten Palast zurück. Es blieb jenem daher keine andere Wahl als abzudanken, Naßirs Gnade anzuflehen und ihn, wie früher Ketboga, um eine entlegene Statthalterschaft zu bitten. Er sandte seinen Staatssekretär nach Gaza in das Lager Naßirs, um ihm seine Unterwerfung darzubringen, welcher auch mit den schönsten Versprechungen wieder zurückkehrte. Demohngeachtet wurde Beibars, als er sich nach der Festung Sehjun begeben wollte, deren Herrschaft ihm zugesichert worden war, auf Befehl Naßirs angehalten und später, als dieser nichts mehr zu befürchten hatte, erdrosselt. Die drei Hauptzüge des Charakters Naßirs: Argwohn, Rachsucht und Habgier traten jetzt mit aller Macht hervor, und kein gegebenes Versprechen, kein geschworener Eid war ihm mehr heilig. Beibars war sehr reich, er konnte neue Verschwörungen anzetteln und hatte Naßir mehrfach gekränkt, darum war sein Untergang unvermeidlich.

Gleiches Schicksal hatte Sallar, obgleich er, wie schon erwähnt, längst im Stillen für die Restauration thätig gewesen und alles Nöthige für einen glänzenden Empfang des Sultans vorbereitet hatte. Auch ihm war volle Begnadigung und die Herrschaft über Schaubek verheißen worden, sobald aber unter seinen und Beibars' Anhängern durch Hinrichtungen und Verhaftungen im großartigsten Maßstabe aufgeräumt war, wurde er wieder nach Egypten beschieden und zum Hungertode verurtheilt. Diese Todesart, die grausamste von allen, wurde häufig von morgenländischen Tyrannen für solche Unglückliche gewählt, deren Schuld nicht groß genug war, um sie förmlich zum Tode verurtheilen zu lassen. Ihr Verscheiden wurde nach einiger Zeit als ein natürliches bekannt gemacht, wie auch hier ein Zeitgenosse einfach meldet, Sallar sei im Gefängnisse gestorben. Durch andere Historiker erfahren wir aber, daß die Ballen seiner Hände ganz zerfressen waren und daß er einen abgenagten Finger im Munde hatte, als man seine Leiche am zwölften Tage nach seiner Verhaftung aus dem Kerker wegschaffte. Die Reichthümer Sallars waren so unermeßlich, daß nach dem Berichte eines Zeitgenossen, der selbst das Inventar der Verlassenschaft gelesen hatte, man vier Tage brauchte, um sie nach der Citadelle zu bringen. Es fanden sich mehrere große Kisten vor, welche mit Perlen, Edelsteinen und Goldstücken gefüllt waren, unzählige andere, die Silbergeschirr und kostbare Stoffe enthielten, außerdem besaß er viele Sklaven und Sklavinnen, Pferde, Maulesel, Dromedare, ganze Heerden Rinder und Schafe, viele große Kornmagazine und mehrere Paläste, Gärten und sonstige liegende Güter. Daß sowohl sein ganzes Vermögen als das Beibars' eingezogen wurde, versteht sich von selbst.

Hatten bei Beibars und Sallar viele Umstände zusammengewirkt, um ihren Untergang herbeizuführen, so genügte bei Andern schon, daß sie Naßirs Argwohn erregten, um ihrem Verderben entgegenzugehen. Er war durch sein Unglück so argwöhnisch geworden, daß er überall Verschwörung und Verrath witterte, und daher ohne Unterschied früherer Gesinnung gegen ihn, jeden hervorragenden Emir, der irgendwie einige Selbständigkeit des Charakters zeigte, für gefährlich hielt. Er sagte selbst zu Asendimur, dem Statthalter von Haleb, welcher bei seiner Verhaftung ihn fragte, was er denn begangen habe: „Du hast mir früher den Rath ertheilt, keinen starken Hammel in meinem Reiche aufkommen zu lassen, nun du bist ein Solcher." Uebrigens lief Naßir wirklich Gefahr, zum drittenmale entthront zu werden; es hatte sich eine Partei zu Gunsten seines Neffen Musa gebildet, zu welcher sehr hochgestellte Emire gehörten. Die Verschworenen wurden aber verrathen, und nicht nur sie selbst, sondern auch alle ihre Freunde, gleichviel, ob sie schuldig waren oder nicht, unschädlich gemacht.

Nur zwei Männer waren noch übrig, welche Naßirs Argwohn in hohem Grade erregten: der schon früher genannte Kara Sonkor, Statthalter von Damask, einer der Mörder Alaschraf's, und Afusch, der frühere Anhänger Beibars', welcher Statthalter von Tripoli war. Ersterer wurde nach Haleb versetzt und sollte bei dieser Gelegenheit verhaftet werden. Er behandelte aber den Ueberbringer des Diploms wie einen Gefangenen, gestattete ihm keine geheime Zusammenkunft mit den Emiren, die ihn festnehmen sollten, und reiste alsbald nach Haleb ab. Da er sich indessen auch hier nicht sicher fühlte, befreundete er sich mit den Beduinenhäuptlingen Syriens, mit deren Hülfe es ihm und Atusch auch gelang, nach Persien zu entkommen, als Naßir ganz Syrien gegen sie aufbot.

Die Auswanderung dieser und anderer syrischer Emire zu dem Ilchan Oeldjeitu veranlaßte wieder einen Krieg zwischen den Egyptiern und den Mongolen, der sich jedoch auf die von Letzteren versuchte Belagerung der Stadt Rahabah, am Euphrat, beschränkte (1313). Im folgenden Jahre nahmen die Syrer die unter mongolischer Oberherrschaft stehende Stadt Malatieh und im Jahre 1315 kam es in Arabien zu einem Conflikt zwischen den Egyptiern und den Mongolen. Hier war seit der Regierung des Sultans Beibars I. der egyptische Einfluß vorherrschend und er wurde unter Naßir noch größer, weil der damals regierende Fürst Numeitha ihm den Thron verdankte, welchen ihm andere Prätendenten streitig machten. Einer der Letztern wendete sich nun an Oeldjeitu und versprach ihm die Oberherrschaft über die heilige Stadt, sobald er, mit Hülfe persischer Truppen, den von Naßir eingesetzten Fürsten verdrängt haben würde. Oeldjeitu ging auf dieses Anerbieten ein und ertheilte dem Statthalter von Baßrah Befehl, ihn mit seiner Reiterei zu unterstützen. Dieser hatte aber Mekka noch nicht erreicht, als sich die Kunde von Oeldjeitus Tod (1316) verbreitete. Ein Theil der Truppen kehrte daher in die Heimath zurück und die Uebrigen wurden von den mit den Egyptiern verbündeten Beduinen geschlagen. Zwischen Oeldjeitu und Naßir war übrigens, obgleich beide Moslime waren, schon deshalb kein freundliches Verhältniß möglich, weil jener als eifriger Schiite den sunnitischen Egyptiern und Syrern nicht weniger als seine heidnische Ahnen ein Gräuel war. Auch er hatte die diplomatischen Beziehungen zu den europäischen Höfen fortgesetzt und ihre Mitwirkung zum Sturze Naßirs verlangt, wie wir aus einem noch erhaltenen Schreiben an Philipp den Schönen von Frankreich und aus Briefen Eduards II. von England und des Pabstes Clemens V. ersehen.

Erst unter dem Ilchan Bu Said, dem Nachfolger Oeldjeitus,

kam ein Frieden zwischen Egypten und Persien zu Stande. Jede Glaubensverschiedenheit verschwand, weil der Emir Djuban, welcher an der Spitze der Regierung stand, auch ein eifriger Sunnite war, und er suchte an Naßir eine Stütze sowohl gegen die in Persien zahlreichen Schiiten, als gegen die noch nicht zum Islam bekehrten Mongolen. Naßir, welcher seinen eigenen Emiren nicht traute, mußte seinerseits mit seinen östlichen Nachbarn in Frieden zu leben wünschen, damit sie nicht, wie seither, ihr Land allen mit der egyptischen Regierung Unzufriedenen öffneten, die deshalb auch, sicher eine Zufluchtsstätte zu finden, immer neue Verschwörungen anzetteln konnten. Er wies daher auch die Aufforderung Usbegs, des Fürsten der Mongolen von Kipdjak, sich mit ihm gegen den Ilchan von Persien zu verbinden, zurück, denn es war ihm weniger um weitere Ausdehnung als um Sicherung seiner Herrschaft zu thun. Er blieb zwar fortwährend in freundlichen Beziehungen zum Hofe von Serai, heirathete sogar eine Prinzessin aus dem Geschlechte Usbegs, ließ sich aber zu keiner Feindseligkeit gegen Bu Said hinreißen. Ein förmlicher Friedensschluß kam jedoch erst im Jahre 1323 zu Stande und eine der Hauptbedingungen war die gegenseitige Auslieferung zukünftiger Staatsverbrecher. Naßir mußte sich auch verbindlich machen, keine Assassinen mehr in das Reich des Ilchans zu senden, um sich ihm mißliebiger Personen zu entledigen. Er hatte unter Andern viele gedungen, um Kara Sonkern, welchen Bu Said zum Statthalter von Meragha ernannt hatte, zu ermorden, aber seine Vorsicht und seine körperliche Stärke und Gewandtheit hatten ihn gerettet. Er war zu wiederholtenmalen angefallen, aber nie tödtlich verwundet worden, und viele Assassinen hatte er, ehe sie ihren Streich ausführen konnten, festnehmen und hinrichten lassen, denn er hatte selbst einen ehemaligen Assassinen in seinem Dienste, der alle seine Landsleute kannte und alsbald entlarvte.

War es aber auch dem tapfern und schlauen Kara Sonkor gelungen, die gegen ihn geschleuderten Dolche Naßirs von sich abzuwenden, so fiel er doch als Opfer der Rachsucht dieses unversöhnlichen Fürsten, indem er ihn als Preis für das Haupt Timurtasch's bezeichnete, welches Bu Said von ihm verlangte. Timurtasch, der Sohn Djuban's, welchen Bu Said, als er endlich dessen Vormundschaft nicht länger dulden wollte, erdrosseln ließ, hatte sich aus Kleinasien, wo er Statthalter war, nach Egypten geflüchtet und war von Naßir mit großen Ehrenbezeugungen empfangen und mit Auszeichnung behandelt werden, bis Bu Said für dessen Auslieferung die Kara Sonkor's in Aussicht stellte. Letzteres geschah zwar nicht, doch wurde Timurtasch im Gefängnisse erdrosselt und sein Haupt nach Persien geschickt, während Kara Sonkor, aus Furcht, lebendig in die Gewalt Naßirs zu fallen, durch Gift seinem Leben ein Ende machte. Naßir schrieb selbst an Bu Said, er wisse wohl, daß er sich durch die Ermordung Timurtasch's gerechtem Tadel aussetze, und daß er eine unredliche und grausame Handlung begehe, aber er wolle ihm ein Zeichen seiner Freundschaft und Ergebenheit geben, und den Mißvergnügten zeigen, daß die vollste Eintracht zwischen ihnen herrsche, um ihnen die Hoffnung zu rauben, bei mißglücktem Aufruhr am persischen Hofe Zuflucht zu finden.

Das Verhältniß zwischen Bu Said und Naßir blieb ein ungetrübtes, und Letzterer beging, aus Gefälligkeit gegen den Ilchan, einige Jahre später eine zweite Mordthat an einem nach Mekka pilgernden persischen Prinzen, dessen Tapferkeit und Liebenswürdigkeit dem Ilchan Argwohn einflößte. Nach dem Tode Bu Saids (1336), des letzten Ilchans, der das von Hulagu gegründete Reich zusammenhielt, hätte Naßir das seinige leicht durch die Eroberung des arabischen Iraks und eines Theiles von Kleinasien vergrößern können, aber es fehlte ihm an der nöthigen Energie im entscheidenden Augenblicke und er suchte überhaupt mehr durch Intriguen als mit Gewalt der Waffen zum Ziele zu gelangen, denn er selbst war kein Feldherr und sein Mißtrauen zu groß, um einem Andern ein starkes Heer unterzuordnen. Außerdem war die Verschwendung an seinem Hofe so groß, daß es immer an Geld fehlte, wenn eine Armee ausgerüstet werden sollte. So schlau er auch war, verdarb er es doch häufig durch sein Zaudern, sowie durch seine Treulosigkeit und Doppelzüngigkeit, mit allen Parteien, so daß er bei keiner seiner Unternehmungen einen dauernden Erfolg erntete. Die Geschichte Persiens bietet von dieser Zeit an bis auf Timur eine Reihe von Erbfolgestreitigkeiten, Palastintriguen und Empörungen einzelner Provinzen, die ein Anderer als Naßir und seine Nachfolger in ganz anderer Weise hätte ausbeuten können. Gleich anfangs, beim Ausbruche des Kriegs zwischen Musa und Hasan dem Großen, von denen jeder über das Reich Bu Saids herrschen wollte, sagte Naßir Ersterem seine Hülfe zu, nahm aber auch die Gesandten des Letztern freundlich auf und sandte Truppen an die Grenze, welche jede Partei als ein ihr bestimmtes Hülfscorps ansah. Im folgenden Jahre (1337) sah er sich genöthigt, mit Hasan dem Großen, welcher damals Herr von Bagdad war und mit Togai, dem Fürsten von Dijarbekr, ein Bündniß zu schließen, weil ihr Feind, Hasan der Kleine, auch der seinige war, denn er war ein Sohn des von ihm ermordeten Timurtasch, doch that er so wenig für seine Verbündeten, daß sie mehrere Niederlagen erlitten. Selbst als sie sich erboten, seine Oberherrschaft anzuerkennen, wenn er sie mit einem starken Heere unterstützen wollte, beeilte er sich nicht, ihrem Wunsche zu willfahren. Er versprach, selbst ein Heer nach Bagdad zu führen, verlangte aber, daß sie vorher, in Anwesenheit seiner Gesandten, ihm in Bagdad den Huldigungseid schwören, das Kanzelgebet für ihn verrichten und Münzen mit seinem Namen prägen lassen sollten. Als sie auch diesem Verlangen willfuhren, denn Hasan der Kleine bedrängte sie immer mehr, ertheilte Naßir endlich den Befehl zur Ausrüstung eines Heeres und zur Herbeischaffung des nöthigen Proviants. Aber wenige Tage vor der zum Aufbruch bestimmten Zeit traf die Nachricht ein, daß Hasan der Kleine, aus Furcht vor dem Bündnisse seiner Feinde mit Naßir, ihnen Concessionen gemacht habe und sich mit der Herrschaft über das nördliche Persien begnüge, wodurch jene natürlich auch aufhörten, Naßirs Vasallen zu sein.

Naßir wollte überall gern interveniren, aber nirgends die nöthigen Mittel aufbieten, um sich einen dauernden Erfolg zu sichern. So unterstützte er auch den Hafsiden Abu Zakaria Jahja und verhalf ihm zur Herrschaft über Tripoli (in Afrika) und Tunis, so daß auch kurze Zeit hier wie in Bagdad für den Sultan Naßir gebetet wurde. Als Jahja aber (1317) von dem Sultan von Budjieh angegriffen wurde, that er nichts, um ihn zu halten, und mit seinem Sturze ging nicht nur der egyptische Einfluß auf Tripoli und Tunis wieder verloren, sondern selbst die Provinz Barkah empörte sich zu wiederholtenmalen.

Auch in einem Theile von Kleinasien wurde Naßir kurze Zeit als Oberherr anerkannt, denn der mongolische Statthalter Artena, welcher von Hasan dem Großen abfiel, begab sich unter seinen Schutz, er sagte sich aber auch wieder von ihm los, sobald er Hasan nicht mehr zu fürchten hatte, weil auch Naßir früher schon einem Turkomanenhäuptling gestattet hatte, ihm mehrere Burgen zu entreißen.

In Nubien hatte er gleiches Schicksal mit seinem Vater Kilawun. Er setzte zweimal von ihm abhängige Fürsten ein, sobald aber seine Truppen das Land verlassen hatten, wurde sein Vasall wieder vertrieben. Noch weniger Glück hatte seine Expedition nach dem glücklichen Arabien, wo nach dem Tode des Sultan Almuejjed (1322) ein Bürgerkrieg ausbrach, und dessen Sohn Almudjahid Nasirs Hülfe ansprach. Ehe aber die egyptischen, übrigens nicht zahlreichen Truppen anlangten, hatten sich die Verhältnisse wieder günstiger für Almudjahid gestaltet, so daß er der Hülfe Nasirs nicht mehr bedurfte. Er that daher nichts für die Verpflegung der herbeigerufenen Egyptier, und wich, um seine Unabhängigkeit zu wahren, jeder Vereinigung mit denselben aus, so daß ihnen, nach namenlosen Strapazen, Entbehrungen und großen Verlusten, nichts übrig blieb, als wieder in ihre Heimath zurückzukehren. Vollständige Siege trug Nasir nur über die Fürsten von Kleinarmenien davon, deren Land er zu wiederholtenmalen mit Feuer und Schwert heimsuchte, und die unter den demüthigendsten Bedingungen den Frieden erkaufen mußten, so wie über die Drusen im Gebirge Kesrawan, welche einem Aliden gehuldigt und Djebeleh ausgeplündert hatten.

Weiter als Nasirs Heere reichten seine diplomatischen Beziehungen, welche nahezu die ganze alte Welt umfaßten. Von seinem Verkehr mit den Mongolen von Kipdjak und von Persien, sowie mit den Fürsten von Jemen, von Tunis, von Abyssinien, Armenien und Kleinasien war schon die Rede, aber auch mit dem Sultan von Indien, mit den Meriniden, mit den Königen von Arragonien und von Frankreich, sowie mit dem Papste, wechselte er Gesandtschaften. Die Gesandten des Letztern, welche (1327) nur um eine milde Behandlung der in Syrien und Egypten weilenden Christen baten, wurden freundlich aufgenommen, die des Königs Philipp VI. von Frankreich aber, welche die Rückgabe Jerusalems und eines Theiles der Küste von Palästina forderten (1330), mit Entrüstung abgewiesen.

Veranlassung zu einer Gesandtschaft des Kaisers von Byzanz, des Königs von Arragonien und des Fürsten von Georgien war die Erneuerung und Verschärfung der alten Verordnungen gegen Juden und Christen, die schon früher (S. Seite 19) angeführt worden sind. Diese schon von dem Chalifen Omar zum großen Theil erlassenen Verordnungen, welche Zurücksetzung und Absonderung der Nichtmohammedaner zum Zweck hatten, waren häufig ohne Vollzug geblieben, dann wieder von fanatischen Chalifen aufs Neue eingeschärft worden. In der ersten Zeit des Sultan Nasir waren sie wieder ganz in Vergessenheit gekommen. Viele Christen waren im Besitze hoher Aemter und entfalteten in ihrer Toilette sowohl als durch ihre Pferde und zahlreiche Dienerschaft einen Luxus, der den Neid und die Mißgunst der moslimischen Bevölkerung erregte, welche sich allein berechtigt glaubte, hohe Aemter zu bekleiden und sich durch äußern Glanz auszuzeichnen. Die geringste Veranlassung genügte daher, um den verborgenen Groll zum Ausbruch zu bringen. So fiel auch unter Naßirs zweiter Regierung, als in Folge der Vorwürfe, welche ein Vezier von Marokko dem damals allmächtigen Beibars über seine Toleranz gegen die Christen machte, die erwähnten Verordnungen wieder erneuert wurden, das erbitterte Volk über Juden und Christen her, mißhandelte sie, wo sie sich blicken ließen und zerstörte viele Synagogen und Kirchen. Das Volk wurde natürlich von der fanatischen Geistlichkeit unterstützt, welche erklärte, daß nur diejenigen Synagogen und Kirchen ein Recht auf Schonung hätten, von denen sich beweisen ließe, daß sie schon zur Zeit Mohammeds bestanden. Diese Zustände riefen eine Reclamation der genannten christlichen Fürsten hervor, welche die Wiederherstellung und Rückerstattung vieler Kirchen zur Folge hatte.

Naßir selbst darf indessen für diese Verfolgungen nicht verantwortlich gemacht werden, denn sie fielen in eine Zeit, in der wohl Alles in seinem Namen, aber nichts nach seinem Willen geschah. Ihm selbst muß man, bei allen seinen sonstigen Lastern und Untugenden, doch die Gerechtigkeit widerfahren lassen, daß er die Christen vielfach in Schutz nahm; auch milderte er jene Verordnungen, sobald er wirklicher Herrscher war, und wollte sie sogar gänzlich abschaffen, durfte aber doch, bei aller absoluten Herrschaft, nur bis zu einer gewissen Grenze gegen den Willen des Volks und die Warnungen der Geistlichkeit vorschreiten.

Naßirs Begünstigung der Christen, welche wieder gute Anstellungen erhielten, ging so weit, daß er anonyme Briefe erhielt, in welchen ihm vorgeworfen wurde, er lasse die Moslimen durch christliche Beamten unterdrücken. Das Volk ließ seinen Haß an manchen Kirchen aus, die es plötzlich demolirte, doch ließ Naßir gegen die Schuldigen die größte Strenge walten, und bot Alles auf, um die Christen zu schützen, konnte jedoch nicht hindern, daß an einem und demselben Tage, in Folge einer geheimen Verschwörung, sechzig Kirchen in verschiedenen Provinzen Egyptens niedergerissen oder in Brand gesteckt wurden. Kurze Zeit nachher brach zu wiederholtenmalen in Kahirah Feuer aus, unter Umständen, die keinen Zweifel an Brandstiftung ließen. Die

Christenfeinde klagten die Christen der Brandstiftung an, und behaupteten, sie wollten in dieser Weise für ihre niedergebrannten Kirchen Rache nehmen. Nasir schenkte diesen Anklagen kein Gehör, selbst als man ihm hinterbrachte, man habe drei als Derwische verkleidete Christen ertappt, wie sie im Begriffe waren, eine Moschee in Brand zu stecken. Er wollte sogar, um die Christen ganz unkenntlich zu machen, ihnen wieder erlauben, statt der dunklen, weiße Turbane zu tragen — — die übrigen äußern Kennzeichen waren längst abgeschafft — aber auch diesmal scheiterte sein guter Wille an der sich immer steigernden Volkswuth, die von der Geistlichkeit und einigen Emiren geschürt wurde, welche die Christen ihrer Reichthümer und einträglichen Aemter willen beneideten. Die Anklagen häuften sich, und mit Hilfe der Folter zwang man auch einzelne Christen zu erklären, es seien Brandstoffe unter ihnen vertheilt worden, mit denen sie verschiedene Stadtviertel anzünden sollten. Als Nasir noch immer die Christen in Schutz nahm, wurde sein Vezier Kerim Eddin, der selbst ein vom Christenthum abgefallener Moslim war, vom Volke als Christenfreund beschimpft, und mit Steinen geworfen. Nasir wollte durch die äußerste Strenge diesem Treiben ein Ende machen, aber Kerim Eddin selbst, welcher wohl wußte, daß wenn endlich der Sultan doch zur Nachgiebigkeit gezwungen würde, er das erste Opfer der Volksrache sein dürfte, rieth davon ab, und so dauerten die Feuersbrünste und die Verläumdungen gegen die Christen fort und wurden immer heftiger, bis endlich eines Tages, als der Sultan auf den Rennplatz kam, etwa 20,000 Männer erschienen, welche blaue und grüne Fahnen mit einem weißen Kreuze in der Mitte trugen, und wie aus einer Kehle riefen: „Der Islam, die Religion Mohammed's, ist der einzige wahre Glaube. O König Nasir! o Sultan der Moslimen! beschütze uns und nicht die Ungläubigen!" Diese Manifestation schüchterte sowohl den Sultan als seine Emire ein. Er schmeichelte den Volksführern und ließ alsbald bekannt machen, daß die frühern Verordnungen wieder eingeschärft und daß die Uebertreter derselben mit dem Tode bestraft werden sollten. Wie bei allen Reactionen blieb das Volk bei den ihm gemachten Concessionen nicht stehen. Die Christen wurden beschimpft und mißhandelt, wo sie sich zeigten, sie mußten ihre Kirchen schließen und wagten es nicht mehr auszugehen, und hatte ein Christ ein dringendes Geschäft zu verrichten, so setzte er einen gelben Turban auf, um wenigstens für einen Juden gehalten zu werden. Auch die Feinde Kerim Eddins waren noch immer thätig, die Brandstiftungen dauerten fort, eben so die anonymen Briefe an den Sultan, doch war dieser jetzt zu weiterer Nachgiebigkeit nicht mehr zu bewegen, sondern er schüchterte seinerseits die Rebellen durch unerbittliche Strenge ein, und verschaffte dadurch den Christen wieder ein erträgliches Loos. Kerim Eddin ward zwar nach einiger Zeit entsetzt und später ermordet, aber nicht, weil er von christlicher Abkunft war, sondern weil er viele Schätze besaß, welche Naßir's Habgier reizten, auch viele frommen Stiftungen gemacht hatte, welche Naßir für nichtig erklärte, weil er Zeugen vorbrachte, welche aussagten, daß Kerim Eddin sie nicht aus eigenen Mitteln, sondern aus dem Staatsschatze gemacht habe.

Einige Jahre später wurde wieder ein christlicher Apostat, Alnaschwn genannt, an die Spitze des Finanz- und Steuerwesens gestellt. Er führte den Titel Oberschatzmeister; da aber um diese Zeit (1332) Naßir keinen Vezier mehr hatte, weil er vom Letzten verrathen worden war, so vereinigte Alnaschwn in seiner Person das Amt eines Finanzministers und Oberhofdomänenverwalters, denn die Privatkasse des Sultans war von der Staatskasse keineswegs getrennt. Schon als ehemaliger Christ mußte er dem Volke sowohl als den Emiren verhaßt sein, um so mehr, als Jedermann wußte, daß er sich nicht aus Ueberzeugung zum Islam bekehrt, ja sich nicht einmal den beim Uebertritte vorgeschriebenen Ceremonien unterzogen hatte, und daß seine ganze Familie noch dem Christenthume zugethan blieb. War dies schon Grund genug, um Alnaschwn unpopulär zu machen, so thaten seine Erpressungen, sein Hochmuth und seine Grausamkeit das Uebrige, um ihn auch ein Gegenstand des Hasses, des Schreckens und der Verwünschungen werden zu lassen. Können wir auch nicht unbedingt glauben, was mohammedanische Quellen nach seinem schmählichen Sturze über ihn berichten, so wird doch manche Thatsache so ausführlich und von mehreren Zeitgenossen zugleich so bestimmt erzählt, daß sie wenigstens in ihren Hauptzügen als historisch begründet angesehen werden muß. Seine Grausamkeit ging so weit, daß Prügel, Peitschenhiebe und Folter ihm nicht mehr genügten, um seine Feinde zu quälen oder reichen Leuten ihr Geld auszupressen. Er ließ einem Beamten die Hände mit Tüchern umwinden, die vorher in flüssiges Harz eingetaucht waren, und sie dann so lang an das Feuer halten, bis er glaubte, daß er den letzten Dinar seines Besitzes angegeben habe. Die Mutter seines Vorgängers wurde in schwangerem Zustande, ganz entkleidet, auf heißen Kalk gesetzt und gefoltert, bis sie abortirte, ihre Söhne aber peinigte man sieben Jahre lang mit Peitschenhieben, die wunden Theile wurden mit Kalk gerieben und mit Essig und Salzwasser gewaschen, auch mußten die Unglücklichen mitten im Winter ohne Bedeckung auf kalten Steinplatten liegen.

Durch seine Erpressungen brachte es Alnaschwu so weit, daß sich Niemand mehr als Besitzer seines Eigenthums ansehen konnte. Fremde Kaufleute mußten unerschwingliche Zölle entrichten, wurden oft genöthigt, ihm ihre Waaren zu äußerst billigen Preisen zu verkaufen, oder bei ihm andere zu hohen Preisen einzutauschen, so daß zuletzt keine Karawane mehr Egypten zu betreten wagte. Den Emiren wurde der Besitz ihrer Lehensgüter streitig gemacht, selbst fromme Stiftungen wurden nicht verschont und das Eigenthum von Schulen und Moscheen wanderte zum Theil in die Schatzkammer des Sultans oder in die Privatkasse Alnaschwu's. Die Bauern wurden dermaßen mit Abgaben belastet, daß ihnen von dem Ertrag ihrer Güter kaum etwas übrig blieb. Reiche Privatleute wurden unter dem Vorwande einen dem Staate gehörenden Schatz gefunden, oder sich anvertrautes Gut eines Verstorbenen zugeeignet zu haben, gebrandschatzt. Die wohlhabenden Beamten klagte man des Unterschleifs an und nöthigte sie durch die Folter zur Zahlung beliebiger Summen.

Schon im Jahr 1337 wurde Alnaschwu auf öffentlicher Straße angefallen und verwundet, ohne daß der Thäter ermittelt werden konnte. Im folgenden Jahre versammelten sich viele Leute in der großen Moschee der Hauptstadt, und flehten Gott um Erlösung von der Tyrannei Alnaschwu's an. Der Sultan konnte sich trotz aller Klagen gegen ihn um so weniger entschließen ihn zu entsetzen, als er ihn für ehrlich hielt und glaubte, alle Erpressungen kämen i h m zu gut, denn der schlaue Minister trug stets die größte Dürftigkeit zur Schau, und entlieh bald da bald dort ganz unbedeutende Summen, natürlich bei Leuten, von denen er wußte, daß sie es wieder zur Kenntniß des Sultans bringen würden. Erst als dieser hörte, daß selbst im Tempel zu Mekka Gebete verrichtet worden seien, welche den Sturz Alnaschwu's zum Gegenstande hatten, als er auch wieder viele Briefe und Schmähgedichte gegen denselben erhielt, und ein ihm ergebener Emir auf dem Todtenbette ihn beschwor, seinen Thron und sein Leben nicht wegen eines allgemein verhaßten Mannes zu gefährden, ertheilte er den Befehl, ihn sammt seinen Verwandten zu verhaften und ihr Vermögen einzuziehen. Alsbald versammelte sich das Volk mit Fackeln und Fahnen und erhob am Fuße der Citadelle, in welcher der Sultan residirte, die ganze Nacht hindurch ein lautes Jubelgeschrei. Alles war indessen auf das Resultat der Untersuchung gespannt, und die Freude des Volks war eine doppelte, als man eine unschätzbare Sammlung von Perlen, Edelsteinen und andern Kostbarkeiten in Alnaschwu's Wohnung verborgen fand. Was aber den Jubel noch besonders vermehrte, war, daß man sich auch überzeugen konnte, daß er ein schlechter Moslim war, indem man auf große Vorräthe von Wein und Schweinefleisch stieß, und endlich auch ein goldenes, mit Diamanten verziertes Kreuz entdeckte.

Obgleich aber Naßir in seiner guten Meinung von Alnaschwu sich geirrt hatte, konnte er sich doch nicht leicht entschließen, ihn seinen Feinden preis zu geben. Erst nach sieben Wochen, als er bemerkte, daß sämmtliche Emire nach dessen Blute dürsteten, lieferte er ihn und alle seine Angehörigen denselben aus. Sie erlagen alle, früher oder später, den über sie verhängten Folterqualen und wurden auf dem Begräbnißplatze der Juden beerdigt. Naßir ließ jedoch ihr Grab noch mehrere Wochen bewachen, weil er fürchtete, das Volk möchte Alnaschwu ausgraben und verstümmeln oder verbrennen.

Wir wissen nicht, ob Naßir besondere Zuneigung zu Christen hatte, er mochte sie aus verschiedenen Gründen bei Besetzung hoher Aemter seinen Glaubensgenossen vorziehen. Vor Allem waren sie tüchtiger und erfahrener im Steuer- und Finanzwesen, da sie von jeher, bis auf die neueste Zeit, trotz aller Verbote, als Secretäre in den verschiedenen Staatskanzleien angestellt waren. Dann ließen sich auch Christen oder christliche Apostate eher zu Allem brauchen, als geborene Mohammedaner, welche immer mehr Rücksicht auf Gesetz, Sitte und öffentliche Meinung zu nehmen hatten. Endlich schienen dem argwöhnischen Sultan Minister, denen er viel Vertrauen schenken und großen Einfluß einräumen mußte, weniger gefährlich, wenn sie Nichtmoslime waren, weil er ihre einzige Stütze war, während Glaubensgenossen leicht fremden Anhang finden und ihn verrathen konnten.

Alnaschwu mag wohl in seiner Grausamkeit zu weit gegangen sein, seine Erpressungen aber können nicht ihm zur Last fallen, denn seine Vorgänger wie seine Nachfolger mußten zu allerlei gewaltsamen Mitteln greifen, um die ungeheuern Ausgaben des Sultans und seines

Hofes zu bestreiten. So war die erste Finanzmaßregel des neuen Ministers, daß er den Werth des Dinars, der bisher zwanzig Dirhem betrug, auf fünfundzwanzig festsetzte, wodurch die Kaufleute, denen der Sultan 20,000,000 Dirhem schuldete, die ihnen in Dinaren heimbezahlt wurden, den fünften Theil ihres Guthabens einbüßten. Die Verschwendung, Genußsucht und Prachtliebe, zuweilen auch die Liberalität, überstiegen am Hofe Naßirs jedes Maß. Wir wollen nur einige Thatsachen anführen, um zu zeigen, daß unter Naßir in Wirklichkeit geschah, was Mährchendichter aus dem Hofleben Harun Arraschid's erzählen.

Als der Sultan nach Mekka pilgerte, wurden nicht nur goldene und silberne Küchengeräthschaften mitgeschleppt, sondern auch große mit Erde gefüllte Töpfe und Körbe, welche allerlei Gemüse und Blumen enthielten, damit der Sultan auf der Reise durch die Wüste keinen Tag frische Pflanzen entbehre. Vier mit Lebensmitteln beladene Schiffe wurden nach den Küstenstädten Djiddeh und Janbu geschickt und 680 Kameele waren mit Zucker, Confitüren und süßen Früchten beladen.

Bei dem Vermählungsfeste einer Prinzessin wurden 5000 Schafe, 100 Rinder, 50 Stuten, die Lieblingsspeise der Mongolen, und unzähliges Geflügel verzehrt. 11,000 Zuckerhüte wurden zu Confekten und Sorbets verbraucht. Sänger und Sängerinnen erhielten 10,000 Dinare. Noch verschwenderischer ging es bei der Vermählung eines Prinzen zu. 20,000 Thiere sollen geschlachtet und 18,000 Centner Zucker zu süßen Speisen und Getränken verwendet worden sein. Die Zahl der Wachskerzen, welche, damaliger Sitte gemäß, zum Hochzeitsschmause geschickt wurden, betrug 3030 und sie wogen 3060 Centner, denn sie waren sehr künstlich gearbeitet und stellten allerlei Figuren vor.

Naßir war ein großer Pferdekenner und Liebhaber. Er hatte seine Spione unter den Beduinen der Wüste, welche ihm die besten Pferde aufspüren und um jeden Preis, bis zu 20,000 Dinaren, verschaffen mußten. Er hatte eine eigene Kanzlei für seine Ställe, und es waren mehrere Secretäre angestellt, welche über Zahl, Alter, Namen, Kaufpreis und Verkäufer Buch führen mußten. In seinen Ställen wurden jährlich 3000 Stuten geboren, die er von Beduinen zureiten ließ und dann an seine Emire verschenkte. Er nahm selbst an den Wettrennen Theil und setzte Alles daran, daß seine Pferde den Preis davon trugen. Er widmete überhaupt der Viehzucht viele Sorgfalt, ganz besonders der Veredlung der Schafe.

Große Summen verschlangen auch die vielen Bauten, welche der Sultan veranstaltete, und seine Baulust forderte auch viele Menschenopfer, denn sobald ihm ein Bauplan durch den Kopf fuhr, mußte er auch schleunigst ausgeführt werden. Da wurden die Leute aus Dörfern und Städten gepreßt, und ohne Rücksicht auf Witterung und Jahreszeit zu angestrengter Arbeit angehalten, so daß viele vor Erschöpfung, andere vor Hunger und Durst umkamen, denn an den nöthigen Unterhalt für die Arbeiter dachte man immer zuletzt. So wurden 100,000 Menschen aufgeboten, um Alexandrien wieder durch einen schiffbaren Kanal mit dem Nile zu verbinden, der freilich auch in vierzig Tagen vollendet war. Ein anderer Kanal wurde in nordöstlicher Richtung von Kahirah nach Syriakus, in der Nähe des heutigen Chankeh, gegraben, wo auch ein Kloster für hundert Sufis gebaut wurde, für deren Unterhalt der Sultan das Nöthige spendete. Längs diesem Kanale erhoben sich die schönsten Paläste des Sultans und seiner Emire. Die öde Wüste wurde in blühende Gärten verwandelt, mit den edelsten Fruchtsorten aus Syrien angefüllt. Auch wurde von Kahirah bis an die Nilmündung ein Damm gebaut, der einestheils als fahrbare Straße diente, andrerseits das Land gegen unzeitige Ueberschwemmung schützte. Zu diesen gemeinnützigen Arbeiten gesellten sich viele Luxusbauten: herrliche Paläste für seine Frauen, Kinder, Sklavinnen und Sklaven. Letztere nahmen auch Naßirs Kasse stark in Anspruch. Er hatte zu den von ihm gekauften Mamluken mehr Vertrauen, als zu denen seines Vaters und seines Bruders, die er nach und nach entfernte. Wie die Beduinen ihre Pferde, verkauften ihm die habgierigen Mongolen zu hohen Preisen ihre Söhne und Töchter, und wanderten dann selbst nach Egypten aus, um sich an dem Glanze ihrer Kinder zu weiden, denn sie erhielten alsbald kostbare Kleider, reichen Schmuck, schöne Pferde und was sonst dazu dienen konnte, sie für ihre neue Stellung einzunehmen. Beduinen sowohl als Mongolen bereicherten sich, büßten aber dadurch auch ihre einfachen Sitten ein, und wetteiferten mit den Egyptiern an Glanz und Genußsucht. Man sah zu Naßirs Zeit viele Beduinen in seidenen und golddurchwirkten Kleidern, mit gestickten Schleiern, goldnen Armbändern und Halsketten, welche mit den werthvollsten Edelsteinen verziert waren, und selbst Männer gingen in seidenem Burnus, gesticktem Turban und golddurchwirktem Gürtel einher, während noch unter Kilawun die Männer rothe baumwollene Mützen mit einer einfachen Binde und die Frauen nur baumwollene Stoffe und eiserne Armringe trugen.

Wir könnten noch zu den verschiedenen bedeutenden Ausgaben des Sultans seine Geschenke an die Emire rechnen, welche einmal an einem Tage 800,000 Dinare betrugen, doch waren dieselben nicht viel mehr als ein Darleihen. „Naßir mästete," so drückt sich eine arabische Chronik aus, „seine Emire und wenn sie recht fett waren, schlachtete er sie, und alles von ihnen Verschlungene kehrte wieder zu ihm zurück." Je höher ein Emir emporstieg und je größer sein Besitz war, um so näher rückte die Stunde seines Falles, denn der Sultan gelüstete nach dessen Reichthum und blickte mit Argwohn und Mißtrauen auf dessen Ansehen und Einfluß. Auch soll die Zahl der auf Befehl Naßirs hingerichteten oder ihrer Freiheit beraubten Emire bis auf 150 gestiegen sein, worunter manche, die nicht nur gar nichts begangen hatten, sondern denen er sogar seine Rückkehr zur Regierung verdankte. Der Bedeutendste unter den Großen, welche dem Argwohn und der Habgier Naßirs als Opfer fielen, war Tengis, der Vicekönig von Syrien. Dieser konnte sich achtundzwanzig Jahre auf seiner Höhe behaupten, mußte aber noch im letzten Lebensjahre Naßir's das Schicksal so vieler Andern theilen. Er war, wie die meisten Emire unter den Mamlukensultanen, als Sklave nach Egypten gebracht worden, hatte Naßir nach Kerak begleitet, und ihm als Bote bei seinem Verkehr mit den syrischen Statthaltern gedient. Als er bei seiner Rückkehr die Gefahr schilderte, in welcher er geschwebt, sagte ihm der Sultan: wenn ich wieder zur Regierung gelange, sollst du zum Lohne Statthalter von Damask werden. Nach drei Jahren hielt Naßir sein Wort, und später erhob er ihn gewissermaßen zum Vicekönig von Syrien, indem er ihm die übrigen Statthalter Syriens unterordnete, so daß alle ihre Berichte an den Sultan, sowie dessen Erlasse an dieselben, durch seine Hand gingen. Der Sultan heirathete auch eine Tochter Tengis' und lud ihn, als die Zeit ihrer Entbindung herannahte, ein, mit seiner ganzen Familie nach Kahirah zu kommen. Er ging ihm selbst eine Strecke weit zu Fuß entgegen, umarmte ihn, führte ihn in sein Schloß, stellte ihm seine Familie vor und bezeichnete zwei seiner Töchter als Bräute der Söhne Tengis'. Tengis verweilte zwei Monate in der Hauptstadt, wurde mit Geschenken und Ehrenbezeugungen überhäuft und mit rührenden Abschiedsworten entlassen, aber kaum war ein Jahr verstrichen, wurde er verhaftet, gefesselt, gefoltert, mit Peitschen geschlagen und zuletzt erdrosselt oder vergiftet. Wir brauchen eigentlich nicht nach der Ursache seines Sturzes forschen, genug, er war über die Maßen reich und mächtig, und hatte viele Feinde unter den Emiren, er mußte endlich auch an die Reihe der unglücklichen Opfer kommen. Als Veranlassung zu seiner Ungnade wird berichtet, er habe, als auch Damask zu wiederholtenmalen von Feuersbrunst heimgesucht wurde, den Christenfeinden ein zu williges Ohr geliehen, und die Christen unschuldigerweise als Brandstifter verfolgt, er habe das ihnen erpreßte Geld zur Wiederherstellung beschädigter Moscheen verwendet, die reich dotirt waren, statt es dem Sultan zu schicken. Auch soll er sich mit Geringschätzung über den Sultan geäußert, und einen Gesandten aus Kleinasien, der über Damask nach Kahirah reisen wollte, zurückgehalten haben, weil er kein Schreiben an ihn mitgebracht hatte. Tengis erhielt Befehl, mit seinen Söhnen nach Egypten zu kommen, um ihrer Vermählung mit den Prinzessinen beizuwohnen, und da er unter allerlei Ausflüchten diesem Befehle nicht nachkam, weil er wohl wußte, daß ihm diesmal ein ganz anderer Empfang als früher zugedacht war, ertheilte Naßir den syrischen Emiren Befehl, ihn fest zu nehmen und nach Egypten zu transportiren, was um so leichter ausgeführt werden konnte, als er von denen, welchen er am meisten Vertrauen schenkte, verrathen wurde.

In demselben Maße, wie Naßirs Verfahren gegen die reichen und mächtigen Emire getadelt wird, muß aber auch seine Güte, seine Leutseligkeit und seine Fürsorge für die kleinen Emire und die Masse des Volks anerkannt werden. Er schaffte Steuern ab, welche das niedere Volk drückten, verfuhr mit Strenge gegen Kornwucherer, und bot in schlechten Jahrgängen, durch Ankäufe von Korn im Auslande, Alles auf, um das Land vor Hungersnoth zu bewahren. So kam es, daß er trotz aller Tyrannei doch eine gewisse Popularität erlangte, wozu auch seine Wachsamkeit über die Beobachtung der religiösen Gesetze und seine Nachsicht gegen die Geistlichkeit, wenn sie sich nicht in Staatsangelegenheiten mischte, nicht wenig beitrug. Er duldete keine öffentliche Uebertretung der Vorschriften des Korans, doch war sein Strafcodex nichts weniger als der Lehre des Korans und der Sunnah gemäß. Der Präfekt von Kahirah ließ Menschen wie Pferde beschlagen, Andere wurden auf einen Sattel genagelt, und so auf einem Kameele in der Stadt herumgeführt, oder mit glühenden Eisen geblendet. Einem Emir, welcher Tengis beleidigt hatte, ließ Naßir die Zunge ausschneiden.

Mehrere Cadhi's standen in hoher Gunst beim Sultan, der selbst in seiner Jugend Theologie und Jurisprudenz studirt hatte, und sie durften sich Vieles gegen ihn erlauben, den obersten Imam aber, den Chalifen, welcher den Usurpator Beibars unterstützt hatte, behandelte er mit äußerster Strenge. Er mußte in der ersten Zeit, nach der Wiederkehr Naßirs von Kerak, in einem Thurme der Citadelle wie ein Gefangener leben, später erhielt er seine frühere Wohnung wieder, wurde aber aufs Neue verhaftet und nach Oberegypten verbannt, als man bemerkte, daß er häufig mit einem Mamluken und einem Geistlichen verkehrte. Nach seinem Tode (Februar 1340) wurde auch sein letzter Wille vom Sultan nicht vollzogen. Er hatte nämlich seinen Sohn Ahmed zum Nachfolger bestimmt, während Naßir, trotz aller Protestationen der Geistlichkeit, einen Vetter des Verstorbenen zum Chalifen erhob, der aber einen so schlechten Lebenswandel führte, daß er von Naßirs Nachfolger wieder entsetzt wurde.

Zu den wenigen Emiren, welchen Naßir seine Gunst bis zu ihrem Tode nicht entzog, gehörte der auch in Europa bekannte Historiker und Geograph (Ismail) Abulfeda. Er ernannte ihn zuerst zum Statthalter von Hamah, wo dessen Ahnen seit der Zeit Saladin's, zu dessen Geschlechte sie gehörten, geherrscht hatten. Später verlieh er ihm auch die Sultanswürde, so daß er ihm an Rang gewissermaßen ebenbürtig ward, und selbst der Vicekönig Tengis gebrauchte, wenn er an ihn schrieb, die in Briefen an den Sultan Naßir übliche Formel. Naßirs Liebe zu Abulfeda ging auch auf dessen Sohn über, den er (Oktober 1331) zum Fürsten von Hamah ernannte und, trotz mancher Klagen gegen ihn, nicht wieder entsetzte.

Die Verleihung des Sultanstitels dem als Krieger, Fürstensohn und Gelehrter hochgeachteten Abulfeda ist Naßir um so höher anzurechnen, als er keinen seiner eigenen Söhne damit auszeichnete. Einen Augenblick dachte er daran, einen derselben zum Thronfolger zu bestimmen, und ihn im Sultansornate durch die Stadt reiten zu lassen. Als aber schon alle Vorkehrungen getroffen waren, bereute er seinen Entschluß wieder und begnügte sich damit, ihn zum Emir zu ernennen. So wußte denn auch bis kurz vor seinem Tode Niemand, welcher der zwölf ihn überlebenden Söhne den Thron nach ihm besteigen würde, und erst nach wiederholten Bitten der Emire, sie vor Bürgerkrieg zu bewahren, ernannte er seinen zweiten Sohn Abu Bekr zu seinem Nachfolger, denn Ahmed, den ältesten, hatte er längst schon nach Kerak verbannt, weil er nicht nur ein irreligiöses, sondern auch in jeder Beziehung unsittliches Leben führte.

Naßir starb in einem Alter von ungefähr achtundfünfzig Jahren (6. Juni 1341), nach einer Gesammtregierung von dreiundvierzig Jahren. Seine eigentliche Herrschaft, welche erst begann, als er zum drittenmale den Thron bestieg, hatte eine Dauer von 32 Jahren. In dieser Periode war er aber auch absoluter Fürst im strengsten Sinne des Wortes; jede nur einigermaßen wichtige Angelegenheit wurde von ihm selbst erledigt. Die Emire mußten ihn über Alles befragen, und waren ein fortwährender Gegenstand seines Mißtrauens und seiner Aufsicht. Sie durften in seiner Gegenwart nicht unter sich sprechen, aber auch fern von ihm sich weder gegenseitig besuchen, noch ohne seine Erlaubniß eine Einladung annehmen. Die mildeste Strafe für die Uebertretung dieser und ähnlicher Verordnungen war Verbannung nach Syrien. Naßir flößte ihnen daher auch mehr Furcht als Ehrfurcht und Liebe ein, und sobald man wußte, daß die Krankheit, an welcher er darniederlag, unheilbar sei, kümmerte sich kein Mensch mehr um ihn. Er starb als frommer Moslim und reuiger Sünder, in Gegenwart einiger Diener, welche nicht einmal das nöthige Gewand vorfanden, in welches seine Leiche gehüllt werden sollte. Seiner Bestattung, welche des Nachts stattfand, wohnten nur wenige Emire bei, und nur eine Wachskerze und eine Laterne wurden dem ärmlichen Leichenzuge vorangetragen. So kam es denn, daß, wie einer seiner Biographen richtig bemerkt, der reiche Sultan, dessen Herrschaft sich von der Grenze von Abyssinien bis nach Kleinasien und vom Euphrat bis nach Tunis hin erstreckt hatte, und der Vater einer großen Familie war, wie ein Fremdling sein Leben schloß, wie ein Dürftiger ausgestattet und wie ein Familienloser zu Grab gebracht wurde.

II. **Die Nachkommen des Sultan Naßir und die spätern Ilchane.**

Wie Gasan der letzte Ilchan war, welcher das von Hulagu gegründete Reich in Persien und Mesopotamien zusammenhielt, so war auch Naßir der letzte Sultan, welcher den von Kotus oder Beibars gegründeten bahritischen Mamlukenstaat mit kräftiger Hand regierte. Während dort eine Theilung und Zersplitterung des Reichs eintritt, folgt hier fortwährend eine Empörung auf die andere. Die Sultane werden entthront, oder mit Beibehaltung des Thrones zu factischen Sklaven der Emire, die sich, wie unter den Abbasiden vor der Besitznahme von Bagdad durch die Bujiden, um die Herrschaft streiten. Wir werden diese innern Umwälzungen der einen wie der andern nur kurz berühren und mehr die äußern Begebenheiten ins Auge fassen, die sich an die Geschichte der einzelnen Sultane knüpfen.

Abu Bekr, der von Naßir bestimmte Thronfolger, konnte sich nicht ganz zwei Monate halten, weil er viele mißliebige Emire mißhandelte und seine Günstlinge an ihre Stelle setzte. Man verschwor sich gegen ihn, und der Emir Kaußun, der an der Spitze der Verschwörung stand, nöthigte ihn abzudanken und ernannte dessen sechsjährigen Bruder Kudjuk zum Sultan. Der entthronte Sultan wurde nach Oberegypten verbannt und auch der nach Kerak verbannte Ahmed, der älteste Sohn Naßirs, sollte dahin gebracht werden, aber er weigerte sich diese Festung zu verlassen, fand Anhang unter den syrischen Emiren, die sich gegen Kaußun erhoben, und auch in Kahirah brach ein von den Feinden Kaußuns angestifteter Aufstand aus. Nach blutigen Kämpfen mußte sich Kaußun ergeben und Ahmed wurde zum Sultan proclamirt (Januar 1342). Ahmed beeilte sich keineswegs, einen Thron zu besteigen, von welchem bereits zwei seiner Brüder nach kurzer Regierungsdauer wieder entfernt worden waren, er zog ein stilles ruhiges Leben in Kerak den Regierungssorgen, der Hofetikette und den Kämpfen mit den Emiren vor. Erst als ihm die heiligsten Schwüre der Treue geleistet waren, und als seine eigenen Mamluken ihn zur Abreise drängten, begab er sich in die Hauptstadt, traf aber zur unerwarteten Zeit ein, so daß alle zu seinem Empfange angeordneten Festlichkeiten unterbleiben mußten, was sowohl die Emire, die sie mit großen Kosten veranstaltet hatten, als das Volk, das sich darauf gefreut hatte, verstimmte. Nach einiger Zeit, als die syrischen Emire, welchen er seinen Thron verdankte, ihn bevormundeten und ihm nur noch den Namen eines Sultan ließen, wurden sie durch seine Mamluken verhaftet, und er selbst begab sich, nachdem er einen Reichsverweser ernannt hatte, wieder nach Kerak und schleppte Alles, was sich im Sultanspalaste vorfand, mit sich fort. Die ihm ergebenen Emire baten ihn vergebens in die Hauptstadt zurückzukehren, er schenkte ihnen kein Gehör und lebte in Kerak ganz seinem Vergnügen. Dies sowohl als sein grausames Verfahren gegen seine Wohlthäter und selbst gegen ihre unschuldige Familie brachte eine allgemeine Entrüstung hervor und hatte seine Entthronung zur Folge (Juni 1342). Sein Bruder Ismail, ein gutmüthiger Jüngling, der erst siebzehn Jahre alt war, sandte Truppen nach Kerak, um Ahmed zur Huldigung zu zwingen, die Festung war aber so gut vertheidigt und verproviantirt, daß sie nichts gegen ihn ausrichten konnten, auch waren manche Emire, in Syrien sowohl als in Egypten, noch im Einverständnisse mit Ahmed. Erst als unter diesen aufgeräumt war und neue Truppen mit ergebenen Führern Kerak belagerten, und als hier selbst Ahmed verrathen wurde, konnte die Festung erstürmt und Ahmed getödtet werden (Juli 1344). Der Tod Ahmeds machte aber auf den schwachen Sultan einen so tiefen Eindruck, daß er in eine schwere Melancholie versank, immer hinfälliger wurde, und im August des folgenden Jahres starb. Sein Bruder und Nachfolger Schaban war ein ganz verworfener Mensch, grausam, treulos, habgierig, sittenlos und vergnügungssüchtig. Neben den Frauen, Sklavinnen, Eunuchen, Sängerinnen und Tänzerinnen spielten die Gladiatoren eine große Rolle an seinem Hofe. Er nahm selbst an ihren Kämpfen Theil, welche oft ein blutiges Ende nahmen. Auch Wettrennen, Hahnenkämpfe und dergleichen Vergnügungen beschäftigten ihn mehr als die Staatsangelegenheiten. Seinem Beispiele folgte der ganze Hof, und seine Mamluken, welche, wie er, sich dem Trunke ergaben, erlaubten sich ungestraft allerlei Zügellosigkeiten und Gewaltthaten gegen das Volk. Schaban selbst durfte die empörendsten Schandthaten begehen, so lange er sich nicht an den Emiren vergriff, als er aber auch sie nicht mehr schonte und mehrere derselben, um sich ihrer Reichthümer zu bemächtigen, verhaften und foltern ließ, war sein Sturz unvermeidlich. Jelbogha, der Statthalter von Damask, dem sich die übrigen syrischen Emire anschlossen, sandte ihm ein ausführliches Sündenregister zu, und forderte ihn auf, abzudanken. Inzwischen brach auch in Kahirah ein Aufstand aus, denn er hatte sich durch seine Drohungen selbst die ihm ergebensten Emire entfremdet, und obgleich er jetzt abdanken wollte, wurde er doch von den Aufständischen getödtet (September 1346). Gleiches Schicksal hatte sein Bruder Hadji, welchen die Rebellen zum Sultan proclamirten, nach einer Regierung von fünfzehn Monaten. Auf Hadji folgte sein Bruder Hasan, der noch minderjährig war und in dessen Namen die Emire regierten, welche sich um die höchsten Aemter stritten, bis Beibagharus mit seinem Bruder Mendjif den Sieg davon trug. Diese konnten einige Zeit in Ruhe, ganz nach Willkühr schalten und sich nach Lust bereichern, denn es herrschte in Egypten damals der sogenannte schwarze Tod; es starben viele Beamten und reiche Privatleute mit ihren ganzen Familien aus, deren Vermögen und Lehensgüter dem Staate anheim fielen. Die Seuche, welche auch in Asien und Europa wüthete und durch Blutspeien und einen innern Brand sich von der gewöhnlichen Pest unterschied, verbreitete selbst unter der moslimischen Bevölkerung, welche die gewöhnliche Pest, in ihrem festen Glauben an einen göttlichen Rathschluß, mit einem gewissen Gleichmuth über sich ergehen zu lassen pflegte, die größte Bestürzung und Angst. Der schwarze Tod war, nach arabischen Quellen, zuerst in China ausgebrochen, und hatte sich von dort über das Tatarenreich von Kipdjak verbreitet. Von hier nahm er seinen Lauf einerseits nach Constantinopel, Kleinasien und Syrien, und andrerseits nach Griechenland, Italien, Spanien, Frankreich und Deutschland. Nach Egypten wurde er wahrscheinlich von Syrien her eingeschleppt, wo er schon früher mit verheerender Kraft aufgetreten war. Nicht nur Menschen, sondern auch Thiere und Pflanzen waren mehr oder weniger verpestet. An keinem Orte war er aber so verheerend aufgetreten, wie in Egypten, wo er in der Hauptstadt allein an manchen Tagen 15,000—20,000 Menschen wegraffte. Obgleich man dreißig bis vierzig Leichen in eine Grube warf, lagen sie doch zuletzt haufenweise in den Straßen umher, und man mußte mit schwerem Gelde Leute aufsuchen, die sie wegschafften. Da die Seuche zwei Jahre dauerte und sich über das ganze Land bis nach Assuan hinauf verbreitete, so fehlte es bald an Arbeitern, um das Feld anzubauen, wie an Handwerkern und Gewerbsleuten, und um das Maß des Elends voll zu machen, trieben sich Turkomanen und Beduinen in Syrien und Egypten umher, welche Dörfer und Städte ausplünderten. Kaum war diesem Unfug durch mehrere Expeditionen abgeholfen, und die Krankheit dem Erlöschen nahe, als auch die Hofintriguen wieder ihr altes Spiel begannen und mit der Entthronung des Sultans endeten (August 1351). Er wurde jedoch nach drei Jahren (Oktober 1354), während derer sein jüngerer Bruder Salih regierte, nochmals zum Sultan gewählt und erst im März 1361 wieder entthront und getödtet. Jetzt kamen zum erstenmale nicht mehr Söhne, sondern Enkel des Sultan Naßir an die Regierung. Zuerst Mohammed Ibn Hadji, der, sobald er einige Selbständigkeit zu zeigen anfing, von seinen obersten Emire Jelbegha für blödsinnig erklärt wurde, dann Schaban, der Sohn Huseins (Mai 1363), der erdrosselt wurde (März 1377), und endlich des Letztern achtjähriger Sohn Ali. Nach fortgesetzten Kämpfen unter den Emiren gelangten endlich Berkuk und Berekeh, zwei cirkassische Sklaven, die sich allmählig zu den höchsten Aemtern emporgeschwungen hatten, an die Spitze der Regierung. Ersterer wollte aber die Herrschaft mit Niemanden theilen und schaffte bald den Mitregenten aus dem Wege (1380). Er begnügte sich jedoch mehrere Jahre noch mit der factischen Gewalt und dem Titel Reichsverweser, denn selbst als Alistarb (Mai 1381), ernannte er dessen sechsjährigen Bruder Hadji zum Sultan. Erst im folgenden Jahre, nachdem er eine Verschwörung der Mamluken gegen sich entdeckt hatte, und nach dem Tode mehrerer alten, einflußreichen, dem Geschlechte Nasir's ergebenen Emire, erklärte er, das Wohl des Staats erfordere, daß nicht ein Kind, sondern ein Mann den Thron einnehme, der fähig sei, sowohl die innern Angelegenheiten zu leiten, als das Heer gegen den äußern Feind zu führen. Die im Voraus gewonnene Versammlung stimmte ihm bei, und wählte ihn zum Sultan (November 1382).

An äußern Begebenheiten ist die Geschichte Egyptens unter unmündigen Sultanen und unter Emiren, die nur an ihre eigenen Angelegenheiten dachten, sehr arm. Sie erlitten mehrere Niederlagen durch die Turkomanen an der Nordgrenze Syriens, verloren ihre Supremacie in Mekka, durch den Einfluß der Fürsten vom südlichen Arabien, und Alexandrien sowohl als mehrere syrische Küstenstädte wurden von europäischen Flotten überrumpelt und ausgeplündert. Letzteres Ereigniß fand unter Schaban im Jahre 1365 statt. Peter von Lusignan, der König von Cypern, hatte sich nämlich, in Verbindung mit Genuesern, Venetianern und Rittern von Rhodus, an die Spitze eines neuen Kreuzzugs gestellt, und da sein Unternehmen selbst in Europa ein Geheimniß war, denn man glaubte, er ziehe gegen die Türken ins Feld, welche damals schon das griechische Meer mit Raubzügen heimsuchten, so war es ihm leicht die Egyptier zu überraschen, um so mehr, als der damalige Gouverneur von Alexandrien abwesend war. Die Miliz suchte vergebens die Landung zu verhindern, und die geringe Besatzung vertheidigte auch die Festung nur kurze Zeit gegen die heranstürmenden Franken, so daß diese reiche und blühende Stadt gänzlich ausgeplündert und mit ihren Schätzen auch noch viele

Gefangene eingeschifft werden konnten, ehe die Truppen von Kahirah herbei kamen. Die in Egypten und Syrien angesiedelten oder sich zufällig aufhaltenden Christen mußten nun für diesen Einfall des Königs von Cypern büßen. Sie wurden angehalten, das Lösegeld für die Gefangenen Moslimen herzugeben und auch die Mittel zur Herstellung einer Flotte herbeizuschaffen; mit Cypern sowohl als mit Genua und Venedig aber wurde jeder Handelsverkehr abgebrochen. Die italienischen Handelsmächte wurden dadurch bewogen, sich von Cypern loszusagen und mit Egypten sich wieder zu versöhnen. Es kam eine Gesandtschaft von Venedig sowohl als von Genua, mit kostbaren Geschenken, welche ihr Bedauern über die Vorfälle von Alexandrien aussprach und die Versicherung hinzufügte, daß ihre Regierung keine Ahnung davon hatte, daß der König von Cypern Alexandrien angreifen würde. Genua schickte auch sechzig gefangene Moslimen zurück, welche der Republik aus der Beute von Alexandrien zugefallen waren. Da auch Egyptens Handel durch die ausbleibenden Franken stockte, welche sowohl egyptische als indische Produkte, namentlich Specereien, Baumwolle und Zucker einkauften, und dafür Holz, Metalle, Waffen, Oel, Korallen, Wolle, Manufactur- und Krystallwaaren einführten, da ferner auch die Staatskasse, welche von ziemlich hohen Ein- und Ausfuhrzöllen genährt wurde, eine bedeutende Mindereinnahme zeigte, so wurden die frühern Handelsbeziehungen wieder hergestellt. Mit Cypern dauerte aber der Krieg fort, Alexandrien wurde nochmals bedroht, egyptische Schiffe machten Jacht auf die Cyperns und die cyprische Flotte überrumpelte Tripoli in Syrien und Ajjas, worauf abermals eine Anzahl europäischer Kaufleute, ohne Unterschied der Nationalität, in Egypten verhaftet wurden. Erst im Jahr 1370, nach dem Tode Peter's I. von Lusignan, kam, durch Vermittlung der Genueser und Venetianer, ein Friede zu Stande, welcher eine Auswechslung der Gefangenen und die Wiedereröffnung geschlossener Kirchen zur Folge hatte.

Nach diesem Frieden konnten die Egyptier ihre ganze Macht gegen Leo VI., den Fürsten von Kleinarmenien, aus dem Hause Lusignan, wenden. Er wurde als Gefangener nach Kahirah gebracht und mit ihm endete die Herrschaft der Christen über dieses Land, welches fortan von einem egyptischen Statthalter verwaltet wurde.

Wie unter Naßir waren die Zustände im Ilchanenreiche auch unter seinen Nachfolgern derart, daß ein kräftiger und energischer Sultan von Egypten leicht seine Herrschaft über Irak hätte ausdehnen können, aber die fortgesetzten Reibungen unter den Emiren machten jede größere Unternehmung unmöglich.

Wir haben früher berichtet (S. 397), wie Hasan der Kleine, auch der Djubanide genannt, gegen Hasan den Großen, oder den Djelairiden, Krieg geführt, dann, als dieser und Togai, der Herr von Dijarbekr, mit Naßir ein Bündniß schließen wollten, sich zu einer Theilung des Reichs verstanden hatte. Nach dem Tode Naßir's, als Egypten bei seiner innern Zerrüttung und Anarchie nicht mehr zu fürchten war, nahm er seine frühern Eroberungspläne wieder auf, wurde aber, auf seinem Zuge nach Bagdad, von seiner treulosen Gattin ermordet (1343). Der Nachfolger Hasans, sein Bruder Aschraf, machte sich durch seine Tyrannei so verhaßt, daß seine eigenen Unterthanen Djani Bey, den Fürsten von Kipdjak, aufforderten, sie zu befreien. Djani Bey fiel in die Provinz Adserbeidjan ein, schlug Alaschraf bei Choi und ließ ihn, als er gefangen wurde, enthaupten. Um dieselbe Zeit starb auch Hasan der Djelairide (1356), und sein Sohn Oweis, welcher die Herrschaft über das arabische und persische Irak antrat, dehnte sie, nach wiederholten Kriegen gegen Achidjuk, einen der Emire Alaschraf's, auch nach Norden aus, besetzte Tebris, die Hauptstadt der Djubaniden, und behauptete dieselbe auch gegen die Muzafferiden, welche die Herrn von Kerman und Fars waren. Gegen Oweis empörte sich Chodja Murdjan, der Statthalter von Bagdad, welcher (1365—66) Gesandte nach Egypten schickte, dem Sultan Schaban seine Unterwerfung anbot und ihn um seinen Beistand gegen Oweis anflehte. Statt eines starken Hülfscorps begnügte sich aber Schaban damit, ihm ein Diplom als Statthalter von Bagdad und zwei Fahnen, die eine mit dem Wappen des Chalifen und die andere mit dem des Sultans zu schicken. Bald nachher kam ein Gesandter des Sultan Oweis nach Kahirah, welcher die Meldung brachte, daß man sich zu einem Kriege gegen den Rebellen Murdjan rüste und erwarte, daß wenn er sich nach Egypten oder Syrien flüchten wollte, man ihn an der Grenze zurückweise. Dieser Gesandte wurde zwar mit seinem Verlangen abgewiesen, man machte sogar Miene, Murdjan mit einem egyptischen Heere unterstützen zu wollen, ließ es aber bei leeren Worten bewenden. Murdjan wurde geschlagen und geblendet, und Bagdad wieder dem Sultan Oweis unterworfen, der dann auch Maridin eroberte, dessen Fürst vergebens um egyptische

Hülfe nachgesucht hatte, und die Herrn von Schirwan und Djordjan besiegte.

Oweis starb (1374—75) als Herr des ganzen persischen und arabischen Iraks, sammt Adserbeidjan. Sein Sohn Husein mußte blutige Kriege gegen den eroberungssüchtigen Muzafferiden Schah Schudja führen, welcher nach letzterer Provinz gelüstete und bis Tebris vorgedrungen war. Dieser unterstützte auch Scheich Ali, einen jüngern Bruder Huseins, welcher sich der Stadt Bagdad bemächtigt und den größten Theil des arabischen Iraks unterworfen hatte. Scheich Ali behauptete sich auch gegen den Sultan Ahmed, welcher (September 1381) seinen Bruder Husein ermordete und den Thron von Tebris einnahm, und drang sogar, im Bündnisse mit Pir Ali, dem Statthalter von Schuster, siegreich bis Tebris vor. Ahmed suchte aber Kara Mohammed, das Oberhaupt der Turkomanen vom schwarzen Hammel, für sich zu gewinnen, welcher die Tigrisufer zwischen Miossul und Maridin, so wie viele Burgen südlich vom Vansee in seiner Gewalt hatte. Scheich Ali und Pir Ali mußten jetzt unterliegen, und Ahmed konnte nicht nur wieder von Tebris, sondern auch vom ganzen arabischen Irak mit Bagdad Besitz nehmen. Mit gleichem Erfolg kämpfte Ahmed gegen Sarif Adil, den besten Feldherrn seines von ihm ermordeten Bruders, welcher Ismail, einen dritten Sohn des Sultan Oweis, auf den Thron setzen wollte. Auf das weitere Schicksal Ahmed's und das Ende der Herrschaft der Ilchane müssen wir im folgenden Abschnitte zurückkommen.

Neunter Abschnitt.

Die Osmanen bis auf Bajesid, die ersten Cirkassischen Sultane in Egypten, und die Eroberungen Timurs.

I. Die Osmanen bis zum Kriege Bajesids gegen Timur.

Die Osmanen, so genannt nach ihrem ersten selbstständigen Fürsten Osman, waren Turkomanenhorden, welche in der ersten Hälfte des dreizehnten Jahrhunderts, in Folge der mongolischen Eroberungen, ihre Heimath verließen und bei ihren Stammgenossen, den Seldjuken in Kleinasien, Schutz suchten, den sie um so eher fanden, als jene selbst von den Mongolen bedroht waren, so daß ihnen zuverlässige Waffenbrüder willkommen sein mußten. Osman's Großvater Suleiman, der Führer dieser aus Chorasan auswandernden Turkomanen, fand in den Fluten des Euphrats seinen Tod, worauf ein Theil seiner Leute sich wieder nach Osten wendete, während ein Anderer, unter Führung seines Sohnes Ertogrul, sich in das Gebiet des Seldjukenfürsten Keikobad begab, und in dem Bezirke von Angora niederließ. Ertogrul zeichnete sich im Kriege gegen die Mongolen aus, Keikobad wies ihm daher viele Ländereien als Lehensgüter an, und stellte die in der Gegend von Sögud stationirten Truppen unter seinen Befehl. Er machte häufige Einfälle in das byzantinische Gebiet, bis gegen Brussa hin, und fügte neue Provinzen den ihm von Ertogrul abgetretenen hinzu. Nach seinem Tode (1288) setzte sein Sohn Osman das begonnene Werk fort, er eroberte unter Anderen die Festung Karadjahißar, welche schon sein Vater kurze Zeit besetzt hatte, aber wieder zu räumen genöthigt worden war, und verlegte seine Residenz dahin, erkannte jedoch noch immer die Seldjukenfürsten als seine Oberherrn an. Erst im vierzehnten Jahrhundert, als diese immer tiefer sanken und selbst nur noch Vasallen der Mongolen waren, während er durch neue Eroberungen immer mächtiger wurde, trat er als selbständiger Fürst auf, machte Jenischeher zum Sitz seiner Regierung, und seine Schaaren, welche durch neue Zuzüge von andern Turkomanenstämmen, denen die Herrschaft der Mongolen unerträglich war, immer zahlreicher und furchtbarer wurden, durchzogen fast ohne Widerstand die byzantinischen Provinzen Brussa, Nicäa und Nicomedien, besetzten später das offene Land, gründeten befestigte Waffenplätze und schlossen die Hauptstädte dieser Provinzen immer enger ein. Brussa ergab sich noch kurz vor dem Tode Osmans (1326) und wurde die Residenz seines Sohnes und Nachfolgers Orchan, welcher nach einigen Jahren auch Nicomedien und Nicäa eroberte.

Zur Zeit als Orchan seine Herrschaft über das alte Bithynien ausdehnte und das ganze Land von Sultanöni bis an den Bosphorus nach Norden und an den Sangaris nach Osten in seine Gewalt brachte, war der östliche Theil Kleinasiens, bis über Sivas, Cäsarea und Nigdeh hinaus, noch in den Händen der Ilchane von Persien, während im Süden und Westen andere kleine Fürsten, größtentheils aus turkomanischen Geschlechtern, herrschten, die, wie die Osmanen selbst, entweder ehemalige Statthalter der Seldjuken waren, oder zur Zeit der ersten Mongoleninvasion sich einzelner Provinzen in Kleinasien bemächtigt hatten. Die Bedeutendsten unter ihnen waren: im Süden die Fürsten von Karaman, welche in Konieh residirten, und die von Dulghadir, welche ihren Sitz in Albistan hatten, im Westen die Herrn von Aidin und von Saruchan, und im Norden die von Kastemuni. Ein anderes, im Westen von Brussa gelegenes Fürstenthum, das sich zwischen Ulubad und Bergamos ausdehnte und Balikesri zur Residenz hatte, wurde, in Folge eines Erbfolgekriegs zwischen den Söhnen Adjlanbey's, gegen das Jahr 1334 von Orchan in Besitz genommen.

Unter Orchan fanden auch die ersten Angriffe der Osmanen auf die europäischen Provinzen des byzantinischen Reichs statt, welche übrigens schon früher die Fürsten von Aidin und Saruchan mit Raubzügen heimgesucht hatten. Diese sowohl als die Osmanen wurden auch hie und da von den Byzantinern herbeigerufen, um Rebellen im Innern oder um äußere Feinde zu bekämpfen. So unterstützte Orchan zuerst die Kaiserin Anna gegen Kantakuzenus, während der Fürst von Aidin jener beistand. Später befreundete sich Orchan mit Kantakuze-

Die Osmanen bis zum Kriege Bajesids gegen Timur. 419

mus, aus Liebe zu dessen Tochter Theodora, mit der er sich auch vermählte. Trotz dieser Verschwägerung führte jedoch Religionshaß, Verschiedenheit der Race und der Interessen bald eine Spannung zwischen dem Kaiser und Orchan herbei, der später offene Feindseligkeiten folgten. Die Osmanen nahmen die unterbrochenen Raubzüge wieder auf und faßten im Jahr 1356, durch Ueberrumpelung der Veste Tzympe, in der Nähe von Gallipoli, in Europa festen Fuß, denn schon im folgenden Jahre eroberten sie Gallipoli und beim Tode Orchans (1359) erstreckte sich ihre Herrschaft sogar über Rodesto hinaus.

M u r a d I., der Nachfolger Orchans, nahm schon in den ersten Jahren seiner Regierung Adrianopel und erhob diese Stadt zu seiner zweiten Residenz. Nach und nach dehnte er seine Eroberungen östlich bis in die Nähe von Constantinopel, nördlich bis in das Herz von Servien und Bulgarien und westlich bis gegen Saloniki hin aus, denn weder die Byzantiner noch die verbündeten Servier und Bulgaren waren den tapfern und vortrefflich organisirten türkischen Truppen gewachsen. Der letzte Versuch des mächtigen Königs Lazarus von Servien, im Bündnisse mit andern christlichen Fürsten, mit Bulgaren, Walachen, Polen, Albanesen und Ungarn, die Osmanen wieder aus Europa zu vertreiben, scheiterte an der Tapferkeit und Kriegstüchtigkeit des Feindes in der Schlacht von Kossowa (1389). Murad, welcher in dieser Schlacht von einem Servier erdolcht wurde, hatte auch in Kleinasien sein Reich nach Osten und Süden hin durch die Eroberung von Angora, Kutahieh, Beyscheher, Atscheher und andere Plätze vergrößert und arrondirt. Angora hatte einer über ganz Kleinasien verbreiteten Ritterschaft gehört, Kutahieh dem Fürsten von Kermian, der seine Tochter mit dem Thronfolger Bajesid vermählte, Atscheher und Beyscheher waren im Besitze des Fürsten von Hamid, der diese Städte für Geld verkaufte.

Bajesid setzte, bald nach seinem Regierungsantritte, den Krieg in Europa fort. Servien wurde unterworfen, Bulgarien dem osmanischen Reiche einverleibt, Albanien und Bosnien, bis über die ungarische Grenze hinaus, dem Raub und der Verwüstung preisgegeben. In Constantinopel wurde durch Bajesid und türkische Truppen zuerst Joannes Palcologus vom Throne gestürzt und sein rebellischer Sohn Andronikos zum Kaiser erhoben, dann dieser verdrängt und Joannes, gewissermaßen als Vasall des Sultans, wieder eingesetzt. Bei dieser

Veranlassung ging auch Ala Scheher (Philadelphia), neben Smyrna die einzige noch übrige byzantinische größere Stadt in Asien, welche in der letzten Zeit unter dem Schutze des Fürsten von Aidin gestanden war, in die Gewalt der Osmanen über. Nach dem Tode Joannes' wurde die Hauptstadt von den Osmanen gänzlich eingeschlossen und das umliegende Land von ihnen besetzt, obgleich der Kaiser Manuel sich jede Demüthigung von Seiten des Sultans gefallen ließ. Noch einmal trat ein mächtiger christlicher Fürstenbund, mit dem König Sigismund von Ungarn an der Spitze, gegen den Halbmond in die Schranken, aber der Sieg, welchen Bajesid bei Nikopolis erfocht (September 1396), sicherte ihm nicht nur den Besitz der schon eroberten Länder, sondern ermuthigte ihn auch zu neuen Kriegen, die ihn jedoch die von Seiten Timurs ihm drohende Gefahr zu unterbrechen nöthigte.

Kleinasien war um diese Zeit, bis an die Grenze Armeniens und an den Euphrat hin, schon im Besitze der Osmanen. Der Fürst von Aidin hatte dem Sultan, nach dessen Besitznahme von Ala Scheher, sein ganzes Gebiet, mit Ausnahme einiger Küstenplätze, abgetreten, das Gleiche hatte der Herr von Saruchan gethan, während der Fürst von Mentesche sein Land verlassen und sich zum Fürsten von Kastemuni begeben hatte, der allein noch, im Bündnisse mit Ali Bey, dem Fürsten von Karaman, seine Selbständigkeit Bajesid gegenüber behauptete. Ali Bey, obgleich mit einer Tochter Murad's vermählt, hatte schon zur Zeit, als dieser Sultan in Europa beschäftigt war (1386), gegen die Osmanen in Kleinasien Krieg geführt, war aber, nach Murad's Rückkehr nach Asien, gezüchtigt und des Siegers Gnade anzuflehen genöthigt werden. Da er demohngeachtet auch unter Bajesid, während dessen Abwesenheit, wieder feindselig gegen die Osmanen aufgetreten war, wurde seiner Herrschaft (1391) ein Ende gemacht, indem Bajesid dessen Ländereien, mit den Hauptstädten Konieh, Nigdeh und Akserai, dem osmanischen Reiche einverleibte. Nach der Unterwerfung der südlichen Provinzen Kleinasiens war Bajesid auch in das Gebiet des Fürsten von Kastemuni eingefallen und hatte dieses Fürstenthum, bis auf Sinope, welche Stadt er noch im Besitze des Fürsten Issendiar ließ, annexirt. Später wurde er auch Herr von Siwas und andern Städten, nach der Grenze von Armenien hin, und machte Taherten, den Herrn von Arzengan, welcher sich schon Timur unterworfen hatte, tributpflichtig, was Veranlassung zum ersten Kriege zwischen ihnen wurde.

II. Timur bis zu seinem Kriege gegen Bajesid.

Timur, gewöhnlich Tamerlan genannt, war der Sohn des Lehensherrn der Provinz Kesch in Transoxanien und Häuptling des Tartarenstammes Berlas. Er stammte von väterlicher Seite von dem ersten Minister Djagatais ab, desjenigen Sohnes Djertischans, welchem die Herrschaft über Transoxanien, Charism und einige andere Provinzen am Oxus verliehen worden war. Von mütterlicher Seite soll er sogar mit dem mongolischen Kaiserhause selbst gemeinsame Abkunft gehabt haben, Grund genug, um frühzeitig seinen Ehrgeiz und seine Herrschsucht zu wecken, und ihn zu großen Thaten anzuspornen. Schon als Jüngling zeichnete er sich durch Tapferkeit und Gewandtheit in allen ritterlichen Spielen und Künsten aus, und er nahm seine Spielgefährten so sehr für sich ein, daß sie später seine treuesten Waffengefährten wurden. Die Zustände seines Vaterlandes gaben ihm bald Gelegenheit, sein kriegerisches Talent zu entfalten und seinen Ehrgeiz zu befriedigen. Das Reich Djagatai's war längst durch Zwistigkeiten und Empörungen geschwächt, auch waren schon mehrere Provinzen gänzlich losgetrennt und selbstsüchtigen Fürsten zur Beute geworden. Timur war fünfundzwanzig Jahre alt, als Togluk Timur, ein Abkömmling Djentischans, sich mit Hülfe der Geten des Reichs Kaschgar bemächtigte (1360) und, auf die Herrschaft über alle ehemaligen Länder Djagatai's Anspruch erhebend, in Transoxanien einfiel. Timur's Vater lebte nicht mehr, sein Oheim, welcher Herr von Kesch war, flüchtete sich nach Chorasan, er aber blieb in Kesch, unterwarf sich dem neuen Herrscher und wurde von demselben bald nachher zum Statthalter von Transoxanien ernannt. Als später der Emir Husein, der Enkel des frühern Herrn von Transoxanien, die Anhänger Togluk Timurs verjagte, dieser aber das Land nochmals mit Gewalt unterjochte, ließ er seinen Sohn als Vicekönig zurück und gab ihm Timur als Rathgeber bei. Mit dieser neuen Stellung war aber Timur nicht zufrieden, er zettelte eine Verschwörung an, und als er verrathen wurde, entfloh er aus Samarkand, und schloß sich dem flüchtigen Emir Husein an. Die beiden Flüchtlinge sammelten nach und nach ihre Freunde und Stammesgenossen um sich, nahmen auch alle mit der Regierung des Vicekönigs Unzufriedenen in ihre Reihen auf, so daß sie bald auf offenem Felde mit den Truppen Togluk Timurs sich messen konnten, und als er, nach dem Tode seines Vaters, den Thron von Kaschgar selbst einnahm, ward es ihnen leicht, seinen Statthalter aus Samarkand zu vertreiben und ganz Transoxanien zu unterwerfen.

Sobald indessen der gemeinsame Feind besiegt war, hörte auch das gute Einvernehmen zwischen Timur und Husein auf, obgleich sie, um ihr Bündniß zu besiegeln, sich auch mit einander verschwägert hatten, denn ein jeder von ihnen gelüstete nach Alleinherrschaft und suchte dem Andern eine Falle zu legen. Auf die gegenseitigen Intriguen folgte bald ein offener Krieg, der zum Untergang Husein's führte. Timur war jetzt unumschränkter Herrscher von Transoxanien, doch weigerte er sich den Titel Großchan anzunehmen, sondern überließ ihn Sujurgitmisch, einem Abkömmling Tjenkischans. Er gestattete ihm zwar eben so wenig Einfluß auf die Regierung als die Seldjuken- oder Mamlukensultane den Abbasidenchalifen, aber er benutzte doch dessen Namen, um alle Länder zu erobern, die einst Djagatai als sein Erbtheil erhalten hatte. Er führte daher seine Horden gegen das Fürstenthum Charism, das er, wie auch das von Kaschgar, seine oder des Großchans Oberhoheit anzuerkennen nöthigte, und als sie sich zu wiederholtenmalen empörten, behandelte er sie wie eroberte Provinzen. Auch gegen Orus, den Chan von Kipdjak, führte er Krieg. In diesem Mongolenreiche herrschte seit dem Tode Djanibeh's (1357) die größte Verwirrung. Zur Zeit Timurs hatte sich Orus, der von einer andern Linie als die seitherigen Chane von Tjenkischan abstammte, des Thrones bemächtigt. Toktamisch, ein anderer Sprößling aus dem kaiserlichen Geschlechte, machte ihm den Thron streitig, und als er unterlag, suchte er Timurs Hülfe nach. Timur nahm den Flüchtling freundlich auf und setzte ihn in den Stand, die südlichen Provinzen des Reichs wieder zu besetzen und sich gegen die Heere Oruschans zu behaupten. Da er aber nach einiger Zeit auf's Neue vertrieben wurde und Orus dessen Auslieferung verlangte, machte Timur selbst, an der Spitze seines Heeres (1376), einen Einfall in das Reich Kipdjak und drang siegreich bis Saganak vor. Im folgenden Jahre war es Timur um so leichter, Toktamisch wieder als Chan einzusetzen, als Orus inzwischen gestorben war. Er wurde zwar nochmals von Timurmelit, einem Sohne Oruschans verdrängt, letzterer machte sich aber bald so verhaßt, daß es jenem, mit Hülfe Timurs, nicht schwer fiel, sich wieder auf den Thron zu schwingen, und bald wurde er so mächtig und eroberungssüchtig, daß er, wie wir in der Folge sehen werden, mit dem nicht minder ländergierigen Timur in Conflikt gerieth, und von ihm besiegt werden mußte.

Timurs Herrschsucht war nämlich, selbst nachdem das ganze Djagatai'sche Reich seinem Scepter unterworfen war, noch immer nicht befriedigt. Er suchte zuerst seine Eroberungen auch nach Westen auszudehnen und fand bald einen Vorwand in Chorasan einzufallen. Er lud nämlich Pir Ali, den Fürsten von Herat, zu einem Kurultai (Reichsrath) ein, wodurch er sich schon gewissermaßen als dessen Oberherrn bezeichnete. Pir Ali suchte zuerst allerlei Ausflüchte und als er seine Hauptstadt durch Vermehrung und Verbesserung der Festungswerke für uneinnehmbar hielt, lehnte er die Einladung förmlich ab. Timur, welcher glaubte, oder wenigstens zu glauben vorgab, wie es im Himmel nur einen einzigen Gott gibt, so müsse auch die Erde einem Herrscher unterworfen sein, erklärte hierauf Pir Ali den Krieg (1380) und in wenigen Jahren war er nicht nur Herr von Herat, sondern auch von ganz Chorasan und Masendran, bis an die südliche Küste des kaspischen Meeres.

Der kühne Eroberer fand sich jetzt einerseits an der Grenze des Gebiets der Muzafferiden, der Herrn des persischen Iraks und Chuzistans, so wie andrerseits der Länder des Ilchans, welcher Aserbeidjan und das arabische Irak in seiner Gewalt hatte. Jene waren seit dem Tode Schah Schudja's, welcher um Timur's Gunst gebuhlt hatte, unter sich selbst uneinig und Ahmed, der schon früher genannte Ilchan, war wegen seiner Grausamkeit und Habgier seinen eigenen Unterthanen verhaßt. Timur besetzte zuerst Rei, wohin sich der rebellische Fürst von Masendran, nach dem Verluste von Astrabad, geflüchtet hatte, wendete sich aber dann wieder nach Norden, um die Provinz Tabaristan, welche von Nachkommen Ali's regiert wurde, zu unterwerfen (1385). Im folgenden Jahre diente ihm ein Einfall Toktamisch's in das Gebiet des Ilchans zum Vorwande, um selbst von der Provinz Aserbeidjan, mit der Hauptstadt Tebris, Besitz zu nehmen, welche Ahmed den Truppen Toktamisch's preisgegeben hatte. Er wendete sich hierauf nördlich, gegen den Araxes hin und entriß den dort hausenden Turkomanen die Städte Surmalu und Kars. Bald stand er an der Grenze von Armenien und Georgien, und er konnte endlich auch durch Christenblut seinem Schwerte eine heilige Weihe geben. Uebrigens mußte er auch Herr dieser Länder sein, ehe er den längst beschlossenen Krieg gegen Toktamisch ausführen konnte. Er brach daher von Kars gegen Tiflis, die Hauptstadt von Georgien, auf, erstürmte sie und nahm den Fürsten Bagrat V. gefangen, welcher nur durch seine Bekehrung zum Islam sein Leben rettete. Nach dem Falle der Hauptstadt leisteten die Provinzen wenig Widerstand mehr, die meisten Städte unterwarfen sich), und auch die Fürsten von Schirwan und von Ghilan zogen eine Anerkennung der Oberherrschaft Timurs einem voraussichtlich mit gewaltsamer Unterjochung endenden, erfolglosen Kriege vor. Nun kam die Reihe an den schon erwähnten Turkomanenfürsten Kara Mohammed, den Häuptling der Horde vom schwarzen Hammel, welcher Herr des größten Theils von Armenien, bis an den Tigris hin, war, und gegen den allerlei Gewaltthaten, unter Andern auch die Beraubung einer Pilgerkarawane, als Grund zu dessen Bekriegung vorgebracht wurden. Das ganze Gebiet von Bajesid und Wan wurde ausgeplündert, die Stadt Erzerum und Chelat, oder Achlat besetzt, und Taherten, der Fürst von Erzengan, zur Unterwerfung gezwungen. Kara Mohammed selbst entkam jedoch den ihn verfolgenden Truppen und zog sich ins Gebirge zurück, bis Timur wieder fern war. Dieser begab sich über Meragha nach der Provinz Ghilan und forderte den Muzafferiden Zein Alabidin, den Sohn des Schah Schudja auf, sich an seinen Hof zu begeben, um zu zeigen, daß auch er die von seinem Vater angeknüpften freundlichen Beziehungen zu erhalten wünsche. Schah Schudja hatte sein Reich unter seine Söhne getheilt. Zein Alabidin wurde Herr von Schiras, sein Bruder Ahmed von Kirman, sein Vetter Jahja von Jezd, und Schah Mansur, ein anderer Vetter, von Ispahan. Obgleich keineswegs Eintracht unter diesen Muzafferiden herrschte, und Zein Alabidin allen Grund hatte, gegen seine Miterben mißtrauisch zu sein, war er doch unklug genug, nicht nur die Einladung Timurs abzulehnen, sondern sogar dessen Gesandtschaft zurückzuhalten. Dies war Grund genug für Timur, ihm den Krieg zu erklären und die Unterjochung Persiens zu beschließen. Er rückte im Herbste 1387 über Rei und Hamadan nach Ispahan, der Hauptstadt von Farsistan vor, und der hier den Oberbefehl führende Muzafferide übergab die Stadt. Während aber die Commissäre Timurs die der Stadt auferlegte Kriegscontribution einsammelten, und seine Truppen, nichts Schlimmes ahnend, zerstreut in derselben umherlagen, brach eine Empörung aus, welche Tausenden das Leben kostete. Ispahan mußte nun förmlich belagert und erstürmt werden, worauf dann an den Einwohnern furchtbare Rache genommen wurde. Timur begnügte sich diesmal nicht, wie bei andern eroberten Städten, seiner wilden Soldateska alle Freiheit zum rauben und morden und zerstören zu lassen, sondern er nöthigte sie, ihm 70,000 Köpfe zu liefern, aus denen er mehrere Thürme in verschiedenen Stadttheilen aufrichten ließ. Von Jßpahan wendete er sich gegen Schiras. Zein Ababidin flüchtete sich zu seinem Vetter Schah Manßur, welcher in Juster residirte. Dieser machte ihn aber zu seinem Gefangenen und gewann dessen Truppen für sich. Seine Herrschaft wäre indessen, da die übrigen Muzafferiden sich Timur unterwarfen, nur von kurzer Dauer gewesen, wenn dieser nicht durch einen Einfall der Mongolen von Kiptschak in Transoxanien, und durch die Empörung des Fürsten der Geten und der Charismier, zur Rückkehr nach Samarkand genöthigt worden wäre. Er züchtigte zuerst die Charismier, welche die Truppen Toktamisch's bei ihrem Einfalle unterstützt hatten, viele derselben wurden niedergehauen, andere nach Samarkand verpflanzt, nachdem ihre Hauptstadt in einen Schutthaufen verwandelt worden war. Manche Charismier, namentlich die Häupter der Empörung, hatten sich jedoch vor dem Anzuge Timurs zu Toktamisch geflüchtet, welcher bald an der Spitze eines mächtigen Heeres bei Chokend den Oxus überschritt und ganz Transoxanien bedrohte. Timur mußte mitten im Winter (1388—89) gegen ihn in's Feld ziehen, um dieses Land zu vertheidigen. Nach dem Rückzuge Toktamisch's, welcher mehrere Schlappen erlitt, führte Timur einen wahren Vertilgungskrieg gegen die Geten, um von dieser Seite nie mehr beunruhigt werden zu können. Die große Tartarei wurde von mehreren Armeecorps durchstreift, welche Dörfer und Städte ausplünderten und verwüsteten, alle waffenfähigen Männer schlachteten und Kinder und Frauen als Sklaven nach Samarkand schleppten, einzelne Streifcorps drangen bis über den Irtischfluß, um den flüchtigen Fürsten aufzuspüren.

Nachdem Timur die Rebellen allenthalben vernichtet hatte, sammelte er seine Truppen, um endlich auch den unbaukbaren Toktamisch zu züchtigen. Dieser bat zwar, sobald Timur von Taschkend aufgebrochen war, um Frieden, aber Timur schenkte der Gesandtschaft kein Gehör, sondern setzte seinen Zug, trotz vieler Beschwerden und Entbehrungen, über Jaßi, Sabran, Taras, durch die Steppen der großen Tartarei und über die Gebirgskette fort, welche das Land der Kirgisen durchschneidet, und überschritt Ende Mai 1391 den Fluß Tobol.

Toktamisch zog sich fortwährend zurück, weil er hoffte, den Feind nach mehrmonatlichem Marsche durch unfruchtbare Gegenden, in denen er nur Eier von wilden Vögeln und einige Jagd als Nahrung finden konnte, leichter besiegen zu können. Timur rückte indessen immer vorwärts, setzte über die Flüsse Sakmara und Jaik, und erst zwischen letzterem Flusse und der Wolga, an der Grenze des Regierungsbezirks Orenburg und Simbirsk, lieferte ihm Toktamisch eine Schlacht, welche er wahrscheinlich gewonnen hätte, wenn er nicht von seinem Fahnenträger verrathen worden wäre, welcher mitten im Siege das Heerespanier niederwarf und dadurch das Signal zur Flucht gab (18. Juni 1391). Timur verfolgte die Fliehenden bis an die Ufer der Wolga, brachte ihnen große Verluste bei und entschädigte sein Heer durch unermeßliche Beute für die erlittenen Strapazen.

Im folgenden Jahre setzte Timur den Krieg gegen Persien wieder fort, welchen ihn die Empörungen im Osten und Westen seines Reichs zu unterbrechen genöthigt hatten. Er entsetzte zuerst die schon früher unterworfenen Nachkommen Ali's, die er als seine Vasallen in Sari und Amul gelassen hatte, weil auch sie während der letzten Kriege ihn verrathen hatten, und erstürmte die Festung Mahanesar, am Ufer des kaspischen Meeres, in welche sie sich geflüchtet hatten. Von hier rückte er gegen Süden vor, nahm Sultanieh, sowie mehrere Festungen zwischen Hamadan und Rei, Churremabad in Luristan, endlich auch Tuster, die Grenzstadt zwischen Luristan und Chuzistan, so daß er Schiras, die Residenz Schah Manßurs angreifen konnte, welcher sich in der Zwischenzeit des größten Theils von Persien bemächtigt hatte. Er erstürmte aber vorher noch die Festung Kalah Sefid, in welcher der schon genannte Zein Alabidin eingekerkert war, befreite den gefangenen Fürsten, und gebährdete sich als dessen Beschützer, um die ihm zugethane Bevölkerung Persiens dadurch zu gewinnen. Als er hierauf gegen die Hauptstadt vorrückte, fiel Schah Manßur plötzlich mit solchem Ungestüm über ihn her, daß seine Truppen, obgleich denen des Feindes an Zahl weit überlegen, doch nicht Stand hielten, und er selbst in größter Lebensgefahr schwebte, und seine Rettung nur der Stärke seines Helms verdankte, denn Schah Manßur hatte sich bis zu ihm selbst Bahn gebrochen. Bald erholten sich indessen die Mongolen wieder von ihrem ersten Schrecken, umzingelten und schlugen die Perser, und Schah Manßur selbst war unter den Leichen. Am folgenden Tage besetzte Timur Schiras und bemächtigte sich aller

Schätze Schah Manßurs. Die noch übrigen Muzafferiden unterwarfen sich ihm, er nahm aber die Unzufriedenheit ihrer Unterthanen, welche in Folge der vielen Kriege unter ihnen viel gelitten hatten, zum Vorwande, um sie festzunehmen, und später sogar hinrichten zu lassen. Nur Zein Alabidin, welchen Schah Manßur geblendet hatte, und sein Bruder Schebeli, der von seinem eigenen Vater geblendet worden war und daher nicht mehr so gefährlich waren, wurden verschont und endeten ihr Leben in Samarkand. Ihre Besitzungen verlieh Timur seinem Sohne Omar Scheich, während er seinen Sohn Miranschah zum Fürsten des nördlichen Persiens ernannte.

Timur wendete sich, nach der Unterwerfung Persiens, gegen Bagdad, obgleich Ahmed Ibn Oweis ihm Unterwerfung und Freundschaft anbot. Als dieser sich von den Mongolen bedroht sah, die von Kurdistan her über Schehrzur heranrückten, ließ er alsbald alle seine Schätze über den Tigris schaffen, und begab sich selbst mit seiner Familie in den westlichen Stadttheil von Bagdad, wo er in Sicherheit war, denn er hatte vorher alle Brücken abbrechen und alle Schiffe zerstören oder auf das westliche Ufer bringen lassen. Als endlich Timur vor Bagdad anlangte (Ende August 1393), zog sich Ahmed über den Euphrat zurück, mußte jedoch, da er die Mongolen, die ihm nachsetzten, nicht sobald erwartet hatte, seine Familie und seine Habe im Stich lassen, um nur sein Leben zu retten.

Nach der Einnahme von Bagdad, dessen Bewohner Timur freundlich entgegen kamen, weil Ahmed sie schwer gedrückt hatte, weshalb sie auch mit einer verhältnißmäßig geringen Kriegssteuer davon kamen, wurde Wasit, Hilleh, Baßrah und Tekrit, beide letztere Plätze nach hartnäckigem Widerstande, genommen, und nachdem ihm hier die Fürsten von Irbil und Mossul gehuldigt hatten, wendete er sich gegen Maridin, um von hier aus in Syrien einzufallen. Da aber Isa, der Fürst von Maridin, obgleich auch er gehuldigt hatte, doch dem Befehle Timurs, sich ihm mit seinen Truppen anzuschließen, nicht nachkam, so wurde er als ein Abtrünniger angesehen und der Beschluß gefaßt, vor dem Einfalle in Syrien ihn mit Gewalt zu unterwerfen. Isa eilte jetzt in das Lager Timurs, welcher von Edessa wieder gegen Maridin zurückkehrte, und suchte sein Zurückbleiben so gut als möglich zu entschuldigen. Timur verzieh ihm und verlangte nur eine Kriegscontribution, aber seine Commissäre wurden mißhandelt und es zeigte sich bald, daß Isa selbst vor seiner Abreise dem Commandanten der Festung den Befehl ertheilt hatte, sie unter keiner Bedingung zu übergeben, selbst dann nicht, wenn ein von ihm selbst ausgefertigter Befehl dazu vorgezeigt werden sollte, da ihm ein solcher nur mit Gewalt erpreßt werden könnte. Isa wurde nun in Ketten gelegt, zur Belagerung von Maridin war aber die Jahreszeit nicht günstig, weshalb Timur sich nach Norden wendete, und den Fürsten von Djeziret Ibn Omar züchtigte, welcher einen Räuber aufgenommen hatte, von dem eine Karawane ausgeplündert worden war, die viele Kostbarkeiten für die Frauen Timurs mit sich führte, und sich hartnäckig weigerte, ihn auszuliefern. Inzwischen nahte der Frühling heran, und Maridin konnte belagert und erstürmt werden, was auch in kurzer Zeit gelang. Gleiches Schicksal hatte bald darauf Amid, die Hauptstadt von Dijarbekr, am Tigris, worauf Timur wieder in Armenien einfiel, wo seine Truppen gegen Kara Jusuf, den Sohn Kara Mohammeds, und gegen dessen Oheim, der die Festung Van besetzt hielt, mit Erfolg kämpften, dann durchstreifte er Georgien zum zweitenmale nach allen Richtungen und gab dieses Land der gräulichsten Verwüstung preis. Viele Burgen wurden geschleift, Dörfer und Städte niedergebrannt, Männer und Frauen erschlagen und Kinder zu Sklaven gemacht.

Timur befand sich jetzt wieder an der Grenze des Reichs Toktamisch's, welchem er abermals den Krieg erklärte, weil er einen Einfall in das Gebiet des mit ihm befreundeten Fürsten von Schirwan gemacht hatte. Es kam am 15. April 1395 zu einer entscheidenden Schlacht in der Nähe von Djulad, in der kleinen Kabarda, südlich von Jekaterinogorod. Timur erfocht einen glänzenden Sieg. Toktamisch wurde bis an die Wolga verfolgt und an seine Stelle ein Sohn Oruschan's zum Fürsten von Kipdjak eingesetzt, der Toktamisch ganz aus dem Lande trieb. Er kehrte zwar später, mit Hülfe des Fürsten Withold von Litthauen, zu dem er sich geflüchtet hatte, noch einmal in sein Reich zurück, wurde aber geschlagen, und endete sein Leben in Sibirien. Timur aber unternahm, nach seinem Siege über Toktamisch, Streifzüge jenseits des Dons bis an den Dnieper hin, schleppte alles bewegliche Gut mit sich fort, zerstörte was sich nicht fortbringen ließ, und mordete was ihm in die Hände fiel. Man fürchtete schon in Moskau eine dritte Verwüstung, wie die von Batu im dreizehnten Jahrhundert und die von Toktamisch im Jahr 1382 angerichtete, denn Timur stand nur noch wenige Tagereisen davon entfernt, und die geängstigte Stadt erwartete ihre Rettung nur noch von der wunderbaren Hülfe eines angeblich vom Evangelisten Lukas gemalten Heiligenbildes. Timur konnte jedoch nicht weiter nach Norden ziehen, weil der herannahende Herbst und die Nachrichten von Unruhen, die in seinem Rücken ausgebrochen waren, ihn zur Rückkehr nöthigten. Er hatte nämlich kaum den Kaukasus überschritten, als an vielen Orten seine Statthalter wieder vertrieben wurden und ganze Provinzen von ihm abfielen. Bagdad kam wieder in die Gewalt Ahmed's, der mit Hülfe der Beduinen die Timuriden verjagte, und den Sultan von Egypten als seinen Oberherrn anerkannte. Kara Jusuf brachte den Mongolen mehrere Niederlagen in Armenien bei, bemächtigte sich wieder der Stadt Mossul und der Festung Van und nahm den Commandanten, einen Neffen Timurs, gefangen. Auch der neue, von Timur eingesetzte Fürst von Maridin, ein Neffe des Fürsten Jsa, hatte sich empört und dem Sultan von Egypten unterworfen, weshalb Timur auch Jsa wieder an dessen Stelle setzte, der jedoch auch bald die egyptische Oberhoheit anerkannte und Sindjar und Mossul unterwarf, das ein Sohn Timurs dem Kara Jusuf wieder entrissen hatte. Timur ertheilte die nöthigen Befehle, um die aufrührerischen Provinzen wieder zu unterjochen. Die Ausführung gelang jedoch nicht allenthalben, namentlich in Persien und Jrak, welche unter dem Prinzen Miranschah standen, nahmen die Unruhen überhand, weil dieser Prinz geistesschwach wurde, manche verkehrte Maßregeln traf, auch durch Verschwendung, Ausschweifungen und Grausamkeiten sich verhaßt gemacht hatte. Timur kümmerte sich indessen nicht viel um den Verlust einzelner Provinzen und Städte, denn er zweifelte nicht an ihrer Wiedereroberung, auch traf er, nach seiner Rückkehr nach Samarkand, Vorbereitungen zur Vergrößerung seines Reichs nach einer andern Seite hin, die ihm ebenfalls für das Verlorene reichlichen Ersatz bieten sollte. Die in Jndien herrschende Verwirrung seit dem Tode des Sultan Firus verlockte ihn nämlich zu einem Einfalle in dieses Land und der Erfolg entsprach vollkommen seinen Erwartungen. Er zog (März 1398) über Jnderab und Kabul an den Jndus, und überschritt ihn bei Kalabagh. Von hier wendete er sich in südlicher Richtung nach Multan, das schon sein vorausgeschickter Enkel Pir Mohammed besetzt hatte, und rückte dann gegen die Hauptstadt Delhi vor, die er, trotz tapferm Widerstande, nach furchtbarem Gemetzel, nahm und ausplünderte. Er bekriegte dann noch die Gebirgsvölker am obern Ganges, und kehrte über Pischawer nach Samarkand zurück.

Ehe wir nun die Kriegszüge Timurs, welche jetzt dem Westen galten und gegen Irak, Kleinasien, Egypten und Syrien gerichtet waren, verfolgen, müssen wir die Zustände dieser Länder ins Auge fassen, und zur Regierung der Mamlukensultane zurückkehren, die bei diesen Begebenheiten eine Hauptrolle spielen.

III. Egypten und Syrien unter den ersten Circassiern. Die letzten Kriege Timurs und der Untergang der Ilchane.

Wir haben früher berichtet, wie die Nachkommen des Sultan Nasir von Berkuk verdrängt wurden. Berkuk war der erste egyptische Sultan von circassischem Geschlechte, wenigstens der erste, der eine dauernde Dynastie gründete, denn Beibars II., der auch ein circassischer Sklave war, hatte nur kurze Zeit den Thron eingenommen. So wie er aber durch Intriguen jeder Art, durch Wortbruch und Verrath, indem er es bald mit der einen, bald mit der andern Partei hielt, sich allmählig den Weg zum Throne gebahnt hatte, so mußte er auch gegen andere ehrgeizige und herrschsüchtige Emire, welche älter waren als er, und ihn als einen Usurpator ansahen, fortwährend auf seiner Hut sein. Die Huldigung ging zwar ohne Widerstand, sowohl in Egypten als in Syrien von Statten — nur der Statthalter von Ablestin weigerte sich, einen Circassier als Sultan anzuerkennen und entfloh, als er sich nicht mehr halten konnte, zu den Mongolen — aber noch ehe ein Jahr verging, bildete sich eine Verschwörung gegen ihn, an deren Spitze der Chalife Almutawakkil stand, welcher zum Sultan designirt war. Berkuk wurde indessen noch rechtzeitig von dem Plane der Verschworenen unterrichtet, der Chalife entsetzt und sein Anhang gezüchtigt, aber nichtsdestoweniger wurden bald neue Versuche gemacht, ihn vom Throne zu stürzen, so daß er immer mißtrauischer gegen die ältern Emire wurde, und mitunter auch manchen unschuldigerweise einkerkern oder hinrichten ließ. Einer der gefährlichsten Rebellen war Mintasch, der Statthalter von Malatich, welcher mit Kara Mohammed und dem Herrn von Siwas ein Bündniß schloß. Berkuk ließ ihm aber nicht Zeit, seinen Anhang zu verstärken, er sandte Jelbogha Alnaßiri, den Statthalter von Haleb, mit dem syrischen Heere gegen ihn, der ihn aus Malatich vertrieb, doch Siwas, wohin er sich geflüchtet hatte, nicht nehmen konnte (1388). Bald nachher wurde auch Jelbogha's Treue beim Sultan in Zweifel gezogen, er sollte entsetzt und verhaftet werden, bemächtigte sich aber, ehe Berkuk es verhindern konnte, der Citadelle, trieb alle Freunde desselben aus der Stadt und verbündete sich mit Mintasch, mit Suli, dem Fürsten von Dulgadir, und mit dem Beduinenhäuptling Nueir. Auch brachen Empörungen in Hamah, Tripoli und andern Städten Syriens aus, welche die Statthalter Berkuks verjagten und Jelbogha zum Sultan proclamirten. Berkuk wagte es nicht, selbst Egypten zu verlassen, weil er fürchtete, es möchte auch hier ein Aufstand in seinem Rücken ausbrechen, doch schickte er ein starkes Heer nach Syrien, das ohne Zweifel auch die Rebellen besiegt hätte, wenn nicht mitten in der Schlacht, welche in der Nähe von Damask (April 1389) gefochten wurde, einige Emire mit ihren Leuten zu Jelbogha übergegangen wären. Dieser Verrath hatte die Entmuthigung und die Niederlage des egyptischen Heeres zur Folge, das bald nach allen Seiten hin zersprengt wurde, so daß auch Damask, die einzige große syrische Stadt, welche bis jetzt noch dem Sultan treu geblieben war, von Jelbogha besetzt wurde. Die Kunde von diesen Vorfällen in Syrien brachte in Egypten die größte Bestürzung hervor. Berkuk bot alles auf, um die Egyptier für sich einzunehmen und zum Kampfe gegen die Rebellen anzuspornen. Er söhnte sich mit dem Chalifen aus, verminderte die Steuern und Zölle, überhäufte die Emire und die Mamluken mit Ehrenbezeugungen und Geschenken, doch wagte er es nicht, dem Feinde entgegenzuziehen, weil er seinen Truppen nicht traute, sondern beschränkte sich darauf, Kahirah zu befestigen und die Citadelle mit Kriegsmaterial anzufüllen. Inzwischen rückten Mintasch und Jelbogha immer näher heran, und je mehr sie sich der Hauptstadt näherten, um so stärker wurden sie, denn viele Emire entflohen mit ihren Mamluken aus Kahirah und begaben sich in ihr Lager. Berkuk war rathlos, er weinte wie ein Kind, und statt mit seinen frischen Truppen den ermüdeten Rebellen am Rande der Wüste eine Schlacht zu liefern, zog er sich kleinmüthig in die Citadelle zurück, wodurch auch seine bisherigen Anhänger allen Muth verloren, und schaarenweise zum Feinde übergingen, so daß ihm zuletzt nichts übrig blieb, als mit den Rebellen zu unterhandeln. Jelbogha verbürgte ihm die Erhaltung seines Lebens, rieth ihm, um nicht in die Hände Mintaschs zu fallen, der nach seinem Blute dürstete, einige Zeit sich bei einem Freunde zu verbergen, und ließ ihn später nach der Festung Kerak bringen. Zum Sultan von Egypten wurde aber der entthronte Hadji wieder eingesetzt (Juni 1389).

Schon die Schonung Jelbogha's gegen Berkuk hatte Mintasch verstimmt, bald traten noch andere Ursachen hinzu, um das Einvernehmen zwischen ihm und Jelbogha, welcher den Sultan vollkommen beherrschte, zu stören, und den geheimen Intriguen folgte endlich ein offener Kampf, in den Straßen der Hauptstadt, welcher mit dem Sturze Jelbogha's endete. Mintasch verdankte seinen Sieg der Hülfe des gemeinen Volkes und der ehemaligen Mamluken Berkuk's, die er durch allerlei Versprechungen zu fesseln wußte. Da er aber nach dem Siege das Volk entwaffnete und jedem Bürger bei Todesstrafe verbot, auch nur ein Messer zu tragen, andrerseits Berkuk in Kerak ermorden lassen wollte, statt ihn, wie er den Mamluken versprochen hatte, in Freiheit zu setzen, verlor er alle Sympathie und konnte nur noch durch äußerste Strenge seine Existenz fristen. Sein Befehl in Betreff Berkuk's wurde indessen nicht vollzogen, der Commandant der Festung erklärte sich für den Gefangenen, und ließ ihn, als Mintasch Truppen gegen Kerak schickte, nach Syrien entkommen, wo sich bald seine frühern Anhänger um ihn schaarten, so daß er den ihn bekriegenden Statthaltern von Damask und Haleb die Spitze bieten konnte. Mintasch mußte selbst mit den Egyptiern nach Syrien ziehen, um der immer wachsenden Macht Berkuk's entgegenzutreten. Es gelang ihm auch, ihn bei Schakhab, in der Nähe von Damask, aufs Haupt zu schlagen. Während aber die beiden Flügel von Berkuk's Heer verfolgt wurden, drang er selbst mit einigen hundert Mann bis an das Zelt des Sultans vor, in welchem sich der Chalife befand, und bemächtigte sich desselben. Wie üblich sammelten sich nach und nach die von der Schlacht zurückkehrenden Soldaten um das Zelt des Sultans, welche Berkuk, je nach ihrer Gesinnung, entweder für sich gewann oder unschädlich machte. So konnte er am folgenden Tage eine nochmalige Schlacht gegen Mintasch wagen und ihn nöthigen, sich wieder nach Damask zurückzuziehen. Nachdem er dann sein Heer auch noch durch Turkomanen und Beduinen verstärkt hatte, brach er nach Egypten auf, und hielt ohne Widerstand seinen Einzug in die Hauptstadt, denn schon vorher (Januar 1390) hatten seine eingekerkerten Mamluken, im Verein mit andern Feinden Mintasch's, sich der Citadelle bemächtigt, und Berkuk zum Sultan ausgerufen. Mintasch trieb sich noch einige

Jahre in Syrien herum, denn es hatten sich ihm viele Turkomanen und Beduinen angeschlossen, bei denen er, so oft er zurückgeschlagen wurde, sicheren Schutz fand. Erst im Jahr 1393 wurde er von dem Beduinenhäuptling Nueir verrathen, dessen Familie der Statthalter von Haleb weggeschleppt hatte, und die ihm zum Lohn für seinen Verrath wieder zurückgegeben wurde. Mintasch wollte, als er dem Statthalter von Haleb ausgeliefert wurde, seinem Leben durch Selbstmord ein Ende machen, aber die Wunden, die er sich mit einem Messer beibrachte, waren nicht tödtlich, und man folterte ihn vor seiner Hinrichtung auf die grausamste Weise, um ihn dadurch zur Angabe des Ortes, wo seine Schätze untergebracht waren, zu zwingen. Berkuk hatte indessen in Egypten selbst, wenn auch keinen offenen Aufstand zu unterdrücken, doch manche Verschwörung zu vereiteln, unter andern auch eine von einem Aliden angezettelte, welcher, als er verhaftet wurde, ohne Scheu erklärte, er sehe es als ein gottgefälliges Werk an, der Herrschaft fremder Sklaven ein Ende zu machen und über die Völker des Islams einen Abkömmling des Propheten zu setzen, der nach den Satzungen des Korans und der Sunnah regiere. Berkuk wurde immer mißtrauischer und ungerechter, und obgleich stets von circassischen Mamluken umgeben, war er doch so ängstlich, daß er kaum mehr die Citadelle zu verlassen wagte. Er bereute es jetzt, so viele Circassier gekauft zu haben und glaubte, er hätte besser gethan, seine Mamluken aus verschiedenen Racen zusammenzusetzen, weil sie sich dann nicht so leicht zum Verrathe gegen ihn einigen könnten.

Ein Mann wie Berkuk, der seinen eigenen Mamluken nicht traute und in jedem Emir einen Verräther witterte, konnte natürlich auch den gleißnerischen Worten Timurs wenig Glauben schenken. Timur hatte, nach der Einnahme von Bagdad, eine Gesandtschaft nach Egypten geschickt und als nunmehriger Grenznachbar dem Sultan Berkuk seine Freundschaft angeboten. Dieser hatte sich aber in gar keine Unterhandlung mit ihm eingelassen und sogar den Befehl ertheilt, die Gesandten, die er nur als verkappte Spione ansah, hinzurichten. Er hatte auch den flüchtigen Ilchan Ahmed mit großer Auszeichnung aufgenommen und sich mit ihm verschwägert. Sobald Timur Maridin und Edessa unterworfen hatte, deren Fürsten egyptische Vasallen waren, rüstete sich Berkuk zum Kriege, und begab sich selbst nach Syrien, um die nordöstliche Grenze gegen die Angriffe der Mongolen zu schützen und kehrte nicht eher nach Egypten zurück, bis Timur über den Kaukasus in den Krieg gegen Toktamisch gezogen war und er für die nächste Zeit nichts mehr zu befürchten hatte. Inzwischen besetzte auch Ahmed, als Vasall Berkuks, Bagdad wieder und der Fürst von Maridin huldigte ihm auch als seinem Oberherrn. Mit diesen Erfolgen begnügte sich aber Berkuk, er war zu sehr mit der Sorge für seine eigene Sicherheit beschäftigt, um einen großen Krieg gegen Timur zu führen, so leicht es ihm auch um diese Zeit gewesen wäre, die Mongolen in Armenien, Kleinasien und Mesopotamien zu beunruhigen, und so sehr ihn auch Toktamisch, der ein Bündniß mit ihm geschlossen hatte, drängte, dem ihn bekriegenden Timur in den Rücken zu fallen. Wie den Mongolen, so zeigte er auch den Osmanen gegenüber nicht die erforderliche Thatkraft, um ihren Eroberungen nach den Grenzen seines Reichs hin Einhalt zu thun. Er sah ruhig zu, wie Siwas zuerst von Kara Jelek, dem Führer der Turkomanen vom weißen Hammel, und dann von Bajesid besetzt wurde, obgleich der frühere Fürst von Siwas sein Verbündeter war und er leicht voraussehen konnte, was in der That auch bald nach seinem Tode eintraf, daß die Osmanen sich immer mehr nach Süden und Südosten hin auf Kosten Egyptens ausdehnen würden. So wenig er aber Lust zeigte, den Osmanen den Krieg zu erklären, eben so wenig war er geneigt, sich mit ihnen zu verbinden, weil er sie noch mehr als Timur fürchtete, denn war auch ihr Heer nicht so stark wie das Timurs, so war es so vortrefflich organisirt und so gut geführt, daß er doch stets dessen Ueberlegenheit fürchten mußte, und sich daher wohl hütete, Bajesid beizustehen, um die Mongolen vom Halse zu schaffen, denn was die Mamluken unter den egyptischen Truppen waren, das waren die Janitschaaren im türkischen Heere unter Bajesid: ein von Jugend auf für den Kriegsdienst erzogenes und gut disciplinirtes Corps, aus geraubten, vom Feinde erbeuteten oder gekauften Kindern gebildet, dessen einziger Beruf der Krieg war, und das, ohne Heimath und ohne Verwandtschaft, dem Fürsten, der es für seine Dienste reichlich belohnte, mit Aufopferung gehorchte.

Faradj, der Sohn und Nachfolger Berkuks, mußte für die politischen Fehler seines Vaters büßen. Er hatte kaum den Thron bestiegen (20. Juni 1399), als die Osmanen Derendeh, Ablestin und Malatich nahmen, obgleich letztere Stadt unter egyptischer Botmäßigkeit stand und die beiden Ersteren dem Fürsten von Dulgadir gehörten, welcher ein Vasall Egyptens war. Man machte einige Kriegsrüstun=

gen, stellte sie aber wieder ein, als man sah, daß Bajesid nicht weiter gegen Süden vorrückte. Faradj war erst dreizehn Jahre alt, und unter den Emiren erwachten die alten Eifersüchteleien und Intriguen wieder, welche Berkuk unterdrückt, aber nicht vertilgt hatte, so daß sie mehr an ihre eigenen Angelegenheiten, als an die Erhaltung des Reichs dachten. In Kahirah kämpfte man bald in den Straßen um die Stelle des Reichsverwesers, in den egyptischen Provinzen herrschte die größte Anarchie, und in Syrien wollte man sich gänzlich von dem Sultan lossagen. Als endlich in Egypten die Ruhe hergestellt und Syrien wieder unterjocht war, wurde letzteres Land von den Schaaren Timurs überfallen.

Timur war schon zu Anfang des Jahres 1399, nach seinem indischen Feldzuge, wieder von Samarkand aufgebrochen, um in eigener Person die Rebellen am Euphrat und Tigris zu züchtigen, und um mit den Egyptiern und den Osmanen abzurechnen. Das Verfahren Berkuks gegen ihn ist schon oben berichtet worden. Zu dem beleidigenden Schreiben, zur Aufnahme Ahmeds und zur Ermordung der Gesandten kam noch dessen Weigerung, einen Neffen Timurs frei zu geben, welcher von Kara Jusuf bei der Einnahme von Wan gefangen genommen und nach Egypten geschickt worden war. Gegen Bajesid war Timur aufgebracht, weil er Kara Jusuf und den Ilchan Ahmed, welche aus Bagdad und Mossul entflohen waren, aufgenommen, besonders aber, weil er nach der Einnahme von Siwas und Malatieh Taherten, den Fürsten von Erzengan, genöthigt hatte, ihm zu huldigen, nachdem er sich schon früher freiwillig Timur unterworfen hatte. Bajesid, welcher damals Constantinopel belagerte, hätte vielleicht, um den Frieden zu erhalten, Erzengan wieder aufgegeben, wenn dies nicht in einer beleidigenden Weise von ihm gefordert worden wäre, aber das Schreiben Timurs, in welchem es unter Anderm hieß, „es wäre thöricht von einer Ameise, gegen einen Elephanten anzukämpfen, eine Taube, die gegen einen Geyer ihre Flügel schwingt, wird von ihm aufgezehrt," war so kränkend, daß ein Mann wie Bajesid, der über ein tapferes Heer zu gebieten hatte und vielleicht doch auch auf die Mitwirkung der Egyptier und der Turkomanen zählte, es nur mit Entrüstung zurückweisen und mit Drohungen von seiner Seite beantworten konnte. Bajesid glaubte indessen nicht, daß seine herausfordernde Antwort eine so rasche Wirkung haben würde, denn statt mit seiner ganzen Macht nach Osten zu eilen, um die Grenze gegen die

Mongolen zu schützen, blieb er vor Constantinopel liegen, und ehe er sich's versah, brach Timur von Erzengan her in Kleinasien ein (August 1400), nahm Siwas, nach einer Belagerung von achtzehn Tagen, und ließ die Besatzung, sowie die nicht moslimische Bevölkerung der Stadt über die Klinge springen, nach einigen Berichten sogar in große Gruben werfen und lebendig begraben. Von Siwas sandte er ein Streifcorps gegen Ablestin, er selbst aber rückte über Malatieh, das der osmanische Commandant räumte, sobald die Mongolen sich zeigten, gegen Haleb vor.

Es ist schwer mit Bestimmtheit anzugeben, warum Timur den Krieg gegen Bajesid nicht alsbald fortsetzte, denn die Behauptung der osmanischen Geschichtschreiber, daß er es nicht wagen durfte, weiter nach Kleinasien vorzudringen, ist eben so wenig glaubwürdig, als die seiner Panegyriker, welche melden, er habe nicht ein Land erobern wollen, das ihm kein feindliches Heer streitig machte. Es ist möglich, daß Timur noch mehr Truppen zusammenziehen wollte, um gegen eine Macht, wie die Bajesid's, Krieg zu führen und daher einen Angriff auf das anarchische Mamlukenreich vorzog; auch mochte er, bei der vorgerückten Jahreszeit, es nicht für angemessen gehalten haben, in das Innere Kleinasiens vorzurücken, weßhalb er sich lieber nach Süden wendete, wo er auch mit seiner persischen Armee, die von Schiras her nach dem Euphrat marschirte, in Verbindung trat.

Timur hatte schon von Malatieh aus den Sultan von Egypten aufgefordert, ihn als seinen Oberherrn anzuerkennen und ihm seinen noch immer verhaßten Neffen zurückzuschicken. Da dieser Aufforderung keine Folge geleistet wurde, überschritt er als Feind die syrische Grenze, schlug die syrischen Emire in der Nähe von Haleb (30. Oft. 1400), besetzte diese Stadt und bald nachher auch Hims, Hamah und Balbek. Schon war er in der Nähe von Damask, als endlich auch Faradj mit den egyptischen Truppen anlangte (23. Dezember). Die beiden Heere lagerten in der Nähe von Damask und nach mehreren Scharmützeln, in welchen die Egyptier Sieger blieben, knüpfte Timur neue Unterhandlungen an, die jedoch zu keinem Resultate führten. Als er hierauf, aus Kriegslist, oder um sich zu verproviantiren, eine rückgängige Bewegung machte, unterschätzte Faradj die Macht des Feindes und fiel ihm in den Rücken, wurde aber mit großem Verlust zurückgeschlagen. Nach dieser Schlappe verließen mehrere mit der Regierung unzufriedene Emire heimlich das Lager, in der Absicht, nach

Kahirah zu geben, sich der Citadelle zu bemächtigen und einen erfahrenen Mann an Jarabj's Stelle zum Sultan auszurufen. Als die Emire, welche den Sultan beherrschten, dies erfuhren, nöthigten sie ihn, mit ihnen die Entwichenen zu verfolgen. Obgleich es ihnen aber gelang, die Verschworenen in Gaza einzuholen, fürchteten sie doch den Ausbruch einer Empörung in Egypten, setzten daher ihre Reise nach Kahirah fort und überließen das syrische Heer seinem Schicksal. Ein Theil desselben zog sich, dem Beispiele des Sultans folgend, in die Heimath zurück und was davon noch übrig war, besetzte Damask, um wenigstens diese Stadt zu vertheidigen; aber die Bevölkerung, welche das Schicksal der Stadt Haleb fürchtete, in welcher, nach deren Einnahme, drei Tage lang gemordet, geschändet und geraubt worden war, unterhandelte mit Timur, und capitulirte, als er mäßige Bedingungen stellte. Kaum war er indessen Herr der Stadt, so nahmen seine Forderungen immer größere Dimensionen an, und als der Commandant der Burg seinen Widerstand fortsetzte, auch Jarabj von Kahirah aus ihm ein trotzendes Schreiben zuschickte, gab er sie der Plünderung preis und brannte, ehe er wieder aufbrach, den größern Theil derselben nieder. Auch das übrige nördliche Syrien, von Antiochien bis Akka, wurde in gleicher Weise verwüstet und ausgeplündert, der Süden blieb aber verschont, weil Timur sich nach dem Euphrat hin, gegen Edessa und Maridin und von hier gegen Bagdad wendete, das noch immer Ahmed's Statthalter besetzt hielt, obgleich der Jlchan selbst es längst verlassen hatte. Nach der Wiedereinnahme von Bagdad, das jedoch Ahmed später, während des türkisch-mongolischen Kriegs, nochmals besetzte, begab sich Timur (Juli 1401) über Tebris nach Karabagh, und sandte seinen Sohn Schah Roch gegen Erzengan, das Bajesid wieder genommen hatte. Nach längern fruchtlosen Unterhandlungen, bei welchen es sich um die Auslieferung Kara Jusuf's und die Uebergabe der Festung Kemach am Euphrat, südlich von Erzengan, handelte — Erzengan selbst hatte Bajesid bereits wieder dem Taherten zurückgegeben — setzte sich Timur selbst gegen Kleinasien in Bewegung, und rückte, ohne auf erheblichen Widerstand zu stoßen, bis Angora vor. Hier trat ihm Bajesid mit seinem Heere entgegen und lieferte ihm eine Schlacht, in welcher die Osmanen eine gänzliche Niederlage erlitten, denn sowohl mehrere tartarische Regimenter, die unter Bajesid dienten, als Turkomanen, deren ehemalige Fürsten von Bajesid vertrieben worden waren, gingen zum Feinde über und brachten durch ihren Verrath das ganze osmanische Heer in Verwirrung. Bajesid selbst wurde, nebst seinem Sohne Musa, gefangen genommen. Timur behandelte den gedemüthigten Sultan mit Schonung, bis er einen Fluchtversuch machte, dann wurde er streng bewacht und auf der Reise in eine mit eisernen Gittern versehene Sänfte gesperrt.

Nach der Schlacht von Angora war das osmanische Reich in vollster Auflösung. Die Mongolen ergossen sich wie ein Lavastrom, Alles vor sich her zerstörend, über ganz Kleinasien und verfuhren mit gleicher Barbarei gegen Türken wie gegen Griechen. Die schönsten Städte wurden ausgeplündert und niedergebrannt, die Männer gemordet, Frauen und Kinder in die Sklaverei geschleppt. Selbst Smyrna, die einzige Stadt, welche den Osmanen widerstanden hatte, weil sie sehr fest war und von der See aus unterstützt werden konnte, wurde von den Mongolen genommen und gänzlich verwüstet, und erst als ein ungewöhnlich strenger Winter eintrat, welcher viele Opfer forderte, beschloß Timur Kleinasien wieder zu verlassen, setzte aber vorher die von Bajesid vertriebenen Fürsten oder ihre Erben als seine Vasallen wieder in ihre Reiche ein und nöthigte die Söhne Bajesid's, selbst Mehammed I., oder seine Rathgeber, die in Tokat und Amasia den Angriffen der Tartaren Trotz geboten hatten, ihm zu huldigen.

Auch Faradj, der Sultan von Egypten, der jetzt allein stand, und fortwährend gegen herrschsüchtige Emire auf seiner Hut sein mußte, wagte es nicht länger, dem mächtigen Timur Trotz zu bieten. Er sandte ihm nicht nur den längst reclamirten Neffen, sondern auch kostbare Geschenke und, nach persischen Berichten, als Zeichen der Unterwerfung, egyptische Münzen mit Timurs Namen. Später ließ er auch den Ilchan Ahmed sowohl, als Kara Jusuf in Syrien verhaften, um Timur keine neue Veranlassung zur Unzufriedenheit zu geben. Ahmed hatte sich nämlich, wie wir schon früher berichtet haben, als Timur den größern Theil des persischen Heeres aus Jrak zog, um es gegen Bajesid zu führen, der Stadt Bagdad aufs Neue bemächtigt und auch Kara Jusuf war wieder nach Mesopotamien zurückgekehrt, sobald die Tartaren in Kleinasien eingedrungen waren. Ahmed und Kara Jusuf entzweiten sich bald; Ersterer wurde genöthigt, sich nach Syrien zu flüchten, aber auch Letzterer konnte sich, als von mehreren Seiten her Truppen gegen ihn zusammengezogen wurden, nur kurze Zeit behaupten und mußte, nach einer verlorenen Schlacht in der Nähe von Hilleh, sich gleichfalls auf syrisches Gebiet zurückziehen. Timur begnügte sich indessen nicht mit der Verhaftung dieser beiden Gegner, sondern verlangte von Faradj auch ihre Hinrichtung. Der schwache Sultan ertheilte dem Statthalter von Damask den Befehl, den Wünschen Timurs nachzukommen, da aber Syrien um diese Zeit ziemlich unabhängig von Egypten war, wurde dieser Befehl nicht vollzogen, im folgenden Jahre wurden sogar beide wieder in Freiheit gesetzt, was jedoch, da Timur bald nachher starb (18. Februar 1405), und unter seinen Nachkommen wenig Einigkeit herrschte, keine weitere Folge für Egypten hatte. Beide kehrten, bald nach dem Tode Timurs, nach ihren frühern Besitzungen zurück, Ahmed nach dem arabischen Irak und Kara Jusuf nach Kurdistan. Letzterer dehnte bald seine Herrschaft über Adserbeidjan und noch weiter nach Norden aus. Später, als er gegen Kara Jelek, den Häuptling der Horde vom weißen Hammel, welcher die ganze Provinz Dijarbekr erobert hatte, in Armenien Krieg führte, fiel Ahmed in Adserbeidjan ein und besetzte Tebris, wurde aber von Kara Jusuf, der alsbald mit seinem ganzen Heere herbeieilte, geschlagen und auf der Flucht getödtet, worauf Schah Mohammed, der Sohn Kara Jusufs, nach wiederholten Kämpfen gegen die Partei Ahmed's, von Bagdad Besitz nahm und der Herrschaft der Ilchane von Persien für immer ein Ende machte (1411).

Auch Egypten kam mit Kara Jelek sowohl als mit Kara Jusuf in vielfache Berührung. Faradj hatte in der ersten Zeit, nach seiner Flucht von Damask, verschiedene Empörungen zu unterdrücken, und als er Herr von Egypten war, wurde er in Syrien, wohin sich alle Unzufriedenen aus Egypten geflüchtet hatten, entthront. An der Spitze der Rebellen stand der nachherige Sultan Scheich Mahmudi, und Djakam, welche, im Bündnisse mit Kara Jusuf, nach Egypten zogen. Es gelang zwar dem Sultan, sie in Kahirah zu schlagen, doch sah er sich bald nachher, in Folge der Verhaftung seines Oberstallmeisters, welcher großen Anhang unter den circassischen Mamluken hatte, genöthigt, sich zu verbergen und einige Wochen, bis die Rebellen unter sich selbst uneinig wurden, die Regierung seinem Bruder Abd Alaziz zu überlassen (September 1405). In Syrien dauerten indessen die Unruhen noch fort, als in Egypten die Ordnung schon wieder hergestellt war. Djakam ließ sich förmlich als Sultan huldigen und hätte wahrscheinlich auch Egypten unterworfen, wenn er nicht im Kriege gegen Kara Jelek umgekommen wäre. An Djakams Stelle trat bald Scheich Mahmudi. Faradj mußte mehreremale mit seinem

Heere nach Syrien aufbrechen, um ihn zu vertreiben, wurde aber zuletzt in Damask von dem Heere Scheich's umzingelt, zur Capitulation genöthigt (Mai 1412), und, trotz derselben, hingerichtet. Zum Sultan wurde zuerst der damalige Chalife Almustain gewählt, nach einigen Monaten aber wieder entsetzt und Scheich, sein bisheriger erster Minister, der seit dem Tode Faradj's schon factisch regierte, erhielt nun auch den Sultanstitel (November 1412).

Zehnter Abschnitt.

Westasien und Egypten nach den Eroberungen Timurs, bis zum Tode des Sultan Bajesid II.

I. Egypten und Syrien bis zur Regierung Choschkadem's.

So leicht es auch Scheich geworden war, sich des Thrones in Egypten zu bemächtigen, so fiel es ihm doch schwer, die Anerkennung der syrischen Emire zu erlangen. Newruz, der Statthalter von Damask, im Bündnisse mit andern Statthaltern, machte ihm die Herrschaft streitig und er mußte selbst ein Heer nach Syrien führen, um die Rebellen zu bekriegen. Newruz warf sich, nach einer verlorenen Schlacht, in die Citadelle von Damask und capitulirte, nachdem Scheich geschworen hatte, daß er die bei der Uebergabe aufgestellten Bedingungen nicht verletzen würde. Die Gesandten Newruz's, welche ihm den Eid abnahmen, hatten aber nur eine oberflächliche Kenntniß der arabischen Sprache und der Geheimsecretär Scheich's hatte eine Eidesformel aufgesetzt, die, ohne daß jene es merkten, nicht bindend war. Als daher Newruz, im Vertrauen auf diesen Eid, vor Scheich erschien, wurde er gefesselt und nachher im Gefängnisse ermordet (Juli 1414), weil die anwesenden Cadhi's erklärten, der geschworene Eid habe keine Gültigkeit. In dem folgenden Jahre mußte jedoch Scheich noch zweimal nach Syrien aufbrechen, theils um einen neuen Aufstand zu unterdrücken, theils um manche Plätze wieder zu erobern, derer sich während der Bürgerkriege die kleinen Fürsten bemächtigt hatten, die früher unter egyptischer Botmäßigkeit gestanden waren. So der von Timur wieder eingesetzte Fürst Mohammed von Caraman, welcher während seines Krieges gegen den Sultan Mohammed I. Münzen mit dem Namen Scheich's hatte prägen lassen, und später doch die unter des Letztern Oberherrschaft stehende Stadt Tarsus nahm. Diesen zu bekriegen war für Scheich um so leichter, als er von dessen eigenem Bruder Ali Bey herbeigerufen wurde. Auch die Fürsten vom Geschlechte Dulgadir, welche in Ableſtin residirten, sowie die vom Hauſe Ramadhan, welche Herren von Adanah, Sis Ajas und andern Plätzen an der nördlichen Grenze von Syrien waren, sollten wieder egyptische Vasallen, und endlich auch die Stadt Malatieh, die der Turkomane Huſein überrumpelt hatte, wieder genommen werden. Die Expedition hatte einen glücklichen Verlauf, Ableſtin wurde besetzt, Tarſus erobert, Malatieh von Huſein geräumt und der Fürst von Ramadhan zur Unterwerfung genöthigt. Der Krieg sollte gegen Huſein und den Fürſten von Caraman fortgesetzt werden, aber ein Leiden am Fuße nöthigte den Sultan zur Rückkehr nach Haleb, und der das egyptische Heer befehligende Emir folgte ihm bald nach, weil Kara Juſuf in Syrien eingefallen war, um Kara Jelek zu verfolgen, den er am Fluſſe Merzeban geschlagen, und der sich darauf nach Haleb geflüchtet hatte. Erst nachdem Kara Juſuf sich wieder über den Euphrat zurückgezogen und Scheich versichert hatte, daß er nicht als sein, sondern als Kara Jelek's Feind ins syrische Gebiet eingefallen sei, wurde das gegen ihn ausgerüstete Heer abermals nach Kleinaſien geschickt, denn Tarſus war inzwischen vom Fürſten von Caraman genommen, und der von Scheich eingesetzte Fürst von Ableſtin wieder von seinem Bruder vertrieben worden. Dieser Feldzug hatte den schönſten Erfolg. Ibrahim, der Sohn des Sultans, welcher den Oberbefehl führte, besetzte Cäsarea, Nigdeh und Caraman, ernannte Ali Bey zum Präfekten der beiden letztern Städte und übergab Cäsarea dem Mohammed Ibn Dulgadir. Während er selbst in das Innere Kleinasiens vorgedrungen war, hatte der Statthalter von Damaſt, Muſtapha, den Sohn des Fürſten von Caraman, und den Fürſten Ibrahim von Ramadhan bei Adanah geschlagen und dieſe Stadt sowohl, als Tarſus, wieder erobert. Als nach dem Abzuge Ibrahims die beiden Letztern mit dem Fürſten von Caraman gegen Cäsarea zogen, wurden sie von dem egyptischen Statthalter geschlagen. Muſtapha blieb in der Schlacht, sein Vater wurde gefangen genommen und nach Kahirah geschickt, wo er bis nach dem Tode des Sultans im Gefängnisse schmachtete.

Noch einmal wurde, bald nach diesem Kriege, Syrien von Kara Juſuf bedroht, welcher Edelſteine und ſonſtige Koſtbarkeiten zurückforderte, die man ihm zur Zeit ſeiner Gefangenschaft abgenommen hatte, aber die Empörung seines eigenen Sohnes Schah Mohammed, welcher in Bagdad residirte, nöthigte ihn, sich nach Irak, statt nach Syrien zu wenden, und als er ihn vertrieben und seinen Sohn Iß-pahan an dessen Stelle gesetzt hatte, mußte er seine ganze Macht gegen Schah Roch, den Sohn Timurs, aufbieten, welcher, nach längern Kriegen gegen andere Söhne und Enkel Timurs, sich zum Herrn über Persien emporgeschwungen hatte, und der jetzt auch die Provinz Adserbeidjan wieder zu erobern suchte. Kara Jusuf stellte sich selbst an die Spitze seines Heeres, um diese Provinz zu verthei-digen, starb aber plötzlich, wie man glaubt an Gift, auf dem Wege nach Sultanieh (November 1420), und seine Besitzungen wurden zwi-schen seinen vier Söhnen: Schah Mohammed, Iskander, Ißpahan und Djihan Schah getheilt, welche übrigens auch, wie die Nachkom-men Timurs, sich selbst unter einander befehdeten.

Der Sultan war schon sehr krank, als die Nachricht vom Tode Kara Jusufs nach Kahirah kam. Der Tod seines Sohnes Ibrahim, den er nach einigen Berichten, weil ihn das Volk bei seiner Rückkehr aus Kleinasien allzusehr gefeiert hatte, und er ihn um seinen Ruhm be-neidete, vielleicht auch, weil er von ihm verdrängt zu werden fürchtete, selbst vergiften ließ, drückte ihn so schwer, daß sein ohnehin längst schon hinfälliger Körper bald zusammenbrach (13. Januar 1421). Er hinter-ließ, wie der Sultan Naßir, große Reichthümer, und doch fehlte es bei seinem Tode an dem Nöthigen zur Bestattung, weil Alles gleich von den Emiren weggeschafft wurde, und kein Mensch sich um die Leiche kümmerte. Er hatte schon vor seiner Thronbesteigung durch seine Intriguen und Empörungen viel Elend über Egypten gebracht und als Sultan keineswegs seine Unterthanen beglückt. Die Emire waren ihres Lebens nicht sicher, denn viele wurden auf den geringsten Verdacht hin enthauptet oder eingekerkert, das Volk wurde von Scheich's Gerichts- und Verwaltungsbeamten in jeder Weise ausgesogen und mißhandelt, denn die meisten Aemter wurden an die Meistbietenden verkauft, die sich dafür wieder am Volke durch allerlei Erpressungen entschädigten. Demungeachtet fehlt es nicht an Lobrednern Scheich's, welche alles Unglück, das er über Egypten gebracht und alle Schlech-tigkeit, die er geduldet und durch seine Geldgier hervorgerufen hatte, vergaßen, weil er ein sogenannter frommer Moslim war, das heißt, nicht öffentlich gegen die Satzungen des Islams verstieß, viel mit Gelehrten umging, in der Theologie bewandert war, als Redner und

Dichter sich ausgezeichnet, auch eine schöne Moschee, ein Spital und eine theologische Schule gestiftet hatte. Sein ganzes Leben ist reich an Contrasten. Kurz nachdem er Newruz durch einen Meineid hintergangen hatte, brachte er, wahrscheinlich um sein Verbrechen zu sühnen, mehrere Tage in einem Sufikloster zu, wohnte den religiösen Tänzen bei und überhäufte die Sufi mit Geschenken. Während er, um seine Herrschsucht zu befriedigen, ganze Ströme Blut vergoß, trug er, wie die Sufi, ein wollenes Gewand, und befahl den Predigern, wenn sie beim Kanzelgebete nach dem Propheten Mohammed seinen Namen erwähnten, eine Stufe herabzusteigen.

Daß unter einem frömmelnden Sultan der Zustand der Nichtmohammedaner kein beneidenswerther war, versteht sich von selbst. Findet man selbst in christlichen Staaten häufig Religiosität mit Intoleranz gepaart, obgleich Menschenliebe den Kern christlicher Lehre bildet, so ist bei Mohammedanern, die im Koran so viele Anhaltspunkte für Zurücksetzung Andersgläubiger finden, Duldsamkeit ein wahres Verbrechen. Die Juden und Christen mußten außerordentliche Steuern bezahlen, alle alten Verordnungen in Bezug auf ihre Absonderung wurden wieder erneuert und noch verschärft. Man begnügte sich nicht mehr damit, ihnen die Farben vorzuschreiben, welche ihre Oberkleider und Turbane haben sollten, auch das Maß der Aermel und der Kopfbinden wurde geregelt, so daß selbst die Form und der Schnitt ihrer Kleidung verschieden von denen der Moslimen war, und sogar den Frauen wurden neue, sie beim ersten Anblick kennzeichnende Kleidungsstücke aufgezwungen.

Auch Scheich glaubte, wie so manche Andere vor ihm seit der Zeit des Sultan Beibars, daß, obgleich er den Thron usurpirt hatte, und selbst Söhnen legitimer Fürsten im mohammedanischen Reiche keine allgemeine Anerkennung gezollt wurde, sein letzter Wille werde doch Andern heilig sein. Er ernannte seinen Sohn Ahmed, der noch nicht anderthalb Jahre alt war, zu seinem Nachfolger, und bestimmte die Emire, welche bis zu dessen Großjährigkeit eine Art Regentschaft bilden sollten. Tatar, der mächtigste und schlaueste unter ihnen, wußte aber bald die Mitregenten durch List und Gewalt zu beseitigen, und als er keinen Rivalen mehr hatte, entthronte er Ahmed, und ließ sich selbst als Sultan huldigen (29. August 1421). Er erkrankte aber bald nach seiner Rückkehr aus Syrien, wo er seine Gegner bekriegt hatte, und starb nach einer Regierung von ungefähr drei Monaten

(30. November). Auch er hatte seinen zehnjährigen Sohn zum künftigen Sultan bestimmt und die Emire ernannt, die in dessen Namen regieren sollten, aber Bursbey, der Atabeg des Sultans, riß bald alle Gewalt an sich, begnügte sich einige Monate mit dem Titel Reichsverweser und bestieg dann den Sultansthron (1. April 1422). Wie immer empörten sich einige Statthalter von Syrien, sie wurden aber besiegt, ohne daß Bursbey selbst Egypten zu verlassen brauchte. Als die Ruhe in Syrien hergestellt war, richtete der Sultan sein Augenmerk auf die europäischen Seeräuber, welche seit Jahren die Küsten von Syrien und Egypten beunruhigten, bald hier, bald dort landeten, und mit Raub beladen wieder das Weite suchten, ehe die gegen sie ziehenden Truppen sie erreichen konnten. Es waren theils Cyprioten, theils Catalonier und Genueser, die von Cypern ausliefen und dahin ihre Beute in Sicherheit brachten. Er beschloß daher, diese Insel zu erobern, die von der syrischen Küste her leicht zu erreichen war, und deren zerrüttete Zustände wenig Widerstand erwarten ließen. Er sandte zuerst nur einige Schiffe ab, welche in Limasol landeten, die im Hafen liegenden Schiffe, sowie die offene Stadt ausplünderten und wieder nach Egypten zurückkehrten (1424). Der günstige Erfolg dieser Expedition bestärkte den Sultan in seinem Vorhaben. Er ließ im folgenden Jahre eine größere Flotte von Alexandrien auslaufen, welche vor Famagust landete. Diese unter genuesischer Herrschaft stehende Stadt ergab sich alsbald, worauf die ausgeschifften Truppen alle Ortschaften ausplünderten, die ihnen entgegentretenden Truppen, unter Heinrich von Lusignan, zurückschlugen und bis nach Limasol vorrückten. Der egyptische Befehlshaber schiffte sich jedoch, als er vernahm, daß Janus, der König von Cypern, mit einem starken Heere im Anzuge sei, wieder ein, um seine Beute und zahllosen Gefangenen nach Egypten in Sicherheit zu bringen. Zum drittenmale lief eine noch stärkere egyptische Flotte (im Juli 1426) von Rosette aus, welche östlich von Limasol landete und nach wenigen Tagen diese Festung nahm. Als hierauf die Moslimen gegen Larnaka vorrückten, stießen sie bei dem Dorfe Chierokitia auf das Heer des Königs Janus und wurden genöthigt, sich wieder zurückzuziehen. Die Cyprioten zerstreuten sich aber, statt den Feind zu verfolgen, und als die Mamluken dies bemerkten, erneuerten sie den Angriff, tödteten viele Christen und nahmen den von wenig Truppen umgebenen König gefangen. Nach diesen Vorfällen unterwarf sich auch die Hauptstadt Nicosia, worauf die

Egyptier mit dem gefangenen König nach Egypten zurückkehrten, wo große Festlichkeiten zum Empfang der Sieger vorbereitet waren. Der König ritt auf einem Maulthiere, hinter mehreren Tausenden gefangener Cyprioten, bis an das Thor der Citadelle. Hier mußte er absteigen und zu Fuß, mit rasselnden Ketten und entblößten Hauptes, bis zum Thronsaal gehen, in welchem sich der Sultan befand, von seinem ganzen Hofstaate und mehreren fremden Gesandten umgeben. Er warf sich vor dem Sultan nieder, versuchte es wieder aufzustehen, war aber so erschöpft und zerknirscht, daß er in Ohnmacht fiel. Als er wieder zu sich kam, wurde er gefragt, welches Lösegeld er bezahlen wolle. Er antwortete, er besitze nur noch sein Leben, worüber der Sultan verfügen möge. Bei dieser Antwort blieb er, selbst als man ihm mit Hinrichtung drohte. Indessen unterhandelten venetianische und andere europäische Kaufleute wegen des Lösegelds mit dem Sultan, der sich schließlich mit 200,000 Dinaren begnügte. Janus wurde nicht nur wieder in Freiheit gesetzt, sondern auch als Vasall des Sultans nach Cypern zurückgeschickt, sobald er sich zu einem jährlichen Tribut verpflichtet hatte. Nach seinem Tode (1432) huldigte sein Sohn Johannes II. auch dem Sultan als seinem Lehensherrn, und fuhr fort ihm Tribut zu entrichten. Als auch dieser starb (1458) und seine Tochter Charlotte Königin von Cypern wurde, flüchtete sich sein natürlicher, vom Throne verstoßener Sohn Jakob II. nach Egypten, zum damaligen Sultan Jual, und fand bei demselben, da von Seiten der Königin noch keine Gesandtschaft eingetroffen war, auch in den Augen der Moslimen ein natürlicher Sohn vor einer legitimen Tochter den Vorzug verdient, freundliche Aufnahme. Er wurde beschenkt und erhielt das Versprechen, zum Fürsten von Cypern eingesetzt zu werden. Jnal ertheilte auch alsbald die nöthigen Befehle zur Ausrüstung der Flotte. Inzwischen trafen aber auch Abgesandte der Königin ein, welche durch das Anerbieten eines höhern Tributs ihn zu gewinnen suchten, und die auch von einem Gesandten des Großmeisters von Rhodus unterstützt wurden. Jnal ließ sich von seinem Vicestaatskanzler, einem gebornen Cyprioten, welchen die Gesandten der Königin bestochen hatten, bestimmen, Charlotte als Königin zu bestätigen und ihren Gesandten, in feierlicher Audienz, den betreffenden Firman zu überreichen. Als sie aber den Audienzsaal verließen, entstand ein Tumult unter den Mamluten; sie mißhandelten die Gesandten, beschimpften den Renegaten, nannten ihn einen Verräther, der nur den Vortheil der Franken, nämlich des Prinzen Ludwig von Savoyen, im Auge habe, mit welchem Charlotte vermählt war, und nahmen zuletzt gegen den Sultan selbst eine so drohende Haltung an, daß er sich abermals für Jakob erklärte, und die unterbrochenen Rüstungen wieder aufnehmen ließ. Im August 1860 trug eine egyptische Flotte Jakob nach Cypern, und mit Hülfe der Egyptier war er bald Herr der ganzen Insel, mit Ausnahme der am Meere liegenden Festung Cerines, welche Charlotte, die immer Hülfe von Savoyen und dem Pabste erwartete, noch in ihrer Gewalt hatte. Der größte Theil der egyptischen Truppen kehrte hierauf wieder in die Heimath zurück und nur einige hundert Mann blieben bei Jakob. Später, als auch die Genueser, die noch immer Herren von Famagust waren, sich für Charlotte erklärten, mußten die egyptischen Sultane ihrem Schützling neue Hülfstruppen zuschicken, aber die Emire, die an ihrer Spitze standen, blieben nur so lange es ihnen gefiel, und Jakob selbst entledigte sich ihrer gern, sobald er mit ihrer Hülfe Cerines und Famagust unterworfen hatte (1464). Als endlich die egyptische Besatzung nur noch auf einige hundert Mann zusammengeschmolzen war, und ihr Häuptling Djanibey und seine Mamluken den König mit Geringschätzung behandelten, ließ er unter irgend einem Vorwande die Egyptier in verschiedene Dörfer einquartiren, während Djanibey und seine Mamluken in Famagust überfallen und niedergemetzelt wurden. In seinem Berichte an den Sultan meldete aber Jakob, Djanibey habe den Vertrag mit Famagust durch allerlei Schändlichkeiten und Gewaltthaten verletzt und ihn selbst, weil er, in Folge der Klagen der Genueser, ihm deßhalb Vorstellungen gemacht, nicht nur mit Worten schwer beleidigt, sondern sich auch körperlich an ihm vergriffen, worauf dann die empörten Cyprioten sich zusammengerottet und ihn und seine Mamluken getödtet hätten. Der damalige Sultan Choschkadem, gegen den Jakob in seinem Berichte die größte Unterwürfigkeit heuchelte und dem er auch den schuldigen Tribut fortbezahlte, verlangte keine weitere Genugthuung, obgleich er später den wahren Hergang erfuhr und Charlotten's Gesandte sich alle Mühe gaben, ihn gegen Jakob und für die Königin einzunehmen.

Der Sultan Bursbey, der Eroberer von Cypern, kämpfte mit geringerm Erfolg gegen den schon oft genannten Turkomanen Kara Jelek, der sich zur rechten Zeit Timur angeschlossen hatte, daher auch von ihm mit Sivas und andern Plätzen im östlichen Theile Kleinasiens belehnt worden war. Später hatte er auch seine Herrschaft über Dijarbekr ausgedehnt, mit Kara Jusuf um die obern Tigrisufer gestritten und am Euphrat, zwischen Birch und Malatich, mehrere Städte genommen, die früher unter egyptischer Botmäßigkeit standen. Im Jahr 1429 wurde Roha von dem syrischen Heere genommen, der glücklich begonnene Feldzug konnte aber, in Folge von Menterreien unter den Truppen, nicht fortgesetzt werden und im folgenden Jahre plünderte Kara Jelek wieder die dem Sultan unterworfenen Provinzen nördlich und östlich von Haleb aus. Man war in Egypten in der größten Besorgniß, weil man auch einen Angriff von dem mit Kara Jelek verbündeten Schah Roch, dem schon früher genannten Sohne Timurs, befürchtete, welcher kurz vorher Iskander, den Sohn Kara Jusuf's und Herrn von Adserbeidjan mit der Hauptstadt Tebris, geschlagen, und den größten Theil Persiens erobert hatte. Schon war ein Schreiben Schah Rochs an den Sultan angelangt, den er nur als Emir anredete, welches die bittersten Vorwürfe über die von den Egyptiern in Roha begangenen Schändlichkeiten und die furchtbarsten Drohungen enthielt. Schah Roch war außerdem gegen Bursbey aufgebracht, weil er den mit dem Sohne Kara Jeleks bei der Uebergabe von Roha geschlossenen Vertrag nicht gehalten, und weil er ihm selbst nicht gestattet hatte, Stoffe für die Bekleidung des Tempels nach Mekka zu schicken. Die im ganzen Orient damals verbreitete Pest und Theuerung gestattete jedoch keine größere kriegerische Unternehmung, und erst im Jahr 1436, als Schah Roch seine Forderung und seine Drohungen wiederholte, traf Bursbey, nachdem er sie mit Entrüstung zurückgewiesen hatte, indem die Bekleidung des Tempels seit dem Verfall des Chalifats von Bagdad ein Privilegium der Sultane von Egypten war, großartige Rüstungen gegen Kara Jelek, um ihn zu zernichten, ehe ihm Schah Roch zu Hülfe kommen könnte. Er rückte ohne Widerstand bis Amid, der Hauptstadt von Dijarbekr, vor, wurde aber, als er diese Festung, welche ein Sohn Kara Jeleks vertheidigte, erstürmen wollte, zurückgeschlagen und sah sich genöthigt, eine förmliche Belagerung vorzunehmen, während welcher seine Truppen großen Mangel litten und bald laut murrten. Da auch mehrere Emire mit dem Sultan unzufrieden waren, weil er ihre Mamluken am meisten exponirte und die Seinigen schonte, so unterhandelte er mit Kara Jelek, welcher in der Festung Arkenin lag und begnügte sich mit dessen scheinbarer Unterwerfung, ohne irgend einen positiven Vortheil, ohne

Entschädigung für die ungeheuern Kriegskosten und ohne die geringste Garantie von Seiten des treulosen Gegners, so daß Kara Jelek sich in Gegenwart des egyptischen Cadhi, der ihm Geschenke und ein Ehrenkleid von Bursbey brachte, über diese ganze Expedition und ihr kläglliches Resultat lustig machte. „Hätte mir der Sultan," sagte er, „nur die Hälfte von dem geboten, was die Hufeisen seiner Reiterei gekostet haben, so würde ich ihm den Unterthaneneid geleistet haben." Um ihm aber auch zu zeigen, welchen Werth er auf das Ehrenkleid des Sultans legte, zog er es sogleich wieder aus, und schenkte es einem seiner Offiziere. Der Sultan sowohl als seine Emire waren aber des Krieges müde, die Truppen kehrten nicht wie Sieger, sondern wie vom Feinde verfolgt, in Unordnung und größter Eile wieder in die Heimath zurück, aber nichts destoweniger zog der Sultan (September 1433) als Triumphator in die festlich geschmückte Hauptstadt ein. Kara Jelek fuhr fort, die egyptischen Provinzen auszuplündern, und so oft Bursbey Miene machte, ihn zu bekriegen, heuchelte er Unterwürfigkeit, sandte Münzen mit dem Namen des Sultans, oder überschickte ihm die Schlüssel der eroberten Städte, bis er endlich im Kampfe gegen Iskander umkam (1435). Letzterer wurde bald nachher von Schah Roch abermals besiegt, trieb sich einige Zeit in Kleinasien und Egypten herum, führte dann wieder Krieg gegen seinen Bruder Djiban Schah, welcher in Tebris, als Vasall Schah Roch's, residirte, mußte aber die Flucht ergreifen und wurde von seinem eigenen Sohne Schah Kumat ermordet (Mai 1438).

Das Verhältniß Bursbey's zu Schah Roch wurde indessen immer gespannter, und ersterer war in großer Besorgniß, weil auch Ispahan, der andere Sohn Kara Jusufs, welcher Herr von Bagdad war, sich dem Schah Roch unterworfen hatte und dieser nun ohne Umschweife verlangte, daß er als Oberherr von Egypten anerkannt werde. Bursbey ließ sich indessen nicht einschüchtern, er mißhandelte die Gesandtschaft Schah Rochs und schickte sie mit grober Antwort zurück, und obgleich er noch zwei Jahre auf dem Throne blieb, verschaffte sich Schah Roch doch keine Genugthuung. Erst unter dem Sultan Djakmak erhielt er endlich, zum großen Aerger der Mamluken, die Erlaubniß, einen Vorhang für den Tempel von Mekka zu schicken, womit er sich auch begnügte.

Wir übergehen die Kriege Bursbey's gegen die rebellischen Fürsten von Dulgadir, sowie gegen den Scherifen von Mekka und die

Söhne Kara Jeleks, welche alle von bestem Erfolge gekrönt wurden, und bemerken nur, daß die Herrschaft über Mekka nicht blos deßhalb große politische Bedeutung hatte, weil diese Stadt die Wiege des Islams und der Sammelplatz der Pilger war, sondern auch darum, weil der Besitz der zur Mekka gehörenden Hafenstadt Djiddeh erhebliche commercielle Vortheile brachte. Gerade um diese Zeit wurde Aden in Folge der Bedrückungen, welchen hier die mit indischen Specereien beladenen Schiffe von Seiten der Fürsten des glücklichen Arabiens, ausgesetzt waren, gemieden und Djiddeh als Landungsplatz gewählt, wo dann der Hauptumsatz der indischen Producte gegen die des Occidents stattfand. Bursbey verstand es, diesen Vortheil in vollem Maße auszubeuten. Abgesehen davon, daß er von allen eingeführten Waaren ein Zehntel erhob, eignete er sich den Alleinverkauf aller egyptischen und europäischen Handelsartikel zu, so daß die Indier bei ihrem Tauschhandel ganz von ihm abhingen, und als sie es wieder versuchten, ihre Waaren nach Aden zu bringen, verdoppelte er den Eingangszoll derselben, wenn sie von seinen Unterthanen dort eingekauft wurden und confiscirte sie, wenn fremde Schiffe sie importiren wollten. Später ging er noch weiter, indem er den Handel mit Gewürzen gänzlich untersagte, und als einziger Käufer und Verkäufer derselben nach Belieben den Ein- wie den Verkaufspreis festsetzte. So ließ er sich für eine Ladung Pfeffer ein Drittheil mehr bezahlen, als sie bisher gekostet hatte, worüber die Venetianer, welche damals den größten Handel im mittelländischen Meere trieben, und sowohl in Syrien als in Egypten ihre Consuln hatten, Beschwerde führten. Als die Klagen des Consuls unberücksichtigt blieben, drohte die Regierung, allen Verkehr mit Egypten abzubrechen und beorderte eine Flotte nach Alexandrien, um dieser Drohung Nachdruck zu geben und um die Rückkehr der Venetianer mit ihren Gütern zu sichern (1431). Der Sultan ließ es jedoch nicht aufs Aeußerste kommen, er setzte den Pfefferpreis wieder herab, hielt aber das Monopol aufrecht. Auch mit Catalonien und Arragonien gerieth Bursbey in Conflict wegen seiner Bedrückung des Handels, so daß sie, um ihn zur Nachgiebigkeit zu zwingen, moslimische Schiffe in egyptischen und syrischen Häfen kaperten. Auch den Handel mit Zucker wollte der Sultan allein betreiben. Zuerst behielt er sich die Fabrikation vor, dann verbot er aber auch die Production des Zuckerrohrs, und es durfte nur noch auf den Staatsgütern gepflanzt werden. Später nahmen die Monopole eine immer weitere Ausdehnung, und erstreckten sich auf Manufacturwaaren, auf Holz und auf Schlachtvieh. Die bedeutendsten Handelsartikel waren bald in den Händen des Sultans concentrirt, und auch die freigelassenen hatten wenig Verlockendes, weil seine Mamluken sich allerlei Gewaltthaten gegen die Kaufleute und Marktbesucher erlaubten, und weil bei den häufigen willkürlichen Veränderungen des Münzwerths, natürlich immer zu Gunsten des Fiscus, nie auf sichern Gewinn zu rechnen war. Bursbey verschmähte überhaupt kein Mittel, um sich zu bereichern; er eignete sich nicht nur den größern Theil der Verlassenschaft der Juden und Christen zu, sondern besteuerte sogar die armen Pilger, wenn sie nur eine Strohmatte kauften, und trieb es so weit, daß, obgleich er ein sehr frommer Moslim war, viel betete, fastete und Koran las, doch ein Zeitgenosse ihn einen Heuchler nennt, und ihm seine Geldgier und seine Bedrückung der Unterthanen verwirft. Während er einerseits mehrere Verordnungen erließ, um den Tempel zu Mekka vor jeder Entweihung zu schützen, machte er aus der ganzen Stadt Mekka ein wahres Zollgebäude. In derselben Stunde, als das Volk am heiligen Pilgerfeste Gott um Vergebung seiner Sünden anflehte, riefen Herolde: „Wer Waaren kauft und sie nicht in Egypten verzollt, hat sein Leben verwirkt." Die in Djiddeh oder Mekka gekauften Waaren mußten nämlich, selbst wenn sie nach Syrien oder Irak bestimmt waren, den Umweg über Egypten machen, um dort verzollt zu werden.

Obgleich aber Bursbey sich weder die Liebe der Emire noch die des Volks errungen hatte, glaubte er doch, als er sein Ende nahe fühlte, sie würden sich seinen Sohn Jusuf, der noch nicht fünfzehn Jahre alt war, als zukünftigen Sultan octroyiren lassen, denn er zählte auf die Ergebenheit seiner Mamluken, und auf die Treue des Emir Djakmak, den er ihm als ersten Rathgeber an die Seite stellte. Die Thronbesteigung Jusufs (7. Juni 1438) stieß in der That auch auf keinen Widerstand, aber nach drei Monaten schon (9. September) nahm Djakmak, sobald er sich seiner Rivalen entledigt, und die Mamluken unschädlich gemacht hatte, dessen Stelle ein. Er hatte zwar in Egypten sowohl als in Syrien manchen Aufstand zu bewältigen, aber seine Klugheit und Entschlossenheit, bei dem Mangel an Zusammenwirken und energischem Handeln von Seiten der Gegner, sicherte ihm den Sieg über dieselben.

Als im Innern die Aufrührer vernichtet waren, wollte er, als guter Mohammedaner, auch seiner Obliegenheit, die Christen zu bekämpfen, nachkommen und wählte die Insel Rhodus als Schauplatz des heiligen Kriegs, die er eben so leicht, wie Bursbey die Insel Cypern, zu unterwerfen hoffte. Aber der Johanniter-Orden, dem diese Insel gehörte, hatte seine Spione in Egypten, so daß die Rüstungen des Sultans ihm nicht verborgen blieben und er die nöthigen Vertheidigungsanstalten treffen konnte. Die wiederholten Expeditionen des Sultans hatten nur die Verwüstung und Ausplünderung einiger unbedeutenden Küstenplätze zur Folge, alle Angriffe auf die Hauptstadt wurden mit Verlust zurückgeschlagen, daher auch die Belagerung wieder aufgehoben ward und der Sultan mit dem Großmeister von Rhodus einen Frieden schloß (1444).

Zu den moslimischen Fürsten waren Djakmak's Beziehungen sehr freundlich. Mit Sultan Murad wechselte er häufig Gesandtschaften und Geschenke, deßgleichen, wie wir schon früher berichtet haben, mit Schah Roch. Die Söhne Kara Jelek's, sowie die Fürsten aus dem Hause Ramadhan und Dulgadir, unterwarfen sich und verschwägerten sich mit ihm, auch Kara Jelek's Enkel Djihangir, der Herr von Amid, buhlte um dessen Freundschaft, deßgleichen Djihanschah, der Sohn Kara Jusufs, welcher damals Herr von Tebris war und in fortwährender Fehde mit Djihangir sich befand.

Die Regierung Djakmak's war im Verhältniß zu der Bursbey's eine milde, obgleich auch er den Handelsstand durch Zölle und Monopole schwer belastete, doch hören wir seltener von außerordentlichen Steuern, von Erpressungen, Foltern, Hinrichtungen und Gewaltthätigkeiten der Mamluken, wenn er auch nicht im Stande war, sie gänzlich zu verhindern. Obgleich er aber vom Volke, namentlich wegen seiner Frömmigkeit, geliebt und von der Geistlichkeit, deren Umgang er pflegte, verehrt ward, konnte doch sein Sohn und Nachfolger Osman, zu dessen Gunsten er schon vierzehn Tage vor seinem Tode (1. Februar 1453) abdankte, sich nur etwa anderthalb Monate auf dem Throne behaupten. Er machte sich durch Gewaltthätigkeiten gegen die Emire, welche nicht zu seinen Mamluken gehörten, verhaßt und gefürchtet. Die Mamluken seiner Vorgänger verschworen sich gegen ihn, und an ihrer Spitze stand sein eigener Atabeg, der Emir Jnal, ein ehemaliger Mamluke Berkuk's. Osman wurde zwar gewarnt, und es fehlte ihm nicht an Mitteln, seine Feinde unschädlich zu machen, aber er hielt seinen Thron für unerschütterlich, und verhöhnte die, welche ihn zur Wachsamkeit aufforderten. Da er die Krone von seinem Vater empfangen, der Chalife sie geweiht und das Volk ihm Treue geschworen hatte, so hielt er sich für unantastbar. Er hatte vergessen, daß sein Vater ein Usurpator war, der, obgleich selbst ein Meineidiger, doch geglaubt hatte, andere durch einen Eid binden zu können. Erst als ihm die Widerstandsmittel schon zum großen Theil entzogen waren, gingen ihm die Augen auf, und der Chalife selbst reizte das Volk zur Empörung, weil bei der Huldigung Osman auf dem Throne saß und er selbst eine Stufe unter ihm auf einem Teppiche, und weil er auch die Stiftungen der Emire, welche ihrer Güter beraubt wurden, confiscirt hatte. Indessen vertheidigte er noch sieben Tage mit seinen Mamluken die Citadelle gegen die Aufständischen, wurde aber zuletzt zur Uebergabe derselben und zur Abdankung genöthigt (19. März).

Jnal, dem schon fünf Tage vor der Uebergabe der Citadelle gehuldigt wurde, war noch mehr als seine Vorgänger der Sclave der Mamluken, denen er den Thron verdankte, und die er schonen mußte, um nicht von den Anhängern Osmans verdrängt zu werden. Sie begingen die größten Schändlichkeiten und bedrohten den Sultan selbst, wenn er Miene machte, diesem Unwesen zu steuern. Selbst die Leichen wurden von ihnen nicht geschont, sie raubten die Tücher vom Sarge weg und suchten das Weite mitten durch den Leichenzug, auch überfielen sie Moscheen während des Gottesdienstes und plünderten die Andächtigen aus. Sie waren so verabscheut und gefürchtet, daß, als die Pest viele von ihnen hinraffte, der Verfasser einer Geschichte Egyptens in einem Gedichte ihren Tod als eine gerechte Strafe für ihre Laster und als eine Wohlthat für die Menschheit darstellte.

Was die Beziehungen Jnals zum Auslande angehen, so waren sie, mit Ausnahme derer zur Königin Charlotte von Cypern, von welchen schon früher die Rede war, und derer zu dem Fürsten von Caraman, ganz friedlicher Natur. Der osmanische Sultan Mohammed II. schickte ihm mehrere Gesandtschaften mit kostbaren Geschenken, unter andern auch eine, welche ihm die Eroberung von Constantinopel anzeigte. Man nahm in Egypten den lebhaftesten Antheil an diesem Siege der türkischen Waffen, und auf Befehl des Sultans wurde Kahirah mehrere Tage festlich geschmückt.

Sehr freundlich war auch das Verhältniß Jnals zu Usun Hasan, dem Enkel Kara Jelek's und damaligem Oberhaupte der Horde vom weißen Hammel. Er meldete ihm seinen Sieg über Djihanschah, denn er mußte, daß der Sultan in gespannten Verhältnissen mit ihm stand, weil er einen von ihm vertriebenen Emir aufgenommen hatte.

Gegen den Fürsten Ibrahim von Caraman, welcher Tarsus, Adanah und andere Plätze weggenommen hatte, mußte Inal ein starkes Heer ausrüsten, das zwar nicht im Stande war, feste Plätze wie Konieh und Cäsarea zu nehmen, aber das offene Land, das Ibrahim preisgeben mußte, ausplünderte und verwüstete, so daß er genöthigt war, um Frieden zu bitten und die eroberten Plätze wieder zurückzugeben.

Auch Inal ließ in seiner Todesstunde (26. Febr. 1461) seinem Sohne Ahmed als Sultan huldigen, aber auch er konnte sich eben so wenig als die Söhne früherer Mamlukensultane, auf dem Throne behaupten. Ahmed war zwar ein gerechter und liebenswürdiger Fürst, von imposanter Gestalt und einnehmendem Aeußern, sein eigener Lebenswandel war tadellos und er duldete auch keinerlei Excesse von Seiten seiner Mamluken. Aber gerade diese Eigenschaften paßten nicht für diese verdorbene Zeit, und als es zum Kampfe mit den rebellischen Emiren kam, mußte er unterliegen, denn er war noch übler daran als die frühern Sultanssöhne, weil diese minderjährig waren und wenigstens diejenige Partei für sich hatten, die in ihrem Namen das Regiment führte, während er selbständig regierte, und weder an den schlechten Beamten, gegen die er mit unerbittlicher Strenge verfuhr, noch an seinen Mamluken, unter denen er strenge Zucht hielt, eine Stütze hatte. Er wurde, nach einer Regierung von vier Monaten und drei Tagen (am 28. Juni 1461), entthront, und der Emir Choschkadem, ein ehemaliger Sklave des Sultan Scheich, von griechischer Abkunft, zum Sultan gewählt. Da aber unter diesem Sultan schon die Reibungen zwischen Egypten und der Pforte begannen, welche mit dem Untergang der Mamlukenherrschaft endeten, so müssen wir zur Geschichte der Osmanen zurückkehren.

II. Die Osmanen von der Schlacht bei Angora bis zur Eroberung von Constantinopel.

Auf das harte Geschick, welches das osmanische Reich, in Folge der Schlacht bei Angora und der Gefangenschaft Bajesids, traf, folgten bald innere Kriege zwischen den Söhnen Bajesids. Suleiman begab sich, als die Schlacht ein ungünstiges Ende für die Osmanen

Die Osmanen bis zur Eroberung von Constantinopel. 455

nahm, alsbald nach Brusa, und brachte die Schätze seines Vaters nach Europa, schloß ein Bündniß mit dem Kaiser Emanuel, ließ sich von Timur mit den europäischen Besitzungen seines Vaters belehnen, und schlug seine Residenz in Adrianopel auf. Mohammed I. hatte sich, wie schon früher erwähnt wurde, in Amasia und Tokat gegen Timur behauptet, ihm zwar auch gehuldigt, ohne jedoch persönlich vor ihm erschienen zu sein. Jsa, ein dritter Sohn Bajesids, besetzte Brusa, wurde aber von Mohammed vertrieben und genöthigt, sich nach Constantinopel zu flüchten. Als er einen neuen Kampf begann und abermals besiegt wurde, flehte er die Hülfe der von Timur wieder eingesetzten kleinen Fürsten an, die aber selbst im Kampfe gegen Mohammed unterlagen. Kaum war dieser Krieg zu Ende, so fiel Suleiman in Asien ein, und lieferte den Truppen Mohammeds mehrere Schlachten (1405), die jedoch zu keiner Entscheidung führten. Suleiman mußte wieder nach Europa zurückkehren, um seinen Bruder Musa zu bekämpfen. Dieser war mit seinem Vater bei Angora in Timurs Gefangenschaft gerathen, nachher dem Fürsten von Kermian zur Bewachung übergeben und später von diesem Mohammed ausgeliefert worden. Während nun Suleiman mit seinem Heere in Kleinasien kämpfte, sandte Mohammed seinen Bruder Musa mit einigen Truppen nach Europa und versprach ihm die Herrschaft über die Besitzungen Suleimans, falls er ihn als seinen Lehensherrn anerkennen würde. Musa verstärkte bald sein Heer durch die mit Suleimans Regiment unzufriedenen Fürsten von Servien und der Walachei, wurde jedoch in der Nähe von Constantinopel von Suleiman geschlagen, weil dieser vom Kaiser unterstützt wurde, der auch den Kral von Servien zum Abfall von Musa bewog. Da aber Suleiman sich dem Trunke ergab, auch wegen seiner intimen Beziehungen zu den Byzantinern verhaßt war, wurde er nach einigen Jahren (1410) von Musa, der mit einem walachischen Heere Adrianopel überfiel, gestürzt, und auf der Flucht ermordet.

Musa rächte sich an den Serviern, die ihn in der Schlacht bei Constantinopel verlassen hatten, nahm dann den Byzantinern alle Städte wieder weg, welche ihnen Suleiman abgetreten hatte und belagerte Constantinopel. Manuel war in der größten Noth und nahe daran, sich als tributpflichtigen Vasallen Musa's zu erklären, aber Mohammed kam ihm zu Hülfe, weil Musa sich weigerte, ihn, seinem Versprechen gemäß, als seinen Oberherrn anzuerkennen. Der Krieg zog sich in die Länge und wurde mit wechselndem Glück geführt, bis es endlich Mohammed gelang, seinen Bruder zu umgehen und die Servier an sich zu ziehen, mit deren Hülfe er bei Tschermurli einen entscheidenden Sieg erfocht. Musa selbst wurde gefangen genommen und auf Befehl Mohammed's, der nun Alleinherrscher war, erdrosselt (1413).

Mohammed züchtigte, nachdem alle seine Brüder vom Kampfplatze verschwunden waren, Djuneid, den Herrn von Smyrna und Mohammed, den Fürsten von Caraman, die sich gegen ihn empört und während des Bruderkriegs osmanisches Gebiet überfallen hatten. Beide wurden gedemüthigt. Ersterer wurde seiner Länder beraubt und später zum Statthalter von Nikopolis ernannt, Letzterer, nach seiner Unterwerfung, noch als Vasalle Mohammeds in Konieh geduldet. Auch gegen die Venetianer führte er Krieg, welche mehrere Inseln im Archipelagus und manche Plätze in Albanien besaßen und sich immer weiter auszubreiten suchten. Die venetianischen Inseln wurden verwüstet, aber auch die türkische Flotte erlitt großen Schaden. Am Ende seines Lebens mußte Mohammed noch einmal gegen einen Prätendenten ins Feld ziehen, der sich für seinen ältern Bruder Mustafa ausgab, welcher in der Schlacht von Angora spurlos verschwunden war. Er wurde von dem schon genannten Rebellen Djuneid unterstützt, und fand in der Walachei und in andern europäischen Provinzen so zahlreiche Anhänger, daß Mohammed ihm selbst mit einem Heere entgegentrat und in der Nähe von Thessalonich das der Rebellen schlug. Djuneid und Mustafa entkamen jedoch und flüchteten sich in die Stadt, und der byzantinische Statthalter sowohl als der Kaiser, an den er den Sultan verwies, der ihre Auslieferung forderte, weigerten sich, die Flüchtlinge zu verrathen, doch verpflichtete sich der Kaiser, sie bewachen zu lassen und zu verhindern, daß sie den Sultan auf's Neue beunruhigen.

Nach dem Tode Mohammed's (1421), als sein Sohn Murad II. sich weigerte, dem letzten Willen seines Vaters gemäß, seine beiden jüngern Brüder nach Constantinopel zu schicken, drohte Manuel dem jungen Sultan mit der Freilassung Mustafas. Mohammed hatte nämlich gefürchtet, Murad, oder seine Rathgeber möchten nach seinem Tode, dem damals am osmanischen Hofe eingerissenen Gebrauche zufolge, um jedem Erbfolgekrieg zuvorzukommen, die jüngern Brüder aus der Welt schaffen, und darum dem Thronerben befohlen, sie dem

Kaiser zur Ueberwachung zu senden, zugleich auch diesen gebeten, falls Murad seinen letzten Willen nicht freiwillig vollziehen sollte, ihn förmlich dazu aufzufordern. Als Murad auf seiner Weigerung bestand, in seiner Antwort auch wenig freundliche Gesinnungen gegen Christen durchblicken ließ, führte endlich Manuel seine Drohung aus, indem er nicht nur die Gefangenen in Freiheit setzte, sondern sie auch, nachdem sie das Versprechen gegeben hatten, ihm einen Theil der europäischen Türkei abzutreten, mit seiner Flotte und seinen Landtruppen unterstützte, so daß sie bald, da sich ihnen auch viele Türken anschlossen, und die ersten von Murad gegen sie abgeschickten Truppen zu ihnen übergingen, Herrn von Gallipoli wurden. Da es Murad an Schiffen fehlte, um ein größeres Heer nach Europa überzusetzen, konnten die Rebellen sich immer weiter ausdehnen und ihre Residenz in Adrianopel aufschlagen. Endlich erboten sich gennesische Patrizier, welche bedeutende Bergwerke in Kleinasien vom Sultan gepachtet hatten, des schnöden Gewinnes willen, ihm gennesische Schiffe und eine Anzahl europäischer Schützen zu liefern. Mustafa griff indessen, noch ehe die Gennesier angelangt waren, das Heer Murad's in Asien an, wurde aber geschlagen, und als er sich wieder nach Europa flüchtete, verfolgt und von seinen eigenen Leuten dem Sultan ausgeliefert, der ihn erdrosseln ließ. Von Djuneid war der Prätendent schon früher verrathen worden, denn Murad hatte ihm versprochen, ihm wieder die Herrschaft über Smyrna und Ephesus zu verleihen.

Als der Pseudomustafa beseitigt war, beschloß Murad, an dem Kaiser, dem Anstifter dieses Kriegs, Rache zu nehmen. Er belagerte Constantinopel (1422), mußte aber plötzlich die Belagerung aufheben, weil sein jüngerer Bruder, er hieß wie sein angeblicher Oheim auch Mustafa, welchen der Mundschenk Elias nach dem Tode Mohammeds nach Caramanien gebracht hatte, in Kleinasien als Prätendent aufgetreten und bereits Herr von Nicäa war. Mustafa wurde von Elias verrathen und theilte das Schicksal des Pseudomustafa. Murad züchtigte dann die Fürsten Kleinasiens, welche theils den Prätendenten unterstützt, theils in anderer Weise sich gegen ihn vergangen hatten (1423—24), und als er in Kleinasien die Ruhe hergestellt hatte, wendete er sich wieder gegen Byzanz, und Johann II. Paläologus, der Nachfolger Manuels, sah sich genöthigt, den Frieden durch die Verpflichtung zu einem jährlichen Tribut und durch Abtretung der meisten Plätze an der Propontis, am schwarzen Meere und am Strymon, zu erkaufen. Kaum war dieser Friede geschlossen, so bekriegte Murad zu Land und zu Wasser die Venetianer, welche, wie schon erwähnt, in Dalmatien, im Pelopones, auf den Inseln des griechischen Meeres und in Albanien sich festgesetzt hatten, und eben auch Herrn der bedeutenden Handelsstadt Thessalonich (Saloniki) geworden waren. Dieser Krieg dauerte, mit wechselndem Erfolg, mehrere Jahre hindurch und endete mit der Eroberung von Thessalonich, worauf dann ein für die stolze Republik demüthigender Friede zu Stande kam (1430).

Auf den venetianischen Krieg folgte der gegen Ungarn und Albanien, in welchem Murad an Johann von Hunyad und Skanderbey, dem Sohne des Fürsten Johann Castriota, zwei gefährliche Gegner fand. Servien und die Walachei waren unterjocht, auch Bosnien dem Sultan unterthan, Siebenbürgen wurde zu wiederholtenmalen von türkischen Heeren verwüstet und zahllose Schaaren wanderten als Gefangene nach Constantinopel. Die Osmanen drangen nach allen Seiten vorwärts, bis ihnen endlich die Festung Belgrad, die sie vergebens belagerten (1440), zuerst zeigte, daß auch sie nicht unüberwindlich wären. Als sie im folgenden Jahre zu einer zweiten Belagerung heranrückten, wurden sie von Johann von Hunyad geschlagen und zum Rückzug nach Semendria genöthigt, worauf er dann auch zu wiederholtenmalen die in Siebenbürgen eingefallenen Osmanen zu Paaren trieb.

Im Jahr 1443, als die innern Streitigkeiten in Ungarn beseitigt waren, konnte Hunyad mit dem König Ladislaus III., an der Spitze eines Heeres von Ungarn, Serviern, Walachen und Polen, die Offensive ergreifen. Er nahm Nissa und Sophia, und lieferte den Türken auf der Höhe des Balkans eine siegreiche Schlacht. Auf diesem Feldzuge verließ der schon genannte, unter dem Namen Skanderbey bekannte Georg Castriota das Heer des Sultans und setzte sich durch List in den Besitz der Festung Kroja in Albanien, welche seinem von Murad getödteten Vater gehört hatte. Georg war noch ein Kind als sein Vater seine Herrschaft und sein Leben verlor, und wurde, wie andere gefangene Christenkinder, als Mohammedaner erzogen und Skander oder Iskander (Alexander) genannt, später, als er kriegerisches Talent zeigte, wurde er mit dem Titel Bey an die Spitze einer Heeresabtheilung gestellt, er wartete aber nur auf eine passende Gelegenheit, um zu seinem alten Glauben und in seine alte Heimath zurückzukehren und den Tod seines Vaters zu rächen. Eine solche fand

Die Osmanen bis zur Eroberung von Constantinopel. 459

er in diesem Kriege, indem er nicht nur glücklich entkam, sondern auch den Secretär des Sultans nöthigte, dem Commandanten von Kroja den Befehl zu ertheilen, ihm die Festung zu übergeben. Murad war so entmuthigt, denn auch der Fürst von Bosnien fiel wieder von ihm ab, daß er einen für Ungarn höchst vortheilhaften zehnjährigen Frieden schloß. Skanderbeg wurde als Fürst von Albanien anerkannt, der Fürst von Servien erhielt einen Theil seiner Länder zurück, und Ungarn sollte die Oberherrschaft über die Walachei erhalten (1444). In Folge der Intriguen des byzantinischen und des römischen Hofs, welcher den beschworenen Friedensvertrag als nicht bindend erklärte, weil ein Ungläubigen geleisteter Eid nicht gehalten zu werden brauchte, wurde indessen dieser Friede gebrochen. Ungarn hatte bei diesem Friedensbruch einerseits auf Unruhen gebaut, die in Kleinasien ausgebrochen waren, andrerseits gehofft, die venetianische Flotte werde den Osmanen den Weg nach Europa versperren, aber die Unruhen waren bald gedämpft und das osmanische Heer wurde abermals auf genuesischen Schiffen herübergebracht. Auch auf die Mitwirkung Iskanderbey's wurde gerechnet, dem aber der Fürst von Servien den Durchzug nicht gestattete. So fand sich denn das kleine, nach allen Seiten hin getäuschte ungarische Heer in der Nähe von Warna dem an Zahl ihm weit überlegenen Heere Murads gegenüber und wurde, als Hunyad dennoch einen Angriff wagte, gänzlich geschlagen. Der König selbst blieb auf dem Schlachtfelde, Hunyad aber entkam, wurde zwar vom Fürsten der Walachei angehalten, doch später wieder freigelassen, und zuerst zum Oberbefehlshaber über die an die Türkei grenzenden Distrikte ernannt, nachher aber zum Reichsverweser, während der Minderjährigkeit des Königs Ladislaus IV. Er besiegte den mit den Türken verbündeten Fürsten Drakul von der Walachei, und setzte einen andern ihm ergebenen Fürsten ein, konnte aber, da Ungarn auch vom Kaiser Friedrich angegriffen wurde, seinen Sieg nicht verfolgen. Murad durfte es jedoch nicht wieder wagen in Ungarn einzufallen, weil ihn sowohl der Woiwode von Servien als Skanderbey mit seinen Albanesern in Schach hielt. Im Jahr 1448, als Servien wieder von Ungarn abgefallen und mit dem Kaiser ein Waffenstillstand abgeschlossen war, rückte Hunyad gegen den treubrüchigen Woiwoden ins Feld, wurde aber von Murad auf's Haupt geschlagen, denn auch die Walachen capitulirten mitten in der Schlacht mit den Türken. Hunyad selbst wurde auf der Flucht von Georg von Servien angehalten, doch auch diesmal wieder frei gelassen, aber Ungarn war genöthigt, unter weit weniger vortheilhaften Bedingungen, einen siebenjährigen Frieden mit den Osmanen zu schließen.

Murad richtete nun seine ganze Macht gegen Skanderbeg, vermochte aber Kroja nicht einzunehmen, und sein Heer schmolz durch die häufigen Ueberfälle des Feindes immer mehr zusammen, so daß er zuletzt die Belagerung aufheben und sich nach Adrianopel zurückziehen mußte (1449—50).

Murad, welcher schon dreimal zu Gunsten seines Sohnes Mohammed II. der Regierung entsagt, wegen drohender Zustände im Reiche aber die Herrschaft wieder übernommen hatte, starb am fünften Februar 1451. Der zweiundzwanzigjährige Mohammed II. war, als er den Thron bestieg, von einem Kriege gegen mehrere Fürsten Kleinasiens bedroht, an deren Spitze Ibrahim, der Herr von Caraman stand. Der Kaiser Constantin IX. hielt den Augenblick für günstig, um gegen den jungen Sultan eine drohende Sprache zu führen. Mohammed schlug aber die Empörung bald nieder und faßte nunmehr den Entschluß, das morsche byzantinische Reich über den Haufen zu werfen. Er ließ gleich im folgenden Frühjahre am westlichen Ufer des Bosphorus, an einer schmalen Stelle des Meeres, in der Nähe von Constantinopel, eine feste Burg aufführen, welche den doppelten Zweck hatte, den Verkehr Constantinopels mit dem schwarzen Meere abzuschneiden, und den Uebergang seiner Truppen von Asien nach Europa zu sichern. Mit dem Bau dieser Burg gingen andere Vorbereitungen zur Eroberung der Hauptstadt Hand in Hand. Im Frühling 1453 führte Mohammed selbst ein Heer von mindestens 200,000 Mann gegen Constantinopel, und der tapfere Kaiser Constantin flehte nicht nur das christliche Abendland vergebens um Hülfe an, sondern wurde selbst innerhalb der Mauern der vom Feinde belagerten Stadt von dem Theile der Bevölkerung verlassen, welche ihn wegen der Union mit dem Pabste als einen Ketzer ansah. Er vertheidigte jedoch mit seinem Häuflein Getreuer die nach der Landseite hin gut befestigte Stadt mit der größten Tapferkeit und Ausdauer, bis endlich Mohammed seine Schiffe über die Hügel von Galata in den durch eiserne Ketten abgesperrten Hafen brachte und nun auch von der Seeseite her zu stürmen begann. Die verhältnißmäßig geringe Besatzung reichte jetzt nicht mehr aus, um alle bedrohten Punkte zu vertheidigen, und die Verwundung und die Flucht des Genuesen Johann Giustiniani, welcher am Thore des heiligen Romanus ein Commando hatte, beschleunigte den Fall der Hauptstadt, indem die Osmanen alsbald von dieser Seite her eindrangen, und was ihnen in die Hände kam, niedermetzelten oder in Ketten legten (29. Mai). Bald hörte aller Widerstand auf, denn Constantin selbst war fechtend gefallen, und die Osmanen wurden Herrn der Stadt. Mohammed gab jedoch seinen Truppen nur volle Freiheit zu plündern und Gefangene zu machen, zerstört sollte aber nichts werden. Er erklärte alsbald die Stadt als sein Eigenthum, das Niemand beschädigen sollte, und in der That wurde sie schon im folgenden Jahre seine Residenz. Auch das Morden währte nur so lang als man noch eine Gegenwehr von Seiten der Bevölkerung befürchtete. Schon am dritten Tage nach der Einnahme wurde auf Befehl des Sultans bekannt gemacht, daß wer sich aus Furcht verborgen gehalten habe oder entflohen sei, sich offen zeigen oder in die Stadt zurückkehren möge, da ein Jeder ohne irgend eine Anfechtung wie früher darin leben könne. Diese Bekanntmachung blieb zwar nicht ohne Wirkung, da aber die Zahl der Zurückgekehrten doch bei weitem nicht ausreichte, um die große Stadt wieder zu bevölkern, die nicht nur durch Auswanderung, sondern auch durch das Schwert und die Gefangennahme vieler Einwohner entvölkert war, so wurden nach und nach Sklaven aus verschiedenen byzantinischen Provinzen, so wie aus Servien und andern unterjochten Ländern, genöthigt, sich in Constantinopel anzusiedeln.

Die Genueser, welche Herrn von Galata waren, beeilten sich, dem Sultan die Schlüssel der Stadt zu überschicken, und einen neuen Vertrag mit ihm zu schließen. Sie blieben, gegen Entrichtung eines jährlichen Tributs, die Herrn von Galata, doch ließ der Sultan, um sie für alle Zukunft unschädlich zu machen, die Befestigungswerke schleifen, und nöthigte die Einwohner, ihm alle Waffen und Kriegsmunition auszuliefern. Auch Venedig, das für seinen ausgebreiteten Handel in der Levante und für seine zahlreichen Colonien Besorgnisse hegte, säumte nicht, einen Gesandten an die Pforte zu schicken, um wegen eines neuen Friedens- und Handelsvertrags zu unterhandeln, der auch im folgenden Jahre zu Stande kam.

III. Mohammed's II. Kriege in Europa.

Da Mohammed von den beiden europäischen Seemächten nichts mehr zu befürchten hatte, konnte er die Fortsetzung des Krieges gegen Ungarn beschließen; wollte er dies aber mit Erfolg ausführen, so mußte er mit der Unterwerfung Serviens beginnen. Er rückte im Frühling 1454 von Adrianopel nach Sophia vor, nahm die Festungen Ostroviza und belagerte Semendria, als Hunyad, zu welchem sich der Fürst von Servien geflüchtet hatte, mit seinem Heere zum Entsatze heranzog, worauf Mohammed die Belagerung aufhob und alles hinter sich verwüstend, mit 50,000 gefangenen Serviern wieder nach Sophia zurückkehrte. Hunyad verfolgte das abziehende Heer und schlug eine Abtheilung desselben bei Krušovaz, eroberte und zerstörte dann die Festung Widin und zog sich nach Belgrad zurück. Im folgenden Jahre versprach der Krieg in Servien durch die Eroberung von Novoberda einen günstigen Verlauf und das nächste Ziel für die osmanischen Waffen war jetzt Belgrad, dessen Besitz weitere Fortschritte, in Servien sowohl als in Ungarn, sichern sollte. Aber auch diese Unternehmung scheiterte an der Thatkraft und Tüchtigkeit Hunyad's, obgleich seine und des Pabstes Aufforderungen zu einem Kreuzzuge ohne Erfolg blieben und er nur ein schlecht bewaffnetes, des Krieges zum Theil ganz unkundiges Heer von 60,000 Mann zusammenbrachte, während das des Sultans ihm mehr als um das Doppelte überlegen war. Der Sturm wurde mit großem Verlust abgeschlagen und das osmanische Heer auf seinem Rückzug von den Ungarn hart mitgenommen.

Hunyad starb kurz nach dem Entsatze von Belgrad (August 1456), und trotz der darauf folgenden Verwirrung, welche bis zur Thronbesteigung des Mathias Corvinus dauerte (Januar 1458), griff Mohammed doch, einzelne Raubzüge in die Grenzprovinzen abgerechnet, Ungarn nicht wieder an, sondern richtete zunächst sein Augenmerk auf Servien, das nach dem Siege Hunyad's wieder von ihm abgefallen war. Hier kamen innere Kriege zwischen den Nachkommen des Despoten Georg, so wie die nachherige Wahl des Pabstes Calixtus III. zum Lehensherrn von Servien, den Eroberungsplänen des Sultans zu Hülfe. Er besetzte im Sommer 1458 ohne Schwertstreich Semendria, weil die Bojaren selbst, welchen die päbstliche Oberhoheit ein Gräuel war, ihm die Hand dazu boten, und die kleineren Festungen folgten bald nach, so daß vor Ende des Jahrs ganz Servien in der Gewalt der Osmanen war.

Fünf Jahre später wurde auch Bosnien in eine türkische Provinz verwandelt, und der letzte König Stephan, auf Befehl Mohammed's II., trotz der von Mahmud Pascha bei der Uebergabe von Klinks ihm zugesicherten Erhaltung seines Lebens, hingerichtet. Auch hier hatten innere Zwistigkeiten, Glaubensverschiedenheit und Verrath jeder Art den Osmanen den Weg zur Herrschaft gebahnt. Doch wurde, nach dem Abzuge der Türken, ein Theil von Bosnien wieder von dem König Mathias von Ungarn besetzt.

Minder glücklich waren die Türken in ihren Kriegen gegen Albanien. Skanderbeg schlug mehrere türkische Heere mit schwerem Verluste zurück, so daß Mohammed schon im Jahr 1458 einen Waffenstillstand auf ein Jahr mit ihm abschloß. Als nach Ablauf desselben der Krieg wieder entbrannte, erlitten die Osmanen neue Niederlagen und im Sommer 1461 wurde endlich Skanderbeg als unbeschränkter Herr von Albanien anerkannt.

Mohammed machte gern dem Herrn von Albanien große Concessionen, um mit seiner ganzen Macht über Wlad, den Fürsten der Walachei, herfallen zu können, der mit Ungarn sich verbündet, und die Gesandten Mohammeds, welche ihn freilich in einen Hinterhalt locken wollten, auf Pfählen ausgestellt, auch verheerende Streifzüge in die türkischen Provinzen auf dem rechten Donauufer gemacht hatte. Wlad war, als Mohammed mit einem Heere von etwa 150,000 Mann die Donau überschritt, in großer Noth, denn er mußte einen Theil seiner Truppen gegen den Woiwoden der Moldau verwenden, welcher von Norden her, im Bündnisse mit Mohammed, einzufallen drohte, so daß er sich mit dem übrigen kleinen Heere, baldige Hülfe von Seiten des Königs von Ungarn erwartend, in den Wäldern herumzutreiben genöthigt war, und nur hie und da den Feind durch plötzliche Ueberfälle und kleine Plänkeleien beunruhigen konnte. Da die ungarische Hülfe ausblieb, zog sich Wlad nach der Moldau hin zurück, während Mohammed die ganze Walachei ausplünderte und dann vor seinem Abzuge Radul, einen Bruder Wlads, als seinen tributpflichtigen Vasallen einsetzte. Wlad bat vergebens um Begnadigung und versprach dem Sultan, ihm, wenn er ihm sein Fürstenthum wiedergeben wollte, Siebenbürgen zu überliefern. Dieses Schreiben gelangte aber in die Hand ungarischer Kundschafter, welche es nicht dem

Sultan, sondern dem König Mathias übergaben, und die Folge davon war, daß Wlad, der endlich auf ungarischem Gebiete Zuflucht suchte, als Verräther verhaftet wurde. Später herrschte er jedoch nochmals zwei Jahre zur Qual seiner Unterthanen, die ihm den Schimpfnamen Pfahlweinweben gaben.

Kaum war der walachische Krieg zu Ende, so begann der albanesische auf's Neue, denn Standerbey ließ sich von dem Pabste und den Venetianern verleiten, den mit dem Sultan geschlossenen Frieden zu brechen und Raub- und Verheerungszüge auf osmanisches Gebiet anzuordnen (1463). Mehrere türkische Heere, welche den Friedensbruch rächen wollten, wurden geschlagen, so daß endlich im Jahr 1466 Mohammed selbst, an der Spitze von nahezu 200,000 Mann in Albanien einfiel; aber auch dieser Feldzug hatte nur geringen Erfolg, denn die Festung Kroja widerstand allen Angriffen, und Standerbey, der in einem befestigten Lager in der Nähe derselben stand, brachte den Belagerern große Verluste bei. Unglücklicherweise starb der albanesische Held bald nachher (Januar 1467) und stellte sein Land, bis zur Großjährigkeit seines Sohnes, unter den Schutz der Venetianer, die ihn im letzten Kriege unterstützt hatten, und in deren Interesse es lag, die Türken in Albanien nicht festen Fuß fassen zu lassen. Die Venetianer führten schon seit mehreren Jahren zu Wasser und zu Land Krieg gegen Mohammed. Seine Eroberungen im Peloponnes und auf den griechischen Inseln hatten einen Bruch unvermeidlich gemacht. Schon im Jahr 1463 nahmen die Osmanen die der Republik gehörende Stadt Argos, worauf diese die Stadt Korinth, jedoch ohne Erfolg, angriff, welche seit dem Jahre 1458 nebst andern Städten des nördlichen Peloponnes in der Gewalt Mohammeds war. Von dieser Zeit an hörten die gegenseitigen Feindseligkeiten nicht mehr auf. Die Venetianer konnten zu Land wenig ausrichten, aber ihre Flotte fügte den türkischen Inseln und Küstenplätzen großen Schaden zu, besonders im Jahr 1468, in welchem sie Lemnos und Imbros besetzte, die Umgegend von Salonichi brandschatzte und verwüstete, und die Stadt Aenos ausplünderte und niederbrannte. Indessen sorgte auch Mohammed bald für die Verstärkung seiner Flotte, die venetianische mußte ihr schon im Jahr 1469 ausweichen und konnte im folgenden Jahre nicht hindern, daß Negroponte erobert ward. Im Jahr 1472, als auch päbstliche und neapolitanische Schiffe zur venetianischen, von Mocenigo befehligten Flotte stießen, wurde, nach mehrern Landungen an verschiedenen türkischen Küstenplätzen, die Hafenstadt Satalia an der Küste von Caramanien angegriffen, aber es fehlte an Belagerungsgeschütz, um die Festung zu nehmen, doch wurde auf der Rückkehr Smyrna überfallen und nach dessen Ausplünderung in einen Schutthaufen verwandelt. Im folgenden Jahre begab sich Mocenigo wieder nach der Küste von Caramanien, besetzte mehrere Festungen und unterstützte die Operationen Usun Hasans und des Fürsten von Caraman, welche, wie wir in der Folge sehen werden, gegen Mohammed Krieg führten. Auch diese Vortheile gingen wieder verloren, sobald der asiatische Krieg für die Bundesgenossen der Republik ein trauriges Ende nahm. Letztere sah sich in den folgenden Jahren genöthigt, alle ihre Anstrengungen auf die Erhaltung des venetianischen Albaniens zu richten, wohin der Sultan 80,000 Mann sandte, welche ohne Widerstand bis nach Skutari vordrangen. Dieses Heer war jedoch nicht im Stande, die von Antonio Loredano vertheidigte Festung zu nehmen. Auch den Angriff auf Lepanto wußte derselbe zu vereiteln, aber bald darauf wurde Kroja belagert, während zu gleicher Zeit andere Armeecorps von Krain und Kärnthen aus nach den Ufern des Isonzo, einzelne Abtheilungen sogar bis Udine vorrückten und Venedig selbst bedrohten. Der Republik, welche vergebens auf einen neuen Kreuzzug gehofft hatte, und immer mit leeren Versprechungen hingehalten wurde, blieb nun, als zuletzt Mohammed selbst noch ein zweites Heer nach Albanien führte, dem sich Kroja alsbald ergab, und das nun auch Skutari belagerte, nichts übrig, als einen Frieden zu schließen, in welchem den Osmanen Kroja, Skutari, Lemnos, Negroponte und einige andere Eroberungen förmlich abgetreten wurden (Januar 1479).

Während des venetianischen Kriegs mußte Mohammed auch wieder Truppen nach der Moldau senden, denn Stephan weigerte sich, den Tribut fortzubezahlen, welchen sein Vorgänger der Pforte entrichtet hatte. Das erste türkische Heer erlitt (1475) eine gänzliche Niederlage, das zweite trieb zwar Stephan in die Flucht und verheerte das ganze Land, wurde jedoch von Hunger und Pest selbst zum Rückzug genöthigt. Um dieselbe Zeit fand auch eine Expedition nach dem schwarzen Meere statt, zu welcher dem Sultan Streitigkeiten unter den Tartarenchanen eine willkommene Veranlassung gaben. Er gewann dabei nicht nur die Oberhoheit über die Chane der Krimm, sondern entriß auch den Genuesern Kaffa und Tana (Asow), die bedeutendsten Handelsstädte an dem Ufer des schwarzen Meeres.

Nach dem Frieden mit Venedig fanden noch Streifzüge nach Ungarn und Siebenbürgen statt, dort wurden sie aber vom König Mathias und hier vom Woiwoden Stephan Bathor mit Verlust zurückgeschlagen; auch Krain, Kärnthen und Steyermark wurden nochmals mit Feuer und Schwert (1480) heimgesucht. In seinen letzten Lebensjahren führte Mohammed noch Krieg gegen Italien. Er gerieth durch die Besitznahme der jonischen Inseln, welche einem Fürsten aus neapolitanischem Geschlechte gehörten, mit König Ferdinand von Neapel in Conflikt, und wurde von den Venetianern, welchen die Herrschsucht dieses Fürsten gefährlich schien, aufgereizt, als Herr von Constantinopel auch auf das zum byzantinischen Reiche gehörende Pulien Ansprüche zu erheben. Im Sommer 1480 besetzten die Osmanen Otranto und machten wie anderwärts, die ganze wehrhafte Mannschaft nieder und das ganze Land wurde gebrandschatzt. Ferdinand trieb sie jedoch bald wieder nach Otranto zurück, und da die türkische Besatzung ohne Verstärkung blieb und im folgenden Jahre Mohammed starb, wurde auch diese Stadt aufgegeben.

Ganz erfolglos blieb eine gleichzeitige Expedition nach Rhodus, denn die Hauptstadt war gut verproviantirt und von 3000 tapfern Rittern vertheidigt. Mehrere Versuche, die Festung zu erstürmen, scheiterten an der Tapferkeit der Rhodiser, und als in dem letzten Hauptsturme die Vertheidiger schon zu weichen anfingen, gaben die Osmanen den Kampf auf, weil ihr Führer Mesih-Pascha, welcher an der Einnahme der Stadt nicht mehr zweifelte, bekannt machen ließ, die Beute von Rhodus gehöre ausschließlich dem Sultan.

IV. Das Verhältniß der Pforte zu Egypten und den Fürsten Asiens, unter Mohammed II. und Bajesid II.

Unter der Regierung des Mamlukensultans Chojchkadem (vom 28. Juni 1461 bis 9. Oktober 1467) fing schon das Verhältniß der Pforte zu Egypten an getrübt zu werden, und sowohl zwischen Mohammed II. und Usun Hasan, als zwischen diesem und Chojchkadem kam es zu Feindseligkeiten. Usun Hasan hatte um diese Zeit seine Besitzungen in Dijarbekr auf Kosten seiner übrigen Verwandten, namentlich seines Bruders Tjihangir, vermehrt und durch glückliche

Kriege gegen Djihanschah, den Fürsten vom schwarzen Hammel, über einen großen Theil von Persien ausgedehnt. Er fuhr zwar fort, gegen Egypten Unterwürfigkeit zu heucheln, unterstützte jedoch Djanim, den rebellischen Statthalter von Damask, und verlangte für dessen Auslieferung 10,000 Dinare und die Festung Charput, und als der Sultan darauf nicht einging, bemächtigte er sich derselben durch List. Bald nachher söhnte er sich jedoch wieder mit Choschkadem aus, weil er von einem Kriege mit der Pforte bedroht war, und da auch der Sultan von Egypten gegen dieselbe aufgebracht war,. so ließ er Usun Hasan freie Hand, um sie zu bekriegen. Schon im Jahr 1464 weigerte sich der osmanische Gesandte in Kahirah, der egyptischen Hofsitte gemäß, vor dem Sultan niederzufallen. Auch war er Ueberbringer eines Schreibens, in welchem die üblichen Formalitäten nicht beobachtet waren. Die Spannung wurde noch größer nach dem Tode des Fürsten Ibrahim von Caraman (August 1464). Dieser hatte seinen Sohn Ishak, dessen Mutter eine Sklavin war, zum Nachfolger bestimmt. Ishak wurde aber von seinen Brüdern, welche Söhne einer Schwester des Sultan Murad waren, nicht anerkannt. Sie wurden von ihrem Vetter Mohammed II. unterstützt, während Ishak den Sultan von Egypten und Usun Hasan um Hülfe anflehte. Choschkadem nahm den Gesandten Ishaks freundlich auf und versprach seinem Herrn beizustehen. Usun Hasan war schon früher mit Mohammed in Conflikt gerathen, weil an der armenischen Grenze gegenseitige Einfälle auf fremdes Gebiet stattgefunden hatten. Als jedoch Mohammed die dem Usun Hasan gehörende Festung Kujunlihißar, zwischen Tokat und Erzerum, genommen und in Armenien einzudringen gedroht hatte, schloß Usun Hasan, welcher damals (1461) seine Truppen gegen Djihanschah brauchte, einen Frieden mit Mohammed und ließ ihn auch dem Kaiserthum Trapezunt ein Ende machen, obgleich er mit David, dem letzten Comnenen, verschwägert war. Nachdem er aber Djihanschah gedemüthigt hatte, ergriff er gern diese Gelegenheit, um an den Osmanen Rache zu nehmen. Er stellte Ishak Truppen zur Verfügung, und mit ihrer Hülfe vertrieb er seine von den Osmanen unterstützten Brüder aus Konieh, Aischeher, Benscheher und andern Städten, und ließ überall das Kanzelgebet für den Sultan von Egypten verrichten, welcher auch dem unter seiner Botmäßigkeit stehenden Fürsten von Ablestin befahl, sich an dem Erbfolgekrieg zu Gunsten Ishaks zu betheiligen. Ishak unterlag jedoch später der Uebermacht der osmanischen Truppen; er mußte, als Mohammed selbst nach Caramanien kam (1466), sein Land verlassen und sich zu Usun Hasan flüchten, der aber wieder in Persien engagirt und daher nichts für ihn zu thun im Stande war. Erst nach fünf Jahren, nachdem er Djihanschah in einer siegreichen Schlacht getödtet (November 1467), dessen Sohn und Nachfolger Hasan Ali (Ende 1468) gänzlich niedergeworfen und den unter sich uneinigen Timuriden einen Theil von Chorasan sowohl als andere persische Provinzen entrissen hatte (1469—70), hielt er sich für stark genug, um ·es mit der Pforte aufzunehmen. Wie im Osten wollte er jetzt auch im Westen seine Besitzungen arrondiren, und verlangte daher von Mohammed, daß er ihm Trapezunt und die ganze Provinz Cappadocien abtrete. Als Mohammed sich nicht fügte, ihn vielmehr wegen seiner Verbindungen mit den europäischen Mächten, so wie wegen der Aufnahme der vertriebenen Fürsten von Caraman zur Rede stellte, wurden die Beziehungen immer gereizter, bis endlich Usun Hasan zu Thätlichkeiten schritt, indem er mit den Prinzen Ahmed und Kasim von Caraman — Ishak war inzwischen gestorben — in Caramanien einfiel, die Osmanen verjagte und auch Tokat eroberte (1471). Im folgenden Jahre nahm Mustapha, der Sohn Mohammeds, Rache für diesen Friedensbruch. Er schlug die Truppen Usun Hasans am See Korali, und nöthigte die von ihm unterstützten Prinzen, Caramanien zu räumen. Ahmed flüchtete sich wieder zu Usun Hasan, sein Bruder Kasim warf sich in die Festung Seleffa, wo er sich, mit Hülfe des in der Nähe derselben kreuzenden venetianischen Admirals Mocenigo, noch einige Zeit hielt. Im Frühling des Jahres 1433 zog aber Mohammed selbst gegen Usun Hasan in's Feld, und besiegte ihn bei Terdjan, mit Hülfe seiner Artillerie, welche die feindliche Reiterei in Verwirrung brachte. Usun Hasan mußte sich gegen Tebris hin zurückziehen und Mohammed verfolgte ihn nicht weiter, weil er vorher Caramanien gänzlich unterwerfen wollte, was ihm auch in kurzer Zeit gelang.

Egypten verhielt sich bei diesem Kampfe ganz neutral. Der damalige Sultan Kaitbey (seit dem 31. Januar 1468) sah es nicht ungern, daß seine beiden Grenznachbaren sich gegenseitig schwächten. Usun Hasan hatte, auf seinem Zuge gegen Mohammed, die egyptischen Besitzungen am Euphrat bedroht und auch nach seiner Niederlage machte er noch einen Einfall in das Halebinische Gebiet, so daß sein Tod (1475—76) in Kahirah nicht weniger als in Constantinopel Dichtern

Veranlassung gab, den Sultan zu beglückwünschen, um so mehr als die Söhne Usun Hasans sich gegenseitig befehdeten und den Nachbarstaaten nicht mehr gefährlich waren. Der Verfall der Dynastie vom weißen Hammel hatte indessen für Egypten den Nachtheil, daß die Osmanen immer näher rückten und um so mehr versucht waren, sich nunmehr auch gegen Syrien und den Euphrat hin auszudehnen. Wenig fehlte, so wäre es schon unter Mohammed zum Kriege zwischen Egypten und der Pforte gekommen. Mohammed war schon gegen den Sultan Choschkadem aufgebracht, weil er ihm nicht gestattete, die beschädigten Wasserleitungen auf der Straße nach Mekka herzustellen, indem er dies sowohl als die Bekleidung des Tempels, als ein heiliges Vorrecht der Sultane von Egypten erklärte. Auch gaben die kleinen Fürstenthümer von Ramadhan, Caraman und Dulgadir, welche zwischen den beiden Reichen lagen, fortwährend Stoff zu Reibungen, denn sobald sie von dem Einen bedrängt waren, wendeten sie sich an den Andern um Schutz und Hülfe, und fanden sie auch, bald in offener, bald in versteckter Weise. Wir haben gesehen, wie die von der Pforte verfolgten Fürsten von Caraman vom Sultan von Egypten unterstützt worden sind. Im Fürstenthum Ablestin empörte sich Siwar gegen seinen von Choschkadem zum Herrn eingesetzten Bruder Budag und zählte dabei auf den Beistand der Osmanen. Er nahm unter Jelbey, dem Nachfolger Choschkadems, der nicht ganz zwei Monate regierte (9. Oktober bis 4. December 1467), Adanah, Tarsus, Antiochien und Aintab, und drang sogar bis Boghraß in's Halebinische vor. Er suchte sich zwar unter Timurboga, der auch nicht ganz zwei Monate auf dem Throne blieb (bis zum 31. Januar 1468), wieder mit Egypten auszusöhnen, da aber Kaitbey sich weigerte, ihn als Herrn von Ablestin anzuerkennen, wurde der Krieg erneuert und die Egyptier wurden abermals (Mai) in die Flucht geschlagen. Im folgenden Jahre erlitt zwar Siwar am Flusse Dscihan eine Niederlage, er nahm aber blutige Rache, indem er die heimziehenden Egyptier in einem Engpasse überfiel und zum großen Theil aufrieb. Kaitbey sah sich jetzt genöthigt, den Sultan Mohammed zu bitten, er möchte doch Siwar nicht ferner unterstützen, damit er den Rebellen züchtigen könne, sei dies geschehen, so wolle er gern das ganze Fürstenthum der Pforte überlassen. Mohammed, der damals gegen Caramanien und Venedig Krieg führte, auch selbst sich über Siwar zu beklagen hatte, überließ ihn seinem Schicksal. Er wurde von den Egyptiern besiegt, behauptete sich jedoch in der Festung Semendu, und übergab sie erst, als ihm der egyptische Feldherr die Zusicherung gab, Kaitbey werde ihn wieder als seinen Vasallen in sein väterliches Erbe einsetzen. Kaum hatte er aber die Festung verlassen, so wurde er gefesselt, nach Kahirah geschickt, dort öffentlich mit seinen Verwandten und Anhängern in kläglichstem Zustande dem Hohne des Volks preisgegeben und schließlich gehängt. Der von Kaitbey wieder eingesetzte Fürst Budag wurde jedoch, als Werkzeug Egyptens, von den Osmanen vertrieben, welche an dessen Stelle Ala Eddawleh, einen andern Bruder, zum Fürsten von Ablestin einsetzten.

Zu einem förmlichen Kriege zwischen Egypten und der Pforte kam es indessen erst nach dem Tode Mohammeds (3. Mai 1481), als dessen Sohn Djem, welcher seinem Bruder Bajesid II. den Thron streitig machte, aus Kleinasien vertrieben und vom Sultan Kaitbey mit Ehrenbezeugungen, wie sie nur einem Fürsten geziemen, in Egypten aufgenommen wurde. Kaitbey überhäufte ihn nicht nur mit Geschenken, sondern gestattete ihm auch, nach Kleinasien zurückzukehren, wo er, im Bunde mit dem vertriebenen Fürsten Kasim von Caraman, es nochmals versuchte, Bajesid vom Throne zu stürzen. Dieser Versuch nahm aber für Beide ein unglückliches Ende. Sie mußten der Uebermacht der osmanischen Truppen weichen, und während Kasim einen freiwilligen Tod der Gefangenschaft vorzog, flüchtete sich Djem zu den Rhodiserrittern, welche ihm gastliche Aufnahme zusicherten, weil sie froh waren, ein Unterpfand in die Hände zu bekommen, mit welchem sie fortwährend Bajesid bedrohen konnten. Djem's Ankunft auf Rhodes wurde mit glänzenden Festen gefeiert, aber es geschah nichts, um ihn wieder in Stand zu setzen, den Kampf mit seinem Bruder zu erneuern, er wurde vielmehr, größerer Sicherheit halber, nach La Puye, einer Besitzung des Ordens in Frankreich, gebracht. Der Orden erreichte durch die Gefangenschaft Djems seinen Zweck. Bajesid schloß einen günstigen Frieden mit Rhodus, und verpflichtete sich noch zu einem bedeutenden Jahresgehalt für den Unterhalt und die Bewachung Djems. Nach einigen Jahren, als der Großmeister von Bajesid, vom Sultan von Egypten und mehreren europäischen Fürsten, sowie vom Pabste Innocenz VIII., bestürmt wurde, Djem auszuliefern, überließ er ihn, gegen bedeutende Concessionen, Letzterm, welcher sich des armen Prinzen bedienen wollte, um einen neuen Kreuzzug gegen die Türken zu Stande zu bringen. Als indessen die Hoffnungen des Pabstes auf das Zusammenwirken der christlichen Fürsten nicht in Erfüllung gingen, ließ er sich in Unterhandlungen mit Bajesid sowohl als mit Kaitbey ein, weigerte sich jedoch, ihn Letzterm auszuliefern, obgleich er ihm glänzende Anerbietungen machte. Um Djem in seiner Gewalt zu behalten, verständigte er sich mit Bajesid, von dem er fortwährend Geld erhielt, unter der Bedingung, daß er Djem in strenger Haft halte. Später, als Karl VIII. von Frankreich Ansprüche auf das Königreich Neapel erhob, schloß der Pabst Alexander VI. ein Bündniß mit Bajesid, und stellte ihm vor, daß Karl die Absicht habe, sich Djems in Rom zu bemächtigen. Bajesid versprach dem Pabste 300,000 Ducaten und forderte ihn auf, seinen Bruder aus der Welt zu schaffen, damit er nicht in die Hand des Königs von Frankreich komme. Wie weit der Pabst auf dieses Anerbieten einging, ist nicht bekannt, gewiß ist aber, daß, als Karl in Rom einzog, der ihm ausgelieferte Prinz schon ein schleichendes Gift in sich trug, das bald nachher seinem Leben ein Ende machte.

Da der Sultan von Egypten der Urheber aller dieser Händel war, welche der Pforte so große Summen gekostet und so viele Sorgen gemacht hatten, so wurde ihm von Bajesid im Jahre 1485 der Krieg erklärt, und noch ehe das egyptische Heer kriegbereit war, besetzten die Osmanen schon Tarsus und Adanah und bedrohten das nördliche Syrien. — Diese ersten Erfolge führten aber schwere Niederlagen herbei. Jakubpascha, der mit Ala Eddaulah in der Gegend von Malatich stand, wurde im folgenden Jahre von den egyptischen Mamluken geschlagen, und Karagöspascha erlitt am Flusse Djeihan eine gänzliche Niederlage, und mußte die eroberten Städte den Egyptiern überlassen. Auch Herßek Ahmed Pascha, der Statthalter von Anatoli, der hierauf den Oberbefehl erhielt und Adana wieder besetzte, wurde, als er die sich zurückziehenden Egyptier verfolgte, plötzlich auf einem ihm ungünstigen Terrain von ihnen angegriffen und selbst gefangen genommen (1486). In den nächsten Jahren bekämpften die Osmanen zuerst mehrere aufrührerische Turkomanenstämme Kleinasiens und dann den Fürsten Ala Eddauleh, der, obgleich er ihnen seine Herrschaft verdankte, sich doch dem Sultan von Egypten genähert und die Türken verrathen hatte. Istanderbey, der Statthalter von Cäsarea, sollte den Verräther aus Caramanien treiben und dessen Bruder Budag, dem Bajesid seine frühere Anhänglichkeit an Egypten verzieh, als Fürsten von Caramanien einsetzen. Budag wurde aber von seinem

Bruder überfallen, und Islanderbey von den Egyptiern zwischen dem Amanus und dem Meerbusen von Issus, wo einst Alexander der Große dem König Darius eine Schlacht lieferte, geschlagen und als Gefangener nach Egypten geschickt (1488). Auch in den beiden folgenden Jahren trugen die Egyptier mehrere Siege davon, und drangen immer weiter in das Innere Kleinasiens vor, doch kehrten sie, weil sie nicht gehörig verproviantirt waren, und um so mehr einen Winterfeldzug in Kleinasien scheuten, als Bajesid selbst mit neuen Truppen im Anzuge war, im November 1490 wieder nach Egypten zurück.

Kaitbey blieb trotz allen Erfolgen seiner Truppen doch stets zum Frieden geneigt, denn auch sein Heer hatte große Verluste erlitten, die er nicht so leicht wie Bajesid wieder ersetzen konnte, außerdem konnte das nöthige Geld zum Kriege nur durch außerordentliche Abgaben, Zwangsanleihen, anticipirte Steuern und andere Gewaltmaßregeln aufgebracht werden, welche das Volk erbitterten, die Cadhi's und die Geistlichkeit mißbilligten und die Dichter mit bissigen Satyren geißelten. Auch herrschte um diese Zeit, in Folge des niedern Nilstandes, große Theuerung in Egypten, so daß die Verproviantirung des Heeres äußerst schwierig und kostspielig war. Dazu kamen noch die unverschämten Forderungen der Mamluken, welche, als Lohn für ihre Waffenthaten, hundert Dinare für den Mann verlangten, und als der Sultan auf den leeren Staatsschatz hinwies, mit Aufruhr drohten. Es kam so weit, daß der Sultan den Scepter niederlegte und abdanken wollte. Endlich begnügten sich die Meuterer mit fünfzig Dinaren, aber auch diese Summe konnte der Sultan nur dadurch herbeischaffen, daß er sämmtliche Häuser und Güter, die der Stiftungen nicht ausgenommen, mit dem Ertrage von zwei Monaten besteuerte. Nach längern Unterhandlungen und durch die Vermittlung eines Gesandten aus Tunis, schloß endlich Bajesid, der um diese Zeit seine Blicke nach Ungarn wendete, wo er in Folge des Todes des Königs Mathias neue Eroberungen zu machen hoffte, einen Frieden mit Kaitbey, der ihm die Gefangenen zurückschickte und sich erbot, den Ertrag der von ihm in Kleinasien eroberten Länder als Stiftung des Tempels zu Mekka zu erklären (1491).

Die Hoffnungen Bajesid's auf große Erfolge in Ungarn und namentlich auf die Eroberung von Belgrad gingen indessen nicht in Erfüllung, eben so wenig brachten ihm seine Züge nach Polen und nach den deutschen Grenzländern bleibende Vortheile. Es wurde viel gemordet, verwüstet und erbeutet, aber diese Streifzüge kosteten den Türken viele Menschen, denn hie und da wurden auch von den Christen, namentlich von dem Madjaren Kinis und seiner schwarzen Schaar, sowie von Johann Corvinus, schauderhafte Repressalien genommen. Nur durch den Krieg gegen Venedig vergrößerte Bajesid sein Reich, indem er Lepanto, Modon, Navarin, Koron und andere Plätze in Griechenland eroberte. Bajesid war überhaupt kein eroberungssüchtiger Fürst, er liebte die Ruhe, und war schon wegen der Besorgnisse, die ihm Djem einflößte, stets zum Frieden geneigt. Er würde wahrscheinlich noch weniger Kriege geführt haben, wenn ihn nicht die Janitscharen, welche beschäftigt sein und rauben und morden wollten, dazu genöthigt hätten. Er hatte ihnen gleich bei seinem Regierungsantritt Straflosigkeit für die Ermordung des Veziers und Plünderung Constantinopels, sowie auch eine Erhöhung des Solds zusagen müssen, und wurde von ihnen in seinen letzten Lebensjahren zuerst daran verhindert, seinen Sohn Ahmed als Thronfolger zu bestimmen und später genöthigt, der Herrschaft zu Gunsten Selims, seines andern Sohnes, welcher sich gegen ihn empört hatte, zu entsagen (April 1512). Er wollte seine noch übrigen Tage zurückgezogen in seinem Geburtsorte Demitoka zubringen, aber er starb, ehe er dahin gelangte (26. Mai), wie man glaubt, auf Anstiften Selims, vergiftet.

Wie Bajesid von seinen Janitscharen, so wurde Kaitbey von seinen Mamluken tyrannisirt, und auch er mußte kurz vor seinem Tode (7. August 1496) zu Gunsten seines Sohnes Mohammed abdanken, der erst vierzehn Jahre alt und daher noch mehr als sein Vater von den jeweiligen Emiren, welche den größten Einfluß auf die Mamluken hatten, abhängig war. Während der Regierung Mohammeds waren Brandstiftungen, Plünderungen und Straßenkämpfe an der Tagesordnung; mehrere Emire befehdeten sich, um den Sultan zu beherrschen, welcher seine Zeit mit Musikern, Sängerinnen, Tänzerinnen und Gaukelspielern zubrachte. Um das Geld, sowohl für die Ausschweifungen des Hofes, als für den immer höher steigenden Sold der Mamluken herbeizuschaffen, mußten alle Klassen der Bevölkerung, die vier obersten Cadhi's nicht ausgenommen, außerordentliche Steuern zahlen, und wer nicht seinen letzten Dinar freiwillig hergab, wurde durch Peitschenhiebe, glühende Eisen und andere Folterwerkzeuge dazu genöthigt. Diesem Zustande machte endlich der Emir Tumanbey, im Verein mit andern Emiren, durch die Ermordung des Sultans ein

Ende (31. Oktober 1498). Kanßuweh Alaschrafi, welcher an Mohammed's Stelle zum Sultan gewählt wurde, konnte, obgleich er sich alle Mühe gab, die Wunden zu heilen, welche sein Vorgänger dem Lande geschlagen hatte, nur etwa dreiviertel Jahre den Thron behaupten. Auch er wurde von Tumanbey gestürzt (Juni 1500), ebenso sein Nachfolger Djan Belat (Januar 1501). Jetzt bestieg Tumanbey selbst den Thron, mußte aber nach hundert Tagen, da er sowohl die Anhänger der frühern Regierungen, als einen Theil der Mamluken gegen sich hatte, die Flucht ergreifen und nach längern Debatten wurde Kanßuweh Alghuri, ein ehemaliger Sklave des Sultan Kaitbey, zum Sultan gewählt (20. April). Die Geschichte dieses Mamlukensultans werden wir, da die letzten Jahre seiner Regierung und die wichtigsten Begebenheiten derselben in die Zeit des osmanischen Sultan Selim fallen, im folgenden Abschnitte darstellen.

Elfter Abschnitt.

Das Zeitalter Selims I. und der spätere Verfall des osmanischen Reichs.

I. Die Safiden in Persien und ihr Kampf mit den Osmanen. Die Literatur der Perser und Türken.

Die Safiden, welche, auf Kosten der Nachkommen Usun Hasan's, ein neues Reich in Persien gründeten, stammen von dem Scheich Safi Eddin, einem hochgeachteten frommen Sufi aus Ardebil her, welcher im Jahre 1334—35 starb. Musa, der Sohn dieses Sufi, stand bei Timur und sein Enkel Chodjah Ali bei Schah Roch in großem Ansehen. Djuneid, ein Enkel Chodjah Ali's, hatte so zahlreiche Anhänger, daß Djihanschah, der Sohn Kara Jusufs und damalige Herr von Adserbeidjan, ihn aus Ardebil vertrieb. Er begab sich mit seinen Schülern und Freunden nach Dijarbekr zu Osman, dem Fürsten vom weißen Hammel, und heirathete eine Schwester Usun Hasans, welche ihm seinen Sohn Heider gebar. Nach den Siegen Usun Hasans über Djihanschah kehrte Djuneid mit seinem Sohne Heider nach Ardebil zurück, und die Zahl seiner Anhänger war bald noch größer, als vor seiner Verbannung; weil zu seinem Ansehen als frommer Sufi auch noch das eines Schwagers des mächtigen Usun Hasan sich gesellte. Er hielt sich bald für stark genug, um nach Georgien hin einen heiligen Krieg zu unternehmen, aber der Fürst von Schirwan, der ihm nicht traute, trat ihm mit seinen Truppen entgegen und tödtete ihn (1458). Nach einiger Zeit sammelte Heider, welcher eine Tochter seines Oheims Usun Hasan heirathete, die Anhänger seines Vaters um sich und führte sie wieder gegen Georgien. Der Fürst von Schirwan wendete sich an Jakub Bey, den Sohn Usun Hasans und Erben seines Reichs, und machte ihn auf die Gejahr aufmerksam, die ihm von Seiten Heiders und seiner schwärmerischen Jünger drohte. Jakub, obgleich Schwager und Vetter Heiders, lieh doch diesen Einflüsterungen ein williges Ohr. Er forderte zuerst Heider auf, seine Truppen zu verabschieden, und als dieser Aufforderung nicht Folge geleistet wurde, bekriegte er ihn, in Gemeinschaft mit dem Fürsten von Schirwan. Heider wurde geschlagen, er selbst fiel im Kampfe (1488) und sein Sohn Ismail, der Enkel Usun Hasans, wurde mit andern Verwandten gefangen genommen und nach der Citadelle von Iſtachr in Sicherheit gebracht. Nach dem Tode Jakubs (1491), während der Erbfolgestreitigkeiten zwiſchen ſeinem Oheim, ſeinen Söhnen und Vettern, entfloh Ismail aus Iſtachr und begab ſich, mit seinem Bruder Jar Ali, zu dem Herrn von Lahidjan, an der Grenze von Ghilan. Hier wurde er von den Aliden dieſer Provinz in die ſchiitiſchen Lehren eingeweiht, und erwarb ſich durch ſeinen Geiſt und ſeine Frömmigkeit ſchon als Jüngling die Achtung aller Bewohner dieſer Provinz. Bald ſchaarten ſich die frühern Anhänger ſeines Vaters und Großvaters um ihn, erkannten ihn als ihr Oberhaupt an, und erklärten ſich bereit, ihm in den Krieg gegen den Fürſten von Schirwan zu folgen (1499). Nachdem Ismail dieſen Fürſten beſiegt und getödtet hatte, bekämpfte er mit gleichem Erfolge die noch übrigen, durch langen Bürgerkrieg geſchwächten Nachkommen Usun Hasans. Nach wenigen Jahren war er Herr von Aſerbeidjan, mit der Hauptſtadt Tebris, von Kurdiſtan, Armenien, Tjarbekr und dem arabiſchen Iraf, mit der Hauptſtadt Bagdad (1507). Später dehnte er auch ſeine Herrſchaft noch über Choraſan und einen Theil von Transoxanien aus, ſo daß die Besitzungen Usun Hasans wieder in einer Hand waren, und ſich leicht vorausſehen ließ, daß das angrenzende Osmanenreich um ſo weniger den mächtigen Eroberer ruhig neben ſich dulden würde, als er ihm nicht nur durch das Schwert, ſondern auch durch ſeine ſich weiter verbreitende Lehre gefährlich werden konnte. Schon unter Bajeſid waren die Verhältniſſe zwiſchen der Pforte und Perſien geſpannt, denn er hatte die zahlreichen aufrühreriſchen Schiiten, welche in Kleinaſien wohnten, nach Griechenland verbannt, und dem Verlangen Ismails, ihnen freien Abzug nach Perſien zu geſtatten, nicht nachgegeben. Ismail wollte, ehe er ſich in einen Krieg mit der Pforte einließ, ſeine Macht conſolidiren und treue Verbündete werben. Er ſchickte eine Geſandtſchaft nach Venedig, welche die Republik an die frühern freundlichen Beziehungen zwiſchen ihr und Usun Hasan erinnerte, und sie aufforderte, mit ihm ein Bündniß zu schließen und wieder von den an die Osmanen abgetretenen Plätzen in Albanien und Griechenland Besitz zu nehmen, während er Bajesid in Asien angreifen würde. Die Venetianer nahmen die Gesandten Ismails freundlich auf, machten zwar keine bestimmte Zusage, weil sie nicht alsbald den Frieden mit der Pforte brechen wollten, gaben jedoch der Hoffnung Raum, daß sie unter günstigen Umständen nicht verfehlen würden, Schah Ismail in seinen Unternehmungen gegen den gemeinschaftlichen Feind zu unterstützen. War aber durch das Zaudern Venedigs und die Friedensliebe Bajesids der Krieg zwischen Persien und der Türkei unterblieben, so wurde er nach der Thronbesteigung Selims unvermeidlich. Ismail hatte sich gleich nach dem Tode Bajesids zu Gunsten Ahmeds, des Bruders Selims, erklärt, welcher diesem den Thron streitig machte und nach dessen Niederlage Murad, dem flüchtigen Sohne des Besiegten und Hingerichteten, seinen Schutz angedeihen lassen. Selim hatte hingegen, um bei einem Kriege gegen Ismail den Rücken frei zu haben, alle Schiiten im osmanischen Reiche aufgreifen und theils hinrichten, theils einkerkern lassen. Ismail trat nun als Rächer seiner Glaubensgenossen auf, und fiel alsbald (1513) in osmanisches Gebiet ein, während Selim seinerseits ein starkes Heer zusammenzog, inzwischen aber Ismail zur Räumung der besetzten Grenzprovinzen und zur Rückkehr zum orthodoxen Glauben aufforderte. Da, wie vorauszusehen war, der siegegewohnte und für die schiitischen Lehren schwärmende Schah, der vielleicht auch noch auf die Freunde Murads und auf auswärtige Hülfe zählte, diese Aufforderung zurückwies, brach Selim selbst, an der Spitze seiner Truppen, über Cäsarea, Konieh und Siwas nach Terdjan auf, wo einst Mohammed II. dem Usun Hasan eine blutige Niederlage beigebracht hatte, und als sich noch immer kein Feind zeigte, beschloß er, trotz der Unzufriedenheit der Janitscharen, und bei allem Mangel an Lebensmitteln und Fourage — denn die Armenier hatten Alles fortgeschleppt oder zerstört — doch gegen Tebris vorzurücken. In der Ebene von Tschaldiran trat endlich Ismail dem Feinde entgegen, mit einem Heere, dessen Reiterei der türkischen überlegen, dessen Fußvolk aber weniger gut war und das an Geschütz gänzlichen Mangel hatte. Trotz aller Todesverachtung der fanatischen Perser, unter denen sogar Frauen mitfochten, mußten sie doch vor der türkischen Artillerie weichen, und Ismail konnte es nicht einmal wagen, mit seinem flüchtigen Heere in Tebris Stand zu halten, so daß diese Stadt ohne Widerstand von Selim besetzt wurde (September 1514).

Selim hatte die Absicht, in Karabagh den Winter zuzubringen und dann im Frühjahr den Krieg gegen Ismail fortzusetzen, er konnte aber diesmal den der vielen Entbehrungen überdrüssigen und zur Rückkehr drängenden Janitscharen nicht widerstehen; er kehrte daher über Kars und Erzerum nach Amasia zurück, wo er das Winterquartier bezog. Im folgenden Frühjahre eroberte er die Festung Kemach am Euphrat und wendete sich dann gegen Ala Eddauleh, den Fürsten von Dulgadir, welcher die Oberhoheit des Sultans von Egypten anerkannte, an dem Feldzuge gegen Schah Ismail nicht theilgenommen und auch die versprochenen Lebensmittel für das osmanische Heer nicht geliefert hatte. Ala Eddawleh blieb auf dem Schlachtfelde, und sein Fürstenthum wurde Alibey, einem Sohne Schah Siwar's, verliehen, welchem die Osmanen ihren Sieg verdankten, indem er alle ehemaligen Anhänger seines Vaters, welcher in Egypten hingerichtet worden war, zum Abfall von Ala Eddawleh, dem Vasallen des Mamlukensultans, aufgefordert hatte. Auch Alibey wurde jedoch später des Einverständnisses mit den Persern willen ermordet und seine Ländereien wurden dem osmanischen Reiche einverleibt. Dijarbekr, Kurdistan und das nördliche Mesopotamien, wo bald nach der Schlacht von Tschaldiran sich eine starke Partei zu Gunsten der Osmanen erklärte, war nun das nächste Ziel der Eroberungen Selims, welcher die Friedensanträge Ismails zurückwies, und sogar dessen Gesandten einkerkern ließ. Ismail, der nach dem Abzuge der Osmanen wieder nach Tebris zurückkehrte, machte große, aber vergebliche Anstrengungen, um Amid, die Hauptstadt von Dijarbekr, wieder zu erobern, aus welcher die Kurden, mit Hülfe der Osmanen, seinen Statthalter vertrieben hatten. Der Kampf um den Besitz von Hißn Keifa, Roha, Nissibin, Maribin, Mossul und andern Plätzen am Euphrat und Tigris dauerte noch über ein Jahr, ohne daß weder Selim noch Ismail selbst auf dem Kampfplatze erschienen wären, und endete überall zu Gunsten des Ersteren, welcher die eroberten Gebiete in osmanische Provinzen verwandelte. Der Krieg zwischen Persien und der Pforte ruhte dann eine Weile, wenn auch die Reibungen an den keineswegs genau bestimmten Grenzen der beiderseitigen Reiche nicht aufhörten. Unter dem Sultan Suleiman kam es wieder zu einem größern Kriege, welcher für Persien, unter Thamasp, dem Sohne und Nachfolger Ismails (seit 1524), ein ebenso unglückliches Ende nahm, als der von Selim gegen dessen Vater geführte, indem sowohl Tebris als Bagdad in die Gewalt der Osmanen kamen (1533—34). Erst unter Schah Abbas I. (1587), dem Enkel Thamasp's, hob sich das persische Reich wieder zu seinem frühern Glanze, indem nicht nur die Osmanen auf ihre frühern Eroberungen verzichten mußten, sondern auch die Afganen und Usbeken besiegt und die Grenzen des persischen Reichs vom Tigris bis an den Indus und vom persischen bis zum kaspischen Meere ausgedehnt wurden. Aber auch diese Glanzperiode Persiens hörte mit dem Tode des Schah Abbas (1626) wieder auf und die Dynastie der Safiden sank immer tiefer herab, bis sie zuerst durch die Afganen des größern Theils ihrer Länder beraubt und dann später von Nadir Schah gänzlich verdrängt wurde. Die weitere Geschichte Persiens gehört nicht mehr hierher, wir bemerken nur, daß dieses Land selbst unter seinen größten und glücklichsten Herrschern, nie mehr hinsichtlich seiner innern Bildung und geistigen Kultur eine hohe Stufe erreichte, auch eigentlich nie mehr ein innerlich zusammenhängendes Ganzes gebildet hat. Die Spaltung zwischen Sunniten und Schiiten dauerte selbst unter den Unterthanen der Safiden fort, denn die Afganen sowohl als viele andere Stämme: Usbeks, Kurden und Turkomanen, waren Sunniten, während das westliche Persien und das Regentenhaus selbst den Lehren der Schiiten huldigte. Hiezu kamen die sich stets wiederholenden Kriege mit der Pforte, später auch mit Rußland, und die Zerwürfnisse unter den Familiengliedern des Herrscherhauses, welche unter dem Volke kein inneres Gedeihen aufkommen ließen. Auch fällt die Blüthezeit der persischen Literatur keineswegs in diese Periode der politischen Regeneration Persiens, vielmehr ist ihr Verfall zur Zeit des Wiederaufbaus des persischen Staats schon sehr nahe. Die bedeutendsten Erscheinungen auf dem Gebiete der Literatur und besonders der Dichtkunst beginnen mit den Samaniden, und hören mit den Muzafferiden allmählig auf. Unter Ersteren blühte der Dichter Rudegi, und unter Letzteren der unter dem Namen Hafiz bekannte Lyriker Schems Eddin Mohammed († 1388). Zwischen diesen Beiden steht der größte persische Epiker Firdusi, der unter dem Gaznewiden Mahmud sein Schah-Nameh dichtete, das, wie der Diwan Hafiz's, auch in Europa durch Uebersetzungen bekannt ist, während die Schöpfungen Rudegis verloren gegangen sind. Neben Firdusi glänzte am Hofe Mahmud's der romantische Dichter Ansari, den er vor allen Andern auszeichnete. Auch die Seldjuken, obgleich von turkomanischer Race, förderten die persische Dichtkunst durch ihre Freigebigkeit gegen große Dichter, und ihrer Zeit gehören besonders Anweri und Nizami an, Ersterer als Panegyriker unübertroffen und Letzterer durch seine romantischen Dichtungen berühmt. Nicht weniger waren die Atabege Freunde großer Poeten und einem derselben hat Sadi aus Schiras, der Meister der didaktischen Poesie, den der spätere Djoweini zum Muster nahm, seinen „Rosengarten" (Gülistan) gewidmet, während an dem Hofe eines Andern Djelal Eddin Rumi, der größte mystische Dichter der Perser, gelebt hat. Die persische Dichtkunst bedurfte mehr als jede andere der Pflege von Oben, denn sie war eigentlich nur der höhern, gebildeten und des Arabischen kundigen Klasse der Gesellschaft verständlich. Die meisten persischen Dichter — Firdusi macht hierin eine Ausnahme — haben nicht nur, wie manche deutsche Schriftsteller des siebzehnten Jahrhunderts französische und lateinische, viele arabische Wörter eingestreut, sondern auch ganze Sätze, in unveränderter fremdartiger Form und Construktion, so daß sie nie einheimisch und volksthümlich werden konnten. Mit der Eroberung Persiens durch die Araber ging die altpersische Kultur zu Grund, das heidnische Element wurde ausgerottet, die neue Generation unterwarf sich dem Islam, und wer Sinn für wissenschaftliche Kultur hatte, nahm mit demselben den in arabischer Sprache geschriebenen Koran nebst allen sich daran knüpfenden Werken über Traditionskunde, Theologie und Jurisprudenz als Grundlage seiner geistigen Bildung, und schrieb dann selbst in arabischer Sprache, wenn er als Autor auftrat. Als später durch das Emporkommen persischer, vom Chalifat ziemlich unabhängiger Fürstenthümer, die persische Sprache die arabische wieder verdrängte, so war einerseits die gelehrte Welt schon zu sehr an die arabische Terminologie gewöhnt, um, wie es in Deutschland geschah, ihre Sprache von fremden Elementen reinigen zu können, und dann blieb die arabische Sprache bei den Gelehrten, sobald sie Moslime waren, als die der göttlichen Offenbarung, in so hohem Ansehen, daß man ihren fortgesetzten Gebrauch, wenn auch nur in zerstreuten Wörtern und Sätzen, als eine Zierde ansah. Dieser Mißstand findet sich übrigens nicht nur bei Poeten, sondern auch bei prosaischen Schriftstellern, und zwar nicht blos in theologischen, rechtswissenschaftlichen und philosophischen, sondern auch in historischen Werken, die eigentlich allein in der neuern persischen

Literatur neben der poetischen eine besondere Erwähnung verdienen, weil sie uns, wenn auch häufig in höchst schwulstigem Styl, über die Geschichte der Mongolen und der spätern persischen Dynastien die beste Auskunft geben. Wo sie darüber hinausgehen, sind sie, wie in ihren Erdbeschreibungen, eine oft nur dürftige und ungenaue Copie der Araber, welche von der ältesten Zeit bis in das fünfzehnte Jahrhundert, sowohl durch reichen Inhalt als schlichte einfache Darstellung ausgezeichnete Chroniken, Geographien und Reisebeschreibungen geliefert haben.

Geht aus erwähntem Grunde schon der persischen Literatur alle Popularität ab, so ist dies in weit höherm Grade bei der türkischen der Fall. Die ganze geistige Bildung der Türken, die weder eine alte Geschichte, noch eine Literatur besaßen, beruht auf fremder Grundlage. Die arabische und persische Literatur war schon ihrem Verfall nahe, als die ersten Schulen im türkischen Reiche gegründet wurden. Waren sie aber einmal von Persern und Arabern unterrichtet worden, so nahmen sie dieselben auch zum Muster, nicht nur in ihren prosaischen Werken, sondern auch in den dichterischen, unbekümmert darum, ob die fremde Form dem Geiste der türkischen Sprache widerspricht oder nicht, und ob überhaupt ihr dichterischer Genius sich zur Höhe ihrer Vorbilder emporzuschwingen vermochte. Die Dichtkunst wurde besonders vom Hofe gepflegt, der auch in dieser Beziehung nicht hinter Andern zurückbleiben wollte, und selbst mehrere Sultane werden unter den vielen Dichtern gezählt, welche im fünfzehnten und sechzehnten Jahrhundert blühten, von denen aber nur Wenige auf Originalität Anspruch machen können. Sind die persischen Dichter nur denen zugänglich, die der arabischen Sprache kundig sind, so gehört zum Verständniß der türkischen eine genaue Kenntniß der persischen und der arabischen Sprache, denn man findet häufig in ganzen Gedichten nur türkische Bindewörter, Fürwörter und Hülfszeitwörter, während alles Uebrige aus einem bunten Gemisch von Persischem und Arabischem besteht. Die türkischen Geschichtswerke sind reine Compilationen und mit fremdem Schmuck überladen, sie haben auch nur als Quellen einheimischer Geschichte einen wissenschaftlichen Werth. Besondere Erwähnung verdient der unter dem Namen Hadji Chalfa bekannte Historiker und Bibliograph Mustafa Tschelebisohn, welcher brauchbare chronologische Tafeln, von der Schöpfung bis zum Jahr 1640, und ein ausgezeichnetes bibliographisches und encyklopädisches Wörterbuch geschrieben hat. Letzteres Werk gehört übrigens nicht der türkischen Literatur an, denn es ist in arabischer Sprache geschrieben. Jenes ist schon längst und dieses vor wenigen Jahren von Flügel herausgegeben und ins Lateinische übersetzt worden. In den übrigen Zweigen der Literatur haben die Türken auch mehr oder weniger die Araber copirt oder nachgeahmt, so daß ihr alle Originalität abgeht.

II. Die letzten Mamlukensultane und ihr Krieg mit Portugal und der Pforte.

Kanßuweh Alghuri, der zwanzigste und vorletzte Sultan von Egypten und Syrien, war schon über sechzig Jahre alt, als er den Thron bestieg; er war aber noch mit jugendlicher Kraft und Energie ausgerüstet, sowie auch an seinem Barte noch kein graues Haar sich zeigte. Er verstand es, die aufrührerischen Emire in Zaum zu halten und machte durch den Ankauf neuer Sklaven die ältern Mamluken unschädlich. Obgleich er ein emporgekommener Sklave war, brachte er doch die Prunkliebe eines Herrschers von altfürstlichem Geschlechte mit auf den Thron. Er mußte die schönsten Pferde mit reichstem Geschirre in seinen Ställen haben, die kostbarsten Edelsteine glänzten an seinen Ringen und an seinem goldnen Gürtel, seine ganze Toilette war eine ausgesuchte, sein Küchengeschirr, bis zu den Wassergefäßen herab, vom reinsten Golde, seine Gärten waren mit den schönsten ausländischen Bäumen und Blumen angefüllt, sein neu hergestellter Palast in der Citadelle wimmelte von Dichtern, Sängern, Mährchenerzählern und Musikern, die er mit verschwenderischer Freigebigkeit bezahlte. Um alle diese Ausgaben zu bestreiten, zu denen noch andere für allgemein nützliche Zwecke: Verbesserung der Straßen und Wasserleitungen, Gründung von Schulen, Bauten von Moscheen und Befestigungswerken, hinzukamen, wurde das Volk mit schweren Abgaben belastet, namentlich in der ersten Zeit seiner Regierung, als die Staatskasse vollständig erschöpft war. Von sämmtlichen Liegenschaften in Egypten und Syrien wurde der Ertrag von zehn Monaten als außerordentliche Steuer erhoben, auch die frommen Stiftungen wurden nicht nur von dieser Maßregel nicht verschont, sondern noch höher besteuert, als die Güter der Privatleute. Einem Oberkadhi, welcher dies für gesetzwidrig erklärte, sagte der Sultan: „Nun gut, wenn die Mamluken kommen und ihren Sold fordern, so will ich sie zu dir schicken und sehen, wie du sie auf gesetzlichem Wege zu befriedigen vermagst." Eine ähnliche Steuer wurde auch von Mühlen, Schiffen, Lastthieren, Bewässerungsmaschinen und andern Gegenständen, die dem Besitzer ein bestimmtes Einkommen sicherten, gefordert, und ebenso wurde von allen Pensionen der Betrag von zehn Monaten zurückgehalten, während den activen Beamten, sowie den Kaufleuten, je nach ihrem Gehalte oder ihrem Geschäfte, beliebige Summen erpreßt wurden. Auch die Sklavenbesitzer sollten eine besondere Steuer bezahlen, die nach dem Vorschlage eines gewissen Salah Eddin dem Fiscus 200,000 Dinare eingebracht hätte, da aber die Emire am härtesten von dieser Steuer getroffen worden wären, machten sie dem Sultan Vorstellungen, und er gab nicht nur sein Vorhaben auf, sondern ertheilte sogar den Befehl, dem Salah Eddin die Zunge auszuschneiden und ihn dann ganz nackt auf einem Kameele in der Stadt herumzuführen. Während aber diese Abgaben nur eine vorübergehende Calamität für die Unterthanen waren, blieben die hohen Zölle auf Ein- und Ausfuhrartikeln auch für die Zukunft, und hatten das Ausbleiben fremder Kaufleute zur Folge. Der Handel gerieth außerdem noch immer mehr in Stockung, weil die Münzen jeden Augenblick verschlechtert und doch zu ihrem frühern Werthe verausgabt wurden. Noch schlimmer, und für alle Classen der Bevölkerung empfindlich war die Steuer, welche die Marktaufseher entrichten mußten, denn sie waren genöthigt, sich wieder durch den Druck auf die Kaufleute und Händler, bis zu den Verkäufern von Wassermelonen herab, zu entschädigen, die ihn dann ihrerseits wieder den Käufern entgelten ließen. Der härteste Schlag für den egyptischen Handel kam aber unter Kansuweh von Seiten der Portugiesen, welche zu seiner Zeit das Vorgebirge der guten Hoffnung umsegelten, bis in das rothe Meer drangen, die moslimischen Schiffe kaperten, welche mit Indien Handel trieben, und bemüht waren, sich allein den Handel mit indischen Produkten zu sichern, der für sie um so vortheilhafter war, als sie dieselben aus erster Hand kauften und ganz zu Wasser auf eigenen Schiffen heimbrachten, ohne daß sie durch Zwischenhändler und Transitzölle vertheuert wurden. Wie die Egyptier erlitten auch die Venetianer große Verluste durch die Auffindung des Seewegs nach Ostindien, denn sie waren die bedeutendsten Zwischenhändler zwischen Egypten und dem Abendlande, das bald seinen Bedarf an Specereien nicht mehr bei ihnen, sondern bei den Portugiesen einkaufte. Schon im Jahre 1503 machte daher Venedig den

Sultan Kanzuweh auf die ihm von Portugal her drohende Gefahr aufmerksam, und forderte ihn auf, sich mit den zahlreichen moslimischen Fürsten Indiens zu verbinden, und den Unternehmungen der Portugiesen entgegenzutreten. Ungefähr um dieselbe Zeit wurde der Sultan von Muzaffar Schah, dem moslimischen Fürsten von Guzurat, und von andern kleinern mohammedanischen Fürsten in Indien, sowie auch von Amir, dem Herrn des südlichen Arabiens, dringend ersucht, schon als Beschützer der heiligen Städte, die auch von den an der Küste Arabiens kreuzenden portugiesischen Schiffen bedroht waren, eine Flotte im rothen Meere auszurüsten und sie gegen diese Ungläubigen auszusenden. Der Sultan schenkte diesem Gesuche um so mehr Gehör, als nicht nur der ganze Handel mit Indien durch die Blokade des rothen Meeres darnieder lag, und ihm die bedeutenden Zolleinkünfte entgingen, sondern auch ein ihm selbst gehörendes Schiff, sowie andere seiner Unterthanen in den indischen Gewässern von Vasco de Gama in den Grund gebohrt worden waren. Ehe indessen der Sultan zu den Waffen griff, was ohnehin bei dem Mangel an Kriegsschiffen im rothen Meere, nicht alsbald geschehen konnte, sandte er dem Pabste durch den Prior des Klosters vom Berge Zion ein Schreiben, in welchem er sich über Ferdinands Verfahren gegen die Mauren in Spanien und über Manuels Flotte in Indien beklagte, und ihn aufforderte, seinen ganzen Einfluß aufzubieten, um diese Fürsten von weitern Gewaltthätigkeiten gegen Mohammedaner abzuhalten, widrigenfalls er alle heiligen Stätten in Palästina zerstören, und an den in seinem Lande wohnenden Christen sich rächen würde. Diese Drohungen blieben, wie sich leicht voraussehen ließ, ohne Erfolg. Weder der König von Spanien noch der von Portugal ließen sich einschüchtern, sie wußten übrigens auch, da die christlichen Pilgerfahrten dem Sultan beträchtliche Summen einbrachten, daß schon sein eigenes Interesse ihm Schonung gegen die Christen gebiete, und daß er außerdem sich wohl hüten würde, durch Gewaltthätigkeiten gegen seine unschuldigen christlichen Unterthanen, die ganze Christenheit gegen sich aufzubringen. Der Sultan mußte daher unmittelbar, durch die Ausrüstung einer Flotte auf dem rothen Meere, den Portugiesen in Indien die Spitze bieten. Darüber verging aber eine geraume Zeit, denn das aus Kleinasien herbeigeschaffte Baumaterial ging zum Theil zu Grund, indem mehrere damit beladene egyptische Schiffe von den Johannitern in Rhodus, deren damaliger Admiral Andrä ein Portugiese war, in Brand gesteckt oder gekapert, und andere von einem heftigen Sturme zerstört wurden. So unbedeutend übrigens auch die endlich gebaute egyptische Flotte war, so hob sie doch den Muth und das Vertrauen der Araber in Indien, und selbst mehrere indische Fürsten, welche bisher schwankend geblieben waren, traten jetzt gegen die Portugiesen auf, welche immer klarer zeigten, daß es ihnen nicht blos um Factoreien für ihren Handel zu thun war, sondern daß sie nach dauernder Herrschaft über einen Theil Indiens gelüsteten. Im Jahr 1508 kam es vor Sch a u l, einer Stadt, welche zum Reiche Dekan gehörte, zwischen dem egyptischen Geschwader und Lorenzo, dem Sohne des Vicekönigs Francisco d'Almeida, zum ersten Gefechte, in welchem Lorenzo das Leben verlor und das Admiralschiff zu Grund ging; denn die Portugiesen wurden, als sie gegen den egyptischen Admiral Husein kämpften, plötzlich im Rücken von dem moslimischen Statthalter von Din überfallen. Der Vicekönig nahm jedoch im folgenden Jahre blutige Rache für den Tod seines Sohnes, indem er die reiche Stadt Dabul den Flammen preisgab, und viele egyptische Schiffe in Diu theils in den Grund bohrte, theils wegnahm. Husein selbst entkam zwar mit den Trümmern seiner Flotte, hielt es aber für klug, nach Arabien zurückzukehren. Die Feindseligkeiten zwischen Egypten und Portugal dauerten fort. Die Portugiesen machten nicht nur auf alle arabischen Schiffe Jagd, die sich in den indischen Gewässern zeigten, sondern erschienen sogar im Jahre 1513 mit zwanzig Schiffen unter dem Oberbefehle des Vicekönigs Alfonso d'Albuquerque vor A d e n, und griffen auch einige Jahre später Djiddah, den Hafen von Mekka, an. Der Sultan rüstete eine neue Flotte aus, ehe sie aber nach Indien kam, war er selbst nicht mehr und das Hedjas sowohl als das südliche Arabien, das in der letzten Zeit Husein auch dem egyptischen Scepter unterworfen hatte, huldigten den Osmanen.

In demselben Jahre (1516), als Lopo Soares die Hafenstadt Djiddah angriff, brach der Krieg zwischen den Osmanen und Mamluken aus, welcher Erstern die Herrschaft über Syrien, Egypten und Arabien verschaffte, und sowohl dem Mamlukenreiche als dem Schattenchalifate ein Ende machte. Wir haben schon früher die bald freundlichen, bald feindlichen Beziehungen zwischen den in Constantinopel und in Kahirah residirenden Sultanen erwähnt. Der letzte Krieg zwischen Bajesid II. und Kaitbey nahm zwar für Ersteren ein schmähliches Ende, doch trat nach dem Friedensschlusse keine weitere Störung mehr ein, obgleich es nicht an Veranlassung zu neuen Reibungen fehlte. Die Osmanen mußten unter Bajesid fortwährend ihre Blicke nach Europa richten, und dann ihre ganze Macht gegen das neu aufblühende persische Reich aufbieten, während die Sultane von Egypten zu sehr von innern Unruhen heimgesucht waren, um an Eroberungen im Auslande zu denken. Erst als Selim den Schah von Persien geschlagen hatte, beschloß er, auch Egypten und Syrien seinem Reiche einzuverleiben. An einem Vorwand zum Kriege hat es eroberungssüchtigen Herrschern zu keiner Zeit, im Osten so wenig als im Westen, bei Moslimen so wenig als bei Christen gefehlt. Zu den alten Beschwerden der Osmanen gegen das Mamlukenreich war noch in den letzten Jahren die hinzugekommen, daß die Gesandtschaft Schah Ismails nach Venedig ihren Weg über Syrien genommen und in Damask selbst mit dem venetianischen Consul Unterhandlungen gepflogen hatte. Doch dies geschah noch unter Bajesid, der, als er dem Sultan Kanßuweh deshalb Vorwürfe machte, die Genugthuung erhielt, daß sämmtliche venetianische Kaufleute, sammt ihren Consuln, eine Zeit lang in Kahirah verhaftet wurden. Unter Selim gab zuerst die Flucht seines Bruders Korkud, der ihm auch den Thron streitig machte, nach Egypten, und die seines Neffen Kasim, eines Sohnes Ahmeds, nach Syrien, Veranlassung zu heftigen Debatten zwischen ihm und Kanßuweh, welcher zwar nichts für die flüchtigen Prinzen that, aber sich entschieden weigerte, sie auszuliefern. Selim beschuldigte ferner den Sultan Kanßuweh, den Fürsten von Dulgadir zum Kriege gegen ihn angespornt, und den Karawanen nicht gestattet zu haben, während des persischen Krieges den Osmanen Lebensmittel zuzuführen. Er mußte übrigens auch, daß in den letzten Jahren, trotz der confessionellen Spaltung, doch eine Annäherung zwischen Egypten und Persien stattgefunden hatte, und er mußte nun, um seine Herrschaft über Mesopotamien und die an Syrien grenzenden Provinzen Kleinasiens zu sichern, einem engern Bündnisse zwischen Ismail und Kanßuweh zuvorkommen. Dieser hatte den günstigen Moment versäumt, die Pforte zu Concessionen zu nöthigen, oder ihr den Krieg zu erklären, er hatte sowohl Ismail als Ala Eddawleh ihrem Schicksal überlassen, weil er es vielleicht nicht wagen durfte, sich mit ketzerischen Schiiten gegen Sunniten zu verbinden, so lange es nicht durch Selbsterhaltung geboten war, er mußte nun für seine Unthätigkeit während des persisch-türkischen Kriegs büßen und ohne Verbündeten gegen das mit neuen

Siegen gekrönte osmanische Heer kämpfen. Selim machte im Winter und Frühling 1516 große Rüstungen, und zog abermals in Kleinasien ein mächtiges Heer zusammen, gab aber, um wo möglich Kanßuweh zu überraschen, als Grund dieser Truppenanhäufung einen neuen Feld= zug gegen Persien an, beruhigte ihn auch über andere zwischen ihnen schwebende Fragen, und erbot sich sogar, an Ali Bey's Stelle einen andern Fürsten von Ablestin zu ernennen. Kanßuweh, obgleich den Versicherungen Selims nicht gerade mißtrauend, hielt es doch für gerathen, trotz der in Syrien herrschenden Theuerung, sich an der Spitze seiner Truppen dahin zu begeben, um allen Eventualitäten ent= gegentreten zu können. Er war schon in Haleb, als eine zweite Ge= sandtschaft von Constantinopel eintraf, welche wiederholte, daß Selim nichts sehnlicher wünsche, als die friedlichen Beziehungen zu Egypten zu erhalten, und auch einen Rechtsspruch (Fetwa) der Ulema vor= zeigte, demzufolge er verpflichtet wäre, einen Vernichtungskrieg gegen den Ketzer Ismail zu führen. An der Spitze dieser Gesandtschaft stand der oberste Richter des Heeres und ein Pascha, der auch kostbare Geschenke für Kanßuweh und seinen obersten Emir mitbrachte. Kanßu= weh richtete zwar einige harte Worte in Bezug auf das Verfahren Selims im Fürstenthum Dulgadir an die Gesandten, behandelte sie jedoch mit Freundlichkeit und entließ sie mit reichen Geschenken, für sie selbst sowohl als für Selim. Als er aber diese Gesandtschaft er= widerte, wurden die Gesandten, angeblich, weil sie aus den besten und schönsten Kriegern des egyptischen Heeres bestanden, deren Anblick entmuthigend auf die Osmanen wirken sollte, von Selim mißhandelt, und bis auf den Staatskanzler Mughlabey, der an ihrer Spitze stand, enthauptet. Mughlabey selbst wurde in schmählichem Zustande, mit geschorenem Barte, in Lumpen gehüllt, auf einem schäbigen, lahmen Thiere, mit einer Kriegserklärung zurückgeschickt. Selim konnte jetzt die Maske abwerfen, denn er stand bereits an der syrischen Grenze und wußte auch, daß Kanßuweh nicht leicht mehr zu hintergehen sein würde. Dieser ertheilte nach der Rückkehr seines Gesandten den syri= schen Statthaltern, welche sich zu ihm nach Haleb begeben hatten, den Befehl, den heranrückenden Osmanen entgegenzuziehen. Das egyp= tische Heer zählte etwa 12,000 Mamluken, die theils dem Sultan, theils den Emiren gehörten. Der übrige Theil der Armee, deren Stärke nicht angegeben wird, bestand aus Milizen, aus Beduinen und aus den syrischen Contingenten. Die Mamluken betrugen sich in

Haleb mit solcher Rohheit gegen die Bürger, daß man sie laut verwünschte. Unter den Mamluken selbst herrschte auch keine große Einigkeit, die der Emire beneideten die des Sultans, welche er allein vor ihrem Aufbruch beschenkt hatte. Eben so wenig Eintracht herrschte unter den Emiren. Sibey, der Statthalter von Damask, warnte den Sultan zu wiederholtenmalen vor Chairbey, dem Statthalter von Haleb. Da dieser aber, um den Sultan desto leichter zu verrathen, große Festlichkeiten zu seinem Empfange veranstaltet hatte, wurde jener nicht nur nicht angehört, sondern wenig fehlte, so wäre er selbst als Verläumder verhaftet worden. Der Statthalter von Aintab aber, welcher den Osmanen als Führer gedient hatte, wurde hingerichtet, obgleich er behauptete, er habe nur der Gewalt nachgegeben. Bei dem Heere des Sultans befand sich auch der Chalife und die vier Oberrichter, sowie der oben erwähnte Prinz Kasim, der Neffe Selims, welcher seit dem Tode seines Vaters Ahmed in Haleb gelebt hatte. Kanßuweh behandelte ihn wie einen regierenden Fürsten, und gab ihm einen glänzenden Hofstaat, in der Hoffnung, daß der Theil der türkischen Truppen, welche früher unter dessen Vater gefochten hatten, zu ihm übergehen würden. Die beiden Heere stießen in der Ebene Dabik, eine Tagereise nördlich von Haleb, auf einander (24. August 1516) und es kam zu einer mörderischen Schlacht, in welcher ein Theil der Syrer, sowie die egyptischen Emire und ihre Mamluken anfänglich mit großer Tapferkeit fochten und einigen Vortheil errangen, bald wurden sie aber, da die Mamluken des Sultans, welche geschont wurden, sie nicht unterstützten, von der Uebermacht der Osmanen, die ihnen nicht nur an Zahl, sondern auch an gutem Geschütze weit überlegen waren, überwältigt. Die Führer des rechten Flügels wurden getödtet, die Mamluken der Emire, welche sahen, daß die des Sultans müßige Zuschauer des Kampfes blieben, wollten auch ihr Leben nicht weiter opfern und der Verräther Chairbey, welcher den linken Flügel befehligte, gab das Signal zur Flucht, indem er das Gerücht verbreitete, der Sultan sei gefallen, so daß sich bald das ganze Heer auflöste und in größter Unordnung gegen Haleb hin zurückzog. Ueber das Schicksal des Sultans herrscht Ungewißheit. Das Wahrscheinlichste ist, daß er, vom Schlage gerührt, ohnmächtig zu Boden fiel, und dann von seinen eigenen Leuten, entweder aus Habsucht, oder um zu verhüten, daß er nicht in die Gewalt des Feindes falle, getödtet und ausgezogen wurde. Indessen wurde doch seine Leiche unter den vielen Tausenden, welche das Schlachtfeld bedeckten, erkannt und sein Haupt dem Sieger gebracht.

Das geschlagene und von Selim verfolgte Heer suchte vergebens sich in Haleb zu sammeln, die gegen die Mamluken empörten Halebiner öffneten ihre Thore nicht, und Mohammed, der Sohn des getödteten Sultans, welcher die Citadelle besetzt hatte, war schon auf dem Wege nach Egypten, weil ihm der Verräther Chairbey vorgestellt hatte, er könnte Haleb doch nicht vertheidigen, und müsste vor Allem in Kahirah den Thron seines Vaters einnehmen. Auch Damask wurde von den flüchtigen Emiren, welche ein panischer Schrecken ergriff, und die unter sich selbst nicht einig waren, nicht vertheidigt; jeder suchte so schnell als möglich nach Egypten zu entkommen, sowohl um sich selbst zu retten, als um bei der Sultanswahl mitzuwirken. Chairbey war schon in Haleb ins feindliche Lager übergetreten. Djanberdi wollte sich in Damask zum Sultan wählen lassen, aber die Anhänger des getödteten Sultans widersetzten sich, und von diesem Augenblicke an hielt auch er es, wenn auch noch heimlich, mit den Osmanen. Mohammed wurde jedoch so wenig wie Djanberdi zum Sultan gewählt, denn man erkannte, dass unter den jetzigen Verhältnissen es darauf ankam, den tüchtigsten Feldherrn und Staatsmann, und nicht den jungen unerfahrenen Sprössling des letzten Sultans an die Spitze des Reichs zu stellen. Als solchen erkannte man den Reichsverweser Tumanbey, welcher die Liebe und das Vertrauen des Volks sowohl, als der Emire, in hohem Grade besass. Tumanbey, ein ehemaliger Sklave Kansuweh's, nahm die Krone erst nach langem Widerstreben an. Der Staatsschatz war erschöpft, der grössere Theil von Syrien in den Händen der Osmanen, die auch Egypten bedrohten, das Heer demoralisirt und ohne zuverlässige Generäle. Einem als Heiliger verehrten Scheich gelang es erst, Tumanbey zur Annahme der Wahl zu bestimmen, nachdem er vorher den Emiren die heiligsten Schwüre abgenommen, dass sie ihm stets unbedingt gehorchen und ihn niemals verrathen würden (17. Oktober). Um der Sultanswahl die übliche Weihe zu geben, wollte man, da der Chalife Kansuweh nach Syrien begleitet hatte, und nach der Schlacht von Dabik von Selim zurückgehalten wurde, auch einen neuen Chalifen wählen, aber der Vater des abwesenden Chalifen zeigte eine Urkunde vor, in welcher er zum Stellvertreter desselben ernannt war, er functionirte daher als solcher bei der officiellen Huldigung und dem darauf folgenden öffentlichen Umzug, der jedoch weder so feierlich noch so glänzend als sonst war, weil auch drei Oberrichter fehlten, die Insignien der Herrschaft eine Beute des Siegers geworden waren, und in der Rüstkammer kein Galageschirr für die Pferde sich vorfand. Der Jubel des Volks entschädigte jedoch den Sultan für den Mangel an äußerm Prunk, und er machte alsbald die größten Anstrengungen, um das Heer zu reorganisiren und wo möglich noch einen Theil von Syrien zu retten, was jedoch bei dem Mangel an Geld und der Schwierigkeit der Mamluken, welche ungebührliche Summen verlangten, ehe sie gegen den Feind aufbrachen, mehr Zeit erforderte, als ihm Selim gönnte. Dieser hatte nach seinem Siege alsbald die Stadt Haleb besetzt und sich aller Kostbarkeiten bemeistert, welche der egyptische Sultan und seine Emire daselbst aufbewahrt hatten. Die Bevölkerung begrüßte ihn als einen Befreier von der Tyrannei der Mamluken, und die ganze Stadt war festlich geschmückt, als er am ersten Freitag die Moschee besuchte, in welcher das Kanzelgebet für ihn verrichtet wurde. Auch Hamah und Hims erhielten bald, ohne Schwertstreich, eine türkische Besatzung. Vor Damask wurde jedoch Selim, trotz der Flucht des egyptischen Heeres, durch den Widerstand eines arabischen Scheichs, der sich an die Spitze der Miliz und einiger Beduinenschaaren stellte, und die ganze Umgebung der Stadt unter Wasser setzte, einige Zeit aufgehalten. Da dieser Scheich aber vergebens auf Verstärkung aus Egypten wartete, ließ er sich von Chairbey überreden, Damask dem Feinde zu überlassen und sich nach Gaza zurückzuziehen. Auch diese Grenzstadt fiel aber in die Gewalt der Osmanen, noch ehe die Mamluken die Hauptstadt verlassen hatten, und mit der Nachricht vom Falle Gaza's, welchem der von Tripoli und Safed vorausgegangen war, traf auch eine Gesandtschaft Selims ein, welche Tumanbey aufforderte, die Oberhoheit der Pforte durch die Erwähnung seines Namens im Kanzelgebete und auf den egyptischen Münzen anzuerkennen. In diesem Falle sollte er zum Statthalter von Egypten ernannt, andernfalls aber er und seine Mamluken von der Erde vertilgt werden. Tumanbey, welcher die Uebermacht der Osmanen fürchtete, auch die Treue mehrerer Emire bezweifelte, und den meuterischen Geist der Mamluken kannte, war einem Frieden nicht abgeneigt, aber die verblendeten Emire und die rachsüchtigen Freunde des von Selim mißhandelten Gesandten gaben seinen Vorstellungen kein Gehör, und seine Mamluken nöthigten ihn, um allen weitern Unterhandlungen ein Ende zu machen, die osmanischen Gesandten hinrichten zu lassen. Wenige Tage nachher kam ein Theil des egyptischen Heeres, welches unter Djanberdi den Mamluken vorausgeeilt war, nach Kahirah zurück, denn es wurde nicht weit von Gaza von den Osmanen unter Sinan Pascha und Ferhad Pascha geschlagen, mit denen, wie Manche behaupten, Djanberdi selbst im Einverständnisse war. Der Sultan beabsichtigte nun mit seiner gesammten Macht: Mamluken, Miliz und Beduinen, nach dem Grenzorte Salihijeh aufzubrechen, und dort über die vom Marsche durch die Wüste ermüdeten und erschöpften Osmanen gleich bei ihrer Ankunft herzufallen. Die Emire widersetzten sich aber der Ausführung dieses Planes, und es wurde beschlossen, den Feind in der Nähe von Kahirah zu erwarten und die ganze Strecke zwischen dem Nil und dem Gebirge, welches das Nilthal im Osten begrenzt, durch einen mit Artillerie und Schützen besetzten Graben abzusperren. Inzwischen rückten die Osmanen von Gaza her, nur von einigen raubsüchtigen Beduinen umschwärmt, welche einzelne Nachzügler ausplünderten, über Elarisch, Salihijeh und Bilbeis, bis in die Nähe der Hauptstadt vor, und da ihnen der Vertheidigungsplan des Feindes durch Verräther mitgetheilt wurde, so griff ein Theil ihres Heeres das egyptische Lager in der Fronte an, während ein anderer das Mukattamgebirge umging, und demselben plötzlich in die Flanke fiel, so daß Tumanbey's Niederlage bald entschieden war. Er selbst stürzte sich zwar mit einigen tapfern Kriegsgenossen in die Mitte des Schlachtgetümmels, bahnte sich mit Keule und Schwert einen Weg bis zum Zelte Selims und schlug mehrere sich darin befindende türkische Offiziere nieder. Bald bemerkte er aber, daß seine Truppen schon die Flucht ergriffen hatten und es blieb ihm nichts übrig, als sich mit seiner kleinen, heldenmüthigen Schaar auch zurückzuziehen. Er ging nilaufwärts bis Turreh, etwa zwei deutsche Meilen oberhalb Kahirah, wo sich allmählig die Trümmer seines Heeres wieder um ihn sammelten, während die Osmanen, ohne weitern Kampf, Besitz von der Hauptstadt nahmen (22. Januar 1517) und sie nicht viel besser als eine von Griechen oder Ungarn bewohnte behandelten. Die Mamluken wurden ohne Gnade niedergemetzelt, viele ganz harmlose eingeborene Egyptier verhaftet und nicht eher freigelassen, bis sie sich wie Sklaven loskauften, ganze Stadttheile wurden drei Tage lang förmlich ausgeplündert und Gewaltthätigkeiten jeder Art gegen die Bevölkerung ausgeübt, bis endlich Selim selbst, der auf einer kleinen Insel, in der Nähe von Bulak, sein Lager aufgeschlagen hatte, in Begleitung des Chalifen und der Oberrichter, seinen Einzug hielt und die Ordnung wieder herstellte. Das Kanzelgebet, das nunmehr in Kahirah für Selim verrichtet wurde, lautete: „Gott! stehe dem Sultan bei, dem Herrn zweier festen Länder und zweier Meere, dem Besieger zweier Heere, dem Beherrscher der beiden Irak, dem Diener der beiden edlen heiligen Städte, dem siegreichen Fürsten Selim Schah! schenke ihm deine glorreiche Hülfe und erleichtere ihm glänzende Eroberungen, o König dieses und des zukünftigen Lebens! o Herr des Weltalls!"

Die mit Mühe wieder hergestellte Ruhe in der Hauptstadt war indessen nicht von langer Dauer. In der zweiten Nacht nach dem Einzuge Selims überfiel Tumanbey, an der Spitze der entkommenen Mamluken und einiger mit ihm verbündeten Beduinenstämme, die schlecht bewachte Stadt, und machte alle in derselben zerstreut umherliegenden Osmanen nieder. Am folgenden Tage, als die außerhalb Kahirah gelagerten Truppen wieder einziehen wollten, wurden sie von Tumanbey zurückgeschlagen, und erst nach fünf Tagen erlagen die erschöpften Mamluken der Uebermacht der von allen Seiten eindringenden feindlichen Schaaren (29. Januar). Die wenigen noch Uebrigen verbargen sich in der Stadt, oder zogen sich mit Tumanbey auf das westliche Nilufer zurück, von wo aus sie sich nach Oberegypten flüchteten.

Selim, welcher selbst, an der Spitze einer Heeresabtheilung, von Altkahirah her in die Stadt gedrungen war, kehrte nach seinem Siege wieder nach seinem Lager auf der Insel zurück, und ließ eine rothe und eine weiße Fahne aufpflanzen, als Zeichen der Begnadigung aller Egyptier. Den verborgenen Mamluken wurde aber mit äußerster Strenge nachgespürt, und da über jeden Bürger, der einen Mamluken beherbergte, die Todesstrafe verhängt wurde, fielen derer achthundert in die Hände der Osmanen und wurden sämmtlich hingerichtet. Unter den Aufgefundenen war auch der tapfere Emir Kurtbey, welcher die wenigen Augenblicke, die ihm noch blieben, benutzte, um Selim, vor welchem er geführt ward, die Wahrheit zu sagen, und ihm zu zeigen, daß er den Namen eines Muthigen und Unverzagten wohl verdiente. Als Selim ihn nämlich fragte, wo denn seine Tapferkeit und sein Muth hingekommen wären, antwortete er: „sie sind noch ganz unverändert, er möge nur sein Geschütz, dem er allein seinen Sieg verdanke, entfernen, und ihm und wenigen seiner Gefährten gestatten über Tausende feindlicher Soldaten herzufallen, um sich zu überzeugen, daß es ihnen an Muth und Tapferkeit nicht fehle. Eine Schlacht mit Kanonen gewinnen," fuhr er fort, „ist kein großes Verdienst, denn selbst ein schwaches Weib kann mit einer Kanone die tapfersten Männer niederwerfen. Wir haben nach altem Herkommen, wie wir es bei dem Propheten und seinen Nachfolgern gesehen, Schwert und Lanze zu unsern Waffen gewählt, und den Gebrauch dieser fränkischen Erfindung verschmäht, wie magst du gegen Männer, welche an Gott und seinen Propheten glauben, mit Feuer kämpfen?" Er warf dann dem Sultan noch seine Gewaltthaten vor, und nannte ihn einen Wortbrüchigen, weil er dem Freunde, von dem er aus Angst für sein eigenes Leben, denuncirt worden war, versprochen hatte, ihn zu begnadigen, und ergoß sich in Schmähungen, bis er hingerichtet wurde.

Nach einigen Tagen ließ Selim eine allgemeine Amnestie, selbst für die verborgenen Emire, verkünden, und es kamen viele zum Vorschein, die aber sämmtlich, mit Ausnahme des Verräthers Djanberdi, der nicht nur begnadigt, sondern sogar zum Führer einer Expedition gegen die östlichen Beduinen ernannt wurde, nach der Citadelle geführt und dort in verschiedenen Gemächern gefangen gehalten wurden. Selim schlug jetzt auch seine Residenz in dem Palaste innerhalb der Citadelle auf, ließ alle an denselben stoßenden Wohnungen räumen und von Osmanen besetzen, auch mußte, zu größerer Sicherheit, ein starkes Truppencorps auf dem Platze Rumeileh, am Fuße der Citadelle, unter Zelten lagern, weil er noch immer fürchtete, von Tumanbey überfallen zu werden, um welchen sich auf dem westlichen Nilufer auf's Neue Mamluken und Beduinen geschaart hatten, die auch die Zufuhr von Lebensmitteln aus Oberegypten abschnitten.

Tumanbey war jedoch des langen Krieges müde, er unterhandelte mit Selim, und erbot sich, ihm das Recht der Münze und des Kanzelgebets einzuräumen, wenn er mit seinen Osmanen abziehen wollte. Auch Selim sehnte sich nach Frieden, und sandte die vier Oberrichter mit dem Kanzler des Chalifen und einigen Osmanen in das Lager Tumanbey's, um die nähern Bestimmungen des Vertrags zu vereinbaren. Aber Tumanbey ließ sich von seinen Emiren bereden, den Kampf fortzusetzen, da doch Selims Versprechungen kein großes Vertrauen verdienten, und auch diesmal wurden die osmanischen Gesandten, nebst ihrem Gefolge und einem der vier Oberrichter, dessen Bruder einen Mamluken durch seine Denunciation dem Henkerbeil überliefert hatte, getödtet. Selim ertheilte hierauf den Befehl, die in der Citadelle eingekerkerten Emire hinzurichten, und ließ seine Truppen über den Nil setzen, um Tumanbey, der wieder bis in die Nähe von Djizeh herabgekommen war, anzugreifen. Da man aber die Unvorsichtigkeit beging, sie in kleinen Abtheilungen einzuschiffen, wurden sie bald nach ihrer Landung vom Feinde aufgerieben. Jetzt erst ließ Selim durch sein am östlichen Nilufer aufgestelltes schweres Geschütz das jenseitige Ufer säubern und eine Schiffbrücke zusammensetzen, auf welcher die Truppen über den Strom gingen. Tumanbey zog sich zurück und Selim, welcher fürchtete, der Krieg möchte sich in die Länge ziehen, während er bald wieder nach Constantinopel zurückzukehren wünschte, schickte nochmals einen ehemaligen Mamluken des Sultan Kausumweh als Gesandten in das Lager Tumanbey's, um einen Frieden zu vermitteln. Unglücklicherweise gerieth dieser Gesandte in Wortwechsel mit einem der Generäle Tumanbey's, und es kam zu einem Handgemenge, in welchem er verwundet und zur schleunigen Flucht nach Kahirah genöthigt wurde. Nun mußte Selim, von Chairbey angestachelt, den Krieg fortsetzen und der Sieg ward ihm um so leichter, als, abgesehen von seiner Uebermacht, Tumanbey auch von Beduinen, sowie von einem andern Corps, das den Nil im Rücken des Feindes überschritt, zugleich angegriffen wurde. Er entkam zwar und fand bei Hasan, einem Beduinenhäuptling, der ihm zu Dank verpflichtet war, freundliche Aufnahme. Die Araber, welche früher häufig von den Mamluken mißhandelt worden waren, nöthigten Hasan aber, ihn den Osmanen auszuliefern. Als er in Ketten vor Selim geführt wurde, fuhr ihn dieser mit bittern Vorwürfen über seinen hartnäckigen Widerstand und über die Ermordung der Gesandten an. Tumanbey wälzte die Schuld, in Betreff des letztern Verbrechens, auf seine Emire, zeigte sich übrigens auch im Unglück als ein Mann, indem er Selim vorstellte, daß er ohne rechtlichen Grund gegen Egypten Krieg geführt habe, und daß es seine Pflicht war, für die Unabhängigkeit dieses Landes so wie für seine Ehre, seine Familie und sein Gut bis auf's Aeußerste zu kämpfen. Selim war geneigt, dem Besiegten, dessen Persönlichkeit einen guten Eindruck auf ihn machte, das Leben zu schenken, und ihn als Gefangenen nach Constantinopel mitzunehmen, aber die Verräther Chairbey und Djanberdi stellten ihm vor, daß er sich nicht als Herrn von Egypten betrachten könne, so lange Tumanbey noch am Leben sei, und so wurde er endlich, nach siebenzehntägiger Einkerkerung, am Thore Zuweilah gehängt (14. bis 15. April). Tumanbey, der erst in der Mitte der vierziger Jahre stand, wurde in ganz Egypten tief betrauert, denn er hatte sich durch seine Menschenfreundlichkeit und Gerechtigkeitsliebe die Zuneigung, und durch seine Tapferkeit die Bewunderung des Volks und des Heeres zugezogen. Einer seiner Emire wollte des Sultans schmählichen Tod rächen. Er hoffte mit einigen entschlossenen Männern Selim in der Nacht überfallen und tödten zu können. Sein Vorhaben scheiterte aber an der Wachsamkeit der Soldaten, welche den Eingang zum fürstlichen Palaste hüteten.

Selim traf nun Anstalten zur Rückkehr nach Constantinopel, besuchte aber vorher noch die Pyramiden und Alexandrien. Vor seiner Abreise ernannte er Chairbey zum Statthalter von Egypten und Djanberdi zum Statthalter von Syrien, da er jedoch Ersterem nicht ganz traute, mußte ihm dessen Sohn als Geisel nach Constantinopel folgen. Auch wurde Chair Eddin Pascha zum Gouverneur der Citadelle von Kahirah ernannt, mit dem ausdrücklichen Befehle, sie nie zu verlassen. Derselbe erhielt auch den Oberbefehl über die zurückbleibende türkische Besatzung, die aus 5000 Reitern und 500 Artilleristen und Schützen bestand. Kurz vor seiner Abreise hatte Selim noch die Freude, den Sohn des Scherifen von Mekka zu empfangen, der ihm im Namen seines Vaters huldigte, so daß er jetzt wirklicher Beschützer der heiligen Stadt wurde, und mit Recht einen Titel führen konnte, um welchen die Sultane von Egypten so oft schon von Persern sowohl als von Osmanen beneidet worden waren. Am 10. September brach er endlich an der Spitze seines Heeres, durch die Wüste, nach Syrien auf, und mit ihm zog der Chalife mit seiner Familie und den Verwandten früherer egyptischer Sultane. Auch viele Kadhi's, Gelehrte, Scheichs, Verwaltungsbeamte, ausgezeichnete Baumeister, Künstler und Handwerker erhielten plötzlich den Befehl, ihre Heimath zu verlassen und nach Constantinopel auszuwandern. Außer diesen Männern verlor Egypten auch noch was es an Kostbarkeiten jeder Art besaß; nicht nur viel Geld, schöne Waffen und Geräthschaften, die besten Kameele, Pferde und Maulthiere wurden fortgeschleppt, sondern auch die Marmorsäulen, welche den Palast in der Citadelle und andere öffentliche Gebäude schmückten, mußten abgebrochen und nach Constantinopel eingeschifft werden. Mit Selims Abreise sank Kahirah von einer glänzenden Residenz zu einer unbedeutenden, wenn auch noch volkreichen Provinzialstadt herab. Egypten sowohl als Syrien wurde von nun an von türkischen Pascha's regiert, die nicht selten, wie wir dies noch in unserer Zeit gesehen, sich gegen die Pforte empörten. Chairbey blieb bis zu seinem Tode (5. Oktober 1522) treu, aber schon Djanberdi, der erste Statthalter von Syrien, und Ahmed Pascha, der dritte Nachfolger Chairbey's in Egypten, lehnten sich gegen die Osmanen auf und mußten mit Gewalt der Waffen vernichtet werden. Syrien wurde hierauf wieder in verschiedene Statthalterschaften eingetheilt, die sich gegenseitig bewachen sollten. In Egypten blieb zwar nur ein Statthalter, aber er war nicht gefährlich, weil der Oberbefehl über die Truppen in der Hand eines Generals war, der auch in der Citadelle commandirte, und Ahmed Pascha's Empörung wäre sehr bald niedergeschlagen worden, wenn nicht seine Mamluken die Janitscharen, welche in der Citadelle lagen, überrumpelt und hingeschlachtet hätten. Außerdem war der Statthalter noch in wichtigen Angelegenheiten von einem Staatsrath (Diwan) abhängig, der aus den höhern Offizieren der türkischen Besatzung, aus den Kadhi's und Ulemas und einigen andern hohen Würdenträgern zusammengesetzt war. Die Statthalter wurden übrigens auch nur auf ein Jahr ernannt und sobald sie irgendwie Mißtrauen einflößten, wieder entsetzt. Dadurch waren sie aber für das Land eine große Plage, denn sie dachten in der Regel an nichts Anderes, als sich in der kürzesten Zeit zu bereichern. Sie waren häufig auch zu großen Erpressungen genöthigt, weil von der Pforte hohe Steuern gefordert wurden und sie selbst häufig auch ihre Stelle mit schweren Summen erkauft hatten. Egypten mußte immer mehr verarmen, weil alljährlich viel Geld und die besten Landesprodukte nach Constantinopel wanderten, während doch unter der Mamlukenwirthschaft alles im Lande blieb und gewöhnlich wieder aus den Taschen der Emire und ihrer Mamluken in die des Volkes zurückkehrte. Die Macht der Statthalter sank übrigens auch später bei dem Verfalle des türkischen Reichs, und abermals wurden die Bey's, deren zahlreiche Mamluken den türkischen Janitscharen die Spitze bieten konnten, die Herren des Landes. Doch gehört die weitere Geschichte Egyptens nicht mehr hieher, wir kehren daher zu Sultan Selim und dem mit ihm ausgewanderten Chalifen Mutawakkil zurück.

Dieser wurde in der ersten Zeit vom Sultan mit gebührender Ehrerbietung behandelt, später aber, da er ein leichtsinniges Leben führte, auch der Veruntreuung fremden Gutes angeklagt ward, nach der Festung Saba Kuliat verbannt, in welcher er bis zum Regierungsantritte Suleimans blieb (September 520). Dieser erlaubte ihm zuerst nach Constantinopel und später sogar nach Egypten zurückzukehren, wo er noch einmal als geistliches Oberhaupt auftrat, indem er dem rebellischen Statthalter Ahmed Pascha als unabhängigem Herrn von Egypten huldigte. Von dieser Zeit an ist von dem Chalifen keine Rede mehr und die osmanischen Sultane betrachten sich, auf eine Cession dieses letzten Chalifen sich stützend, als die legitimen Erben des Chalifats, d. h. als die Imame oder geistlichen Oberhäupter der islamitischen Völker. Aber nicht nur die Schiiten erkennen sie als solche nicht an, weil sie ja nicht von Ali abstammen, sondern selbst die meisten Sunniten, namentlich unter den gelehrten Arabern, betrachten sie nur als weltliche Herrscher, indem sie, auf eine alte Tradition gestützt, behaupten, nur Abkömmlinge der Kureischiten, zu welchen Mohammed gehörte, könnten zur Würde des Imamats gelangen. Daß übrigens selbst Türken die Legitimität der Pforte nur so lang respectiren, als sie ihre Waffen fürchten, sehen wir aus den vielen Empörungen der Pascha's gegen die Sultane, von der ersten Empörung des schon genannten Ahmed Pascha an, bis zu der Mehmed Ali's und Ibrahim Pascha's in unsern Tagen. Jedermann weiß, daß die Abbasidenchalifen in Egypten Sklaven der Mamlukensultane waren, ja daß sie schon in Bagdad, nach Mutaßim, wenig Gewalt mehr hatten und nach dem Belieben der Sultane oder der obersten Emire entsetzt und hingerichtet wurden, so daß selbst Diejenigen, welche von der erwähnten Tradition, zu Gunsten der arabischen Race, keine Notiz nehmen, doch zugeben müssen, daß die wirkliche Legitimität längst aufgehört und daß der letzte Abbaside nichts mehr abzutreten hatte.

III. Die Osmanen nach Selim I.

Unter Suleiman, dem einzigen Sohne Selims I., sowie unter dessen Nachfolger Selim II., nahm zwar das osmanische Reich noch an Macht und äußerm Glanze zu, es traten aber auch schon Mißstände hervor, welche einen baldigen Verfall voraussehen ließen. Suleiman verdankte seine Siege und Eroberungen ganz besonders der unter seinen Feinden herrschenden innern Zerrüttung und Uneinigkeit. König Ludwig von Ungarn, gegen den, nach der Unterdrückung des schon erwähnten Aufstandes in Syrien, die osmanischen Waffen zuerst gerichtet waren, rief vergebens die Hülfe des Papstes, Venedigs und des Kaisers an. Venedig hatte kurz vorher einen Frieden mit der Pforte erneuert, Leo X. hatte kein Geld und noch weniger Truppen, Deutschland war mit dem Bauernkriege und der Reformation beschäftigt und Karl V. führte gegen Franz I. von Frankreich Krieg. So konnte Ludwig, da er nicht einmal von dem ungarischen Adel gehörig unterstützt wurde, nicht verhindern, daß selbst bedeutende Festungen, wie Semlin und Belgrad, in die Gewalt Suleiman's fielen, der wohl noch weiter vorgedrungen wäre, wenn er nicht vorher gewünscht hätte, den Johannitern die Insel Rhodus zu entreißen, was ihm eine Herzensangelegenheit war, denn er wollte die Schmach tilgen, welche Mohammed II. hier erlitten hatte und den letzten Willen seines Vaters vollziehen, der in seinen spätern Lebensjahren seine ganze Sorgfalt der Herstellung einer mächtigen Flotte gewidmet hatte, um sie gegen diese Insel zu gebrauchen. Wie Ludwig's Hülferuf fand auch der des Großmeisters Villiers de l' Isle Adam bei den europäischen Mächten kein Gehör, und so mußte Rhodus, trotz heldenmüthiger Vertheidigung endlich capituliren, nachdem die tapfern Ritter sich ein halbes Jahr gegen eine Flotte von dreihundert Schiffen und ein Landheer, das über 100,000 Mann zählte, geschlagen hatten. Einige Jahre später stand Ludwig abermals allein im Kampfe gegen Suleiman und mußte bei Mohacs den kühnen Entschluß, dem übermächtigen Feind eine Schlacht zu liefern, mit dem Leben bezahlen. In der Folge verbündete sich ein Theil Ungarns sogar mit den Türken, um Ferdinand und Maximilian aus dem Lande zu verdrängen und jenen fiel natürlich ein großer Theil des Streitobjects zu. Auch die Vortheile, welche Suleiman in Persien errang, verdankte er zum großen Theil dem Unfrieden, welcher in der Familie des Schah herrschte, dessen Brüder in den Reihen der Osmanen fochten. Diese und andere Siege, in Dalmatien, Griechenland und an der Nordküste von Afrika, wurden übrigens durch die Niederlage vor Wien, durch den unrühmlichen Feldzug vom Jahr 1532 und durch die mißglückte Expedition nach Malta, so wie durch große Verluste zur See, eben so aufgewogen, wie die Selims II., welcher den Venetianern Cypern entriß, durch die Schlacht bei Lepanto, und die Schlappe bei Astrachan, wo zum erstenmale die Russen gegen die Türken kämpften. Schlimmer als diese materiellen Verluste waren aber für das osmanische Reich die schon in dieser Periode hervortretenden Uebelstände, welche zuerst einen Stillstand, nach einiger Zeit aber eine merkliche Abnahme der materiellen und moralischen Kraft erzeugten. Man kann wohl sagen, daß die nach der Eroberung von Egypten stattgehabte Verwandlung der Sultane in Imame oder Chalifen der erste Schritt zu ihrem Verderben war. Schon Suleiman, der erste Sultan, der als Chalife den Thron bestieg, schwebte gewissermaßen als ein Schatten Gottes über der Regierung. Er erschien nur selten im Diwan, selbst wenn wichtige Staatsangelegenheiten berathen wurden, sondern überließ die Leitung derselben dem jeweiligen Großvezier, der dann häufig das Wohl des Staats der Erhaltung seines Postens oder andern eigennützigen Zwecken opferte. Schon unter Suleimans Vezieren, die nicht frei von Habsucht und Geldgier waren, trat in Folge der ihnen vom Sultan eingeräumten unbeschränkten Gewalt das Bestechungssystem ein, das sich bald bis zu den untersten Schichten der Beamten herab verbreitete, und die moralische Kraft wie den materiellen Wohlstand des Reichs untergrub. Der Großvezier hatte alle höhern Stellen zu vergeben, die bald nicht mehr dem meist Befähigten, sondern dem meist Bietenden verliehen wurden. Die Beamten, welche ihre Stellen theuer bezahlen mußten, konnten nur durch Bedrückung ihrer Untergebenen sich schadlos halten, und so wurde nach und nach ein systematisches Aussaugen des Volks eingeführt, das Armuth und Entvölkerung zur Folge hatte. Ein zweites, mit Suleiman hervortretendes Uebel, das gewissermaßen mit dem erstgenannten zusammenhängt, ist die Einmischung der Frauen, Eunuchen und Hofbeamten in die Regierung, und ihr Einfluß auf den Sultan, oder was von nun an gleichbedeutend ist, auf den jeweiligen Großvezier. Der mächtige Großvezier Rüstem verdankte seine Stelle zum großen Theile dem Harem. Um ihn zu gewinnen, vermählte Roxolane ihre Tochter mit ihm, und die traurige Folge dieses Bündnisses war, daß Mustapha, der Sohn einer andern Gattin, obgleich mit den schönsten Eigenschaften ausgestattet, hingerichtet wurde, der nachherige Sultan Selim II. aber, der Sohn Roxolane's, der eben so roh, schwach und unfähig als lasterhaft war, zur Regierung gelangte.

Als ein drittes Unglück für das osmanische Reich, das auch schon in der ersten Hälfte des 16. Jahrhunderts hervortritt, sind die Mißbräuche anzuführen, welche bei dem Heere einrissen, das trotz der weitern Ausdehnung des Reichs doch immer schwächer wurde. Der Kern der osmanischen Truppen bestand nämlich theils aus der Lehensreiterei, theils aus den Janitscharen. Die eroberten Länder wurden den Truppen zu Lehen gegeben, die dafür die Verpflichtung hatten, an jedem Kriege persönlich theilzunehmen und je nach der Ausdehnung ihrer Lehensgüter noch eine Anzahl Krieger zu stellen; so hatten die ersten Sultane stets ein kampfbereites Heer ohne die Last, welche sonstige stehende Heere der Regierung aufbürden. Aber diese ursprünglich vortreffliche Lehensverfassung wurde nach und nach durch Mißbräuche jeder Art alterirt. Die Güter wurden nicht mehr nach Verdienst, sondern nach Gunst und Willkühr verliehen, sie wurden erblich, während sie früher nur auf Lebenszeit angewiesen waren. Suleiman suchte zwar den eingerissenen Mängeln durch ein neues Lehnrecht zu steuern, vermochte aber, bei der großen Ausdehnung des Reichs, bei der Macht der Beylerbey, welche die Lehen zu vergeben hatten, und bei der Bestechlichkeit der Veziere, die allein über ihnen standen, sie nicht zu beseitigen. Leute, die nie in den Krieg gezogen, wußten sich Güter zu erschleichen, Unberechtigte brachten falsche Patente zum Vorschein, und die beeinträchtigten Lehensträger suchten sich durch größere Bedrückung ihrer Unterthanen für die Verminderung ihrer Güter zu entschädigen. Trotz aller Verordnungen kam es doch bald dahin, daß nicht mehr zum Kriegsdienste taugliche Leute im Besitze der Lehensgüter waren, sondern großentheils Günstlinge des Serai's, der Veziere und anderer einflußreichen Hofleute.

Wie die Hauptstärke der Reiterei in den Lehensrittern bestand, obgleich es neben denselben noch andere besoldete Reitercorps gab, so bildeten die Janitscharen den Kern des Fußvolks, wenn auch andere Miethtruppen außer ihnen in der Infanterie dienten. Jene bestanden ursprünglich aus Christenkindern, welche in frühester Jugend der Heimath entrissen und mit Fleiß und Sorgfalt für den Kriegsdienst erzogen wurden. Ihre Stärke beruhte weniger auf ihrer Zahl, als auf ihrem Gemeingeist, ihrer Tapferkeit und ihrem Fanatismus. Durch ihre Unbändigkeit und ihren Hang zur Meuterei wurden sie aber schon vor Suleiman den Sultanen gefährlich und selbst dieser mächtige Sultan mußte sich häufig in ihre Launen fügen, wenn er auch hie und da den Muth und die Macht hatte, sie mit Gewalt zur Ordnung zurückzuführen. Unter diesem Sultan wurden übrigens die Janitscharen schon durch die Aufnahme von Türken vermehrt, dadurch aber auch geschwächt, denn diese waren nicht mehr von Jugend an abgehärtet und für den Kriegsdienst ausgebildet worden, und standen den alten Janitscharen an Tüchtigkeit und Tapferkeit nach. In diese Zeit fällt auch der Anfang der Verehelichung der Janitscharen, die früher nicht gestattet war, und von nun an verdrängte die Liebe zur Familie die zum Staate und zum Kriegsdienste. Eine weitere Folge war, daß die Janitscharensöhne auch von ihrer Geburt an einen Sold bezogen, und, sie mochten an Körper und Geist beschaffen sein wie sie wollten, später an der Seite ihrer Väter dienten. Die Vortheile, welches dieses Corps genoß, waren groß genug, daß sich immer mehr Türken herandrängten, die alle schlechten, aber keine der guten Eigenschaften der alten Janitscharen besaßen, und als später diese Vortheile im Verhältniß zur Vermehrung des Corps, wieder geringer wurden, mußten sie sich bürgerlichen Gewerben zuwenden, um für ihre Familie zu sorgen, so blieben sie zwar immer noch eine furchtbare Macht den Sultanen und den andern Unterthanen gegenüber, aber nicht mehr dem auswärtigen Feinde. Alle diese Mißstände waren indessen noch nicht gefahrbringend, so lange kräftige und fähige Männer an der Spitze der Regierung standen. Auf Suleiman folgte aber eine Reihe von schwachen, unfähigen, der Sinnlichkeit ergebenen, größtentheils im Harem erzogenen Fürsten, welche ein Spielball der Frauen, Eunuchen und Janitscharenhäupter wurden. Ein mächtiges Reich, wie es die frühern Sultane bis auf Suleiman gegründet, konnte aber natürlich nicht urplötzlich zusammenstürzen, wenn auch die Sultane selbst wenig mehr für dessen Erhaltung thaten, noch wirkte der alte Geist eine Weile fort, noch fanden sich aus den bessern Tagen Veziere und Feldherrn, deren Einfluß und Thätigkeit den raschen Verfall hinderte, aber allmählich kehrte der furchtbare Strom, welcher die schönsten Länder in drei Welttheilen zu überschwemmen drohte, wieder in sein Bett zurück und floß immer ruhiger dahin, bis er endlich dem Versumpfen nahe kam. Wenn auch einzelne Sultane noch ihren Ahnen an Herrscherkunst und Feldherrntalent glichen, Andere durch zeitgemäße Reformen das gesunkene Reich zu heben suchten, so lag doch das Uebel zu tief, und waren die Schäden, die es untergruben, zu mannigfach, um wieder beseitigt werden zu können. Die Lehensritter sowohl als die Janitscharen, welche unter den ersten Sultanen so viel zur Vergrößerung des Reichs beigetragen hatten, wurden später, wie die Mamluken in Egypten und Syrien, und die persischen und türkischen Söldlinge unter den Chalifen von Bagdad, die Plage des Landes. Sie waren im Besitze der besten Ländereien und zehrten vom Schweiße des Volkes. Sie behandelten nicht nur Griechen, Slaven, Madjaren, Armenier, Kopten und andere Raja's wie ihre Sklaven, sondern auch die moslimischen Unterthanen, deren Herren sie geworden. Die Häupter der Truppen, besonders der Janitscharen, beherrschten bald die Sultane selbst, sie entthronten und ermordeten sie, wenn sie ihnen mißliebig waren, wie es vor ihnen die Emire in Bagdad und Kahirah mit ihren Fürsten gethan. Die Osmanen, deren ganzes Reich auf Eroberung gegründet war, betrachteten sich stets allen andern Völkern gegenüber als Sieger, als vollkommen berechtigt, in den eroberten Ländern nach Belieben zu schalten. Sie standen in ihrer Einbildung hoch über den Menschen anderer Race, sie fühlten sich allein zum Herrschen berechtigt, sie blieben daher auch den unterjochten Völkern stets fremd und verhaßt, weil sie sich ihnen nur näherten, um sie zu unterdrücken und auszusaugen. Die höchsten Militär- und Civilämter waren bis auf unsere Zeit ausschließlich in den Händen der Türken. Selbst unter dem vielgepriesenen Mohammed Ali, dem Pascha von Egypten, dessen Heer, mit welchem er die Truppen des Sultans zu Paaren trieb, lediglich aus Arabern bestand, waren die Offiziere, vom Hauptmann an, nur Türken, sowie auch die höhern Civilbeamten insgesammt diesem Volke angehörten. So groß also auch das osmanische Reich sein mochte, so bestand seine Stärke doch eigentlich nur im türkischen Heere, die ganze nichttürkische Bevölkerung, welche die Osmanen als Usurpatoren und Tyrannen ansah, war nicht nur keine Stütze der Regierung, sondern häufig eine Last, denn sie mußte fortwährend bewacht werden, wenn man Aufständen jeder Art, die demohngeachtet nicht selten ausbrachen, einigermaßen vorbeugen wollte.

Unter den Uebeln, welche die Janitscharen über das Reich brachten, war das Schlimmste von Allen das Festhalten am Althergebrachten, wozu sie zuerst ihr Eigennutz trieb, und worin sie nachher von den Ulema unterstützt wurden, die es aus religiösen Gründen mit ihnen hielten. Diese Verbrüderung der rohen Gewalt mit der fanatischen Geistlichkeit, die auch nicht ganz frei von Selbstsucht war, und den ganzen Lehr- und Richterstand bildete, hemmte jeden Fortschritt in der Verfassung und Gesetzgebung sowohl, als in der geistigen Kultur. Die Türkei nahm einen sehr geringen Antheil an den wissenschaftlichen Errungenschaften des 17. und 18. Jahrhunderts, und blieb daher auch in der höhern Kriegskunst hinter den christlichen Mächten Europa's zurück. Als diese daher auch, wie die Osmanen schon früher, ihre stehenden Heere hatten, war ihre Ueberlegenheit entschieden und der Halbmond mußte immer weiter zurückweichen. Die Janitscharen sind zwar später geschwächt und unter Sultan Mahmud gänzlich vertilgt worden, auch sind seither manche Verbesserungen in der Verfassung und Verwaltung eingetreten, aber schon war die Macht der Osmanen durch unglückliche Kriege mit dem Auslande gebrochen, und eine moralische Lähmung eingetreten, die durch eine neue Verfassung eben so wenig gehoben werden konnte, als das neugebildete Nizam im Stande war, den mächtigen Heeren Oesterreichs und Rußlands die Spitze zu bieten. Die Reformen sind übrigens nie vollständig ausgeführt worden und werden immer bei den rechtgläubigen Moslimen auf Widerstand stoßen, denn auch diejenigen, welche die Sultane als legitime Fürsten, selbst als Nachfolger der Chalifen ansehen, räumen ihnen doch das Recht nicht ein, an den Vorschriften des Korans und der Sunneh etwas zu ändern, gegen welche namentlich die das Verhältniß der Mohammedaner zu den Andersgläubigen regelnden Bestimmungen der neuen Constitution von Gülhaneh häufig verstoßen. Darum hat auch seit Mahmud das osmanische Reich nicht nur an Macht nicht gewonnen, sondern ist durch den russischen, griechischen und egyptischen Krieg, sowie durch Empörungen in verschiedenen andern Provinzen so tief gesunken, daß es ohne fremde Hülfe schon längst untergegangen wäre, und seinen Fortbestand nur dem Mangel an einem Einverständnisse unter den christlichen Mächten verdankt. Nur unter zwei Voraussetzungen wäre ein Wiedererstarken des osmanischen Reichs denkbar, die aber wohl schwerlich eintreffen werden. Man müßte zunächst den Koran selbst reformiren und, wie es bei einem Theile der Juden in Bezug auf die mosaische Gesetzgebung geschehen, das was nur auf Mohammeds Zeit paßte, von dem Uebrigen ausscheiden. Die auf den Koran basirte türkische Gesetzgebung ist nicht nur soweit sie das Verhältniß der Moslimen zu Juden und Christen angeht nicht mehr zeitgemäß, sondern auch, um nur zwei wesentliche Momente zu berühren, welche mit dem Gedeihen eines Staates eng zusammenhängen, soweit sie den Handel und die Finanzen berührt, denn eine Besteuerung nach den alten Gesetzen ist heut zu Tage ebenso verkehrt als ungenügend, und die Beobachtung der den Handel regelnden Vorschriften macht jeden Aufschwung desselben unmöglich. Die zweite Vorbedingung zum Wiedererwachen der moslimischen Völker wäre eine engere Verbrüderung derselben. Die Türken müßten wenigstens ihre moslimischen Unterthanen als ebenbürtig ansehen, das verhältnißmäßig kleine Häuflein Osmanen dürfte nicht allein das ganze Reich beherrschen wollen. Sämmtliche Aemter in der Verwaltung, im Heere und im Richterstande, vom Großvezier bis zum Subaschi, vom Seriasker bis zum Jusbaschi, und vom Mufti bis zum letzten Kadhi müßten, nur von den Fähigsten besetzt, Jedem zugänglich werden, er mag Türke sein oder einer andern Nationalität angehören. Was in Europa längere Zeit der Adel dem Bürgerstande gegenüber war und zum Theil noch ist, das war und ist im osmanischen Reiche, das sonst keine bevorzugte Klassen, keinerlei Geburtsaristokratie kennt, der Türke nicht nur den Raja's, sondern auch den nichttürkischen Moslimen gegenüber. So lange diese aber nicht in jeder Beziehung als vollkommen gleichberechtigt angesehen werden, sind sie weder im Frieden treue Unterthanen noch im Kriege opferwillige Soldaten. Nur wenn die Macht der Geistlichkeit gebrochen wird und die Bevorzugung der Türken vor andern Nationalitäten gänzlich aufhört, ist eine wirkliche Regeneration des osmanischen Reichs möglich.

www.ingramcontent.com/pod-product-compliance
Lightning Source LLC
Chambersburg PA
CBHW051158300426
44116CB00006B/360